LEAN
ANALYTICS

O'REILLY® 한빛미디어

린 분석 : 성공을 예측하는 31가지 사례와 13가지 패턴

초판 1쇄 발행 2014년 1월 6일
초판 9쇄 발행 2025년 9월 20일

지은이 앨리스테어 크롤, 벤저민 요스코비츠 / **옮긴이** 위선주 / **감수** 박태웅, 권정혁 / **펴낸이** 전태호
펴낸곳 한빛미디어(주) / **주소** 서울시 서대문구 연희로2길 62 한빛미디어(주) IT출판2부
전화 02-325-5544 / **팩스** 02-336-7124
등록 1999년 6월 24일 제25100-2017-000058호 / **ISBN** 978-89-6848-069-0 13000

책임편집 박지영 / **기획** 조희진 / **진행** 정지수
디자인 표지 손경선 내지 강은영 **전산편집** 이경숙
영업마케팅 송경석, 김형진, 장경환, 조유미, 한종진, 이행은, 김선아, 고광일, 성화정, 김한솔 / **제작** 박성우, 김정우

이 책에 대한 의견이나 오탈자 및 잘못된 내용은 출판사 홈페이지나 아래 이메일로 알려주십시오.
파본은 구매처에서 교환하실 수 있습니다. 책값은 뒤표지에 표시되어 있습니다.

한빛미디어 홈페이지 www.hanbit.co.kr / 이메일 ask@hanbit.co.kr

Published by HANBIT Media, Inc. Printed in Korea
Copyright © 2014 Hanbit Media Inc. Authorized Korean translation of the English edition of
Lean Analytics ISBN 9781449335670 © 2013 Alistair Croll, Benjamin Yoskovitz. This translation
is published and sold by permission of O'Reilly Media, Inc., which owns or controls all rights to
publish and sell the same.
이 책의 저작권은 오라일리 사와 한빛미디어(주)에 있습니다.
저작권법에 의해 보호를 받는 저작물이므로 무단 복제 및 무단 전재를 금합니다.

지금 하지 않으면 할 수 없는 일이 있습니다.
책으로 펴내고 싶은 아이디어나 원고를 이메일(**writer@hanbit.co.kr**)로 보내주세요.
한빛미디어(주)는 여러분의 소중한 경험과 지식을 기다리고 있습니다.

다섯 번 연속 "왜?"라고 묻는 법을 이미 터득해버린 라일리에게 이 책을 바친다.

- 앨리스테어 크롤

너무 일찍 내 곁을 떠났지만 내가 도전하고 위험을 감수하는 삶을 살도록 여전히 내게 영감을 주는 내 형제 제이콥에게 이 책을 바친다.

- 벤저민 요스코비츠

이 책에 쏟아진 찬사

"경쟁자들이 이 책을 읽고 여러분을 앞서도록 내버려 두지 말라."

마이크 볼프Mike Volpe — 허브스팟Hubspot CMO

"누구나 데이터를 가지고 있지만 핵심은 '학습과 의사결정을 개선해줄 수 있는 데이터가 무엇인지' 파악하는 것이다. 누구나 지표가 필요하다는 사실은 알지만 구체적이고 측정 가능하며 실행에 옮길 수 있고 적합하며 시기적절한 지표를 찾는 일은 매우 어렵다. 『린 분석』에서 저자들은 신규 사업 및 신제품 개발과 관련해 무수히 겪게 되는 시행착오를 줄이기 위해 데이터와 지표를 어떻게 사용하는지 훌륭하게 보여주고 있다. 이 책은 우리 업계에 큰 선물과 같다."

자크 니스Zach Nies — 랠리 소프트웨어Rally Software 수석 기술담당

"『린 분석』은 린 스타트업 이론에서 빠졌던 부분을 채워주는 책이다. 이 책에는 스타트업이든 규모가 큰 조직이든 더 빨리 성공하는 데 도움을 주는 실용적이고 상세한 연구 조사, 조언, 안내가 담겨 있다."

댄 마텔Dan Martell — 클래러티Clarity CEO이자 창업자

"창업가들이 치열한 경쟁 사회에서 살아남기 위해서는 현실왜곡장이 필요하다. 그러나 창업가들이 스스로에게 거짓말을 하기 시작하면 그런 망상은 실패의 원인이 될 수 있다. 이 책은 한마디로 해독제다. 이 책은 창업가들에게 절실히 필요한 현실이라는 해독제와 같다. 이 데이터 주도적 접근법을 무시하는 창업가들은 위험을 각오해야 할 것이다."

브래드 펠드Brad Feld — 파운드리 그룹Foundry Group 사장이자 테크스타즈TechStars 공동창업자, 스타트업 레볼루션 서적 시리즈물 기획자

"『린 분석』은 최소 존속 제품을 최고로 가치 있는 제품으로 발전시킬 수 있도록 도와줄 것이다. 자신의 스타트업을 미래의 대기업으로 키우려는 창업가는 물론이고 현재 수조 달러 규모의 대기업에서 일하는 제품 담당자에게도 마찬가지로 유용한 책이다."

존 스토머John Stormer — 세일즈포스닷컴Salesfore.com 신제품 담당 임원

"우리보다 똑똑한 사람이 있게 마련이라는 사실은 별로 반갑지 않지만 그럼에도 다행인 점은 앨리스테어 크롤과 벤저민 요스코비츠가 바로 그런 사람들이라는 것이다. 이 책을 읽고 나면 여러분에게 필요한 바로 그 경쟁우위에 설 수 있을 것이다."

— 줄리엔 스미스Julien Smith — 〈뉴욕타임스〉 베스트셀러 「신뢰」(2010, 에이콘), 「The Flinch」 저자

"트위터는 분석을 바탕으로 사용자들을 이해하고 사업을 성장시킬 수 있었다. 스타트업이 제대로 한판 승부를 펼쳐보고 싶다면 데이터 주도적인 접근법을 택하는 것이 현명할 것이다. 이 책은 우리에게 바로 그 방법을 알려준다."

— 케빈 웨일Kevin Weil — 트위터 상품/매출 담당 임원

"이 책은 분석하는 방법과 어림짐작으로 일을 추진하는 나쁜 관행을 없애는 법을 가르쳐주는 필독서다."

— 피터 야레드Peter Yared — CBS 인터액티브CBS Interactive CTO/CIO

"이 책은 데이터 주도적으로 사업을 운영하는 방식에 대해 자세히 설명하고 있다. 경험이 풍부한 두 명의 창업가가 심사숙고하며 저술한 이 책은 내가 현재 운영하고 있는 회사와 미래에 내가 운영할 모든 회사에서 교육용 교재로 사용될 것이다."

— 매트 브레지나Matt Brezina — 신시어리Sincerely, Inc.와 조브니Xobni의 창업자

"피어슨의 법칙Pearson's Law에 의하면 '우리는 측정할 수 있는 것만 개선할 수 있다.' 앨리스테어 크롤과 벤저민 요스코비츠는 신제품 개발과 출시의 가장 초기 단계에 엄격한 측정 기법을 도입함으로써 린 경영에 대한 우리들의 이해를 넓혀준다. 창업가들이 이 체계를 잘 이해하고 활용한다면 자원의 낭비를 줄이고 스타트업의 성공 확률을 크게 높일 수 있을 것이다."

— 토머스 아이센만Thomas Eisenmann — 하버드대학 경영대학원 교수

"이 책은 단지 웹 분석이나 사업 분석에 대한 책이 아니다. 이 책은 어떤 조직이 측정해야 할 것과 측정하지 않아야 할 것, 그리고 이런 데이터를 조직의 성공에 필요한 실행 가능한 업무 방식으로 전환하는 방법에 대해 설명하고 있다. 이 책의 저자들은 올바른 분석의 힘을 보여주는 뛰어난 사례 연구들을 제시하고 있다. 이들의 조언과 교훈을 명심한다면 창업가, 마케팅 담당자, 제품 개발자들의 업무 능력은 월등히 향상될 것이다."

랜드 피시킨Rand Fishkin — 모즈Moz CEO이자 공동창업자

"여러분은 성공이 '잘' 실패하는 능력에 달려 있다는 말에 공감하는가? 더 빨리 실패하고 더 발전적으로 실패하라. 정성적인 데이터와 정량적인 데이터를 사용해 빨리 학습하고 반복하는 능력이 성공의 비결이다. 이 책의 저자들은 여러분이 스타트업 득도의 경지에 좀 더 현명하게 도달하는 방법을 알려준다."

아비나쉬 카우쉭Avinash Kaushik — 『웹 데이터 분석학』(2013, 에이콘) 저자

"『린 분석』은 일이 잘못되고 있는지, 이 경우 어떻게 대처해야 할지를 지표를 기준으로 파악해서 놀라울 정도로 신속하게 일하는 방법을 알려준다. 이 책에는 진솔하고 의미심장한 조언이 수없이 들어 있다. 성공하고자 하는 창업가라면 반드시 읽어야 할 책이다."

숀 케인Sean Kane — F6S, 스프링보드 액셀러레이터Springboard Accelerator의 공동창업자

"스타트업의 실패 확률을 확실히 줄여주는 기술은 두 가지밖에 없다. 하나는 천리안 같은 신통력을 갖는 것이고 다른 하나는 이 책에 숨어 있다. 그러니 창업가라면 이 책을 꼭 읽어야 한다."

다메시 샤Dharmesh Shah — 허브스팟Hubspot 창업자이자 CTO

"여러분은 먼저 사람들이 좋아하는 것을 만들어야 한다. 그런 다음 사람들이 그 제품을 발견하고 사용하도록 유도해야 한다. 특히나 규모가 클수록 반드시 데이터와 지표를 깊이 이해해야 한다. 이 책은 올바른 제품을 만들기 위해 적절한 지표를 추적하고 이용하는 것이 어떤 의미가 있는지 알 수 있게 상세하면서도 실무적인 방법을 알려준다."

조시 엘먼Josh Elman — 그레이록 파트너스Greylock Partners 벤처투자자

"이 책은 린 스타트업 운동이 발전을 거듭하며 얻어낸 자연스러운 결과다. 린 스타트업은 블로그에서 시작한 보잘 것 없는 운동에서 글로벌 운동으로 성장하고 있다. 이 책은 모든 사업 모델과 기업 단계에 대해 구체적이고 쉽게 얻기 힘든 통찰력을 제공한다. 이 책은 점점 더 데이터 주도적으로 변화해 가는 세계에서 성공하고자 하는 사업가라면 누구나 읽어야 할 필독서다."

마크 매클러드Mark MacLeod – 프레시북스FreshBooks CCDO(최고 기업개발 책임자)

"창업자들의 준비물에 반드시 포함되어야 하는 책. 기업을 시작하는 사람이라면 이 책을 꼭 읽어야 한다."

마크 피터 데이비스Mark Peter Davis – 벤처투자자이자 벤처인큐베이터

"이 책은 실질적이면서도 실행 가능한 조언과 흥미로운 사례 연구로 가득하다. 데이터를 이용해 더 훌륭한 사업을 구축하고 싶다면 이 책이 그 방법을 알려줄 것이다."

폴 조이스Paul Joyce – 게코보드Geckoboard의 공동창업자이자 CEO

"지금 당장 이 책을 집어 들어라. 뭔가를 시작해볼까? 막연히 생각만 하는 상황이라 해도 이 책은 도움이 될 것이다. 이 책은 사업의 지속 및 성공 확률을 확실히 높여주는, 몸에는 좋지만 입에는 쓴 약과도 같다. 순조롭게 출발하려면 이 책을 읽어라. 후회하지 않을 것이다."

댄 디보우Dan Debow – 리플Rypple 공동 CEO이자 창업자, Work.com 임원

"이제 그만 생각하고 이 책을 펼쳐라. 이것이 여러분의 스타트업이 성공하는 비결이다. 여러분이 창업가라면 반드시 이 책을 읽어야 한다."

그레그 아이젠버그Greg Isenberg – fiveby.tv CEO, 굿피플벤처스Good People Ventures 벤처 파트너

"이 책은 린 스타트업 운동을 위해 대단히 귀중한 책으로서 실제 사례 연구에 근거를 둔, 실행에 옮길 수 있는 조언을 많이 제공하고 있다. '린' 개념은 이해하기는 쉽지만 실행하기는 어려울 때가 잦다. 그렇기에 실행에 옮기는 과정을 명확히 보여주며 그 과정에서 진척도를 측정할 수 있는 이 책은 매우 좋은 도구가 될 것이다."

제이슨 코헨Jason Cohen – WP 엔진WP Engine CEO

"이 책에서 앨리스테어 크롤과 벤저민 요스코비츠는 신속하고 적절하게 일을 처리하고자 하는 수많은 스타트업을 위한 체계와 교훈을 제공하고 있다. 시장의 효율성이 계속 높아지고 심지어 필요 이상의 자본을 신속히 조달할 수 있는 오늘날, 가장 중요한 요소는 바로 시간이다. 이 책은 이런 시대의 웹 및 모바일 스타트업에 큰 도움이 될 학습서다."

하워드 린드존Howard Lindzon — 스톡윗츠Stockwits 공동창업자이자 CEO, 소셜레버리지Social Leverage 파트너,
월스트립Wallstrip 크리에이터

"앨리스테어 크롤과 벤저민 요스코비츠는 이미 자신의 분야에서 신뢰를 받는 리더다. 이 책을 통해 이들은 어떻게 그 위치에 도달했는지 보여준다."

크리스 브로건Chris Brogan — 휴먼비즈니스웍스Human Business Works CEO이자 회장

"이 책은 내가 읽은 책 중에서는 처음으로 실제 사례 연구와 숫자를 읽기 쉬운 형태로 함께 제공하며 실제로 성공한 여러 스타트업을 사례로 들었다. 초기 단계에 있든 후기 단계에 있든 이런 통찰력은 창업가에게 큰 도움이 된다. 내가 앞으로도 되풀이해서 읽을 몇 안 되는 책 중 하나다."

조엘 개스코인Joel Gascoigne — 버퍼Buffer 창업자이자 CEO

"대니얼 패트릭 모이니헌Daniel Patrick Moynihan은 다음과 같은 유명한 말을 남겼다. '누구나 자기만의 의견을 주장할 수는 있지만 자기만의 사실을 주장할 수는 없다.' 사업만큼 이 말이 적절한 경우는 없다. 앨리스테어 크롤과 함께 일할 때 가장 좋은 점 중 하나는 그가 마케팅을 학습의 장으로, 제품 개발을 고객과의 대화로 전환하면서 사실을 통해 의견을 평가한다는 점이다."

팀 오라일리Tim O'Reilly — 오라일리 미디어O'Reilly Media Inc. 창업자이자 CEO

"더 많은 숫자가 필요한 것이 아니라 실행에 옮길 수 있는 지표가 필요하다. 이 책에서 앨리스테어 크롤과 벤저민 요스코비츠는 데이터의 안개를 헤치고 성공과 실패를 결정짓는 올바른 핵심 지표에 초점을 맞추는 방법을 알려준다."

애시 모리아Ash Maurya — 스파크59Spark59, 와이어드리치WiredReach 창업자이자 CEO,
『린 스타트업』(2012, 한빛미디어) 저자

"우리는 누구나 데이터와 분석 체계를 사용할 수 있는 시대에 (마침내!) 살고 있다. 만약 어떤 것이 효과가 있고 어떤 것이 효과가 없는지 결정하는 데 데이터와 분석을 활용하지 않고 있다면 그것은 여러분이 어둠 속에서 일하고 있다는 의미다. 앨리스테어 크롤과 벤저민 요스코비츠의 말에 귀 기울여라. 그들은 여러분을 어둠에서 구해줄 전등 스위치일 뿐만 아니라 발전소 전체가 어떻게 작동하는지 알고 있는 사람들이다. 만약 내가 스타트업을 운영하고 있고 사업에 성공하기 위해 데이터의 힘을 이용하고자 한다면 이 두 사람에게 제일 먼저 조언을 구할 것이다."

미치 조엘Mitch Joel — 트위스트 이미지Twist Image 회장, 『Ctrl Alt Delete』 저자

"창업가 중에는 데이터가 있어도 어떻게 사용할지 모르거나 사업에 도움도 되지 않는 지표 때문에 어쩔 줄 몰라 하는 사람들이 많다. 이 책은 사업을 더 잘 운영하기 위해 올바른 지표를 결정하고 이를 이용하는 체계를 알려주기 위해 많은 사업 사례를 실제 데이터를 곁들여 알려준다. 반드시 읽어보라고 추천하고 싶은 책이다."

마이크 그린필드Mike Greenfield — 서클오브맘스Circle of Moms, 팀랭킹스Team Rankings 창업자

"이 책은 온갖 잡동사니에 한눈 팔지 않고 정말 중요한 것을 측정하는 방법을 알려준다."

라제시 세티Rajesh Setty — 창업자이자 rajeshsetty.com 사업 연금술사

"매우 많은 초기 창업자들이 데이터 주도의 제품 설계에 반감을 보인다고 들었다. '이건 내 아이디어에서 나왔는데 어떻게 사용자가 나보다 이 제품을 더 잘 안다는 거야?'와 같은 식이다. 이 책은 풍부한 사례를 통해 정확히 어떻게 그리고 왜 데이터 분석이 도움이 되는지 명료하게 설명하고 있다. 이 책을 읽지 않았다면 고통스러울 정도로 오랜 시간이 걸려야 얻을 수 있는 교훈을 짧은 시간 안에 배울 수 있다."

댄 멜린저Dan Melinger — 소셜라이트Socialight 공동창업자이자 CEO

"벤저민 요스코비츠와 앨리스테어 크롤은 본인들이 스타트업 전문가임에도 이 책을 쓰는 동안 가능한 한 많은 실무 담당자로부터 조언과 정보를 구하려고 노력했다. 이런 노력은 좋은 결과로 이어져, 스타트업을 구축하는 양질의 기법들이 가득하고 초보 창업자도 이해하기 쉽게 설명된 『린 분석』을 탄생시켰다."

빌 디알레산드로 Bill D'Alessandro – 스카이웨이벤처스 Skyway Ventures 파트너

"스타트업을 성장시키기 위해 무엇을 측정할지, 어떻게 측정할지, 측정된 데이터를 어떻게 실행에 옮길지 찾고 있는가? 이 책은 이 질문들에 대한 해답을 여러분에게 정확히 알려준다."

롭 월링 Rob Walling – 『Start Small, Stay Small: A Developer's Guide to Launching a Startup』 저자

"자신의 데이터를 이용해 경쟁우위를 차지하고 싶은 창업가라면 이 책이 꼭 필요할 것이다."

마시모 파리나 Massimo Farina – 스태틱픽셀즈 Static Pixels 공동창업자

"모든 창업가의 목표는 성공으로 가는 가장 효율적인 경로를 따라가는 것이다. 그러나 창업가는 대부분 그런 경로를 모른다. 이 책은 매우 구체적인 지표를 사용해 자신의 사업에 맞는 성공 경로를 찾는 과정을 초보 창업자나 노련한 기업가 모두 이해할 수 있는 방식으로 보여주고 있다."

라이언 본 Ryan Vaughn – 바시티뉴스네트워크 Varsity News Network 창업자

감수자의 말

이 책에 대한 평을 쓰는 데는 사실 한 줄이면 충분하다.

"『린 분석』을 읽지 않고 스타트업을 시작하는 것은 철모를 쓰지 않고 전쟁터에 나가는 것과 같다."

혹은 "지뢰탐지기도 없이 지뢰밭에 뛰어드는 것과도 같다"라고 할까?

스타트업을 하는 것은 고대의 항해술에 가깝다. 지도라고는 구경도 못 한 채, 목표는 수평선 너머 어렴풋하다. 내가 지금 어디에 있는지 알기 위해 할 수 있는 일이란, 매일매일 나와 해나 별의 상대적 위치를 측정하는 것뿐이다. 해와 별, 너울을 들여다보지 않은 채 사흘 낮밤을 정말 열심히 항해해왔다면 그 결과는 '이미 돌이킬 수 없을 정도로 멀리 와 길을 잃고 말았다'일 가능성이 크다.

『린 분석』은 스타트업들이 '지금 자신이 어디에 있는지'를 알 수 있는 가장 효과적인 방법들을 깔끔하고도 체계적으로 모아서 보여준다. 상상을 초월할 정도로 효과적인 책이다. 다시 말하지만 스타트업이라면 이 책은 반드시 반드시 거쳐야 할 관문이다!

박태웅

박태웅 @parkto, http://twpark.tumblr.com/
前 KTH 부사장

스타트업이 살아가는 방식은 꾸준히 바뀌고 있다.

단순히 사용자 수나 UV/PV 같은 구식 지표만을 바라보면서 내 사업이 왜 잘 안 될까 고민하는 건 마치 눈을 안대로 가리고 수박을 깨는 사람과 다를 것이 없다. 기술의 발전과 함께 이런 지표의 분석도 다양하게 발전되어 왔다. 많은 스타트업이 VC 앞에서 투자를 위한 피칭을 하게 되는데, 그럴 때 VC가 묻는 것은 CR / CLV / CAC / ARPU / DAU 등으로 대부분 비슷하다. 아니 이미 서비스 중인 스타트업이라면 이젠 이런 내용이 없는 피칭은 하지 않는 것이 좋다. 무엇을 기반으로 우리가 잘 성장하고 있다고 말할 수 있을까?

이 책은 매일매일 내 서비스가 변하는 모습을 지켜보면서 정확히 어떤 부분이 잘 되고 있는지, 어떤 부분이 부족한지를 체크하는 다양한 기법들을 실제 분야별로 사례를 들어 상세히 소개하는 책이다.

스타트업을 준비하는 사람이라면, 또는 이미 서비스 중인 스타트업이라도 모두 이 책을 필독하기 바란다.

권정혁

권정혁 (Chris Kwon) 🐦 @xguru
現 레진엔터테인먼트 CTO, 한성대학교 멀티미디어공학과 겸임교수

현재 국내에서 보기 드문 콘텐츠 스타트업인 레진엔터테인먼트의 CTO로 프리미엄 웹툰 서비스인 레진코믹스를 만들고 있다. xguru라는 이름으로 온라인상에서 개발자의 생생한 시각으로 새로운 IT 기술을 전파하고 있으며, 고도화된 모바일 앱/모바일 웹/웹 서비스를 만드는 것에 주목하고 있다.

옮긴이의 말

최근 '린 스타트업'은 사업을 시작하고 수행하는 방식으로 각광을 받고 있다. 이 책은 이런 '린 경영' 방식으로 일하는 데 실무에서 꼭 필요한 데이터 분석과 의사결정 분야를 다루는 책이다. 창업가들은 자기 암시에 빠진 나머지 곳곳에서 도사리고 있는 실패의 기미를 알아채지 못한 채 벼랑으로 계속 전진하는 경우가 있다. 이를 막기 위해서는 데이터 주도적인 접근이 필요하다. 여기서 데이터 주도적이란 데이터를 수집하고 분석하는 데 그치는 것이 아니라 그 결과가 기업의 의사결정과 행동에 실질적으로 반영되는 것을 말한다.

이 책은 특히 온라인 사업을 데이터 주도적으로 운영하기 위해 짚고 넘어가야 할 수많은 데이터, 즉 지표들을 다루고 있다. 이 책의 두 저자는 사업 모델과 현재 사업 단계에 따라 중점적으로 다뤄야 할 지표들이 따로 있다고 말한다. 이 책에서는 온라인 사업을 크게 여섯 가지 사업 모델로 분류하는데, 그것은 전자상거래, SaaS, 모바일 앱, 미디어 사이트, 사용자 제작 콘텐츠, 양면 마켓플레이스다. 또한 스타트업의 사업 단계를 공감 단계, 흡인력 단계, 바이럴 효과 단계, 매출 단계, 확장 단계의 다섯 단계로 나누고 있다.

이 책은 이 여섯 가지 사업 모델 각각에 대해 다섯 사업 단계별로 가장 중요하게 살펴야 할 목표, 즉 '핵심 지표'를 다룬다. 사업의 단계마다 가장 중요한 핵심 지표, 다시 말해 어떤 수치에 초점을 둘지 모른다면 조직의 자원을 어디에 얼마나 할당할지 결정할 수 없을 것이다. 만약 '사용자 제작 콘텐츠' 사업 모델에 해당하는 사업이 사업 초기 단계부터 '방문자 수'나 '콘텐츠 건수'보다 '매출' 지표에 초점을 둔다면 사업의 토대를 튼튼히 쌓기 힘들 뿐만 아니라 엉뚱한 곳에 자원을 소진하여 실패의 길로 향할 확률이 높아질 것이다.

둘째로 이 책은 '핵심 지표'를 제시하는 데 그치지 않고, 해당 지표의 목표 달성 여부를 판단할 기준치를 제시한다. 예를 들어 '회원 수'라는 지표의 목표 기준을 100만 명으로 할지 1,000만 명으로 할지 어떻게 알 수 있을까? 회원 탈퇴율이 월 2%라면 과연 업계 평균치인가, 아주 우수한 수치인가 아니면 형편없는 수치인가? 이런 기준치가 없다면 지표 값에 대한 데이터가 있어도 해당 지표를 더 개선해야 할지 아니면 다른 지표로 초점을 옮겨도 될지 결정할 수 없을 것이다. 이 책의 저자들은 광범위한 조사와 기업 인터뷰를 통해 업계 평균 및 개별 기업들의 구체적인 실제 지표 수치를 확보했다. 이 귀중한 자료만으로도 독자들의 사업에 큰 도움이 될 것이다.

인생을 살아가는 것도, 사업을 운영하는 것도 쉬운 일은 아니다. 열심히 한다고 해도 돌아보면 제자리를 맴돌고 있거나 나도 모르게 엉뚱한 방향으로 가고 있는 경우가 있다. 어디로 가는지도 모르는 채 무작정 열심히 뛰고 있다는 사실에 만족하는 경우도 종종 있다. 그럴 때 목표(지표)와 목표 달성의 판단 기준(지표 기준치)을 제대로 결정했는지 그리고 결정한 방향으로 가고 있는지 되돌아보면 상황을 개선하는 데 많은 도움이 될 것이다. 건투를 빈다.

위선주

머리말

어떤 이유에선지 린 스타트업 운동은 자동차 스티커 문구에 어울릴 만한 표현을 많이 만들어냈다. 이 책의 독자라면 비즈니스 용어 목록에 추가된 유명한 린 스타트업 용어 몇 개 정도는 알고 있을 것이다. 방향전환피벗, pivot, 최소 존속 제품minimum viable product, MVP, 구축—측정—학습, 지속적 배포, 혹은 스티브 블랭크의 GOOB[1] 같은 유명한 표현 말이다. 어쩌면 옷장 속에 이런 문구가 적힌 티셔츠 한 장쯤 있을지도 모르겠다.

나는 지난 몇 년을 이런 개념을 알리는 데 노력해 왔다. 따라서 이런 개념의 중요성을 깎아 내리려는 의도로 이런 말을 하는 것이 아니다. 우리는 일하는 방식이 바뀌는 전환기에 살고 있으며 이런 개념은 그 변화의 핵심 요소다. 지금까지 린 시리즈로 출간된 책들은 피상적인 자동차 스티커 문구를 넘어 세부사항을 깊이 다룸으로써 이런 변화에 생명력을 불어넣어주고 있다.

이 책은 이런 사명을 완전히 새로운 수준으로 끌어올렸다.

표면적으로 이 새로운 세계는 흥미진진하고 과감해 보인다. 혁신, 신성장동력, 제품/시장 적합성의 영광, 실패와 방향전환의 고뇌, 이 모든 것이 시선을 뗄 수 없는 한 편의 드라마다. 그러나 이 모든 일은 훨씬 더 지루한 것들, 즉 회계, 수식, 지표로 구성된 토대를 필요로 한다. 그리고 전통적인 회계 지표는 – 혁신의 불확실성에 적용하는 경우 – 놀라울 정도로 위험하다. 우리는 이런 지표를 허상 지표vanity metrics라고 부르는데, 이런 지표는 여러분을 잠시 비행기에 태워줄지는 모르지만 실제로는 상황을 심각하게 오도한다. 이런 지표를 피하려면 완전히 새로운 회계 방식이 필요한데, 나는 이를 '혁신 회계'라고 부른다.

사실 창업가로서 나는 회계 과목에는 흥미가 없다. 솔직히 내가 운영한 많은 회사의 회계는 믿기 어려울 정도로 단순했다. 매출, 이익, 잉여현금흐름Free Cash Flow, FCF, 이 모든 것이 제로였으니까.

그러나 회계는 현대 경영 기법의 핵심이다. 프레데릭 윈슬로 테일러Frederick Winslow Taylor 시대 이래로 우리는 관리자들의 능력을 평가할 때 예상치와 결과치를 비교해 왔다. 계획

---

[1] 역자주_ 사무실 밖으로 나가기, getting out of the building의 약어

을 달성하면 승진한다. 계획을 달성하지 못하면 주가는 하락한다. 어떤 종류의 제품은 이런 방식이 잘 맞는다. 정확한 예상치를 도출하려면 오랫동안 안정적으로 운영해 온 기간이 필요하다. 운영 기간이 길고 사업의 변동성이 적을수록 정확하게 전망할 수 있다.

그런데 과연 오늘날 세계가 점점 더 안정되어 가고 있다고 생각하는가? 상황이 바뀌거나 우리가 완전히 새로운 제품을 출시하여 상황을 바꾸려고 시도할 때면 언제나 정확한 예측은 거의 불가능해진다. 그럼 그런 척도가 없을 때 일이 제대로 진행되고 있는지 어떻게 평가할 수 있는가? 부적절한 제품을 열심히 개발하고 있다면 정해진 시간과 예산 내에서 만든다고 한들 무슨 소용이 있는가? 이것이 창업가와 운영자 그리고 투자자로서 우리 자신을 위해 그리고 우리가 관리하는 팀을 위해 진행 상황을 측정하는 방법을 새롭게 이해해야 하는 이유다.

이 새로운 업무 방식의 시대에 성공하기 위해 회계 혁명이 요구되는 이유도 바로 이 때문이다. 그리고 이 책의 저자들은 지표와 분석에 대한 최고의 이론을 연구·조사하고 자세한 사례를 소개했으며 언제 어떤 지표가 중요한지 결정하는 고유의 체계를 제시하는 등 매우 어려운 일을 해냈다. 다양한 핵심 지표에 대해 사용할 수 있는 업계 전반의 벤치마크를 수집한 것만으로도 이들의 작업은 인정받을 가치가 있다.

이 책은 이론서가 아니라 새로운 성장 원동력을 탐색하고 있는 모든 실무 담당자를 위한 지침서다. 행복한 탐색이 되길 바란다.

에릭 리스 Eric Ries
2013년 2월 4일 샌 프란시스코에서

들어가며

린 스타트업 운동은 많은 창업가에게 경각심을 불러일으키고 있다. 이 운동은 사업 계획에서 가장 위험한 부분을 밝혀낸 다음 빠르고 반복적인 학습 주기를 통해 이 위험을 줄일 방법을 찾도록 도와준다. 이 운동이 주장하는 바는 '*만들 수 있는 것을 팔지 말고 팔리는 것을 만들어라*'라는 한 문장으로 압축될 수 있다. 이 말은 사람들이 무엇을 사고 싶어 하는지 파악하라는 말이다.

불행히도 사람들이 정말 원하는 것이 무엇인지를 알기란 어렵다. 심지어 본인도 자신이 무엇을 원하는지 모르기도 한다. 심지어 사람들이 무엇을 원하는지 말할 때도, 진심이 아니라 여러분이 듣고 싶어 하는 것을 추측해서 말하곤 한다.[1] 더군다나 창업가들은 대부분 다른 사람들이 어떻게 생각하는지에 대한 강한 선입견이 있다. 이 선입견은 어떤 방식으로든 창업가의 결정에 영향을 미친다.

그렇기에 분석이 필요한 것이다. 어떤 것을 측정하면 왜 그런지 이유를 설명할 수 있다. 물론 그러면 불편한 진실을 직시하게 된다. 대신에 아무도 원하지 않는 제품을 만드느라 시간과 돈을 낭비하지 않아도 된다.

『린 스타트업』(2012, 한빛미디어)은 사업 진행을 구조화하고 사업에서 가장 위험한 부분이 무엇인지 찾은 다음 사업을 수정할 수 있도록 그 부분에 대해 빠른 속도로 파악하는 데 도움이 된다. 이 책은 그런 사업 진행 상황을 측정하고 가장 중요한 질문을 던지며 명확한 대답을 빨리 얻는 데 이용할 수 있다.

이 책에서는 사업 모델과 성장 단계를 결정하는 방법을 알려준다. 그리고 현재 가장 중요한 하나의 지표를 찾는 방법에 대해 설명하고 언제 가속 페달을 밟고, 언제 급브레이크를 밟아야 하는지 알 수 있도록 목표 기준을 결정하는 방법도 알려준다.

린 분석은 어떤 문제가 정말 해결해야 할 문제인지 입증하고 고객을 파악하여 무엇을 만들지 결정하고 매각에 유리하게 회사를 포지셔닝하는 등 사업이 어떤 단계에 있든 대시보드 역할을 해줄 것이다. 린 분석을 적용한다고 해서 반드시 데이터에 따라 행동하게 되

---

[1] http://www.forbes.com/sites/jerrymclaughlin/2012/05/01/would-you-do-this-to-boost-sales-by-20-or-more/

지는 않겠지만 데이터를 전면에, 그리고 중심에 놓기 때문에 데이터를 무시하기 어려워지고 데이터와 완전히 동떨어진 결정을 내리지 않게 된다.

누구에게 필요할까?

이 책은 혁신적인 것을 개발하고 싶어 하는 창업가들을 위한 책이다. 우리는 아이디어 생성에서 제품/시장의 적합성 달성과 그 이후에 이르기까지 분석 과정을 알려줄 것이다. 따라서 이 책은 스타트업을 막 시작하는 사람들과 이미 스타트업을 운영 중인 사람들 모두에게 도움이 된다.

웹 분석가들과 데이터 과학자들에게도 이 책이 도움을 줄 수 있다. 왜냐하면 전통적인 '퍼널 시각화'를 뛰어넘어 이들의 작업을 더 의미있는 비즈니스 논의와 연결하는 방법을 보여주기 때문이다. 이와 비슷하게 제품 개발, 제품 관리, 마케팅, 홍보, 투자 업무에 종사하는 비즈니스 전문가들에게도 이 책의 내용 중 많은 부분이 도움이 될 것이다. 스타트업을 이해하고 평가하는 데 유용하기 때문이다.

이 책에서 다루는 도구와 기법은 대부분 처음에는 소비자용 웹 애플리케이션에 적용되었지만 지금은 독립적인 지역 사업체, 선거관리자, B2B 스타트업, 시스템을 내부로부터 바꾸려고 하는 공무원, 그리고 대규모 조직 안에서 혁신을 꾀하는 '내부 창업가'[2]에 이르기까지 훨씬 폭넓은 분야에 적용할 수 있다.

이 점에서 이 책은 조직을 더 효율적으로 바꾸고자 하는 사람이라면 누구에게나 도움이 된다. 이 책을 쓰면서 우리는 소규모 가족형 기업에서부터 글로벌 기업, 신생 스타트업, 캠페인 기획업체, 자선단체, 심지어 종교단체에 이르기까지 린 경영과 린 분석 기법을 조직 업무에 적용하고 있는 다양한 조직과 이야기를 나누었다.

---

2 내부 창업가란 큰 조직 안에서 창업하는 사람을 말하며, 재무적인 어려움보다는 사내 정치 면에서 어려움을 겪는 경우가 많고 내부로부터 변화를 꾀한다.

어떤 내용으로 구성되어 있는가?

이 책에는 많은 정보가 들어 있다. 우리는 백 명이 넘는 창업가, 투자자, 내부 창업가, 혁신가들과 인터뷰했고 많은 이들이 자신의 이야기를 들려주었다. 그리고 우리는 30건이 넘는 사례 연구를 이 책에 담았다. 또한 즉시 적용할 수 있는 모범 실무 패턴도 십여 개 실었다. 이 책은 크게 네 부분으로 구성된다.

- 1부는 린 스타트업과 기본적인 분석 개념에 대한 이해, 데이터를 참고하는 data informed 사고 체계에 초점을 두었다. 여기서는 스타트업 구축을 위한 여러 가지 기존 체계를 살펴보고 분석에 초점을 둔 우리 고유의 체계를 소개한다. 즉, 린 분석 세계의 입문에 해당하는 부분이다. 1부를 읽고 나면 분석의 기본적인 내용을 잘 이해하게 될 것이다.
- 2부에서는 린 분석을 스타트업에 적용하는 방법을 설명한다. 여섯 개의 사업 모델을 살펴보고, 적절한 제품과 최상의 목표 시장을 발견하는 과정에서 어떤 스타트업이든 거치게 되는 다섯 단계에 대해 살펴본다. 또한 여러분의 사업에 가장 중요한 지표를 찾는 방법도 살펴본다. 이 부분을 읽고 나면 여러분이 과연 어떤 종류의 사업을 운영하고 있는지, 어떤 단계에 있는지, 무엇을 해야 할지 알게 될 것이다.
- 3부에서는 정상적인 수준이란 무엇인지 살펴본다. 기준이 없으면 현재 여러분이 잘하고 있는지 아닌지 알기 힘들다. 이 부분을 읽으면 핵심 지표의 기준치를 알게 되고 목표치를 정하는 법을 배우게 된다.
- 4부에서는 소비자와 사업에 초점을 두는 기업 문화를 바꾸면서 린 분석을 조직에 적용하는 방법을 설명한다. 데이터 주도적 접근 방식은 스타트업이 아니라도 적용할 수 있다.

대부분의 장은 끝에 그 장의 내용을 적용해보도록 과제를 제시했으니 스스로 답해보기 바란다.

미리 알아보는 관련 개념

린 분석은 어느 날 갑자기 하늘에서 뚝 떨어진 것이 아니다. 린 분석은 린 스타트업의 연장선에 있으며 고객 개발 및 앞서 나온 다른 개념들의 영향을 많이 받았다. 린 분석을 살펴보기 전에 이런 관련 개념들을 이해할 필요가 있다.

고객 개발[3]

고객 개발은 창업가이자 교수인 스티브 블랭크Steve Blank가 만든 용어로, 제품과 기업 구축에 사용되던 '일단 만들어 놓으면 고객이 찾아올 것이다'라는 구태의연한 폭포수 방법론을 직접 비판하는 개념이다. 고객 개발은 제품과 사업의 방향에 큰 영향을 주는 지속적인 피드백을 입수하는 데 매 순간 초점을 맞춘다.

스티브 블랭크는 그의 저서 『The Four Steps to the Epiphany』에서 고객 개발을 처음으로 정의했고 『The Startup Owner's Manual』에서 밥 도르프Bob Dorf와 함께 개념을 다듬었다. 스타트업에 대한 블랭크의 다음 정의는 그의 연구에서 가장 중요한 개념 중 하나다.

> 스타트업이란 확장할 수 있고 반복할 수 있는 사업 모델을 찾기 위해 만들어진 조직이다.

이 책을 읽는 동안 이 정의를 염두에 두기 바란다.

린 스타트업

에릭 리스는 고객 개발, 애자일 소프트웨어 개발 방법론, 린 제조 방식을 결합해 제품 및 사업을 신속하고 효율적으로 개발하기 위한 체계를 세우면서 린 스타트업 프로세스를 정의했다.

에릭 리스의 결과물은 처음에는 신생 기업에 적용되었지만 지금은 모든 규모의 조직에서 파괴와 혁신을 위해 사용되고 있다. '린lean'이란 저렴하거나 규모가 작다는 의미가 아니라 낭비를 없애고 신속하게 움직이는 것을 말하는데, 이것은 어떤 규모의 조직이든지 도움이 된다.

린 스타트업의 핵심 개념 중 하나는 *구축 → 측정 → 학습*인데, 비전 수립에서부터 제품 기능 개발과 영업 채널 및 마케팅 전략 개발에 이르기까지 모든 것에 이 과정을 적용할 수 있다(그림 P-1 참조). 이 책은 이 주기 중에서 측정 단계에 초점을 두고 있다. 이 주기를 빠르게 반복할수록 적절한 제품과 시장을 더 빨리 찾을 수 있다. 그리고 잘 측정할수록 성공 확률은 더 높아진다.

---

[3] 감수자주_ http://ko.wikipedia.org/wiki/고객_개발

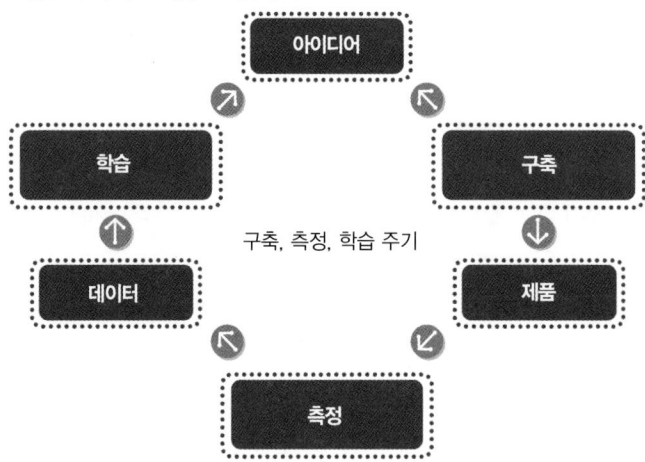

그림 P-1 구축 → 측정 → 학습 주기

구축, 측정, 학습 주기

이 주기는 제품을 개선하는 방법이면서 동시에 현실을 확인하는 좋은 방법이기도 하다. 필요한 최소 기능의 제품을 구축하는 것은 에릭 리스가 말하는 *혁신 회계*의 일부인데, 혁신 회계는 현재 여러분의 상황을 객관적으로 측정하는 데 도움이 된다. 린 분석은 혁신을 정량화하는 방법으로서 지속적으로 현실을 확인하도록, 다시 말해 현실을 있는 그대로 파악하도록 돕는다.

그 외의 정보

이 책과 관련된 출판사 및 책의 웹사이트는 다음을 참고하기 바란다.

- 오라일리 : http://oreil.ly/lean_analytics
- 한빛미디어 : http://www.hanbit.co.kr/book/look.html?isbn=978-89-6848-069-0
- 저자 운영 웹사이트 : http://leananalyticsbook.com

기타 책에서 자주 사용하는 용어는 APPENDIX A(478쪽)에 설명해두었다.

감사의 말

이 책을 쓰는 데는 1년이 걸렸지만 이 책에 담은 내용을 이해하고 숙지하는 데는 수십 년이 걸렸다. 이 책은 온라인과 오프라인으로 자신의 이야기를 들려준 수십 명의 창업가, 투자자, 혁신가들과의 공동 노력의 결과라고 볼 수 있다. 이 책에서 훌륭한 부분이 있다면 그것은 피드백을 제공해준 수백 명의 린 분석 블로그 회원들과 우리(저자들)의 개인 블로그 방문자들 덕분이다. 혹시 이 책에 부족한 부분이 있다면 모두 저자인 우리 탓이다.

매리 트레셀러는 독자들의 대변인 역할을 했고 우리가 너무 어려운 전문 용어를 사용하면 이를 지적해줬다. 우리 가족들은 놀라울 정도의 인내심을 보여주었고 원고를 여러 번 읽고 교정해주었다. 우리는 몇몇 중요한 장의 초기 교정본을 검토자들에게 보냈는데, 이들은 가정의 유효성을 살펴주고, 수식을 확인해주었으며 많은 이들이 유용한 피드백을 기대 이상으로 많이 제공해주었다. 함께 검토해줬던 이들은 실질적으로 공동저자나 다름없다. 넛지 디자인의 소냐 가발라는 우리 웹사이트를 훌륭하게 만들어주었고 오라일리 출판사의 프러덕션팀은 우리의 터무니없는 요구와 계속되는 수정 요청을 모두 수용해주었다. 그리고 토탕고Totango, 프라이스인텔리전틀리Price Intelligently, 차트비트Chartbeat, 스타트업컴퍼스Startup Compass와 그 외 여러 사람들은 익명 처리된 고객 데이터를 분석해서 SaaS, 가격 정책, 인게이지먼트engagement, 평균 지표 등을 우리가 파악할 수 있도록 도와주었다.

그러나 무엇보다도 우리 생각에 이의를 제기하고 우리와 의견을 나누고 자신의 속내를 털어놓고 스타트업의 좋은 부분과 나쁜 부분을 이야기해준 사람들에게 감사의 말을 전하고 싶다. 대체로 이런 이야기는 회사의 승인을 얻어야 공개할 수 있었는데 몇몇은 최대한 노력했음에도 불구하고 승낙을 얻지 못했다. 언젠가 그 이야기도 보따리를 풀 수 있으리라 기대한다. 어쨌든 모든 피드백이 이 책을 쓰고 린 분석과 린 스타트업 방법론의 상호관계를 이해하는 데 많은 도움이 되었다.

jeff@jeffgothelf.com & josh@joshuaseiden.com

CONTENTS

이 책에 쏟아진 찬사 ··· 4
감수자의 말 ·· 11
옮긴이의 말 ·· 13
머리말 ·· 15
들어가며 ·· 17

PART Ⅰ 눈 가리고 아웅하지 말기

CHAPTER 1 우리는 모두 거짓말쟁이 ·· **35**
    린 스타트업 운동 ·· 36
    현실왜곡장에 구멍 내기 ·· 37

CHAPTER 2 다양한 지표 ·· **41**
    좋은 지표란 어떤 것인가 ·· 41
    정성적 지표와 정량적 지표 ··· 45
    허상 지표와 실질 지표 ·· 46
    탐색 지표와 보고 지표 ·· 49
    선행 지표와 후행 지표 ·· 53
    상관 지표와 인과 지표 ·· 54
    목표 수정 ·· 56
    고객 세분화, 코호트, A/B 테스트, 다변량 분석 ······························ 59
    린 분석 주기 ··· 63
    [과제] - 자신이 추적하는 지표 평가하기 ······································ 65

CHAPTER 3 어떤 일을 할 것인가 ··· **67**
    린 캔버스 ·· 68
    무슨 일을 해야 하는가 ·· 69
    [과제] - 린 캔버스 작성하기 ·· 72

CHAPTER 4 　데이터 주도적 접근법과 데이터를 참고하는 접근법 ·············· **73**
　　　　　　린 스타트업과 높은 비전 ································ 77

PART II 상황에 맞는 올바른 지표 찾기

CHAPTER 5 　다양한 분석 체계 ······································· **81**
　　　　　　데이브 맥클루어의 해적 지표 ························· 81
　　　　　　에릭 리스의 성장 엔진 ································ 83
　　　　　　애시 모리아의 린 캔버스 ······························ 85
　　　　　　숀 엘리스의 스타트업 성장 피라미드 ·················· 87
　　　　　　긴 퍼널 ·· 88
　　　　　　린 분석 단계와 게이트 ································ 90

CHAPTER 6 　가장 중요한 한 가지 지표 ······························ **93**
　　　　　　중요한 한 가지 지표를 사용해야 하는 네 가지 이유 ·········· 96
　　　　　　목표 기준 정하기 ······································ 99
　　　　　　삑삑이 장난감 ··· 100
　　　　　　[과제] – 여러분의 OMTM을 결정하라 ················· 101

CHAPTER 7 　어떤 사업을 하고 있는가 ······························ **103**
　　　　　　사용자에 대해서 ······································ 105
　　　　　　사업 모델 플립북 ····································· 108
　　　　　　여섯 가지 사업 모델 ·································· 111
　　　　　　[과제] – 여러분의 사업 모델을 찾아라 ·············· 112

CHAPTER 8 　사업 모델 1: 전자상거래 ································· **113**
　　　　　　실무 예제 ··· 118
　　　　　　오프라인과 온라인의 조합 ···························· 128
　　　　　　전자상거래 사업의 시각화 ···························· 129

	주의점: 전통적인 전자상거래와 가입자 기반 전자상거래	131
	핵심 내용	132
CHAPTER 9	사업 모델 2: SaaS	**133**
	인게이지먼트 측정	138
	이탈률	141
	SaaS 사업의 시각화	145
	주의점: 부분유료화, 단계별 서비스 및 기타 가격 모델	147
	핵심 내용	148
CHAPTER 10	사업 모델 3: 무료 모바일 앱	**149**
	앱 설치 건수	152
	사용자당 평균 매출	154
	돈을 쓰는 사용자의 비율	155
	이탈률	157
	모바일 앱 사업의 시각화	158
	주의점: 앱 내 구매와 광고	158
CHAPTER 11	사업 모델 4: 미디어 사이트	**161**
	광고 시청자와 이탈률	165
	광고 재고	166
	광고료	167
	콘텐츠와 광고의 트레이드오프	168
	미디어 사업의 시각화	168
	주의점: 숨은 제휴, 기본 클릭률, 광고 차단, 콘텐츠 유료화 장벽	168
	핵심 내용	172
CHAPTER 12	사업 모델 5: 사용자 제작 콘텐츠	**173**
	방문자 인게이지먼트	176
	콘텐츠 생성과 상호작용	176
	인게이지먼트 퍼널의 변화	178

생성된 콘텐츠의 가치	181
콘텐츠 공유와 바이럴 효과	181
알림 기능의 효과	182
UGC 사업의 시각화	184
주의점: 콘텐츠의 간접 생성	185
핵심 내용	186

CHAPTER 13 사업 모델 6: 양면 마켓플레이스 — **187**

구매자와 판매자 증가율	198
등록 상품 증가율	199
구매자의 검색	199
전환율과 고객 세분화	200
구매자와 판매자 평가	201
양면 마켓플레이스의 시각화	202
주의점: 닭이 먼저냐 달걀이 먼저냐, 사기 방지, 거래 유지, 경매	202
핵심 내용	205

CHAPTER 14 사업 단계 — **207**

여러분의 사업이 어떤 단계에 있는지 결정하라	211

CHAPTER 15 단계 1: 공감 — **213**

공감 단계의 지표	213
이것은 최고의 아이디어(해결할 가치가 있는 문제를 발견하는 법)	214
해결할 문제 찾기(문제 검증법)	215
수렴적 문제 인터뷰와 확산적 문제 인터뷰	223
문제가 정말 확실히 불편한지 어떻게 알 수 있는가	225
사람들은 현재 어떻게 문제를 해결하고 있는가	231
이 문제를 중요하게 생각하는 사람들이 충분히 있는가(시장 이해하기)	232
사람들이 문제를 인식하게 하려면 어떻게 해야 하는가	233
고객의 일상	234

정량적 분석 ·· 241
구축하기 전에 구축하라(솔루션을 검증하는 방법) ·················· 251
MVP를 발표하기 전에 ·· 253
MVP의 구성 요소 결정하기 ··· 254
MVP 평가 ·· 255
공감 단계 요약 ·· 260
[과제] - 다음 단계로 이동해도 좋은가 ································ 260

CHAPTER 16 단계 2: 흡인력 ··· **261**
MVP의 흡인력 ·· 261
MVP의 반복 개선 ·· 262
섣부른 바이럴 효과 추구 ·· 265
목표는 사용자 유지! ·· 266
사용자 피드백을 다루는 방법 ·· 274
최소 존속 비전 ·· 276
문제 - 솔루션 캔버스 ··· 279
흡인력 단계 요약 ··· 285
[과제1] - 다음 단계로 이동할 수 있는가 ····························· 285
[과제2] - 가장 중요한 문제를 파악했는가 ··························· 286

CHAPTER 17 단계 3: 바이럴 효과 ·· **287**
바이럴 효과의 세 가지 방식 ·· 288
바이럴 효과 단계의 주요 지표 ··· 290
바이럴 계수 외의 지표 ··· 292
바이럴 패턴의 측정 ·· 296
그로스 해킹 ·· 297
바이럴 효과 단계 요약 ··· 302
[과제] - 매출 단계로 이동할 수 있는가 ······························ 303

CHAPTER 18 단계 4: 매출 ··· 305
    매출 단계의 주요 지표 ··· 306
    동전 기계 ·· 306
    매출 패턴 찾기 ·· 310
    고객 생애 가치 > 고객 확보 비용 ·· 312
    시장/제품 적합성 ·· 316
    손익분기점의 기준 ·· 319
    매출 단계 요약 ·· 321

CHAPTER 19 단계 5: 확장 ··· 323
    중간의 함정 ·· 323
    확장 단계의 지표 ·· 324
    사업 모델이 옳은가 ··· 325
    확장하면서 규범 찾기 ··· 331
    확장 단계 요약 ·· 332

CHAPTER 20 사업 모델과 단계에 따라 추적할 지표가 결정된다 ··················· 333

PART III 목표 기준

CHAPTER 21 현재 상황 ·· 341
    평균으로는 충분하지 않다 ··· 344
    적정 지표 값 ··· 344
    성장률 ··· 345
    참여 사용자 수 ·· 347
    가격 지표 ·· 348
    고객 확보 비용 ·· 355
    바이럴 효과 ·· 356
    메일링 리스트 효과 ··· 358

작동시간과 신뢰성 ··· 359
웹사이트 인게이지먼트 ································· 360
웹 성능 ··· 361
[과제] – 스스로의 목표 기준을 정하라 ········· 362

CHAPTER 22 전자상거래: 목표 기준 ··················· 363
구매 전환율 ··· 364
장바구니 포기율 ··· 366
검색 효과 ··· 369

CHAPTER 23 SaaS: 목표 기준 ···························· 371
유료 서비스 가입 ·· 371
부분유료화 모델 대 유료 모델 ······················ 374
상향 판매와 매출 성장 ································· 377
이탈률 ··· 378

CHAPTER 24 무료 모바일 앱: 목표 기준 ············· 383
모바일 다운로드 ··· 383
모바일 앱의 크기 ··· 384
모바일 고객 확보 비용 ································· 385
앱 실행 개시율 ··· 388
활동 모바일 사용자 비율 ······························ 389
돈을 쓰는 모바일 사용자의 비율 ·················· 390
일일 활동사용자 평균 매출 ·························· 390
모바일 사용자당 월 평균 매출 ······················ 391
돈을 쓰는 사용자당 평균 매출 ······················ 392
모바일 앱의 평가 비율 ································· 393
모바일 고객 생애 가치 ································· 394

CHAPTER 25 미디어 사이트: 목표 기준 ·············· 397
클릭률 ··· 397

　　　　세션 대 클릭 비율 ·· 399
　　　　리퍼러 ·· 399
　　　　공유 ·· 402

CHAPTER 26 사용자 제작 콘텐츠: 목표 기준 ····················· **409**
　　　　콘텐츠 업로드 성공률 ··· 409
　　　　일일 웹사이트 체류시간 ··· 410
　　　　인게이지먼트 퍼널의 변화 ····································· 412
　　　　스팸과 나쁜 콘텐츠 ·· 417

CHAPTER 27 양면 마켓플레이스: 목표 기준 ····················· **419**
　　　　거래 규모 ·· 420
　　　　상위 10개 목록 ·· 423

CHAPTER 28 목표로 할 기준치가 없는 경우 ····················· **425**

PART IV 린 분석의 실무 적용

CHAPTER 29 기업 시장 ·· **431**
　　　　왜 기업 고객은 다른가 ··· 432
　　　　이미 사용 중인 제품 ·· 434
　　　　B2B 스타트업의 생애 주기 ··································· 437
　　　　그러면 어떤 지표가 중요한가 ······························· 445
　　　　요지: B2B 스타트업도 스타트업이다 ··················· 452

CHAPTER 30 사내 창업가 ·· **453**
　　　　통제 범위와 철도 사업 ·· 454
　　　　변화를 막기 위해 변화하거나 혁신 중인가 ········· 457
　　　　BCG 매트릭스 ·· 459
　　　　임원의 후원을 받으며 일하기 ······························ 463

사내 창업가를 위한 린 분석 단계 ·· 467

CHAPTER 31 **결론: 스타트업을 넘어서** ·· **473**
데이터를 중시하는 사내 문화를 어떻게 조성할 것인가 ·················· 474

APPENDIX A **이 책에서 자주 사용하는 용어** ··· **478**

APPENDIX B **참고문헌 및 추천도서** ··· **480**

INDEX ··· **481**

|사례 연구| 모아보기

에어비앤비 사진 서비스 – 성장 속의 성장 ·· 38
컨시어지 MVP란 무엇인가 ·· 38
서클오브맘즈, 성공으로 가는 길을 탐색하다 ··· 51
하이스코어하우스의 '활동사용자' 정의 방식 ··· 57
모즈, 더 집중하기 위해 더 적은 수의 KPI를 추적하다 ······························· 94
솔래어, 소수의 핵심 지표에 집중하다 ··· 97
와인익스프레스, 방문자당 매출을 41% 증가시키다 ································· 122
백어피파이의 고객 생애 주기 학습 ·· 136
클리어핏, 월정액 서비스 중단 후 사용자 수가 10배 증가하다 ················· 145
듀프로프리오가 주시하는 지표 ··· 189
클라우드9 IDE, 기존 고객을 인터뷰하다 ··· 229
라이크브라이트, '미케니컬턱' 이용해 테크스타 프로그램에 선정되다 ·· 242
로컬마인드, 트위터를 이용하다 ·· 252
스태틱픽셀, 주문 절차 중 한 단계를 삭제하다 ·· 258
퀴디크, 사용자 추가 방식을 바꾸다 ·· 263
랠리소프트웨어가 린 방식으로 새 기능을 구현한 방법 ··························· 270

VNN, 문제-솔루션 캔버스 이용해 사업 문제를 해결하다 ·········· 282
타임홉, 바이럴 효과 얻기 위해 콘텐츠 공유 이용해 실험하다 ·········· 293
Parse.ly와 매출 강화로의 방향 전환 ·········· 313
버퍼, 흡인력 단계에서 (매출 단계를 지나) 확장 단계로 이동하다 ······· 326
WP엔진, 취소율이 2%라는 사실을 발견하다 ·········· 342
소셜라이트, 가격 정책의 기본 지표를 발견하다 ·········· 350
오피스드롭의 핵심 지표: 유료 사용자의 이탈률 ·········· 379
신시어리, 모바일 고객 확보의 어려움을 알게 되다 ·········· 386
JFL Gags, 유튜브를 이기다 ·········· 403
레딧(1) - 링크에서 커뮤니티까지 ·········· 410
레딧(2) - 레딧 골드 서비스를 만들다 ·········· 415
잇치가 추적하는 지표 ·········· 420
코래디언트는 어떻게 시장을 발견했는가 ·········· 440
스위퍼, 화학적 접근 방식을 포기하다 ·········· 461
도리토스, 맛을 선택하다 ·········· 462
EMI, 데이터 이용해 고객을 이해하다 ·········· 464

Part I

눈 가리고 아웅하지 말기

이 책의 1부에서는 사업이 성공하려면 왜 데이터가 필요한지 살펴본다. 그리고 정성적 데이터와 정량적 데이터, 허상 지표, 상관관계, 코호트, 시장세분화, 선행 지표 같은 분석의 기본 개념을 설명한다. 또한 지나치게 데이터 주도적인 접근법이 어떻게 위험한지에 대해서도 살펴보고 마지막으로 어떤 일을 하며 살지에 대해서도 가볍게 다룰 것이다.

'…이다(is)'라는 단어의 의미가 문제다.

_빌 클린턴 william Jefferson Clinton

Part I

눈 가리고 아웅하지 말기

CHAPTER 1

우리는 모두 거짓말쟁이

인정할 건 인정하자. 여러분은 거짓말을 한다.

정도의 차이는 있지만 우리는 모두 거짓말을 한다. 그중에서 창업가는 정도가 가장 심한 편에 속한다.

창업가는 특히 자신을 잘 속인다. 속이는 것은 어쩌면 창업가로 성공하기 위한 필수조건일지도 모른다. 어쨌든 여러분은 제대로 된 결정적 증거도 없이 어떤 것이 진실이라고 사람들을 설득해야 한다. 여러분에게는 무조건 믿어주는 이런 사람들이 필요하다. 스타트업을 운영하며 필연적으로 겪는 기복을 견뎌내려면 창업가는 반쯤은 망상에 가까운 상태라야 한다.

그중 작은 거짓말은 필수적이다. 작은 거짓말이 모여서 여러분 주위에 현실왜곡장을 만드는데 현실왜곡장은 창업가에게 반드시 필요하다. 그러나 만약 자신의 거짓말이 만들어낸 거품을 스스로 믿기 시작하면 더는 살아남을 수 없다. 거짓말의 거품에 너무 깊이 빠져든 나머지, 거품이 벽에 세게 부딪혀 꺼진 뒤에야 거품에서 빠져나올 수 있을 것이다.

어느 정도는 스스로 자신을 속일 필요도 있지만 사업을 위험에 빠뜨릴 정도라면 곤란하다.

바로 이런 이유로 데이터가 필요하다.

아무리 그럴 듯한 망상이라도 냉혹한 데이터의 위력 앞에서는 힘을 잃는 법이다. 거짓말에 대응하려면 분석이 필요하다. 거짓말이 거품의 양(陽)이라면 분석은 음(陰)이다. 좀 더 보태면 데이터 주도적인 학습은 스타트업의 성공에 주춧돌 역할을 한다. 데이터 주도적인 학습을 하다 보면 어떤 것이 효과적인지 알게 되고 반복 과정을 통해 자금이 바닥나기 전에 올바른 제품과 시장을 향해 사업을 이끌어갈 수 있다.

직감을 이용하는 것이 나쁘다는 이야기가 아니다. 직감은 영감을 준다. 스타트업을 운영하는 내내 직감에 귀 기울이고 이용할 필요가 있다. 그러니 직감을 무시하지 말기 바란다. 직감은 중요하다. 단, 직감을 테스트할 필요는 있다. *직감이 실험이라면 데이터는 증거다.*

린 스타트업 운동

상상 이상으로 혁신은 힘든 일이다. 기존의 산업을 파괴하고자 하는 고독한 스타트업이든, 현상 유지에 도전장을 던지고 기업이라는 가상의 적을 공격하며 관료주의라는 장애물을 헤쳐나가고자 하는 문제 직원이든, 혁신은 어려운 일이다. 우리는 알고 있다. 창업은 미친 짓이며 허무맹랑한 짓으로 보이기 십상이란 것을!

린 스타트업은 새로운 것을 창조하는 일을 좀 더 엄밀히 수행할 수 있는 체계를 제공한다. 린 스타트업 모델을 따르면 지적인 정직함intellectual honesty을 추구하게 된다. 거짓말이 힘들어지며, 특히 자신에게 거짓말하는 건 더 힘들어진다.

린 스타트업 운동이 최근 들어 각광을 받는 것은 기업을 구축하는 방식이 근본적으로 바뀌고 있기 때문이다. 어떤 제품의 첫 버전을 만드는 비용이 이전보다 매우 저렴해지고 있다. 클라우드를 무료로 사용할 수 있고 소셜 미디어도 무료다. 뿐만 아니라 경쟁사나 경쟁 제품에 대한 정보도 무료로 조사할 수 있다. 심지어 요금 청구와 거래에 따른 비용도 무료다.[1] 우리는 디지털 세계에 살고 있고 데이터 비트는 무료다.

---

1 여기에서 '무료'라고 말할 때는 '상당한 규모의 초기 투자가 필요 없다'는 의미다. 클라우드 서비스와 요금 청구 대행 서비스 중에는 일단 여러분의 사업이 본격화되면 요금을 청구하는 경우가 많다. 때로는 여러분이 직접 이런 일을 수행하는 비용보다 더 비싼 요금을 청구하기도 한다. 그러니 여기서 '무료'라는 말은 제품/시장 적합성을 찾기 전까지는 비용을 지출할 필요가 없다는 의미다. 여러분이 페이팔PayPal, Google 지갑, 이벤트브라이트Eventbrite 혹은 다른 전자 지불/결제 시스템을 이용한다면 여기서 발생하는 비용을 가격 체계에 반영시켜 여러분의 고객이 이 비용을 부담하도록 만들면 된다.

그 결과 일단 제품이나 기능을 구현한 후에 효과를 측정하고 거기에서 교훈을 얻은 다음 더 좋은 제품을 구축할 수 있게 되었다. 현재 아이디어를 계속 밀고나갈지 아니면 다른 아이디어로 바꿀지의 여부를 일찌감치 결정하고 이런 과정을 빨리 반복할 수 있다. 바로 여기에서 분석이 중요한 역할을 한다. 뭔가를 우연히 배우게 되는 경우는 별로 없다. 학습은 린 프로세스의 일부분이다.

경영학의 대가 피터 드러커는 "측정할 수 없는 것은 관리할 수 없다"는 유명한 말을 남겼다.[2] 이 말이 가장 잘 들어맞는 것이 린 모델이다. 린 모델을 통해 창업가는 제품을 개발하고 시장 진출 전략을 세우며 고객의 니즈를 파악하는 시스템을 구축하는 이 모든 일을 동시에 수행할 수 있다.

현실왜곡장에 구멍 내기

대부분의 창업가는 힘든 고비를 여러 번 넘기게 마련이다. 사업에 어려움이 전혀 없는 것도 뭔가 이상하지 않은가? 어쩌면 큰 성공을 위해 감수해야 할 위험을 회피하고 있는 것인지도 모른다.

그러나 롤러코스터 같은 기복을 겪던 스타트업이 마침내 궤도에서 탈선하는 순간을 맞이하게 된다. 완전히 실패한 것이다. 남은 일이라고는 웹사이트를 폐쇄하고 은행 계좌를 닫는 것밖에 없다. 창업가는 어찌할 바를 몰라 하고 눈앞의 난관은 너무 크게 다가온다. 상황은 그렇게 종료된다. 실패한 것이다.

창업가는 실제 궤도에서 벗어나기 오래 전부터 이렇게 될지 알고 있었을 것이다.

삐걱거리는 잡음을 감지했으나 당시에는 현실왜곡장에 갇혀 주위를 둘러보지 못하고 자신만 믿은 채 계속 나갔을 것이다. 그 결과 자신에게 내내 거짓말을 하다가 어느 순간 시속 1백만 마일의 속도로 벽에 부딪히고 마는 것이다.

현실왜곡장이 중요하지 않다는 말이 아니다. 우리는 현실왜곡장에 구멍을 몇 개

---

[2] 『피터 드러커의 매니지먼트 세트: 경영자가 꼭 알아야 할 현대 경영학의 모든 것』(Management: Tasks, Responsibilities, Practices)에서 피터 드러커는 "생산에 대한 목표가 없으면 사업은 방향성을 잃는다. 생산성을 측정하지 않으면 사업을 관리할 수 없다"고 말했다.

내고 싶다. 그리고 그걸과 탈선을 미리 예상하고 너무 늦기 전에 피하기 바란다. 여러분이 현실왜곡장에 덜 의지하고 린 분석에 좀 더 의지하기 바란다.

| 사례 연구 | **에어비앤비 사진 서비스 – 성장 속의 성장**

에어비앤비는 놀라운 성공을 거둔 사례다. 여행자에게는 호텔의 대안이 될 수 있는 숙소를 제공하고, 임대할 방/아파트/주택이 있는 사람에게는 새로운 수입원을 제공하는 이 회사는 불과 몇 년 사이에 여행업계의 강자가 되었다. 2012년에 에어비앤비 서비스는 500만 박(泊)이 넘는 예약 성과를 올렸다. 그러나 에어비앤비는 작은 규모로 시작했고 린 스타트업 방식을 고수하는 에어비앤비 창업자들은 매우 체계적인 접근법을 도입했다.

2012년 사우스바이사우스웨스트[SXSW] 행사에서 에어비앤비의 제품 담당 조 자데[Joe Zadeh]는 에어비앤비의 *전문 사진 촬영* 서비스에 대해 놀라운 이야기를 들려주었다.

전문 사진 촬영 서비스는 다음과 같은 가설에서 출발했다. '전문적인 사진을 제공하는 숙소는 더 많은 예약을 받을 것이다. 그리고 숙소 주인들은 전문가의 숙소 사진 촬영 서비스를 신청할 것이다.' 에어비앤비의 창업자들은 직감적으로 전문 사진이 사업에 도움이 되리라고 생각했다. 그러나 이 생각을 당장 구현하는 대신 빠르게 가설을 테스트해보기 위해 컨시어지(편의 제공) 최소 존속 제품[MVP]을 만들었다.

> **컨시어지 MVP란 무엇인가**
>
> 최소 존속 제품[MVP]은 시장에 약속한 가치를 제공하는 최소한의 제품이다. 그러나 이 정의의 어디에도 제품이 실제로 존재해야 한다는 말은 없다. 예를 들어 출퇴근용 카풀 서비스를 구축할 생각이라면 [소프트웨어로 개발할 것이 아니라] 운전자와 승객을 사람이 직접 수동으로 연결시켜줄 수도 있다.
>
> 이것이 컨시어지 접근법이다. 이 접근법에서는 심지어 최소한의 제품조차도 구축할 필요가 없다. 생각해봐야 할 위험 인자는 '과연 사람들이 다른 사람이 운전하는 차를 타려고 할 것인가?'이지 '운전자와 승객을 연결해주는 소프트웨어를 개발할 수 있을까?'가 결코 아니다. 컨시어지 MVP는 확장하기는 힘들지만 단기적으로 보면 빠르고 쉬운 접근법이다.

근래에는 스타트업을 시작하는 비용이 저렴해져서 비용이 거의 안 드는 경우도 있다. 이때 사람들의 관심이야말로 정말 희소성 높은 자원이다. 컨시어지 접근법을 사용해 처음 몇몇 고객을 대상으로 드러나지 않게 테스트해 보면 여러분이 예상했던 니즈가 실제로 존재하는지 확인할 수 있다. 또한 사람들이 정말로 이용하는 것이 무엇인지 알아내고, 프로그램을 개발하거나 직원을 채용하기 전에 프로세스를 정리할 수 있다.

에어비앤비의 MVP에 대한 첫 테스트에서 전문적으로 촬영한 사진을 제공하는 숙소를 평균보다 *두세 배*나 많이 여행자들이 예약한다는 결과가 나왔다. 이로써 창업자들의 첫 번째 가설이 입증되었다. 그리고 숙소 주인들은 전문 사진을 찍어주겠다는 에어비앤비의 제안을 열렬히 환영했다.

2011년 중반부터 말까지 에어비앤비는 20명의 사진가들에게 의뢰해 숙소 사진을 찍게 했다. 거의 같은 기간 동안 예약 일수는 급증했다(그림 1-1 참조).

그림 1-1 전문 사진 촬영 서비스 제공 결과

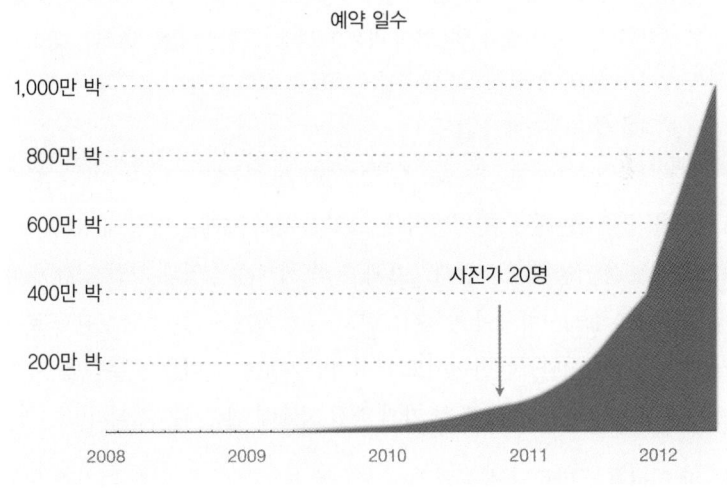

에어비앤비는 이어서 추가 실험을 실시했다. 이번에는 사진의 진정성을 강조하기 위해 워터마크를 삽입했다. 숙소 주인이나 잠재적인 임대자가 고객지원센터에 요청하면 서비스 차원에서 전문 사진 촬영 서비스를 무료로 제공하고 사진 품질의 요건도 높였다. 그 과정에서 에어비앤비는 매번 결과를 측정하고 필요하면 프로세스를 수정했다. 에어비앤비가 추적한 핵심 지표는 월 촬영 횟수였다. 전문 사진이 많을수록 예약이 많아진다는 사실이 컨시어지 MVP를 통해 이미 입증되었기 때문이었다.

2012년 2월을 기준으로 에어비앤비는 매달 거의 5,000개의 숙소를 촬영하고 있고 전문 사진 촬영 서비스의 성장을 가속화하고 있다.

요약
- 에어비앤비 창업자들은 잘 찍은 숙소 사진을 제공하면 예약이 증가할 것이라고 직감했다.
- 이들은 컨시어지 MVP를 통해 이 아이디어를 테스트했고 최소한의 노력으로 유효한 결과를 얻었다.
- 실험에서 좋은 결과를 얻게 되자 이들은 필요한 요소를 구현한 다음 모든 고객에게로 서비스를 확대했다.

분석적 교훈
때로는 예상치 못했던 요소 덕분에 사업이 성장할 때가 있다. 좋은 아이디어를 찾았다고 생각되면 되도록 빨리 최소한의 비용으로 테스트할 방법을 찾아라. 테스트 결과의 성공 여부를 어떤 근거로 판단할지 기준을 정하고 만약 성공적이라면 그 다음에 무엇을 할지 생각해야 한다.

'린'은 사업을 구축하는 훌륭한 방법이다. 그리고 분석 체계는 항상 데이터를 수집하고 분석하는 걸 가능하게 해준다. '린'과 분석 체계는 창업과 기업 성장에 대한 사고방식을 근본적으로 바꾸어 놓는다. '린'과 분석 체계는 둘 다 단순한 프로세스가 아니라 사고방식이다. '린'하면서도 분석적인 사고란 올바른 질문을 품고 자신이 목표로 하는 변화를 가져다줄 한 가지 핵심 지표에 집중하는 것이다.

이 책은 데이터를 스타트업 성공의 핵심 요소로 받아들일 수 있게 지침과 도구와 근거를 제시하는 데 목적이 있다. *그리고 궁극적으로는 훌륭한 스타트업을 빨리 구축하기 위해 데이터를 어떻게 사용하는지 보여주고자 한다.*

CHAPTER 2

다양한 지표

분석의 본질은 사업에 매우 중요한 지표를 추적하는 것이다. 일반적으로 이런 지표가 중요한 이유는 사업 모델과 관련이 있기 때문인데 사업 모델이란 매출원, 비용, 고객 수, 고객 확보 전략의 효율성 등을 말한다.

스타트업에서는 어떤 사업을 추진할지 확실하지 않으므로 중요한 지표가 무엇인지는 항상 명확하지 않다. 분석의 대상이 되는 활동 또한 자주 바뀐다. 여러분은 올바른 제품이나 목표 고객을 찾기 위해 여전히 노력 중이다. 스타트업에서 분석의 목적은 *자금이 바닥나기 전에 올바른 제품과 시장을 결정하는 방법을 찾는 것*이다.

좋은 지표란 어떤 것인가

좋은 지표, 즉 여러분이 추구하는 변화를 이끄는 지표의 개략적인 특징은 다음과 같다.

좋은 지표는 상대적이다. 어떤 지표를 놓고 시대별, 사용자 그룹별, 경쟁자별로 비교할 수 있으면 상황을 이해하는 데 도움이 된다. '지난주보다 전환율이 증가했다'가 '전환율이 2%이다'보다 더 좋은 정보다.

좋은 지표는 이해하기 쉽다. 사람들이 지표를 기억하고 그 지표에 대해 대화를 나눌 수 없다면 데이터의 변화를 현실의 변화로 옮기기 어렵다.

좋은 지표는 비율로 표현된다. 회계사와 재무 분석가들은 몇 가지 비율[1]을 살펴보면서 회사의 재정 건전성을 한눈에 파악한다. 여러분에게도 이런 지표가 필요하다.

비율이 좋은 지표가 될 수 있는 이유는 다음과 같다.

- **비율은 행동에 반영하기 쉽다.** 자동차 운전을 한번 생각해보자. 이동한 거리도 정보가 될 수 있지만 시간당 이동 거리, 즉 속도를 알면 속도에 따라 다르게 행동할 수 있다. 목적지에 제 시간에 도착하기 위해 더 빨리 가야 할지 더 느리게 가야 할지 알 수 있기 때문이다.
- **비율은 비교의 속성이 있다.** 한 달에 걸쳐 특정 일일 지표를 비교해보면 어떤 현상이 일시적인지 아니면 장기적인 추세인지 알 수 있다. 자동차에서 속도는 하나의 지표가 되지만 현재 속도와 직전 한 시간 동안의 평균 속도를 비교해보면 지금 속도를 높이고 있는지 줄이고 있는지 알 수 있다.
- **비율은 다소 대조적인 요소들이나 내재된 갈등이 있는 요소들을 비교하기 좋다.** 자동차의 사례에서 주행거리를 교통 위반 스티커의 수로 나눈 것이 여기에 해당될 수 있다. 빨리 달릴수록 주행거리는 길어지지만 교통 위반 스티커를 더 많이 받게 된다. 이 비율을 보면 제한 속도를 어길지 말지 판단할 수 있다.

자동차는 잠깐 잊고, 무료 버전과 유료 버전의 소프트웨어를 개발한 스타트업을 한번 살펴보자. 이 회사는 신규 사용자를 확보하기 위해 풍부한 기능을 무료로 제공할지 아니면 이런 기능을 유료 사용자에게만 제공할지 선택해야 한다. 그래야 기능을 제공하는 데 소요되는 비용을 집행할 수 있다. 모든 기능을 갖춘 제품을 무료로 제공하면 매출이 줄어들 수 있는 반면, 반쪽짜리 제품을 제공하면 신규 사용자가 줄어들 수 있다. 전체적인 재무 건전성에 이런 선택이 어떤 영향을 주는지 이해하려면 이 두 가지를 다 반영한 지표가 필요하다. 그렇지 않으면 매출은 증가하지만 신규 사용자는 늘지 않는 결과를 초래할 수도 있다.

좋은 지표는 행동 방식을 바꾼다. 이것은 가장 중요한 조건이다. 지표 값의 변화에 따라 여러분은 무엇을 바꿀 것인가?

- 일 매출 등 '회계' 지표들은 정확한 예측에 도움이 되어야 한다. 린 스타트업 '혁신 회계'의 근간을 이루는 이 지표들은 현재의 사업 모델이 이상적인 사업 모델과 얼마나 근접한지, 그리고 실제 결과가 사업 계획에 수렴하고 있는지 보여준다.

---

[1] 여기에는 주가수익비율Price-to-Earnings Ratio, PER, 판매수익, 매출원가, 직원 일인당 매출 같은 기본 지표가 있다.

- 테스트 결과 등 '실험' 관련 지표들은 제품, 가격 체계, 시장의 최적화에 도움이 된다. 이런 지표 값의 변화에 따라 여러분의 행동도 상당히 달라질 수 있다. 데이터를 수집하기 전에 어떤 데이터 변화에 따라 어떤 행동을 어떻게 바꿀지 미리 합의해야 한다. 예를 들어 만약 분홍색 웹사이트의 매출이 다른 색 웹사이트보다 높으면 분홍색을 선택할 것이다. 그리고 응답자의 절반 이상이 어떤 기능에 대해 사용료를 지불하지 않겠다고 답하면 그 기능을 구현하지 않을 것이다. 여러분이 구성한 MVP가 주문을 30% 증가시키지 못하면 다른 사양의 MVP를 시도해야 한다.

지표의 기준치를 정하면 일을 할 때 우왕좌왕하는 일이 줄어든다. 좋은 지표는 사용자를 유지하고 입소문을 내고 고객을 효율적으로 확보하고 매출을 발생시키고 싶어 하는 여러분의 목표와 부합하며 바로 이런 이유 때문에 좋은 지표는 여러분의 행동을 바꾼다.

그러나 불행히도 항상 이렇게 되는 것은 아니다.

우리에게 『보랏빛 소가 온다』(재인, 2004)로 알려진 세스 고딘Seth Godin은 블로그의 '잘못된 지표 피하기'[2]에서 이런 사례를 몇 가지 들었다. 블로그 글을 보면 자동차 판매원의 사례도 나오는데, 재미있게도 바로 벤저민 요스코비츠(공동저자)가 최근에 이런 일을 겪었다.

벤이 새 차 구매 서류를 작성하고 있는 동안 자동차 판매원이 벤에게 이렇게 말했다고 한다. "다음 주쯤 차량 구매 관련 해피콜 전화를 받으실 겁니다. 보통 1~2분 정도 시간 내서 응답해주시면 되는데 판매원에 대해 평가해달라고 할 겁니다. 1점부터 5점까지 점수를 줄 수 있는데 5점 부탁해도 될까요? 혹시 오늘 제가 잘못한 점은 없었나요? 그런 점이 있었다면 죄송합니다. 그래도 꼭 5점 부탁합니다."

벤은 별로 신경 쓰지 않았고 전화도 오지 않았다. 세스 고딘은 이것을 '잘못된 지표'라고 부른다. 왜냐하면 이 자동차 판매원은 고객에게 좋은 서비스(경험)를 제공하려고 노력하기보다는 좋은 평가 점수(자동차 판매원에게 분명히 중요하다)를 부탁하는 데 더 중점을 뒀기 때문이다. 좋은 서비스를 제공하기 위해 평가 점수라는 것도 있는 것인데 말이다.

---

2 〈Avoiding false metrics〉, http://sethgodin.typepad.com/seths_blog/2012/05/avoiding-false-metrics.html

잘못된 방침 때문에 영업팀 전체가 이런 오류를 범하기도 한다. 앨리스테어 크롤(공동저자)은 어떤 회사의 영업 담당 임원이 계약 체결 건수나 체결된 계약의 수익이 아니라 진행 중인 계약 건수에 따라 분기별 임금을 결정하는 것을 본 적이 있다. 영업직 사원들은 대개 돈에 따라 움직인다. 이 회사 사원들도 당연히 돈을 좇아 움직였다. 그 결과, 계약 여부가 결정될 때까지 6개월이나 소요될 수도 있고 중도 취소되는 계약으로 업무량만 늘어났다. 차라리 그 시간을 양질의 잠재 계약들을 체결하기 위해 노력하는 데 썼더라면 훨씬 좋았을 것이다.

물론 앞서 살펴본 서비스업에서 고객 만족 지표나 영업 관리 지표는 사업 성공에 필수적이다. 그러나 행동이 바뀌려면 지표와 원하는 행동의 변화가 서로 관련이 있어야 한다. 만약 측정하는 지표가 여러분의 목표와 상관없고 결과적으로 행동 변화와 무관하다면 지표 측정은 시간 낭비에 지나지 않는다. 더 나쁜 것은 여러분이 스스로를 기만하고 모든 것이 잘 되고 있다고 믿어버릴 수 있다는 점이다. 이렇게 해서는 결코 성공할 수 없다.

지표에 대해 또 한 가지 주목할 점은 종종 한 쌍으로 지표를 측정한다는 것이다. 전환율(어떤 제품을 구입하는 사람들의 비율)은 구매시간(구매하는 데까지 소요되는 시간)과 관련이 있다. 이 두 지표를 함께 살펴보면 현금 흐름에 대해 많은 것을 알 수 있다. 이와 비슷하게 바이럴 계수$^{viral\ coefficient}$(사용자당 여러분의 서비스를 방문하게 만든 사람의 수)와 바이럴 주기(사용자가 다른 사람들로 하여금 여러분의 서비스를 방문하게 하기까지 소요된 시간)는 채택률$^{adoption\ rate}$에 영향을 미친다. 사업의 근간이 되는 숫자들을 들여다보기 시작하면 이렇게 짝을 이루는 지표들을 발견할 수 있고 이런 지표를 통해 매출, 현금 흐름, 사용자 채택 같은 핵심 지표를 가늠할 수 있다.

올바른 지표를 선택하려면 다음의 다섯 가지를 염두에 두어야 한다.

정성적 지표와 정량적 지표

정성적 지표들은 체계적인 실험이 아닌 관찰이나 경험에 바탕을 두며 실상을 보여주지만 비구조적이고 종합하기 힘들다. 정량적 지표는 숫자와 통계의 형태를 띠며 구체적인 수치를 제공하지만 정황 정보가 부족하다.

허상 지표와 실질 지표

허상 지표로 잠깐 동안 기분이 좋을 수는 있지만 행동을 바꿀 수는 없다. 실질 지표는 행동 방침을 선택할 때 도움을 줌으로써 행동을 바꾸게 한다.

탐색 지표와 보고 지표

탐색 지표는 추론에 기반을 두고 있으며 유리한 고지를 차지할 수 있도록 아직 알려지지 않은 내용을 찾는 데 목적이 있다. 반면에 보고 지표는 정상적이고 일상적인 경영 상황을 빠짐없이 알 수 있도록 만드는 데 목적이 있다.

선행 지표와 후행 지표

선행 지표는 미래를 예측할 수 있게 도와주고 후행 지표는 과거를 설명해준다. 선행 지표는 조치를 취할 수 있기 때문에 후행 지표보다 더 유용하다. 즉, 아직 소를 잃기 전이므로 외양간을 고칠 수 있다.

상관 지표와 인과 지표

두 지표 값이 함께 움직이면 이 두 지표 사이에는 상관관계가 있다고 본다. 반면에 한 지표가 다른 지표를 변하게 하면 이 두 지표 사이에는 인과관계가 있다고 본다. 만약 여러분이 원하는 것(가령 매출)과 여러분이 통제할 수 있는 것(가령 어떤 광고를 보여줄지) 사이에 인과관계를 찾을 수 있다면 여러분은 미래를 바꿀 수 있다.

분석가들은 사업을 이끄는 특정 지표를 분석하는데, 이것을 핵심 성과 지표[key performance indicators, KPIs]라고 부른다. 모든 산업에는 KPI가 있다. 가령 외식 사업의 KPI는 하루에 몇 인분의 식사를 팔았는지가 될 것이고, 투자자라면 투자수익률, 미디어 웹사이트의 경우라면 광고 클릭 수가 KPI가 될 것이다.

정성적 지표와 정량적 지표

정량적 데이터는 이해하기 쉽다. 정량적 지표는 우리가 추적하고 측정하는 숫자다. 예를 들어 스포츠 경기의 점수나 영화의 평가점수 같은 것이다. 어떤 것의 순위를 매기거나 수를 세거나 점수를 주면 정량화된다. 정량적 데이터는 과학적이고, (수학을 제대로 할 수 있다면) 종합할 수 있으며, 외삽법[3]으로 추정할 수 있고, 스프레드시트에 입력할 수 있다. 그러나 정량적 데이터만으로 사업을 시작할 수는 없다. 사람들에게 무엇이 불편한지 물으면 정량적으로 대답하겠는가? 이때 정성적 데이터가 필요하다.

정성적 데이터는 체계적이지 않고 주관적이며 부정확하다. 인터뷰와 토론 등이 여기에 해당된다. 정성적 데이터는 정량화하기 힘들다. 정성적 데이터는 쉽게 측정할 수도 없다. 정량적 데이터가 '무엇'과 '얼마나 많이'에 대한 답을 제공한다면 정성적 데이터는 '왜'에 대한 답을 제공한다. *정량적 데이터는 감정을 싫어하지만 정성적 데이터는 감정을 반영한다.*

여러분은 처음에는 정성적 데이터를 구하고 결과를 수치로 측정하지 않을 것이다. 대신 사람들, 구체적으로 말해 적절한 목표 시장의 잠재 고객이라고 생각되는 사람들과 이야기를 나눌 것이다. 여러분은 탐색할 것이며 *사무실 밖으로 나가* 사람들을 만날 것이다.

쓸모 있는 정성적 데이터를 얻으려면 준비가 필요하다. 잠재 고객들의 대답을 유도하거나 왜곡하지 않으면서 구체적인 질문을 던져야 한다. 여러분의 열정과 현실왜곡이 인터뷰 대상에게 영향을 주면 안 된다. 제대로 준비되지 않은 인터뷰는 왜곡되고 무의미한 결과를 낳을 수 있다.

허상 지표와 실질 지표

많은 회사들이 데이터 주도적[4]으로 data-driven 일한다고 주장한다. 그러나 이들은 '*데이터*'를 이용하기는 하지만 '*주도적*'이라는 단어에 주목하는 경우는 거의 없다. 실행에 옮길 수 없는 데이터는 허상 지표다. 어떤 지표가 여러분의 자부심을

---

3 역자주_ 어떤 변역 안에서 몇 개의 변수 값에 대한 함수 값이 알려져 있을 때 이 변역 외의 변수 값에 대한 함수 값을 추정하는 방법
4 역자주_ 여기서 '데이터 주도적'이라는 말은 데이터가 조직의 행동을 변화시킨다는 뜻이다.

만족시키는 데 그친다면 그 지표는 쓸모가 없다. 데이터는 정보를 제공해주고 방향을 제시해주며 사업 모델을 개선시키고 행동방침을 결정하는 데 도움이 되어야 한다.

어떤 지표를 볼 때마다 스스로에게 "이 정보로 내가 무엇을 할 수 있을까?"를 물어보라. 이 질문에 대답할 수 없다면 그 지표는 그다지 신경 쓸 필요가 없을지도 모른다. 조직의 행동을 변화시킬 지표가 무엇인지 골라낼 수 없다면 여러분은 데이터 주도적으로 일한다고 볼 수 없다. 그저 데이터의 늪에서 허우적대고 있을 뿐이다.

가령 '전체 가입자 수'에 대해 생각해보자. 이것은 허상 지표다. 이 숫자는 시간이 지날수록 증가하며 전형적인 '우상향' 그래프를 그린다. 이 지표는 사용자들이 무엇을 하는지, 또는 과연 이들이 우리에게 가치 있는지에 대해 알려주는 바가 전혀 없다. 그저 회원 가입만 하고 그 이후 영원히 나타나지 않을 수도 있다.

'전체 활동사용자' 지표는 활동사용자를 제대로 정의한다면 '전체 가입자 수'보다는 나은 지표지만, 이것도 마찬가지로 허상 지표다. 이 지표도 여러분이 일을 끔찍하게 그르치지만 않으면 시간이 흐르면서 으레 증가한다.

반면에 '활동사용자 비율'은 흥미로운 *실질 지표*다. 이 지표는 사용자들의 참여도를 알려주므로 매우 중요하다. 제품을 수정하면 이 지표가 바뀔 것이고, 제품이 좋은 방향으로 바뀌면 이 수치가 증가할 것이다. 이 지표를 기준으로 실험과 학습을 반복해서 제품을 개선시킬 수 있다.

또 다른 흥미로운 지표는 '특정 기간 동안 확보한 사용자 수'다. 이 지표는 특히 다양한 마케팅 방식을 비교할 때 유용하다. 예를 들어 첫 주에는 페이스북에 광고를 올리고, 둘째 주에는 레딧reddit.com, 셋째 주에는 구글 애드워즈Google AdWords, 넷째 주에는 링크드인LinkedIn에 광고를 게재하는 식으로 다양한 광고 매체를 비교할 수 있다. 이런 식으로 시간에 따라 구분하면 정확하지는 않더라도 비교적 쉽게 매체를 비교할 수 있다.[5] 그리고 행동에 반영할 수 있다.

---

[5] 이보다 더 좋은 방법은 네 개의 캠페인을 동시에 진행하면서 광고 매체별로 확보한 사용자들을 구분하는 것이다. 그러면 4주가 아니라 1주만에 답을 얻을 수 있고 계절적 요인 같은 다른 변수를 통제할 수 있다. 세분화와 코호트 분석은 뒤에서 자세히 살펴볼 것이다.

가령 페이스북 광고가 링크드인보다 결과가 좋으면 어떤 매체에 광고비를 투자할지 알 수 있는 것이다. 그렇다고 해서 실질 지표가 모든 것을 해결해주지는 않는다. 여러분이 무엇을 해야 할지 알려주지는 않기 때문인데, 가령 앞의 예에서 여러분은 광고 매체를 바꿔볼 수도 있고 가격 정책이나 마케팅 문구를 바꿔볼 수도 있다. 여기서 중요한 것은 수집한 데이터를 바탕으로 뭔가 행동을 취한다는 것이다.

| 패턴 |

주의할 허상 지표 8가지

우리는 시간이 흐르면서 숫자가 커지는 지표들을 선호하기 쉽다. 다음 8가지 지표는 피해야 할 악명 높은 허상 지표다.

1. **히트 수** 무지몽매하던 웹 초창기에 사용했던 지표다. 여러분의 웹사이트에 서버에서 가져올 파일들이 많으면 이 수치는 높게 나오기 마련이다. 히트 수 대신 사용자 수를 세야 한다.

2. **페이지뷰** 이것은 사용자가 웹페이지를 요청한 횟수를 세기 때문에 히트 수보다는 그나마 나은 지표다. 온라인 광고처럼 페이지뷰가 중요한 사업 모델이 아니라면 페이지뷰를 세는 대신 사용자 수를 세야 한다.

3. **방문 수** 이 지표는 한 사람이 백 번 방문하는 경우와 백 사람이 한 번 방문하는 경우를 구분하지 못한다. 그러므로 좋은 지표가 아니다.

4. **순 방문자 수** 이 지표는 홈페이지를 방문한 사람의 수를 알려줄 뿐이다. 이 방문자들이 웹사이트에서 무엇을 했는지, 왜 이 웹사이트에 머무는지, 혹은 이들이 이 웹사이트를 떠났는지의 여부는 전혀 알려주지 않는다.

5. **팔로어/친구/좋아요의 수** 팔로어와 친구가 여러분을 위해 뭔가 유용한 것을 하도록 만들 수 있다면 모를까, 팔로어와 친구 수를 세는 것은 누가 인기가 많은지 겨루는 것에 불과하다. 단순한 수는 의미가 없지만 여러분이 요청하는 일을 해줄 수 있는 팔로어가 몇인지 알 수 있다면 도움이 된다.

6. **사이트에 머무른 시간/페이지 수** 이 지표들은 사업이 이런 행동과 관련이 있지 않는 한 실제 인게이지먼트나 활동에 대해 알려주는 바가 거의 없다. 만약 고객들이 고객 지원 페이지나 불만을 토로하는 페이지에 오랫동안 머문다면 이런 지표가 높게 나온다고 해서 좋은 일은 아닐 것이다.

7. **수집된 이메일 주소** 여러분의 사업에 흥미를 가진 사람들의 이메일 주소를 많이 보유하는 것은 좋지만 그중 얼마나 많은 사람이 여러분이 보내는 이메일을 과연 열어볼지(그리고 이메일의 내용에 따라 행동할지) 알기 전까지는 이메일 주소를 보유한

다고 도움이 되는 것은 아니다. 등록 회원 중 일부에게 테스트 이메일을 보내어 여러 분이 요청하는 대로 그들이 행동하는지 살펴봐야 한다.

8 **다운로드 횟수** 이 지표는 앱의 마켓 랭킹에 영향을 줄 때도 있지만 다운로드 자체만으로는 실질적인 가치로 이어지지 않는다. 활성화, 계정 생성 등 다른 것들을 측정해야 한다.

탐색 지표와 보고 지표

유명한 저자이자 구글 디지털 마케팅 에반젤리스트 아비나시 카우쉭Avinash Kaushik은 도널드 럼즈펠드 전 미 국방장관이 분석에 다소 식견이 있는 것 같다고 말한 적이 있다. 럼즈펠드가 다음과 같이 말했기 때문이다.

> 내가 안다는 것을 아는 것이 있다. 또 내가 모른다는 것을 아는 것이 있다. 그런데 내가 안다는 것을 모르는 것도 있고, 내가 모른다는 것도 모르는 것이 있다.

그림 2-1은 이 네 가지 종류의 정보를 보여준다.

그림 2-1 도널드 럼즈펠드의 숨은 천재성

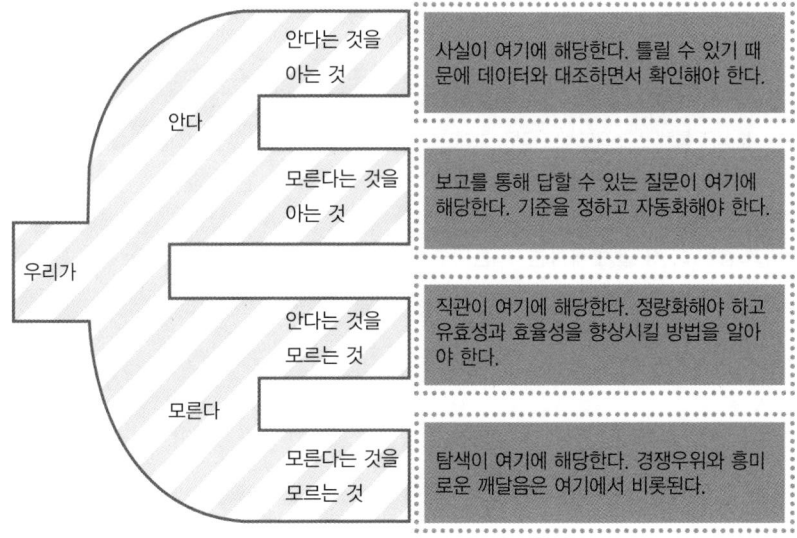

'모른다는 것을 아는 것'은 돈 계산하기, 사용자 수 세기, 프로그램 코드가 몇 줄인지 세기 등 보고reporting에 해당된다. 우리는 지표 값을 모른다는 사실을 알기 때문에 지표 값을 구한다. 이런 지표를 회계에 사용할 수도 있고("오늘 위젯이 얼마나 팔렸나?"), 실험 결과를 측정할 수도 있다("초록색과 빨간 색 위젯 중 어느 것이 더 많이 팔렸나?"). 그러나 어떤 경우든 우리는 그 지표 값이 필요하다는 것을 알고 있다.

'모른다는 것을 모르는 것'은 스타트업과 가장 밀접한 관련이 있다. 즉, 시장을 뒤흔들 새로운 뭔가를 발견하기 위해 탐색하는 것이다. 다음 사례 연구에서 알 수 있듯이 서클오브프렌즈Circle of Friends는 엄마들이 최고의 사용자라는 점을 이런 식으로 알아냈다. 바로 이 '모른다는 것을 모르는 것'에서 마법이 발생한다. 물론 '모른다는 것을 모르는 것' 때문에 잘못된 길로 들어서는 경우도 많은데, 아이디어가 제자리를 찾는 '유레카!'의 순간으로 이어진다면 좋을 것이다. 탐색은 스티브 블랭크가 스타트업이 해야 할 일이라고 말한 것, 즉 확장할 수 있고 반복할 수 있는 사업 모델을 찾는 일과 부합한다.

분석은 이 네 가지 정보 모두에 대해 중요한 역할을 한다.

- 분석을 통해 우리는 오픈율, 전환율 같은 사실과 가정을 확인하고 사업 계획이 정확한지 확인할 수 있다.
- 분석을 통해 직관을 테스트하고 가설을 증거로 바꿀 수 있다.
- 분석을 통해 스프레드시트, 각종 그래프, 경영진 회의 등에 필요한 데이터를 구할 수 있다.
- 분석을 통해 사업 기회를 찾을 수 있다.

스타트업의 초기 단계에서는 '모른다는 것을 모르는 것'이 가장 중요한데, 그 이유는 이것이야말로 스타트업의 비밀 병기가 될 수 있기 때문이다.

| 사례 연구 | **서클오브맘즈, 성공으로 가는 길을 탐색하다**

서클오브프렌즈의 아이디어는 간단했다. 이것은 특정한 콘텐츠를 공유하는 친구들의 모임을 만들 수 있는 페이스북 앱이었다. 마이크 그린필드Mike Greenfield와 다른 공동창업자들은 페이스북이 개발자 플랫폼을 발표한 직후인 2007년 9월 회사를 시작했으며 시기는 정확히 들어맞았다. 페이스북은 개발자 플랫폼 덕분에 사용자를 빨리 확보할 수 있을 뿐만 아니라 스타트업을 구축할 수 있으며 바이럴 효과가 있는 개방형 플랫폼이 되었기 때문이다. 이렇게 많은 사용자를 보유하면서 이 정도로 개방된 플랫폼은 일찍이 없었다(당시 페이스북 사용자는 약 5천만 명이었다).

2008년 중반이 되자 서클오브프렌즈 사용자는 1천만 명으로 늘었으며 마이크 그린필드는 무엇보다 사용자 수 증가에 중점을 뒀다. 마이크는 당시를 "그냥 땅따먹기 같았어요"라고 회상했는데 서클오브프렌즈는 분명 바이럴 효과가 있었다. 보기에는 순풍에 돛 단 듯 순조로워 보였으나 한 가지 문제가 있었다. 그 제품을 실제로 *사용하는* 사람 수는 너무 적었다.

서클오브프렌즈에 처음 모임을 만들고 나서 어떤 식으로든 활동하는 모임은 전체의 20%가 채 안 되었다. "1천만 명 중에 몇 백만 명은 앱을 사용했지만 SNS 서비스에서 이 정도로는 충분하지 않았기에 수익성이 떨어지는 모델이라는 것을 우리는 알게 되었습니다." 그래서 마이크는 분석에 들어갔다.

마이크는 사용자 데이터베이스와 사용자들의 활동을 검토하기 시작했다. 서클오브프렌즈에는 그 당시 상세한 분석 대시보드가 없었지만 그럼에도 마이크는 탐색적 분석을 실시할 수 있었다. 그 결과 그는 대부분의 다른 사용자들보다 더 활발히 활동하는 사용자군, 정확히 말해 '엄마들'이라는 사용자군을 발견했다. 분석을 통해 그가 발견한 결과는 다음과 같다.

- 엄마들이 주고받는 메시지는 평균보다 50% 더 길었다.
- 엄마들은 글에 사진을 첨부하는 비율이 115% 더 높았다.
- 엄마들의 대화는 길게 이어지는 비율이 110% 더 높았다.
- 엄마들의 친구들은 일단 초대를 받으면 적극적인 사용자가 되는 비율이 50% 더 높았다.
- 엄마들은 페이스북 공지를 클릭하는 비율이 75% 더 높았다.
- 엄마들은 페이스북의 뉴스피드 항목을 클릭하는 비율이 180% 더 높았다.

- 엄마들은 앱 초대를 수락하는 비율이 60% 더 높았다.

이 숫자들은 매우 긍정적이었으므로 2008년 6월, 마이크 그린필드와 그의 팀은 초점을 완전히 바꾸었다. 방향을 전환한 것이다. 2008년 10월 이들은 페이스북에서 서클오브맘즈Circle of Moms를 시작했다.

처음에 초점을 바꾸었을 때는 지표들이 나빠졌지만 2009년이 되면서 사용자 수는 450만 명으로 증가했다. 그리고 전환 과정에서 탈퇴한 사용자들과 달리 이들은 적극적으로 활동하는 사용자들이었다. 이후 페이스북이 앱의 바이럴 효과를 제한하자 서클오브맘즈는 사업의 기복을 겪었다. 결국 서클오브맘즈는 페이스북을 벗어나 독자적으로 성장했고, 2012년 초 회사를 슈가 사Sugar Inc.에 성공적으로 매각했다.

요약

- 서클오브프렌즈는 소셜그래프 앱으로서, 타이밍과 플랫폼은 적절했지만 목표 시장이 적절치 않았다.
- 이 회사는 인게이지먼트 패턴과 바람직한 행동 패턴을 분석하고 바람직한 행동 패턴을 보이는 사용자들의 공통점을 분석한 끝에 좋은 시장을 찾아냈다.
- 목표 시장을 찾아낸 후 회사는 회사 이름까지 바꿔 가며 목표 시장에 초점을 맞추었다. 완전히 방향을 전환하거나 아니면 그만두거나 둘 중 하나다. 그리고 선택과 집중이 중요하다.

분석적 교훈

마이크 그린필드가 서클오브맘즈로 성공을 거둘 수 있었던 것은 그가 데이터를 분석하고 의미있는 패턴과 기회를 찾을 수 있었기 때문이다. 마이크는 '모른다는 것을 모르는 것'을 발견했고 이것은 중요하고 아슬아슬하며 대담한 도박(범용의 서클오브프렌즈 서비스를 접고 틈새시장으로 초점을 옮기는 결정)으로 이어졌다. 그러나 이것은 데이터에 기반을 둔 도박이었다.

어떤 커뮤니티든 활성화되려면 필요한 인게이지먼트의 '절대량'이 있다. 어정쩡한 정도로는 영원히 활성화되지 못할 수 있다. 그러므로 목표 시장의 규모가 작더라도 사용자들이 열성적으로 활동하는 편이 바람직하다. 바이럴 효과를 거두려면 선택과 집중이 필요하다.

선행 지표와 후행 지표

선행 지표와 후행 지표 모두 유용하지만 사용 목적은 다르다.

선행 지표(*선행 지수*라고 부르기도 한다)는 미래를 예측하는 데 사용된다. 예를 들어 영업 퍼널의 현재 잠재 고객 수를 보면 앞으로 신규 고객을 얼마나 확보할지 예상할 수 있다. 만약 현재 잠재 고객 수가 너무 적으면 신규 고객이 크게 늘기 힘들 것이다. 잠재 고객 수가 증가하면 신규 고객 수도 증가할 것으로 기대할 수 있다.

반면에 특정 기간 동안 이탈한 고객의 수를 나타내는 *이탈률* 같은 후행 지표는 문제가 있다는 것을 알려준다. 그러나 데이터를 수집하고 문제를 파악할 즈음이면 대응하기에 너무 늦으며 이탈한 고객은 쉽게 돌아오지 않는다. 그렇다고 후행 지표에 대해 조치를 취할 수 없는 것은 아니지만(가령 이탈률을 낮추는 조치를 취한 다음 다시 이 지표를 측정할 수 있다) 소 잃고 외양간 고치는 격이다. 새로 가입한 고객들은 떠나지 않을지 모르지만 이미 일부 고객은 놓친 것이다.

그런데 스타트업 초기에는 현재 지표 값이 미래와 어떤 관련이 있는지 알 수 있을 정도로 데이터가 충분하지 않다. 그렇기에 이때는 먼저 후행 지표를 측정해야 한다. 이 시기에는 후행 지표도 유용하며 사업 성능에 대해 믿을 만한 판단 기준을 제공한다. 선행 지표가 유용하려면 일정 기간 코호트 분석을 하고 여러 고객군을 비교할 수 있어야 한다.

가령 고객 불만 수준을 살펴보자. 여러분은 하루 동안 고객지원 부서에 걸려온 전화 건수를 추적할 수 있다. 단, 일일 전화 건수가 의미가 있을 정도로 전화량이 많아야 한다. 더 초기에는 하루가 아니라 90일 동안 발생한 고객 불만 건수를 추적할 수도 있다. 두 경우 모두 이탈률의 선행 지수가 될 수 있다. 즉, 불만이 증가하고 있으면 제품이나 서비스 사용을 중지하는 고객이 많아질 가능성이 높다. 또한 선행 지수로서 고객 불만 건수는 현황을 파악하고 왜 고객의 불만이 점점 많아지는지 이해하고 이런 이슈를 처리하는 데 도움이 될 수 있다.

이제 회원 탈퇴나 제품 환불에 대해 살펴보자. 이런 지표들은 중요하지만 일이 벌어진 후에야 측정할 수 있다. 이 지표들은 문제를 정확히 지적해주지만 문제를 알게 되었을 때는 손실을 되돌리기에 이미 늦다. 이탈률은 중요하다(이 책 전반에 걸쳐 여기에 대해 자세히 살펴볼 것이다). 그러나 이 지표를 근시안적으로 이용하면 적절한 속도로 반복해서 개선하고 수정하기가 힘들 수 있다.

무엇이든 지표가 될 수 있다. 기업용 소프트웨어 회사에서 분기별 신제품 선주문 물량은 영업성과의 후행 지표다. 반대로 양질의 영업기회는 영업성과를 미리 예측할 수 있기 때문에 선행 지표다. 그러나 B2B 영업을 시도해본 사람이라면 누구나 알고 있듯이 양질의 영업기회뿐만 아니라 전환율과 영업 주기도 잘 알아야 한다. 그래야 신규 판매 물량을 현실적으로 추정할 수 있다.

어떤 때는 회사 안에서 어떤 부서의 후행 지표가 다른 부서의 선행 지표가 될 수 있다. 예를 들어 분기별 선주문 물량은 영업직원에게는 후행 지표지만(이미 계약이 체결되었다), 재무부서에는 예상 매출의 선행 지수인 것이다(아직 매출이 실제로 발생하지 않았기 때문이다).

궁극적으로는 추적 중인 지표가 좀 더 유리한 의사결정을 신속하게 내리는 데 도움이 되는지 판단해야 한다. 앞에서 말했듯이 실질 지표는 거기에 대해 행동을 취할 수 있어야 한다. 후행 지표와 선행 지표는 둘 다 조치를 취할 수 있지만 선행 지표는 앞으로 *일어날* 일을 보여주므로 개선 주기를 단축시키고 시간과 비용을 줄여준다.

상관 지표와 인과 지표

캐나다에서 스노타이어 사용량은 교통사고 발생 건수와 상관관계가 있다. 사람들은 날씨가 추우면 더 부드러운 겨울용 타이어를 장착한다. 그리고 교통사고는 여름에 더 많이 발생한다.[6] 그렇다면 운전자들이 일 년 내내 겨울용 타이어를 사용해야 한다는 의미일까? 그렇지는 않다. 더운 여름날 부드러운 타이어를 사용하면

---

[6] http://www.statcan.gc.ca/pub/82-003-x/2008003/article/10648/c-g/5202438-eng.htm

오히려 제동 거리가 길어지므로 교통사고가 증가할 것이다.

아마 운전 시간이나 여름휴가 같은 다른 요인이 교통사고 증가의 원인일 수도 있다. 이렇게 엄격한 인과관계가 없는 단순한 상관관계를 참고하면 잘못된 결정을 내릴 수 있다. 아이스크림 소비와 익사 건수 사이에는 상관관계가 있다. 그렇다면 익사를 막기 위해 아이스크림을 금지해야 하는가? 또는 아이스크림 소비를 측정하면 장례식장 사업의 주가를 예측하는 데 도움이 될까? 그렇지 않다. 아이스크림 판매량과 익사 건수가 함께 증가하는 것은 다름 아닌 여름 날씨 *때문*이다.

두 지표 사이의 상관관계를 찾는 것은 좋은 일이다. 상관관계는 앞으로 일어날 일을 예측하는 데 도움이 된다. 그런데 어떤 일의 *원인*을 발견한다는 것은 그 일을 바꿀 수 있다는 의미다. 보통 인과관계는 단순한 일대일 관계가 아니다. 많은 요소가 복합적으로 작용해서 어떤 일이 발생한다. 예를 들어 여름철 교통사고 발생 건수는 알코올 소비, 초보 운전자의 수, 길어진 낮 시간, 여름휴가 등을 고려해야 한다. 따라서 100% 완벽한 인과관계를 알아내기는 힘들다. 여러분은 여러 개의 독립 지표를 찾을 수 있고 이 각각의 지표는 종속 지표가 왜 그렇게 움직이는지 부분적으로 '설명'해줄 것이다. 물론 부분적인 인과관계라도 도움이 된다.

여러분의 사업에서 인과관계를 입증하려면 상관관계를 찾고 그 다음 변수를 통제하면서 차이를 측정하는 실험을 해야 한다. 그런데 사용자들은 백인백색 다 다르고 실세계에서 통계적으로 의미가 있는 수의 사람을 적절히 통제된 실험에 참가시키는 것이 쉬운 일은 아니다.

충분히 큰 사용자 샘플이 있으면 다른 모든 변수를 통제하지 않고도 신뢰할 만한 테스트를 실시할 수 있다. 이 경우는 다른 변수의 영향이 상대적으로 중요하지 않기 때문이다. 이런 이유로 구글은 하이퍼링크의 색 같은 미묘한 요소들을 테스트할 수 있었고[7] 마이크로소프트는 페이지 로드 시간이 검색에 정확히 어떤 영향을 주는지 알 수 있었다.[8] 그러나 보통 스타트업은 몇 가지만으로 더 단순한 실험을 하고 난 다음 그것이 사업에 어떤 영향을 미쳤는지 비교해야 한다.

---

[7] http://gigaom.com/2009/07/09/when-it-comes-to-links-color-matters/
[8] http://velocityconf.com/velocity2009/public/schedule/detail/8523

뒤에서 다양한 종류의 테스트와 세분화에 대해 살펴보겠지만 일단은 상관관계를 알면 도움이 되고 인과관계는 상관관계보다 더 도움이 된다는 점을 기억하자. 상관관계만으로 만족해야 할 때도 있지만 인과관계를 찾으려 항상 노력해야 한다.

목표 수정

처음에 결정한 목표치는 확고 불변한 목표가 아니라 가변적인 목표다. 여러분은 움직이는 목표를 쫓고 있는 것이다. 왜냐하면 무엇을 성공이라고 해야 할지 아직 모르기 때문이다.

목표와 핵심 지표의 정의를 수정해도 좋다. 단, 여러분이 자신에게 정직하고, 목표 수정이 사업에 있어 무엇을 의미하는지 인식하고 있으며, 증거를 무시하고 일을 계속 하기 위해 기대치를 낮추는 것이 아니라면 말이다.

최초 제품, 즉 최소 존속 제품이 시장에 나와 얼리어답터 고객을 확보하고 이들이 제품을 테스할 요량으로 사용할 시점에는 이들이 여러분의 제품을 어떻게 사용할지조차 알 수 없다(물론 추측할 수는 있다). 여러분의 가정과 사용자의 실제 행동은 크게 다를 수 있다. 사람들이 다중사용자 게임을 즐길 것이라고 예상하고 개발했지만 알고 보니 사용자들이 사진 업로드 서비스로 이용할 수도 있다. 설마 그럴 리가 하는 생각을 하겠지만 플리커Flickr가 바로 이렇게 시작했다.

그런데 가정과 현실 사이의 이런 차이는 더 미묘할 수 있다. 제품이 성공하려면 매일 사용되어야 한다고 가정했지만 실제로는 매일 사용되지 않아도 성공적인 제품일 수 있다. 이럴 때는 타당성을 입증할 수만 있다면 상황에 맞게 목표를 수정하는 것이 합리적이다.

| 사례 연구 | **하이스코어하우스의 '활동사용자' 정의 방식**

하이스코어하우스HighScore House는 부모가 자녀들을 대상으로 허드렛일이나 도전 과제를 올리고 점수를 주는 식의 간단한 앱으로 출발했다. 아이들은 과제를 완수하고 점수를 모으며, 이렇게 모은 점수를 원하는 보상과 교환할 수 있었다.

하이스코어하우스가 MVP 서비스를 시작했을 때 수백 가족이 이 서비스를 테스트하겠다고 했다. 창업자들은 부모와 아이들이 각각 일주일에 네 번 이상 이 앱을 사용해야 MVP가 성공적이라고 기준을 정했다. 그리고 이런 가족을 '활동사용자active user'로 간주하기로 했다. 이것은 상당히 높지만 좋은 기준이었다.

약 한 달이 지난 후 결과를 보니 활동사용자의 비율이 이 기준치보다 낮았다. 창업자들은 실망했지만 인게이지먼트를 높이기 위해 계속 실험하기로 했다.

- 회원 가입 절차를 수정했다(양질의 회원 수와 사용 개시를 늘리려고 좀 더 명료하고 교육적으로 바꾸었다).
- 부모들에게 이메일로 공지를 매일 보냈다.
- 자녀들이 시스템에서 한 활동을 바탕으로 부모들에게 운용 이메일을 보냈다.

이런 변화를 도입할 때마다 조금씩 성과가 좋아지긴 했지만 MVP가 성공적이라고 평가할 만큼 충분히 좋아지지는 않았다.

그러자 공동창업자이자 CEO인 카일 시먼Kyle Seaman은 매우 중요한 일을 했다. *전화 통화를 하기 시작한 것이다.* 카일은 수십 명의 부모와 이야기를 나눴다. 그는 회원 가입은 했지만 활동은 하지 않는 부모에게 전화를 걸었다. 첫 대상은 하이스코어하우스에서 탈퇴한 이들이었다. 탈퇴한 대다수의 부모는 이 앱이 해결하려는 문제가 자신에게는 그리 중요하지 않다고 말했다. 그것은 상관없었다. 이 회사의 창업자들이 '모든 부모'를 목표 시장으로 삼지는 않았기 때문이다. '모든 부모'는 어떤 제품의 첫 버전의 목표 시장으로 삼기에는 너무 큰 시장이다. 카일 시먼은 고객군을 좁혀 집중하기 위해 하이스코어하우스에 공감하는 가족을 찾으려 했다.

다음으로 카일은 하이스코어하우스를 사용하지만 활동사용자로 분류할 만큼 자주 사용하지는 않는 부모에게 전화를 걸었다. 이 중 많은 부모가 긍정적인 반응을 보였다. "우리는 하이스코어하우스를 사용하고 있어요. 매우 좋은 서비스라고 생각해요. 드디어 아이들이 꾸준히 자기 잠자리를 정리하고 있답니다!"

부모들의 반응은 놀라왔다. 많은 가족이 하이스코어하우스를 일주일에 한두 번만 이용하고 있었지만 이 제품이 도움이 된다고 생각하고 있었다. 이를 통해 카일은 고객 세분화와 어떤 유형의 가족이 제품에 흥미를 보이는지 알게 되었다. 그는 활동사용자가 제품을 사용하는 방식과 회사가 처음 정한 기준이 맞지 않다는 것을 깨달았다.

그렇다고 회사가 기준을 정한 일 자체가 잘못이라는 의미는 결코 아니다. 초기 기준이 없었다면 학습의 기준이 되는 벤치마크가 없을 테고 카일이 전화기를 집어 드는 일도 없었을 것이다. 그렇지만 기준을 정했었기에 이제 카일 시먼은 고객을 깊이 이해할 수 있었다. 정량적 데이터와 정성적 데이터의 조합이 핵심이었다.

이런 학습 결과 이 회사는 기존 사용자들의 행동이 더 정확히 반영되도록 '활동사용자'의 기준을 다시 정했다. 지표를 수정하는 이유를 진정으로 이해하고 그 수정을 정당화할 수 있으므로 핵심 지표를 수정하는 것은 문제될 것이 없었다.

요약

- 하이스코어하우스는 처음에 기준을 높게 정했지만 이 기준을 달성하지는 못했다.
- 회사는 활동사용자 수를 늘리기 위해 신속히 실험을 했지만 상황이 크게 개선되지는 않았다.
- 고객들에게 전화를 걸어 이야기를 나눈 결과, 어떤 고객군이 제품 사용도는 비록 기준치보다 낮지만 이 제품에서 가치를 얻고 있다는 것을 알게 되었다.

분석적 교훈

첫째, 고객을 이해하라. 고객 및 사용자와 직접 부딪혀 보는 것보다 더 좋은 방법은 없다. 이 세상의 어떤 숫자도 어떤 일이 발생하는 이유를 설명해주지는 않는다. 지금 당장 전화기를 집어 들고 고객에게 전화하라. 이제는 활동하지 않는 고객이라도 좋다.

둘째, 가정을 수립하고 성공의 기준을 정하되 기준에 도달하고자 무모하게 계속해서 실험하면 안 된다. 필요하면 기준치를 낮춰라. 그러나 단지 목표를 달성하기 위해 기준치를 낮추면 안 된다. 그건 기만일 뿐이다. 정성적 데이터를 통해 어떤 가치를 제공하고 있는지 파악하라. 그리고 고객들이 제품을 실제로 사용하는 방식을 반영하는 경우에만 새로운 기준으로 조정하라.

고객 세분화, 코호트, A/B 테스트, 다변량 분석

테스트는 린 분석의 핵심이다. 일반적으로 테스트란 시장 세분화, 코호트 분석, A/B 테스트를 통해 두 가지를 서로 비교하는 것이다. 이들은 수정의 타당성을 입증하기 위해 필요한 과학적 비교를 실시하는 데 중요한 개념이므로 여기서는 이 개념을 상세히 살펴보겠다.

고객 세분화

고객군이란 공통의 특징을 공유하는 집단이다. 파이어폭스를 사용하는 사람들을 하나의 고객군으로 묶을 수도 있고, 예약하고 오는 식당 단골손님이나 1등석 티켓을 구입하는 승객 또는 미니밴을 운전하는 부모들도 하나의 고객군이 될 수 있다.

웹사이트에서는 방문자들을 다양한 기술적 정보와 인구통계학적 정보에 따라 세분화한 다음 한 고객군을 다른 고객군과 비교한다. 만약 파이어폭스 브라우저를 사용하는 방문자들이 다른 방문자들보다 구매 건수가 훨씬 적다면 그 이유를 밝히기 위해 테스트를 실시해야 한다. 만약 오스트레일리아 사용자들이 다른 지역의 사용자들보다 웹사이트 활동이 더 활발하다면 그 이유를 조사해서 알아낸 다음 다른 고객군에도 그 성공을 복제하려고 노력해야 한다.

고객 세분화Segmentation는 웹사이트뿐만 아니라 모든 산업과 모든 형태의 마케팅에 도움이 된다. DM Direct Mail, 광고용 우편물 마케터들은 수십 년 동안 고객 세분화를 실시해 왔고 큰 성공을 거두었다.

코호트 분석

코호트 분석은 시간을 두고 비슷한 그룹을 비교하는 것이다. 보통 제품을 만들고 테스트하는 과정을 계속 반복한다. 첫 주에 회원으로 가입한 사용자들의 사용 경험은 그 다음 주에 가입한 사용자들과 다를 것이다. 예를 들어 여러분의 제품 사용자는 모두 무료 체험, 사용, 구매, 회원 탈퇴의 주기를 거칠지도 모른다. 그런데

이 주기 동안 여러분은 사업 모델을 수정할 수도 있다. 서비스 1개월째에 무료 체험 버전을 사용해본 사람의 사용자 경험은 5개월째에 무료 체험 버전을 사용해본 사람의 경험과 다를 것이다. 이것이 회원 탈퇴에 어떤 영향을 주었는가? 이를 알아내는 데 우리는 코호트 분석을 이용한다.

각 사용자 그룹이 코호트인데, 다시 말해 사용자 생애 주기의 여러 단계에 위치해 있는 실험 참가자들이다. 시간이 흐르면서 핵심 지표 값이 전반적으로 좋아지는지 알아보려면 코호트를 서로 비교하면 된다. 다음은 코호트 분석이 왜 스타트업에 매우 중요한지 보여주는 사례다.

자, 온라인 쇼핑몰을 운영한다고 가정하자. 이 쇼핑몰에는 매달 1천 명이 신규로 가입하고 가입한 고객은 소액의 물건을 구매한다. 표 2-1은 사업을 시작한 후 첫 5개월 동안의 고객당 평균 매출이다.

표 2-1 5개월 동안의 평균 매출

	1월	2월	3월	4월	5월
전체 고객	1,000	2,000	3,000	4,000	5,000
고객당 평균 매출	$5.00	$4.50	$4.33	$4.25	$4.50

이 표를 보고 사실 상황이 좋아지고 있는지, 나빠지고 있는지 알기는 어렵다. 최근에 가입한 고객과 이전에 가입한 고객들을 비교하지 않았고 완전 신규 고객의 구매액과 5개월 동안 이 쇼핑몰을 드나든 고객들의 구매액이 뒤섞여 버렸기 때문에 상황이 어떻게 변하고 있는지 알기 힘들다. 이 표가 보여주는 것이라고는 고객당 매출이 약간 줄어들었다가 다시 회복되고 있으며 수치가 꽤 안정적이라는 것뿐이다.

이제 같은 데이터지만 쇼핑몰을 운영하기 시작한 달에 따라 고객을 나눈 데이터를 살펴보자. 표 2-2를 보면 중요한 변화가 있음을 알 수 있다. 쇼핑몰을 운영한 지 5개월째 되는 달에 가입한 고객은 첫 달에 평균 9달러를 지출하는데, 이는 영업 개시 1개월만에 가입한 고객들의 첫달 구매액의 거의 두 배에 달한다. 첫달 구매액이 크게 증가한 것이다!

표 2-2 고객이 가입한 달에 따른 매출 비교

	1월	2월	3월	4월	5월
신규 사용자	1,000	1,000	1,000	1,000	1,000
전체 사용자	1,000	2,000	3,000	4,000	5,000
1개월	$5.00	$3.00	$2.00	$1.00	$0.50
2개월		$6.00	$4.00	$2.00	$1.00
3개월			$7.00	$6.00	$5.00
4개월				$8.00	$7.00
5개월					$9.00

코호트를 이해하는 또 다른 방식은 사용자 경험에 따라 데이터를 나열하는 것이다. 표 2-3에서는 쇼핑몰 사용 개월 수를 기준으로 삼았다. 이 표에서는 또 다른 중요한 지표를 볼 수 있는데 바로 첫 달 이후 고객당 구매액이 줄어드는 속도를 알 수 있다.

표 2-3 매출 데이터의 코호트 분석

코호트	사용 개월 수				
	1	2	3	4	5
1월	$5.00	$3.00	$2.00	$1.00	$0.50
2월	$6.00	$4.00	$2.00	$1.00	
3월	$7.00	$6.00	$5.00		
4월	$8.00	$7.00			
5월	$9.00				
평균	$7.00	$5.00	$3.00	$1.00	$0.50

코호트 분석을 실시하면 상황을 훨씬 더 분명히 알 수 있다. 이 사례에서는 초기 몇 개월 동안의 매출이 낮았기 때문에 지표가 나쁘게 나타났던 것이다. 1월에 가입한 사용자 코호트(표 2-3의 첫 행)는 첫 달에 5달러를 쓴 다음 구매액이 줄어들어 5개월째가 되자 평균 0.50달러어치만 구매했다. 그러나 고객들의 첫 달 구매액은 크게 증가하고 있고 구매액의 감소폭도 개선되고 있다. 4월에 가입한 사용자 코호트는 첫 달에 8달러를 지출했고 두 번째 달에는 7달러를 지출했다.

사업이 정체된 것처럼 보였지만 사실 개선되고 있었던 것이다. 그리고 이 분석을 통해 어떤 지표에 주의를 기울일지 알게 되었는데 그것은 바로 첫 달 이후 구매액의 감소폭이다.

이런 종류의 분석을 통해 고객이 거치는 자연스러운 주기를 이해하지 못한 채 모든 고객을 무작정 나누는 대신 고객 생애 주기에 걸쳐 나타나는 패턴을 명확히 알 수 있다. 코호트 분석은 매출, 이탈률, 바이럴 효과, 고객지원 비용, 또는 여러분이 중요시 여기는 어떤 지표에 대해서든 실시할 수 있다.

A/B 테스트와 다변량 테스트

표 2-2와 같이 사용자 그룹을 비교하는 코호트 분석은 종단적 연구longitudinal studies라고 부른다. 그 이유는 고객 그룹의 자연스러운 수명 주기에 따라 데이터를 수집하기 때문이다. 이와 반대로 테스트 대상인 그룹들에게 동시에 서로 다른 경험을 하게 하는 조사를 횡단석 연구cross-sectional studies라고 부른다. 방문자의 절반에게는 파란색 링크를 보여주고 다른 절반에게는 녹색 링크를 보여주면서 어떤 그룹이 링크를 더 잘 클릭하는지 알아보는 것이 횡단적 연구다. 대상자의 경험에서 한 가지 특징, 가령 링크 색깔을 비교하고 다른 것은 모두 같다고 가정하면 그것은 A/B 테스트다.

제품에 대해 무엇이든 테스트할 수 있지만 결정적으로 중요한 단계와 가정에 초점을 맞추는 것이 가장 좋다. 예를 들어, 클라우드 펀딩을 받은 티켓 예매 사이트 피카틱Picatic의 공동창업자 제이 파마Jay Parmar에 의하면 클릭 유도 문구를 '무료로 시작해 보세요'에서 '무료로 사용해 보세요'로 바꾸기만 했는데도 클릭률이 10일 동안 376%나 증가했다고 한다. 이처럼 테스트를 실시하여 매우 큰 성과를 얻을 수도 있다.

A/B 테스트는 비교적 간단해 보이지만 한 가지 문제가 있다. 빙Bing이나 구글 같은 거대 웹사이트는 트래픽이 충분히 많기 때문에 링크 색이나 페이지 속도 같은 한 가지 요소에 대해 테스트를 하고 결과를 빨리 얻을 수 있지만 그렇지 않은 웹사이트는 트래픽보다 테스트할 것이 더 많을 수도 있다. 여러분은 웹페이지 색상,

클릭 유도 문구, 방문자에게 보여주는 사진을 테스트하고 싶을 것이다.

이런 경우 일련의 개별적인 테스트를 차례로 실시하면 학습 주기가 느려질 테니 다변량 분석이라는 기법을 사용하여 이들 모두를 동시에 분석할 수 있다. 다변량 분석에서는 많은 요소 중 어떤 것이 핵심 지표의 개선과 강한 상관관계가 있는지 알아보기 위해 결과에 대해 통계적 분석을 실시한다.

그림 2-2는 사용자들을 하위 그룹으로 나누어 이 하위 그룹을 분석하거나 테스트하는 네 가지 방법을 보여주고 있다.

그림 2-2 코호트, 고객 세분화, A/B 테스트, 다변량 분석

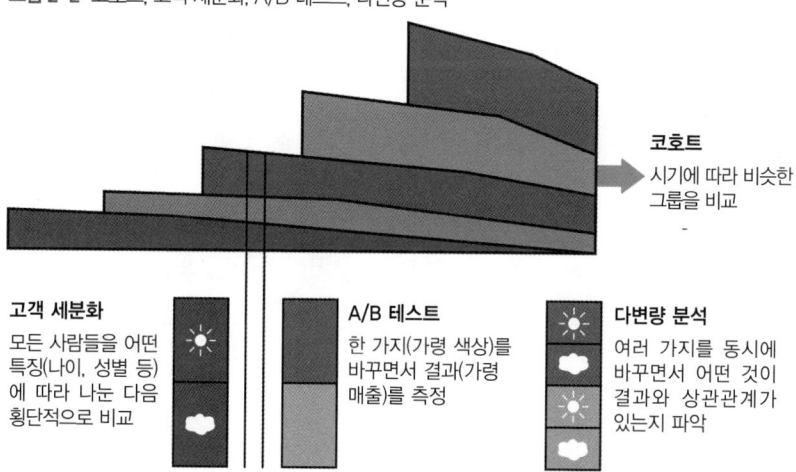

린 분석 주기

린 분석은 그림 2-3에서 볼 수 있듯이 중요한 지표를 찾은 다음 다른 문제나 다음 단계로 넘어갈 수 있을 정도로 이 지표가 개선될 때까지 여러 가지 실험을 하는 것이 많은 비중을 차지한다.

여러분은 마침내 지속할 수 있고 반복할 수 있으며 성장하는 사업 모델을 찾아내고 사업을 확장하는 법을 알게 될 것이다.

그림 2-3 린 분석에 기반을 둔 스타트업의 생애 주기

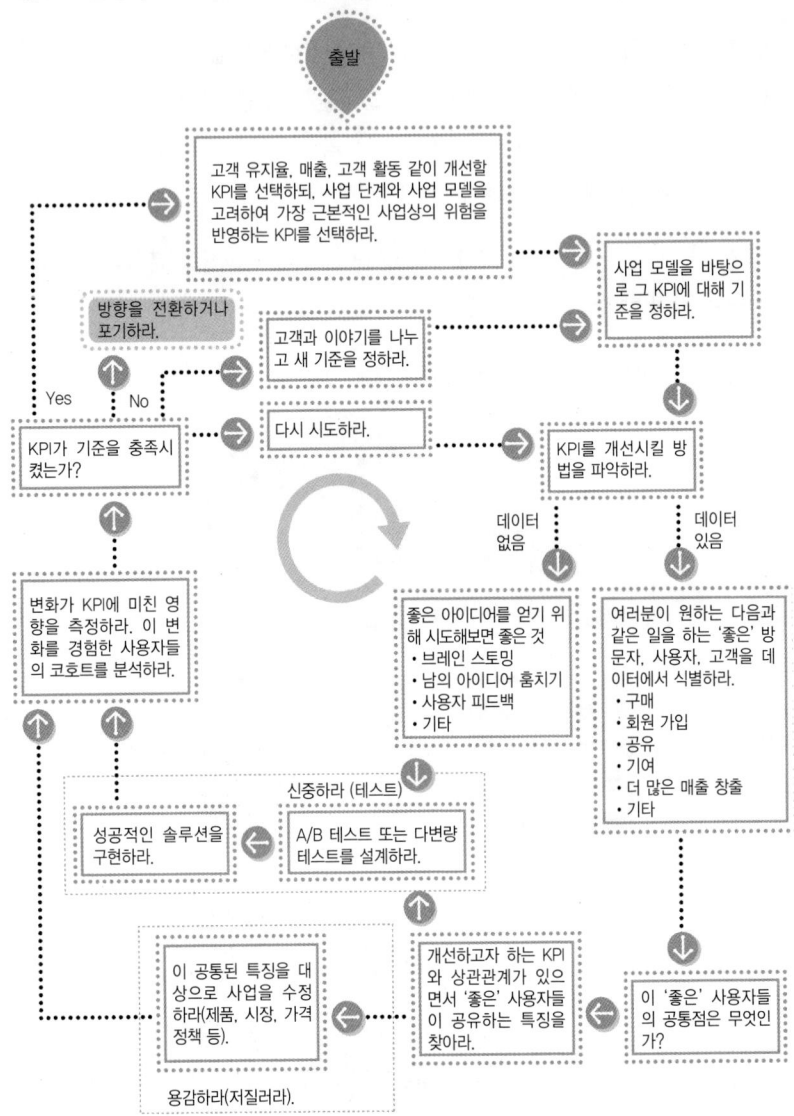

이 장에서 지표와 분석에 대해 상당히 많은 배경 지식을 다루었기 때문에 지금쯤 여러분의 머리가 꽉 찼을지도 모르겠다. 이 장에서 다룬 내용은 다음과 같다.

- 좋은 지표란 무엇인가?
- 허상 지표란 무엇이며 어떻게 피할 수 있는가?
- 정성적 지표와 정량적 지표, 탐색 지표와 보고 지표, 선행 지표와 후행 지표, 상관 지표와 인과 지표 각각의 차이점
- A/B 테스트란 무엇이며 왜 다변량 테스트가 더 흔히 사용되는가?
- 고객 세분화(고객군)와 코호트의 차이점

다음 장부터는 이 모든 내용들을 다양한 사업 모델과 스타트업 성장 단계에 적용하게 될 것이다.

[과제] – 자신이 추적하는 지표 평가하기

여러분이 매일 추적하고 검토하는 지표 3~5가지를 살펴보고 이 지표를 적어보라. 이제 다음 질문에 답해보자.

- 이 중 몇 개가 좋은 지표인가?
- 사업 결정을 내릴 때 이 중 몇 개의 지표를 사용하는가? 그리고 몇 개가 허상 지표인가?
- 가치를 제공하지 않는 지표를 없앨 수 있겠는가?
- 이제 더 의미있다고 생각되는 지표가 있는가?

이제 정리한 목록에서 나쁜 지표를 없애고 좋은 지표를 추가하라. 그런 다음 계속해서 3장을 읽기 바란다.

CHAPTER 3

어떤 일을 할 것인가

창업자로서 여러분은 앞으로 몇 년 동안 어떤 일을 할지 결정하려 노력하는 중이다. '린' 방식과 분석론을 따르는 것이 좋은 이유는 아무도 원하지 않는 것에 매달리느라 인생을 낭비하고 싶지 않기 때문이다. 넷스케이프 창업자이자 벤처투자자인 마크 안드레센Marc Andreesen의 말처럼 '여러분이 아무리 똑똑해도 시장이 존재하지 않으면 아무 소용이 없다.'[1]

여러분은 무엇을 만들고 싶다는 생각을 해봤을 것이다. 그것은 일종의 청사진이며 분석을 통해 테스트할 대상이다. 아이디어에 대한 가설을 빠르고 일관되게 표현할 방법이 있어야 실제 고객을 대상으로 테스트해서 그 가설을 받아들이거나 폐기할 수 있다. 이런 용도로 우리는 애시 모리아의 린 캔버스를 추천한다. 린 캔버스를 이용하면 고객 개발을 바탕으로 사업 모델을 정의하고 수정할 수 있다. 린 캔버스에 대해서는 잠시 후에 살펴볼 것이다.

그러나 린 캔버스만으로는 충분하지 않다. 성공할 사업을 찾아야 할 뿐만 아니라 자신이 하고 싶은 사업을 찾아야 한다. 전략 컨설턴트이자 블로그 운영자, 디자이너인 버드 캐델Bud Caddell은 무슨 일을 하며 자신의 인생을 살아갈지 결정하는 세 가지 분명한 기준을 제시하고 있다. 그것은 잘 할 수 있는 일, 하고 싶은 일, 돈을 벌 수 있는 일이다.

린 캔버스와 버드 캐델의 세 가지 기준에 대해 좀 더 자세히 살펴보자.

---

[1] 역자주_ http://blog.jedchristiansen.com/pmarcaarchive/the-pmarca-guide-to-startups-part-4-the-only/

린 캔버스

린 캔버스는 실행에 옮길 수 있는 한 페이지짜리 사업 계획으로서 사업이 진행됨에 따라 내용도 계속 바뀌게 된다. 린 캔버스는 애시 모리아가 알렉산더 오스터왈더Alexander Osterwalder의 사업 모델 캔버스[2]에서 영감을 받아 만들었다. 그림 3-1에서 볼 수 있듯이 린 캔버스는 한 장의 종이 위에 그려진 아홉 칸의 상자로 구성되어 있으며 사업의 가장 중요한 요소를 한눈에 살펴볼 수 있게 설계되었다.

그림 3-1 아홉 칸의 작은 상자 안에 사업 전체를 표현할 수 있다.

문제	솔루션	고유의 가치 제안	경쟁우위	고객군
가장 중요한 문제 1~3가지를 나열하라	각 문제에 대해 가능한 솔루션의 개요를 적어라	무심코 방문한 사람들을 잠재 고객으로 바꿔놓는, 분명하면서도 설득력 있는 하나의 메시지	다른 제품이 쉽게 흉내낼 수 없는 특징	목표 고객을 나열하라
	4		**9**	
1	핵심 지표	**3**	채널	**2**
	사업 현황을 알려주는 핵심 숫자들을 나열하라	상위 개념	고객 도달 경로	얼리어답터
기존 대안		기존 제품에 비유하라 (가령 유튜브 = 동영상 분야의 플리커)		이상적인 고객의 특징을 나열하라
현재 이런 문제들이 어떻게 해결되고 있는지 나열하라	**8**		**5**	
비용 구조		수익원		
고정비와 변동비를 나열하라		매출원을 나열하라		
	7		**6**	

린 캔버스는 위험이 가장 큰 영역을 찾고 지적 정직함을 유지하게 한다. 애시 모리아는 여러분이 진정 사업 기회를 포착했는지 판단할 때 다음을 고려해야 한다고 말한다.

---

[2] http://www.businessmodelgeneration.com/canvas

1 문제: 사람들이 불편함을 느끼는 진짜 문제점을 찾았는가?
2 고객군: 목표 시장을 알고 있는가? 고객군을 구별해서 각각에 맞는 메시지를 전달할 방법을 알고 있는가?
3 고유의 가치 제안: 여러분의 제품이 왜 더 나은지 또는 어떻게 다른지 명료하고 독특하며 기억에 남는 방법으로 설명할 수 있는가?
4 솔루션: 문제를 적절한 방식으로 해결할 수 있는가?
5 채널: 고객에게 제품이나 서비스를 어떻게 전달하고 매출을 발생시킬 것인가?
6 수익원: 수익이 어디에서 발생하는가? 일회성인가 반복적으로 발생하는가? 수익이 직접적으로 발생하는가(예: 식당에서의 식사) 아니면 간접적으로 발생하는가(예: 잡지 구독)?
7 비용 구조: 사업 운영에 필요한 직·간접 비용은 무엇인가?
8 핵심 지표: 사업이 잘 되고 있는지 알기 위해 어떤 숫자들을 추적해야 하는지 알고 있는가?
9 경쟁우위: 여러분의 노력이 경쟁자보다 더 좋은 결과를 내도록 만드는 '증폭기'는 무엇인가?

우리는 모든 스타트업이 린 캔버스를 사용하기를 권한다. 린 캔버스를 사용하면 통찰력과 노력의 보람을 충분히 얻을 수 있다.

무슨 일을 해야 하는가

린 캔버스는 사업을 선택하고 운영하는 데 도움이 되는 형식화된 체계다. 그러나 린 캔버스 외에 인간적으로 고려할 것이 하나 더 있다.

여러분은 과연 그 일을 하고 싶은가?

사람들은 이런 질문을 잘 하지 않는다. 투자자들은 문제를 정말 해결하고 싶어 하는 열정적인 창업가를 찾고 있다고들 말한다. 그러나 이런 측면에 대해 깊이 생각해야 한다고 하는 사람은 별로 없다. 창업가로서 성공하려면 여러분은 (제품에 대한) 수요와 (제품을 만들 수 있는 여러분의) 능력, 그리고 (그런 제품을 만들고자 하는) 욕구가 만나는 지점을 찾아야 한다.

이 세 가지 요소는 데이터와 고객 피드백에 파묻혀 간과되는 경우가 많다. 그러나 이 세 가지 요소를 간과하면 안 된다. 얼마 가지 않아 *싫증을 느끼게 될 사업은 시작하지 말라*. 인생은 매우 짧고, 곧 지루해질 것이다.

버드 캐델이 만든 그림 3-2의 다이어그램은 어떤 일을 할지 결정하는 방법을 보여주고 있다.

그림 3-2 직업 상담사 사무실마다 걸려 있는 버드 캐델의 다이어그램

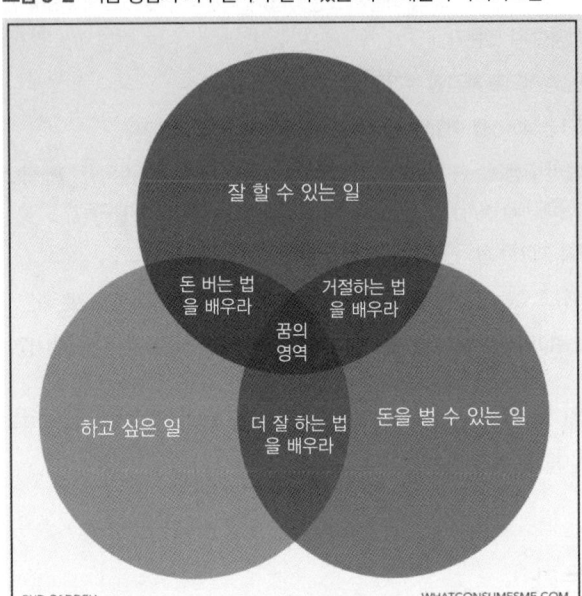

버드 캐델의 다이어그램에는 서로 겹치는 세 개의 원이 있다. 하고 싶은 것, 잘 하는 것, 돈을 벌 수 있는 것이 그 것들이다. 두 개의 원이 겹치는 부분에는 행동 방침이 있다.

- 어떤 일을 하고 싶고 잘 할 수 있지만 돈벌이가 안 된다면 *돈을 벌 수 있는 법을 배워라.*
- 어떤 일을 잘 하고 그 일로 돈을 벌지만 하고 싶은 일이 아니라면 *거절하는 법을 배워라.*
- 어떤 일을 하고 싶고 돈도 벌 수 있는 일이지만 잘 하는 일이 아니라면 *그 일을 잘 할 수 있는 법을 배워라.*

이 훌륭한 조언은 직업 상담에만 적용되는 것이 아니다. 새 사업을 시작할 때도 이 세 가지 기준을 제대로 평가해야 한다.

첫째, *"내가 하고 싶은 이 일을 잘 할 수 있는가?"* 라고 스스로에게 물어보라. 이것은 경쟁자들보다 시장 요구를 더 잘 만족시켜줄 수 있는지에 대한 질문이며, 이런

능력에는 디자인 기술, 코딩, 브랜딩 및 수많은 요소가 포함된다. 만약 정말 사용자가 니즈를 느낀다면 그런 니즈를 만족시킬 수 있는 사람은 여러분 외에도 많을 것이고 따라서 성공하려면 가능한 한 모든 능력과 인재들을 모을 수 있어야 한다. 어려움이 닥쳤을 때 경쟁우위를 제공해줄 수 있는 인맥이 있는가? 여러분은 중요한 일을 정말 잘 할 수 있는 능력이 있는가? *절대로 다른 모든 사람과 똑같은 위치에서, 즉 경쟁우위 없이 회사를 시작하지 말라.*

스타트업이 아니라 더 큰 조직에서 일할 때에도 위의 규칙을 적용할 수 있다. 기존 제품이나 기존 시장이 경쟁우위를 제공해주는 상황이 아니라면 신제품이나 신규 시장에 뛰어들어선 안 된다. 기존 제품의 부담이 적은 신생 경쟁 업체들이 시장점유율을 차지하기 위해 여러분과 경쟁할 것이다. 여러분의 규모는 약점이 아니라 강점이 되어야 한다.

둘째, *여러분이 이 일을 좋아하는지* 판단하라. 여러분은 인생의 소중한 몇 년을 스타트업을 운영하면서 보낼 것이고 끊임없이 스트레스를 받을 것이다. 사업하는 대가로 친구, 파트너, 자녀, 취미를 접어둔 채 살아야 할 수도 있다. 좋을 때건 힘들 때건 사업을 계속하려면 자신이 하는 일을 좋아해야 한다. 돈을 벌지 못하더라도 이 일을 하겠는가? 다른 사람들에게 자랑할 정도로 해결할 가치가 있는 문제인가? 원하는 방향으로 경력을 쌓을 수 있고 조직 안에서 좋은 평판을 얻을 수 있는가? 그렇지 않다면 다른 일을 찾는 편이 더 좋을지도 모른다.

마지막으로, *이 일로 돈을 벌어라.*[3] 이것은 시장의 니즈와 관련된 조건이다. 가치를 제공하는 대가로 충분히 돈을 벌 수 있어야 한다. 그리고 고객을 확보하기 위해 많은 비용을 지출하지 않고도 돈을 벌어야 한다. 또한 창업자인 여러분의 역량과 별개로 고객을 확보하고 돈을 버는 과정이 확장될 수 있어야 한다.

사내 창업자라면 이 마지막 질문은 단지 프로젝트 승인을 받기 위한 것이다. 그러나 이 경우에도 조직 내 다른 프로젝트의 기회 비용이나 기존 사업의 수익성 등을

---

[3] 모든 사람이 돈을 벌고자 스타트업을 하지는 않는다. 주목을 받으려고, 정부를 개선하려고, 세상을 더 좋은 곳으로 만들려고 사업하는 사람도 있다. 만약 이런 목적으로 스타트업을 시작했다면 이 책에서 '돈'을 '내가 바라는 결과 이루기'로 바꾸어 읽기 바란다.

두고 경쟁하고 있다는 점을 기억해야 한다. 만약 여러분이 하는 일이 실질적인 수익을 내지 못할 가능성이 높다면 다른 일을 찾아야 할 것이다.

이것은 세 가지 기준 중 가장 중요한 기준이다. 다른 두 가지는 본인에게 달려 있기 때문에 충족시키기 쉽다. 그러나 이제 여러분은 할 수 있고 하고 싶은 일로 돈도 벌 수 있는지 판단해야 한다.

스타트업의 초기 단계에서 여러분은 많은 데이터를 다루게 될 것이다. 의견의 홍수에 휩쓸리고 어떤 내용이든 가장 최근의 피드백에 마음이 흔들리게 된다.

그러나 여러분은 언제나 다음 세 가지 중요한 질문에 답하려고 노력해야 한다는 사실을 절대 잊지 말라.

- 해결할 가치가 있는 문제인가?
- 내가 제시하는 솔루션이 적절한 솔루션인가?
- 이 문제를 정말 해결하고 싶은가?

이 세 가지를 좀 더 간단명료하게 표현하면 '*내가 이것을 구축해야 하는가*'다.

[과제] - 린 캔버스 작성하기

http://leancanvas.com을 방문하여 첫 번째 린 캔버스를 작성하라. 현재 작업 중인 아이디어나 프로젝트 또는 구상 중인 것을 선택해 작성하라. 20분 동안 캔버스를 작성한 다음 결과를 살펴보라. 순서대로 칸을 채우라. 그러나 채우기 힘든 칸은 건너뛰어도 좋다. 나중에 채우면 된다.

어떤 린 캔버스가 만들어졌는가? 여러분의 아이디어나 사업에서 위험 요소가 큰 영역은 무엇인지 알겠는가? 이런 위험 영역을 해결하는 데 흥미를 느끼는가? 확신이 든다면 여러분의 린 캔버스를 다른 사람들(투자자, 조언자, 동료 등)에게 보여주고 여기에 대해 의견을 나눠보라.

CHAPTER 4

데이터 주도적 접근법과 데이터를 참고하는 접근법

데이터는 강력하다. 데이터에는 중독성이 있어 모든 것을 지나칠 정도로 분석하게 하기도 한다. 그러나 실제로 우리가 뭔가를 할 때는 데이터가 아니라 과거의 경험이나 실용성을 바탕으로 무의식적으로 판단하는 경우가 많다. 여기에는 그럴 만한 이유가 있는데, 엄격한 분석보다는 지혜와 경험에 의존하는 것이 일상을 살아가는 데 도움이 되기 때문이다. 가령 우리는 아침에 무슨 바지를 입을지 결정하려고 A/B 테스트를 하지는 않는다. A/B 테스트를 하게 된다면 어쩌면 집을 나서지도 못할 것이다.

린 스타트업을 비판하는 의견 중 하나는 너무 데이터 주도적이라는 것이다. 우리가 데이터의 노예로 살아서는 안 되고 그 대신 데이터를 도구로 사용해야 한다고 비판적인 입장에서 말한다. 데이터 주도적이 아니라 데이터를 참고하면서 일해야 한다고 말한다. 대체로 이렇게 말하는 사람들은 단지 게으르고 힘든 일을 하지 않을 구실을 찾고 있을 뿐이다. 그러나 이들의 말에도 일리가 있는 것이, 한걸음 물러나 사업 전체를 조망하지 않고 어느 한 부분만 최적화하는 데 데이터를 이용하는 것은 위험할 수도 있고 심지어 치명적일 수도 있다.

여행업체 오르비츠Orbitz를 한번 살펴보자. 오르비츠는 맥 사용자들이 더 비싼 호텔방을 예약하는 경향이 있다는 사실을 알아냈다. 로저 리우Roger Liew 오르비츠 CTO는 〈월스트리트 저널〉에 "우리는 [맥 사용자들이 4성급이나 5성급 호텔을 예약하는 비율이 PC 사용자들보다 40% 높고 숙박비가 높은 방에 묵는 경향이 있다는 직관을 가지고 있었고 데이터를 바탕으로 그 직관을 확인할 수 있었습니다"

라고 말했다.¹

상관관계가 없어 보이는 고객 데이터(오르비츠의 경우에는 고객들이 맥 컴퓨터를 사용하는지의 여부)를 무시하는 알고리즘은 매출을 높여줄 이런 기회를 발견하지 못했을 것이다. 반면에 매출과의 상관관계는 아랑곳없이 고객 데이터를 기반으로 맹목적으로 최적화해주는 알고리즘은 부적절한 홍보 등 의도하지 않은 결과를 낳을 수 있다. 데이터 주도적이면서 기계적인 최적화는 사람이 조정해주지 않을 때 문제를 일으킬 수 있다.

몇 년 전 웹 분석 업계의 선두업체인 옴니추어Omniture의 당시 CMO였던 게일 에니스Gail Ennis는 옴니추어의 콘텐츠 최적화 도구를 사용할 때는 기계적인 최적화 과정에 사람의 판단을 덧붙여야 한다고 우리에게 조언한 바 있다. 옴니추어 소프트웨어에만 맡겨놓자, 이 소프트웨어는 웹페이지에서 벌거벗다시피 한 여자들 사진이 다른 콘텐츠보다 클릭률이 훨씬 높다는 사실을 발견했다. 그러나 이 클릭률은 단기적이며 회사 브랜드에 피해를 주었다. 따라서 옴니추어 소프트웨어를 사용할 때는 전체 상황을 이해하고 소프트웨어가 테스트할 적절한 이미지를 제공하는 큐레이터가 소프트웨어와 함께 일한다. *영감은 인간의 영역이고 검증은 기계의 영역이다.*

수학에서 극대 값은 어떤 범위 안에서 함수의 최대 값이다.² 그렇다고 해서 이 값이 그 함수의 가능한 최대 값은 아니다. 단지 특정 범위 안에서 가장 크다는 말이다. 비슷한 예로 산중턱에 있는 호수를 생각해보자. 물은 낮은 곳으로 흐르고 가장 낮은 곳은 바다이므로 이 호수에 고인 물이 가장 낮은 곳에 있다고 말할 수는 없다. 그러나 이 호수에 고인 물은 호수 주변 지역에서는 가장 낮은 곳에 있는 것이다.

최적화란 특정 함수의 최저 값 또는 최고 값을 구하는 것이다. 기계가 어떤 것을 위한 최적의 조건을 찾아줄 수는 있지만 기계가 인식하는 제한조건과 문제 영역 안에서만 가능하다. 마치 산중턱의 호수에 고여 있는 물이 더 낮은 곳을 찾을 수 없는 것처럼 제시된 제한조건 안에서 최저 값을 찾을 뿐이다.

---

1 http://online.wsj.com/article/SB10001424052702304458604577488822667325882.html
2 http://en.wikipedia.org/wiki/Maxima_and_minima

제한된 최적화의 문제점을 이해하기 쉽게 하기 위해 누군가가 바퀴 세 개를 주면서 가장 안정적인 최상의 탈것을 만들라고 했다고 하자. 여러분은 바퀴를 이리저리 배치해본 끝에 세발자전거 비슷한 구조를 만들 것이다. 이것은 바퀴 세 개로 만들 수 있는 최적의 구조인 것이다.

데이터 주도적인 최적화는 이런 종류의 반복적인 개선 작업을 수행할 수 있다. 그러나 "그거 알아? 바퀴 네 개를 사용하면 훨씬 좋을 거야!"라고 말하지는 못한다. 수학은 기존 시스템의 최적화에 뛰어나고 인간은 새로운 시스템을 찾는 데 뛰어나다. 달리 말해 *변화는 국지 극대 값을 찾으려 하고, 혁신은 파괴를 촉진한다.*

리처드 도킨스Richard Dawkins는 저서 『River Out Of Eden』[3]에서 흐르는 강의 비유를 들어 진화를 설명하고 있다. 그는 진화 과정에서 눈이 생길 수 있다고 말한다. 사실 진화 과정에서 말벌, 문어, 사람, 독수리, 고래 등 각각을 위해 다양한 유형의 눈이 생길 수 있다. 그런데 진화 과정은 한 발짝 뒤로 물러서 전체 상황을 살필 줄 모른다. 즉, 일단 유용한 눈이 생기면 약간의 돌연변이가 발생해도 보통은 진화로 이어지지 않는다. 인간은 독수리의 눈을 가지도록 진화하지 않을 것이다. 왜냐하면 그 중간 단계에서 시력이 나빠지기 때문이다.

전적으로 기계에 의한 최적화는 진화와 비슷한 한계가 있다. 만약 국지 극대 값을 위해 최적화하고 있다면 더 중요한 큰 기회를 놓치고 있는지도 모른다. 따라서 데이터에만 의존하지 않고 데이터의 진화를 현명하게 설계해야 할 사람은 바로 여러분이다.

우리가 이야기를 나눠본 스타트업 창업자 중 많은 사람이 사업을 숫자에만 맡겨서는 안 된다고 말한다. 이들은 자신의 직감을 믿고자 한다. 이들은 회사가 사람의 개입 없이 기계적으로 최적화되는 것을 불편하게 여기며 시장, 해결하려는 문제, 근본적인 사업 모델에 대해 더 큰 그림을 볼 필요가 있다는 점을 알고 있다.

결국 정량적 데이터는 가설의 테스트에는 큰 도움이 되지만 사람이 개입하지 않은 채 정량적 데이터만 가지고는 새로운 가설을 만들지는 못한다.

---

[3] 역자주_ 『에덴 밖의 강』으로 1995년 동아출판사에서 출간했으나 현재 절판 상태다.

| 패턴 |

데이터 과학자처럼 생각하기

링크드인LinkedIn의 데이터 과학자 모니카 로가티Monica Rogati는 스타트업이 수집한 데이터를 분석할 때 피해야 할 10가지 함정을 제시하고 있다.

1. **데이터에 결점이 없다고 가정하는 것** 수집한 데이터의 결점을 없애는 일이 분석 작업의 대부분을 차지할 때도 자주 있다. 그리고 데이터의 결점을 없애기만 해도 중요한 패턴이 드러나기도 한다. 모니카는 이렇게 말한다. "측정 오류 때문에 숫자의 30%가 널null 값이 되지는 않나요? 정말 우편번호 90210 지역에 그렇게 많은 사용자가 살고 있나요?" 수집한 데이터가 유효하고 유용할 수 있도록 확인하라.

2. **표준화하지 않는 것** 결혼식 장소로 인기 있는 도시의 목록을 만들고 있다고 가정해보자. 이런 목록을 만들려면 결혼식에 참석하기 위해 어떤 도시로 비행기를 타고 온 사람들의 수를 셀 수 있는데, 이때 그 도시를 방문하는 전 항공 승객 수를 고려하지 않으면 그저 비행기를 이용하는 방문객 수가 많은 도시들의 목록이 될 수도 있다.

3. **열외의 사용자들을 배제하는 것** 어떤 웹사이트를 하루에 천 번 이상 방문하는 사람들은 웹사이트의 열혈 팬일 수도 있지만 콘텐츠를 수집해가는 검색 봇일지도 모른다. 어떤 경우든 이들을 무시하는 것은 실수일 수 있다.

4. **열외의 사용자들을 포함시키는 것** 하루에도 천 번 이상 웹사이트를 방문하는 사람들은 예상치 못했던 것을 알려줄 수도 있으므로 *정성적인* 관점에서는 흥미로울 수도 있지만 일반 모델을 구축할 때는 도움이 되지 않는다. "데이터 기반 제품을 구축할 때는 이런 사용자들을 배제해야 합니다. 그렇지 않으면 웹사이트의 '추천' 기능에서 하드코어 팬들이 좋아하는 아이템을 모든 사람들에게 추천할 겁니다"라고 모니카는 조언을 한다.

5. **계절적 변동을 무시하는 것** "올해 성장률이 가장 높은 직업이 '인턴'이란 말이야? 잠깐, 지금은 6월이잖아" 패턴을 살펴볼 때 시간, 요일, 월에 따른 변화를 고려하지 않으면 잘못된 의사결정으로 이어진다.

6. **성장을 평가할 때 전체 규모를 무시하는 것** 정황 정보는 매우 중요하다. 모니카는 이렇게 말한다. "사업을 막 시작했을 때는 가족이 회원 가입만 해주셔도 사용자 수가 두 배로 증가할 수 있습니다."

7. **지나치게 많아 의미를 잃은 데이터** 대시보드가 있어도 어떤 데이터를 봐야 할지 모르면 아무 소용이 없다.

8. **거짓 경보를 울리는 지표** 여러분은 어떤 문제가 발생하면 빨리 수습하기 위해 문제 발생을 알려주는 경보 시스템을 구축한다. 그러나 경보를 울리는 기준이 지나치게 예민해서 너무 자주 경보가 울리면 결국 여러분은 경보를 무시하게 될 것이다.

9. **직접 수집한 데이터만 인정하는 배타적 태도** "여러분의 데이터와 다른 곳에서 수집한 데이터를 합치면 매우 소중한 정보를 얻을 수 있습니다"라고 모니카는 말한다. "최고의 고객들이 스시 식당이 밀집된 지역에 주로 살고 있습니까?" 그렇다면 이로부터 다음에 어떤 실험을 실시할지 좋은 아이디어를 얻을 수 있다. 또는 심지어 성장 전략을 짜는 데 영향을 줄 수도 있다.
10. **잡음에 초점을 두는 것** "인간의 속성은 패턴이 없는데도 패턴을 발견하도록 되어 있습니다"라고 모니카는 경고한다. "허상 지표는 무시하고 한 발 물러서서 더 큰 그림을 볼 줄 알아야 합니다."

린 스타트업과 높은 비전

어떤 창업가는 광적으로, 거의 강박적으로 데이터에 집착하지만 '지나친 분석으로 인한 업무마비'의 수렁에 빠지기도 한다. 또 다른 창업가는 깊이 생각하지 않고 되는 대로 일하는 직관주의자로서 자기 마음에 들지 않는 데이터는 무시하고 원칙 없이 이 아이디어에서 저 아이디어로 느릿느릿 방향을 바꾼다. 창업가들이 이렇게 양분되는 이유는 '최소 존속 제품MVP과 매력적인 비전이 어떻게 동시에 있을 수 있는가?'라는, 린 스타트업 옹호자들이 겪는 근본적인 어려움 때문이다.

많은 창업가가 비전 없이 회사를 시작하는 변명거리로 린 스타트업을 이용한다. "요즘은 회사를 시작하기가 정말 쉽습니다." 이들은 말한다. "진입장벽이 매우 낮아서 누구나 회사를 시작할 수 있습니다. 그렇지 않습니까?" 그럼에도 큰 비전을 가지는 것은 중요하다. 비전 없이 회사를 시작하면 그것이 고객이든 투자자든 경쟁 업체든 언론이든 외부의 영향에 휘둘리게 된다. 큰 비전이 없으면 목적도 없는 것이므로 시간이 흐르면서 목표 없이 방황하게 될 것이다.

그렇다면 의욕에 찬 원대한 비전을 제시하며 '세상을 바꾸자'는 식의 목표를 가진 비전이 중요하다면 항상 질문을 던지고 한 단계 한 단계 나아가는 스타트업의 접근 방식과 이런 비전이 어떻게 조화를 이룰 수 있을까?

여기에 대한 답은 사실 아주 간단하다. 린 스타트업을 여러분의 비전을 달성하기 위한 과정으로 생각해야 한다.

우리는 초기 단계의 창업자에게 이들이 만들고 있는 것은 제품이 아니라는 점을 상기시킨다. *이들은 어떤 제품을 만들지 알아내기 위해 도구를 만들고 있는 것이다.* 이렇게 생각하면 당면한 일, 즉 지속 가능한 사업 모델을 찾는 일과 그 과정에서 웹 화면, 프로그램 코드, 메일링 리스트 등을 구축하는 일을 구분할 수 있다.

린 스타트업은 다른 무엇보다 학습에 초점을 두며 폭넓은 사고와 탐색, 실험을 장려한다. 린 스타트업이란 아무 생각 없이 *구축 → 측정 → 학습* 주기를 거치는 것이 아니라 상황을 진정으로 이해하고 새로운 가능성에 대해 열린 자세를 가지는 것이다.

린 방식으로 일하라. 그렇다고 작은 규모에 만족하면 안 된다. 자기 지역이나 국내에서 선두업체가 되고자 하는 창업가는 많다. 왜 세계 최고가 되려고 하지 않는가? 제2차 세계대전 당시 연합군은 일단 교두보가 될 곳을 찍어 노르망디 상륙작전을 펼쳤다. 노르망디 상륙작전은 큰 비전을 향한 좋은 출발점이었던 것이다.

린 스타트업이 추구하는 규모는 너무 작다고 생각하는 사람들도 있지만 사실 린 스타트업 방식을 제대로 사용하면 비전을 확장할 수 있다. 린 스타트업 방식은 모든 것에 질문을 던지도록 만들기 때문이다. 문제, 솔루션, 고객, 매출, 여타 어떤 것이든 여러분이 하고 있는 일을 더 깊이 파고들수록 기대했던 것보다 훨씬 많은 것을 발견하게 될 것이다. 이런 기회를 잘 포착하면 여러분은 비전을 확장하고 동시에 그 비전을 더 빨리 이루는 방법을 알게 될 것이다.

Part II

상황에 맞는 올바른 지표 찾기

이제 여러분은 분석의 기본 내용을 익혔다. 지금부터는 초점의 중요성, 구체적인 사업 모델, 적절한 제품과 목표 시장을 찾는 과정에서 스타트업이 거치는 단계를 살펴보자. 이런 것들을 이해하고 나면 각자에게 중요한 지표를 찾을 수 있을 것이다.

신기술이 바꾸는 것은 틀이지 틀 안의 그림이 아니다.

_마셜 맥루한 Marshall McLuhan

Part II
상황에 맞는 올바른 지표 찾기

CHAPTER 5

다양한 분석 체계

지난 몇 년 동안 스타트업을 이해하고 스타트업이 성장하면서 겪는 변화를 이해하는 데 도움이 되는 많은 분석 체계가 등장했다. 이런 분석 체계는 스타트업이 고객을 확보하고 매출을 올리는 데도 도움이 된다. 각 분석 체계는 스타트업의 주기에 대해 서로 다른 관점을 제시하며 각각 초점을 둘 지표와 영역을 제안한다.

우리는 이런 여러 체계를 비교한 다음 스타트업을 분석하고, 특히 일의 진척도를 측정하는 데 사용할 지표를 분석하는 고유의 체계를 만들었다. 이렇게 만든 새로운 체계를 우리는 이 책에서 사용할 것이다. 그 전에 기존의 분석 체계를 살펴보고 린 분석과 비교해보자.

데이브 맥클루어의 해적 지표

벤처투자자 데이브 맥클루어 Dave McClure가 만든 AARRR이라는 해적 지표 Pirate Metrics는 성공적인 사업을 구축하는 데 필요한 다섯 가지 요소의 약어에서 비롯되었다. 데이브 맥클루어는 스타트업에 중요한 지표를 사용자 유치, 사용자 활성화, 사용자 유지, 매출, 추천으로 분류했다.[1]

그림 5-1은 사용자, 고객 또는 방문자로부터 모든 가치를 도출하기 위해 이들이 거쳐야 할 다섯 가지 단계를 설명하면서 맥클루어의 해적 지표를 우리가 어떻게 해석하는지 보여주고 있다. 가치는 거래(매출)에서만 발생하는 것이 아니라

---

[1] http://www.slideshare.net/dmc500hats/startup-metrics-for-pirates-long-version

사용자들이 마케터(추천)와 콘텐츠 생성자(사용자 유지)의 역할을 수행하는 데서 발생하기도 한다.

그림 5-1 데이브 맥클루어의 해적 지표

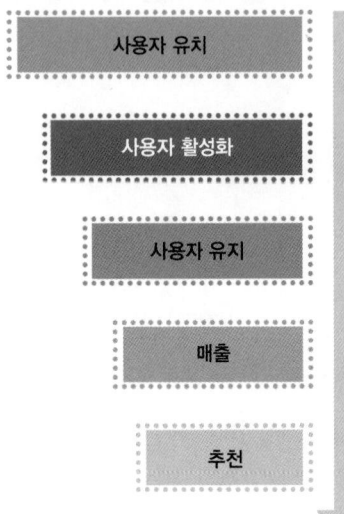

사용자가 어떤 경로로 여러분을 알게 되는가?
SEO(검색엔진 최적화), SEM(검색엔진 마케팅), 위젯, 이메일, PR, 캠페인, 블로그 등

일회성 방문자들이 회원으로 가입하는가? 제품을 사용하는가?
기능, 디자인, 분위기, 보상, 확인 등

한번 사용해본 사람이 제품을 계속 사용하게 되는가?
통지, 경보, 알림, 이메일, 업데이트 등

사용자의 활동이 매출로 이어지는가?
거래, 클릭, 회원 가입, 다운로드할 수 있는 콘텐츠^{DLC}, 데이터 분석 등

사용자들이 여러분의 제품을 주변에 소개하는가?
이메일, 위젯, 캠페인, 좋아요, 리트윗, 제휴 등

이 다섯 요소는 순서가 바뀔 수 있다. 가령 어떤 사용자는 자신이 구매하기 전에 다른 사람에게 제품을 추천하기도 하고 회원으로 가입하기 전에 여러 번 방문하기도 한다. 어쨌든 이것은 사업이 어떻게 성장해야 할지 생각하는 데 도움이 되는 좋은 체계다(표 5-1).

표 5-1 해적 지표와 추적할 지표

요소	기능	적절한 지표
사용자 유치	자연발생적이든 인위적이든 다양한 수단을 통해 시선을 끈다.	웹 트래픽, 제품에 대한 언급, CPC(클릭당 광고 단가), 검색 결과, 사용자 확보 비용, 오픈율 등
사용자 활성화	일회성 방문자를 활동사용자로 전환시킨다.	등록, 회원 가입, 사용 개시를 위한 절차 완료, 적어도 한 번 이상 서비스 사용, 서비스 가입
사용자 유지	사용자들이 계속 재방문하고 자주 사용하게 만든다.	인게이지먼트, 마지막 방문 이후 걸린 시간, 일일/월 활동사용자, 이탈률
매출	사업성과(사업 모델에 따라 다르며 구매, 광고 클릭, 콘텐츠 생성, 회원 가입 등이 될 수 있다)	고객 생애 가치, 전환율, 장바구니 구매액, 클릭 매출

| 추천 | 다른 사람들에게 소개하고 잠재 사용자들을 초대한다. | 발송된 초대 건수, 바이럴 계수, 바이럴 주기 |

에릭 리스의 성장 엔진

『린 스타트업』(인사이트, 2012)에서 에릭 리스Eric Ries는 스타트업의 성장을 이끄는 세 가지 엔진에 대해 설명한다. 각 성장 엔진에는 이와 관련된 핵심 성과 지표 KPI가 있다.

흡인력 있는 성장 엔진

흡인력 있는 성장 엔진은 사용자가 제품을 다시 찾고 계속 사용하게 만드는 데 초점을 둔다. 데이브 맥클루어의 사용자 유지 단계와 비슷하다. 사용자가 제품에 애착을 느끼지 못하면 이탈률이 높고 인게이지먼트engagement는 저조할 것이다. 인게이지먼트는 성공의 가장 좋은 지표 중 하나다. 가령 페이스북은 초기에 사용자가 많지 않았지만 서비스 개시 몇 달 만에 거의 모든 하버드 대학생들이 페이스북에 가입했고 이후 서비스를 계속 사용했다. 페이스북의 흡인력은 매우 높았다.

흡인력을 보여주는 가장 중요한 KPI는 고객 유지다. 또한 이탈률과 사용 빈도도 추적해야 할 중요한 지표다. 장기적인 흡인력은 서비스를 사용하면서 사용자들 스스로가 만드는 가치에서 발생할 때가 많다. 지메일Gmail이나 에버노트Evernote를 사용하다가 중단하기는 힘들다. 사용자들은 대부분 그곳에 자신의 모든 것을 저장하기 때문이다. MMORPG 게임 또한 계정을 삭제하면 어렵사리 획득한 아이템과 게임 캐릭터를 전부 잃는다.

흡인력에는 사용자 유지뿐만 아니라 사용 빈도도 중요하다. 그래서 '마지막 방문 이후 걸린 시간' 같은 지표도 추적해야 한다. 이메일 통지나 업데이트 등 재방문을 유도하는 방법을 사용하는 경우에는 이메일 오픈율과 클릭률도 중요하다.

바이럴 성장 엔진

바이럴 효과는 많이 알리는 것이 가장 중요하다. 바이럴 효과는 기하급수적으로 커지는 매력이 있다. 가령 모든 사용자가 각각 1.5명의 사용자를 추가한다면 사용자 수는 모든 사용자가 가입해서 더 이상 증가할 수 없을 때까지 계속 증가할 것이다.[2]

이 성장 엔진의 핵심 지표는 *바이럴 계수*다. 이것은 기존 사용자 한 명당 그 사용자로 인해 새로 사용자가 된 사람의 수다. 이것은 복리식으로 증가하므로(새로 들어온 사용자는 다시 스스로 사용자를 새로 데려올 수 있다), 바이럴 계수는 각 바이럴 주기마다 몇 명의 신규 사용자가 생겼는지 측정한다. 바이럴 계수가 1보다 크면 사업이 성장하지만 이탈률과 사용자 감소도 계산에 넣어야 한다. 바이럴 계수가 클수록 성장 속도가 빠르다.

바이럴 계수를 측정하는 것만으로는 부족하고 바이럴 주기를 구성하는 활동도 측정해야 한다. 예를 들어 대부분의 소셜 네트워크는 회원 가입을 하고 나면 아는 연락처를 찾기 위해 이메일 계정에 연결하라고 한다. 그런 다음 계정의 연락처에 있는 사람을 초대하는 옵션을 제공한다. 사람들은 이메일을 받고 이메일 내용에 따라 행동하기도 한다. 이런 단계는 모두 바이럴 효과에 기여하므로 활동을 측정하면 메시지를 바꾸고 회원으로 가입하는 과정을 단순화하는 등 바이럴 엔진을 조정할 수 있다.

바이럴 효과에 영향을 미치는 요소에는 한 사용자가 다른 사용자를 초대하는 속도(*바이럴 주기*라고 한다), 바이럴 효과의 유형 등 다양한 요소가 있다. 이에 대해서는 뒷부분에서 더 자세히 살펴볼 것이다.

유료 성장 엔진

성장의 세 번째 엔진은 수입이다. 제품이 흡인력과 바이럴 효과를 갖추기도 전

---

[2] 물론 실제로는 이렇게 간단하지 않다. 이탈률, 경쟁 업체, 그 외 여러 요소가 있기 때문에 무한정 증가하는 일은 거의 불가능하다.

에 유료 성장 엔진을 작동시키는 것은 보통 시기상조다. 미티어엔터테인먼트Meteor Entertainment에서 서비스하는 호켄Hawken은 무료 멀티플레이어 게임이지만 게임 내 업그레이드 아이템으로 돈을 번다. 이 회사는 먼저 베타 그룹의 사용성에 초점을 맞추고(흡인력) 그런 다음 바이럴 효과를 높이고(친구를 게임에 초대한다) 마지막으로 돈을 지불하게 만든다(게임 사용자들은 게임 경쟁력을 높이거나 게임 안에서 더 멋진 경험을 하기 위해 업그레이드 아이템을 구입한다).

어떤 면에서 매출은 지속 가능한 사업 모델인지를 알려주는 궁극적 지표다. 고객 확보에 지출한 돈보다 더 많은 돈을 고객으로부터 벌어들이면서 이 상태를 계속 유지할 수 있다면 그 사업은 지속 가능하다. 이때는 외부 투자자의 돈을 조달할 필요가 없으며 자산 가치는 나날이 증가할 것이다.

그러나 매출만으로 성장할 수 없다. 사업을 성장시키려면 매출의 일부를 사용자 확보에 재투자해야 한다. 그래야 여러분이 조종해가며 사업을 키울 수 있는 시스템이 구축된다.

이 시스템을 켤 수 있는 두 가지 스위치가 있다. *고객 생애 가치*customer lifetime value, *CLV*와 *고객 확보 비용*customer acquisition cost, CAC이다. 고객을 확보하는 데 쓴 비용보다 고객에게서 벌어들인 돈이 더 많으면 당연히 좋은 일이다. 그러나 성공 공식은 그렇게 간단하지 않다. 현금 흐름과 성장률도 중요한데, 이 두 가지는 고객이 돈을 지불하는 데까지 걸리는 시간의 영향을 받는다. 이를 측정하는 한 가지 방법은 *고객 손익분기점 도달시간*time to customer breakeven, 즉 고객 확보 비용을 회수하는 데 걸리는 시간을 측정하는 것이다.

애시 모리아의 린 캔버스

우리는 3장에서 해결할 문제를 결정하는 방법과 관련해 린 캔버스에 관해 살펴보았다. 실제로 린 캔버스를 이용하는 방법은 86쪽의 글상자 '린 캔버스 이용하는 법'을 참고하기 바란다.

> ### 린 캔버스 이용하는 법
>
> 전통적인 사업계획서와 달리 린 캔버스는 지속적으로 이용하고 업데이트해야 한다. 린 캔버스는 스타트업을 실제로 시작하면 폐기해버릴 가정을 바탕으로 작성한 무의미한 계획서가 아니라 '살아 숨쉬는' 계획서다. 린 캔버스의 각 칸을 모두 또는 대부분 채웠으면 가설이 유효한지 아닌지 확인하기 위해 실험을 해야 한다.
>
> 가장 간단하게는 린 캔버스의 각 칸을 '통과/실패'로 생각하라. 실험이 실패했다면 다음 칸으로 넘어갈 수 없다. 더는 어떻게 할 수 없거나 다음 단계로 넘어갈 때까지 계속 실험해야 한다. 유일한 예외는 '핵심 지표' 칸인데, 이것은 추적하고 있는 가장 중요한 지표를 적는 칸이다. 이 칸에 대해서는 실험을 하지 않지만 핵심 지표도 논의의 대상이기 때문에 어쨌든 꼭 채워야 한다.

표 5-2를 보면 린 캔버스의 각 칸마다 추적해야 할 관련 지표가 있다(사실 린 캔버스에는 별도의 '핵심 지표' 칸이 있고 현재 캔버스에서 어느 칸에 초점을 두는지에 따라 이 핵심 지표 칸을 수정해야 한다). 이 지표를 이용해 캔버스의 각 요소를 확인하면서 한 페이지짜리 사업 모델과 현실이 일치하는지 따져보고 일치하지 않으면 사업 모델을 수정해야 한다. 사업 유형에 따라 개별 지표가 다를 수 있지만 그래도 가이드라인은 언제나 중요하다. 각 사업 유형에서 중요한 핵심 지표와 이 지표의 목표 기준은 뒤에서 좀 더 자세히 살펴보겠다.

표 5-2 린 캔버스와 관련 지표

린 캔버스의 칸	관련 지표
문제	니즈를 가지고 있는 응답자 수, 자신에게 니즈가 있음을 알고 있는 응답자 수
솔루션	MVP를 시험적으로 사용해보는 응답자 수, 인게이지먼트, 이탈률, 가장 자주/적게 사용되는 기능, 돈을 지불할 의사가 있는 사람 수
고유의 가치 제안	피드백 점수, 독립적인 평가점수, 정서 분석, 고객이 직접 표현한 제품 설명, 설문조사, 검색, 경쟁 분석
고객군	얼마나 쉽게 가망 고객을 발견할 수 있는가, 고유의 키워드군, 특정 소스에서 발생한 트래픽
채널	채널당 영업 기회와 고객 수, 바이럴 계수와 바이럴 주기, 순수 추천 고객 지수, 이메일 오픈율, 제휴 수익, 클릭률, 검색 순위, 메시지 도달률

경쟁우위	응답자의 고유의 가치 제안(Unique Value Proposition, UVP) 이해 정도, 특허, 브랜드 자산, 진입장벽, 신규 시장 진입 업체의 수, 관계의 배타성
매출원	생애 고객 가치, 사용자당 평균 매출, 전환율, 구매액, 클릭률
비용 구조	고정비, 고객 확보 비용, n번째 고객에게 서비스를 제공하는 비용, 고객지원 비용, [검색엔진] 키워드 [구입] 비용

숀 엘리스의 스타트업 성장 피라미드

숀 엘리스Sean Ellis는 유명한 창업가이자 마케터다. 그는 그로스 해커growth hacker라는 용어를 만들었고 드롭박스Dropbox, 조브니Xobni, 로그미인LogMeIn, 주식 상장, 업로어Uproar, 주식 상장 등 급성장한 다수의 스타트업에 깊이 관여해왔다. 그림 5-2의 스타트업 성장 피라미드는 제품/시장 적합성을 달성한 *후에* 할 일에 초점을 맞추고 있다.

그림 5-2 스타트업 성장 피라미드

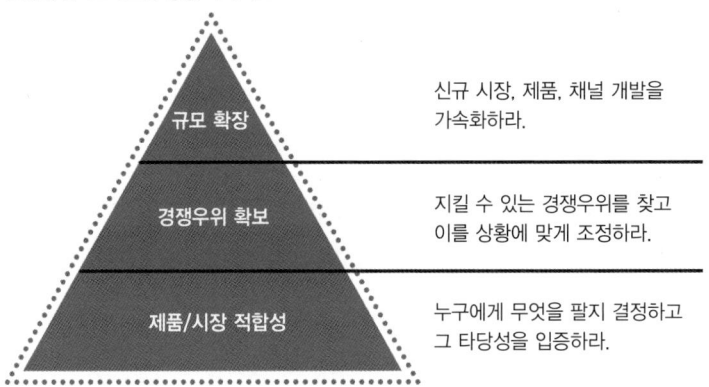

물론 이 모델을 보면 '제품/시장 적합성을 달성했는지 어떻게 알 수 있지?'라는 의문이 생길 것이다. 숀 엘리스는 성장을 가속화할 준비가 되었는지 결정하기 위해 간단한 설문조사를 고안했다(http://survey.io에 올라와 있다). 이 설문조사에서 가장 중요한 질문은 "이 제품이나 서비스를 더 이상 이용하지 못하게 되면 어떠시겠습니까?"이다. 숀의 경험상 매우 실망할 거라는 응답자가 40% 이상이면 적합성을 달성했다고 판단할 수 있으며 그러면 이제 사업을 확장해도 좋다.

긴 퍼널

웹 초창기에 전자상거래 웹사이트의 전환 퍼널은 비교적 단순했다. 방문자들은 홈페이지를 방문해 원하는 제품을 찾은 후에 결제 정보를 입력하고 주문을 완료했다.

그것이 전부였다. 그러나 오늘날의 퍼널은 웹사이트의 첫 페이지뿐만 아니라 무수히 많은 소셜 네트워크, 공유 플랫폼, 제휴 사이트, 가격 비교 사이트로 확장되었다. 그리고 오프라인 요소와 온라인 요소 둘 다 구매에 영향을 준다. 또한 고객은 단번에 마음을 정하지 못하고 몇 차례 방문한 후에 구매하기도 한다.

우리는 이것을 긴 퍼널Long Funnel이라고 한다. 긴 퍼널은 어떻게 여러분의 제품이 처음에 사람들의 주목을 받기 시작하는지 이해하는 방식이자 이후 방문자가 여러분이 바라는 목표(구매, 콘텐츠 생성, 메시지 공유 등)를 달성하기까지 거치게 되는 과정이기도 하다. 종종 긴 퍼널을 측정하기 위해 시작 신호에 모종의 추적 장치를 심기도 한다. 그래야 사용자가 웹사이트를 돌아다니는 동안 사용자를 추적할 수 있는데, 이런 일을 해주는 분석 패키지는 많다. 그림 5-3은 구글 애널리틱스Google Analytics의 소셜 비지터 플로Social Visitors Flow 보고서다.

그림 5-3 고객이 구매를 결정할 때까지 방문하는 웹페이지 흐름

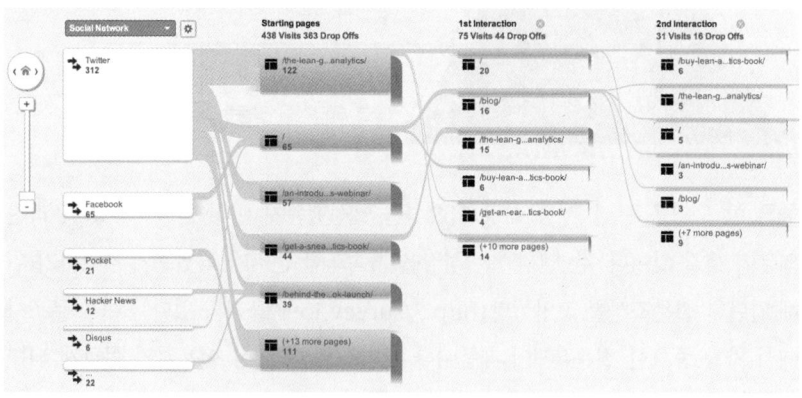

게다가 중복되는 트래픽 소스를 보면 특정 플랫폼이 사용자 전환에 얼마나 많은 영향을 주는지 알 수 있다(그림 5-4 참조).

그림 5-4 고객을 확보하려면 다양한 전환 경로가 필요하다.

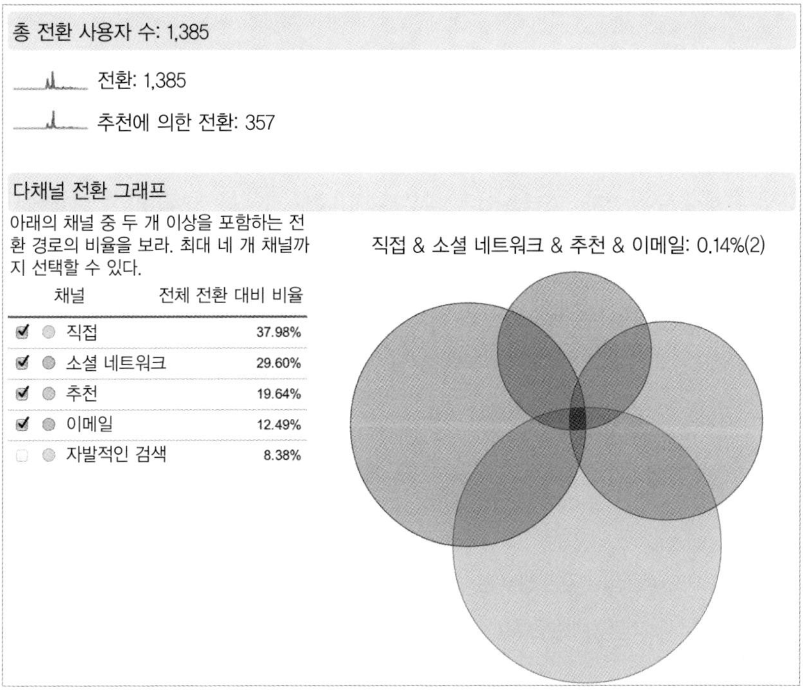

총 전환 사용자 수: 1,385

전환: 1,385

추천에 의한 전환: 357

다채널 전환 그래프

아래의 채널 중 두 개 이상을 포함하는 전환 경로의 비율을 보라. 최대 네 개 채널까지 선택할 수 있다.

채널	전체 전환 대비 비율
☑ ○ 직접	37.98%
☑ ○ 소셜 네트워크	29.60%
☑ ○ 추천	19.64%
☑ ○ 이메일	12.49%
☐ ○ 자발적인 검색	8.38%

직접 & 소셜 네트워크 & 추천 & 이메일: 0.14%(2)

이 책의 웹사이트를 오픈할 때 우리도 긴 퍼널을 추적했다.[3] 우리에게는 구매 같은 어려운 '목표'는 없었지만 메일링 리스트에 등록하기, 책 표지 클릭하기, 설문조사 참가하기 등 사용자가 활발하게 활동하기를 원했다. 우리는 우리의 지지자들이 이 책의 웹사이트를 알릴 때 사용하도록 각 지지자마다 전용 URL을 만들었다. 이를 통해 우리는 긴 퍼널의 시작에 신호를 삽입한 셈이었고 우리의 메시지가 어떻게 퍼지는지 알 수 있었다.

예를 들어 저자이자 강연가인 줄리언 스미스(Julien Smith)의 팔로어는 에릭 리스와 아비나시 카우쉭의 팔로어보다 설문조사 참여율이 낮다는 사실을 알게 되었다. 단, 재방문자만 따졌을 때는 줄리언 스미스의 팔로어가 설문조사에 훨씬 많이 참여했다. 향후 홍보 활동에 맞는 지지자를 결정할 때 이런 사실을 참고할 수 있다.

---

[3] http://leananalyticsbook.com/behind-the-scenes-of-a-book-launch/

린 분석 단계와 게이트

이런 분석 체계를 살펴본 후 우리는 스타트업이 일반적으로 거치는 단계를 보여주고 다음 단계로 이동할 때임을 알려주는 '게이트' 지표가 무엇인지 알려주는 모델이 필요하다고 생각했다. 우리는 이 단계를 공감, 흡인력, 바이럴, 매출, 확장의 다섯 단계로 구분했다. 스타트업은 대부분 이 다섯 단계를 거치며, 한 단계에서 다음 단계로 이동하려면 추적 지표의 목표를 달성해야 한다.

그림 5-5는 린 분석의 단계와 게이트들, 그리고 린 분석 모델과 다른 분석 체계들의 관계를 보여주고 있다. 이 책의 상당 부분은 린 분석 단계에 따라 구성되어 있으므로 린 분석 모델을 이해해야 한다.

사실 여러분이 사업에 대해 심사숙고할 때 이용할 수 있는 좋은 체계는 많이 있다.

- 해적 지표와 긴 퍼널 같은 일부 분석 체계는 고객 확보와 전환에 초점을 둔다.
- 성장 엔진과 스타트업 성장 피라미드 같은 체계는 언제 또는 어떻게 성장할지 판단하기 위한 전략을 제공한다.
- 린 캔버스 같은 체계를 이용하면 사업 모델의 여러 요소를 서로 독립적으로 평가할 수 있게 요소를 기술할 수 있다.

우리는 린 분석 단계라는 새로운 모델을 제안하고자 한다. 이 모델은 앞서 설명한 다양한 모델의 가장 좋은 점을 반영해서 만들었고 지표를 중요시했다. 또한 이 모델은 스타트업이 성장하면서 거치는 단계를 다섯 단계로 구분했다.

우리는 이 분석 체계가 사업 현황을 이해하는 데 도움이 되는 꽤 간단한 체계라고 생각하지만 한편으로는 여전히 복잡해 보일 수 있다. 그리고 여러분은 우리의 린 분석 체계뿐만 아니라 다른 분석 체계도 이용할 수 있으므로 이해하고 추적해야 할 지표는 얼마든지 찾을 수 있다. 그러므로 (당장은!) 이 모든 것을 접어두고 이 중에서 여러분에게 가장 중요한 한 가지 지표에만 초점을 맞추어야 한다. 다음 장에서는 이 내용에 대해 살펴보자.

그림 5-5 다양한 분석 체계의 관계

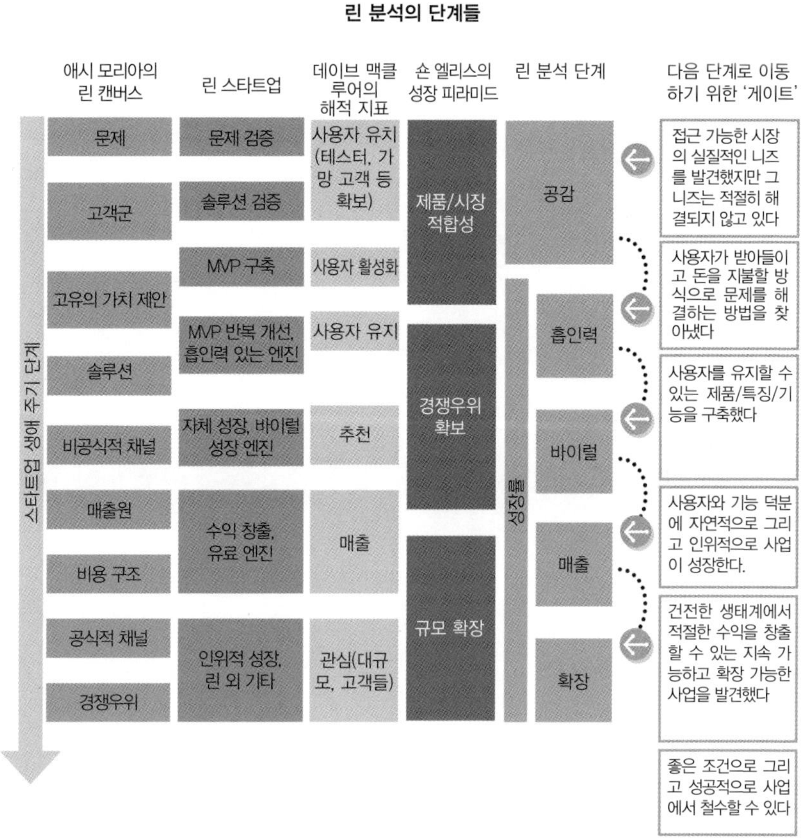

린 분석의 단계들

애시 모리아의 린 캔버스	린 스타트업	데이브 맥클루어의 해적 지표	숀 엘리스의 성장 피라미드	린 분석 단계	다음 단계로 이동하기 위한 '게이트'
문제	문제 검증	사용자 유치 (테스터, 가망 고객 등 확보)	제품/시장 적합성	공감	접근 가능한 시장의 실질적인 니즈를 발견했지만 그 니즈는 적절히 해결되지 않고 있다
고객군	솔루션 검증				
고유의 가치 제안	MVP 구축	사용자 활성화			사용자가 받아들이고 돈을 지불할 방식으로 문제를 해결하는 방법을 찾아냈다
솔루션	MVP 반복 개선, 흡인력 있는 엔진	사용자 유지	경쟁우위 확보	흡인력	사용자를 유지할 수 있는 제품/특징/기능을 구축했다
비공식적 채널	자체 성장, 바이럴 성장 엔진	추천		바이럴	사용자와 기능 덕분에 자연적으로 그리고 인위적으로 사업이 성장한다.
매출원	수익 창출, 유료 엔진	매출	규모 확장	매출	건전한 생태계에서 적절한 수익을 창출할 수 있는 지속 가능하고 확장 가능한 사업을 발견했다
비용 구조					
공식적 채널	인위적 성장, 린 외 기타	관심(대규모, 고객들)		확장	
경쟁우위					좋은 조건으로 그리고 성공적으로 사업에서 철수할 수 있다

(스타트업 생애 주기 단계 ↓, 성장률)

CHAPTER 6

가장 중요한 한 가지 지표

창업자들은 마치 까치처럼 눈에 보이는 가장 빛나는 새로운 것을 쫓아다닌다. 이들은 아이디어를 체계적으로 반복을 거듭해 가며 개선하는 방법의 하나로 방향 전환Pivot을 이용하는 것이 아니라 고질적인 ADD주의력 결핍증를 작동시키는 기제로 방향 전환을 이용하는 경우가 있다.

그러나 스타트업 성공의 핵심 중 하나는 정확한 초점(목표 혹은 방향)을 정하고 그것을 계속 유지하는 것이다. 집중하지 않고도 성공할 수 있겠지만 그 성공은 우연의 결과일 뿐이다. 훨씬 많은 시간을 목표도 없이 방황하며 낭비할 것이고 그 과정에서 더 고통스럽고 힘들게 교훈을 얻을 것이다. 스타트업의 성공 비결이 있다면 그것은 바로 초점이다.

초점은 근시안과는 다르다. 사업 아이디어가 떠오른 날부터 회사를 매각할 때까지 내내 한 가지 지표만 생각해야 한다는 말이 아니라 특정 시기마다 다른 무엇보다 신경 써야 할 하나의 지표가 있다는 말이다. 근본적으로 말하자면, 린 스타트업은 적절한 시기에 적절한 사고방식으로 적절한 것에 초점을 맞추는 것이다.

5장에서 언급했듯이 에릭 리스는 기업의 성장을 이끄는 엔진에는 세 가지, 즉 흡인력 있는 엔진, 바이럴 성장 엔진, 유료 성장 엔진이 있다고 말했다. 에릭 리스는 성공하는 회사는 결국 이 세 가지 엔진을 모두 사용하겠지만 처음에는 한 번에 하나씩 초점을 두는 것이 더 낫다고 강조한다. 예를 들어 핵심 사용자를 위해 흡인력 있는 제품을 만든 다음 이를 발판으로 바이럴 효과를 통해 사용자 수를 늘리고 그 후에는 이 사용자 기반을 이용해 매출을 올릴 수 있다. 이것이 초점이다.

분석과 데이터의 세계에서 이는 현재 단계에서 매우 중요한 한 가지 지표를 선택하는 것을 의미한다. 우리는 이것을 OMTM^{One Metric That Matters, 중요한 한 가지 지표}이라고 부른다.

OMTM은 현재 단계에서 다른 무엇보다 중점을 두는 숫자이며 단계에 따라 달라진다. 예를 들어 문제 검증 단계에서 CLV^{고객 생애 가치} 지표를 살피는 것은 무의미하다. 그러나 제품/시장 적합성에 가까워지면 이 지표에 초점을 두는 것이 적절할 수도 있다.

여러분은 항상 여러 가지 숫자를 추적하고 검토한다. 이 중 일부 지표는 매우 중요하며 이 지표야말로 매일 추적하고 공유해야 할 핵심 성과 지표^{KPI}다. 다른 지표는 투자자에게 회사 이력을 설명하거나 회사 안내서를 만드는 등 나중의 사용을 위해 저장해둔다. 요즘은 게코보드^{Geckoboard}, 믹스패널^{Mixpanel}, 키스메트릭스^{Kissmetrics}, 토탕고^{Totango}, 차트비트^{Chartbeat} 같은 도구가 있기에 지표 측정을 설정하고 관리하기가 쉽다. 그렇지만 너무 많은 것을 한꺼번에 추적해서 주의를 흐트러뜨리지 않도록 주의하기 바란다. 모든 것을 파악하되 중요한 것에 초점을 맞춰라.

| 사례 연구 | 모즈, 더 집중하기 위해 더 적은 수의 KPI를 추적하다

모즈^{MOZ}(전에는 SEOmoz였다)는 성공적인 SaaS 업체로서 검색엔진에서 고객 사이트의 검색 순위를 모니터링하고 순위를 높이는 일을 돕는다. 2012년 5월 이 회사는 1,800만 달러의 자금을 조달했으며, 모즈의 CEO 랜드 피시킨^{Rand Fishkin}은 그 시점까지 회사의 발전 과정에 대한 자세한 글을 올렸다.[1] 그는 이 글에서 몇몇 허상 지표도 언급했지만 (연간 웹사이트 방문자가 1,500만 명이나 되면 허상 지표를 좀 자랑해도 봐줄 만하지 않을까) 유료 가입자 전환율과 고객 이탈률에 대해 매우 구체적이고 흥미로운 숫자들을 공개했다.

우리는 이 회사가 어떻게 지표를 다루는지 더 자세히 알고 싶어 모즈의 성장 마케팅 담당 부사장 조애너 로드^{Joanna Lord}와 이야기를 나누었다. 그녀는 "지표 주도적으로 일하고 있다"고 말했다. "매주 모든 팀은 회사 전체에 KPI 현황, 변동 사항, 요

---

[1] http://www.seomoz.org/blog/mozs-18-million-venture-financing-our-story-metrics-and-future

약 내용을 공개합니다. 또한 사무실에 대형 스크린을 두고 고객 수와 무료 체험 건 수를 보여줍니다. 지표를 회사 전체에 투명하게 공개하면 직원 모두가 계속 현황을 알고, 회사의 진척도와 어려움을 잘 알 수 있다고 생각합니다."

제품/시장 적합성을 달성한 후 회사가 규모 확장에 주력하고 있으면 한 가지 지표에 초점을 두기 힘들어진다. 여러 부문이 빠른 속도로 성장하고 있고 사업에서 동시에 여러 가지를 다루기 때문에 이것은 놀라운 일이 아니다. 그러나 이 모든 동시다발적인 노력에도 불구하고 조애너 로드는 그중 사용자 수의 순증가Net Adds가 다른 지표보다 더 중요하다고 말한다. 이 지표는 전체 신규 유료 가입자(무료 체험 버전을 사용하다 유료로 전환한 사용자든 바로 유료 회원으로 가입한 경우든)의 수에서 탈퇴한 사용자 수를 뺀 것이다.

조애너는 이렇게 말한다. "사용자 수의 순증가는 탈퇴 건수가 많은 날을 빨리 파악하고(그리고 관련 문제를 해결하고) 유료 전환율을 파악하는 데 도움이 됩니다."

모즈에서는 전체 수입Total Paying, 전날 신규 무료 사용자 수, 사용자 수 순증가의 7일 평균 등 다른 관련 지표도 추적한다. 이 모든 지표는 일일 사용자 수의 순증가로 귀결된다.

흥미롭게도 모즈가 마지막으로 자금을 조달할 당시, 주요 투자자였던 파운드리 그룹Foundry Group의 브래드 펠드Bread Feld는 추적하는 지표 수를 줄이라고 제안했다. 조애너가 설명한 이유는 이렇다. "어차피 회사가 수십 개의 KPI를 동시에 개선할 수 없기 때문입니다. 브래드 펠드의 지적 덕분에 '데이터가 너무 많으면' 오히려 비생산적일 수 있다는 점을 깨달았습니다. 큰 그림을 보여주지 않는, 이상한 숫자 놀음 속에서 방향을 잃어버릴 수 있고 실제 행동으로 반영되지 않을 숫자를 보고하고 의견을 나누느라 많은 시간을 낭비할 수도 있습니다. 매일 보고하는 KPI를 몇 개로 줄이면 회사가 무엇에 초점을 두고 있고 현황이 어떤지 분명해집니다."

요약

- 모즈는 지표 주도적이지만 그렇다고 데이터의 바다에서 허우적거리지는 않는다. 이 회사는 다른 모든 지표보다 사용자 수의 순증가를 가장 중요하게 여긴다.
- 모즈의 한 투자자는 전체에 초점을 맞추려면 추적하는 지표의 수를 *줄여야 한다*고 조언했다.

> **분석적 교훈**
> 많은 지표를 추적하는 것도 좋은 일이지만 이렇게 하면 초점을 잃기 십상이다. 사업의 가정과 밀접한 관련이 있는 최소한의 KPI를 선택하는 것이 회사 전체를 한 방향으로 움직이는 최상의 방법이다.

중요한 한 가지 지표를 사용해야 하는 네 가지 이유

OMTM은 스타트업 초기에 특히 중요하다. 나중에 스타트업 규모가 커지면 더 많은 지표에 초점을 두게 될 것이고 거기에 필요한 자원과 경험도 갖추게 될 것이다. 또한 관련 지표를 책임질 팀도 두게 된다. 이를테면 서비스 운영팀이 가동시간이나 서비스 지연시간을 관리하고, 콜센터가 평균 통화시간을 관리하는 식이다.

이어원랩스에서 조언자이자 투자자로서 스타트업을 평가할 때 우리는 OMTM을 얼마나 명확하게 이해하고 추적하는지를 보았다. OMTM을 즉시 말할 수 있고 현재 단계와 일치하면 그 스타트업은 긍정적인 평가를 받았다. 반면에 OMTM을 모르거나, 단계에 맞지 않는 지표이거나, 지표가 여러 개이거나, 지표의 현재 값을 모르면 그 스타트업은 문제가 있다고 판단했다.

OMTM을 선택하면 더 통제된 실험을 빨리 실시하고 실험 결과를 더 효과적으로 비교할 수 있다. OMTM은 시간이 흐르면서 바뀐다는 사실을 기억하라. 사용자 확보(그리고 고객으로의 전환)에 초점을 두는 단계라면 OMTM은 가장 효과적인 채널이나 활동사용자 전환율 등과 관련된 지표일 것이다. 사용자 유지에 초점을 두고 있다면 이탈률이 가장 중요하고, 가격 정책, 기능, 고객지원 서비스 개선 등을 실험해볼 수 있다. OMTM은 사업 단계에 따라 바뀌는데 어떤 경우는 아주 빠르게 바뀌기도 한다.

OMTM을 사용해야 하는 네 가지 이유를 살펴보자.

- **OMTM은 가장 중요한 질문에 대해 답을 제시한다.** 여러분은 한 번에 수백 가지 질문에 답하려고 애쓰고 수백만 가지 일을 동시에 다루고 있을지 모른다. 하지만 사업에서는 가장 위험성이 높은 부분을 가능한 한 빨리 파악해야 한다. 가장 중요한 질문은 거기에 존재한다. 어

떤 질문이 중요한지 알면 그 질문에 대답하기 위해 무슨 지표를 추적할지 알 수 있다. 이것이 OMTM이다.

- **OMTM을 이용하면 기준을 정하게 되고 분명한 목표를 가지게 된다.** 초점을 두어야 할 핵심 문제를 파악했다면 그 다음에는 목표를 정해야 한다. 다시 말해 어떤 지표에 대해 어느 정도의 값을 성공이라고 볼지 판단할 기준이 필요하다.

- **OMTM은 회사 전체를 한 가지에 집중하게 한다.** 아비나시 카우쉭은 너무 많은 데이터를 공유하는 것을 데이터 구토 data puking 라고 부른다.[2] 구토를 좋아하는 사람은 아무도 없다. 회사 전체를 한 가지에 집중하게 하는 방법으로 OMTM을 사용하라. 웹 대시보드, TV 스크린, 정기 이메일에 OMTM을 눈에 잘 띄게 표시하라.

- **OMTM은 실험 문화를 조성한다.** 이제 여러분은 실험의 중요성을 깨달았을 것이다. 구축 → 측정 → 학습 주기를 가능한 한 빨리 그리고 자주 반복하는 것은 매우 중요하다. 그러기 위해서는 실험을 적극 장려해야 한다. 작은 실패를 겪었지만 실패했다고 징계하면 안 된다. 오히려 그 반대라야 한다. 체계적이고 계획적인 테스트 결과가 실패했다면 분명 실패를 통해 사업에 대해 뭔가를 배울 수 있다. 이렇게 작은 실패를 통해 결국 일을 개선하고 큰 실패도 피할 수 있게 된다. 조직원 누구나 실험하도록 독려해야 한다. 모든 사람이 OMTM에 집중하고 OMTM 수치를 개선하기 위해 독립적으로 실험할 기회를 가질 수 있다면 이는 강력한 힘이 될 것이다.

| 사례 연구 | **솔래어, 소수의 핵심 지표에 집중하다**

솔래어 Solare 는 샌디에이고에 있는 이탈리아 식당이며, 소유주는 기업을 여러 개 창업한 랜디 스메릭 Randy Smerik 이다. 랜디 스메릭은 IT와 데이터 분야에서 경력을 쌓았으며 기업정보 업체 테라데이터 Teradata 에서 근무했고 다섯 번이나 기술 분야 투자를 성공적으로 회수한 경험이 있다. 그런 경력이 있기에 그가 데이터 주도적인 접근법을 자신의 식당에 적용한 것은 당연한 일이다.

어느 날 저녁 이 식당에서 바를 담당하고 있는 랜디의 아들 토미가 소리쳤다. "24%!" 우리는 항상 사업 지표에 관한 이야기를 찾고 있었기에 그 숫자의 의미를 묻지 않을 수가 없었다. 랜디는 이렇게 설명했다. "매일 직원들은 전날 총 매출 대비 인건비 비중을 내게 말해줍니다. 이것은 외식 업계에서는 꽤 유명한 숫자죠. 이 숫자는 우리가 어느 정도 제어할 수 있는 고객 일인당 매출과 고객 일인당 인건비라는 두 가지 숫자를 조합한 숫자이기에 굉장히 큰 의미가 있습니다."

---

2 http://www.kaushik.net/avinash/difference-web-reporting-web-analysis/

랜디는 인건비가 총 매출의 30%를 초과하면 문제가 있다고 설명했다. 30%를 초과하면 인건비가 지나치게 많거나 고객당 매출이 충분하지 않다는 의미다. 미슐랭별을 받은 식당이라면 고객에게 비싼 와인을 팔 수 있고 객단가도 높기 때문에 직원을 더 고용하고 월급도 많이 줄 수 있다. 그러나 수익률이 낮은 일반식당은 인건비를 낮게 유지해야 한다.

다음은 효과적인 지표와 그 이유다.

- **간단하다**: 하나의 숫자다.
- **즉각적이다**: 매일 밤 집계할 수 있다.
- **조치를 취할 수 있다**: 바로 다음날 인력을 조정하거나 단가가 비싼 음식을 팔려고 노력할 수 있다. 반면에 재료비, 음식 메뉴, 임대료 등은 조정하는 데 시간이 걸린다.
- **비교할 수 있다**: 시간을 들여 추적할 수 있고 동종 식당과 비교할 수 있다.
- **근본적이다**: 외식 사업 모델의 두 가지 기본 요소를 반영한다.

알려져 있듯이 24%는 적정 수준이다. 20% 이하면 고객들이 제대로 된 서비스를 받지 못할 수 있고 식사가 만족스럽지 않을 수 있다(분석해보고 싶으면 다양한 인건비 수준을 실험해보고 각 경우에 손님이 남기는 팁의 수준을 측정하거나 옐프(http://www.yelp.com)에 남기는 식사 평을 살펴보면 된다).

랜디는 또 다른 지표를 이용해 고객 수를 예측하고 있다. 매일 오후 5시, 직원이 현재 저녁식사 예약 상황을 랜디에게 보고한다. "오후 5시에 예약 손님 수가 50명이면 그날 전체 손님은 약 250명 정도 됩니다. 우리 식당은 전체 손님 대비 예약 손님의 비율이 보통 5대1 정도 되는 것으로 파악되었습니다."

물론 모든 식당에 이 숫자가 해당되는 건 아니다. 미슐랭 별을 받은 인기 높은 식당은 식사석이 모두 미리 예약되기 때문에 예약 손님 대 전체 손님 비율이 1대1이다. 그리고 패스트푸드 식당은 예약을 받지 않기 때문에 이 지표를 사용할 수 없다. 그러나 솔래어에 있어서 오후 5시의 예약 상황은 그날 전체 손님 수를 꽤 정확하게 알려주는 선행 지표다. 이 지표 덕분에 솔래어는 예측 손님 수에 맞춰 제시간 안에 파트타임 인력을 조정하거나 식재료를 더 준비할 수 있다.

> **요약**
> - 외식 업계는 매출 대비 적정 인건비 수준과 예약 손님 수와 전체 손님 수의 상관관계를 경험에 의해 알고 있다.
> - 좋은 지표는 미래를 예측하는 데 도움이 되며, 문제의 소지를 예측하고 문제를 바로잡을 수 있게 해준다.
>
> **분석적 교훈**
> IT 기술과 무관한 사업이라도 핵심 사업 모델과 관련된 몇 가지 간단한 지표를 찾은 다음 이 지표를 추적해서 상황을 예측하고 패턴이나 추세를 파악해야 한다.

목표 기준 정하기

어떤 지표에 초점을 둘지 아는 것만으로는 부족하다. 지표의 목표 기준도 정해야 한다. 가령 새로운 고객 확보 방법을 테스트하는 중이라서 '주당 신규 고객 수'를 핵심 지표로 정했다고 가정하자. 이것은 적절한 지표다. 그렇지만 정말 중요한 질문인 '일주일에 몇 명의 신규 고객을 확보해야 하는가?' 또는 더 구체적인 질문인 "(고객 확보 채널당) 주당 몇 명의 신규 고객을 확보해야 성공이라고 평가하고 사용자 확보 단계를 벗어나 다음 단계로 이동할 수 있는가?"에 대한 답을 주지는 않는다.

여러분은 지표의 목표치로 잡을 어떤 숫자를 선택한 다음 이 목표치를 달성하면 성공이라고 간주하고 이 목표치를 달성하지 못하면 해당 단계로 돌아가서 다시 시도해야 한다.

어떤 지표든 그 지표의 목표치를 정하는 것은 매우 어려운 일이기에 우리는 이 과정을 힘들어하는 스타트업을 많이 봐왔다. 아예 목표치를 정하지 않는 스타트업도 종종 있다. 안타깝게도 이렇게 하면 실험 결과를 측정해도 다음에 무엇을 어떻게 해야 할지 알 수 없다. 사용자 확보 실험 결과, '대'실패하면 목표치가 어떤 수준이든 달성하지 못했을 것이고 당연히 실패라는 걸 알게 된다. 믿기 어려운 대성공인 경우도 성공이라고 알 수 있다. 이런 경우는 누구라도 결과를 쉽게 알 수 있다. 그렇지만 대부분의 실험 결과는 중간 지점 어딘가의 수치로 귀결된다. 어느 정도는 성공한 듯하지만 그렇다고 뛰어나게 훌륭한 결과도 아니다. 그럼 이때 충분히 성공적이라고 생각하고 다음 단계로 이동해도 되는가? 아니면 다시 돌아가서 새로운 실험을 더 해야 하는가? 이것은 매우 까다로운 문제다.

무엇을 성공으로 간주할지에 대해 판단하는 두 가지 방법이 있다. 첫 번째는 사업 모델을 살펴보는 것이다. 사업 모델을 보면 지표의 목표치를 알 수 있다. 만약 사업 목표를 달성하려면 웹 사용자의 10%가 유료 서비스에 가입해야 한다는 것을 여러분이 알고 있다면 이것을 목표 기준치로 삼을 수 있다. 그러나 사업 초기 단계에는 여전히 사업 모델을 이리저리 구상하게 되므로 지표의 목표 기준치를 정하기가 어렵다.

두 번째 방법은 정상적인 수치나 이상적인 수치를 살펴보는 것이다. 업계 기준치를 알면 앞으로의 상황을 알 수 있고 자신의 사업과 비교할 수도 있다. 다른 정보가 없다면 이것이 좋은 출발점이다. 이 책의 후반부에서는 도움이 될 만한 업계 기준치에 대해 살펴볼 것이다.

뻑뻑이 장난감

OMTM에는 또 다른 중요한 면이 있다. 뻑뻑이 장난감을 생각하면 쉽게 이해할 것이다.

어떤 지표 값을 최대한 끌어올리기 위해 사업을 최적화하면 중요한 일이 발생한다. 뻑뻑이 장난감처럼 어떤 곳을 꽉 쥐면 다른 곳이 불룩 튀어나온다. 이것은 좋은 일이다. OMTM을 최적화하면 그 지표를 죄어서 거기에 대해 최고의 결과를 얻을 수 있게 할 뿐만 아니라 그 다음에는 어디에 주력해야 할지도 알려준다. 여기가 사업의 변곡점인 경우가 많다.

- 가령 헬스클럽 회원을 최대한 확보했고 매출을 극대화하기 위해 할 수 있는 모든 일을 다 했다면 이제는 수익을 내기 위해 고객당 비용으로 초점을 옮겨야 한다.
- 웹사이트 트래픽을 증가시켰다면 이제 사용자 전환율을 높여야 한다.

- 사람들이 카페에 들어오게 만들었다면 이제 몇 시간 동안 와이파이만 쓸 것이 아니라 커피를 사 마시도록 만들어야 한다.

현재 OMTM이 무엇이든 OMTM은 바뀐다고 생각하라. 그리고 OMTM이 바뀌면 다음에 필요한 데이터가 무엇인지 알게 된다.

[과제] – 여러분의 OMTM을 결정하라

여러분의 스타트업을 위해 OMTM을 선택할 수 있는가? 한번 해보라. 2장 끝부분의 과제를 마쳤다면 여러분이 추적 중인 지표 목록이 있을 것이다. 이제 가장 중요한 지표를 선택하라.

회사 전체가 그 지표를 개선하는 일에 전념할 수 있는가? 그렇게 하면 무슨 일이 발생하는가? 결과를 측정하기 위해 목표 기준을 정할 수 있는가? 기준을 정하지 못해도 괜찮다. 당장은 여러분의 OMTM과 현재 수치를 적어보라. 뒷부분에서 목표 기준에 대해 다시 다룰 것이다.

CHAPTER 7

어떤 사업을 하고 있는가

어떻게 돈을 버느냐에 따라 여러분이 중요하게 여겨야 할 지표가 결정된다. 길게 봤을 때 사업에서 가장 위험 요소가 높은 부분은 매출 방식과 직접적으로 관계가 있는 경우가 많다.

많은 스타트업이 제품을 만들고 기술 이슈를 해결하며, 일부는 적절한(때로는 많은) 고객의 관심을 끌기도 하지만 돈을 버는 스타트업은 극히 드물다. 트위터나 페이스북 같은 회사조차도 사용자 기반으로부터 수익을 올리는 데 어려움을 겪고 있다.

레모네이드 가판대는 스타트업을 상징적으로 가장 잘 보여주는 사례다. 사업이 어떻게 작동하는지를 간단하면서도 기업가적이며 큰 위험 없이 배울 수 있기 때문이다. 레모네이드 가판대처럼 손님을 끌려고 한동안 레모네이드를 공짜로 주면서 매출 발생을 일부러 늦추는 방법이 합리적이고 전략적인 경우도 있긴 하지만 그렇더라도 처음부터 사업 모델을 수립해야 한다.

레모네이드 가판대의 사업 모델을 설명해보라고 한다면 여러분은 아마 레모네이드를 만드는 비용보다 더 많은 돈을 받고 레모네이드를 파는 것이라고 대답할 것이다. 더 자세히 이야기해보자. 아마 여러분은 다음과 같은 비용에 대해 말할 것이다.

- 재료 구입에 들어가는 변동비(레몬, 설탕, 일회용 컵, 물)
- 일회성 마케팅 비용(가판대, 표지판, 아이스박스, 어린 동생이 가판대에 서 있도록 용돈을 쥐어주는 것)
- 시간당 인건비(여러분이 어린이라면 솔직히 이 비용은 거의 무시할 수 있다)

또한 매출은 레모네이드 한 잔 값과 팔린 잔 수의 함수라고 말할 것이다.

이제 이 사업에서 어떤 부분이 가장 위험도가 높은지 살펴보자. 여기에는 레몬 선물지수의 변동성, 날씨, 동네의 유동인구 등이 있다.

우리가 만나본 성공한 창업가 대부분은 사업에서 매우 구체적이고 자세한 수준의 일과 매우 개념적인 일을 둘 다 수행할 수 있는 능력이 있었다. 이들은 어느 날은 웹페이지 구성이나 이메일 제목 같은 것에 신경을 쓰다가도 다음 날이면 일회성 판매와 반복성 판매의 영향을 검토한다. 이것이 가능한 이유는 이들이 사업을 운영하고 있을 뿐만 아니라 최상의 사업 모델을 찾으려고 노력하고 있기 때문이다.

어떤 지표를 추적할지 결정하려면 레모네이드 가판대처럼 간단하게 자신의 사업 모델을 설명할 수 있어야 한다. 한 걸음 뒤로 물러서서 세부 사항은 모두 무시하고 정말 굵직굵직한 요소만 생각해야 한다.

웹 비즈니스에 대해 이런 식으로 기본 요소를 추려내면 기본 사업 모델을 몇 개로 압축할 수 있다. 흥미롭게도 이 사업 모델에는 모두 공통 주제가 있다. 첫째, 이들의 목표는 성장이다(특히 폴 그레이엄은 성장에 초점을 두는 것이 스타트업을 정의하는 결정적인 특징 중 하나라고 말한다).[1] 두 번째 공통점은 에릭 리스의 성장 엔진, 즉 흡인력, 바이럴 효과, 매출 중 한 가지에 의해 성장한다는 점이다.

각 사업 모델이 성공하려면 이 세 가지 엔진의 추진력을 최대화해야 한다. 서지오 지먼Sergio Zyman 코카콜라 CMO는 마케팅이란 *더 많은 물건을 더 많은 사람에게 더 자주 더 많은 돈을 받고 더 효율적으로 판매하는 것*이라고 말했다.[2]

사업 성장은 서지오 지먼이 지적한 다섯 가지 요소의 개선에서 비롯된다.

- **더 많은 물건**이란 제품이나 서비스를 추가하는 것을 의미한다. 고객이 사용하지 않거나 사지 않을 제품을 만드느라 시간을 낭비하지 않으려면 고객이 원하는 물건을 추가해야 한다. 사내 창업가라면 완전히 새로운 회사를 시작하는 것이 아니라 린 방법론을 신제품 개발에 적용하는 것을 의미한다.

---

[1] http://paulgraham.com/growth.html
[2] http://www.zibs.com/zyman.shtml

- **더 많은 사람**이란 사용자를 늘리는 것으로, 바이럴 효과나 입소문을 통해 늘리는 것이 이상적이지만 유료 광고로 사용자를 늘릴 수 있다. 사용자를 추가하는 가장 좋은 방식은 드롭박스, 스카이프Skype, 또는 사람들을 초대하는 프로젝트 관리 도구처럼 제품을 사용하다 보면 사용자를 추가하게 되는 것이다. 왜냐하면 이때는 제품을 사용하는 과정에서 사용자가 자동으로 많아지고, 초대하는 사용자가 제품을 우호적으로 생각한다는 뉘앙스를 풍기기 때문이다.
- **더 자주**란 흡인력(사람들이 제품을 다시 찾게 하는 것), 이탈률 감소(사용자들이 떠나지 않게 하는 것) 그리고 반복적인 사용(사람들이 제품을 더 자주 사용하게 하는 것)을 말한다. 대체로 흡인력은 처음부터 초점을 둘 핵심 지표일 텐데, 얼리어답터가 [제품을 계속 사용해보고] 제품이 우수하다는 사실을 깨달아야 성공적인 바이럴 마케팅 효과를 거둘 수 있기 때문이다.
- **더 많은 돈**이란 고객이 더 비싼 제품을 구매하도록 만들고, 고객이 내는 돈, 광고 클릭에서 발생하는 매출, 고객이 생성하는 콘텐츠의 양, 게임 내 구매 건수 등을 최대화하는 것이다.
- **더 효율적**이라는 말은 서비스를 전달하고 지원하는 비용을 줄이는 것이다. 또한 유료 광고를 줄이고 구전효과를 높여서 고객 확보 비용을 줄이는 것을 말한다.

사용자에 대해서

사업 모델은 사람들에게 무언가를 제공하는 대가로 그들이 여러분이 원하는 행동을 하도록 만드는 것이다. 그러나 *사람도 나름이다*. 사실 모든 사용자가 다 여러분에게 이로운 건 아니다.

- 어떤 사용자는 오랜 시간이 지나야 여러분에게 도움이 된다. 에버노트Evernote의 부분유료화 모델freemium model이 효과적인 것은 사용자들이 결국 유료 회원으로 가입하기 때문이지만 어떤 사용자는 2년 후에야 유료 회원으로 가입하기도 한다.
- 어떤 사용자는 잘해야 무료 마케팅만 해준다. 이들은 결코 유료 사용자가 되지 않을 수도 있지만 여러분의 메시지를 증폭시켜주기도 하고 유료 회원이 될 수 있는 사람들에게 여러분의 제품을 소개해주고 초대한다.
- 어떤 사람은 완전히 해롭다. 이들은 여러분의 주의를 흐트러뜨리고 자원을 사용하게 만들 뿐만 아니라 웹사이트를 어지럽히고 분석에 혼란을 일으키기도 한다.

여러분의 제품이 주목을 받게 되었다고 해서 제품에 대한 얘기를 듣고 방문한 사람들이 실제로 제품을 사용하는 일은 드물다. 많은 사람이 그냥 둘러보고 돌아간다. 이핏Yipit의 공동창업자이자 CEO인 비니셔스 베이컨티Vinicius Vacanti는 2010년

서비스를 실시했던 경험을 바탕으로 블로그에 다음과 같은 글을 올렸다.[3]

> 서비스 개시가 과연 성공적이었나? 왜 더 많은 사람이 가입하지 않았을까? 사람들은 왜 회원 가입 절차를 끝까지 마치지 않았을까? 왜 사람들은 다시 방문하지 않을까? 우리 회사가 언론에 보도되고 있는데, 어떻게 하면 언론에 더 많이 나오게 할 수 있을까? 우리 사용자들은 왜 페이스북과 트위터에 자기 활동을 푸시하지 않을까? 사용자들이 친구를 초대해도 왜 이 친구들은 초대를 수락하지 않을까?

여기서 핵심은 분석이다. 일회성 사용자나 해로운 사용자와 가치 있는 진짜 사용자를 구분해야 한다. 그런 다음 진짜 사용자 수를 최대한 늘리고 해로운 사용자는 떠나도록 변화를 줄 필요가 있다. 처음부터 신용카드 정보를 입력하도록 요구하는 퉁명스런 방법을 쓸 수도 있다. 이것은 돈을 지불할 의사가 없는, 호기심에 그냥 들른 사용자들을 거절하는 확실한 방법이다. 또는 더 섬세한 접근법을 사용할 수도 있는데, 가령 한동안 웹사이트를 방문하지 않은 사용자들을 다시 활동하게 하려고 애쓰지 않는 것이다.

원래 사용자들이 한번 플레이하고 마는 게임이나 사람들이 어쩌다 한번 구매하는 상품을 판매하는 전자상거래 사이트도 있을 수 있다. 단, 이런 경우는 선불로 돈을 지불하게 하라. SaaS 서비스를 제공하고 있고 사용자 증가에 따른 증분 비용이 높지 않다면 부분유료화 모델이 효과적일 수 있다. 이때는 서비스를 이용하는 사용자와 그렇지 않은 사용자를 명확히 구별하라. 구매자들이 물건을 자주 구입하는 웹사이트라면 이들을 만족시키기 위해 노력해야 한다.

또한 사용자들이 앱을 사용하기 위해 애를 쓰는 수고만 봐도 진짜 사용자들과 무관심한 사용자들을 구분할 수 있다. 어떤 제품은 정보를 자동으로 모으는 경우도 있다. 가령, 핏빗Fitbit은 걸은 걸음 수를 세고, 시리Siri는 여러분이 어딘가 도착하면 그것을 알아차리며, 라이트댓네임Writethatname은 이메일 편지함에서 새 연락처를 분석한다. 이런 제품의 사용자들은 제품을 사용하기 위해 별다른 일을 하지 않아도 된다. 따라서 사용자들이 제품을 사용하는지 사용하지 않는지 알기 어렵다. 사용자들이 적극적으로 제품을 사용해야 하면 사용하지 않는 사람들을 더 쉽게 찾을

---

[3] http://viniciusvacanti.com/2012/11/19/the-depressing-day-after-you-get-techcrunched/

수 있다.

앞에서 언급한 핏빗에 대해 살펴보자. 이 제품은 자그마한 기기로서 걸은 걸음 수를 측정하고 이로부터 소모 칼로리, 걸은 거리, 오른 계단 수와 전체적인 활동을 계산한다.

핏빗 사용자들은 이 기기를 주머니에 넣어두고 단순히 걸은 걸음 수를 기록하기만 할 수도 있고, 핏빗을 이용해 회사 서버와 데이터를 동기화시킬 수도 있으며, 포털을 방문해 자신의 통계를 확인하고 친구들과 공유할 수도 있고, 자동으로 수집된 정보를 보완하기 위해 수면 및 음식 섭취 데이터를 수동으로 입력할 수도 있으며, 건강 목표를 달성하기 위해 핏빗 프리미엄 제품을 구매할 수도 있다.

이 각각의 사용 모델은 다양한 인게이지먼트 수준을 나타낸다. 그리고 핏빗은 이 인게이지먼트 수준에 따라 사용자들을 다섯 개의 사용자군으로 나눌 수 있다. 그리고 그렇게 구분해야 한다. 핏빗 사용자들이 하루에 걸은 걸음 수를 세는 기능만 이용하고 그 정보를 업로드조차 하지 않는 경우도 흔히 볼 수 있는데, 그렇게 되면 회사는 사용자가 처음 제품을 구입하고 나면 그 사용자로부터 더 이상 매출(가령 웹사이트 광고, 프리미엄 회원 가입, 사용자 데이터 판매 등)을 발생시키지 못한다. 이런 사용자의 가치는 상당히 낮다. 매출을 정확히 예측하려면 다양한 사용자군이 제품 사용 방식을 이해해야 한다.

스타트업이 선택할 수 있는 지불 방식 및 인센티브 모델은 다양하다. 여기에는 부분유료화 서비스, 무료 체험, 선불, 할인, 광고 후원 등이 있다. 이 중에서 고객 분류 방식, 유료 사용자가 되기까지 걸리는 시간, 서비스 이용의 용이성, 일회성 사용자 한 명을 추가로 서비스하는 비용 등과 부합하는 방식을 골라야 한다.

모든 사용자가 이로운 건 아니다. 고객 수에 연연하지 말라. 그 대신 좋은 고객들을 위해 제품을 최적화하고 여러분의 활동에 관심을 보이는 고객을 기반으로 활동들을 분류하라.

사업 모델 플립북

제품은 돈을 주고 구입하는 물건 그 이상이다. 제품은 서비스, 브랜딩, 명성, 유행, 고객지원, 패키징 그리고 기타 무수히 많은 요소로 이루어진다. 여러분이 아이폰을 구입하면 스티브 잡스라는 인물의 일부도 구입하는 셈이다.

이와 마찬가지로 사업 모델도 여러 가지 요소로 구성된다. 그 구성 요소는 바로 판매하는 제품, 제품을 전달하는 방법, 고객을 확보하는 방법, 고객으로부터 수익을 창출하는 방법이다.

많은 사람이 사업 모델의 이런 요소를 제대로 구분하지 못한다. 우리도 책임을 느낀다. 부분유료화는 사업 모델이 아니라 마케팅 기법이다. SaaS는 사업 모델이 아니라 소프트웨어를 제공하는 방법이다. 미디어 사이트의 광고는 사업 모델이 아니라 매출을 발생시키는 방법이다.

이 책의 뒷부분에서 여섯 가지 사업 예에 대해 설명할 것이다. 하지만 그 전에 어떻게 이 여섯 가지 사업이 도출되었는지 살펴보자. 어릴 때 가지고 놀던 플립북을 생각해보라. 각 페이지에 있는 다양한 신체 부분을 조합해서 다양한 캐릭터를 만들 수 있는 그런 플립북 말이다.

사업 모델도 이런 식으로 만들 수 있다. 그러나 머리, 몸통, 발 대신 사업의 여러 측면, 즉 고객 확보 채널, 판매 기법, 매출원, 제품 유형, 제품 전달 모델을 조합할 수 있다.

- 고객 확보 채널은 사람들이 어떻게 여러분에 대해 알게 되는지를 말해준다.
- 판매 기법은 어떻게 방문자를 사용자로 만드는지, 또 사용자를 어떻게 고객으로 만드는지를 말해준다. 이렇게 하기 위해 보통은 돈을 지불하라고 요청하거나 시간 제한, 용량 제한, 광고 삭제, 추가 기능, 비공개 등 일종의 희소성이나 배타성을 제공한다.
- 매출원은 돈을 버는 방법이다. 매출은 고객으로부터 직접 발생할 수도 있고(지불을 통해), 간접적으로 발생할 수도 있다(광고, 추천, 사용자 행동 분석, 콘텐츠 생성 등을 통해). 여기에는 상거래, 서비스 가입, 사용 기반 과금, 광고 매출, 데이터 재판매, 기부, 그 외 많은 것이 해당된다.
- 제품 유형은 매출의 대가로 사업이 어떤 가치를 제공하는지를 말해준다.
- 제품 전달 모델은 제품을 고객에게 전달해주는 하나의 방법이다.

그림 7-1 글이 많다는 것뿐이지 어릴 때 가지고 놀던 플립북과 같다.

사용자 확보 채널	방문자, 고객, 사용자가 회사를 알게 되는 경로	• 유료 광고 • 검색엔진 관리 • 소셜 미디어 활동 • 내재된 바이럴 효과 • 인위적인 바이럴 효과 • 제휴 마케팅 • 홍보 • 앱/생태계 마케팅	• Informationweek.com의 배너 광고 • 어린이 장난감 카테고리에서 ELC[4]가 상위의 검색 순위에 오르는 것 • 트위터에서 활동(가령 키스메트릭스) • 팀원들을 아사나[5]에 초대 • 드롭박스가 다른 사람들을 회원으로 가입시킨 사용자에게 보상을 제공 • 매출의 일정 비율을 추천 블로거와 공유 • SXSW[6]에 연사로 등록 • 구글 플레이스토어에 올리기
판매 기법	방문자나 사용자를 유료 고객으로 만드는 방법	• 단순 구매 • 할인 & 인센티브 • 무료 체험 • 부분유료화 • 유료 계정의 콘텐츠 비공개 • 무료 플레이	• Dell.com에서 PC 구매 • 블랙프라이데이 할인, 미끼상품(특가품), 무료 배송 • 핏빗 프리미엄처럼 한정된 시간 동안 무료 체험 제공 • 에버노트처럼 무료 이용 후 서비스 업그레이드 • 슬라이드쉐어Slideshare처럼 무료 계정의 콘텐츠는 공개 • 에어메크[7]처럼 앱 내 구매를 통해 수익 창출
매출 모델	방문자, 사용자, 고객으로부터 돈을 버는 방법	• 일회성 거래 • 반복적인 서비스 가입 • 사용량 기반 요금 • 광고 클릭 • 사용자 데이터 재판매 • 기부	• Fab.com에서 구매 • 프레시북스[8]의 월간 요금 청구 • 랙스페이스[9]의 주기(cycles) 계산 • CNET.com의 PPCPay Per Click, 클릭당 광고 단가 매출 • 트위터의 파이어호스[10] 사용 계약 • 위키피디아의 연간 캠페인
제품 유형	스타트업이 제공하는 것·제품 또는 서비스, 하드웨어 또는 소프트웨어, 혹은 이들의 복합물일 수 있다.	• 소프트웨어 • 플랫폼 • 머천다이징 • 사용자 제작 콘텐츠 • 장터(marketplace) • 미디어/콘텐츠 • 서비스	• 오라클의 회계 소프트웨어 • 아마존의 EC2 클라우드 서비스 • 씽크긱Thinkgeek의 쇼핑몰 • 페이스북의 상태 업데이트 • 에어비앤비의 예약 가능한 숙소 • CNN의 뉴스 페이지 • 헤어 스타일리스트
제품 전달 모델	제품이 고객에게 전달되는 방법	• 호스트형 서비스 • 디지털 전송 • 물리적인 전송	• Salesforce.com의 CRM • 데스크톱 게임을 온라인으로 구매 • 쉬즈 라 타블르[11]에서 주방용 칼 배송

4 역자주_ 장난감 회사
5 역자주_ Asana, 협업을 지원하는 앱
6 역자주_ 사우스바이사우스웨스트, 영화, 인터랙티브, 음악 관련 페스티벌 및 컨퍼런스
7 역자주_ Airmech, 전투 게임
8 역자주_ Freshbooks, 온라인 청구서 서비스
9 역자주_ Rackspace – 웹 호스팅 업체
10 역자주_ DM을 제외한 모든 트윗에 접근할 수 있는 API
11 역자주_ Sur La Table, 주방용품 판매점

그림 7-1은 이 다섯 가지 측면을 각 측면의 다양한 모델 및 사례를 통해 보여주고 있다. 이것은 단지 사례에 불과하다는 점을 기억하기 바란다. 사업은 대부분 여러 사용자 확보 채널을 동시에 사용하고 다양한 매출 모델을 실험하며 다양한 판매 기법을 시도한다.

많은 선택 사항

이 플립북에 추가할 수 있는 항목은 무궁무진하다. 데이터 기반의 기업 의사결정을 지원하는 스타트업인 스타트업 컴퍼스Startup Compass는 매출 모델을 12가지로 구별한다. 광고, 컨설팅, 데이터, 리드 생성lead generation, 라이선스료, 상품등록 수수료, 소유/하드웨어, 임대, 후원, 서비스 가입, 상거래 수수료, 가상 상품이 그것이다. 벤처투자자 프레드 윌슨Fred Wilson도 다수의 웹과 모바일 매출 모델을 밝히고 있는데, 그중 상당수가 뒷부분에서 살펴볼 여섯 가지 기본 모델의 변형이다.[12]

또한 스타트업 컴퍼스는 플립북의 요소를 결합한 '근본적인' 재무 모델을 몇 가지 제안하고 있는데, 검색, 게이밍, 소셜 네트워크, 뉴미디어, 마켓플레이스, 동영상, 상거래, 임대, 서비스 가입, 오디오, 리드 생성, 하드웨어, 결제가 그것이다.

이런 요소를 사용하여 즉석에서 사업 모델을 만들 수 있다. 예를 들어 그림 7-2는 드롭박스를 위한 사업 모델 플립북 사례다.

사업 모델을 플립북의 형태로 표현하면 횡적인 사고lateral thinking가 촉진되는 또 다른 장점이 있다. 플립북의 '페이지'를 넘기는 것은 곧 방향 전환이다. 드롭박스를 물리적으로 제공하면 어떤 형태가 될까? 또는 선불 요금을 내게 하면 어떨까? 유료 광고를 실으면 어떻게 될까?

---

[12] https://hackpad.com/Ch2paBpUyIU#Web-and-Mobile-Revenue-Models

그림 7-2 드롭박스의 사업 모델 플립북

사업 측면	플립북 페이지	드롭박스의 예
사용자 확보 채널	• 내재된 바이럴 효과 • 인위적인 바이럴 효과	• 다른 사람들과 파일 공유 • 초대받은 사람들이 회원 가입하면 초대한 사람에게 무료 저장 공간 제공
판매 기법	• 부분유료화	• 일정 용량은 무료, 더 필요하면 유료 서비스에 가입하게 함
매출 모델	• 반복적인 서비스 가입	• $99/년, 월정 요금, 기업용 요금제
제품 유형	• 플랫폼	• API를 제공하는 SaaS, 협업, 동기화 도구
제품 전달 모델	• 호스트형 서비스 • 디지털 전송	• 클라우드 저장 공간, 웹 인터페이스 • 데스크톱 클라이언트 소프트웨어

여섯 가지 사업 모델

다음 장부터는 여섯 가지 사업 모델에 대해 살펴본다. 각 사업 모델은 앞에서 살펴본 다양한 측면의 조합이다. 우리는 흔히 볼 수 있는 사례를 소개하기 위해 앞에서 이야기한 측면을 충분히 조합하려 노력했다. 그러나 이 외에도 엄청나게 많은 조합이 가능하다. 그림 7-1만 봐도 6,000가지가 넘는 조합이 나오지만 여기에 포함된 것이 결코 전부는 아니다.

게다가 여러 측면을 동시에 적용할 수 있다. 가령 아마존은 전자상거래, 물리적 전달, 검색엔진 마케팅, 단순구매 소매점의 모델이지만 서평 등 사용자 제작 콘텐츠 같은 하위 사업도 운영한다. 따라서 비교적 단순한 어린이용 플립북과 달리 사업은 쉽사리 복잡해질 수 있다.

이런 복잡성 앞에서 우리는 여섯 가지 사업 모델을 단순하게 유지하기로 했다. 우리는 이 사업들의 몇 가지 측면과 각 사업 모델에 해당되는 회사들을 통해 가장 중요한 지표들을 살펴볼 것이다. 이것을 사업 모델 플립북의 특정 '페이지'를 펼치는 것이라고 생각하라. 여러분의 사업에 해당하는 요소들을 볼 수 있을 것이다.

- 전자상거래 사업을 운영하고 있으면 8장을 참조하라.
- SaaS 서비스를 제공한다면 9장을 참조하라.
- 모바일 앱을 구축하고 앱 내 구매를 통해 매출이 발생한다면 10장을 참조하라.
- 콘텐츠를 생성하고 광고로 돈을 번다면 11장에서 다루는 미디어 사이트에 대한 내용을 참조하라.
- 트위터, 페이스북, 레딧처럼 플랫폼에서 사용자들로 하여금 콘텐츠를 생성하게 하는 것이 주 목표라면 12장을 참조하라.
- 판매자와 구매자가 만날 수 있는 양면 마켓플레이스를 구축하고 있다면 13장이 도움이 될 것이다.

대부분의 사업은 이 여섯 가지 범주 중 하나에 속한다. 그렇지 않은 사업도 이 중 하나와 성격이 비슷할 것이다. 가령 외식 사업은 전자상거래와 같은 거래 기반 사업이다. 회계 법인은 SaaS 업체처럼 반복적인 서비스를 제공한다. 이 여섯 가지 사업 모델 중에서 여러분의 사업과 유사한 사업 모델을 찾아서 분석에 대한 중요한 내용을 배운 다음 14장부터 성장 단계에 대해 살펴볼 때 이 내용을 여러분의 사업에 적용해보기 바란다.

[과제] – 여러분의 사업 모델을 찾아라

다음 장부터 우리는 여섯 가지 사업 모델을 살펴볼 것이다. 여러분의 사업이 어떤 사업 모델에 해당하는지 찾아서 적어보기 바란다. 그런 다음 그 사업 모델에 대해 우리가 정의한 모든 지표를 나열하고 여러분이 추적 중인 지표와 얼마나 일치하는지 살펴보라. 여러분이 추적 중인 지표의 현재 수치를 적어보자. 여러분의 사업이 여러 개의 사업 모델과 겹치면(이런 경우는 흔하다) 각 모델에 해당하는 지표를 모두 적어보라.

CHAPTER 8

사업 모델 1: 전자상거래

전자상거래 회사에서는 방문자가 웹 기반 쇼핑몰에서 물건을 구입한다. 이것은 가장 흔한 유형의 온라인 사업이고, 전통적인 분석 도구는 대다수가 이 사업 모델을 분석하도록 개발되었다. 아마존, 월마트닷컴$^{Walmart.com}$, 익스피디어^{Expedia} 같은 대형 온라인 쇼핑몰은 모두 전자상거래 회사다.

전자상거래 모델이 여러분의 사업과 가장 일치한다면 어떤 지표에 주목해야 되고 분석이 복잡해지지 않으려면 어떤 점을 주의해야 되는지 이 장에서 살펴볼 것이다.

초기 전자상거래 모델들은 비교적 단순한 '퍼널'로 구성되었다. 즉, 방문자가 사이트를 방문하고 여러 페이지를 돌아다니면서 특정 물건을 발견하고 '구매'를 클릭한 다음 결제 정보를 입력하면 구매 과정이 완료된다. 이것은 전통적인 '전환 퍼널'로서 옴니추어나 구글 애널리틱스 같은 분석 패키지가 여기에서 비롯되었다.

그렇지만 오늘날의 전자상거래는 이렇게 간단하지 않다.

- 구매자의 대다수는 검색으로 원하는 물건을 찾아낸다. 쇼핑객은 먼저 쇼핑몰 외부에서 검색하고 검색 결과와 쇼핑몰 사이트 사이를 오가면서 원하는 물건을 찾는다. 원하는 것을 찾고 난 후에야 해당 사이트 안에서의 내비게이션이 중요하다는 걸 인식한다. 이것은 쇼핑몰 사이트의 퍼널보다 검색어가 더 중요하다는 뜻이다.
- 온라인 상점은 추천 엔진을 통해 구매자가 구입한 제품 외에도 다른 어떤 제품을 필요로 할지 예측한다. 이런 추천 엔진은 다른 과거 구매자들의 구매 패턴이나 비슷한 프로필을 가진 다른 사용자의 구매 이력을 바탕으로 한다. 같은 내용을 추천받는 방문자는 거의 없다.
- 온라인 쇼핑몰은 항상 성능을 최적화한다. 이는 트래픽을 세분화한다는 뜻이다. 중대형 규모의

쇼핑몰은 적절한 제품, 조건, 가격을 찾기 위해 여러 가지를 테스트하고 퍼널을 세부화한다.
- 구매를 쇼핑몰 사이트 자체에서 시작하지 않고 소셜 네트워크, 이메일 우편함, 온라인 커뮤니티에서 시작하므로 구매 과정을 추적하기가 더 힘들어지고 있다.

전자상거래 기업이 돈을 버는 방식은 단순하다. 제품 값을 청구하고 온라인(가령 아이튠즈에서 디지털 콘텐츠 다운로드)이나 오프라인(가령 자포스[1]의 신발 배송)으로 상품을 전달한다. 이런 기업은 광고와 제휴 마케팅을 이용해 고객을 확보하기 위해 비용을 지출한다. 가격은 시장이 감당할 만한 수준이나 경쟁 업체의 가격 수준을 근거로 결정된다. 돈과 시간 측면에서 여력이 있는 일부 대형 쇼핑몰은 공급과 수요, 지속적인 테스트를 바탕으로 알고리즘에 따라 가격을 결정하는데, 어떤 때는 터무니없는 가격 정책이 만들어지거나[2] 브라우저의 종류 같은 요소에 따라 제품을 추천하는 식이 되어 버리기도 한다.

아마존닷컴과 같이 고객 충성도에 초점을 둔 온라인 쇼핑몰은 사용자와 반복적인 관계를 구축한다. 이런 온라인 쇼핑몰은 매우 다양한 제품을 제공하고 구매자들이 자주 방문하므로, 이들은 구매 과정을 간단하게 하고 자동화하기 위해 할 수 있는 모든 일을 한다(아마존은 원 클릭 구매 모델의 특허를 가지고 있으며, 현재 애플을 비롯한 다른 온라인 쇼핑몰에 이 특허사용권을 제공하고 있다).

이런 관계 중심의 전자상거래 회사는 사용자가 구매 희망 상품 목록을 만들고 제품 리뷰를 올리도록 독려한다. 즉, 핵심 사업 모델은 전자상거래지만 사용자 제작 콘텐츠와 같은 다른 사업 모델이 매출 발생에 도움이 되면 다른 사업 모델도 관리한다. 반면에 제품 성격상 같은 구매자가 반복적으로 자주 구매하지 않는 온라인 쇼핑몰은 구매자가 한 번 구매할 때 가능한 한 많은 매출을 일으키고 구매자가 입소문을 내게 하는 데 초점을 둔다.

---

1 역자주_ Zappos, 온라인 신발 쇼핑몰
2 UC 버클리 대학의 생물학자 마이클 에이센(Michael Eisen)은 《아마존닷컴에서 팔고 있는 파리에 대한 2,369만 8,655달러 93센트짜리 책》이라는 제목의 블로그 글에서 알고리즘에 의한 온라인 서점 간의 가격 전쟁 때문에 어떻게 파리에 대한 교재 값이 2,300만 달러가 되었는지 설명하고 있다(http://www.michaeleisen.org/blog/?p=358).

| 패턴 | **여러분의 사업은 어떤 전자상거래 유형인가?**

마인댓데이터Mine That Data는 고객이 광고, 제품, 브랜드, 채널과 상호작용하는 방식을 기업이 이해하도록 돕는 컨설팅 업체로, 이 회사의 케빈 힐스트롬Kevin Hillstrom은 다수의 전자상거래 회사에 컨설팅을 제공하고 있다. 그는 온라인 쇼핑몰이 구매자와 어떤 종류의 관계를 맺고 있는지 아는 것이 매우 중요하다고 말한다. 전자상거래 회사는 마케팅 전략부터 구매액에 이르기까지 모든 것이 관계의 영향을 받기 때문이다. 이것을 이해하기 위해 그는 *연간 재구매율*, 즉 작년에 물건을 구매한 사람 중 몇 퍼센트가 올해도 물건을 구매하는지를 이용한다.

신규 고객 확보 유형

재구매율이 40% 이하로 예상되는 사업이라면 신규 고객 확보에 사업의 초점을 맞춰야 한다. 이런 종류의 사업에서는 포인트 제도가 도움이 되지 않는다. 케빈 힐스트롬은 전자상거래 사업이 성숙기에 접어들면 70%가 이 유형에 속한다고 말한다. 스쿠버 다이빙 장비나 암벽 등반 장비 업체를 예로 들 수 있다. 많은 고객이 처음 한 번은 장비를 구입하지만 매번 장비를 업그레이드할 만큼 이 취미에 그리 푹 빠지는 건 아니다. 이것은 좋고 나쁘고의 일이 아니다. 단지 마케팅 전략을 여기에 맞추면 된다. 예를 들어 온라인 안경 쇼핑몰이라면 구매자가 안경을 여러 개 사도록 만들려고 노력하는 대신, 구매자가 다른 사람들에게 이 쇼핑몰을 추천하도록 만드는 데 마케팅 노력을 더 기울이는 편이 좋다.

하이브리드 유형

재구매율이 40~60%라면 신규 고객과 기존 고객 둘 다를 바탕으로 회사가 성장한다. 기존 고객의 구매 빈도를 높이는 일과 신규 고객을 확보하는 일 모두에 초점을 두어야 한다. 사용자들은 연평균 2~2.5회 구매할 것이다. 자포스는 하이브리드 유형의 전자상거래 회사다.

고객 충성도 유형

재구매율이 60% 이상이면 회사는 고객 충성도에 초점을 맞춰 충성도 높은 고객이 더 자주 구매하도록 만들어야 한다. 이 유형만큼은 포인트 제도가 효과적이다. 사업이 성숙기에 접어들었을 때 이 유형에 속하는 전자상거래 사업은 10%에 불과하다.

아마존은 이 유형에 속하는 좋은 예다.

연간 재구매율을 보면 그 전자상거래 스타트업이 장기적으로 어떻게 해야 성공할 수 있는지 알 수 있다. 사업을 시작한 지 일 년이 채 안 되었다면 다음과 같이 연간 재구매율 대신 90일 재구매율을 보면 사업이 어떤 유형에 속하는지 알 수 있다.

- 90일 재구매율이 1~15%이면 그 사업은 신규 고객 확보 유형이다.
- 90일 재구매율이 15~30%이면 그 사업은 하이브리드 유형이다.
- 90일 재구매율이 30% 이상이면 그 사업은 고객 충성도 유형이다.

어떤 유형이 다른 유형보다 더 좋고 나쁜 것은 아니다. 케빈 힐스트롬의 고객사 중에는 연간 재구매율이 겨우 25%인 회사가 있다. 이 고객사는 비교적 낮은 비용으로 많은 신규 고객을 확보해야 한다는 점을 깨닫고 모든 마케팅 노력을 고객 확보에 집중함으로써 사업을 성공적으로 운영하고 있다.

"사업이 어떤 유형에 속하는지는 중요하지 않습니다. 그러나 어떤 유형에 속하는지 CEO가 아는 것은 *굉장히* *중요합니다*." 케빈은 이렇게 말한다. "많은 CEO가 고객 충성도를 높이려고 굉장히 노력합니다. 그런데 신규 고객 확보 유형의 사업이라면 고객 충성도를 높이기가 힘들 겁니다. 그리고 그렇게 하려고 해서도 안 됩니다. 예를 들어 일반 고객이라면 청바지를 일 년에 한 벌만 구매할 겁니다. 고객이 청바지를 더 사도록 만들기는 힘듭니다! CEO가 자신의 고객과 사업 유형을 정확히 아는 것은 정말 중요합니다."

케빈 힐스트롬은 계절에 영향을 받는 상품을 파는 쇼핑몰이 고객으로 하여금 시기적으로 맞지 않는 선물을 구입하게 하려고 노력하는 것을 자주 본다고 말한다. "그렇게 해봐야 효과는 없습니다. 그런 쇼핑몰은 신규 고객 확보 유형에 속합니다. 그런 사업은 일 년 동안 인지도를 높여서 11월과 12월에 신규 고객을 확보하는 편이 더 좋습니다."

매출을 최대한 높이는 일도 중요하지만 고객이 원하지 않는 것을 팔려고 하면 안 된다. "나는 고객이 구매하려고 마음먹지 않았던 제품을 사게 하려고 하지 않습니다. 가령 자포스라면 나는 고객을 하이브리드 유형에서 고객 충성도 유형으로 바꾸려고 하지 않을 겁니다. 그 대신 고객 서비스(무료 환불)를 개선할 겁니다. 그러

> 면 우리를 좋아하는 신규 고객을 확보할 수 있습니다(하이브리드 유형의 절반의 성공)." 케빈은 말한다. "사업이 신규 고객 확보 유형에 속한다면 그래도 서비스와 상품 구색 등의 요소를 개선하기 위해 노력은 하겠지만 사업이 충분히 성장한 후에도 주요 목표는 항상 신규 고객 확보여야 합니다."
>
> 케빈은 회사가 아무리 노력해도 연간 재구매율을 10% 이상 높이는 것은 힘들다고 말한다. "연간 재구매율이 30%라면 27~33% 사이에서 움직일 겁니다."

페이스북, 핀터레스트와 같이 방문자를 다른 웹사이트로 연결해주는 소셜 네트워크 및 웹사이트가 부상하면서 전자상거래 회사는 트윗, 동영상, 링크에서 시작해 구매로 연결되는 긴 퍼널에 점점 더 많은 관심을 보이고 있다. 온라인 쇼핑몰은 어떤 플랫폼에 어떤 메시지를 올려야 사람들이 물건을 구매하러 방문하는지 이해해야 한다. 방문자가 일단 쇼핑몰 사이트를 방문한 다음에는 최대한 많이 구매하도록 만드는 것이 중요하다.

가격을 적절히 정하는 것은 매우 중요하다. 특히 한 고객으로부터 매출을 발생시킬 기회가 한 번밖에 없는 고객 확보 유형의 전자상거래 사이트라면 더욱 그렇다. 경영 컨설팅 업체 맥킨지는 1992년 사업 최적화에 대한 연구에서 다양한 사업 요소를 개선했을 때 영업이익이 어떻게 개선되는지 비교했다.[3]

그림 8-1은 올바른 가격 정책이 사업의 전반적인 수익성에 매우 큰 영향을 준다는 사실을 보여주고 있다. 2003년에 실시된 연구에서는 이 수치가 줄어들어 가격 정책이 영업이익을 8%만 개선시켰지만, 그래도 여전히 다른 요소들의 효과보다는 훨씬 높은 수치였다.[4]

---

[3] http://hbr.org/1992/09/managing-price-gaining-profit/ar/8
[4] http://download.mckinseyquarterly.com/popr03.pdf

그림 8-1 가격 정책의 중요성

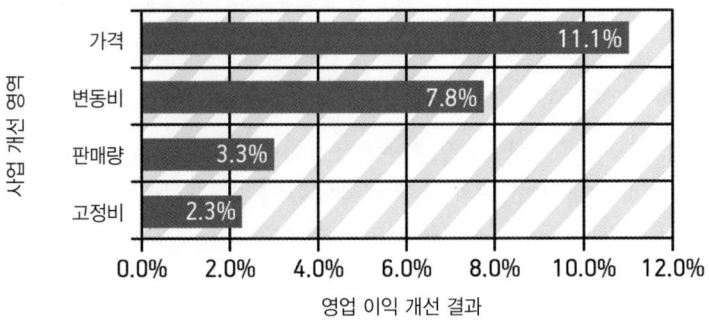

실무 예제

온라인 명품 쇼핑몰을 한번 살펴보자. 이 사이트의 회원은 사이트 운영자가 선별한 상품을 할인된 특별가로 살 수 있다. 사이트를 방문한 사람은 어떤 물건이 있는지 둘러볼 수 있지만 주문을 하거나 물건을 장바구니에 넣으려면 회원으로 가입해야 한다. 그리고 대개는 회원으로 가입할 때 정기 이메일 수신에 동의해야 하고 방문자는 쇼핑몰 사이트에서 본 물건에 대해 트윗을 올리거나 페이스북 '좋아요' 버튼을 클릭할 수 있다.

이 회사는 다음과 같은 몇 가지 핵심 지표를 관리한다.

전환율
물건을 구입하는 방문자의 수

연간 구입 건수
각 고객이 일 년 동안 구입하는 건수

평균 장바구니 크기
구매 건당 지출하는 금액

포기율

구매 과정을 시작했지만 결제로 이어지지 않은 사람의 비율

고객 확보 비용

누군가로 하여금 물건을 사게 하기 위해 지출한 돈

고객당 매출

각 고객의 생애 가치

웹사이트로 트래픽을 발생시킨 상위 검색어

사람들이 검색하고 여러분의 사업과 연관을 짓는 단어. 인접 제품이나 시장에 대한 실마리가 될 수 있다.

인기 검색 조건

매출로 이어지는 검색어와 그렇지 않은 검색어가 모두 포함된다.

추천 엔진의 효과

방문자가 추천받은 제품을 장바구니에 넣을 확률

바이럴 효과

방문자당 구전효과와 정보 공유

메일링 리스트의 효과

클릭률과 구매자들이 재방문하고 구매하도록 만드는 능력

더 정교한 온라인 쇼핑몰은 작성된 리뷰 건수나 도움이 됐다고 추천받은 리뷰 건수 등 다른 지표도 고려하겠지만 이것은 부차적인 것이다. 12장에서 사용자 제작 콘텐츠 모델을 다루면서 다른 부분에 대해서도 살펴볼 것이므로 여기서는 위에 나열한 지표들에 대해 좀 더 자세히 살펴보자.

전환율

전환율은 웹사이트 방문자 중 물건을 구입한 사람의 비율이다. 이것은 계산하고

실험하기가 쉬우며 쇼핑몰 사업 현황을 평가할 때 가장 먼저 사용되는 지표 중 하나다. 전환율은 인구통계학적 특징, 마케팅 문구, 추천 사이트 등 여러 가지를 기준으로 세분화할 수 있는데, 이 전환율을 이용하면 구매율을 높이는 요소가 무엇인지 알 수 있다.

처음에는 전환율이 총 수입보다 더 중요할 수도 있다. 왜냐하면 초기 목표는 누군가 물건을 구입할 것이라는 가정을 입증하는 것이기 때문이다(그리고 물건을 구입하면 구매자의 이메일 주소와 구입 내역 데이터를 얻을 수 있다). 그러나 전환율에 지나치게 초점을 두는 것은 위험한 일이기도 하다. 전자상거래 사업의 유형에 따라 전환율이 다르기 때문이다.

연간 구입 건수

전환율은 중요하지만 전체 상황이 다 반영된 지표는 아니다. 성공한 쇼핑몰 중에는 전환율이 높은 곳도 있고 낮은 곳도 있다. 전환율은 쇼핑몰 사이트의 유형과 사람들의 구매 방식에 달려 있다. 관을 파는 상점은 아마 한 사람에게 평생 단 한 번만 관을 팔겠지만 식품점은 한 고객에게 일주일에도 여러 번 물건을 판다.

90일 재구매율을 보면 여러분의 전자상거래 사이트가 어떤 유형인지 잘 알 수 있다. 확실한 정답은 없지만 고객 충성도와 신규 고객 확보 중 어디에 더 초점을 맞출지 알아야 한다.

장바구니 크기

장바구니 크기는 전환율만큼이나 중요한 지표다. 물건을 산 사람의 비율뿐만 아니라 이들의 구매액도 알아야 한다. 어떤 마케팅 캠페인은 구매율을 높이고, 또 다른 마케팅 캠페인은 구매자 수는 적지만 구매액을 높이기도 한다.

실제로 가망 고객 중 가장 수익성이 좋은 고객군을 알아내려면 [전환율이 아니라] 고객군별 총 매출을 비교해야 한다. 그러나 매출 자체에만 너무 연연해하면 안 된다. 정말 중요한 것은 이익이다.

전자상거래 회사에 주로 투자하는 민간투자기업인 스카이웨이벤처스Skyway Ventures의 빌 디알레산드로Bill D'Alessandro는 이렇게 말한다. "전자상거래 회사의 성공의 핵심은 장바구니 크기, 즉 구매액을 늘리는 것입니다. 그래야 정말 돈을 벌 수 있습니다. 나는 고객 확보 비용을 고정비로 간주합니다. 그러므로 구매액이 커질수록 이익도 커집니다."

포기율

모든 사람이 물건을 구입하지는 않는다. 아주 간단히 말하면 포기율은 전환율의 반대 개념이다. 구매 과정은 쇼핑 카트에 담은 물건을 확인하고 배송 정보와 결제 정보를 입력하는 등 여러 단계로 구성된다. 어떤 경우에는 구매 과정 중에 외부 사이트와 연결되기도 한다. 가령 킥스타터Kickstarter는 아마존을 통해 사용자의 신용카드 정보를 받는다. 그리고 이벤트브라이트Eventbrite는 페이팔에 연결해서 구매자가 티켓 값을 지불하도록 한다.

이런 각 구매 단계에서 퍼널을 빠져나오는 사람의 수가 포기율이다. 여기서 중요한 것은 각 단계마다 포기율을 분석해야 어떤 단계가 구매에 가장 큰 장애물로 작용하는지 알 수 있다. 어떤 경우에는 고객이 입력하는 양식의 항목이 걸림돌이 될 수도 있는데, 가령 국적을 입력하는 칸 때문에 구매자들이 머뭇거릴 수 있다. 클릭테일ClickTale 같은 도구는 양식의 각 항목마다 포기율을 분석하기 때문에 구매 전환 과정에서 고객이 정확히 어디에서 중단하는지 찾을 수 있다.

고객 확보 비용

방문자가 물건을 구입한다는 사실을 알고 나면 트래픽을 발생시켜야 한다. 여러분은 광고, 소셜 미디어 활동, 메일링 리스트, 제휴 등을 이용할 수 있다. 어떤 방법을 이용하든 이익이 남아야 한다. 전자상거래 사이트의 성공 공식은 간단하다. 물건을 팔아서 버는 돈이 구매자를 확보하고 물건을 전달하는 비용보다 더 많으면 된다.

고객 확보 비용을 전체적으로 파악하기는 비교적 쉽지만 트래픽을 발생하기 위해 많은 채널을 사용하는 경우는 분석이 복잡해진다. 그래도 다행인 것은 바로 이런 용도로 사용하기 위해 분석 도구가 만들어졌다는 점이다. 예를 들어 구글은 무료 분석 도구를 제공하는데, 그 이유는 구글이 광고로 돈을 벌고 있는 만큼 광고주들이 가능한 한 쉽게 구글 광고를 구입하고 광고 효과를 측정할 수 있도록 만들어주는 것이 구글 입장에서도 좋다고 판단했기 때문이다.

고객당 매출

신규 고객 확보 유형이든 고객 충성도 유형이든 상관없이 고객당 매출(또는 생애 가치)은 모든 유형의 전자상거래 사업을 위해 중요하다. 판매하는 물건이 고객이 다시 구매하는 성격의 물건이 아니어서 고객 충성도와 무관한 사업이더라도 고객당 매출을 최대화해야 한다. 구매액과 전환율을 높이고 포기율을 줄이면 그렇게 할 수 있다. 고객당 매출은 다른 핵심 지표들의 종합 지표이자 전자상거래 사업의 건전성을 알려주는 훌륭한 지표다.

| 사례 연구 | **와인익스프레스, 방문자당 매출을 41% 증가시키다**

와인익스프레스WineExpress.com는 고급 와인 액세서리와 와인 저장고를 30년 이상 판매해온 와인 인수지애스트Wine Enthusiast의 와인 쇼핑몰 부문 독점 파트너다. 와인익스프레스는 판매 전환율을 높이기 위해 A/B 테스트를 비롯해 다양한 실험을 적극적으로 하고 있다.

이 회사는 트래픽이 가장 높은 페이지인 '오늘의 와인' 페이지를 분석하기로 했다. 이 페이지에서는 배송료를 99센트만 받고 배송하는 와인이 한 가지 소개되었는데, 이 회사는 옵트인opt-in, 사전 동의 이메일 리스트와 사이트 내비게이션을 통해 이 페이지로 방문을 유도한다. 이 페이지에서는 단 한 종류의 와인에 초점을 맞추고 와인 전문가가 그 와인을 시음하는 동영상을 부각시킨다.

'오늘의 와인' 페이지의 전환율은 이미 높았지만 와인익스프레스는 전환율을 더 높일 방법을 강구했다. 그러나 회사는 모든 전자상거래 사이트가 겪는 어려움, 즉 거래 건수를 늘리는 것과 전체 매출을 늘리는 것 사이에 균형을 잡아야 한다는 점을 잘 알고 있었다. 판매 전환율에 지나치게 초점을 맞추면 평균 구매액이 줄어들어

오히려 수익이 줄어들 수 있다.

와인익스프레스는 '오늘의 와인' 페이지를 위한 전략을 수립하고 실행하기 위해 전환 최적화 전문 컨설팅 업체인 와이더퍼널마케팅WiderFunnel Marketing에 컨설팅을 의뢰했다. 와이더퍼널은 다양한 페이지 구성을 테스트할 목적으로 세 가지 디자인 안을 개발하고 테스트했다. 그림 8-2는 원래의 페이지 구성이다.

그림 8-2 와인익스프레스의 '오늘의 와인' 원래 페이지

결국 이 세 가지 안 중 하나가 방문자당 매출을 41% 증가시키는 가장 좋은 결과를 보였다. 크리스 고워드Chris Goward 와이더퍼널 CEO는 "전환율도 높아졌지만 여기에서 중요한 것은 방문자당 매출이 크게 증가했다는 점입니다. 많은 전자상거래 회사들이 전환율에 지나치게 목을 매는 경향이 있는데, 와인익스프레스에게 성공이란 구매자들이 실제로 더 많은 제품을 구입하는 것이었습니다"라고 말했다.

그림 8-3은 가장 좋은 결과를 보인 구성과 디자인이다.

그림 8-3 방문자당 매출이 41% 증가하면 사업이 어떻게 바뀔 것인가?

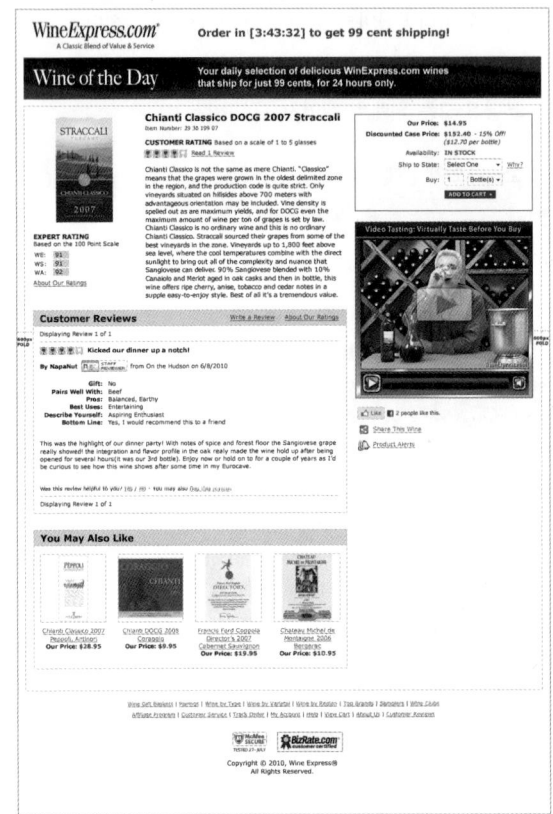

크리스 고워드는 이렇게 말한다. "우리는 동영상을 폴더 위에 배치한 것이 새로운 페이지 구성의 핵심 성공 요소라는 사실을 발견했습니다. 또한 새 페이지 구성의 자연스런 시선 흐름 덕분에 명료성이 개선되었고 시선을 분산시켜 구매로 이어지지 못하게 만드는 요소들도 줄어들었습니다."

요약

- 와인익스프레스WineExpress.com는 전환율이 더 좋은 페이지를 찾기 위해 A/B 테스트를 했다.
- 전환율도 높아졌지만 진정한 성과는 방문자당 매출이 41% 증가한 것이었다.

> **분석적 교훈**
> 페이지 최적화는 중요하다. 그러나 적절한 지표를 최적화해야 한다. 전환율이 높으면 좋지만 전환율이 전부는 아니다. *방문자당 매출이나 고객 생애 가치*CLV도 높아야 하는데, 이는 바로 이런 요소가 사업 모델에 실질적인 영향을 주기 때문이다.

검색어와 검색 조건

사람들은 대부분 웹 브라우저나 검색엔진 또는 사이트 내 검색으로 제품을 찾는다. 이 세 가지 경로 각각에서 어떤 검색어가 매출로 이어지는지 알 필요가 있다.

유료 검색 광고라면 여러분은 구글 같은 검색엔진에서 인기 검색어를 두고 입찰 경쟁을 벌인다. 어떤 검색어가 비교적 높은 '가치'가 있는지 – 즉, 너무 비싸지 않으면서 꽤 많은 트래픽을 발생시키는 검색어 – 알아내는 것이 검색엔진 마케팅 전문가의 일이다.

무료 검색이라면 검색 결과 순위를 높여주는 매력적인 콘텐츠와 구매자들이 사용할 만한 검색어가 포함된 웹사이트 선전 문구를 만드는 데 초점을 둬야 한다(그 결과 적합성이 높아져 검색 결과 상위에 올라갈 수 있다).

또한 쇼핑몰 사이트 *내* 검색도 분석하는 것이 좋다. 첫째, 사람들이 찾는 물건을 여러분의 사이트에서 제공해야 한다. 사용자들이 어떤 것을 검색했는데 그 상품을 찾지 못한다면 그들이 원하는 것이 없다는 이야기다. 둘째, 검색의 상당 분량이 특정 카테고리에 대한 것이라면 웹사이트 포지셔닝을 바꾸거나 그 카테고리를 홈페이지에 추가하여 빠른 시간 안에 그 시장을 더 많이 점유할 수 있는지 살펴봐야 한다. 기업용 전자상거래 플랫폼 업체인 이노베이션앳일래스틱패스Innovation at Elastic Path에서 일한 경험이 있는 제이슨 빌링슬리Jason Billingsley는 다음과 같이 말한다. "경우에 따라 수치가 다를 수 있지만 대체로 사이트 내 검색이 내비게이션의 5~15%를 차지합니다."

이 책에서는 검색엔진 최적화와 검색엔진 마케팅을 자세히 다루지 않는다. 이것은 별도로 다뤄야 할 분야다. 여기서는 검색이 전자상거래 운영의 중요한 부분이며 특정 페이지를 찾아가는 옛날 방식의 내비게이션은 (비록 많은 분석 도구가 여전히 다루고 있지만) 이제 별로 사용되지 않는다는 점을 이해하면 된다.

추천 수락률

대규모 전자상거래 회사는 추천 엔진을 사용해 방문자들에게 다른 제품을 제안한다. 오늘날 이런 엔진은 소규모 쇼핑몰에 서비스를 제공해주는 추천 전문 서비스 업체들 덕분에 점점 널리 사용되고 있다. 심지어 블로그도 이런 알고리즘을 이용해서 방문자가 현재 읽고 있는 블로그 글과 비슷한 다른 글을 추천한다.

추천에는 매우 다양한 접근 방식이 있다. 구매자가 과거에 구매한 이력을 이용하는 방식이 있는가 하면 지리적 위치, 리퍼럴 사이트, 방문자가 클릭한 것 등 방문자의 특징을 바탕으로 구매할 만한 것을 예측하기도 한다. 방문자에 대한 예측 분석은 기계 학습에 크게 의지하며 도구마다 추적하는 지표가 다르지만 모두 *추천을 통해 얼마나 많은 추가 매출이 발생할 것인가*라는 하나의 이슈로 귀결된다.

추천 엔진을 수정할 때는 매출이 증가하는 올바른 방향으로 수정했는지 확인하는 것이 좋다.

바이럴 효과

많은 전자상거래 사이트에서 바이럴 효과는 중요하다. 추천과 바이럴 효과로 발생하는 트래픽은 비용이 낮고 가치는 높기 때문이다. 바이럴 효과는 고객 확보 비용이 가장 낮다. 그리고 신뢰하는 사람으로부터 추천을 받기 때문에 추천 효과가 높다.

메일링 리스트 클릭률

통신망에 연결된 모바일 세계에서 이메일은 그다지 매력적이지 않을 수 있다. 그러나 만약 고객이 이메일 수신에 동의했다면 – 그리고 고객이 여러분이 원하는 행동을 한다면 – 훨씬 효과적으로 고객을 유지할 수 있다. 벤처캐피탈 업체인 유니언스퀘어벤처스Union Square Ventures의 파트너 프레드 윌슨Fred Wilson은 이메일을 비밀 병기라고 부른다.[5]

불과 몇 년 전만 하더라도 많은 분석가와 투자자는 소셜 미디어 때문에 이메일이 사라질 수 있다고 생각했다. 그러나 아이러니하게도 소셜 미디어는 이메일을 통해 확산되고 있다. 점점 더 많은 소셜 미디어가 서비스를 계속 사용하게 하고 사용자를 유지하기 위해 이메일의 힘을 빌리고 있다.

여러분이 사용자에게 보내는 이메일은 사용자가 여러분이 원하는 행동을 하기 전에 여러 가지 방식으로 차단될 수 있다(그림 8-4 참조).

그림 8-4 모든 이메일은 이런 장애물을 거치므로 클릭률이 낮은 것도 당연한 일이다.

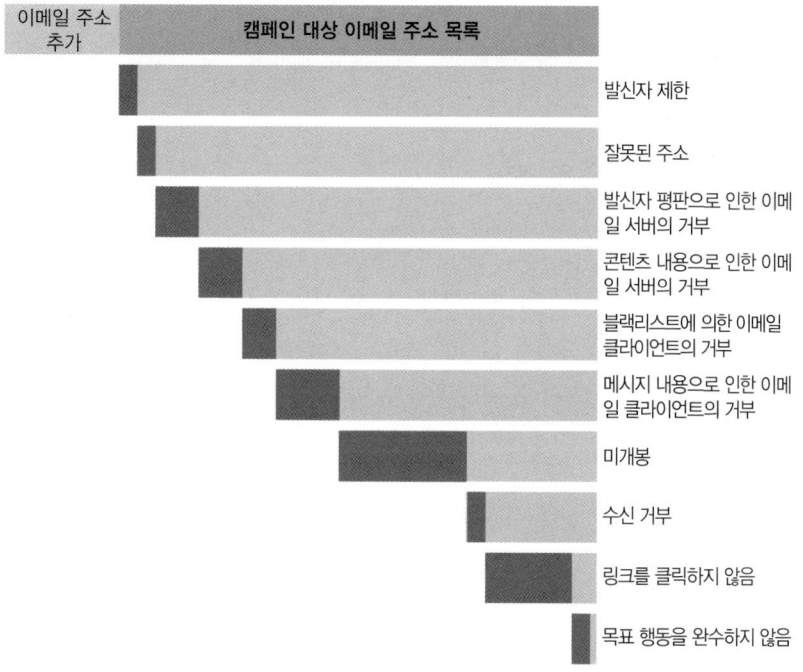

---

[5] http://www.avc.com/a_vc/2011/05/social-medias-secret-weapon-email.html

이메일 메시지 안의 클릭 유도 문구를 클릭한 사람들조차도 웹사이트에서 여러분이 원하는 행동을 하지 않을 수 있다. 어떤 경우는 잘못된 이메일 때문에 회원 탈퇴율이 높아져 캠페인에서 발생하는 수익을 무색하게 할 수도 있다. 그러므로 이메일은 신중하게 사용해야 한다.

이메일 클릭률은 캠페인 때문에 들어온 방문 건수를 발송한 메시지 건수로 나누어 계산한다. 더 정교하게 이메일 클릭률을 분석하려면 어디에서 일이 잘못되었는지, 가령 이메일 주소의 몇 퍼센트가 더 이상 유효하지 않은지 등을 다양하게 구분하고 여러분이 목표로 하는 최종 결과(가령 구매)를 살펴봐야 한다.

그리고 캠페인 기여 지표를 살펴봐야 한다. 기본적으로 이 지표는 캠페인 덕분에 추가로 발생한 매출에서 캠페인 비용과 회원 탈퇴로 인한 손실 비용을 뺀 것이다. 다행히 대부분의 이메일 플랫폼에서는 어렵지 않게 이 데이터를 얻을 수 있다.

오프라인과 온라인의 조합

모든 전자상거래 회사는 구매자에게 제품을 전달해야 한다. 온라인으로 전달하는 경우도 있지만 대부분은 오프라인으로 제품을 보내야 한다. 비싼 배송료 때문에 전환율이 낮아지기도 하지만 물건을 제때 잘 배송해서 고객 만족도가 높아지고 재구매율이 높아지기도 한다. 어떤 전자상거래 사업이든 오프라인 요소들을 신중하게 분석해야 한다.

배송시간

실시간 전달 및 익일 배송 서비스를 제공하는 업체가 점점 많아지고 구매자들은 점점 까다로워지고 있다. 배송시간은 매우 중요하며 쇼핑몰이 물류를 얼마나 효율적으로 다루는지와도 밀접한 관련이 있다. 전자상거래 회사는 주문 처리와 배송 절차를 최적화하기만 해도 운영 효율을 상당히 높일 수 있다. 이런 효율성은 경쟁우위가 된다. 효율성이 높으면 가격보다 신속한 양질의 서비스를 더 중요시하는 고객에게 제품을 팔 수 있기 때문이다.

재고 관리

"재고가 없으면 판매는 감소합니다." 제이슨 빌링슬리는 또 이렇게 말한다. "물론 이것은 당연한 일이지만 여기에 대해 조치를 취하는 전자상거래 회사는 별로 없습니다." 재고 관리를 개선하면 수익을 크게 개선할 수 있다. 제이슨은 제품 목록이나 카탈로그 페이지에서 품절 항목을 소비자의 눈에 띄지 않게 아랫부분에 보여주는 식으로 눈치껏 숨기라고 말한다. 또한 이런 항목이 검색 결과에 나오지 않게 숨기거나 또는 검색 결과에서 낮은 순위로 나타나게 할 수도 있다.

재고와 판매의 관계를 분석하는 것도 흥미롭다. "많은 전자상거래 회사가 잘 팔리지도 않는 물건의 재고를 너무 많이 보유하고 있고 잘 팔리는 제품은 재고를 충분히 가지고 있지 않습니다"라고 제이슨 빌링슬리는 말한다. 그는 판매 비중과 재고에 기반해 제품 카테고리를 관리하라고 조언한다. 만약 어떤 제품 카테고리의 매출 비중은 높지 않은데 재고 비중이 높다면 균형이 맞지 않는 것이다.

전자상거래 사업의 시각화

그림 8-5는 전자상거래 사업에서 사용자의 흐름을 각 단계의 핵심 지표와 함께 보여주고 있다.

그림 8-5 전형적인 퍼널 외에 전자상거래 사업은 어떻게 고객을 확보하는가?[6]

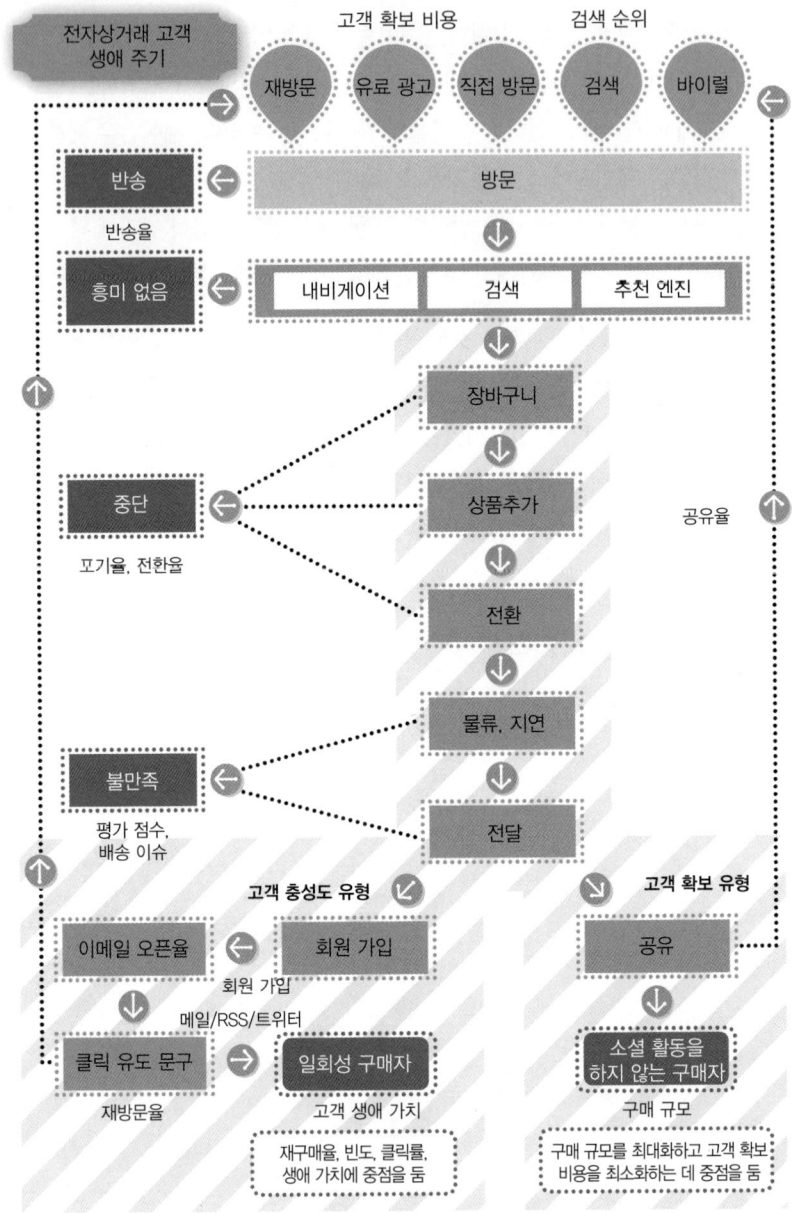

주의점: 전통적인 전자상거래와 가입자 기반 전자상거래

지금까지 우리는 간헐적으로 물건을 구입하는 비교적 간단한 전자상거래 모델을 살펴보았다. 그러나 많은 서비스가 가입자 기반으로 운영되기 때문에 상황은 더 복잡하다.

가입자 서비스는 고객에게 정기적으로 사용 요금을 청구한다. 이탈률을 측정하기는 더 쉬운데, 서비스 계정을 갱신하지 않거나 서비스를 직접 해지한 고객 수를 세면 되기 때문이다. 그러나 가입자 기반 서비스에서는 고객 이탈의 효과가 더 급격히 발생할 수 있다. 구매 기반에서는 어떤 사용자가 구매하는 건수와 규모가 점점 줄어들면서 점진적으로 고객당 매출이 줄어들지만 가입자 기반에서는 고객이 서비스를 해지하는 즉시 그 고객으로부터 더 이상 매출이 발생하지 않는다. 만약 여러분의 사업이 이 경우에 해당된다면 다음 장에서 살펴볼 SaaS 사업 모델을 참조하기 바란다.

통신 회사는 이런 종류의 이탈을 막기 위해 상당한 노력을 기울인다. 이들은 가입자가 언제쯤 서비스를 해지하려 할지 예측하는 정교한 모델을 구축한 다음 고객이 해지하려 할 즈음이 되면 계약을 갱신하면 새 전화기를 주거나 가격을 할인해주겠다고 제안한다.

---

6 감수자주_ 전자상거래 고객은 유입 유형에 따라 다섯 가지로 나눌 수 있다. 재방문 고객, 유료 광고를 보고 방문하는 고객, 직접 방문하는 고객, 검색을 통해 방문하는 고객, 소셜 네트워크 등 구전을 통해 방문하는 고객이다. 유료 광고의 경우에는 고객 확보 비용이 발생하게 되며, 검색의 경우는 검색 순위가 중요하다. 이런 경로를 통해 방문하게 된 고객들은 첫 화면에서 흥미를 느끼지 못할 경우 바로 떠나게 되는데, 이것을 반송율이라고 한다. 고객들은 사이트 내의 내비게이션/검색/추천을 통해 상품을 조회하게 되며, 흥미를 못 느끼면 역시 떠나게 된다.
고객은 상품을 장바구니에 담고 유료 구매자로 전환한다. 이 과정 중에 구매를 완료하지 않고 중단하는 고객들이 발생하게 되는데, 이것을 포기율이라고 하고, 유료 구매자로 전환한 것을 전환율이라고 한다.
구매 후에는 배송 단계로 넘어가며, 이 배송 과정과 배송 후에 고객이 불만족하면 안 좋은 평점을 남기거나 불만을 표시하게 된다.
이후 신규 고객 확보가 중요한 유형의 전자상거래 서비스는 공유를 통해 바이럴 효과를 내게 되지만 공유를 하지 않는 고객의 경우는 장바구니의 구매액을 늘리는 데 노력하고, 고객 확보 비용을 줄이도록 노력해야 한다.
고객 충성도에 초점을 맞춰야 하는 사이트는 회원으로 가입하게 하고, 이 회원들에게 발송되는 이메일을 개봉하도록 개봉률을 높여 다시 돌아오도록 하여 재방문율을 높여야 한다. 이렇게 발생한 1회성 구매자들은 고객 생애 가치가 평가되며, 이들에 대해서는 재구매율, 구매 빈도, 클릭률, 생애 가치를 높이는 데 주력해야 한다.

유효기간이 지난 결제 정보 또한 기입지 기반 모델의 골칫거리다. 고객의 신용카드에서 월 사용 요금을 청구했는데, 이 요청이 실패하면 고객이 결제 정보를 다시 입력하도록 만들어야 한다.

분석의 관점에서 볼 때, 이는 결제 정보의 유효기간 경과 비율, 결제 정보 갱신 캠페인의 효과, 재가입률을 높이는 데 도움이 되는(또는 방해되는) 요소에 대해 추가 지표를 추적해야 한다는 의미다. 이런 지표는 나중에 이탈률을 줄일 때 중요하지만 충성도 높은 고객이 증가하면서 재가입 매출이 전체 매출의 상당 부분을 차지하게 된다.

핵심 내용

- 여러분의 사업이 고객 충성도 유형인지 신규 고객 확보 유형인지 반드시 알고 있어야 한다. 이것을 바탕으로 전체 마케팅 전략과 많은 기능이 결정된다.
- 웹사이트 안에서든 밖에서든 검색은 구매할 제품을 찾는 수단으로 점점 더 많이 사용될 것이다.
- 전환율과 재구매율, 구매액도 중요하지만 가장 중요한 지표는 이 세 지표를 종합한 고객당 매출이다.
- 배송, 물류, 재고 관리와 같은 오프라인 이슈를 간과하면 안 된다.

전자상거래와 가까운 또 다른 사업 모델은 양면 마켓플레이스다. 이 두 사업 모델 모두 구매자와 판매자 간의 거래와 고객 충성도가 중요하다. 양면 마켓플레이스에 대해 더 알고 싶으면 13장을 참고하라. 그렇지 않으면 14장으로 바로 가서 사업 단계에 따라 초점을 둘 핵심 지표가 어떻게 달라지는지 살펴보기 바란다.

CHAPTER 9

사업 모델 2: SaaS

SaaS^{Software as a Service} 회사는 보통 자체적으로 운영하는 웹사이트를 통해 주문형^{on-demand}으로 소프트웨어를 제공한다. 유명한 SaaS 서비스로는 세일즈포스^{Salesforce}, 지메일^{Gmail}, 베이스캠프^{Basecamp}, 아사나^{Asana} 등이 있다. 여러분이 만약 SaaS 사업을 운영하고 있다면 이 장에서 다루는 관련 지표에 관한 내용을 참조하기 바란다.

SaaS 제공 업체 대부분은 월정액(또는 연간) 서비스 이용료에서 매출이 발생한다. 일부 SaaS 업체는 사용량 기준, 즉 저장 공간, 대역폭, 컴퓨팅 시간 등을 기준으로 요금을 청구하기도 한다. 그러나 아직은 이런 과금 체계를 이용하는 서비스는 IaaS^{Infrastructure as a Service}와 PaaS^{Platform as a Service} 클라우드 컴퓨팅 업체로 한정되는 편이다.

많은 SaaS 제공 업체가 단계별 서비스 모델을 제공하는데, 여기서는 애플리케이션의 어떤 기준에 따라 월 사용 요금이 달라진다. 이 기준은 프로젝트 관리 도구에서 프로젝트의 수가 될 수도 있고, CRM 애플리케이션에서 고객의 수가 될 수도 있다. 이런 서비스 단계와 가격의 최상 조합을 찾는 일은 항상 어려운 일이다. 그리고 SaaS 업체는 사용자를 수익성이 더 좋은 고급 서비스로 이동시키는 방법을 찾으려고 상당히 노력한다.

SaaS 서비스는 고객 한 명이 추가되어도 증분 비용이 무시해도 될 정도로 작으므로 – 스카이프 사용자가 한 명 더 증가해도 운영 비용이 별로 증가하지 않는다는 점을 생각해보라 – 많은 SaaS 업체가 부분유료화 모델을 사용한다.[1] 고객들은

---

[1] 부분유료화의 접근 방식에는 무료 체험, 제한적인 기능 제공, 할인 쿠폰 등 여러 가지가 있다. 매출 최적화를 다룰 때 더 자세히 살펴보겠다.

9장 - 사업 모델 2: SaaS   **133**

처음에는 제한적인 무료 버전을 사용할 수 있다. 업체는 고객이 무료 용량을 다 사용하고 난 후에 더 큰 용량을 사용하기 위해 유료로 전환하기를 바란다. 예를 들어 드롭박스는 가입자에게 몇 기가바이트의 저장 공간을 무료로 제공한 다음 사용자가 그 공간을 다 사용하도록 공유 및 사진 업로드를 장려하는 등 할 수 있는 모든 일을 다 한다.

어떤 프로젝트 관리 SaaS를 살펴보자. 이 회사 서비스는 무료로 이용할 수 있지만 프로젝트를 동시에 네 개 이상 관리하려면 유료로 전환해야 한다. 서비스는 무료, 프로젝트 10개, 프로젝트 100개, 무제한, 이렇게 네 단계로 구분된다. 이 회사는 몇몇 플랫폼에 광고를 운영해서 사용자를 확보하며, 사용자가 다른 사람을 프로젝트에 합류하도록 초대하기만 하면 초대받은 사람도 사용자가 된다.

이 회사는 다음과 같은 핵심 지표를 관리한다.

주목
사업이 얼마나 효과적으로 주목을 끄는가

가입
방문자 대부분이 무료 사용자로 가입하거나 체험 서비스를 얼마나 사용해보는가

흡인력
고객들이 이 제품을 얼마나 자주 사용하는가

전환율
얼마나 많은 사용자가 유료 고객이 되며 이 중 얼마나 많은 고객이 이용료가 더 높은 서비스로 업그레이드하는가

고객당 매출
일정 기간 동안 한 고객당 발생 매출은 얼마인가

고객 확보 비용
유료 사용자를 확보하는 데 드는 비용은 얼마인가

바이럴 효과

고객들이 다른 사람들을 초대하고 입소문을 낼 가능성은 어느 정도이며 그렇게 하기까지 얼마나 걸리는가

상향 판매

고객들로 하여금 어떻게 더 고액의 상품을 사게 하는가 그리고 얼마나 자주 그렇게 하는가

가동 시간과 신뢰성

고객의 불만과 분노, 문제 확대 등이 얼마나 많이 발생하는가

이탈률

일정 기간 동안 얼마나 많은 사용자와 고객들이 서비스를 탈퇴하는가

생애 가치

회원 가입에서 탈퇴까지 고객들은 어느 정도의 가치가 있는가

이 지표들은 자연스러우면서도 논리적인 순서로 나열되어 있다. 고객 생애 주기를 생각해보자. 회사는 바이럴 마케팅이나 유료 마케팅을 통해 사용자를 유치한다. 그 사용자는 서비스를 계속 이용하다가 결국 유료 회원으로 가입한다. 그 사용자는 다른 사람들을 초대하고 더 고급 단계로 서비스를 업그레이드할 것이다. 하지만 고객으로서 그 사용자는 불만이 있을 수 있으며, 결국 고객은 서비스 사용을 중단한다. 이 시점에서 우리는 그 고객이 그동안 얼마나 많이 매출에 기여했는지 알 수 있다.

이런 식으로 고객 생애 주기를 표현하는 것은 사업을 이끄는 핵심 지표를 이해하는 좋은 방법이다. 린 스타트업이 여기에 도움이 된다. 여러분은 *사업의 어떤 측면이 위험도가 높은지* 파악한 다음 그 위험을 나타내는 지표 값을 개선해야 한다.

불행히도 항상 이렇게 할 수는 없다. 전환할 사용자가 한 명도 없다면 전환율을 측정할 수 없을 것이다. 또한 유료 고객이 신규 사용자를 초대하지 않으면 바이럴 효과를 정량화할 수도 없다. 그리고 어떤 서비스가 유용하려면 일정 규모 이상의

사용자군이 필요한데 서비스의 사용자가 몇 명밖에 없다면 흡인력을 측정하기도 힘들 것이다. 이는 어떤 부분이 위험도가 높은지 아는 것도 중요하지만 위험을 정량화하고 파악하기에 충분할 정도로 사업을 성장시키는 것에 초점을 둬야 한다는 의미다.

이 예에 나오는 프로젝트 관리 SaaS 회사가 사용자들이 지속적으로 사용할 만큼 제품이 좋은지에 신경을 쓴다고 가정해보자. 이것은 보통 SaaS 회사가 초점을 두어야 할 올바른 이슈다. 그 이유는 첫인상이 안 좋으면 사람들은 재방문하지 않는 게 보통인데 SaaS 회사 입장에서는 사용자들로 하여금 재방문하게 만들어야 하기 때문이다. 다시 말해 이런 회사에는 흡인력이 중요하다.

물론 어느 정도의 사용자 전환이 필요하지만(따라서 어느 정도의 주목이 필요하겠지만) 흡인력을 *테스트할 수 있을 정도면 충분하다*. 초기 사용자들은 구전효과를 통해 확보할 수도 있고 직접 판매나 소셜 네트워크 활동을 통해 확보할 수도 있다. 이 단계에서는 본격적인 자동화된 마케팅 캠페인은 필요 없다.

| 사례 연구 | **백어피파이의 고객 생애 주기 학습**

백어피파이Backupify는 클라우드 기반의 데이터를 위한 백업 서비스를 제공하는 선두업체다. 2008년 로버트 메이Robert May와 빅 차다Vic Chadha가 회사를 설립했고 몇 차례에 걸쳐 1,950만 달러의 자금을 조달했다.

백어피파이는 특정 사업 단계에서 특정 지표에 초점을 맞추는 일을 잘 해냈기에 사업을 확장할 수 있었다. CEO이자 공동창업자 로버트 메이는 이렇게 말한다. "처음에 우리는 사람들을 우리 사이트에 끌어들여야 했기 때문에 사이트 방문자들에게 초점을 맞추었습니다. 그런 다음에는 사람들이 우리 제품을 테스트해보도록 하기 위해 무료 체험에 초점을 두었습니다."

백어피파이의 제품을 사용해본 사람들이 충분히 생기자 로버트 메이는 회원 가입으로 유도했다(무료 사용에서 유료 고객으로 전환). 현재 백어피파이의 주요 관심사는 월 반복 매출monthly recurring revenue, MRR이다.

클라우드 스토리지 서비스 산업은 최근 몇 년 사이 많이 성숙했지만 2008년만 해도 초기 시장이었다. 당시 이 회사는 소비자들에게 초점을 맞추었는데, 매출은 증가하고 있지만 고객 확보 비용^{CAC}이 너무 높다는 사실을 깨달았다. 로버트 메이는 이렇게 설명한다. "2010년 초에 우리는 고객 한 명을 확보하기 위해 243달러를 지출했고 고객 한 명당 연간 매출은 39달러였습니다. 이렇게 해서는 수익성이 너무 낮다고 생각했습니다. 대부분의 소비자 앱은 바이럴 효과를 이용해서 고객 확보 비용을 낮추지만 백업 서비스 사업은 바이럴 효과가 없습니다. 그렇기에 우리는 목표 시장을 [일반 소비자에서] 기업으로 바꿔야 했습니다."

백어피파이의 방향 전환은 성공적이었다. 이 회사는 성공적으로 성장하고 있다. 현재 이 회사는 여전히 MRR에 초점을 두고 있지만 고객 생애 가치^{CLV}도 추적하고 있다. CLV와 CAC는 서비스 가입형 사업의 두 가지 핵심 지표다.

백어피파이의 경우 CAC 대비 CLV의 비율은 5~6배인데, 이것은 고객 한 명을 확보하는 데 소비한 비용이 1달러라면 고객당 매출은 5~6달러라는 뜻이다. 이것은 매우 훌륭한 성과로 판단되지만 한편으로는 이탈률이 낮기 때문이기도 하다. 알다시피 클라우드 스토리지 서비스는 잠금 효과$^{lock-in}$가 높다. 따라서 회사가 매출을 통해 고객 확보 비용을 회수할 수 있는 시간이 길다. 이 책 뒷부분에서 CAC/CLV 비율에 대해 더 자세히 살펴볼 것이다.

"매년 발생하는 매출이 1,000만 달러가 될 때까지는 아마 MRR 성장률이 가장 중요한 지표일 겁니다"라고 로버트 메이는 말한다. "우리는 고객 이탈률도 주시하지만 고객 확보 비용을 회수하는 데 걸리는 개월 수에 더 초점을 둡니다. 이 지표는 각 고객으로부터 얼마나 빨리 돈을 회수하는지 보여주는 지표입니다." 이 지표에 대한 그의 목표는 어떤 고객 확보 채널이든 12개월 이내에 확보 비용을 회수하는 것이다. 고객 확보 비용 회수에 걸리는 개월 수는 마케팅 효율성, 고객 매출, 현금 흐름, 고객 이탈률을 모두 보여주므로 많은 것을 포괄하는 지표의 좋은 예다.

요약

- 정교한 재무 지표에 초점을 두기 전에 먼저 매출에 초점을 두라. 단, 성장의 핵심은 수익성이므로 비용을 무시하면 안 된다.
- 유료 엔진이 순조롭게 작동하면 이제 규모를 확장할 때다. 유료 엔진이 순조롭게 작동한다는 것은 CLV 대비 CAC 비율이 낮다는 뜻이며 다시 말해 투자수익률이 좋다는 의미다.

- 대부분의 SaaS 사업은 월 반복 매출(고객들이 매달 돈을 지불한다)을 바탕으로 성장하는데, 이것은 사업을 구축하는 기반이다.

분석적 교훈
앞에서도 강조했지만 사업이 발전하게 되면 중요한 지표도 자연히 변한다. 지표는 처음에는 "이 제품을 중요하게 생각하는 사람이 있기나 할까?"라는 막연한 질문으로 시작해 "이 사업의 규모가 정말 커질 수 있을까?" 같은 질문으로 점점 정교해진다. 더 정교한 지표를 살펴보기 시작하면 사업 모델에 근본적인 결함이 있고 지속 불가능하다는 사실을 발견하게 될지도 모른다. 만약 그렇더라도 처음부터 다시 시작하지 말라. 때로는 여러분에게 필요한 것은 신제품이 아니라 신규 시장일 수 있고 그 시장이 생각보다 더 가까이 있을지도 모른다.

인게이지먼트 측정

인게이지먼트의 궁극적인 지표는 일일 사용이다. 여러분의 제품을 매일 사용하는 고객은 몇 명인가? 만약 여러분의 제품이 원래 매일 사용되는 앱이 아니라면 인게이지먼트의 최소 기준을 정하기까지 시간이 더 오래 걸리고 학습 주기도 더 길 것이다. 또한 사람들의 이탈을 막을 수 있을 정도로 충분히 빠른 시간 안에 충분한 가치를 보여주기도 힘들 것이다. 습관은 만들기 힘들다. 그리고 어떤 신제품이든 여러분은 새로운 습관을 만들고 있는 것이다. 가능한 한 빠르고 강력하게 습관을 만드는 것이 좋다.

에버노트는 매일 사용하는 앱이다(적어도 이 제품 개발자들은 사용자들이 매일 사용하기를 바란다!). 에버노트의 유료 사용자들은 이 제품을 매일 사용할 가능성이 가장 높은 사용자군이다. 에버노트에 의하면 사용자의 1%만 유료로 전환하는데[2] 필 리빈Pil Libin CEO는 이 정도도 괜찮다고 생각한다. 어쨌든 이 제품의 사용자는 4천만 명이 넘으며 올해는 인게이지먼트에 더 초점을 두고 있기 때문이다. 이런 이유로 에버노트는 스키치Skitch 같은 회사를 인수하고 이미지 업로드 기

---

[2] http://econsultancy.com/ca/blog/10599-10-tips-for-b2b-freemiums

능을 추가했다.

수년 동안 사업을 운영하고 나자 에버노트는 사용자들이 유료 고객이 되기까지 몇 달 혹은 심지어 몇 년이 걸린다는 점 또한 알게 되었다. 에버노트의 투자자들이 회사가 계속 성장할 수 있게 자금을 넉넉히 제공하는 것을 보면 에버노트의 투자자들은 회사가 [유료 전환율이나 매출이 아니라] 인게이지먼트에 초점을 맞추는 것에 동의한 것 같다. 다시 말해 전환율은 현재 에버노트의 주요 관심사가 아니다. 그러나 인게이지먼트를 높이고 나면 전환율에 집중할 것이다.[3]

우리가 자주 사용하지만 매일 사용하지는 않는 두 가지 앱을 살펴보자. 비용 보고를 돕는 익스펜시파이Expensify와 와이어프레임을 위한 발사믹Balsamiq이다. 우리가 이 앱을 매일 사용하지 않는다고 해서 모든 사람이 그런 것은 아니다. 이동이 잦은 영업사원이나 UI 디자이너는 우리와 다를 수 있다.

이것은 사업 모델과 린 스타트업에 대해 중요한 교훈을 주는데, 그것은 제품의 첫 버전을 시장에 출시하고 활용도를 테스트하면서 인게이지먼트가 가장 높은 고객군을 찾아내야 한다는 것이다. 초기에 여러분의 제품에 푹 빠진 사용자군, 즉 얼리어답터들의 공통점을 파악하고 이들의 니즈에 다시 초점을 맞추고 이 사용자군을 중심으로 사용자를 늘려야 한다. 교두보를 확보해야 한다. 이렇게 하면 인게이지먼트가 높은 고객군을 대상으로 훨씬 빨리 반복해서 개선 작업을 수행할 수 있다.

받고 싶은 결혼선물 등록 서비스, 치과 진료 예약, 세금신고 준비 등 원래 매일 사용하는 용도가 아닌 앱도 있다. 그렇지만 이런 앱도 여전히 인게이지먼트에 대한 목표 기준을 정하고 기준치 대비 현황을 측정해야 한다. 고객의 행동을 이해하고 거기에 적합하게 목표 기준을 정하는 일은 언제나 매우 중요하다.

만약 정말 파괴적인, 상식에서 벗어난 제품을 만들고 있다면 제품 출시에서부터 주류 상품이 될 때까지의 기술 도입 주기를 고려해야 한다. 하이브리드 자동차, 리눅스 서버, 홈 스테레오, 전자레인지는 처음에는 시장의 일부에서만 채택되었고

---

[3] http://gigaom.com/2012/08/27/evernote-ceo-phil-libin/

보편화되기까지 홍보 기간이 길었으며 마케팅 비용 역시 많이 들었다.

초기 단계에는 보통 헌신적이고 매우 열정적인 추종자가 몇몇 있기 마련이다. 초기 추종자가 소수인 이유는 변화를 편안하게 받아들이는 얼리어답터나 여러분의 솔루션이 간절히 필요한 나머지 다소 부족한 점을 기꺼이 감내할 수 있는 고객만 여러분의 신제품에 매력을 느끼기 때문이다. 대체로 이런 얼리어답터는 자신의 의견을 기꺼이 말해주는데, 여기서 주의할 것이 있다. 얼리어답터의 니즈는 규모가 더 크고 수익성이 높은 주류 고객의 니즈를 반영하지 않을 수 있다는 점이다. 구글 웨이브Wave는 초기에는 많은 주목을 받았고 기능이 강력하고 유연했음에도 주류 고객의 관심을 얻는 데는 실패했다.

여러분은 첫 사용자들이 주류 고객의 니즈를 반영하고 있어 더 큰 주류 시장에 접근할 수 있기를 바랄 것이다. 제프리 무어Geoffrey Moore는 이것을 '캐즘 마케팅crossing the chasm'이라고 불렀다. 그러나 항상 이렇게 되는 것은 아니다. 뿐만 아니라 주류 시장은 얼리어답터 시장보다 지표를 구하기 힘들 수도 있다.

인게이지먼트를 측정할 때 방문 빈도 같은 조악한 지표는 참고하지 말기 바란다. 앱 전체에서 사용 패턴을 찾아보라. 가령 사용자들이 일주일에 세 번 로그인한다는 사실은 흥미롭기는 하지만 앱에서 실제로 하는 일은 무엇인가? 로그인할 때마다 앱에서 겨우 몇 분만 보낸다면? 이것은 좋은 일인가 나쁜 일인가? 사용자들이 특별히 더 많이 사용하는 기능이 있는가? 사용자들이 항상 사용하는 기능이 있는가? 그리고 절대로 사용하지 않는 기능이 있는가? 사용자들이 자발적으로 재방문하는가 아니면 이메일을 받고서야 재방문하는가?

이런 인게이지먼트 패턴을 찾는 것은 데이터를 다음의 두 가지 방식으로 분석한다는 의미다.

- 상황을 개선할 방법을 찾으려면 여러분이 원하는 행동을 하는 사용자와 그렇지 않은 사용자를 구분하고 두 그룹 간의 차이점을 파악하라. 인게이지먼트가 높은 사용자가 모두 같은 도시에 살고 있는가? 충성도 높은 고객이 된 사용자가 모두 같은 소셜 네트워크를 통해 여러분의 제품을 접했는가? 친구들을 성공적으로 초대한 사용자가 모두 30세 이하인가? 만약 어떤 고객군에 바람직한 행동이 집중되어 있는 것을 발견하면 그 고객군을 목표 시장으로 삼을 수 있다.

- 제품 수정이 효과적인지 판단하려면 일부 사용자에게만 그 변화를 테스트해본 다음 결과를 나머지 사용자와 비교해보라. 예를 들어 새로운 보고 기능을 추가하고 싶다면 그 기능을 사용자 절반에게만 공개하고 몇 달 동안 이들 중에서 더 많은 사람이 제품을 사용하는지 지켜보라. 이런 식의 테스트가 사업에 부정적인 영향을 줄 수 있다면 – 새 기능을 사용하지 못하는 고객들이 불만을 품을 수 있다 – 새 기능이 추가된 후에 가입한 사용자와 그 전부터 사용하던 사용자를 비교해보라.

데이터 주도적인 방식으로 인게이지먼트를 측정하면 제품이나 서비스가 얼마나 흡인력이 있는지 알 수 있을 뿐만 아니라 어떤 고객들이 제품을 애용하며 여러분의 노력이 성과를 거두고 있는지도 알 수 있다.

이탈률

이탈률은 시간이 흐르면서 서비스 사용을 중단하는 사람들의 비율이다. 이 지표는 주 단위, 월 단위, 분기 단위로 측정할 수 있지만 모든 지표를 쉽게 비교하려면 지표를 측정하는 단위 기간을 하나로 통일해야 한다. 부분유료화 모델이나 무료 버전을 제공하는 사업 모델에서는 사용자(사용료를 지불하지 않는다)와 고객(사용료를 지불한다)이 모두 존재하므로 두 그룹의 이탈률을 각각 추적해야 한다. 이탈률은 단순한 지표로 보이지만 복잡한 측면이 많기 때문에 특히 성장률의 등락이 심한 회사는 이탈률 지표를 잘못 해석하기도 한다.

무료 사용자는 계정을 해지하거나 단순히 더 이상 방문하지 않음으로써 '이탈'한다. 유료 고객은 계정을 해지하거나 사용료 지불을 중단하거나 혹은 무료 버전으로 되돌아감으로써 이탈한다. 90일 동안(또는 이보다 짧은 기간 동안) 한 번도 로그인하지 않은 사용자들을 비활동 사용자로 정의하기를 권한다. 이들은 이미 이탈한 것이다. 항상 접속되어 있는 세계에서 90일은 영원과도 같다.

그러나 제품 기능을 상당히 업그레이드하거나(패스[4]는 앱을 재설계했다) 매일 발행하는 콘텐츠를 이용해 이탈한 고객을 접촉할 수 있는 경우(메모레인[5]은 과거의

---

4 역자주_ Path, 지인 중심의 개인 네트워크 서비스
5 역자주_ Memolane, 타임라인을 기반으로 여기 저기 흩어져있는 개인의 라이프로그를 한 곳에 모아 보여주는 앱

추억을 보냈다) 고객을 다시 서비스로 되돌아오게 할 수 있다는 점을 기어해야 한다.

쇼피파이Shopify의 데이터 과학자 스티븐 H. 노블Steven H. Noble[6]이 블로그 글에서 설명했듯이[7] 이탈률의 단순한 공식은 다음과 같다.

$$\frac{\text{단위 기간 동안 이탈한 고객 수}}{\text{단위 기간 초의 고객 수}}$$

표 9-1은 부분유료화 모델을 사용하는 SaaS 회사의 이탈률을 계신한 예다.

표 9-1 이탈률 계산의 예

		1월	2월	3월	4월	5월	6월
사용자	월 초	50,000	53,000	56,300	59,930	63,923	68,315
	신규 확보	3,000	3,600	4,320	5,184	6,221	7,465
	전체	53,000	56,600	60,920	66,104	72,325	79,790
활동 사용자	월 초	14,151	15,000	15,900	16,980	18,276	19,831
	신규 활동사용자	849	900	1080	1,296	1,555	1,866
	전체	15,000	15,900	16,980	18,276	19,831	21,697
유료 사용자	월 초	1,000	1,035	1,035	1049	1,079	1,128
	신규 유료 사용자	60	72	86	104	124	149
	이탈	(25)	(26)	(27)	(29)	(30)	(33)
	전체	1,035	1,081	1,140	1,216	1,310	1,426

표 9-1은 사용자, 활동사용자, 유료 사용자를 보여주고 있다. 활동사용자는 회원 가입 후 그 다음 한 달 동안 적어도 한 번 이상 로그인한 사용자다. 신규 사용자는 월 20% 증가하고 있고 30%는 (회원 가입한 다음 달에) 한 번 이상 서비스를 사용하며, 2%가 유료 고객으로 전환한다.

다음은 2월의 이탈률 계산이다.

$$\frac{\text{이 기간 동안 26명의 사용자가 이탈}}{\text{기간 초 유료 사용자 수는 1035명}} \times 100$$

---

[6] http://blog.noblemail.ca/

[7] http://www.shopify.com/technology/4018382-defining-churn-rate-no-really-this-actuallyrequires-an-entire-blog-post

만약 매월 고객의 2.5%가 이탈한다면 이것은 평균적으로 고객들이 40개월 동안 이 서비스를 사용한다는 의미다(100/2.5). 이 숫자를 이용하여 고객의 생애 가치를 계산할 수 있다(40개월×사용자당 월 평균 매출).

이탈률 계산의 문제점

스티븐 노블은 이 공식에서 분자에 해당하는 '단위 기간 동안 이탈한 고객 수'는 그 기간 전체에 대한 것이지만 분모에 해당하는 '단위 기간 초의 고객 수'는 특정 시점의 스냅샷이기 때문에 이런 식으로 이탈률을 계산하면 성장률이 일정하지 않거나 대개는 빠른 속도로 성장하는 스타트업의 경우 이탈률이 잘못 해석될 수 있다고 말한다. 다시 말해 위의 이탈률은 행위와 규모에 대해 정규화되지 않았기 때문에 주의하지 않으면 같은 종류의 사용자 행위에 대해 이탈률이 다르게 나올 수 있다.

이 문제를 해결하려면 복잡하지만 좀 더 정확한 방식으로 이탈률을 계산해야 한다. 즉, 분석 대상 기간 동안 고객 수의 평균을 사용해야 한다.

$$\frac{단위\ 기간\ 동안\ 이탈한\ 고객\ 수}{\left[\frac{(기간\ 초의\ 고객\ 수) + (기간\ 말의\ 고객\ 수)}{2}\right]}$$

이 공식은 대상 기간 동안의 고객 수를 감안하므로 더 낫지만 고객 수가 급성장하는 경우는 여전히 문제가 있다. 만약 월초에 고객이 100명이었고 월말에 1만 명이었다면 위의 공식대로라면 그 달의 중간에 5,050명의 고객이 있었다는 이야기가 된다. 하지만 고객 수가 기하급수적으로 증가하는 경우라면 이렇지 않을 것이다. 대부분의 신규 고객은 월 하순에 추가되었으므로 평균은 정확하지 않다. 게다가 고객 이탈의 대부분도 월 하순에 발생할 것이다.

그림 9-1 방문자, 사용자, 고객: SaaS 회사의 생애

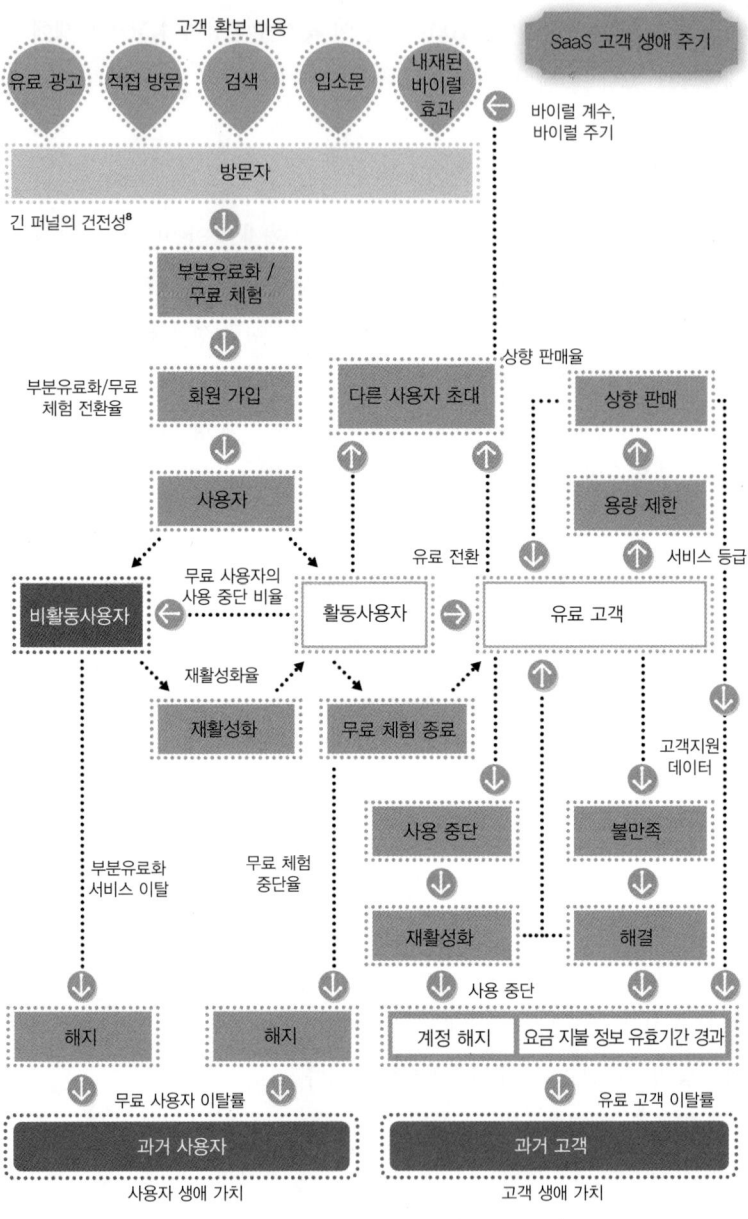

---

8 감수자주_ SaaS 모델의 경우, 다양한 경로로 유입 후 부분 유료/무료 체험 후 해지 또는 유료 고객으로 가거나 재활성/상향판매/다른 사용자 초대 등 매우 긴 퍼널이 생성되므로, 이 "긴 퍼널이 잘 만들어져 있는지가 중요하다."

이보다 더 큰 문제점이 있다. 이탈자를 '30일 동안 재방문하지 않은 사람'으로 정의한다면 지난달에 잃은 고객과 이번 달에 얻은 고객을 비교해야 하는데, 이것이 더 위험한 이유는 후행 지표를 보고 있기 때문이다. 따라서 뭔가 잘못되고 있는 것을 발견할 즈음이면 이미 다음 달인 것이다.

결국 공식은 매우 복잡해진다. 이것을 단순화시키는 방법은 두 가지다. 첫 번째 방법은 이탈률을 코호트별로 측정하는 것이다. 이렇게 하면 처음 사용하기 시작한 시기에 따라 이탈한 사용자와 신규 사용자를 비교할 수 있다. 그런데 이 방법은 복잡해서 우리는 좀 더 간단한 두 번째 방법을 좋아한다. 두 번째 방법은 이탈자 수를 매일 측정하는 것이다. 측정 기간이 짧을수록 그 기간 동안의 변화 때문에 지표가 왜곡되는 정도가 줄어든다.

SaaS 사업의 시각화

그림 9-1은 SaaS 사업에서 사용자의 흐름을 각 단계의 핵심 지표와 함께 보여주고 있다.

| 사례 연구 | **클리어핏, 월정액 서비스 중단 후 사용자 수가 10배 증가하다**

클리어핏ClearFit은 중소기업의 인력 채용과 평가를 돕는 인력 채용 소프트웨어의 SaaS 제공 업체다. 처음에 창업자 벤 볼드윈Ben Baldwin과 제이미 슈나이더먼Jamie Schneiderman은 (채용 공고당) 월 99달러 상품을 제공했다. 벤 볼드윈은 이렇게 말한다. "우리는 월정액 서비스가 SaaS 사업 성공의 핵심 요소라는 이야기를 많이 들었습니다. 그래서 이렇게 결정했지만 계획대로 되지는 않았습니다."

클리어핏의 고객들은 낮은 가격 수준과 월정액 서비스 때문에 혼란스러워 했다. 이 두 창업자는 클리어핏 사용료를 신문 구인란 가격(채용 공고당 보통 300달러 이상)보다 더 낮은 수준으로 책정했는데, 높은 가격 수준에 익숙한 고객들은 월 99달러라는 클리어핏의 가격을 미심쩍어 했다. 벤 볼드윈은 이렇게 말한다. "우리는 신문 구인란과 경쟁 관계가 아니라 제휴 관계입니다. 그러나 당시에는 관심을 끌려면 구인란보다 가격이 낮아야 된다고 생각했습니다." 또한 고객들은 어쩌다 한 번 사용할 서비스에 왜 월 사용료를 지불해야 하는지 이해하지 못했다. "신규 인력이 필요하면 회사는 빨리 채용하기 원하며 채용 시점에 돈을 쓰려고 합니다." 벤 볼드윈은 말한다. "우리 고객사들은 인사팀이나 헤드헌터를 통해 인력을 찾기에는 규모가 너무 작고 채용 니즈도 자주 생겼다 없어졌다 합니다."

벤과 제이미는 월정액 서비스를 중단하고 고객들에게 익숙한 채용 공고당 사용료를 받는 모델로 바꾸기로 결정했다. 클리어핏은 채용 공고 건당 350달러를 받는 새로운 가격 정책을 실시했다(30일 동안 게시). 그러자 거의 즉시 채용 공고 건수가 세 배나 증가했다. 이렇게 채용 공고가 세 배 증가하고 가격을 높이자 결과적으로 매출은 열 배나 증가했다. 벤은 이렇게 말한다. "가격을 높인 것이 고객에게 중요한 신호를 준 셈입니다. 이들은 새로운 모델을 이해했고 우리 솔루션의 가치를 사용 중인 다른 솔루션과 더 쉽게 비교할 수 있었습니다. 비록 우리 서비스는 구인란 광고와는 다르지만 고객들이 우리 서비스를 친숙하게 느끼게 하려고 했습니다. 그리고 고객들이 인력 채용에 예산을 집행하는 방식에 맞추려고 했습니다."

클리어핏의 경우 기존과 다른 사업 모델을 도입했지만 먹히지 않았다. 벤 볼드윈은 말한다. "사람들은 머리를 자르거나 햄버거를 사먹거나 인력을 채용하기 위해 월정액 서비스에 가입하지 않습니다. 우리는 고객들을 이해해야 합니다. 그들이 누구인지, 어떻게 그리고 왜 구매하는지, 제품이나 서비스의 가치를 어떻게 평가하는지 말입니다."

클리어핏이 채용 공고당 지불로 가격 정책을 바꾼 것은 서비스 가입 기반의 SaaS 사업의 일반적인 방향과 어긋날지는 모르지만 이 회사는 매달 30%씩 매출이 증가하는 큰 성공을 거두고 있다.

요약

- 클리어핏은 처음에는 서비스 가입 모델을 사용했지만 가격을 낮게 책정하자 고객들은 오히려 서비스 수준을 의심했다.
- 클리어핏은 채용 공고 건당 수수료를 받는 모델로 바꾸었다. 그 결과 판매 건수는 세 배, 매출은 열 배 증가했다.
- 문제는 사업 모델이 아니라 가격 정책과 그 가격 정책이 잠재 고객에게 보내는 메시지였다.

> **분석적 교훈**
>
> SaaS는 반복적으로 제공하는 서비스지만 가격도 그런 식으로 정해야 할 필요는 없다. 일시적인 채용 공고처럼 서비스 수명이 짧으면 건당 지불 정책이 더 좋을 수도 있다. 가격 정책은 까다로운 일이다. 여러분은 (고객 피드백을 기반으로) 정성적으로, 그리고 정량적으로 다양한 가격 수준을 테스트해야 한다. 낮은 가격이 정답이라고 가정하면 안 된다. 가격이 낮으면 어떤 분야의 고객은 제품의 가치도 낮다고 생각할 수 있다. 그리고 가격 역시 여러분의 '제품'을 구성한다는 사실을 잊지 말자.

주의점: 부분유료화, 단계별 서비스 및 기타 가격 모델

SaaS 모델에서 복잡한 분석 이슈는 대부분 판촉 방식과 단계별 가격 정책에서 비롯된다.

앞에서 살펴봤듯이 일부 SaaS 기업은 사용자들로 하여금 서비스를 사용하게 하려고 부분유료화 모델을 사용한 다음 이 사용자들이 정해진 용량을 초과해서 사용하면 돈을 받는다. 다른 판촉 방식은 무료 체험으로, 사용자들이 특정 기간이 지난 후에 별도로 취소하지 않으면 유료 가입으로 전환된다. 또 다른 방식은 유료 서비스만 제공하는 것이다. 다른 방식도 가능하다. 각 접근 방식에는 장단점이 있다. 유료 서비스만 제공하면 비용을 통제할 수 있고 예측 가능성이 더 높으며 제품이 가치 있는지 더 바로 알 수 있다. 부분유료화 모델을 사용하면 사람들이 여러분의 서비스를 어떻게 사용하고 있는지 알 수 있고 친근감도 쌓을 수 있다. 그런데 이런 사용자군마다 차이가 있기에 분석이 복잡해질 수 있다.

그 다음 이슈는 단계별 가격 체계에서 발생한다. 고객마다 사용 정도가 다르므로 고객이 지불하는 가격은 시간이 흐르면서 바뀔 수 있다. 이것은 다시 말해 더 비싼 서비스로 업그레이드하도록 사용자들을 계속 설득해야 한다는 의미다. 그리고 서비스 단계별로 성장을 예측해야 하므로 사업 모델에서 고려할 요소가 추가되어 사업을 예측하고 설명하기가 더 어려워진다.

지금까지 우리는 월정액 기반의 SaaS에 대해 주로 이야기했다. 그러나 다른 매출 모델도 가능하다. 서비스 가입 모델은 재무 상황을 예상하기 쉽고 매출 변동성도 적지만 제품의 가치 제안이나 고객들의 일반적인 지불 방식과 항상 부합하는 것은 아니다. [클리어핏의 경우를 참조하라.]

핵심 내용

- 부분유료화 모델은 눈에는 잘 띄겠지만 실제로는 일종의 판매 기법이며 신중하게 사용해야 한다.
- SaaS에서 이탈률은 매우 중요하다. 사용자 이탈 속도보다 빠르게 충성도 높은 사용자를 확보할 수 있다면 사업은 성공할 것이다.
- 사용자가 고객이 되기 훨씬 전부터 사용자 인게이지먼트를 측정하고 고객이 이탈하기 훨씬 전부터 고객 활동을 측정해야 한다.
- 많은 사람이 SaaS 모델을 월정액 서비스 가입 모델과 동일시하지만 다른 가격 모델도 사용할 수 있으며 이 중 일부 모델은 큰 성공을 거두기도 한다.

SaaS 사업은 모바일 앱과 공통점이 많다. 두 사업 모델 모두 고객 이탈률과 반복 매출이 중요하고, 사용자들이 제품에 돈을 지불하게 하려면 사용자 인게이지먼트를 충분히 형성해야 한다. 모바일 앱 사업에 대해서는 10장을 참조하기 바란다. 아니면 14장으로 바로 가서 사업 단계에 따라 초점을 둘 핵심 지표가 어떻게 달라지는지 살펴보기 바란다.

CHAPTER 10

사업 모델 3: 무료 모바일 앱

세 번째 사업 모델은 모바일 앱인데 이 사업 모델은 점점 일반화되고 있다. 유료 모바일 앱은 판매 퍼널이 꽤 단순하다. 여러분은 앱을 선전하고 사람들은 앱을 돈 주고 산다. 그러나 여러분이 게임 내 콘텐츠, 유료 기능, 광고 등 다른 방식으로 매출을 올린다면 사업 모델은 더 복잡해진다. 만약 7장의 사업 모델 플립북을 보고 나서 여러분의 사업이 모바일 앱 사업에 가깝다고 생각한다면 이 장을 참고하기 바란다.

아이폰과 안드로이드 스마트폰 생태계가 부상하면서 모바일 앱이 스타트업 사업 모델로 부각되고 있다. 애플의 앱 사업 모델은 애플이 판매할 앱을 검토하고 승인을 통제하기 때문에 엄격하게 관리된다. 안드로이드 기반의 앱은 안드로이드 앱 마켓에서 다운로드하거나 엄격히 통제되지 않는 소스로부터 사이드로드sideload[1]할 수 있다.

린 스타트업에 앱 마켓 모델[2]은 장애물로 작용한다. A/B 테스트와 지속적 배포가 쉬운 웹 앱과 달리 모바일 앱은 앱 마켓의 게이트키퍼를 통해 배포된다. 따라서 반복 개선을 원하는 만큼 여러 번 실시하기가 어렵고 실험하기도 까다롭다. 요즘 모바일 앱은 실제 앱을 업그레이드하지 않고 온라인 콘텐츠를 보내는 방식으로 어느 정도 게이트키퍼를 우회하고 있다. 그러나 이렇게 하려면 추가 작업이

---

[1] 역자주_ 정식 앱 마켓을 거치지 않고 앱을 다운로드하는 것
[2] 분명히 해둘 것이 있다. 애플이 앱스토어App Store를 운영하기 때문에 이 이름에 대한 권리를 주장할 수 있다. 그러나 안드로이드나 킨들용 앱을 구매할 수 있는 스토어(상점)들이 많이 있다. 심지어 위Wii와 세일즈포스의 앱 익스체인지App Exchange도 있다. 이 책에서 '앱 마켓'이라고 말할 때는 모든 플랫폼 업체가 만든 앱 마켓플레이스를 지칭한다. 애플의 앱스토어를 지칭할 때는 '애플 앱스토어'라고 명시한다.

필요히다. 어떤 개발자들은 안드로이드 플랫폼이 자주 업데이트하기가 더 쉽기 때문에 안드로이드 플랫폼 기반의 앱을 먼저 개발하는 쪽을 택한다. 이 개발자들은 안드로이드 플랫폼에서 MVP를 검증하고 난 후 더 제약이 많은 애플 환경으로 옮겨간다. 또는 예를 들어 캐나다의 애플 앱스토어처럼 규모가 작은 시장에 먼저 앱을 배포하고 고친 후 큰 시장으로 진출하는 개발자도 있다.

모바일 앱 개발자들이 앱을 통해 돈을 버는 방법은 다음과 같다.

다운로드할 수 있는 콘텐츠(새로운 지도, 차량 등)

타워매드니스Tower Madness는 인기 있는 아이폰용 타워 디펜스Tower Defense, 성 수비 게임인데, 소액의 돈을 받고 추가 맵을 판매한다.

캐릭터의 외모와 게임 콘텐츠를 취향에 맞게 바꾸거나 특별한 능력을 부여(애완동물이나 아바타에 옷을 입히는 등)

블리자드Blizzard는 전투력과는 관계 없는 애완동물이나 화장대 같은 아이템을 판매한다.

경쟁우위(더 나은 무기, 업그레이드 등)

드로섬씽Draw Something은 그림을 좀 더 쉽게 그릴 수 있게 해주는 다양한 색을 판매한다.

시간 절약

게임을 처음부터 다시 시작하는 것이 아니라 종료된 시점부터 이어서 할 수 있는 기능으로, 웹 기반의 MMO에서 많이 채택하는 전략이다.

카운트다운 타이머 삭제

에너지 레벨을 다시 채우려면 보통 하루가 걸리는데, 바로 이 에너지를 채우는 기능으로 플리즈스테이캄Please Stay Calm이 이 기능을 제공한다.

유료 버전으로 상향 판매

어떤 앱은 기능을 제한한다. 가령 이 글을 쓰는 현재 에버노트의 모바일 앱은 유료로 업그레이드하지 않으면 오프라인 파일 동기화 기능을 사용할 수 없다.

게임 내 광고

어떤 게임에는 광고가 포함되어 있는데, 이 경우 플레이어가 광고 콘텐츠를 보는 대가로 게임 머니 등의 보상을 받는다.

게임 내 구매[3]와 광고로 돈을 버는 모바일 게임이 있다고 하자. 사용자들은 앱 마켓에서 검색하거나 오늘의 앱으로 올라와 있어 이 앱을 쉽게 발견할 수 있다. 이들은 고객 평가, 다운로드 횟수, 다른 앱, 고객 리뷰 등을 참고한 후에 결국 이 앱을 다운로드한다. 그런 다음 앱을 실행해서 게임을 시작한다.

이 게임에는 게임 내 경제 시스템, 즉 금화가 있어 금화를 이용하면 게임만 할 때보다 더 빨리 무기나 에너지를 구입할 수 있다. 그리고 광고를 보면 금화를 받을 수 있다. 이 회사는 게임은 하지만 돈 지출은 꺼리는 가벼운 사용자들이 떠나지 않도록 게임을 재미있게 만드는 것과 동시에 결국에는 돈을 지출하도록 유료 아이템들을 매력적으로 만드는 것 사이에서 균형을 잡는 데 상당한 시간을 쏟고 있다. 이것이 수익성과 게임 설계의 심리학이 접점을 이루는 곳이다.

이 회사는 다음과 같은 핵심 지표에 신경을 쓰고 있다.

다운로드

앱의 다운로드 횟수. 앱 마켓 내에서의 진열과 평가 점수 같은 관련 지표

고객 확보 비용 ^{CAC}

사용자 한 명을 확보하는 데 들어간 비용과 유료 고객 한 명을 확보하는 데 들어간 비용

실행률

앱을 다운로드해서 실제로 실행시키고 계정을 만든 사람의 비율

활동사용자(플레이어)의 비율

앱을 사용하기 시작해서 매일 또는 매월 사용하는 사용자의 비율. 이 지표가 일일 활동사용자$^{daily\ active\ users,\ DAU}$와 월 활동사용자$^{monthly\ active\ users,\ MAU}$다.

---

[3] 역자주_ 앱 안에서 소액 결제를 하는 앱을 In-App Purchases 또는 IAP라 하며 영어 표현을 그대로 쓰는 편이다.

돈을 쓰는 사용자의 비율

어떤 것에 대해서든 돈을 쓰는 사용자의 비율

첫 구매까지 걸린 시간

사용자가 활동을 시작한 후 첫 구매까지 걸린 시간

사용자당 월 평균 매출 average revenue per user, ARPU

구매와 광고 시청에서 발생하는 매출로, 보통 이 지표에는 구매가 많이 발생하는 화면이나 아이템 등 앱 특유의 정보도 포함된다. 또한 ARPU$^{average\ revenue\ per\ paying\ user}$, 즉 돈을 쓰는 사용자당 평균 매출도 살펴보기 바란다.

평가율

앱 마켓에 평가 점수나 고객 리뷰를 올리는 사용자의 비율

바이럴 효과

평균적으로 한 사용자가 초대한 다른 사용자의 수

이탈률

앱을 삭제하거나 일정 기간 후에도 앱을 실행하지 않는 고객의 비율

고객 생애 가치

다운로드에서 이탈까지 고객의 가치

이 지표 중 일부는 앞 장에서 다룬 SaaS 사업 모델의 지표와 일치하지만 모바일 앱에는 상당히 다른 지표도 있다.

앱 설치 건수

모바일 전문 분석 업체이자 개발 업체인 디스티모^{Distimo}에 따르면 앱 마켓에서 앱이 별도로 소개될 경우 앱 매출에 매우 큰 영향을 준다.[4] 이미 인기순위 100위

---

[4] http://www.distimo.com/wp-content/uploads/2012/01/Distimo-Publication-January-2012.pdf

안에 든 앱이 별도로 소개되기까지 한다면 안드로이드용 시장에서는 순위가 평균 42위나 상승하고, 아이패드용 애플 앱스토어에서는 27위, 아이폰용 애플 앱스토어에서는 순위가 15위 상승한다.

모바일 개발자의 입장에서 주목을 많이 받으려면 다른 무엇보다 앱 마켓의 작동 방식이 중요하다. 애플 앱스토어의 홈페이지에 앱이 정기적으로 노출되면 트래픽이 100배나 증가한다.[5] 분석 전문 업체 플러리Flurry는 2012년 아이폰 앱스토어의 상위 25개 앱이 앱스토어 전체 매출의 약 15%를 차지했고 상위 100개 앱 중 나머지 75개의 매출이 약 17%를 차지한 것으로 추정한다. 이어원랩스가 지원한 소셜 모바일 위치 파악 앱인 로컬마인드Localmind의 창업자 레니 래치츠키Lenny Rachitsky는 다음과 같이 말한다. "애플 앱스토어에 소개된 것은 우리에게 일어났던 가장 중요한 사건이었습니다. 심지어 애플 앱스토어의 어느 위치에 소개되느냐도 중요합니다. 위치에 따라 스크롤 안 해도 보일 수 있고 그렇지 않을 수도 있습니다."

게임 개발 지원 업체인 익스큐션랩스Execution Labs의 공동창업자 알렉산더 펠레티어—노만드Alexandre Pelletier-Normand는 구글플레이[6]에 소개되는 것이 애플 앱스토어에 소개되는 것보다 매출에 더 도움이 된다고 말한다. "구글플레이에 소개되면 순위가 올라가는데 구글플레이의 순위는 애플 앱스토어보다 더 안정적입니다. 이것은 구글플레이에서 더 오랫동안 높은 순위를 차지한다는 뜻이고 다시 말해 더 많은 매출을 올릴 수 있다는 말입니다."

이런 경쟁우위 상황이 조금씩 변하고는 있지만 – 덜 유명한 앱의 매출이 전반적으로 증가하고 있다 – 이치는 간단하다. 돈을 벌고 싶으면 앱 마켓에서 상위에 올라야 되고 특별히 소개되면 매출에 상당한 도움이 된다.

---

5 http://blog.flurry.com/bid/88014/The-Great-Distribution-of-Wealth-Across-iOS-and-Android-Apps
6 역자주_ 구글이 운영하는 안드로이드용 앱 마켓

사용자당 평균 매출

모바일 앱 개발 업체는 앱에서 수익을 창출할 기발한 방법을 끊임없이 찾고 있다. 이들은 월 단위 또는 생애 주기 동안의 사용자당 평균 매출^{ARPU}에 초점을 맞춘다. 많은 게임 개발 업체가 자체적인 방법을 이용해 앱에서 많은 데이터를 수집하는데 이는 모바일 앱에서 쉽게 데이터를 수집할 수 있는, 공개된 좋은 도구가 없기 때문이다.

여러분이 게임을 개발하고 있다면 매출만 중요시 여겨서는 안 된다. 흥미로운 콘텐츠와 중독성 있는 게임 방식 사이의 경계를 오가야 한다. 그래야 재미도 있으면서 게임 내 구매를 유도해 돈도 벌 수 있다. 사용자를 떠나게 하는 '지나친 돈벌이'를 피하는 것은 쉽지 않은 일이다. 사용자가 계속 게임하면서 친구들도 초대하게 만들고 동시에 매달 조금씩(적어도 몇 천 원!) 돈도 쓰게 해야 한다. 그 때문에 ARPU 외에 게임성(게임이 너무 어렵지도 너무 쉽지도 않으며 게이머들이 이러지도 저러지도 못하게 되는 상황에 처하지 않도록 하는 것) 및 게이머 인게이지먼트와 관련된 지표가 중요하다.

ARPU는 매출을 활동사용자의 수로 나눈 것으로, 활동사용자 수를 과장해서 집계하면 ARPU가 감소할 것이다. 따라서 활동사용자의 '활동' 기준을 현실에 맞게 정해야 한다. 일반적으로 ARPU는 월 단위로 계산한다.

모바일 게임의 경우 이탈한 고객이 그때까지 지출한 돈의 평균을 계산하면 고객 생애 가치^{CLV}를 계산할 수 있다. 그러나 게임 이용자가 게임을 그만두기까지 보통 몇 달 또는 몇 년이 걸리므로(우리가 원하는 바다!) SaaS 사업의 CLV 추정 방식으로 추정하는 것이 더 쉽다.

게임 내 구매와 광고로 돈을 버는 무료 모바일 게임의 예로 다시 돌아가보자. 이 달에 다운로드 횟수는 12,300건을 막 넘겼고 이 중 96%는 앱을 실행시켜 회사 서버에 접속했다. 그리고 이 중 30%는 3일 이상 앱을 사용한 '활동' 게이머(활동사용자)가 되었다.

각 활동 게이머는 게임 아이템 구매와 광고를 통해 평균적으로 월 3.2달러의 돈을 쓴다. 이것은 다시 말해 이달의 다운로드에서 약 11,339달러의 매출이 발생한다는 의미다(비록 앱 마켓의 지불 방식 때문에 회사가 실제로 이 돈을 받기까지 시간이 걸리긴 하겠지만 말이다).

전체 게이머 중 매달 15%가 이탈하는데, 이는 게이머의 평균 생애 주기가 6.67개월(1/0.15)이라는 의미다. 다시 말해 이 회사의 월 매출은 약 75,500달러다. 게이머의 생애 가치는 ARPU에 게이머의 생애 주기를 곱하는데, 이 경우에는 21.33달러다. 이 회사가 활동 게이머 한 명을 확보하는 비용을 알고 있다면 각 게이머의 공헌이익, 광고의 투자수익률, 활동사용자 확보 비용을 회수하는 데 걸리는 시간을 계산할 수 있다.

그림 10-1은 지금까지의 계산 방식을 다시 보여주고 있다. 그림 10-1의 숫자는 이 회사 사업 모델의 주축이다. 회사는 다운로드 횟수를 늘리고 활동률을 높이며 ARPU를 최대화하고 이탈률을 낮추고 고객 확보 비용을 낮추기 위해 바이럴 효과를 높여야 한다. 이런 목표는 당연히 서로 상충되기도 한다. 예를 들어 게임을 더 재미있게 만들어 사람들이 이탈하지 않도록 만드는 것과 ARPU를 높이기 위해 사람들이 돈을 쓰게 하는 것 사이에는 갈등이 생기기 마련인데, 바로 이 때문에 게임 설계 기술이 필요한 것이다.

돈을 쓰는 사용자의 비율

게임 이용자들 중에는 게임에 돈을 안 쓰는 사람들이 있는 반면 자기가 좋아하는 게임의 고수가 되기 위해 말 그대로 수천 달러나 지출하는 사람들도 있다(이런 사람들을 '고래'라고 부른다). 무료 모바일 앱에서 성공적으로 돈을 벌려면 이 두 그룹의 차이를 이해하고 더 많은 사람이 앱에서 아이템을 구매하도록 만드는 방법을 찾는 것이 매우 중요하다.

그림 10-1 모바일 앱의 핵심 지표들을 계산하는 방법

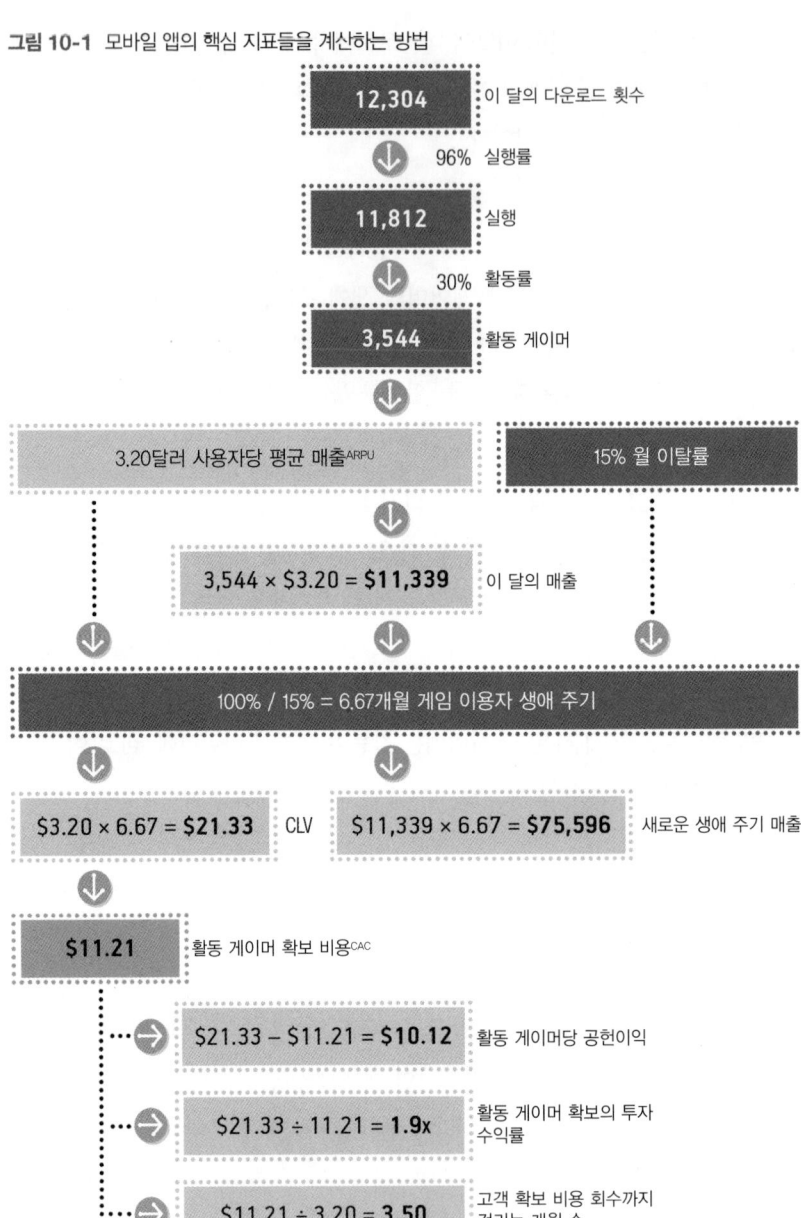

여기에서 가장 기본적인 지표는 뭔가를 구매하는 사용자의 비율이다. 그리고 이 지표에 대해 고객군을 나누고 코호트 분석을 실시하는 것이 좋다. 예를 들어 특정 광고 캠페인을 통해 게임 내 구매율이 높은 사용자들을 확보했다면 그런 캠페인을 더 자주 실시해야 한다. 또한 게임 이용자들에게 어떤 아이템을 판매할지 더 정교하게 설계해야 한다. 고래들은 비싼 아이템을 구입할 확률이 높은 반면 아직 아무것도 구입한 적 없는 사용자들은 처음에는 별로 비싸지 않은 것을 사도록 권해야 한다.

ARPU를 측정하면 돈을 쓰는 사용자들이 얼마를 지출하는지 잘 알 수 있다. 대부분의 사용자는 돈을 쓰지 않기 때문에 이미 돈을 쓰고 있는 사용자가 돈을 더 쓰도록 만들어도 ARPU 값은 그리 크게 바뀌지 않을 수 있지만 매출에는 상당한 영향을 미친다. 돈을 쓰는 사용자는 별개의 고객군으로 취급하고 이들의 행동, 이탈률, 매출을 나머지 사용자와 별도로 추적해야 한다.

이탈률

9장에서 이탈률에 관해 자세히 살펴보았다. 이탈률은 모바일 앱에서도 중요한 지표다. 익스큐션랩스의 공동창업자이자 머니타이제이션포오픈페인트[Monetization for OpenFeint] 전 부사장 키스 카츠[Keith Katz]는 특정 기간 동안의 이탈률을 살펴보라고 조언한다.

> 사용 개시 후 1일, 1주일, 1달 동안의 이탈률을 추적하라. 사용자들이 언제 이탈하는지에 따라 이탈 이유가 다르기 때문이다. 하루 만에 고객이 이탈하면 사용 매뉴얼이 엉망이거나 앱에 흥미를 느끼지 못하기 때문일 수 있다. 일주일 만에 고객이 이탈했다면 게임성이 떨어지기 때문일 수 있고 한 달 만에 이탈했다면 업데이트가 형편없기 때문일 수 있다.

언제 사용자가 이탈하는지 알면 왜 이들이 이탈하는지, 이탈을 막기 위해 여러분이 무엇을 시도해볼 수 있는지 알 수 있다.

모바일 앱 사업의 시각화

그림 10-2는 모바일 앱 사업에서 사용자 흐름을 각 단계의 핵심 지표와 함께 보여주고 있다.

독일의 게임 개발 업체 우가Wooga는 지표의 달인이다. 이 회사는 소셜 게임 업체들이 따라 할 만한 성공 공식을 보여주고 있는데, 이 공식은 철저히 데이터 주도적이다. 매월 231개국에서 3,200만 명 이상이 우가 게임을 즐기며, 일일 게임 이용자 수는 700만 명이 넘는다. 창업자 젠스 베그먼Jens Begemann은 2012년 〈와이어드 Wired〉 기사에서 우가의 접근 방식을 소개한 바 있다.[7]

우가는 제품을 계속 개선하며 매주 앱 업데이트를 발표한다. 업데이트마다 중점을 둘 핵심 지표를 한 가지 선택하고 – 가령 사용자 유지율 –, 이 지표를 개선시키기 위해 시도해볼 만한 여러 방법을 강구한다. 앱 업데이트를 발표하고 나서는 그에 따른 변화를 엄격하게 측정하고 그 결과에 따라 앱을 수정한다. 젠스 베그먼은 128개의 숫자를 매일 검토한다. 만약 납득이 안 되는 숫자가 있다면 그는 그 숫자를 제품팀에 보낸다. 그러면 제품팀에서 문제의 그 숫자와 씨름해서 무슨 일이 벌어지고 있으며 어떻게 개선할 수 있는지 알아낸다.

주의점: 앱 내 구매와 광고

무료 모바일 앱 모델을 복잡하게 만드는 요소 중 하나는 매출을 발생시키는 방식이다. 앞에서 살펴봤듯이 모바일 앱을 통해 돈을 버는 방법은 굉장히 다양하다. 어떤 광고는 앱 내에서 동영상을 보게 만드는가 하면, 또 다른 광고는 사용자가 '권장 다운로드'를 통해 다른 앱을 사용하게 만들기도 한다. 이렇게 다른 앱을 사용해보게 하면 사용자는 현재 사용 중인 앱을 종료하게 되는데 그러면 이탈률이 높아지고 인게이지먼트가 낮아지며 사용자 경험이 나빠질 수 있다.

---

[7] http://www.wired.co.uk/magazine/archive/2012/01/features/test-test-test?page=al

그림 10-2 모바일 앱에서 모든 것은 앱 마켓으로 귀결된다.

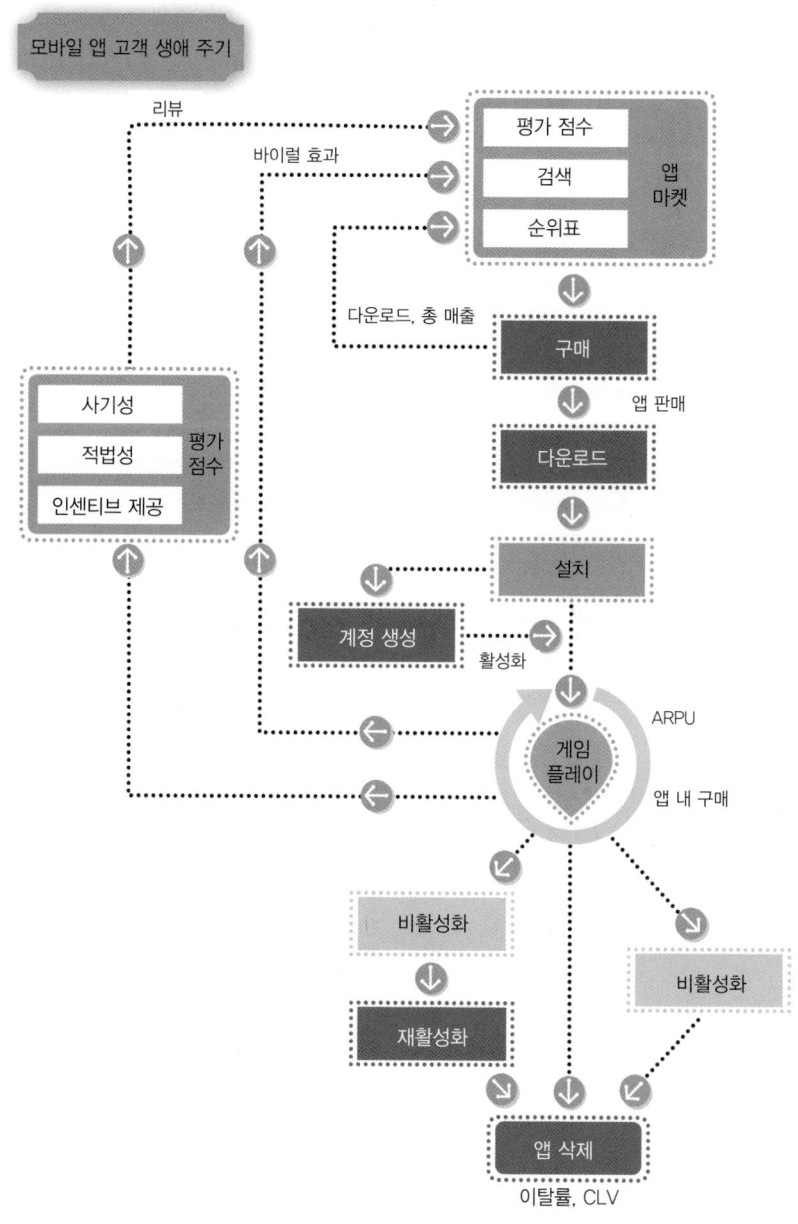

10장 - 사업 모델 3: 무료 모바일 앱 **159**

게임 개발 업체는 매출 발생을 게임과 신중하게 통합시킬 방법을 찾아야 하며 특히 매출을 발생시키는 방식이 게임의 주제와 맞지 않을 때는 더욱 주의해야 한다. 그리고 이런 매출원이 게임 이용자들의 행동에 미치는 영향을 구체적으로 파악해야 한다.

핵심 내용

- 모바일 앱은 다양한 방식으로 돈을 벌 수 있다.
- 대부분의 돈은 소수의 사용자에게서 나온다. 따라시 이런 사용자들을 별도의 고객군으로 분류하고 분석해야 한다. 핵심 지표는 사용자당 평균 매출이지만 돈을 쓰는 사용자당 평균 매출도 추적해야 한다. 왜냐하면 '고래'라고 불리는 이런 사용자들은 다른 사용자들과 행동 패턴이 매우 다르기 때문이다.

모바일 사업은 SaaS 사업과 매우 비슷하다. 둘 다 사용자의 활동을 촉진하고 사용자로부터 반복적으로 수익을 창출하며 이탈률을 줄이려 노력한다. SaaS 지표에 대해 더 알고 싶다면 9장을 참고하기 바란다. 아니면 14장으로 바로 가서 사업 단계에 따라 초점을 둘 핵심 지표가 어떻게 달라지는지 살펴보기 바란다.

CHAPTER **11**

사업 모델 4: 미디어 사이트

인터넷은 광고로 돈을 번다. 온라인 콘텐츠는 광고를 매우 쉽게 삽입할 수 있기 때문에 광고 매출은 많은 회사들의 부수입원이며 광고 매출 덕분에 게임 사용료를 낮게 책정하거나 부분유료화 제품의 운영 비용을 충당할 수 있다. 그런데 많은 웹사이트가 광고에 의존하지만 성공적인 경우는 별로 없다. 광고로 성공한 사이트는 일반적으로 콘텐츠에 초점을 두며, 사이트에 오래 머무르면서 많은 웹페이지를 보는 반복 방문자의 관심을 끌려고 노력한다.

만약 여러분의 사업 모델이 미디어 사이트에 가장 가깝다면 일차적인 초점은 광고주의 메시지를 광고 시청자들에게 전달하고 광고 노출, 클릭, 제품 판매에 대한 수수료를 받는 것이다. 구글 검색엔진, CNET 홈페이지, CNN 웹사이트는 모두 미디어 사이트다.

광고 매출은 다양한 형태로 발생한다. 어떤 웹사이트는 배너 광고를 보여주거나 스폰서십 계약을 맺어 돈을 벌어들인다. 광고 클릭 수나 제휴 수수료를 통해 매출을 올리기도 한다. 어떤 경우는 방문자의 활동이 있을 때마다 디스플레이 광고를 노출시킨다.

미디어 사이트는 실질적인 매출과 직결되는 광고 클릭률이나 광고 단가를 가장 중요하게 여기지만 이 뿐만 아니라 방문자들이 웹사이트에 머무른 시간, 방문자들이 본 페이지 수, 순수 방문자 수를 최대화해야 한다. 왜냐하면 이 숫자는 광고주가 중요하게 여기는 광고 재고(광고를 방문자들에게 보여줄 기회)와 광고에 노출될 새로운 사람들을 의미하기 때문이다.

스포츠 뉴스 사이트를 한번 상상해보자. 이 사이트의 매출 모델은 스폰서십, 디스플레이 광고, 클릭 기반 광고, 그리고 제휴다. 이 사이트는 2만 명의 순수 방문자가 방문자당 월평균 12회 사이트를 방문하며, 방문할 때마다 평균 17분 동안 사이트에 머무른다(표 11-1 참조).

표 11-1 월 페이지 재고 계산

트래픽	예	비고
월 순수 방문자	20,000	
월 세션 수	12	
방문당 페이지뷰	11	
방문당 페이지에 머무른 시간(분)	17	
매달 사이트에 머무른 시간(분)	4,080,000	
월 페이지뷰(재고)	2,640,000	

이 사이트는 지역 스포츠팀과 제휴를 맺고, 모든 페이지에 이 팀의 배너 광고를 노출시키고 매달 4천 달러를 받는 계약을 맺고 있다(표 11-2 참조).

표 11-2 월 스폰서십 매출 계산

스폰서 매출	예	비고
월 스폰서십 광고료	$4,000	체결된 계약에 의해 결정됨
스폰서 배너 광고 수	1	웹 화면 구성에 의해 결정됨
스폰서십 총 공헌이익	$4,000	

또한 이 사이트는 사람들이 배너 광고를 1천 번 볼 때마다 2달러를 받는 디스플레이 광고 계약도 맺고 있다(표 11-3 참조).

표 11-3 디스플레이 광고 매출 계산

디스플레이 광고 매출	예	비고
디스플레이 광고료(1,000뷰당)	$2	협상하기에 따라 다름
페이지당 배너 광고 수	1	웹 화면 구성에 의해 결정됨
디스플레이 광고 총 공헌이익	$5,280	페이지 뷰 x 디스플레이 광고료 / 1,000

지금까지의 매출 모델은 비교적 단순하다. 그런데 이 회사는 PPC^{pay per click, 클릭당 과금 광고} 매출도 있다. 웹 화면의 일부 공간은 광고 네트워크 업체의 광고를 위해 남겨두고 있으며, 이 외부 업체는 웹사이트 방문자와 웹사이트 콘텐츠에 맞는 적절한 광고를 삽입한다(표 11-4 참조).

표 11-4 PPC 매출 계산

PPC 매출	예	비고
페이지당 PPC 광고 수	2	웹 화면 구성에 의해 결정됨
광고가 노출된 건수	5,280,000	페이지뷰 x 페이지당 광고 수
광고 클릭률	0.80%	광고 효과에 따라 다름
전체 광고 클릭 수	42,240	광고가 노출된 건수 x 클릭률
클릭당 평균 매출	$0.37	입찰경매로 결정된 광고료
PPC 광고 총 공헌이익	$15,628.80	전체 광고 클릭 수 x 클릭당 매출

PPC 매출은 광고를 클릭하는 방문자 비율 및 클릭당 광고 단가에 따라 결정된다. 그리고 클릭당 광고 단가는 특정 키워드의 가치에 따라 결정되는 경우가 많다. 그러므로 이 웹사이트는 좀 더 수익성 높은 검색어 트래픽을 일으키기 위해 다양한 종류의 콘텐츠를 제작할 수도 있다.

마지막으로, 이 웹사이트는 온라인 서점과 제휴관계를 맺고 스포츠 관련 서적을 판매하는데, 모든 페이지에 '이 주의 책'을 소개한다. 이 링크를 클릭한다고 해서 돈을 버는 건 아니지만 누군가가 책을 구입하면 돈을 번다(표 11-5 참조).[1]

표 11-5 제휴 매출 계산

제휴 매출	예	비고
페이지당 제휴 광고 수	1	웹 화면 구성에 의해 결정됨
제휴 광고 노출 횟수	2,640,000	페이지당 광고 수 x 페이지뷰
제휴 광고 클릭률	1.20%	광고 효과에 따라 다름

---

[1] 어떤 온라인 쇼핑몰은 제휴 사이트에 올린 상품뿐만 아니라 제휴 링크를 통해 들어온 고객이 쇼핑몰에서 구입한 물건에 대해 제휴 수수료를 지불하기도 한다. 가령 여러분이 아마존에서 책을 한 권 구입하고 컴퓨터도 한 대 구입했다면 그 책을 통해 여러분을 아마존으로 이동시켜준 제휴 사이트는 책 판매 수수료뿐만 아니라 컴퓨터 판매에 대한 수수료도 받는다. 그 결과 아마존은 제휴 광고에서 강력한 우위를 차지하고 있다.

전체 제휴 광고 클릭 수	31,680	광고 노출 횟수 x 제휴 광고 클릭률
제휴 전환율	4.30%	제휴 파트너 업체가 물건을 파는 능력에 의해 결정됨
전체 제휴 전환 건수	1,362.24	제휴 광고 클릭 수 x 전환율
건당 평균 판매액	$43.50	제휴 업체의 평균 구매액
전체 제휴 판매액	$59,257.44	제휴를 통해 판매한 금액
제휴 수수료율	10%	여러분이 지불받는 제휴 매출 비율
제휴 총 공헌이익	$5,925.74	전체 제휴 판매액 x 제휴 수수료율

제휴 모델은 복잡하다. 그리고 웹사이트는 방문자들이 무엇을 구매했는지 제대로 알 수 없고 제휴 업체에서 수수료를 주는 대로 받는 경우도 많다. 제휴 모델에는 여러 개의 퍼널이 있는데, 방문자를 사이트까지 데려오는 퍼널, 방문자가 클릭하도록 만드는 퍼널, 외부 제휴 사이트에서 구매하게 하는 퍼널이 그것이다.

지금까지 살펴본 스포츠 사이트는 네 가지 미디어 수익 모델을 이용하고 있다. 이렇게 하려면 웹 화면의 상당 부분을 스폰서십, 배너 광고, 클릭 광고, 책 제휴 업체 광고에 할당해야 한다. 물론 그 결과 사이트 품질이 저하되고 사용자들이 재방문하도록 만드는 가치 있는 콘텐츠를 위한 공간이 줄어든다. 웹페이지에서 상업적인 화면 공간과 가치 있는 콘텐츠 사이에서 균형을 잡기란 쉽지 않다.

스폰서십과 디스플레이 광고의 광고료는 직접 협상을 통해 결정되는 경우가 많은데, 이때 사이트 평판이 중요하다. 왜냐하면 이런 광고는 미묘한 형태의 제품 추천이라 할 수 있으며 광고주는 신뢰할 만한 사이트를 원하기 때문이다. 광고 네트워크 업체는 광고 구매자의 입찰을 바탕으로 제휴 광고와 PPC 광고의 가격을 결정한다.

미디어 사이트의 매출은 계산할 것이 많아 문서 편집 프로그램이 아니라 스프레드시트가 필요해 보일 정도다. 앞에서 경고한 허상 지표 중 많은 지표가 사실 미디어 사이트와 관련이 있다. 왜냐하면 이런 사이트는 인기로 돈을 벌기 때문이다.

궁극적으로 미디어 사이트가 중요하게 여기는 지표는 다음과 같다.

광고 시청자와 이탈률

얼마나 많은 사람이 이 사이트를 방문하며 얼마나 충성도가 높은가

광고 재고

수익을 창출할 수 있는 광고 노출 수

광고료

사용자 활동당 과금$^{\text{cost per engagement}}$ 방식으로 산정되기도 하지만 기본적으로는 웹사이트 콘텐츠와 방문자를 기반으로 광고 노출에서 얼마나 돈을 벌 수 있는지를 말한다.

클릭률

전체 광고 노출 중 실제 수익을 창출한 노출의 비율

콘텐츠와 광고의 균형

전체 성과를 극대화시켜주는, 광고 재고와 콘텐츠 사이의 균형

광고 시청자와 이탈률

미디어 사이트의 가장 기본 지표는 광고 시청자^{audience} 규모다. 광고료가 같다면 웹사이트 방문자가 많을수록 돈을 많이 벌 것이다.

광고 시청자 수의 변화를 추적하는 것은 매우 중요하다. 보통 월 순수 방문자의 수로 측정한다. 그러나 순수 방문자 수를 지나치게 중요시 하면 안 된다. 앞에서 지적했듯이 트래픽보다 인게이지먼트가 훨씬 더 중요하므로 방문자 증가뿐만 아니라 방문자 이탈도 반드시 추적해야 한다.

미디어 사이트의 광고 시청자 이탈률은 특정 달의 순수 방문자 수의 변화와 그 달의 신규 방문자 수에서 계산할 수 있다(표 11-6 참조).

표 11-6 이탈한 광고 시청자 수 계산

	1월	2월	3월	4월	5월	6월	7월
순수 방문자	3,000	4,000	5,000	7,000	6,000	7,000	8,000
직전 달 대비 증감	–	1,000	1,000	2,000	–1,000	1,000	1,000
신규(최초) 방문자	3,000	1,200	1,400	3,000	1,000	1,200	1,100
이탈한 광고 시청자 수	–	200	400	1,000	2,000	200	100

예로 든 표 11-6의 웹사이트는 1월에 서비스를 개시했고 그 달에 3,000명의 순수 방문자를 얻었다. 매달 순수 방문자가 늘어나지만 이탈하는 사용자도 있다. 이탈한 사용자 수는 방문자 수 증감분에서 이 달의 최초 방문자 수를 빼면 계산할 수 있다. 신규 방문자들이 지난 달의 방문자 이탈을 '보충'해주는 것이다.

때로는 효과적인 마케팅 캠페인 때문에 고객 이탈 문제가 드러나지 않을 수도 있다는 점에 유의해야 한다. 이 예에서는 4월에 신규 순수 방문자가 2,000명 증가했지만 1,000명의 사용자가 이탈했다.

만약 방문자군에 따라 서로 다른 웹 화면 구성을 – 가령 광고가 더 적은 웹 화면 – 테스트할 수 있다면 웹페이지에 상업용 콘텐츠를 싣는 대가로 어느 정도의 이탈률을 감수할지 결정할 수 있다. 그런 다음 광고 매출과 비교해 균형을 잡을 수 있다.

광고 재고

순수 방문자 수를 추적하는 것은 좋은 출발점이지만 광고 재고도 함께 측정해야 한다. 광고 재고는 특정 기간 동안의 순수 페이지뷰다. 이렇게 정의하는 이유는 각 페이지뷰는 방문자에게 광고를 보여줄 수 있는 기회가 되기 때문이다. 광고 재고는 방문자와 방문당 페이지뷰를 이용해 추정할 수도 있지만 대부분의 분석 도구는 자동으로 이 숫자를 계산해서 보여준다(표 11-7 참조).

표 11-7 페이지 재고 계산

	1월	2월	3월	4월	5월	6월	7월
순수 방문자 수	3,000	4,000	5,000	7,000	6,000	7,000	8,000
방문당 페이지뷰	11	14	16	10	8	11	13
페이지 재고	33,000	56,000	80,000	70,000	48,000	77,000	104,000

실제 광고 재고는 페이지 구성과 각 페이지의 광고 수에 따라 결정된다.

| 패턴 | **웹 성능과 클릭 대비 세션 비율**

고려해야 할 또 다른 요소는 클릭 대비 세션 비율이다. 모든 웹사이트는 방문자가 사이트에 도달하기도 전에 방문자 일부를 잃는다. 여러분의 웹사이트 링크가 검색 결과에 포함되었어도 그 링크를 클릭할 때마다 100번 중 약 95번 정도만 실제로 여러분의 웹사이트에 도달한다. 다시 말해 다섯 번은 사용자가 '뒤로' 버튼을 누르거나 웹사이트를 로드하는 데 시간이 너무 걸린다고 생각하고 세션을 중단하거나 또는 방문하려고 했던 마음을 바꾼다는 이야기다.

(검색 링크나 추천 링크의) 클릭 대비 (여러분의 사이트로 도달하는) 세션 비율은 웹 성능과 신뢰도를 보여주는 지표다. 숍질라Shopzilla의 조디 멀키Jody Mulkey와 필립 딕슨Phillip Dixon은 숍질라 웹사이트가 안정적으로 빠르게 로드되도록 사이트를 재구축하면서 웹 성능 개선이 클릭 대비 세션 비율에 어떤 영향을 미치는지 상세하게 분석했다.[2] 이렇게 사이트를 개선하자 도달하는 방문자가 3~4% 증가했다. 그러나 얼마 지나지 않아 계속되는 수정 때문에 이 사이트의 속도는 다시 느려졌고 클릭 대비 세션 비율도 다시 나빠졌다. 웹사이트 속도를 빠르게 유지하는 것은 끊임없이 신경 써야 할 일이다.

광고료

광고 네트워크 업체가 지불하는 광고료는 웹사이트의 콘텐츠 및 특정 검색 조건/검색어의 시세에 달려 있다. 전통적인 미디어 사이트는 사이트의 주제와 콘텐츠에 따라 광고료가 결정된다. 소셜 네트워크 사이트는 사용자의 인구통계학적 특징이 광고료를 결정한다. 가령 페이스북 등의 소셜 플랫폼은 인구통계학적 분류에 기반을 둔 외부 광고 업체의 광고를 싣고 있다. 따라서 방문자들의 인구통계학적 특징은 점점 더 중요해질 것이다. 다시 말해 웹사이트 콘텐츠보다는 방문자가 어떤 사람인지에 따라 광고료를 받게 될 것이다.

---

[2] 필립 딕슨은 2009년 산타클라라에서 개최된 벨로시티Velocity 컨퍼런스에서 숍질라의 성능 개선 결과와 초기 목표 기준치를 발표했다. http://www.youtube.com/watch?v=nKsxy8QJtds에서 전체 동영상을 볼 수 있다.

콘텐츠와 광고의 트레이드오프

모든 미디어 사이트는 원칙을 어기지 않으면서 수익을 낼 수 있는 방법을 정해야 한다. 이런 결정은 매우 중요하며 다음 두 가지에 반영된다. 첫째는 광고 공간이다. 광고가 너무 많으면 콘텐츠의 질이 떨어지고 방문자의 충성도도 감소한다. 둘째는 콘텐츠다. 수익성 좋은 광고 검색어를 끌어들이는 데만 초점을 맞춰 콘텐츠를 만들면 억지로 작성한 느낌이 들고 유료 홍보성 기사처럼 보일 수 있다.

웹 화면 디자인과 광고 문안의 스타일은 미적인 사항이지만 이런 미학적 결정도 분석의 대상이다. 여러분이 콘텐츠를 중요하게 여긴다면 매출과 방문자 이탈을 위해 다양한 웹 화면 구성을 테스트하고, 콘텐츠와 광고 가치를 높이기 위해 다양한 광고 문안을 테스트해야 한다.

이런 일을 돕는 도구는 많이 있다. 가령 파슬리$^{Parse.ly}$는 어떤 콘텐츠가 가장 관심을 끄는지 분석한다. 또한 콘텐츠의 저자, 주제, 화면 구성에 따라 매출이나 특정 웹페이지를 떠나는 방문자 비율 같은 핵심 지표를 분류해야 한다.

미디어 사업의 시각화

그림 11-1은 미디어 사업에서 사용자의 흐름을 각 단계의 핵심 지표와 함께 보여주고 있다.

주의점: 숨은 제휴, 기본 클릭률, 광고 차단, 콘텐츠 유료화 장벽

온라인 미디어에서는 사업 관계가 복잡해서 적절한 핵심 성과 지표를 찾기가 어려울 수 있다. 다음은 주의해야 할 네 가지 복잡성 유형이다.

그림 11-1 미디어 사이트 고객의 가치 계산은 복잡하다.

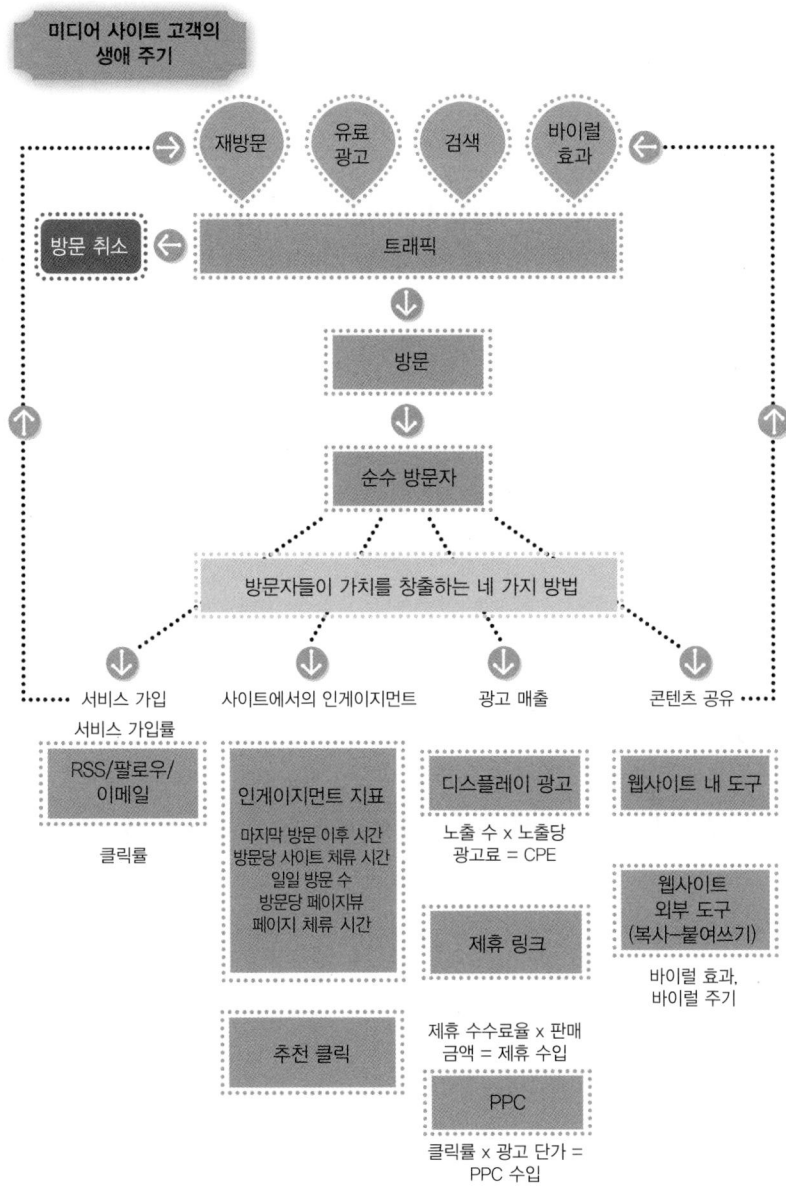

숨은 제휴 모델

온라인 이미지 메모판 서비스인 핀터레스트Pinterst는 스킴링크스Skimlinks라는 제휴 업체의 도구를 이용해 사용자가 업로드한 제품 사진의 URL을 수정하여 제휴 수수료를 받을 수 있도록 링크를 삽입했다. 그런데 핀터레스트 사이트가 커지면서 스킴링크스와의 제휴에서 발생하는 매출이 다른 대형 광고 네트워크 업체로부터 발생하는 매출보다 빠른 속도로 증가했다.[3] 그리고 핀터레스트는 사용자로부터 이런 수익 방식에 대해 해명해달라는 요구를 받았다.[4]

핀터레스트는 이 전략을 이용해 트래픽을 빠르게 수익화할 수 있었다. 그리고 콘텐츠를 올린 사용자 수(사용자 제작 콘텐츠, 즉 UGC 지표)뿐만 아니라 사용자가 사진을 클릭해서 그 사진에 링크된 사이트에서 제품을 구매하는 확률에도 주목했다. 제휴를 통한 링크 수정은 광고 없이 사용자의 제작 콘텐츠를 수익화하는 좋은 방법이다. 이렇게 하면 실질적으로 사이트에 올라온 모든 것을 광고화할 수 있지만 사업 모델 설계가 복잡해질 수 있고 핀터레스트처럼 사용자가 항의하는 등 역효과를 낼 수도 있다.

기본 클릭률

한 테스트에서 아무 정보도 없는 텅빈 광고가 약 0.08%의 클릭률을 올린 반면 몇몇 유료 광고 캠페인들도 이와 비슷한 클릭률을 올린 적이 있다.[5] 이 테스트에서 텅빈 광고를 클릭한 사람들에게 왜 광고를 클릭했는지 설명해달라고 부탁하자 단순히 호기심에 클릭했다는 사람들과 우연히 클릭했다는 사람들로 반반이었다. 만약 여러분의 광고가 이런 텅빈 광고의 매출보다 더 나은 매출을 올리지 못하면 그 이유를 찾아야 할 것이다.

---

[3] http://www.digitaltrends.com/social-media/pinterest-drives-more-traffic-to-sites-than-100-million-google-users/

[4] http://llsocial.com/2012/02/pinterest-modifying-user-submitted-pins/

[5] 2012년 6월 광고연구재단Advertising Research Foundation이 50만 회의 광고 노출에 대해 실시한 연구 조사 결과 이런 클릭률이 나왔다. 클릭률은 웹사이트 유형에 따라 달랐다. http://adage.com/article/digital/incredible-click-rate/236233/을 참조하기 바란다.

광고 차단

IT 지식이 있는 사용자들은 알려진 광고 제공 업체의 광고를 차단하는 소프트웨어를 자신의 브라우저에 설치하기도 한다. 이것은 여러분의 광고 재고를 감소시키고 분석을 혼란스럽게 할 수 있다. [사용자들의 이런 행동을 줄이기 위해] 레딧Reddit은 재미있는 콘텐츠나 미니 게임, 혹은 광고를 차단하지 않는 방문자들에게 감사를 표하는 메시지를 담은 광고를 운영한다.

콘텐츠 유료화 장벽

온라인 광고 매출로 만족하지 않는 일부 미디어 사이트는 콘텐츠 유료화 장벽을 운영하면서 콘텐츠를 보는 사용자들에게 요금을 청구한다. 유료화 모델은 자발적인 기부 형태(보통 방문자가 웹사이트를 처음 방문했을 때 팝업 창의 형태로 나타난다)와 서비스 요금을 내야 콘텐츠를 볼 수 있는 완전히 유료화된 사이트 등 다양한 형태가 있다.

그림 11-2에서처럼 어떤 미디어 사이트는 방문자들이 매달 일정 분량의 기사를 무료로 볼 수 있지만 그 이상을 보려면 돈을 지불해야 하는 중간 형태를 취하기도 한다. 이런 사이트는 '추천 기반' 콘텐츠(가령 트위터에서 언급된 기사로서 광고 매출을 올릴 수 있는 기사)와 '가입 기반' 콘텐츠(사용자가 매일 주로 이 사이트에서 뉴스를 읽는 경우) 사이에서 균형을 잡으려 노력하고 있다.

그림 11-2 피할 수 없는 콘텐츠 유료화 추세

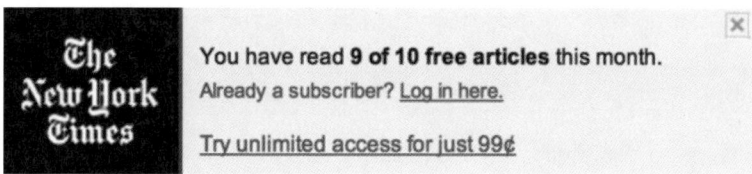

유료화 모델은 분석을 복잡하게 한다. 왜냐하면 광고 매출과 서비스 이용료 매출 사이에 트레이드오프가 있고 새로운 전자상거래 퍼널을 측정해야 하기 때문이다. 이 새로운 퍼널은 일회성 방문자를 반복적으로 매출을 발생시키는 서비스 가입자로 전환시키는 퍼널을 말한다.

핵심 내용

- 광고 매출은 미디어 사이트에 매우 중요하지만 광고에는 디스플레이 광고, 노출 광고pay per view, PPCpay per click 광고, 제휴 모델 등이 있어 매출을 추적하기가 복잡하다.
- 미디어 사이트는 광고 재고(방문자 시선의 형태)와 바람직한 광고 매체라는 평판이 필요한데, 후자는 광고주가 원하는 인구통계학적 특징을 가진 사람들의 방문을 유도하는 콘텐츠에서 비롯된다.
- 좋은 콘텐츠를 제공하는 일과 매출을 일으키는 광고를 충분히 싣는 일 사이에 균형을 잡기란 쉽지 않다.

미디어 사이트는 전통적으로 블로그, 동영상, 기사 등 자체 콘텐츠를 제작한다. 그러나 오늘날 사용자들이 점점 더 많은 온라인 콘텐츠를 제작하고 있다. 사용자 제작 콘텐츠 사업 모델 및 관련 지표에 대한 내용은 12장을 참조하기 바란다. 반면에 스타트업이 거치는 사업 단계와 이 단계가 미디어 사업에 어떤 영향을 주는지 알고 싶다면 14장으로 바로 가도 된다.

CHAPTER 12

사업 모델 5: 사용자 제작 콘텐츠

여러분은 페이스북, 레딧, 트위터가 미디어 사이트라고 생각할지 모른다. 그리고 그 생각은 어떤 면에서는 옳다. 이 사이트들은 광고로 돈을 벌기 때문이다. 그러나 이들의 일차적인 목표는 콘텐츠를 생성하는 커뮤니티의 활동을 독려하는 것이다. 이와 비슷한 위키피디아[1] 같은 사이트는 기부 등 다른 수입원으로 돈을 번다.

우리는 이런 사업을 *사용자 제작 콘텐츠*user-generated content, UGC 사업이라고 부르는데, 이 사업 모델은 별도로 다룰 필요가 있다. 왜냐하면 이런 사이트의 주요 관심사는 콘텐츠를 생성하는 커뮤니티의 성장이며 사용자의 활동이 없으면 이런 사이트는 완전히 기능을 멈추기 때문이다. 만약 여러분의 사업이 UGC 사업에 속한다고 생각하면 이 장을 통해 어떤 지표를 추적해야 할지 살펴볼 수 있다.

UGC 사업 모델은 좋은 콘텐츠 생성에 초점을 두는데, 여기에는 글을 작성하고 콘텐츠를 업로드하는 활동뿐만 아니라 투표, 댓글, 스팸 표시 및 기타 가치 있는 활동도 포함된다. UGC 사업에서는 나쁜 콘텐츠 대비 좋은 콘텐츠의 양도 중요하지만 [남의 콘텐츠를 보기만 하고 자기 콘텐츠는 올리지 않는] 러커lurker와 콘텐츠 생성자의 비율도 중요하다. 이것은 *인게이지먼트 퍼널*이라고 하는데, 전자상거래 모델의 전통적인 전환 퍼널과 비슷하다.[2] 차이가 있다면 잠재 고객을 구매 고객으로 전환시키는 것이 아니라, 콘텐츠를 보기만 하는 사람들을 투표하게 만들고 투표하는 사람들을 댓글을 달게 하는 등 사용자들로 하여금 점점 높은 수준의 활동을 하도록 만드는 것이다.

---

[1] 역자주_ 위키백과, Wikipedia
[2] 알티미터 그룹Altimeter Group의 샤를린 리Charlene Li는 이것을 *인게이지먼트 피라미드*라고 부른다.

위키피디아는 UGC 사이트의 좋은 예다. 콘텐츠의 품질이 높고 신뢰할 수 있으며 적절한 참고문헌으로 뒷받침되는 콘텐츠는 위키피디아에 도움이 되지만 서로 이견이 있는 두 명의 자원봉사자가 상호 비난하거나 상대방의 콘텐츠를 자주 수정하는 것은 위키피디아에 나쁜 영향을 준다. 전자상거래 사이트에서는 퍼널이 구매자가 거쳐야 하는 단계로 구성되듯이, UGC 사이트에서는 특정한 방식으로 행동하는 사용자의 비율을 측정한다. 매출은 광고나 기부에서 대부분 발생하지만 사업의 핵심은 사용자의 활동을 독려하는 것이며 광고나 기부 매출은 여기에 부수적으로 따라오는 결과다.

레딧처럼 링크 공유에 초점을 둔 소셜 네트워크를 생각해보자. 누구나 사이트의 소셜 기능 버튼을 사용해서 콘텐츠를 읽고 공유할 수 있다. 일단 사용자가 계정을 만들고 나면 그 사용자는 콘텐츠에 대해 공감, 비공감 투표를 할 수 있고 댓글을 달 수 있으며 자신의 콘텐츠를 올릴 수도 있다. 사용자는 어떤 주제에 대해 그룹 토론을 직접 시작할 수도 있다. 그리고 자신의 계정으로 다른 사용자에게 비공개 메시지를 보낼 수도 있다.

UGC 사이트의 퍼널은 완전 비참여에서 간헐적 방문, 열성적인 활동에 이르기까지 참여 수준에 따라 구성된다. 웹사이트의 핵심 기능 중 하나는 일회성 방문자를 확보하여 이들이 계정을 만들게 하고 궁극적으로는 활동사용자로 전환시키는 것이다. 그림 12-1은 인게이지먼트 퍼널의 예로, 레딧, 페이스북, 유튜브의 인게이지먼트 수준tiers의 분류를 보여주고 있다. 단, UGC 사이트마다 분류 방법이 다르다는 점에 유의하기 바란다.

인게이지먼트가 점차 높아지는 이런 패턴은 웹사이트에만 해당되는 것은 아니다. 이것은 온라인에서 반복적으로 발생하는 전형적인 패턴이다. 트위터는 레딧과 비슷하다. 사람들은 이야기를 나누고 링크를 공유하고 링크에 댓글을 단다. 레딧의 '공감'에 투표하듯 트위터에는 리트윗 버튼이 있고 '비공감'에 투표하는 기능 대신 블로킹 기능이 있다. 플리커Flickr, 페이스북, 링크드인, 유튜브는 모두 대체로 비슷한 인게이지먼트 단계를 가지고 있다.

그림 12-1 인게이지먼트 퍼널의 예

		예	
	레딧	페이스북	유튜브
일회성 방문자	방문자	방문자	뷰어
재방문자	러커	러커	뷰어
회원 가입한 사용자	레디터	사용자	구글 계정 보유자
투표자/플래거	공감/비공감 투표	좋아요, 플래그	좋아요
답글 작성자	답글 달기	답글 달기	답글 달기
콘텐츠 생성자	원본 게시자 (Original Posters, OP)	게시자	업로더
관리자	서브레딧 관리자	그룹 관리자	
그룹 생성자	서브레딧 생성자	이벤트, 장소, 그룹 생성자	채널 운영자

UGC 회사는 미디어 모델의 지표 외에 몇 가지 지표를 추가로 관리한다.

활동 방문자 수

사용자들이 얼마나 자주 방문하며 얼마나 오래 사이트에 머무는가

콘텐츠 생성률

콘텐츠 생성에서 투표에 이르기까지 어떤 식으로든 콘텐츠와 상호작용하는 방문자의 비율

인게이지먼트 퍼널 변화

시간이 흐름에 따라 높은 인게이지먼트 수준으로 사람들이 얼마나 잘 이동하는가

생성된 콘텐츠의 가치

기부에서 미디어 클릭에 이르기까지 콘텐츠의 사업적 가치

콘텐츠 공유와 바이럴 효과

콘텐츠가 어떻게 공유되고 어떻게 이것이 성장을 이끄는가

알림 기능의 효과

푸시, 이메일 등을 통해 어떤 내용을 알게 되었을 때 거기에 따라 행동에 옮기는 사용자의 비율

방문자 인게이지먼트

UGC 사이트는 사용자들이 정기적으로 방문해야 성공할 수 있다. SaaS 사업의 이탈률에서 보았듯이 사용자들이 얼마나 정기적으로 방문하는지 파악하기 위해 최근성, 즉 사용자가 사이트를 마지막으로 방문한 시간을 본다. 이를 신속하게 측정하는 한 가지 방법은 오늘 방문한 사람 중 몇 명이 금주에 방문한 적이 있는지 보는 것이다. 이것은 심지어 사용자들이 계정을 만들지 않더라도 사용자가 정기적으로 방문하는지를 보여주는 지수다.

또 다른 지표는 마지막 방문 이후 현재까지 경과한 평균 일수다. 일정 기간(가령 30일)을 넘어선 사용자들은 이 계산에서 제외해야 한다. 그렇지 않으면 이탈한 사용자들이 지표 값을 왜곡시킬 것이다. 계정이 있고 참여도 하는 사용자들에 대해서는 마지막 글 작성 이후 경과한 일수, 일 투표 건수 등 다른 방식으로 인게이지먼트를 측정할 수 있다.

콘텐츠 생성과 상호작용

사용자 참여는 UGC 사이트마다 크게 다르다. 페이스북에서 모든 사용자는 프로필 보기 외에 뭔가를 하려면 로그인해야 하는데, 이는 페이스북이 콘텐츠 주변에 '장벽'을 쳐놓았기 때문이다. 레딧은 더 개방적이지만 여전히 로그인하는 사용자

의 비율이 높은 편인데, 그 이유는 게시물에 대해 투표하려면 로그인해야 하기 때문이다.[3] 반면에 대다수의 사용자가 그저 콘텐츠를 보기만 하는 위키피디아나 유튜브 같은 사이트는 클릭스트림이나 페이지 체류 시간 같은 수동적인 신호에 의존할 수밖에 없다.

상호작용 방식도 크게 다르다. 몇 년 전 루비콘컨설팅Rubicon Consulting은 온라인 커뮤니티의 참여율에 대한 연구 결과를 발표한 바 있다. 이 연구는 응답자들이 온라인에서 특정 행동을 얼마나 자주 하는지 분석했다. 그림 12-2에서 볼 수 있듯이 활동마다 인게이지먼트 정도가 상당히 다르다.

그림 12-2 할 일은 많고 시간은 부족하다.

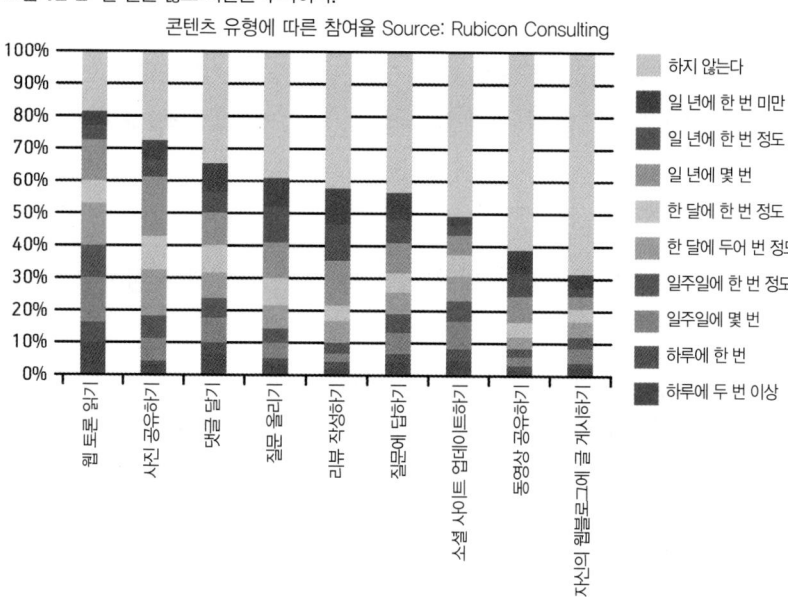

UGC 사이트들은 처음에 닭이 먼저냐 달걀이 먼저냐의 문제를 해결해야 한다. 사용자를 불러모을 콘텐츠와 콘텐츠를 생성할 사용자가 동시에 필요한 것이다. 때때로 콘텐츠가 처음에는 다른 곳에서 만들어지기도 한다. 한 예로 위키피디아는

---

3 이것은 로그인 과정에서 이메일 인증을 요구하지 않기 때문인지도 모른다. 다시 말해 레딧 사용자들은 익명으로 로그인하고 활동할 수 있다.

원래 전문가들이 콘텐츠를 생성하는 사이트였지만 나중에는 사용자들이 콘텐츠를 생성하는 모델로 바뀌었다. 위키피디아는 처음부터 콘텐츠가 있었기 때문에 닭이 먼저냐 달걀이 먼저냐의 이슈를 극복할 수 있었다.

처음에는 콘텐츠 생성률과 회원 가입률이 매우 중요하다. 그러다가 시간이 흐르면 좋은 콘텐츠의 순위가 올라가는지 그리고 사람들이 콘텐츠에 댓글을 다는지가 중요해진다. 이것은 여러분의 사용자들이 의견 교환을 중요시하고 커뮤니티를 구축하고 있다는 신호다.

인게이지먼트 퍼널의 변화

레딧에서는 인게이지먼트 수준을 러킹, 투표, 댓글 달기, 서브레딧에 가입, 링크 올리기, 서브레딧 생성 등 여러 단계로 나눈다. 각 인게지이먼트 수준마다 참여와 콘텐츠 생성 정도가 다르고 속하는 사용자의 가치도 다르다. UGC 사이트의 단계는 다를 수 있지만 퍼널은 비슷하다.

퍼널의 단계는 상호 배타적이지 않다. 가령 어떤 사용자는 투표를 하지 않고도 댓글을 달 수 있다. 그러나 중요한 것은 사용자가 퍼널을 따라 움직이면 사업 모델에 기여하는 사용자 가치가 커지는 순서로 퍼널 단계를 구성해야 한다는 점이다. 다시 말해 사용자가 콘텐츠를 업로드하는 것이 콘텐츠를 공유하는 것보다 사업에 더 '도움이 된다면' 콘텐츠 업로드가 퍼널의 나중 단계여야 한다는 의미다. 여기에서 중요한 것은 가능한 한 많은 사용자를 수익성이 더 높은 (더 많은 콘텐츠를 만들고 인기가 있을 만한 콘텐츠를 더 잘 골라주는) 수준으로 전환시키는 것이다.

이것을 시각화하는 한 가지 방법은 시간이 흐름에 따라 인게이지먼트 수준을 비교하는 것이다. 이것은 SaaS에서 더 비싼 서비스를 구매하도록 유도하는 것과 비슷하다. 특정 사용자 코호트가 참여 퍼널의 더 가치 있는 단계로 이동하는 데 얼마나 시간이 걸리는가? 이것을 알려면 퍼널을 시간(가령 월 단위), 즉 코호트에 따라 구분해야 한다(표 12-1 참조).

표 12-1 월 단위 코호트에 따라 구분한 방문자 퍼널

전체	1월	2월	3월	4월
순수 방문자	13,201	21,621	26,557	38,922
재방문자	7,453	14,232	16,743	20,035
활동사용자 계정	5,639	8,473	9,822	11,682
투표자	4,921	5,521	6,001	7,462
신규 가입자	4,390	5,017	5,601	6,453
댓글자	3,177	4,211	4,982	5,801
콘텐츠 게시자	904	1,302	1,750	2,107
그룹 생성자	32	31	49	54

만약 인게이지먼트 퍼널의 각 단계에 해당하는 사용자들이 앞 단계의 모든 활동을 한다고 가정하면 - 가령 댓글을 단 사용자는 투표도 하고, 콘텐츠를 게시한 사용자는 댓글을 다는 등 - 시간에 따른 변화를 누적 막대그래프로 나타낼 수 있다(그림 12-3 참조).

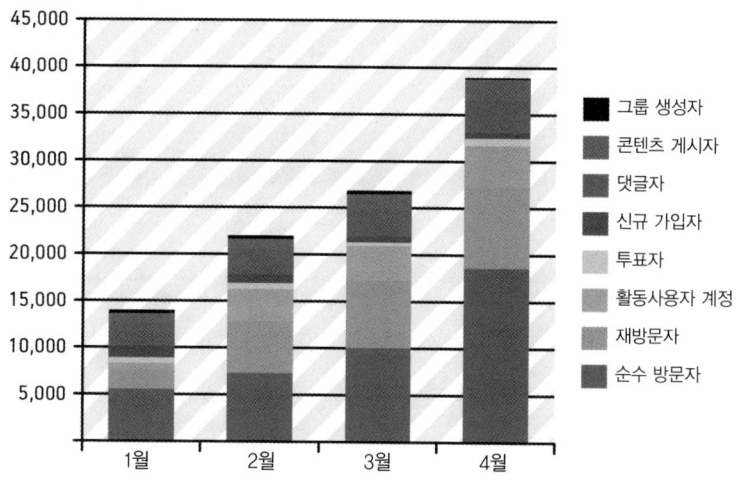

그림 12-3 행동에 따라 사용자들을 그룹으로 나눌 수 있는가?

이 그래프를 보면 각 사용자군이 증가한 것을 알 수 있지만 증가율은 알 수 없다. 이것을 알려면 우선 매달 인게이지먼트 퍼널의 전환율을 계산해야 한다(표 12-2 참조).

표 12-2 인게이지먼트 퍼널의 월간 전환율

월변화	1월	2월	3월	4월
순수 방문자	N/A	163.8%	122.8%	146.6%
재방문자	N/A	191.0%	117.6%	119.7%
활동사용자 계정	N/A	150.3%	115.9%	118.9%
투표자	N/A	112.2%	108.7%	124.3%
신규 가입자	N/A	114.3%	111.6%	115.2%
댓글자	N/A	132.5%	118.3%	116.4%
콘텐츠 게시자	N/A	144.0%	134.4%	120.4%
그룹 생성자	N/A	96.9%	158.1%	110.2%

일단 각 단계의 전환율을 알고 나면 월간 전환율의 상대적인 변화를 알 수 있다 (표 12-3 참조).

표 12-3 월간 전환율의 상대적 변화

퍼널의 변화	1월	2월	3월	4월
순수 방문자	N/A	N/A	N/A	N/A
재방문자	N/A	↑ 116.6%	→ 95.8%	↓ 81.6%
활동사용자 계정	N/A	↓ 78.7%	→ 98.5%	→ 99.4%
투표자	N/A	↓ 74.7%	↓ 93.8%	↑ 104.5%
신규 가입자	N/A	↑ 101.9%	↑ 102.7%	↓ 92.7%
댓글자	N/A	↑ 118.1%	↑ 108.8%	↓ 93.6%
콘텐츠 게시자	N/A	↑ 108.7%	↑ 113.6%	↑ 103.4%
그룹 생성자	N/A	↓ 67.3%	↑ 117.6%	↓ 91.5%

이 데이터를 사용해 웹사이트를 수정하여 어떤 사용자 활동이 개선되었는지 아니면 나빠지고 있는지를 알 수 있으며, 특정 코호트의 경험도 알 수 있다. 예를 들어 3월에는 신규 방문자 중 사이트를 재방문하는 사람의 비율은 감소했지만 댓글을 달고 콘텐츠를 올리는 사람의 비율은 증가했다. 이런 식으로 우리는 사이트를 수정한 다음 그 결과를 측정할 수 있다.

인게이지먼트 퍼널은 각 단계에 참여하는 사람들이 계속 일정한 비율을 유지하게 되는 상태에 마침내 도달할 것이다. 그래도 좋다. UGC 사이트는 소수의 사람들이 대다수의 콘텐츠를 생성하는 콘텐츠 생성의 파워 커브가 작용하기 때문이다. 27장에서 인게이지먼트 퍼널의 이상적인 전환율의 예를 몇 가지 살펴볼 것이다.

생성된 콘텐츠의 가치

사용자들이 생성한 콘텐츠에는 가치가 있다. 이 가치는 콘텐츠를 본 순수 방문자의 수로 측정할 수도 있고(위키피디아 같은 사이트의 경우), 광고 재고를 나타내는 페이지뷰 수도 있으며(페이스북의 경우), 사용자가 올린 콘텐츠를 클릭할 때 발생하는 제휴 매출(핀터레스트의 제휴 모델의 경우) 같이 더 복잡한 방식으로 측정할 수도 있다.[4]

콘텐츠의 가치를 어떤 식으로 평가하든 코호트나 트래픽 분류에 따라 콘텐츠 가치를 측정하는 것이 좋다. 방문자 확보에 어떤 채널을 이용할지 결정해야 한다면 어떤 사이트를 통해 가치 있는 사용자들이 유입되는지 파악해야 한다. 인구통계학적으로 공통된 특징을 가진 집단을 찾는 것이 좋을 수도 있다(마이크 그린필드가 써클오브프렌즈에서 여러 사용자군을 놓고 참여도와 가치를 비교한 결과 써클오브맘즈 서비스를 시작했던 것처럼 말이다).[5]

콘텐츠 공유와 바이럴 효과

UGC 사이트는 방문자들의 활동이 있어야 성공하며 이런 활동의 핵심은 공유다. 유튜브는 사용자 콘텐츠로 돈을 버는데, 트래픽을 일으키고 광고 재고를 만들기 위해 주로 바이럴 효과가 있는 인기 있는 동영상에 의존하고 있다. 만약 사용자들이 어떤 웹사이트의 콘텐츠를 다른 웹사이트에 자유롭게 공유할 수 있다면 콘텐츠를 어떻게 공유하는지 추적하는 것은 매우 중요하다. 페이스북 같은 사이트는

---

4 앞에서 우리는 순수 방문자 수가 허상 지표라고 경고했는데 사이트 전체의 성장을 측정하는 경우에 그렇다는 의미다. 각 콘텐츠의 가치를 측정할 때 순수 방문자 수는 유용한 지표가 될 수 있다.
5 2장의 "사례 연구: 서클오브맘즈, 성공으로 가는 길을 탐색하다"를 참조하기 바란다.

이것이 될 중요한데, 사이트의 목표가 사용자를 앱 안에 계속 머무르게 하는 것이기 때문이다.

콘텐츠를 트윗하고 '좋아요'를 누르는 것은 도움이 되지만 공유의 많은 부분이 다른 시스템, 특히 RSS 피드나 이메일을 통해 발생한다는 사실을 기억하기 바란다. 틴트Tynt는 링크가 복사되어 붙여넣기 될 때 콘텐츠 퍼블리셔가 태그를 달 수 있는 도구를 제공하는 회사인데, 공유의 80%가 이메일을 통해 이루어지는 것으로 추정된다.[6]

콘텐츠가 어떻게 공유되는지 추적해야 하는 이유는 다음과 같다.

- 사업을 지속시켜줄 정도의 바이럴 효과가 발생하는지 알아야 한다.
- 콘텐츠가 어떻게, 그리고 누구와 공유되는지 알아야 한다. 만약 어떤 콘텐츠를 본 모든 사용자가 URL을 다른 사람에게 보내고 그 URL을 받은 사람이 사이트를 방문한다면 그 방문이 공유의 결과라는 사실을 알 필요가 있다. 왜냐하면 이 경우 콘텐츠는 광고 재고뿐만 아니라 방문자 확보에도 기여하기 때문이다.
- 콘텐츠 유료화 방식의 수익화 전략을 고려해야 할지를 판단하는 데 도움이 된다.

알림 기능의 효과

과거에는 웹 기반 서비스만 설계했다. 최근 몇 년간 디자이너들은 '모바일을 위한 디자인', '모바일 우선' 등의 기치를 들고 휴대용 기기 주변으로 집결하고 있다. 그러나 앱의 미래는 모바일 통신이 아니라 알림 기능에 있다. 이렇게 생각하는 데는 충분한 이유가 있다.

오늘날 모바일 기기는 우리의 보조 두뇌라 할 수 있다. 모바일 기기는 우리에게 회의시간을 알려주고 다른 사람들이 우리를 생각하면 이를 알려주며, 집에 가는 길을 알려준다. 시리Siri나 구글나우Google Now 같은 스마트 에이전트 기술은 이런 기능을 더욱 강화시켜줄 것이다.

---

[6] http://www.mediapost.com/publications/article/181944/quick-whats-the-largest-digital-socialmedia-pla.html

이미 모바일 기기의 알림 시스템은 사용자의 관심을 놓고 경쟁하는 앱의 각축장이 되었다.

UGC 모델에서 알림 기능을 통해 사용자들을 계속 방문하게 하는 것은 인게이지먼트 유지에 필수적이다.

프레드 윌슨은 모바일 알림 기능이야말로 업계의 판도를 바꿔놓을 것이라고 말한다.[7]

> 알림 기능은 내가 핸드폰과 앱을 사용하는 주요 기능으로 한몫하고 있다. 나는 트위터를 직접 열어보는 일이 거의 없다. '10개의 새로운 멘션이 있습니다'라는 메시지를 보면 그 알림 메시지를 클릭하고 트위터의 '@친해지기' 탭으로 간다. '20개의 새로운 체크인이 있습니다'라는 메시지를 보면 그 알림을 클릭해서 포스퀘어의 'Friends' 탭으로 간다.

그는 이것이 왜 그토록 중요한 변화인지를 다음과 같은 세 가지 이유를 들어 설명한다.

> 첫째, 핸드폰에서 훨씬 더 많은 인게이지먼트 앱을 사용할 수 있다. 이런 앱을 모두 메인 페이지에 둘 필요가 없다. 알림 메시지를 받을 수만 있다면 앱이 내 핸드폰 어디에 있든 상관없다.
> 둘째, 원하는 만큼 많은 커뮤니케이션 앱을 이용할 수 있다. 현재 내 핸드폰에는 SMS, 킥Kik, 스카이프, 벨루가Beluga, 그룹미GroupMe가 설치되어 있다. 더 많은 앱을 설치할 수도 있다. 커뮤니케이션 앱을 하나만 사용할 필요는 없다. 단지 알림 기능만 꾸준히 이용하면 된다.
> 마지막으로, 알림 화면은 새로운 홈 화면의 기능을 한다. 핸드폰을 꺼내면 나는 먼저 알림 화면을 연다.

알림 기능의 효과는 이메일 전송률과 거의 같은 방법으로 측정한다. 즉, 특정 개수의 메시지를 보내면 이 중 일부가 여러분이 원하는 결과를 가져다준다. 이메일, SMS, 모바일 앱 등 어떤 수단으로 메시지를 보내든 마찬가지다.

---

[7] http://www.avc.com/a_vc/2011/03/mobile-notifications.html

UGC 사업의 시각화

그림 12-4는 UGC 사업에서 사용자의 흐름을 각 단계의 핵심 지표와 함께 보여주고 있다.

그림 12-4 UGC에서는 방문자를 콘텐츠 생성자로 바꾸는 것이 가장 중요하다.

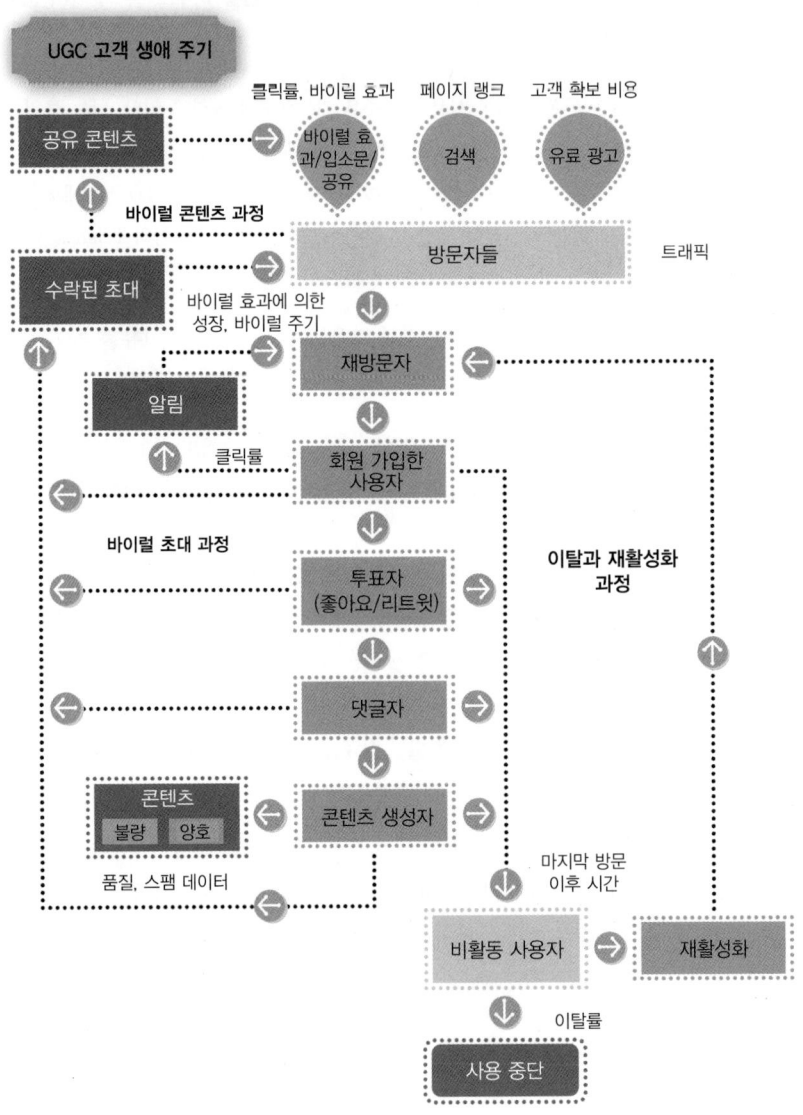

주의점: 콘텐츠의 간접 생성

알림 기능은 백그라운드에서 작동하지만 새로운 전면 인터페이스로 볼 수 있듯이 콘텐츠도 눈에 띄지 않게 생성되는 경우가 종종 있다. 구글에는 자체 소셜 네트워크인 구글플러스가 있는데 래티튜드,[8] 이미지 업로드 등의 백그라운드 기능과 사용자 프로필을 활용해 다른 사이트에 링크를 거는 방식으로 사용자의 개입 없이 사용자의 구글플러스$^{Google+}$에 정보가 올라가거나 업데이트되도록 했다.

점점 더 많은 모바일 기기가 우리의 건강 상태, 구매 이력, 습관 등을 추적하는 센서 역할을 하면서 콘텐츠 생성은 직접 생성(링크 공유, 글쓰기 등)과 간접 생성(사용자 활동을 타임라인에 자동으로 올리고, 클릭스트림[9]을 통해 시스템이 학습하는 등)으로 나눠지게 될 것이다. 이런 변화는 데이터 수집 도구를 만드는 업체, 즉 모바일 기기 제조 업체나 결제 업체 등에 큰 기회가 될 것이다.

현재 태동하고 있는 세 가지 변화를 살펴보자. 주변 체크인$^{ambient\ check-in}$ 기술로 스마트 기기가 위치 변화를 기록하고 이를 공유한다. 전자지갑$^{digital\ wallet}$은 포인트, 할인 티켓, 멤버십 데이터를 저장한다. 근거리 커뮤니케이션 기술은 기기를 서로 접촉시키기만 해도 정보를 공유하거나 지불할 수 있게 해준다. 이 세 가지 기술이 적절한 사용자 동의하에 사용된다면 이것만으로도 사용자가 모르는 사이에 백그라운드에서 정보가 공유되거나 데이터가 생성되지만 사용자가 생성한 것처럼 타임라인을 채워줄 소중한 간접 데이터를 얻을 수도 있다.

당장 이런 기술로 UGC 세계가 바뀌지는 않겠지만 지금 우리가 사용하는 단순한 공유 측정 방식에 대해 점차 많은 논란이 생길 것이다. 이를테면 사용자가 활동하고 있는가? 아니면 간접 참여 기능을 꺼놓는 것을 깜빡 잊은 것에 불과한가? 어떤 유형의 간접 공유가 사업에 더 유익한가? 만약 그렇다면 간접 공유를 장려하거나 보상해주기 위해 무엇을 할 수 있는가? 등이 있다.

---

[8] 역자주_ Latitude – 구글의 위치 추적 서비스
[9] 역자주_ 인터넷 사용자가 웹 서핑을 하는 동안 방문한 사이트나 웹페이지 목록

핵심 내용

- 방문자 참여는 UGC에서 가장 중요하다. '인게이지먼트 퍼널'에서 방문자 참여도를 추적해야 한다.
- 사용자 대다수가 콘텐츠를 보기만 할 뿐 생성하지는 않고 일부 사용자는 약간의 콘텐츠를 생성하며, 그 나머지 소수 사용자만이 열성적으로 콘텐츠를 생성한다. 이 80/20 규칙은 모든 사용자 활동에 적용된다.
- 사용자들이 계속 재방문해서 참여하게 하려면 이메일이나 다른 형태의 '알림' 기능을 사용해 활동을 일려야 한다.

UGC 사업은 다른 무엇보다 사용자 기여에 초점을 두지만 대부분은 여전히 광고를 통해 돈을 벌어들인다. 광고와 미디어 사업에 대해 더 자세히 알고 싶다면 11장을 참조하기 바란다. 반면에 스타트업이 거치는 사업 단계와 이 단계가 지표에 어떻게 영향을 주는지 알고 싶다면 14장으로 건너뛰어도 된다.

CHAPTER 13

사업 모델 6: 양면 마켓플레이스

양면 마켓플레이스Two-Sided Marketplaces는 전자상거래 사이트의 변형된 형태지만 전자상거래 사업과 많이 다르기 때문에 별도로 살펴볼 필요가 있다. 7장을 읽고 나서 여러분이 양면 마켓플레이스 사업을 하고 있다고 판단되면 이 장을 참조하기 바란다.

이 사업 모델에서는 구매자와 판매자가 만나 거래를 성사시키면 회사가 돈을 번다. 이베이는 분명 양면 마켓플레이스의 가장 유명한 예지만 양면 마켓플레이스의 기본 패턴은 주변에서 상당히 자주 볼 수 있다. 다음 사업 모델을 살펴보자. 이들은 모두 양면 마켓플레이스의 요소를 가지고 있다.

- 부동산 정보 사이트는 잠재 구매자들이 다양한 기준에 따라 부동산 매물을 살펴보게 해주고 거래가 성사되면 건당 비용이나 비율로 수수료를 받는다.
- 인디고고Indiegogo에서는 예술가가 프로젝트를 등록하고 후원자를 모을 수 있다. 후원자들은 프로젝트를 살펴보고 지원할 프로젝트를 찾을 수 있다. 이 사이트는 조달된 후원금의 일부를 수수료로 받는다.
- 이베이와 크레이그리스트Craigslist에서 판매자는 상품을 등록하고 선전할 수 있고 구매자는 판매자가 올린 상품을 살 수 있다. 크레이그리스트는 특정 도시에서의 부동산 임대 같은 일부 거래만 비용을 받고 나머지는 무료로 운영한다.
- 앱 마켓은 소프트웨어 개발 업체가 개발한 앱을 올리게 하고 매출의 일부를 받는다. 앱 마켓은 앱 카탈로그와 앱 전송을 관리해줄 뿐만 아니라 앱 업데이트를 배포하고 법적인 문제를 도와주며 외환 거래를 처리해준다.
- 데이팅 사이트는 잠재 파트너들이 서로의 정보를 훑어보게 해주고 소개가 성사되면 수수료를 받거나 유료 가입자로부터 돈을 받고 추가 정보를 제공한다.

- 핫와이어Hotwire와 프라이스라인Priceline에서는 호텔이 빈방 정보를 올리고 저렴한 가격에 숙박하기 원하는 구매자를 찾을 수 있다.[1] 이들은 구매가 완료되고 나서야 구매자에게 어느 호텔인지 알려준다.

이 예를 보면 모두 상품 재고와 두 종류의 관련자, 즉 구매자와 판매자, 예술가와 후원자, 가망 파트너들,[2] 호텔과 여행객이 있다. 앞에서 든 예의 서비스는 모두 양측이 만날 때 돈을 벌며, 검색 기능이나 검증 능력(가령 실사를 마친 아파트, 판매자 평가 점수 등) 등으로 서비스를 차별화한다. 그리고 모두 판매할 상품이 있어야 사업을 시작할 수 있다.

이 장에서는 양면 마켓플레이스를 좁게 정의하여 앞에서 든 사업 예시 중 일부는 제외할 생각이다. 여기에서는 양면 마켓플레이스를 다음과 같이 정의한다.

- 판매자가 직접 상품을 등록하며 상품을 선전한다. 단순히 부동산중개업소 목록을 보여주는 서비스는 여기에 해당되지 않지만 부동산 직거래 사이트는 여기에 해당된다.
- 마켓플레이스 운영자가 개별 거래에 개입하지 않는다. 따라서 호텔 프로필을 직접 생성하는 핫와이어 같은 사이트는 포함하지 않는다.
- 구매자와 판매자의 이해관계가 상충된다. 대부분의 마켓플레이스 모델에서 판매자는 최대한 많은 돈을 받으려 하고 구매자는 가능한 한 적은 돈을 지불하려고 한다. 그런데 데이팅 사이트에서는 잘 어울리는 파트너를 찾는다는 양쪽의 이해관계가 같다. 따라서 이런 사업도 우리의 논의에서 제외한다.

양면 마켓플레이스는 판매자와 구매자 양측의 흥미를 끌어야 하는 고유의 어려움을 겪는다. 따라서 할 일이 두 배나 많아 보인다. 앞으로 사례 연구에서 보겠지만 듀프로프리오/컴프리DuProprio/Comfree, 잇치Etsy, 우버Uber, 아마존 같은 회사는 이 딜레마를 피하는 방법을 찾았는데, 그것은 바로 돈을 지불할 사람에게 초점을 맞추는 것이다. 보통 이들은 구매자이며, 돈을 쓰려는 사람들을 찾을 수 있다면 돈을 벌고자 하는 사람들을 찾기는 쉽다.

---

[1] 역자주_ 역경매 방식이다. 프라이스라인은 역경매 관련 특허권을 소유하고 있다.
[2] 데이팅 사이트에는 실질적으로는 한 종류의 이해 당사자, 즉 데이트를 하고 싶은 사람들만 있지만 동성이나 양성이 아닌 이성 관계에 주력하는 사이트는 남성과 여성을 다르게 관리하기도 한다(가령 여성은 무료로 가입할 수 있다). 여기서 이것을 언급하는 이유는 마켓플레이스가 겪는 닭이 먼저냐 달걀이 먼저냐의 문제를 해결하기 위해 이런 기법(여성을 특별 대우해주는 기법)이 사용되었기 때문인데, 온라인 데이트가 널리 사용되면서 이런 경우는 줄어들고 있다.

| 사례 연구 | **듀프로프리오가 주시하는 지표**

듀프로프리오/컴프리는 캐나다 최대의 부동산 직거래 사이트이자 방문 건수가 캐나다에서 두 번째로 많은 부동산중개 체인이다. 1997년에 니콜라 부샤드Nicolas Bouchard 공동회장이 설립한 이 회사에는 1만7천 건의 부동산 매물이 등록되어 있고 월 방문객은 약 500만 건이다. 이 회사는 매물 한 건을 올리는 데 약 900달러를 받으며, 가격 책정, 표지판, HDR 사진 서비스 등을 지원해준다. 추가 비용을 내면 법률적인 조언에서부터 부동산 관련 코칭에 이르는 부가 서비스를 받을 수도 있다. 이 회사는 또한 부동산 매매 광고에 있어 주요 신문사와도 제휴 관계를 맺고 있다.

니콜라 부샤드는 린 경영이 화두가 되기 전부터 린 경영 방식을 적용해왔다. 고등학생 때 이미 나무 바닥재 사업을 운영한, 창업 경험이 있는 그는 웹 초창기에 부동산중개업자였던 아버지의 부동산 웹사이트 구축을 도왔다. 그러다가 뭔가를 깨닫게 되었다. "철물점에서 파는 물건 중에서 검은색과 주황색으로 된 '주인 직거래' 표지판이 눈에 띄기 시작했습니다. 그래서 주인이 직접 판매하는 부동산 사이트를 운영해보기로 생각했습니다. 나는 부모님 집의 지하실에서 이 사업을 시작했습니다."

첫 버전은 마이크로소프트 프론트 페이지로 구축한 정적인 웹사이트였다. 직원은 한 명도 없었다. 니콜라는 신문의 부동산 광고란을 샅샅이 뒤지고 '주인 직거래' 표지판이 서 있는 집을 찾아 돌아다녔다. 판매자를 만나면 자신의 웹사이트에 물건을 올리라고 설득했다. "당시는 우리 사이트에 물건을 등록한 판매자가 집 앞에 세워놓은 우리 회사의 '직거래' 표지판이 유일한 핵심 성공 지표였습니다. 왜냐하면 그 표지판을 통해 구매자가 우리 웹사이트를 인지할 수 있었으니까요." 그는 회상한다. "물론 표지판의 수는 우리 웹사이트에 올라와 있는 매물의 수와 같았죠."

점차 니콜라는 크레이그리스트와 키지지[3] 등 잠재 판매자가 있을 법한 다른 소스를 찾아냈다. 그는 말한다. "당시는 인터넷 초기였습니다. 나는 여전히 어떻게 서비스를 홍보하고, 나와 고객을 위해 어떻게 웹을 사용할지에 대해 이런 저런 시도를 해봤습니다."

---

3 역자주_ kijiji. 캐나다의 온라인 벼룩시장 웹사이트

2000년 초반, 회사가 어느 정도 주목을 받게 되자 회사는 웹사이트를 정적인 웹사이트에서 동적인 웹사이트로 바꾸었다. 그리고 회사는 등록된 모든 판매 정보를 새 웹사이트로 수동으로 옮겼다. 이때까지 분석은 페이지 히트 수 정도나 세는 아주 초보적인 수준이었다. 이 사이트는 분석을 위해 웹트렌즈Webtrends 서비스를 추가했다. 사이트의 동적 버전에서는 판매자가 로그인해서 스스로 자기 물건의 정보를 업데이트할 수 있었다. "그 시점에서 판매자들은 자기 매물이 검색 결과에 몇 번이나 포함되었는지, 방문자들이 몇 번 클릭했는지 등의 상황을 더 잘 알 수 있었습니다."

몇 년 후에 이 회사는 구매자의 로그인 기능을 추가했다. 이를 통해 가망 구매자들은 자신의 검색 조건을 설정하고 적당한 매물이 나오면 알려주는 알림 서비스에 등록할 수 있었다. 주안점은 검색에 있었다.

"동적인 웹사이트가 등장하자 우리는 등록된 부동산 매물 수와 방문자 수를 추적하기 시작했습니다. 이것이 우리의 장사 밑천이었기 때문입니다." 니콜라는 말한다. 그러나 데이터는 여전히 정확하지 않았다. 회사가 그때까지도 방문자가 아니라 방문에 초점을 두고 있었기 때문이다.

이렇게 했던 한 가지 이유는 양면 마켓플레이스 사업이 보기보다 복잡했기 때문이다. 집을 팔려는 사람은 새 집을 찾는 경우도 많아서 구매자와 판매자로 트래픽을 정확하게 나누기 어려웠다. 그래서 니콜라는 단순한 규칙을 만들었다. "우리는 웹사이트 방문 1,000건이 1건의 매물 등록으로 이어진다는 지표를 얻게 되었습니다." 비록 이 기준은 정교하지 않았지만 목표 기준을 정하기에는 충분했다. "이것은 가장 기본적인 전환율이었으며, 목표는 방문당 전환율을 높이는 것이었습니다."

분석이 더 정교해지면서 회사는 분석 시스템을 더욱 개선했다. 니콜라 부샤드는 이렇게 말한다. "우리는 회원 가입 페이지까지 도달한 방문자의 전환율에 주목하기 시작했습니다. 그 페이지에서는 우리가 제공하는 다양한 서비스 상품을 볼 수 있습니다. 우리는 좀 더 체계를 갖추기 시작했지만 아직 실질적인 A/B 테스트를 하기 훨씬 이전이었습니다." 회사는 전환율, 즉 방문 대비 매물 등록 비율이 개선되고 있는지 알기 위해 웹사이트를 수정했지만 여전히 월 단위였다.

오늘날 이 회사는 구글 분석 서비스를 통해 자세한 분석 데이터를 받지만 니콜라 부샤드는 세부 사항에는 아랑곳하지 않는다. "부동산을 구매하려는 방문자들이 항상 더 많습니다"라고 그는 지적한다. 그는 또한 구매자들의 계정 생성에는 그다지 중점을 두지 않는다. "퀘벡에서만 우리 웹사이트의 월 방문 횟수가 300만 건이고 매월 순수 방문자는 120만 명입니다. 그러나 이 중 계정을 만드는 방문자는 5%도 채 되지 않습니다."

그러나 니콜라는 경쟁 업체를 매우 중요하게 생각한다. "우리는 가능한 한 좋은 서비스를 제공하려고 노력하며, 오프라인 부동산 중개 업체보다 더 나은 서비스를 제공하려고 합니다. 우리는 캐나다 연방정부 주택공사Canada Mortgage and Housing Corporation와 캐나다 부동산위원회Canadian Real Estate Board로부터 데이터를 받고 있으므로 정확히 몇 건의 부동산이 등록되고 팔리는지 알 수 있습니다. 우리는 지역별로 항상 이 수치를 기준으로 삼습니다."

현재 듀프리프리오는 세 가지 목표를 가지고 있다. 판매자들이 웹사이트에 매물을 등록하도록 만드는 것, 적당한 부동산이 등록되었을 때 알려주도록 구매자들이 서비스에 가입하도록 만드는 것, 매물을 파는 것이다.

듀프로프리오는 회사가 성장하면서 어떻게 여러 단계를 거치는지 보여주는 좋은 사례다. 시간이 흐름에 따라 회사가 추적하는 지표는 다음과 같이 변했다.

- 초기에는 정적인 웹사이트도 괜찮았다. 초점은 고객 확보에 있었다(집 잔디밭에 세워진 표지판, 등록된 매물의 수).
- 그런 다음에는 방문자 대비 등록된 매물 비율로 초점을 옮겼다. 이 비율은 마켓플레이스가 제대로 운영되고 있는지 알 수 있는 지표였다.
- 듀프리프리오의 마켓플레이스가 부상하면서 등록 매물 대비 판매 건수 비율, 평균 매물 가격 같은 매출 관련 지표에 초점을 맞췄다.
- 현재 이 양면 마켓플레이스는 이메일 클릭률, 검색 결과, 최근에 시작한 모바일 앱의 사용률을 높이기 위해 새로운 지표들을 추가하고 있다. "현재는 시스템이 구축된 방식 때문에 검색 결과가 없는 검색이 웹사이트 어디에서 발생하는지 알기 힘들지만 이 문제를 해결하려 노력하고 있습니다."

궁극적으로 니콜라는 이 양면 마켓플레이스에서 매출원, 즉 부동산 매매에 초점을 두고 있다.

"현재 우리에게 중요한 지표는 판매 건수입니다. 이보다 더 중요한 지표는 등록 대비 판매 비율, 즉 등록된 전체 매물 수 대비 매매된 부동산 건수입니다." 그는 말한다. "부동산이 팔리지 않으면 사업을 유지할 수 없습니다. 입소문도 나지 않고 좋은 고객 리뷰도 올라오지 않을 것이고 만족한 판매자들이 1만 5,000건의 경험담을 올리는 일도 없을 것이며 집 앞 표지판에 '판매 완료' 스티커도 붙지 않을 겁니다. 내일 부동산 매물이 1만 건 더 등록되더라도 매매가 없으면 끝장입니다."

요약

- 마켓플레이스는 처음에는 운영자가 손수 상품을 등록해서 상품 수를 늘릴 수 있다. 저절로 규모가 커지지 않는 일은 직접 하라.
- 어떤 마켓플레이스는 일정 비율의 수수료 대신 등록 건당 수수료나 거래 건당 수수료가 효과적이다.
- 구매자의 관심을 끌면 판매자도 끌어들이기 쉬우므로 먼저 돈이 있는 곳에 초점을 맞춰라.
- 상품이 고가이고 회전율이 낮은 마켓플레이스는 선별된 상품을 보여주는 정적인 웹사이트만으로도 충분할 수 있다.
- 궁극적으로 판매 건수와 매출이 가장 중요한 지표다.

분석적 교훈

수요와 공급이 있고 구매자와 판매자의 거래 니즈가 있다는 점이 입증된 최소의 마켓플레이스로 시작하라. 그런 다음 그 활동에서 수익을 올릴 방법을 찾아라. 거래 규모, 거래 빈도, 기타 사업의 고유 특징에 따라 추적할 지표는 다르다. 그러나 근본적인 지표는 같으며, 바로 거래로부터 발생하는 매출이다.

여러분이 중고 게임 콘솔을 판매하는 양면 마켓플레이스 사업을 시작한다고 상상해보자. 판매할 콘솔이 있는 사람은 상품을 올릴 수 있고, 콘솔을 사려는 사람은 다양한 조건으로 콘솔을 검색할 수 있다. 결제는 페이팔PayPal을 통해 처리되고 여러분은 판매액에서 일정 금액을 초과하는 부분의 일부를 수수료로 받는다.

여러분은 게임 콘솔 제조 업체가 아니므로 판매할 콘솔 상품을 확보하든지 아니면 대규모 고객을 확보할 방법을 모색해야 한다. 마켓플레이스의 어느 쪽부터 키우기 시작할지 선택해야 한다.

만약 판매자 기반을 먼저 키우고 싶다면 크레이그리스트를 샅샅이 뒤져 콘솔을 가지고 있는 사람들과 접촉해서 여러분의 사이트에 물건을 등록하게 해야 한다. 만약 구매자 기반을 먼저 키우고 싶으면 게임 콘솔에 향수를 느끼는 게이머 포럼을 만들고 이런 사람들이 모일 수 있게 해주고 소셜 사이트에서 향수를 느끼는 사람을 초대할 수 있다.

처음에는 콘솔을 직접 팔아서 인위적인 재고를 만든 다음 점차적으로 다른 사람들이 판매하는 콘솔 재고를 추가할 수도 있다. 예를 들어 자동차 운전 서비스 마켓플레이스인 우버Uber는 닭이 먼저냐 달걀이 먼저냐의 문제를 해결하기 위해 이용할 수 있는 자동차를 직접 구했다. 시애틀에서 사업을 시작할 당시 이 회사는 승객을 태워주는 운전자에게 시간당 30달러를 지불했고 다른 운전자가 관심을 보일 정도로 충분한 수요가 생기자 수수료 모델로 바꿨다. *이 회사는 공급을 먼저 창출했다.*

반면에 구매자 기반을 먼저 키우고자 한다면 초기 물량을 확보할 수 있는 상품을 선택한 다음 일정 물량을 구입해야 할 것이다. 또는 물량을 확실히 확보할 수 있다면 주문을 먼저 받을 수도 있다. 예를 들어 아마존은 처음에는 책 판매부터 시작했고 이를 통해 주문, 검색, 물류 과정을 간소화할 수 있었다. 그런 다음 아마존은 더 다양한 자체 상품을 판매할 수 있었다. 많은 구매자와 이들의 검색 패턴을 이용할 수 있게 된 아마존은 마침내 다른 많은 공급 업체의 상품까지 판매하는 마켓플레이스가 되었다. 세일즈포스Salesforce.com는 CRM 제품을 만든 후에 외부 개발 업체들이 세일즈포스의 기존 고객에게 소프트웨어를 판매할 수 있는 앱 교환 생태계를 만들었다. *이 두 회사는 수요를 먼저 창출했다.*

핵심 지표는 수요가 먼저냐 공급이 먼저냐를 해결하는 전략이 과연 얼마나 효과적인지의 여부였다.

- 우버는 이 전략의 효과를 측정하기 위해 수수료 기반으로 일하려는 운전자의 수뿐만 아니라 서비스 재고와 운전자가 고객을 태우기까지 걸린 시간을 측정했다. 이런 지표가 (허용 가능한 오차 범위 안에서) 지속 가능한 수준에 이르자, 돈을 받고 고용된 운전자를 제공하는 '인위적인' 시장에서 수수료 기반의 양면 마켓플레이스로 전환할 수 있었다.

- 아마존은 구매와 배송 과정에 만족한 책 구매자의 수를 측정하고 그런 다음 이 구매자들이 구입할 만한 전자제품이나 주방용품 같은 다른 상품을 제공했다.

양면 마켓플레이스의 첫 단계, 그리고 처음 측정할 것은 상품 재고(공급)나 고객(수요)을 만드는 능력이다. 듀프로프리오는 '주인 직거래' 표지판과 신문의 부동산 광고란을 찾아 초기 매물 목록을 구축했다. 그러자 판매자의 집 앞에 세워진 표지판 덕분에 구매자의 트래픽이 발생했다. 따라서 이 회사의 지표는 부동산 매물과 집 앞의 표지판이었다. 처음에 여러분이 중요하게 여겨야 할 지표는 사람들의 주목, 인게이지먼트, 초기 사용자 기반의 성장과 관련된 지표다.

시그마웨스트Sigma West의 벤처투자자 조시 브라인링거Josh Breinlinger는 구인구직 마켓플레이스인 오데스크oDesk에서 마케팅을 실시한 적이 있다. 그는 마켓플레이스의 핵심 지표를 구매자 활동, 판매자 활동, 거래, 이렇게 세 가지 카테고리로 분류했으며, 이렇게 말한다. "나는 항상 구매자에 일차적인 초점을 두고 구축한 다음 전체 상품 재고의 관점에서 공급을 만들라고 권합니다. 돈을 벌려는 사람을 찾기는 쉽지만 돈을 쓰려는 사람을 찾기는 훨씬 어렵습니다."

조시는 단지 구매자 수, 판매자 수, 재고 수치를 추적하는 것만으로는 충분하지 않고 이런 숫자가 사업 모델의 핵심을 이루는 실제 활동과 관련이 있는지 확인해야 한다고 경고한다. "이런 숫자는 알고리즘을 조정하기만 해도 아주 쉽게 지표치를 개선할 수 있지만 사용자 경험은 좋아지지 않을 수 있습니다. 입찰 건수, 메시지, 상품 등록, 앱 등 좀 더 확실한 마켓플레이스 활동에 초점을 두는 것이 더 좋다고 생각합니다."

일단 마켓플레이스의 구매자와 판매자 기반을 모두 구축하고 나면 여러분의 관심(그리고 분석)은 수익 최대화로 옮겨갈 것이다. 등록된 상품의 수, 구매자와 판매자의 질, 재고가 하나 이상 검색되는 검색 결과의 비율, 조시가 언급한 마켓플레이스 고유의 지표, 그리고 궁극적으로는 판매량과 매출이 그런 지표다. 또한 어떤 상품이 왜 인기가 있는지 이해하고 인기 있는 상품이 더 등록되도록 만드는 데 주안점을 둬야 한다. 그리고 마켓플레이스의 질을 떨어뜨리고 구매자와 판매자를 떠나게 하는 사기꾼과 부적절한 상품을 추적해야 한다.

앞에서 말한 게임 콘솔 마켓플레이스 회사는 마켓플레이스의 구매자 증가와 구매자들이 상품에 보이는 관심의 추이를 추적하기 시작한다. 구매자를 추적하기 위해 우리는 방문자 중에서 판매자가 아닌 사람을 추적하는 것부터 시작한다(표 13-1 참조). 한 가지 유용한 지표는 판매자 대비 구매자 비율이다. 이 비율이 높을수록 상품을 등록하려는 판매자는 더 많은 흥미를 가지고 상품을 등록할 것이다.

표 13-1 사이트 방문자들(잠재 구매자들)

	1월	2월	3월	4월	5월	6월
순수 방문자	3,921	5,677	6,501	8,729	10,291	9,025
재방문자	2,804	4,331	5,103	6,448	7,463	6,271
회원 가입한 방문자	571	928	1,203	3,256	4,004	4,863
방문자/판매자 비율	12.10	13.33	11.57	11.91	12.83	10.45

그러나 이 데이터는 허상 지표에 가깝다. 우리가 정말 중요하게 여기는 것은 제품을 구매하는 활동 구매자다. 기준을 정하기 위해 적어도 한 번 이상 물건을 구입한 적이 있다면 구매자로, 구매자 중에서 지난 30일 동안 상품을 검색한 적이 있다면 활동 구매자로 간주하기로 한다(표 13-2 참조).

표 13-2 활동 구매자의 수

	1월	2월	3월	4월	5월	6월
구매자(1건 이상 구매)	412	677	835	1,302	1,988	2,763
활동 구매자 (지난 30일 동안 검색한 적이 있는 구매자)	214	482	552	926	1,429	1,826
활동 구매자/활동 판매자 비율	1.95	3.09	2.33	4.61	5.67	6.81
활동 구매자/활동 상품 비율	1.37	1.17	0.84	1.05	1.34	1.62

그런 다음에는 판매자 수, 판매자 성장률, 이들이 등록한 상품 건수를 살펴본다(표 13-3 참조).

표 13-3 판매자와 등록된 상품 수의 증가

	1월	2월	3월	4월	5월	6월
판매자	324	426	562	733	802	864
등록된 상품	372	765	1,180	1,452	1,571	1,912
평균 상품 등록 건수/판매자	1.15	1.80	2.10	1.98	1.96	2.21

그러나 이 지표는 다소 단순하며, 좋은 지표는 비율이나 변화율의 형태를 갖는다는 규칙에 어긋나고 활동 판매자와 비활동 판매자를 구분하지 않는다. 좋은 데이터는 더 깊이 분석할 수 있다. 기준을 정하기 위해 지난 30일 동안 상품을 한 건도 등록하지 않은 판매자는 비활동 판매자로 간주하고 구매자들의 검색 결과에 일주일에 적어도 5회 이상 포함되지 않으면 비활동 상품이라고 정의한다(표 13-4 참조).

표 13-4 활동 판매자 및 활동 상품의 수와 비율

	1월	2월	3월	4월	5월	6월
활동 판매자(지난 30일 동안 새로운 상품을 등록한 판매자)	110	156	237	201	252	268
활동 판매자의 비율	34.0%	36.6%	42.2%	27.4%	31.4%	31.0%
활동 상품(지난 일주일 동안 검색 결과에 5회 이상 포함된 상품)	156	413	660	885	1,068	1,128
활동 상품의 비율	41.9%	54.0%	55.9%	61.0%	68.0%	59.0%

이제 구매자와 판매자에 대한 데이터가 있으므로 구매에 이르는 전환 퍼널의 지표를 계산해야 한다. 우리는 검색 건수를 살펴보고, 이들 중 검색 결과 상품이 한 번 이상 검색된 것이 몇 건인지, 이 검색 결과 중 몇 건이 상세한 상품 정보 보기로 이어졌는지 살펴본다. 또한 판매 건수 및 구매자와 판매자의 만족 여부를 추적한다(표 13-5 참조).

표 13-5 판매, 사용자 만족, 매출

	1월	2월	3월	4월	5월	6월
전체 검색 건수	18,271	31,021	35,261	64,021	55,372	62,012
상품이 한 개 이상 검색된 검색 건수	9,135	17,061	23,624	48,015	44,853	59,261
상품 정보로 이어진 클릭 수	1,370	2,921	4,476	10,524	15,520	12,448
전체 판매 건수	71	146	223	562	931	622
남은 재고	301	920	1,877	2,767	3,407	4,697
만족스러운 거래 건수	69	140	161	521	921	590
만족스러운 거래 비율	97.18%	95.89%	72.20%	92.70%	98.93%	94.86%
전체 매출	$22,152	$42,196	$70,032	$182,012	$272,311	$228,161
평균 거래 금액	$312.00	$289.01	$314.04	$323.86	$292.49	$366.82

마지막으로, 우리는 등록된 상품의 품질과 구매자 및 판매자의 평판을 추적한다 (표 13-6 참조).

표 13-6 등록된 상품의 품질

	1월	2월	3월	4월	5월	6월
구매자당 일일 검색 건수	1.48	1.53	1.41	1.64	0.93	0.75
일일 신규 상품 등록 건수	12.00	22.11	30.87	29.67	20.65	43.00
검색 결과 평균 항목 수	2.1	3.1	3.4	4.2	5.2	9.1
불량 상품의 수	12	18	24	54	65	71
불량 상품의 비율	3.23%	2.35%	2.03%	3.72%	4.14%	3.71%
5점 만점에 3점 미만의 점수를 받은 판매자의 비율	4.0%	7.1%	10.0%	8.2%	7.0%	9.1%
5점 만점에 3점 미만의 점수를 받은 구매자의 비율	1.2%	1.4%	1.8%	2.1%	1.9%	1.6%

양면 마켓플레이스 사업에는 추적할 데이터가 많다. 왜냐하면 구매자의 전자상거래 퍼널과 판매자의 콘텐츠 생성(상품 등록)을 둘 다 모니터링해야 할 뿐만 아니라 사기 거래가 발생할 징조나 콘텐츠[상품]의 품질 저하도 살펴야 하기 때문이다.

어떤 지표에 초점을 둘지는 재고, 전환율, 검색 결과, 콘텐츠의 품질 등 무엇을 개선하고자 하는지에 따라 다르다. 예를 들어 검색 결과에 포함된 상품을 클릭하여 개별 상품 정보 페이지로 이동하는 비율이 높지 않다면 검색 결과에 상품 정보를 덜 포함시킬 때 클릭률이 높아지는지 알아볼 수 있다.

따라서 여러분이 주시해야 할 지표는 다음과 같은 것들이다.

구매자와 판매자 증가율
신규 구매자와 판매자가 증가하는 속도

재고 증가율
판매자가 재고를 추가하는(신규 상품 등록 등) 속도와 상품 등록 완결성

검색 효과

구매자들이 무엇을 검색하는가 그리고 구매자가 검색하는 물건이 상품 재고에 있는가

전환 퍼널

판매 전환율. 그리고 예를 들어 1장의 에어비앤비 사례 연구에서 언급했듯이 전문가가 찍은 숙소 사진처럼 무엇이 판매에 도움이 되는지 보여주는 세분화

평가 점수와 사기의 조짐

구매자와 판매자에 대한 평가 점수, 사기 발생의 조짐, 댓글 분위기

가격 지표

(이베이처럼) 입찰 방식을 사용하는 경우 판매자가 가격을 너무 높이 책정하지는 않는지 또는 판매를 중단하지는 않는지 신경을 써야 한다.

전자상거래 사업에서 중요한 지표는 모두 양면 마켓플레이스 사업에도 중요하다. 그러나 여기에 나열된 지표는 특히 구매자와 판매자가 만나는 유동적인 시장을 구축하는 데 초점을 두고 있다.

구매자와 판매자 증가율

이 지표는 양면 마켓플레이스 사업 초기에 특히 중요하다. 만약 비슷한 여러 마켓플레이스와 경쟁하고 있다면 목표 기준은 경쟁 업체에 필적하는 판매자 수다. 그래야 구매자가 시간을 들여 여러분의 마켓플레이스를 검색할 가치가 있다. 만약 비교적 독특한 상품을 취급한다면 하나 이상의 유효한 검색 결과가 나오도록 상품 재고를 충분히 구축하는 것이 목표가 되어야 한다.

상황이 좋아지고 있는지, 나빠지고 있는지 알려면 시간의 흐름에 따라 지표 변화를 추적하라. 여러분은 이미 판매자와 등록 상품을 추적하고 있지만 정말 알아야 할 것은 증가율이다.

증가율을 보면 좀 더 살펴봐야 할 변화를 더 쉽게 찾아낼 수 있다. 판매자 수의 증가율과 속도가 빨라지고 있는지 느려지고 있는지 추적해야 한다. 신규 판매자 증가율이 커지고 있다면 신규 판매자가 즉시 상품을 등록하고 활동 판매자가 되도록 신규 판매자의 활동 개시에 초점을 두어야 한다. 만약 증가 속도가 정체되고 있다면 신규 판매자 확보에 비용을 더 투자하거나 판매자당 등록 상품 수를 증가시키고 이들 등록 상품의 구매 전환율을 높이는 데 초점을 둬야 한다.

장기적으로 볼 때 공급은 돈을 써서 구축할 수 있지만 수요는 그럴 수 없다. 관심경제attention economy에서 관심을 많이 가져주는 활동적인 사용자 기반은 매우 소중하다. 월마트가 공급 업체들로부터 반강제적으로 좋은 조건으로 물건을 공급받고, 아마존이 아마존 자체가 판매자이면서도 마켓플레이스를 운영할 수 있는 이유는 바로 이런 사용자 기반을 보유하고 있기 때문이다. 지속 가능한 경쟁우위 측면에서 볼 때 **공급보다 수요를 확보하는 쪽이 낫다**.

등록 상품 증가율

판매자뿐만 아니라 이들이 등록하는 상품도 추적해야 한다. 판매자당 등록 상품 수와 이 숫자의 증가 여부, 그리고 상품 등록의 완결성(판매자들이 상품의 소개 정보를 다 작성했는가?)에 초점을 두라.

등록된 상품이 많으면 검색 결과 상품이 검색되는 경우도 더 많다. 여러분의 마켓플레이스가 포화되기 시작하면(즉, 해당 시장의 판매자 대부분이 이미 마켓플레이스에 가입했다면) 등록 상품의 수와 유효성을 증가시켜야 사업을 성장시킬 수 있다.

구매자의 검색

많은 양면 마켓플레이스에서 구매자는 주로 검색을 사용하여 판매자를 찾는다. 여러 분은 상품이 한 건도 검색되지 않은 검색 건수를 추적해야 한다. 이것은 놓친 판매 기회다. 예를 들어 여러분은 일일 검색 건수의 변화, 신규 상품 등록 건수의 변화, 검색 결과에 포함된 항목 수의 변화를 추적할 수 있는데, 사실상 이 지표들을 통해 사업이 성장하고 있는지 알 수 있다(표 13-7 참조).

표 13-7 월별 구매자의 검색 변화 추이

	2월	3월	4월	5월	6월
구매자당 일일 검색 건수의 변화	103.3%	92.2%	116.4%	56.6%	80.6%
일일 신규 상품 등록 건수의 변화	184.2%	139.6%	96.1%	69.6%	208.3%
검색당 검색 결과 수의 변화	147.6%	109.7%	123.5%	123.8%	175.0%

이 예를 보면 구매자들은 5월과 6월에 이전 달보다 검색을 덜 했다. 5월에는 상품 등록 건수도 줄어들었다.

그리고 검색 조건 자체도 살펴봐야 한다. 검색 결과가 하나도 안 나오는 검색 조건 중 가장 빈도가 높은 조건을 찾아보면 구매자들이 어떤 상품을 찾고 있는지 알 수 있다. 가령 '닌텐도' 같이 월등히 자주 검색되는 검색어는 상품을 찾기 쉽도록 사이트에 관련 카테고리를 추가하거나 더 많은 구매자의 관심을 끌기 위해 검색어 광고를 진행할 수도 있다. 또한 가장 수익성이 높은 검색어가 무엇인지도 알아야 한다. 이런 검색어를 보면 어떤 판매자를 확보해야 할지 알 수 있기 때문이다.

검색 건수 대비 클릭된 상품 비율도 전환 퍼널에서 중요한 단계다.

전환율과 고객 세분화

전환 퍼널은 몇 개의 단계로 구성되며, 출발점은 방문자의 검색 건수다. 또한 만족스러운 거래 건수도 측정해야 한다. 왜냐하면 한쪽이 만족하지 못한 거래 건수가 증가한다는 것은 그 사이트가 장기적인 손해(나쁜 평판, 환불 요구 등)를 감수하고 단기적인 이익(더 많은 판매)에 초점을 둔다는 뜻이기 때문이다. 표 13-8을 참조하기 바란다.

표 13-8 마켓플레이스의 전환율 측정

	5월	퍼널
전체 검색 건수	55,372	100.00%
검색 결과가 하나 이상 나온 검색 건수	44,853	81.00%
상품 클릭 건수	15,520	28.03%
전체 구매 건수	931	1.68%
만족스러운 거래 건수	921	1.66%

구매자와 판매자 평가

마켓플레이스는 운영자뿐만 아니라 사용자들로부터 규제를 받기도 한다. 사용자들은 거래 경험을 바탕으로 서로를 평가한다. 이 시스템을 구현하는 가장 쉬운 방법은 부적절하거나 약관에 어긋나는 거래의 경우 사용자들이 이런 사실을 표시할 수 있도록 하는 것이다. 또한 사용자들은 서로에게 평가 점수를 줄 수 있고, 평가 시스템이 잘 작동하면 판매자들은 좋은 평판을 얻기 위해 노력한다.

불량 표시된 상품의 비율

여러분은 불량 상품의 비율과 이 수치가 증가하는지 감소하는지 추적해야 한다. 불량 표시된 상품 비율이 급증하는 것은 사기 발생의 신호다. 표 13-9를 참조하기 바란다.

표 13-9 불량 상품

	1월	2월	3월	4월	5월	6월
불량 상품의 비율	3.2%	2.4%	2.0%	3.7%	4.1%	3.7%
불량 상품의 비율 변화		72.9%	86.4%	182.9%	111.3%	89.7%
5점 만점에 3점 미만을 받은 판매자 수의 변화		177.5%	140.8%	82.0%	85.4%	130.0%
5점 만점에 3점 미만을 받은 구매자 수의 변화		116.7%	128.6%	116.7%	90.5%	84.2%

이와 비슷하게 평가 점수가 낮은 거래가 증가하면 사용자의 기대 수준이 충족되지 않았다는 의미로, 판매자가 물건을 배송하지 않았거나 구매자가 구매 대금을 지불하지 않았기 때문일 수 있다. 어떤 경우든 이 지표부터 살펴보고 나서 혹시 기술적 문제나 악성 사용자 문제, 아니면 다른 문제 때문에 지표 값이 변하는지 알아내기 위해 지표들을 하나씩 조사해야 한다.

양면 마켓플레이스의 시각화

그림 13-1은 양면 마켓플레이스에서 사용자의 흐름을 각 단계의 핵심 지표와 함께 보여주고 있다.

주의점: 닭이 먼저냐 달걀이 먼저냐, 사기 방지, 거래 유지, 경매

웹 초기에 전문가들은 투명하고 효율적이며 갈등 없는 시장으로 이루어진 유토피아적 세계를 예언했다. 그러나 구글, 아마존, 페이스북 같은 인터넷 거대기업이 보여주듯이 웹은 디스토피아적인 단면을 가지고 있다. 양면 마켓플레이스는 강력한 네트워크 효과의 영향을 받는다. 즉, 제공하는 상품이 많을수록 마켓플레이스는 더 유용해지는 반면에 상품이 없는 마켓플레이스는 쓸모가 없다.

양면 마켓플레이스가 성공하려면 처음에는 인위적으로 구매자나 판매자를 늘리기 위한 방법을 찾아야 한다. 특정한 틈새시장이 성숙함에 따라 이런 네트워크 효과로 인해 소수의 지배적인 마켓플레이스가 부상한다. 가령 숙소 임대 분야에서는 에어비앤비, VRBO 및 몇몇 서비스가 압도적인 입지를 구축했다.

사기 거래와 신뢰도는 마켓플레이스 사업에서 또 다른 중요한 문제다. 마켓플레이스에서 상품이나 서비스 전달에 대해 여러분이 책임을 지는 건 아니지만 신뢰할 만한 평판 시스템이 작동하도록 해야 한다. 구매자와 판매자가 평가 점수를 매기게 하는 것도 한 방법이 될 수 있지만 다른 방법도 있다. 일부 데이팅 사이트는 보증을 제공하기도 한다(가령, 어떤 회원이 기혼으로 밝혀지면 데이팅 사이트가 그 회원을 고소하기도 한다).

그림 13-1 양면 마켓플레이스 – 지표가 두 배면 재미도 두 배

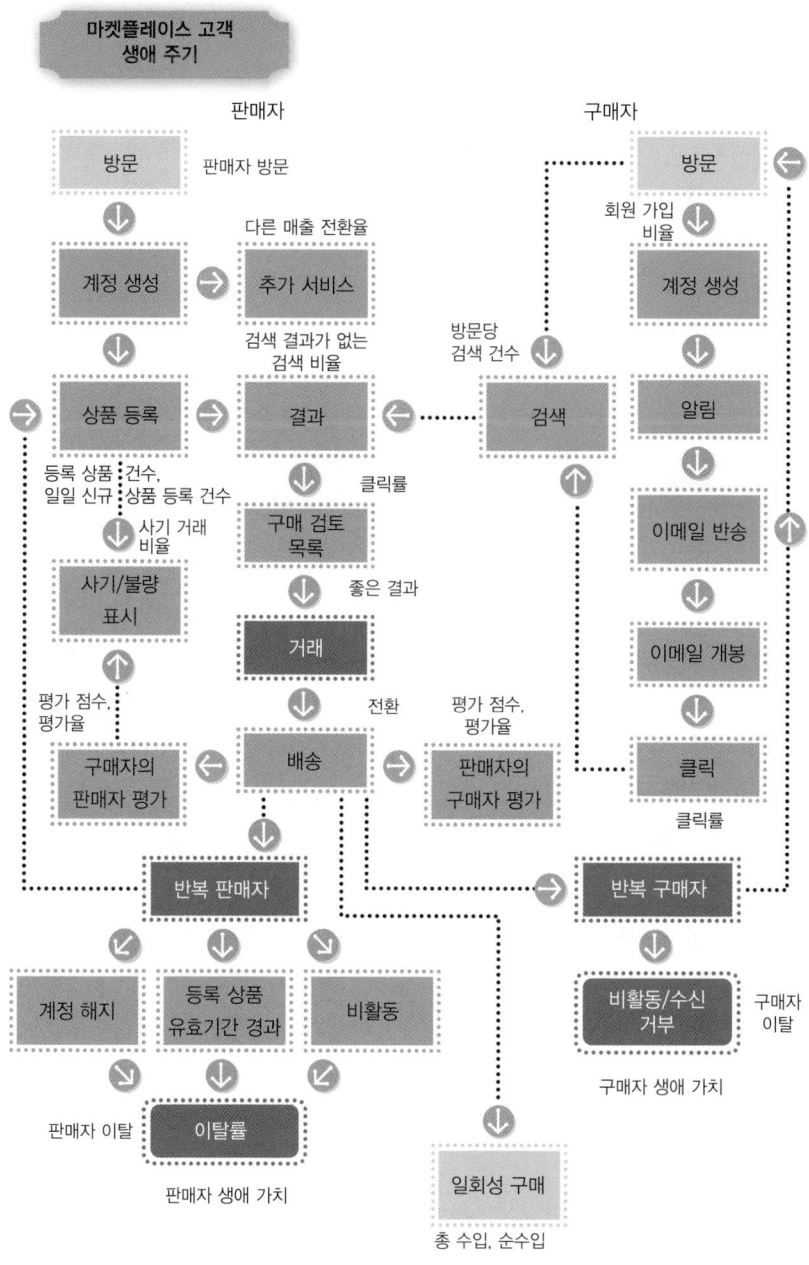

또 다른 중요한 이슈는 마켓플레이스 안에서 거래가 완료되도록 하는 것이다. 보트나 주택 마켓플레이스는 거래 규모가 수만 달러 또는 수십만 달러에 이를 수 있다. 이런 거래는 페이팔에서 처리하기에는 규모가 너무 크고 거래 '누수'를 막기도 힘들다. 즉, 구매자와 판매자가 마켓플레이스에서 서로를 발견하고 직접 거래해 버리면 여러분은 수수료 수익을 올리지 못한다.

이런 문제를 해결하는 방법은 여러 가지가 있으며, 여러분의 제품과 시장에 적합한지 테스트해봐야 한다. 예를 들면 다음과 같다.

- 사용자들이 거래를 체결할 수 있도록 외부 에이전트(가령 부동산 중개업자)를 소개해주고 소개비를 받는다.
- (일정 비율이 아니라) 판매자가 등록한 상품 값이 비쌀수록 수수료 비율을 높인다.
- 사이트 내 광고, 배송 서비스, 상품 소개 위치 등 다른 것을 수익화한다.
- 거래가 완료되기 전까지는 판매자와 구매자 양측이 서로 연락하거나 상대방의 신원을 알 수 없게 한다(할인 여행 사이트 핫와이어Hotwire가 이렇게 한다).
- 마켓플레이스를 끼고 거래하도록 부가가치 서비스(구매 보험이나 에스크로 서비스)를 제공한다.

마지막으로, 상품의 가격이 정해지지 않은 이베이 같은 경매 마켓플레이스가 있다. 판매자가 최저가와 '즉시 구입' 가격은 정할 수 있지만 시장이 지불하고자 하는 가격이 최종 가격이 된다. 만약 이것이 여러분의 사업 모델이면 응찰이 한 건도 없었던 상품 건수(가격이 너무 비싸게 책정된 경우), '즉시 구입' 가격에 판매된 건수(가격이 너무 싸게 책정된 경우), 그리고 경매에 걸린 시간과 결과를 분석해야 한다. 여러분은 이 정보를 이용하여 판매자들의 가격 결정을 도울 수 있으며, 그 결과 여러분의 매출도 증가시킬 수 있을 것이다.

핵심 내용

- 양면 마켓플레이스는 형태와 규모가 매우 다양하다.
- 초기에 가장 큰 어려움은 구매자와 판매자를 충분히 확보하는, '닭이 먼저냐 달걀이 먼저냐'의 문제를 해결하는 것이다. 보통은 지출할 돈을 가진 사람에게 먼저 초점을 맞추는 것이 좋다.
- 판매자가 곧 상품 재고이므로 상품 재고 증가율과 등록된 상품들이 구매자가 찾는 상품과 얼마나 일치하는지 추적해야 한다.
- 많은 마켓플레이스가 거래 금액의 일정 비율을 수수료로 받긴 하지만 판매자의 상품 홍보를 돕거나 상품 등록 건당 수수료를 받는 등 다른 방식으로도 돈을 벌 수 있다.

양면 마켓플레이스는 전통적인 전자상거래 사이트의 변형이다. 이 장에서는 마켓플레이스 고유의 특징에 초점을 맞췄지만 만약 전자상거래 사업과 관련 지표에 관해 더 알고 싶으면 8장을 참조하기 바란다. 반면에 사업 단계에 따라 핵심 지표가 어떻게 달라지는지 알고 싶으면 14장을 참조하기 바란다.

CHAPTER 14

사업 단계

한꺼번에 모든 것을 측정할 수는 없다. 올바른 순서로 가정을 측정해야 한다. 그러려면 여러분의 사업이 어느 단계에 있는지 알아야 한다.

린 분석의 단계는 어떤 순서로 지표에 초점을 맞춰야 할지 알려준다. 그렇지만 어떤 사업에나 이 단계를 완벽하게 적용하지는 못할 것이다. 그리고 어떤 사람들은 우리가 너무 체계를 중요시 한다고 항의할지도 모른다. 사실 우리가 이 책의 내용을 온라인과 이벤트에서 테스트했을 때 이미 이런 항의를 받은 적이 있다. 그래도 괜찮다. 왜냐하면 우리는 얼굴이 두꺼우니까.

스타트업에서 사업 모델은 – 그리고 사업의 기본 가정이 상당히 정확하다고 입증하는 것은 – 사업 계획보다 훨씬 더 중요하다. 사업 계획은 투자자에게 보여주기 위해 존재하지만, 사업 모델은 창업자를 위해 존재한다. 일반적으로 자신의 사업 모델이 무엇인지 판단하기는 쉽지만 현재 사업 단계를 판단하기는 쉽지 않다. 창업자들은 여기에 대해 스스로를 속이는 경향이 있다. 창업자들은 사업이 실제보다 더 많이 진행되었다고 생각한다.

사실 모든 스타트업은 문제 발견에서 시작해 제품을 만든 다음 만든 제품이 적절한지 확인하고 제품을 알리고 돈을 버는 단계를 거친다. 지금 소개하는 다섯 단계, 공감, 흡인력, 바이럴 효과, 매출, 확장은 다른 린 스타트업 지지자들의 조언을 반영한 것이다.

1. 첫째, 공감이 필요하다. 사람들이 중요하게 생각하는 문제를 사람들이 돈을 지불할 만한 방법으로 해결하고 있는지 목표 고객의 생각을 확인해야 한다. 다시 말해 사무실에서 나와 사람들을 인터뷰하고 설문조사를 실시해야 한다.

2. 둘째, *흡인력*이 필요하다. 제품이 좋아야 흡인력이 있다. 여러분이 발견한 문제의 솔루션을 만들 수 있을지 판단해야 한다. 방문자가 실망하고 즉시 외면할 제품을 파는 것은 아무 소용이 없다. 컬러[1] 같은 회사는 입증된 흡인력도 없이 섣불리 규모를 키우려 하다가 실패한 바 있다.

3. 셋째, *바이럴 효과*가 필요하다. 흡인력 있는 제품이나 서비스를 만들었다면 이제 구전효과를 이용할 때다. 여러분의 서비스는 기존 사용자들로부터 암묵적인 지지를 받고 있으므로 신규 방문자를 대상으로 사용자 확보와 서비스 이용 개시 과정을 테스트해야 한다. 또한 바이럴 효과는 유료 마케팅 효과를 증폭시키므로 바이럴 효과를 확보한 후에 광고 같은 유료 마케팅 수단을 사용하는 편이 좋다.

4. 넷째, *매출*이 필요하다. 이 단계에서는 돈을 벌어야 한다. 이 단계 전까지는 고객에게 돈을 안 받는다는 뜻이 아니다(첫 고객부터 돈을 받기 시작하는 사업들도 많이 있다). 단지 처음에는 매출보다 고객 수를 늘리는 데 더 초점을 둬야 한다는 뜻이다. 처음에는 무료 체험, 무료 음료, 무료 콘텐츠를 제공한다. 하지만 이제는 매출 극대화에 초점을 둬야 한다.

5. 다섯째, *확장*이 필요하다. 매출이 발생하면 사업을 키우는 것에서 시장을 키우는 것으로 초점을 바꿀 때다. 새로운 분야별 시장(vertical market) 및 지리적 시장에서 더 많은 고객을 확보해야 한다. 이미 제품/시장 적합성을 확보했고 정량적으로 현황을 분석하고 있으므로 개별 고객과의 직접적인 접촉은 덜 중요하다. 따라서 사용자 기반을 키우기 위해 채널과 유통에 투자할 수 있다.

앞서 5장에서 말했듯이 우리는 이 린 분석의 5단계를 제안한다. 그리고 특별한 이유가 없는 한 그림 14-1의 순서대로 5단계를 거치는 것이 좋다고 생각한다.

지금까지 살펴본 사례 중에는 IT 회사가 많았고 그중에서도 B2C 회사가 많았지만 이 5단계 모델은 기업용 소프트웨어 회사든 외식 사업이든 상관없이 어떤 사업에나 적용할 수 있다.

---

[1] 역자주_ Color. 라이브 동영상 공유 회사

그림 14-1 린 분석의 5단계를 도출한 근거

린 분석 단계	근거
 공감	실제 문제와 솔루션을 파악하는 데는 돈이 별로 들지 않는다(커피 한 잔 값만 있으면 되니까). 또한 이 과정에서 위험도가 가장 높은 질문, 즉 이 문제를 중요하게 여기는 사람이 있는지를 다룬다. 그래서 가장 첫 단계가 된다.
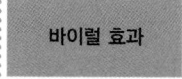 흡인력	과연 개가 이 사료를 먹을 것인가? 차라리 몇몇 가까운 사람을 대상으로 실수를 저지르고 오류를 바로잡은 다음 불특정 다수에게 제품을 알리는 것이 좋다.
 바이럴 효과	공유는 사업 성장에 도움이 될 뿐만 아니라 여러분이 만든 제품이 적절한지도 검증해준다. 입소문은 일종의 홍보다. 그리고 바이럴 효과는 유료 마케팅 효과를 증폭시켜준다.
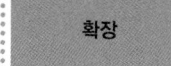 매출	사람들이 지갑을 열 것인가? 사업 운영비와 사용자 확보 비용을 대기에 충분할 정도의 가격을 요구할 수 있을 것인가?
확장	판매 유통 비용을 회수할 수 있는 채널들이 필요하다. 틈새 기업에서 대기업으로 발전해 가는 과정에서 겪게 되는 '간극'을 극복할 수 있게 도와주는 생태계가 필요하다.

외식 사업의 예를 한번 살펴보자.

1 **공감**: 사업주는 식당을 열기 전에 먼저 해당 지역에서 외식하는 사람들, 이들의 욕구, 그 지역에서 팔지 않는 음식, 외식 트렌드에 대해 알아야 한다.
2 **흡인력**: 그런 다음 메뉴를 개발하고 고객을 대상으로 이 메뉴를 테스트한다. 테이블이 꽉 차고 단골손님들이 정기적으로 재방문하게 될 때까지 메뉴를 자주 바꾸면서 테스트해야 한다. 무료 시식을 제공하고 이것저것 테스트해보면서 손님들의 의견을 물어야 한다. 사업의 변동성과 불확실한 재고 때문에 이 단계에서는 비용이 높다.
3 **바이럴 효과**: 사업주는 손님들이 자주 방문하도록 포인트 제도를 실시하거나 손님들이 친구들에게 식당 이야기를 하도록 만들어야 한다. 옐프[2]와 포스퀘어[3]에 가입한다.
4 **매출**: 바이럴 효과가 나타나면 수익을 올리는 데 주력한다. 무료 시식을 줄이고 비용을 더 엄격히 통제하며 운영을 표준화한다.
5 **확장**: 마지막으로, 사업의 수익성이 확인되면 매출의 일부를 마케팅과 홍보에 투자한다. 음식 평론가, 여행 잡지, 라디오 방송국과 접촉한다. 두 번째 식당을 열거나 첫 식당을 기반으로 프랜차이즈 사업을 시작한다.

---

2 역자주_ Yelp. 미국의 지역 생활 정보 사이트
3 역자주_ Foursquare. 위치 기반 소셜 네트워크 서비스

이번에는 대기업용 소프트웨어 회사의 예를 살펴보자.

1. **공감**: 창업자는 충족되지 않은 니즈가 있다는 사실을 알고 있다. 왜냐하면 특정 산업에서 기존 솔루션을 이용해 일해본 경험이 있기 때문이다.
2. **흡인력**: 창업자는 가망 고객을 만나 판매 계약이라기보다는 컨설팅 계약에 가까운 계약을 체결하고 이를 이용해 첫 제품을 만든다. 고객에게 독점적인 제품을 제공하겠다고 약속하지 않도록 주의하며, 고객이 표준화된 솔루션을 선호하도록 만든다. 이렇게 하기 위해 맞춤형 기능을 요구하면 가격을 높이 부른다. 이 초기 단계에서는 고객지원 조직을 따로 두지 않고 엔지니어가 고객지원 업무를 직접 처리한다. 그러면 엔지니어는 자신이 만든 제품의 문제점과 장애물을 직접 찾아낼 수 있다.
3. **바이럴 효과**: 제품이 만들어지면 만족한 고객들에게 소개를 부탁하고 이 고객들을 사례로 이용한다. 직판을 시작하고 고객 기반을 키운다. 사용자 그룹을 운영하고 고객지원을 자동화하기 시작한다. API를 발표하여 외부 업체의 개발을 독려하고 직접 개발하지 않고 잠재 시장 규모를 키운다.
4. **매출**: 이 단계에서는 비용을 통제하면서 영업 파이프라인, 영업 마진, 매출을 늘리는 데 주력한다. 업무는 자동화하고 아웃소싱하거나 해외로 이관한다. 예상 효과와 개발비를 기준으로 기능 개선 여부가 평가된다. 라이선스 매출과 고객지원에서 발생하는 반복 매출 비중이 점점 커진다.
5. **확장**: 이 단계에서는 대규모 유통 조직과 계약을 체결하고 글로벌 컨설팅 업체가 제품을 채택하고 솔루션에 통합하도록 만든다. 잠재 고객을 찾아내기 위해 전시회 등에 참가한다. 이때 계약 체결률 및 잠재 고객의 가치 대비 전시회 참가 비용을 신중히 계산한다.

이 책에서 우리는 이 5단계를 이용해 설명하고 5장에서처럼 다른 모델과의 상호 관계를 짚어볼 것이다. 또한 한 단계에서 다음 단계로 이동할 때 통과해야 할 게이트도 살펴볼 것이다.[4]

사업 단계를 매우 중요시하는 이유는 중점적으로 관리할 지표가 사업 단계에 따라 다르기 때문이다. 스타트업이 어떤 지표에 너무 일찍 초점을 맞추거나 별로 중요하지 않은 지표를 최적화시키면 반드시 실패하게 되어 있다. 이제 린 분석의 5단계 모델에 대해 더 자세히 살펴보자.

---

[4] 린 창업가들은 매출, 바이럴 효과, 흡인력을 세 가지 성장 엔진으로 보고 한 엔진에서 다른 엔진으로 방향을 전환할 수 있다고 생각한다. 우리는 매출, 바이럴 효과, 흡인력을 최적화시킬 방향으로 생각하는 쪽을 더 좋아한다. 좋은 스타트업은 매출(그리고 고객 확보를 위한 투자), 흡인력(그리고 반복적으로 발생하는 매출), 바이럴 효과(그리고 이로 인한 입소문)를 가지고 있다. 한 번에 하나씩 초점을 맞출 수도 있겠지만 우리는 사업이 성장하면서 이 세 가지 – 그리고 관련 지표 – 모두를 스타트업에 구축해야 한다고 생각한다.

여러분의 사업이 어떤 단계에 있는지 결정하라

지금 여러분의 사업은 어떤 단계에 있다고 생각하는가? 적어보라. 그런 다음 린 분석의 5단계를 설명하는 15~19장을 읽고 나서 여러분의 생각이 달라졌는지 보라. 한 단계 안에서 더 상세하게 구분해야 하는 경우도 있다. 가령 공감 단계 중에서도 문제 검증 단계인지 솔루션 검증 단계인지에 따라 특정한 측면에 초점을 맞춰야 한다. 또한 사업이 여러 단계에 걸쳐 있을 수도 있으므로 단계를 결정하기 전에 먼저 모든 단계에 대해 이해해야 한다.

CHAPTER 15

단계 1: 공감

처음에 여러분은 사람들에게 무엇이 중요한지 찾고 이들의 문제를 공감하고 사람들의 이야기를 들으면서 필요한 정보를 얻는다. 그리고 다른 사람들에게 관심을 기울이면서 기회를 찾는다. 지금 해야 할 일은 여러분이 똑똑하다는 점을 입증하거나 솔루션을 발견했다는 사실을 입증하는 것이 아니다.

여러분이 할 일은 *다른 사람들의 생각을 이해하는 것*이다.

다시 말해 문제를 발견하고 검증한 다음 여러분의 솔루션이 얼마나 효과적일지 알아내는 것이 이 단계에서 여러분이 할 일이다.

공감 단계의 지표

공감 단계에서 집중할 일은 주로 문제점에 관한 인터뷰와 솔루션 관련 인터뷰를 통해 정성적인 피드백을 수집하는 것이다. 여러분의 목표는 해결할 가치가 있는 문제를 찾고 빨리 주목을 끌 수 있는 솔루션을 찾는 것이다. 이런 정보는 *사무실에서 나가야*[1] 얻을 수 있다. 각 인터뷰 단계마다 적어도 15명 이상과 이야기를 나누지 않으면 너무 서둘러 사업을 진행하는 것은 아닌지 염려해야 한다.

처음에는 인터뷰 내용을 상세하게 적어야 한다. 그리고 나중에는 어떤 니즈와 솔루션이 가장 흥미로운지 알아내기 위해 인터뷰들을 점수화해야 한다. 이렇게 하면 어떤 기능을 최소 존속 제품[MVP]에 포함시킬지 알 수 있기 때문이다.

---

[1] 역자주_ GOOB, getting out of the building

이것은 최고의 아이디어!(해결할 가치가 있는 문제를 발견하는 법)

창업가들은 항상 아이디어를 발굴해낸다. 어떤 사람들은 "아이디어를 발굴하는 건 쉬운 일이야."라고 말하기도 하지만 전적으로 그렇지는 않다. 아이디어를 발굴하는 것은 어려운 일이다. 좋은 아이디어를 발굴하기는 더 어렵다. 제품으로 구현할 만하다고 검증되는 아이디어를 발굴해내는 것은 매우 어렵다.

문제(또는 아이디어) 발굴은 종종 듣기에서 시작된다. 사람들은 자기 문제에 대해 불평하기 좋아하는 법이다. 그렇지만 사람들의 불평을 들을 때는 가감해가면서 들어야 한다. 숨겨진 진실이나 패턴을 포착하려면 능동적으로 그리고 거의 비판적으로 들어야 한다. 규모가 크고 수익성이 좋은 스타트업들 중에는 사람들이 깨닫지도 못했던 문제에 대해 과감한 솔루션을 제공한 결과 성공한 경우가 많다.

발견은 스타트업을 시작하게 하는 영감의 원천이다.

문제를 발견할 필요가 없는 경우도 있다. 이것은 이미 존재하는 문제 때문에 스타트업을 창업한 경우다. 특히 사내에서 스타트업을 시작하는 경우가 여기에 해당된다. 사내 창업가로서 여러분은 고객지원 관련 이슈에서 신제품의 필요성을 보여주는 패턴을 찾아냈을지도 모른다. 만약 여러분이 기업용 제품을 팔고 있다면 과거에 사용자로서 뭔가 부족한 점을 느꼈거나 제품 공급 업체의 직원으로 일하면서 기회를 포착했을 수도 있다.

아이디어는 출발점에 불과하다. 사업에 뛰어들기 전에 한동안 아이디어를 숙성시켜야 한다. 우리는 일을 신속하게 진행해야 한다고 굳게 믿는 사람들이지만 초점을 제대로 맞추고 현명한 방향으로 속도를 내는 것과 허둥지둥 서두르는 것은 엄연히 다르다. 맨 처음 여러분은 본능적으로 친구들과 이야기를 나눌 것이다. 이것은 린 스타트업 과정에 포함되거나 측정할 수 있는 활동은 아니지만 처음에 해야 할 적절한 일이다. 이상적으로는 비슷한 관심사를 가진 친구들이나 믿음직한 조언자들이 있어서 이들에게 가능한 한 빠른 시간 안에 현실적인 의견을 들을 수 있으면 좋다.

친구나 조언자들은 본능적인 반응을 보일 것이다. 그리고 이들이 여러분의 생각에 영합하려 하거나 여러분의 비위를 맞추려 애쓰지 않는다면 적어도 어느 정도는 정직한 의견을 들을 수 있다. 또한 경쟁 업체, 목표 시장, 여러분의 아이디어에 대한 다양한 해석과 입장 등 생각지도 못했던 것을 알게 될 수도 있다.

아이디어가 떠오르고 나서 공식적으로 일을 시작하기 전에 이 신속한 '초간단 테스트'에 처음 며칠 정도는 투자해볼 만하다. 아이디어가 초간단 테스트를 통과하면 그때부터 린 스타트업 과정을 적용한다.

해결할 문제 찾기(문제 검증법)

린 스타트업 1단계의 목표는 *충분히 많은 사람이 문제를 확실히 불편하게 여기는지 판단*하고 현재 이 문제를 *어떻게* 해결하고 있는지 알아내는 것이다. 이것을 다음과 같이 나누어보자.

문제가 확실히 불편하다

사람들은 관성에 따라 움직인다. 여러분은 사람들이 문제에 조치를 취하기 바라며 그것도 여러분의 사업에 도움이 되는 방식으로 행동하기를 바란다. 사람들이 서비스에 회원 가입하고 돈을 지불하는 등 여러분이 원하는 행동을 실제로 하려면 현재 상황이 확실히 불편해야 한다.

충분히 많은 사람이 중요하게 여긴다

한 사람을 위해 문제를 해결하는 것은 컨설팅이라고 한다. 여러분에게는 여러분이 문제를 해결해줄 시장이 필요하다. 마케터들은 서로 *동질적이면서*(즉, 같은 고객군에 속하는 사람들은 여러분이 관심을 끌 수 있는 공통점이 있다) 다른 고객군과는 *이질적인*(즉, 각 고객군을 분류하고 각각에 맞는 메시지를 이용해 집중적으로 공략할 수 있다) 고객을 원한다.

사람들이 이미 이 문제를 해결하려 노력하고 있다

만약 문제가 정말 존재하고 사람들이 그 문제를 알고 있다면 사람들은 어떤 식으로든 그 문제를 다루고 있다. 더 좋은 방법을 찾지 못했기 때문에 사람들이 수동으로 뭔가를 하고 있을지도 모른다. 현재 솔루션이 무엇이든 처음에는 이것이 가장 큰 경쟁 제품이 될 것이다. 왜냐하면 사람들은 현재 사용 중인 솔루션에 저항을 가장 적게 느끼기 때문이다.

문제가 있어도 시장은 이를 모를 수 있다는 점에 주목하라. 워크맨, 미니밴, 태블릿 컴퓨터가 등장하기 전에는 그런 제품이 필요하다는 것을 몰랐다. 사실 아이패드보다 10년 전에 나왔던 애플의 뉴튼은 그 당시에는 그런 니즈가 없었다는 점을 보여주었다. 이런 경우 단지 사람들이 인식하고 있는 문제를 테스트하는 것보다 *사람들이 문제를 인식하게 하려면 어떻게 해야 할지*에 관심을 가져야 한다. 만약 여러분이 시장에서 길을 개척해야 하는 상황이라면 그 일에 얼마나 많은 자원이 들어가야 할지 알아야 그 점을 사업 모델에 반영할 수 있다.

다음 단계로 이동하기 전에 이 세 항목을 검증해야 한다. 그리고 여기에서 분석이 진가를 발휘한다.

앞에서 말했듯이 처음에는 여러분이 식별한 문제가 해결할 가치가 있는지 판단하기 위해 정성적 지표를 이용하게 될 것이다. 이 과정은 가망 고객을 대상으로 문제 인터뷰를 실시하는 일로 시작한다. 먼저 15명의 가망 고객과 이야기를 나누기 바란다. 처음 몇 명과 인터뷰하고 나면 이미 어떤 패턴이 보일 것이다. 여기서 인터뷰를 멈추면 안 된다. 일단 15명과 인터뷰하고 나서 가정의 유무효를 결정해야 한다.

이야기를 나눌 15명을 구하기 힘들다면 제품을 파는 일은 얼마나 더 어려울지 상상해보라. 그러니 마음을 다잡고 사무실을 나서라. 그렇지 않으면 아무도 원하지 않는 제품을 만드느라 시간과 돈을 낭비하게 될 것이다.

이 단계에서 수집한 데이터는 정성적이지만 "그래 이 문제는 확실히 불편해서 솔루션을 만들어야겠어"라고 진심으로 말할 수 있을 정도로 결정적으로 중요한 내용이어야 한다. 고객 한 명은 시장이 될 수 없다. 고작 서너 명과 이야기하고 검증되지 않은 대충의 긍정적인 의견을 듣고는 사업에 뛰어들 가치가 있다고 결정해서는 안 된다.

| 패턴 | 해결할 가치가 있는 문제를 발견했다는 표시

정성적 데이터의 핵심은 패턴과 패턴 인식이다. 다음은 인터뷰 때 찾아야 할 긍정적인 패턴이다.

- 사람들이 당장 돈을 지불하고 제품을 사려고 한다.
- 사람들이 문제를 해결하기 위해 적극적으로 노력하고 있다(또는 노력한 적이 있다).
- 사람들이 많이 이야기하고 많은 질문을 던지면서 문제에 대해 열정을 보인다.
- 사람들이 인터뷰할 때 몸을 앞으로 기울이며 활기차다(긍정적인 신체 언어).

다음은 부정적인 패턴이다.

- 마음이 콩밭에 가 있다.
- 이야기는 많이 하지만 관련 문제나 이슈에 대한 이야기는 아니다(이들은 횡설수설하고 있다).
- 어깨를 늘어뜨리고 있거나 의자에 구부정하게 앉아 있다(부정적인 신체 언어).

문제 인터뷰를 마치면 스스로에게 다음 질문을 던져 직감을 확인해보라. "앞으로 5년 동안 오로지 이 문제를 해결하는 일에만 인생을 바치고 싶은가?"

| 패턴 | 린 경영과 좋은 인터뷰를 실시하는 방법

애시 모리아는 린 스타트업 운동의 선도자 중 한 명이다. 그는 자신의 스타트업을 대상으로 린 스타트업 방식을 몇 년 동안 실험하고 문서화해왔다. 그리고 『린 스타트업 Running Lean』이라는 뛰어난 책을 썼다. 『린 스타트업』과 『린 분석』은 서로 좋은 보완 관계에 있다.

애시 모리아는 『린 스타트업』의 파트 4에서 사람들을 인터뷰하는 체계적인 접근법을 설명했다.

여러분은 먼저 문제 인터뷰를 실시해야 한다. 여러분은 솔루션에 온 관심을 집중하고 있겠지만 문제에서 솔루션을 분리하고 문제에만 초점을 두어야 한다. 목표는 해결할 가치가 있는 문제를 찾는 것이다. 그리고 고객은 솔루션에 넌더리가 나 있다는 점을 기억하라. 사람들은 생활을 더 편리하게 만들어준다는 마법의 상품에 관한 선전을 끊임없이 접한다. 그러나 상품을 선전하는 사람들의 대부분은 고객의 진짜 문제를 간과하고 있다.

『린 스타트업』은 성공적인 인터뷰를 하기 위해 필요한 사항을 다음과 같이 제시한다.

- **가능하면 대면 인터뷰 기회를 잡아라.** 사람들의 이야기를 듣는 것뿐만 아니라 사람들이 이야기하는 모습을 보는 것이 좋다. 사람들은 대체로 얼굴을 마주하고 대할 때 이야기에 더 집중하므로 양질의 대답을 들을 수 있다.
- **중립적인 장소를 선택하라.** 인터뷰 대상의 사무실로 찾아가면 마치 구매를 권유하는 것처럼 느껴질 수 있다. 카페나 다른 편한 장소를 찾아라.
- **되도록 인터뷰를 녹음하지 말라.** 애시의 경험에 의하면 인터뷰를 녹음할 경우 인터뷰 참가자들이 자신을 더 의식하게 되어 인터뷰의 질이 떨어진다고 한다.
- **인터뷰 원고를 반드시 준비하라.** 시간이 지나면서 인터뷰 원고를 조금씩 수정할 수는 있겠지만 '원하는 대답을 얻기 위해' 또는 자신에게 유리하게 하기 위해 계속 원고를 고치면 안 된다. 인터뷰 과정 내내 정직해야 한다.

인터뷰 원고를 잘 작성한다는 것이 결코 쉬운 일은 아니다. 초기에는 어떤 질문을 해야 할지 막연할 수도 있다. 사실 이 때문에 초기에는 설문조사가 효과가 없다. 어떤 질문을 해야 의미 있는 정보를 얻을 수 있을지 모르는 것이다. 그러나 원고가 있으면 인터뷰에 일관성이 있기 때문에 결과를 비교할 수 있다.

대부분의 문제 인터뷰는 개방형 질문으로 구성된다. 인터뷰 대상이 말하고 싶은 것은 무엇이든 편하고 자유롭게 이야기할 기회를 주는 것이 좋다.

애시 모리아가 『린 스타트업』에서 제시한 인터뷰 원고 구성은 큰 도움이 된다. 문제 인터뷰의 원고는 다음과 같이 요약할 수 있다.

- **인터뷰가 어떻게 진행될지 간략히 소개하라.** 인터뷰 참가자에게 인터뷰 동안 어떤 질문을 할지 말해주는 것이다. 그리고 인터뷰 참가자가 적절한 마음 상태를 유지하도록 인터뷰 목적을 강조한다.
- **인터뷰 참가자의 인구통계학적 정보를 수집하여 고객군을 테스트하라.** 참가자에게 기본 신상 정보를 몇 가지 물어 어떤 고객군에 속하는지 파악하라. 이 질문은 인터뷰 참가자의 유형에 따라 크게 달라질 수 있다. 궁극적으로 (여러분이 해결하겠다고 제안하는 문제의 맥락 안에서) 이들의 사업이나 라이프스타일을 알아내고 이들의 역할에 대해 더 알아내는 것이 좋다.

- **먼저 이야기를 들려줌으로써 문제의 맥락을 파악하게 하라.** 여러분이 문제를 어떻게 발견하게 되었는지, 그리고 왜 이 문제가 중요하다고 생각하는지 이야기해주면서 인터뷰 참가자와 공감대를 형성하라. 만약 여러분이 직접 그 문제를 겪고 있으면 이런 이야기를 하기가 훨씬 쉬울 것이다. 또는 여러분이 문제를 정확히 모르고 있거나 문제에 대한 가설이 적절치 않으면 이 단계에서 그 점이 드러날 것이다.

- **인터뷰 참가자에게 문제의 우선순위를 정하게 함으로써 문제를 테스트하라.** 여러분이 설명한 여러 문제들을 다시 말해주고 참가자가 중요하다고 생각하는 순서로 문제들의 순위를 매겨달라고 부탁하라. 너무 깊이 파고들지는 말되 여러분이 언급하지 않은, 다른 관련 문제는 없는지 반드시 물어보라.

- **솔루션을 테스트하라.** 인터뷰 참가자의 관점을 탐색하라. 인터뷰 참가자에게 주도권을 넘기고 이야기를 들어라. 인터뷰 참가자가 매긴 순서대로 각 문제를 훑어가면서 현재 그 문제를 어떻게 해결하고 있는지 물어보라. 그다음에는 원고 없이 그저 참가자가 이야기하도록 내버려두라. 바로 이 지점에서 해결할 가치가 있는 문제를 찾았는지의 여부를 정성적으로 평가할 수 있다. 인터뷰 참가자가 그 문제를 제발 해결해달라고 부탁하면 그것은 좋은 신호다. 그러나 참가자가 부정적이거나 시큰둥한 반응을 보이면 여러분의 사업이 현실 세계와 맞지 않는 것이다.

- **이제 인터뷰를 마쳤으므로 참가자에게 부탁할 차례다.** 이때 여러분의 솔루션에 대해 길게 이야기하면 구매 권유처럼 느껴지기 때문에 삼가는 것이 좋지만 참가자가 계속 관심을 가지도록 호소력 있는 선전 문구를 언급해 깊은 인상을 남기도록 하자. 이상적으로는 여러분이 뭔가 보여줄 준비가 되었을 때 솔루션 인터뷰에 응하겠다는 동의를 받으면 좋다. 이 초기 인터뷰 참가자들은 여러분의 첫 고객이 될 수도 있다. 그리고 인터뷰에 응해줄 비슷한 부류의 다른 사람을 소개받을 수 있도록 유도해야 한다.

보다시피 좋은 인터뷰를 진행하려면 많은 것이 필요하다. 처음부터 인터뷰를 잘 진행하지는 못하겠지만 그래도 괜찮다. 이 책과 다른 여러 기회를 통해 인터뷰 방법들을 배울 수 있을 것이다. 좋은 원고를 준비하고 연습한 다음 가능한 한 빨리 인터뷰를 시작하라. 인터뷰를 몇 번 진행해보면 인터뷰 과정이 매우 편해질 것이다. 그리고 추세가 보이기 시작하고 생각지 못한 소중한 정보를 얻기 시작할 것이다. 또한 문제를 간단명료하게 말하는 기술이 상당히 좋아질 것이며 블로거 활동, 투자자와의 미팅, 마케팅 자료 작성에 도움이 되는 이야기를 수집하게 될 것이다.

정성적 지표는 추세가 매우 중요하다. 여러분은 사람들의 의견에서 패턴을 파악하여 진실을 알아내야 한다. 여러분은 공감할 줄 알면서도 감정에 의해 좌우되지 않는 아주 뛰어난 경청자가 되어야 한다. 뿐만 아니라 사람들의 이야기 속에서 실마리를 쫓는 뛰어난 탐정이 되어야 한다. 이 실마리는 여러 인터뷰 참가자들이 공통으로 언급하는 사항으로서 올바른 방향을 제시해준다. 궁극적으로 이런 패턴들은 대규모의 정량적 테스트 대상이 된다. 여러분은 인터뷰에서 테스트할 가설을 찾고 있는 것이다.

정성적 지표는 처음에 여러분이 가졌던 육감, 즉 직관이나 마음 한 구석에 사라지지 않는 생각을 근거 있는 추측으로 바꿔준다. 방심하지 말아야 할 점은 정성적 지표는 주관적이고 상호작용을 통해 수집되기 때문에 진실을 왜곡하기 매우 쉽다는 것이다.

물론 *정량적 지표*도 틀릴 수는 있지만 거짓말을 하지는 않는다. 잘못된 숫자를 수집하거나 통계적 오류를 일으키거나 결과를 잘못 해석할 수는 있지만 원본 데이터 자체는 옳다. 정성적 지표는 편견을 지닌 채 해석하기 쉽다. 여러분이 지독하게 성직하시 않으면 인터뷰할 때 듣고 싶은 이야기만 듣게 될 것이다. 우리는 이미 믿고 있는 것만 믿고 싶어 하며, 인터뷰 참가자들은 우리 말에 동의해주고 싶어 하는 경향이 있다.

| 패턴 | **유도심문을 하지 않는 법**

우리 인간은 약하고 피상적인 종족이다. 사람들은 여러분이 듣고 싶어 하는 것을 이야기하는 경향이 있다. 우리는 무리를 따르고 다수의 편을 든다. 이런 경향은 인터뷰에 매우 나쁜 영향을 끼친다. 즉, 여러분은 아무도 원하지 않는 제품을 만들고 싶지 않지만 사람들은 모두 자신이 그것을 원한다고 여러분에게 거짓말하는 것이다. 그렇다면 창업자는 어떻게 해야 할까?

사람들의 근본적인 성향을 바꿀 수는 없다. 응답 편향은 널리 알려진 유형의 인식 편향이며, 선거 운동가들이 유도심문을 통해 원하는 답을 얻는 데 이용하기도 한다(이것은 강제유도여론조사push polling 또는 *편향 조사*라고 부른다).

그렇다면 어떻게 해야 좀 더 객관적인 질문을 할 수 있을까? 다음 네 가지 방법을 사용하면 유도심문을 피할 수 있다.

의도를 드러내지 말라

사람들은 다른 사람이 자신에게 무엇을 원하는지 놀라울 정도로 잘 안다. 여러분이 인터뷰하는 사람들은 무의식적으로 여러분이 자신에게서 무슨 이야기를 듣고 싶어 하는지 짐작하려 할 것이다. 이들은 다양한 단서를 이용한다.

- "...에 동의하십니까?" 같은 **한쪽으로 치우친 표현**은 단서가 될 수 있다. 이것은 묵인 편향이라고 하는 효과를 낳는데, 응답자가 긍정적인 표현에 동의하려는 경향을 말한다. 이런 문제를 피하려면 여러분이 듣고자 하는 것과 반대로 질문하면 된다. 만약 응답자가 여러분의 말에 동의하지 않으면서까지 어떤 솔루션이 필요하다고 말한다면 해결할 만한 문제라는 것을 강력하게 보여주는 신호다.
- 이것은 고객 개발 과정의 초기에 개방형 질문이 유용한 이유이기도 하다. 개방형 질문은 응답자의 대답에 영향을 덜 미치고 응답자가 마음대로 이야기할 기회를 준다.
- 응답자의 선입견도 강한 영향을 주는 요소다. 만약 응답자가 여러분을 알고 있다면 여러분에게 맞춰 대답해줄 가능성이 높다. 예를 들어 여러분이 채식주의자라는 사실을 응답자가 알고 있으면 환경 보호의 필요성에 대한 질문에 더 긍정적으로 대답할 것이다. 여러분에 대해 응답자가 아는 것이 적을수록 대답은 덜 왜곡된다. 자신을 드러내지 않으면 매우 도움이 된다. 그렇기 때문에 여러분은 가급적 말을 삼가고 응답자가 이야기를 하도록 만들어야 하며 표준화된 원고를 가지고 인터뷰해야 하는 것이다.
- 다른 사회적 단서는 여러분의 **외양**에서 찾을 수 있다. 여러분의 외모에서 풍기는 모든 것이 응답자에게 대답에 대한 단서를 줄 수 있다. 요즘은 자신에 대해 자세한 정보를 숨기기 힘들지도 모른다. 왜냐하면 자신에 대해 꽤 많은 것을 온라인에 공개하고 있으며 소셜 네트워크에서 응답자를 만났을 수도 있기 때문이다. 그러나 무난하고 평범한 옷차림을 하고 강한 태도를 보이지 않거나 어떤 관점도 흘리지 않으면 더 나은 데이터를 얻을 수 있을 것이다.

진짜 질문을 던져라

진정한 대답을 얻는 한 가지 방법은 응답자를 불편하게 만드는 것이다.

> 사람들을 불편하게 만들면 정말 흥미진진한 일들이 벌어진다.
>
> _ 알랭 드 보통, 저자이자 철학자

다음에 누군가를 인터뷰할 때 "이 제품을 사용하시겠습니까?"라고 묻는 대신에(그리고 선의의 대답이지만 의미 없는 "예"라는 대답을 듣는 대신에) 선불로 100달러를 결제해달라고 부탁해보라. 아마도 "아니오"라는 대답을 들을 것이다. 그런데 흥미로운 일은 여기에서 발생한다.

돈을 지불하라고 하면 틀림없이 상대방은 마음이 불편해질 것이다. 여러분과 응답자 둘 다 마음이 불편해질까? 물론이다. 이런 일에 여러분이 신경을 써야 할까? 만약 사람들에게 돈을 받고 판매할 제품을 만들 생각이라면 이런 일에 신경을 쓰면 안 된다.

더 구체적으로 질문할수록 진짜 속마음을 엿볼 수 있다. 무엇을 선호하는지 알려달라고 부탁하는 대신, 인터뷰 응답자가 구매하도록 만들어라. 이들에게 지갑을 열어 돈을 쓰라고 부탁하라. 제품을 사용할 친구 다섯 명을 소개해달라고 부탁하라. 응답자들은 갑작스런 제의에 책임감을 느끼게 될 것이다. 여러분을 위해 행동하는 데는 실제 비용이 부과된다. 이런 불편함 때문에 좋은 사람이 되고 싶은 마음은 한순간에 사라지고 응답자의 진짜 생각이 표출될 것이다.

인터뷰 진행자를 기쁘게 해주고 싶은 응답자의 경향을 극복하는 또 다른 방법은 응답자가 아니라 응답자의 친구들이라면 어떻게 할지 물어보는 것이다. "혹시 마약 하세요?"라고 물으면 도덕적인 비난을 들을까봐 솔직히 대답하기 힘들지만 "친구들 중에서 마약 하는 사람은 몇 퍼센트입니까?"라고 물으면 정확히 대답해줄 확률이 높다.

계속 파고들어라

고객 개발 인터뷰의 한 가지 좋은 요령은 "왜 그렇죠?"를 세 번 묻는 것이다. 여러분이 마치 2살 난 어린애처럼 보일지 모르지만 이것은 효과가 있는 방법이다. 질문을 하고 그 사람이 대답을 마칠 때까지 기다려라. 3초 동안 잠시 멈춰라(이렇게 하면 응답자의 말을 듣고 있다는 신호를 주고 응답자가 정말 말을 마쳤는지 확인할 수 있다). 그런 다음 이유를 물어라.

"왜입니까?"라고 여러 번 물으면 응답자가 자기 생각의 근거를 설명하게 된다. 응답자들의 설명에 일관성이 없거나 서로 모순되는 경우도 종종 있다. 그래도 괜찮다. 이것은 *사람들이 하겠다고 말하는 일과 이들이 실제로 앞으로 할 일* 사이에 차이가 있다는 뜻이다.

창업가로서 여러분에게는 후자가 중요하다. 사람들이 내부의 도덕적 잣대에 어긋나게 행동하게 만들기는 어렵다. "진실을 중요시하는 사람이라면 논리를 숭배하지 말아야 한다"고 『The Righteous Mind』의 저자 조나단 하이트 Jonathan Haidt는 말한다.

인터뷰 대상의 논리적인 생각보다 이들의 진짜 생각과 동기가 훨씬 더 중요하다.

또한 여러분은 심문관들이 하는 것처럼 인터뷰 동안 불편한 침묵이 흐르도록 만들 수도 있다. 그러면 인터뷰 대상은 침묵을 깨기 위해 자신의 문제나 니즈에 대해 많은 것을 알려주는, 유용한 생각이나 다채로운 일화를 이야기할 것이다.

다른 단서를 찾아라
사람들의 의사표현 중 많은 부분이 비언어적이다. 비언어적으로 전달되는 의사소통의 양은 대체로 과장되어 왔지만 몸짓은 말보다 더 많은 느낌과 감정을 전해줄 때가 종종 있다. 신경질적인 반복 행동은 그 사람이 어떤 말에 대해 불편하게 생각하거나 *다른 사람에게 권위에 의지한다는 사실을 보여줄 수 있다.*

인터뷰할 때는 인터뷰 대상과 직접 소통할 필요가 있다. 동료에게 같이 가서 인터뷰를 기록해달라고 부탁하고 이때 비언어적인 단서도 살펴보라고 하라. 이렇게 하면 여러분이 인터뷰 응답자와 유대감을 쌓고 대답에 집중하는 동안 동료는 응답자의 잠재의식에서 나오는 중요한 메시지를 포착할 수 있다.

그리고 형사 콜롬보 식의 질문을 던지는 것을 잊지 말라. 피터 포크가 연기한 TV 드라마의 형사 콜롬보처럼 예기치 않은 질문은 작별 인사를 하고 난 다음 맨 마지막에 던져라. 이렇게 하면 방심하고 있던 사람들의 본심을 알 수 있고 인터뷰 동안 참가자가 말한 중요한 내용이 진실인지 확인할 수 있다.

수렴적 문제 인터뷰와 확산적 문제 인터뷰

이 책을 쓰면서 우리는 창업가와 블로그 방문자를 대상으로 우리의 몇 가지 아이디어에 대해 의견을 물었다. 의견이 분분했던 아이디어 중 하나는 문제 검증 인터뷰의 결과에 대해 점수를 매기는 것이었다. 어떤 블로그 방문자는 이렇게 하면 니즈 발견이 얼마나 잘 진행되고 있는지 알 수도 있고 솔루션에 대한 수요를 평가할 수도 있기 때문에 좋은 아이디어라고 생각했다. 어떤 사람은 반대하기도 했는데, 이 중에는 적극적으로 반대하는 사람도 있었다. 이들은 점수화하는 것은 이 단계의 개방적이고 탐색적인 특성에 좋지 않은 영향을 줄 수도 있기 때문에 바람직하지 않은 아이디어리고 말했다.

우리는 뒤에서 우리의 점수 체계를 공개할 생각이다. 그러나 우선 절충안을 제안하고 싶다. *문제 검증은 사실 두 단계에 걸쳐 이루어질 수 있다.*

문제 인터뷰의 목표는 다음 단계로 이동하기에 충분한 정보와 확신을 얻었는지 판단하는 것으로 항상 같지만 인터뷰 기법은 상황에 따라 다를 수 있다.

이 장 앞에서 살펴본 애시 모리아의 인터뷰 방법에서 그는 문제를 둘러싼 정황 정보를 주기 위해 이야기를 들려주라고 말한다. 그런 다음 그는 더 구체적인 문제를 소개하고 인터뷰 참가자로 하여금 문제의 우선순위를 정할 것을 부탁하라고 한다. 이것은 *수렴적* 접근 방식이다. 이 방식은 문제의 긴급성과 보편성을 정량화하는 것에 초점을 맞추고 있으므로 여러분이 파악한 많은 문제를 비교할 수 있다. 수렴적 문제 인터뷰에서는 구체적인 것에 주목한다. 그리고 비록 인터뷰 대상자들이 자유롭게 말하며 인터뷰 구성이 그리 엄격한 편은 아니지만 그래도 무엇을 원하는지 모르면서 인터뷰하는 것은 아니다.

수렴적 문제 인터뷰는 분명한 행동 방침이 있지만 그보다는 응답자에게 더 중요할지도 모르는 다른 문제를 자유롭게 찾도록 허용하지 않고 여러분이 중요하다고 생각하는 문제에만 너무 범위를 좁혀 초점을 맞출 위험이 있다. 이를테면 예상치 못한 인접 시장이나 니즈를 인터뷰 대상자가 알려줄 수도 있지만 그렇게 하도록 내버려두는 대신 여러분이 준비한 인터뷰 계획대로 인터뷰 참가자가 움직이도록 만드는 단점이 있다.

반면에 *확산적* 문제 인터뷰는 훨씬 더 사변적이며 여러분이 만들려는 유용한 뭔가를 찾는 대상의 범위를 넓히려 한다. 이런 유형의 문제 인터뷰에서는 폭넓은 문제 영역(의료, 업무 관리, 교통, 여행 예약 등)에 대해 인터뷰 참가자와 이야기를 나누면서 여기에 대해 참가자가 느끼는 문제점을 말하게 한다. 여러분이 여러 가지 문제를 이야기하고 문제들의 우선순위를 매기는 것이 아니다. 여러분이 확인하고 싶은 문제가 한두 가지 있을 수도 있다. 그리고 부분적으로는 (여러분이 그 문제를 먼저 언급하지 않아도) 인터뷰 참가자가 이 문제를 몇 번 언급했는지를 근거로 인터뷰의 성공(여러분의 가정이 이 인터뷰 참가자에게 유효함) 여부를 측정할 수 있다.

확산적 문제 인터뷰는 너무 많은 이슈에 대해 너무 폭넓게 다루므로 인터뷰 참가자가 초점을 맞추기 힘들다는 어려움이 있다. 확산적 문제 인터뷰에서는 문제가 너무 많이 도출되거나 비슷한 문제가 충분히 도출되지 않을 위험이 있으며, 다음에 무엇을 할지 확실하지 않을 수도 있다.

인터뷰를 실시할 때 적절한 균형을 유지하려면 연습이 필요하다. 한편으로는 인터뷰 참가자들이 원하는 것을 말할 기회를 주는 것이 좋지만 일단 중요한 내용을 포착했다는 생각이 들면 참가자들이 거기에 집중하도록 분위기를 조성해야 한다. 그리고 여러분이 제시한 문제가 공감을 얻지 못한다고 해서 반복해서 강조하면 안 된다.

여러분이 이제 막 사업을 시작했고 탐색적 활동에 집중하고 있다면 확산적 문제 인터뷰를 실시해보라. 이 경우 점수화는 별로 적절하지 않다. 첫 의견을 수집하고 사람들이 자유롭게 표현하는 문제 중 몇 개가 중복되는지 눈여겨보라. 이것이 순조롭게 진행되면 다른 사람들을 대상으로 수렴적 문제 인터뷰를 실시해서 문제들이 더 많은 사람에게 공감을 얻는지 살펴볼 수 있다.

문제가 정말 확실히 불편한지 어떻게 알 수 있는가

여러분이 지금까지 수집한 데이터는 정성적이지만 다음 단계로 이동할지 결정하는 데 참고하기 위해 이 정성적 데이터를 정량화할 수 있다. 결국 여기서 가장 중요한 한 가지 지표^{OMTM}는 *불편함*이다. 구체적으로 말하자면 여러분이 말한 문제에 대해 인터뷰 참가자들이 느끼는 불편함이다. 그렇다면 어떻게 불편함을 측정할 수 있을까?

단순한 방법은 문제 인터뷰를 점수화하는 것이다. 이 방법은 다소 자의적으로 점수를 줄 수 있으므로 완벽하게 과학적이지는 않다. 그러나 인터뷰하는 동안 누군가가 여러분을 도와서 인터뷰 내용을 기록해준다면 일관성 있게 점수를 매기고 여기에서 소중한 정보를 얻을 수 있다.

수렴적 문제 인터뷰 동안 여러분이 던졌던 질문을 바탕으로 점수를 매기는 몇 가지 기준이 있다. 각 응답은 가중치가 있고 결과를 모두 더하면 상황을 파악할 수 있다.

각 인터뷰를 마치고 나서 스스로에게 다음 질문을 던져보라.

1. 인터뷰 참가자가 여러분이 제시한 문제의 순위를 잘 매겼는가?		
그렇다	다소 그렇다	그렇지 않다
참가자가 강한 흥미를 보이면서 문제의 순위를 정했다(순위 결과는 상관없음).	어떤 문제가 정말 불편한지 결정하지 못했지만 그래도 문제에 매우 흥미를 보였다.	순위를 정하지 못했거나 자신이 겪고 있는 다른 문제에 대해 이야기하느라 더 많은 시간을 할애했다.
10점	5점	0점

특정 문제들을 집중적으로 다루는 수렴적 문제 인터뷰라 할지라도 인터뷰 참가자들이 다른 이슈에 대해 이야기할 수 있도록 개방형으로 진행할 수 있다. 이렇게 해도 전적으로 괜찮을 뿐만 아니라 사실 매우 중요하다. 여러분이 제시한 문제가 적절한 문제라고 말해주는 것은 하나도 없으며, 이것이 바로 여러분이 측정하고 정당화하려는 것이다. 따라서 인터뷰 내내 열린 자세를 유지하기 바란다.

인터뷰를 점수화하고 불편함을 측정하려는 목적에서 보면 나쁜 점수는 인터뷰가 실패라는 것(여러분의 가정이 이 인터뷰 대상자에게 해당되지 않음)을 의미한다. 즉, 인터뷰 참가자가 인터뷰 내내 다른 문제에 대해 이야기하면서 시간을 보냈다면 여러분이 고려하는 문제에 대해 느끼는 불편함이 충분히 크지 않다는 것이다. 실패한 인터뷰도 좋다. 그 결과 더 흥미로운 것을 발견하게 될 수도 있고 여러분의 마음고생이 줄어들 수도 있다.

2. 인터뷰 참가자가 문제를 적극적으로 해결하려고 노력 중이거나 과거에 노력한 적이 있는가?		
그렇다	다소 그렇다	그렇지 않다
응답자는 엑셀과 팩스를 사용해서 문제를 해결하려고 노력 중이다. 그렇다면 여러분은 대성공을 거두게 될지도 모른다.	응답자는 문제를 해결하려고 약간의 시간을 할애하기는 하지만 응당 겪어야 할 불편함으로 생각한다. 문제를 해결하려 노력하지 않는다.	응답자는 문제 해결에 시간을 할애하지 않으며 현 상황에 만족한다. 큰 문제가 아니다.
10점	5점	0점

인터뷰 응답자가 여러분이 고려하는 문제를 해결하기 위해 많은 노력을 기울일수록 좋다.

3. 인터뷰 참가자가 인터뷰 내내 적극적으로 참가하고 집중했는가?		
그렇다	**다소 그렇다**	**그렇지 않다**
응답자가 여러분의 말을 경청하고 여러분의 말을 이어받아 말하고 스마트폰이 울려도 무시했다.	응답자가 관심은 있지만 집중하지 않거나 여러분이 적극적으로 독려하지 않으면 별다른 말을 하지 않았다.	응답자가 시선을 돌리거나 핸드폰을 보기도 하고 인터뷰 시간을 줄이고 싶어 하고 완전히 무심해 보였다. 마치 만나주는 것만으로도 호의를 베풀고 있다는 태도였다.
8점	4점	0점

인터뷰 대상자들이 귀 기울여 듣고 이야기하고(활기찬 것도 좋은 일이다) 앞으로 몸을 기울이는 등 완전히 인터뷰에 몰입하는 것이 이상적이다. 인터뷰를 여러 번 하고 나면 인터뷰에 집중하고 참여하는 사람과 그렇지 않은 사람의 차이를 알게 될 것이다.

이 질문의 점수는 앞의 두 질문보다 낮다. 이유는 인터뷰 참여도는 다른 질문보다 더 주관적이라 측정하기 더 어렵기 때문이다. 또한 인터뷰 참여도에 높은 가중치를 주지 않는 것이 좋다. 그 이유는 앞의 두 질문만큼 중요하지 않기 때문이다. 어떤 사람은 인터뷰에 별로 몰입하지는 않았지만 여러분이 언급한 문제를 해결하려고 지난 5년 동안 노력했을지도 모른다. 이런 사람은 불편함을 많이 겪고 있으면서도 단지 주의가 쉽게 산만해지는 유형일 수도 있다.

4. 인터뷰 참가자가 (여러분의 솔루션을 보여줄) 다음 인터뷰에도 참가하겠다고 했는가?		
부탁하지 않았는데 그렇게 하겠다고 했다	**부탁하자 그렇게 하겠다고 했다**	**거절했다**
응답자가 '내일 당장' 솔루션을 볼 수 있으면 좋겠다고 생각한다.	한 번 더 인터뷰해도 괜찮다고 말은 했지만 갑자기 다음달 일정이 꽉 차버렸다.	응답자에게 솔루션을 보여주는 것이 아무 의미가 없다는 것을 두 사람 모두 깨달았다.
8점	4점	0점

문제 인터뷰의 목표는 너무 불편한 나머지 사람들이 해결하기 바라는 문제를 찾아내는 것이다. 그리고 여러분과 이야기를 나눈 사람들이 솔루션을 만들어달라고

애걸하면 가장 좋다. 다음 단계는 솔루션 인터뷰로, 사람들을 그 단계에 참여시킬 수 있다면 좋은 신호다.

5. 인터뷰 참가자가 다른 인터뷰 대상을 소개시켜주겠다고 했는가?		
부탁하지 않았는데도 그렇게 하겠다고 했다.	**부탁하자 그렇게 하겠다고 했다.**	**거절했다.**
부탁하지 않았는데도 이야기를 나눌 만한 사람들을 적극적으로 추천했다.	여러분이 부탁하자 결국은 다른 사람들을 추천해주었다.	인터뷰할 사람들을 추천해주지 않았다.
4점	2점	0점(그리고 여러분이 과연 대규모 시장에 접근할 수 있을지 가혹한 질문을 스스로에게 던져보라)

인터뷰를 마칠 때마다 다른 인터뷰 대상자를 소개해달라고 부탁해야 한다. 인터뷰 참가자들이 소개해주는 사람들은 인구통계학적으로 서로 비슷하고 같은 문제를 겪고 있을 가능성이 높다.

아마 이 단계에서 더 중요한 것은 응답자들이 가까운 사람들을 기꺼이 추천해주는지 보는 것이다. 추천해준다면 여러분을 소개하는 일이 부끄럽지 않으며 여러분을 소개해주면 자기가 더 괜찮은 사람으로 보인다고 생각한다는 뜻이다. 만약 여러분이 못마땅하다면 다른 사람을 소개해주지 않을 것이다.

6. 인터뷰 참가자가 솔루션을 즉시 구입하겠다고 했는가?		
요청하지 않았는데도 그렇게 하겠다고 했다.	**요청하자 그렇게 하겠다고 했다.**	**그렇지 않았다.**
요청하지 않았는데도 제품을 사겠다고 하고 값을 제시했다.	제품을 사겠다고 말했다.	사서 이용하겠다고 하지 않았다.
3점	1점	0점(그리고 여러분이 과연 대규모 시장에 접근할 수 있을지 가혹한 질문을 스스로에게 던져보라)

(실제로 사람들에게 솔루션을 경험하게 해주는) 솔루션 인터뷰 때 솔루션 구입 여부를 물어보는 경우가 더 흔하지만 문제 인터뷰도 '직감을 확인할' 좋은 기회다. 그리고 사람들이 돈을 지불할 의사를 밝힌다면 뜻밖의 수확이 될 것이다.

점수 계산

여섯 질문의 합산 점수가 31점 이상이면 좋은 점수고 그 이하는 나쁜 점수다. 모든 인터뷰에 점수를 매기고 좋은 점수를 받은 인터뷰가 몇 건인지 세어보라. 이것은 여러분이 해결하고자 하는 문제에 대해 뭔가 알아냈는지 보여주는 좋은 지표다. 그런 다음 좋은 점수를 받은 인터뷰와 나쁜 점수를 받은 인터뷰가 어떻게 다른지 스스로에게 물어보라. 아마 고객군이 달랐을 수도 있고 여러분이 옷을 잘 차려입었을 때 좋은 결과가 나왔을 수도 있으며 카페에서 인터뷰했을 때 나쁜 결과가 나왔을 수도 있다. *모든 것이 뭔가를 배울 수 있는 실험이다.*

또한 여러분이 제시한 여러 문제에 응답자들이 매긴 순위를 종합할 수도 있다. 만약 세 가지 문제를 제시했다면 1위를 가장 많이 차지한 문제는 어떤 것인가? 이 문제를 더 깊이 파고들고 (솔루션 인터뷰 동안) 이 문제부터 솔루션을 제안하기 시작하는 것이 좋다.

최상의 시나리오는 어떤 인터뷰 대상군의 인터뷰 점수가 매우 높고 이 인터뷰 대상들이 문제에 대해 모두 동일한 (또는 매우 비슷한) 순위를 준 경우다. 이 경우는 적절한 문제와 적절한 시장을 발견했다고 *더 확신*할 수 있을 것이다.

| 사례 연구 | **클라우드9 IDE, 기존 고객을 인터뷰하다**

클라우드9 IDE는 웹과 모바일 개발자들이 언제 어디서든 협업할 수 있는 클라우드 기반의 통합 개발 환경integrated development environment, IDE을 제공한다. 이 플랫폼은 주로 자바스크립트와 Node.js 앱 개발용이지만 다른 프로그래밍 언어도 지원하도록 확장되고 있다. 이 회사는 악셀[2]과 아틀라시안[3]으로부터 시리즈 A 펀딩을 받았다.

클라우드9 IDE는 초기 문제 인터뷰 단계를 예전에 거쳤지만 여전히 정기적으로 고객들과 이야기를 나누고 체계적인 고객 개발 활동을 수행한다. 제품 관리자 이바르 프루인Ivar Prujin은 말한다. "우리는 제품/시장 적합성을 거의 달성했고, 고객들과

---

2 역자주_ Accel, 벤처캐피탈
3 역자주_ Atlassian, 소프트웨어 개발 전문 업체

대화하는 것은 큰 도움이 됩니다. 우리가 고객의 니즈를 충족시키고 있는지, 고객들이 우리 제품을 어떻게 사용하고 있는지 이해할 수 있으니까요."

이바르는 앞에서 설명한 점수 체계를 도입했고 실시하는 인터뷰 유형에 맞게 질문을 일부 수정했다. "현재 우리 제품을 사용 중인 고객을 인터뷰하기 때문에 질문이 약간 다릅니다. 그렇지만 점수 체계는 같습니다." 인터뷰를 실시한 다음 이바르가 스스로에게 묻는 처음 두 질문은 다음과 같다.

1. 인터뷰 참가자가 자신의 업무 흐름에 대해 이야기할 때 우리 제품이 해결하거나 곧 해결하게 될 문제를 언급했는가?
2. 인터뷰 참가자가 우리 제품이 해결하거나 곧 해결할 문제를 스스로 해결하려고 적극적으로 노력하고 있거나 과거에 노력한 적이 있는가?

"이 질문을 통해 실제 고객을 위해 우리가 문제를 얼마나 잘 해결하고 있는지 판단합니다. 점수가 낮은 항목이 많으면 뭔가가 잘못되고 있는 거죠."

다행히 대부분의 인터뷰 점수는 좋았지만 이바르는 더 깊이 파고들어 많은 것을 알아낼 수 있었다. "나는 제품 개선의 초점을 맞출 고객 유형을 발견할 수 있었습니다. 인터뷰에서 가장 높은 점수를 얻은 두 고객군을 가려낼 수 있었지요. 특히 니즈 충족과 문제 해결에 대한 점수가 높았습니다."

첫 인터뷰를 점수화한 다음 이바르는 두 가지 방식으로 인터뷰 결과와 점수를 확인했다. 먼저, 그는 회사의 가장 활동적인 사용자들 중 일부를 인터뷰해서 이들이 어떻게 일하는지 자세히 알아냈다. 두 번째, 그는 제품이 어떻게 사용되는지 보여주는 데이터 웨어하우스를 분석했다. 이 두 가지 다 그가 처음에 발견한 사실, 즉 두 특정 고객군이 다른 고객군보다 제품에서 상당히 높은 가치를 얻고 있다는 점을 확인해주었다. 그는 말한다. "흥미롭게도 이 고객군들은 둘 다 우리가 처음에 주력했던 그룹이 아니었습니다. 인터뷰를 정리하고 나서야 우리는 시간과 에너지를 어디에 더 투입해야 할지 알게 됐습니다."

클라우드9 IDE는 이미 공감 단계를 지났음에도 불구하고 개방형 인터뷰를 진행하고 인터뷰를 점수화한 결과 흡인력이 더 높고 빨리 성장할 수 있는 시장군을 발견했다. 게다가 인터뷰 질문을 점수화하자 시간이 흐르면서 인터뷰가 개선되었고, 행동에 반영할 수 있는 결과에 초점을 두게 되었다.

요약

- 클라우드9 IDE는 회사가 공감 단계를 훨씬 지났음에도 고객 인터뷰를 실시하고 점수를 매기기로 결정했다.
- 인터뷰 결과 고객들이 만족하고 있다는 사실을 알게 되었을 뿐만 아니라, 제품에서 더 높은 가치를 얻는 두 특정 고객군을 발견했다.
- 이 사실을 이용하여 분석 데이터를 비교하고 이 고객군들이 정말 제품을 다른 고객군들과 비교할 때 다르게 사용하고 있는지 확인했다. 그 결과 이제 기능 및 마케팅 우선순위를 결정할 때 이 점을 반영하고 있다.

분석적 교훈

스타트업이 현재 어떤 단계에 있든 고객을 인터뷰하고 인터뷰를 점수화할 수 있다. 인터뷰를 통해 피드백을 얻을 수 있을 뿐만 아니라 목표 시장으로 삼을 만한 독특한 문제나 니즈를 가진 시장군을 발견할 수도 있다.

사람들은 현재 어떻게 문제를 해결하고 있는가

해결할 가치가 있는 문제인지 알려주는 신호 중 하나는 많은 사람이 이미 이 문제를 해결하려고 노력하는 중이거나 과거에 노력한 적이 있다는 사실이다. 사람들은 자신에게 중요하면서도 정말 불편한 문제는 해결하려고 다각도로 노력한다. 일반적으로 사람들은 다른 문제를 해결하기 위해 만들어진 제품을 이용하지만 이런 제품은 그저 '쓸 만한 수준'인 경우가 많다. 이런 제품조차 없다면 직접 뭔가를 만들기도 한다. 정성적 인터뷰에 대해서도 나중에 다음과 같은 몇몇 숫자를 분석할 수 있다.

- 문제를 해결할 시도조차 않는 사람은 몇 명인가? 만약 사람들이 문제를 해결하려고 노력하지 않는다면 다음 단계로 진행하는 것은 매우 신중해야 한다. 먼저 사람들이 문제를 인식하게 해야 한다.
- 현재 사용 중인 '쓸 만한' 솔루션에 대해 자진해서 말한 사람은 몇 명인가? 솔루션 인터뷰 때 솔루션에 대해 더 많은 이야기를 나누겠지만 스타트업은 '쓸 만한' 솔루션을 과소평가하는 경향이 있다. 짝이 맞지 않는 양말은 보편적으로 겪는 문제지만 이런 문제를 해결해서 돈을 버는 사람은 아무도 없다.

이상주의직인 스타트업은 시장의 관성을 과소평가하는 경우가 너무 많다. 이들은 고객에게 크게 중요하지 않은 특징, 기능, 전략을 이용해서 선두업체를 공격한다. 이들의 MVP는 변화를 불러일으키기에는 너무 미미하다. 이들은 더 날렵한 UI, 더 단순한 시스템, 소셜 기능 등을 제공하는 자신의 제품이 틀림없이 경쟁에서 이길 것이라고 생각한다. 그런데 '그저 쓸 만한 제품'이 승리를 거두는 것이다.

스타트업이 성공을 거두기 위해 극복해야 할 장벽은 시장에서의 선두업체보다 훨씬 높다. 선두업체는 이미 시장에 존재하며 기반을 잃고 있더라도 보통 그 속도가 느리다. 스타트업은 가능한 한 빨리 규모를 키워야 한다. 선두업체보다 10배는 더 뛰어나야 사람들이 여러분의 제품을 알게 될 것이고, 100배는 더 창의적이고 전략적이고 은밀하고 적극적이어야 한다. 선두업체가 고객과 다소 거리가 있는 것처럼 보일지는 모르지만 그래도 여전히 어떤 업체보다도 고객에 대해 잘 알고 있다.

기존 업체로부터 고객을 빼앗아 오려면 훨씬 더 열심히 일해야 한다. 단순히 기존 업체의 '명백한' 결점(구식 디자인 등)만 쳐다보고 그걸 고치면 된다고 소극적으로 생각하면 안 된다. 고객이 정말 불편해 하는 것을 찾고 여러분이 그 문제를 빠르고 성공적으로 해결할 수 있을지 확실히 알려면 훨씬 더 깊이 파고들어야 한다.

이 문제를 중요하게 생각하는 사람들이 충분히 있는가 (시장 이해하기)

사람들이 충분히 불편해하는 문제를 찾았다면 다음 단계는 시장 규모와 잠재성을 파악하는 것이다. 고객이 한 명뿐이라면 시장이라 볼 수 없다는 것, 그리고 중요하게 여기는 사람이 너무 작은 문제를 해결하려 하면 안 된다는 것을 명심하라.

시장 규모를 추정할 때는 하향식top-down 분석과 상향식bottom-up 분석을 모두 실시하고 그 결과를 비교하는 것이 좋다. 이렇게 하면 추정치가 정확한지 확인할 수 있다.

하향식 분석은 큰 숫자로 시작해서 이것을 더 작은 숫자로 나누는 방식이다. 상향식 분석은 반대다. 예를 들어 뉴욕시에 있는 한 식당의 경우를 살펴보자.

- 하향식 모델은 미국 전체 외식비 규모를 파악하고 이 중 뉴욕시가 차지하는 비율을 살펴본 다음 뉴욕시의 식당 수를 파악하고 마지막으로 식당 한 군데의 매출을 계산한다.
- 상향식 모델은 식당의 테이블 수를 세고, 회전율과 테이블당 평균 식단가를 계산한다. 그런 다음 이것을 연간 운영일수와 곱한다(이때 계절적 변동 요인을 고려하여 조정한다).

이것은 매우 단순화된 계산이다. 이 외에도 식당의 위치, 식당의 종류 등 고려해야 할 요소가 많다. 어쨌든 최종적으로 두 개의 연매출 추정치가 계산된다. 만약 이 두 수치가 크게 다르면 사업 모델에 문제가 있는 것이다.

문제 인터뷰를 실시할 때 인터뷰 대상자가 어떤 사람인지 알기 위해 인구통계학적 질문을 충분히 해야 한다. 이 질문은 인터뷰 대상자와 여러분이 시작하려는 사업의 종류에 따라 크게 다를 것이다. 기업 시장을 공략한다면 인터뷰 대상자의 직책, 구매력, 예산, 계절적 요인, 업계 현황에 대해 알아야 한다. 일반 소비자가 목표 시장이라면 라이프스타일, 관심사, 가깝게 지내는 사람들 등을 알아야 한다.

사람들이 문제를 인식하게 하려면 어떻게 해야 하는가

비록 사람들이 문제를 인식하지는 못하지만 니즈가 정말 있다는 좋은 근거를 찾았다면 사람들이 얼마나 쉽게 문제를 인식하게 될지, 어떻게 인식하게 될지를 이해해야 한다.

조심해야 할 것이 있다. 사람들은 대부분 문제가 없어도 여러분에게 동의할 것이다. 사람들은 상대의 기분을 해치고 싶어 하지 않는다. 이들은 여러분에게 맞춰주기 위해 여러분이 알려주는 문제를 겪고 있는 척한다. 만약 사람들에게 문제가 있다는 확신이 들면 – 그리고 단지 문제를 인식하게 하면 된다고 생각한다면 – 이 생각을 테스트할 방법을 찾아야 한다.

사람들에게서 더 정직한 대답을 들을 수 있는 몇 가지 방법은 다음과 같다.

- 가능한 한 빨리 프로토타입을 보여주어라.
- 종이에 그린 프로토타입이나 파워포인트, 키노트Keynote, 발사믹Balsamiq 등으로 만든 아주 간단한 모형을 이용해서 여러분이 알려주지 않아도 이들이 여러분의 아이디어, 즉 모형과 어떻게 상호작용하는지 관찰하라.

- 이들이 즉시 제품을 구입하려 하는지 보라.
- 이들이 친구에게 제품을 설명하는 모습을 관찰하고 어떻게 메시지를 전달해야 하는지 알고 있는지 보라.
- 관심을 가질 만한 다른 사람들을 추천해달라고 부탁하라.

고객의 일상

문제 인터뷰 동안 여러분은 고객을 깊이 이해해야 한다. 우리는 일찍이 인구통계학적 데이터를 수집하는 것과 고객들을 다양한 고객군으로 나누는 방법에 대해 이야기했다. 그러나 여러분은 이것보다 더 깊이 들어가서 고객에 대해 훨씬 많은 것을 알아낼 수 있다. 여러분은 고객의 생각을 이해할 수 있다.

고객들은 사람이다. 이들은 삶을 살아가고 있다. 자녀들이 있고 과식을 하기도 하고 잠을 잘 이루지 못하기도 한다. 전화로 직장에 병결을 알리기도 하고 지루해하기도 하며 때로는 TV 리얼리티 쇼를 머리가 아플 정도로 보기도 한다. 만약 여러분이 이상적 행동과 합리적 경제생활을 영위하는 구매자를 염두에 두고 제품을 만든다면 사업은 실패할 것이다. 그러나 고객들을 있는 그대로 이해하고 이들의 삶에 자연스럽게 파고드는 제품을 만든다면 고객은 그 제품에 애정을 갖게 될 것이다.

이렇게 하려면 여러분은 고객의 일상에 침투해야 한다. '침투'라는 말을 나쁘게 생각하지 말라. 여러분의 사업이 성공하려면 고객들이 여러분의 앱을 사용해야 한다. 그러려면 여러분 스스로를 고객의 생활에 자연스럽고 매끄럽게 침투시켜야 한다. 고객의 일상을 이해한다는 것은 고객이 하는 모든 일과 언제 그것을 하는지 정확하게 알고 있다는 뜻이다. 적절한 방법을 사용하면 어떤 일을 하는 이유도 알 수 있다. 여러분은 영향을 주는 사람들(상사, 친구, 가족, 직원 등), 한계, 제한 요소, 기회 등도 알아야 한다.

이것을 정리하는 방법으로 '일상' 스토리보드가 있다. 스토리보드는 시각적이며 – 벽에 여러 가지 색의 접착식 메모지들을 붙이게 될 것이다 – 고객의 생활을 따라가면서 여러분의 솔루션이 어디에 가장 큰 영향을 줄지 알아낼 수 있다. 그림

15-1은 스토리보드의 예를 보여준다.

이런 스토리보드를 만들면 누가, 언제, 어떻게 여러분의 솔루션을 사용할지에 대한 좋은 가설을 훨씬 쉽게 세울 수 있다. 여러분은 사용자들에게 개입하고 사용자들의 삶에 스며드는 다양한 기법을 실험할 수 있다. 적절한 수준의 긍정적인 접근을 통해 성공적으로 여러분의 제품을 사용하게 할 수 있다.

또한 고객의 일상을 그려보면 여러분이 고객에 대해 잘 모르는 게 무엇인지 알 수 있다. 그리고 시급히 다루어야 할 위험 영역은 이런 잘 모르는 부분이다. 여러분의 솔루션이 언제 어떻게 사용될지 더 분명히 알면 성공적인 최소 존속 제품을 설계할 가능성이 높아진다.

'고객의 일상'을 작성하는 활동은 목표 시장과 목표 고객군을 단순히 정의하는 것을 넘어서 사람들이 여러분의 솔루션을 어떻게 사용하는지 매우 자세하게 표현해보는 방법이다. 결국 여러분은 사람들에게 제품을 판매할 것이다. 사람들에게 어떻게 접근하고 개입해야 하는지, 이들이 여러분의 솔루션을 필요로 하는 바로 그 순간 어떻게 이들의 삶을 바꿀 수 있는지 파악하고 있어야 한다.

그림 15-1 하이스코어하우스가 그려본 부모 역할

사용자 경험 설계자들은 사람들의 생각을 이해하기 위해 심성 모델mental model을 사용하기도 한다. 심성 모델은 현실 세계의 어떤 것을 생각으로 나타낸 것이며, 다루기 쉽게 현실을 단순화시킨 버전인 경우가 많다. 심성 모델은 가령 컴퓨터 화면의 쓰레기통처럼 상징의 형태를 띠기도 하고 집단에 대한 충성이나 외국인 혐오증처럼 파충류의 뇌[4] 깊이 새겨져 있는 단순하고 근본적인 패턴이기도 하다.

어댑티브패스[5]의 공동창업자 인디 영Indi Young은 심성 모델을 광범위하게 다룬 책을 집필했는데, 여기에서 그는 고객의 생활 및 패턴과 제품, 서비스, 고객과의 상호작용을 연결시키는 다수의 방법을 개발했다.[6] 그림 15-2는 인디 영의 작업 사례를 보여주는 그림으로, 다양한 제품 카테고리와 함께 고객의 아침 활동을 나열하고 있다.[7]

그림 15-2 심성 모델을 이용해 아침 일과를 상세히 분석한 사례

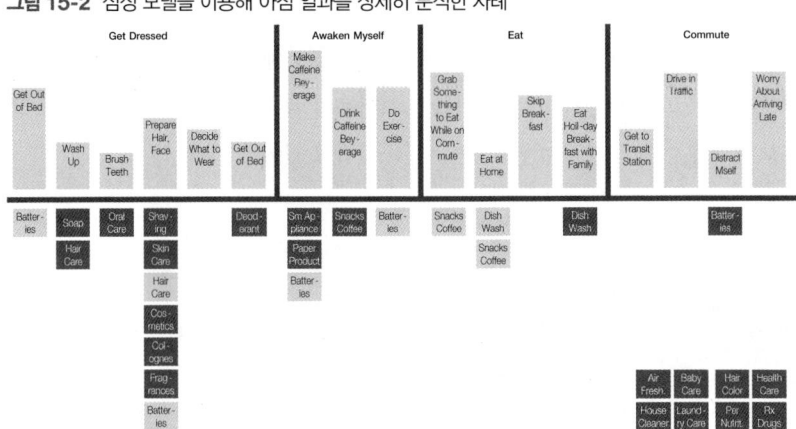

특정일을 할 때의 고객 행동을 개략적으로 기술해보고 여러분의 제품을 통해 할 수 있는 활동과 기능을 이 행동들에 맞추면 사용자 인게이지먼트를 높이거나

---

4 역자주_ Reptillian Brain 또는 R-Complex. 폴 매클린의 뇌 삼위일체론에 따라 뇌를 구분했을 때 뇌간이 가장 원시적인 부분이라 생각해 파충류의 뇌라고 칭한다. 동물적인 본능을 발휘하는 기능을 담당한다.

5 역자주_ Adaptive Path, 디자인 컨설팅 전문 업체

6 http://rosenfeldmedia.com/books/mental-models/info/description

7 이 심성 모델 다이어그램은 인디 영의 저서 『멘탈 모델』(2009, 인사이트)에서 인용했다. http://www.flickr.com/photos/rosenfeldmedia/2125040269/in/set-72157603511616271

상향 판매upselling를 유도하고 구매자들의 호감도를 높이거나 구매자들에게 영향을 미칠 기회를 잡을 수 있다. 만약 개인 피트니스 도구를 만들고 있다면 헬스클럽 이용, 휴가철 폭식, 아침 일과 등과 시기적절하게 어우러지게 함으로써 더 적합하고 흥미로운 경험을 만들어낼 수 있을 것이다.

| 패턴 |

인터뷰 대상 찾기

오늘날 세계는 물리적인 상호작용을 꺼리는 경향이 있다. 원격으로 의사소통하는 방법이 많이 있기는 하지만 니즈를 찾으려 할 때는 이런 방법은 대부분 적합하지 않다. 가망 고객과 직접 만나지 않으면 몸을 움찔하는 등 미묘한 신체 언어를 감지할 수 없다. 여러분이 제시한 문제가 고객에게 진짜 중요한 문제일 때 상대방은 말하면서 호흡이 거칠어질 테고 별로 중요하지 않으면 어깨를 으쓱하는, 그런 차이도 볼 수 없을 것이다.

그렇다고 IT 기술이 쓸모없다는 말은 아니다. 우리에게는 가망 고객을 찾는 데 사용할 수 있는 IT 도구가 있는데, 이전 세대의 창업가들의 눈에는 엄청난 위력을 가진 도구로 보일 것이다. 여러분은 사무실을 나서기 전에 이야기를 나눌 사람들부터 찾아야 한다. 이런 사람들을 효율적으로 찾을 수 있다면 행운이다. 다시 말해 사람들이 여러분의 아이디어를 받아들이면 이들과 비슷한 사람들을 더 찾을 수 있고 고객 기반도 구축할 수 있다.

이제 '왜 진작 이 생각을 못했지' 싶을 정도로 간단하고 이해하기 쉬운 방법을 몇 가지 소개한다.

트위터의 상세 검색

스타트업에 트위터는 금맥과 같다. 트위터의 비대칭적인 구조(나는 당신을 팔로우하지만 당신은 나를 팔로우하지 않아도 된다)와 비교적 자유롭게 이용할 수 있는 구조 덕분에 사람들 사이에 상호작용이 쉽게 일어날 수 있다. 그리고 우리에게는 허영심이 있다. 여러분이 누군가를 거론하면 그는 여러분이 자신에 대해 뭐라고 말했는지, 그리고 여러분이 누구인지 알려고 할 것이다. 이런 기능을 악용하지 않는 한, 트위터는 인터뷰 대상을 찾는 좋은 방법이 될 수 있다.

가령 여러분이 변호사용 제품을 만들고 있으며 관련된 사람들과 이야기를 나누고 싶다고 가정하자. 그림 15-3과 같이 트위터의 상세 검색[8]에 검색어와 위치 정보를 입력하라.

그림 15-3 트위터의 상세 검색 기능을 이용해 사람 찾기

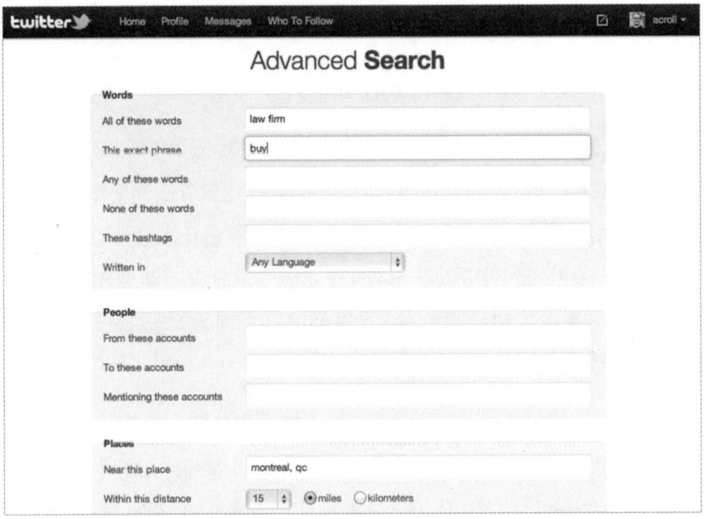

그러면 그림 15-4와 비슷하게 검색어와 관련 있는 기관과 사람들 목록을 얻을 수 있다.

이제 여러분이 무례하지 않게 조심스럽게 행동하면 이들과 접촉할 수 있다. 무작위로 메일을 보내지 말고 이들에 대해 어느 정도 파악하고 어디에 살며 이들이 무슨 이야기를 하는지 지켜보다가, 이들이 뭔가 관련 있는 이야기를 할 때 또는 여러분이 그렇게 해도 될 만하다고 느낄 때 터놓고 이야기하라. 가령 설문조사에 참여해달라고 부탁하라.

트위터를 더 깊이 분석하거나 사람들을 찾을 수 있게 도와주는, 다른 흥미로운 도구도 있다. 모즈^{Moz}는 팔로어웡크^{Followerwonk}라는 도구를 제공하며, 인물 검색 엔진인 트웰로우^{Twellow}라는 도구도 있다.

---

8 역자주_ https://twitter.com/search-advanced

그림 15-4 트위터에서 진짜 고객들을 쉽게 찾을 수 있다.

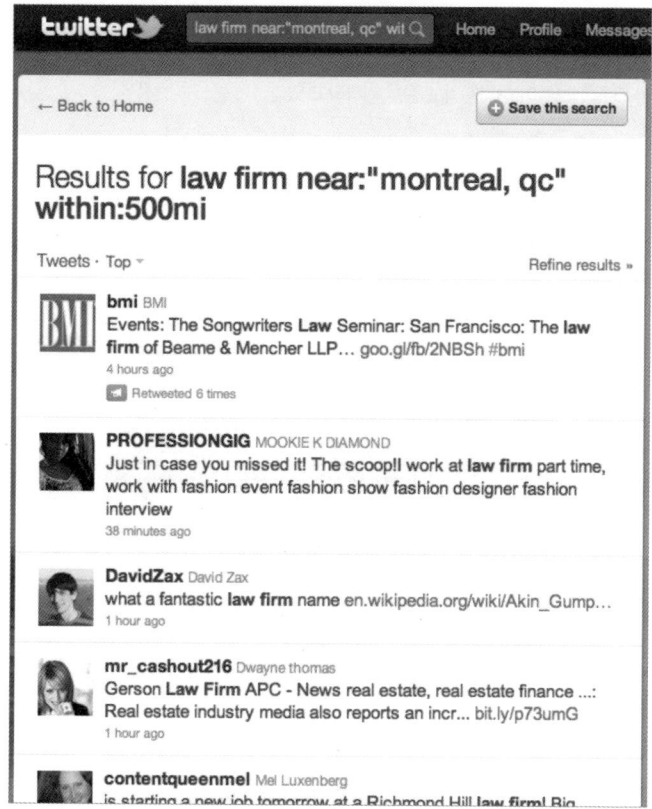

링크드인

스타트업에 많은 도움이 되는 또 다른 도구는 링크드인이다. 그림 15-5처럼 링크드인에서 검색하면 엄청난 양의 인구통계학적 데이터를 이용할 수 있다.

링크드인 안에서 이런 사람들과 관계를 맺을 필요는 없다. 왜냐하면 이들의 이름과 전화번호를 찾고 이들의 회사 전화번호를 찾아본 다음 전화를 걸면 되기 때문이다. 그러나 서로 알고 있는 친구가 있으면 그 친구를 통해 연락하는 편이 훨씬 좋다.

또한 링크드인에는 검색하고 가입할 수 있는 그룹이 있다. 이 그룹의 대부분은 특정 관심사에 따라 나누어져 있으므로 적절한 사람들을 찾고 이들에 대한 기본적인 정보를 조사할 수 있다.

그림 15-5 이 모든 정보들이 여러분의 손길을 기다리고 있다.

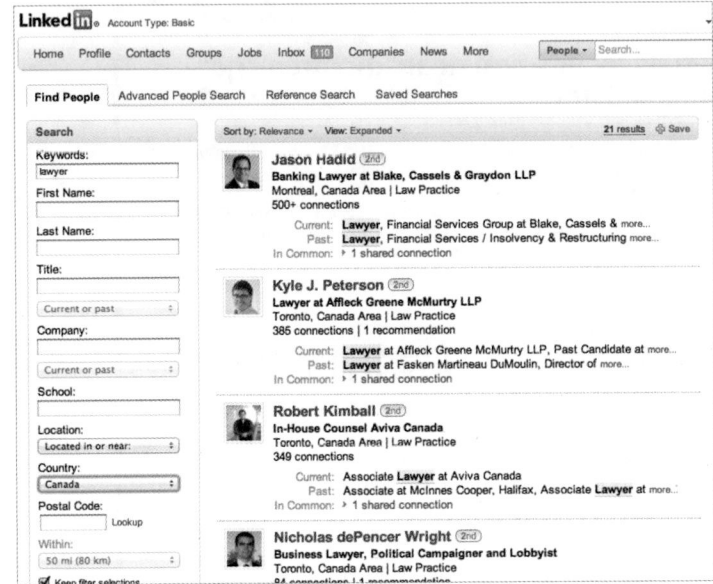

페이스북

페이스북을 이용하는 것은 좀 더 위험하다. 왜냐하면 페이스북은 상호관계를 기반으로 하기 때문이다(사람들이 여러분과 친구 맺기를 해야 한다). 그렇지만 그림 15-6처럼 검색 결과만 보더라도 시장 규모를 짐작할 수 있으며, 가입할 유용한 그룹을 발견하고 테스트나 포커스 그룹 인터뷰에 참가해달라고 부탁할 수 있다.

이 방법 중 어떤 것은 너무 뻔해 보인다. 그렇지만 여러분이 사무실을 나서기 전에 온라인이든 오프라인이든 조금만 준비하면 더 빨리 좀 더 유용한 데이터를 얻고 몇 주 아닌 며칠 만에 사업에 대한 가정을 검증할 수 있을 것이며, 이로써 상황은 확연히 달라질 것이다.

그림 15-6 자세한 정보는 없지만 페이스북은 적절한 인물을 보여준다.

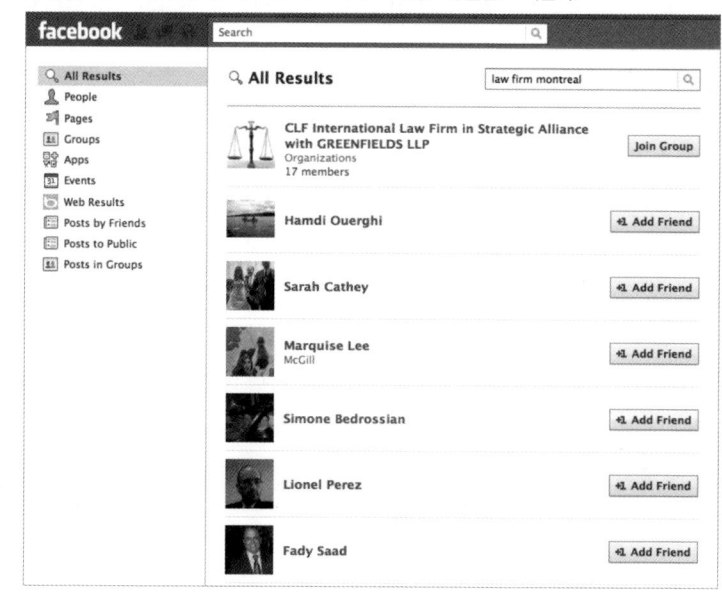

정량적 분석

(인터뷰를 첫 10~20회 실시한 후에도) 고객 인터뷰를 계속 실시하고, 여러분이 사람들에게 실시한 인터뷰 질문에 기반을 두고 제품을 지속적으로 개선하며, 사람들을 더 깊이 분석하고, 가능한 한 많은 것을 알아내야 한다. 또한 이런 노력의 대상을 확장하고 정량적 분석으로 옮겨갈 수 있다. 이제 대규모로 사람들과 대화를 나눌 때다.

대규모 정량적 분석은 다음과 같은 일을 한다.

- 일정한 틀 안에서 논의를 펼치게 하므로 주관적 분석에서 객관적 분석으로 이동시켜준다.
- 많은 사람들로부터 주목을 받을 수 있는지 테스트한다.
- 분석하고 분류할 수 있는 정량적 정보가 생긴다. 그리고 개별 그룹으로는 파악하기 힘든 패턴이 보이기도 한다.
- 응답자들이 베타 사용자가 되거나 커뮤니티의 기반이 될 수 있다.

대규모 사람들의 의견을 듣기 위해서는 설문조사, 랜딩 페이지 등 여러 가지 기법을 이용할 수 있다. 이런 방법을 이용하면 폭넓은 사람들과 접촉할 수 있고, 인터뷰에서 입수한 정성적 피드백을 뒷받침하는 더 강력하고 데이터 주도적인 근거를 구축할 수 있다.

| 사례 연구 | **라이크브라이트, '미케니컬턱' 이용해 테크스타 프로그램에 선정되다**

데이팅 서비스를 제공하는 초기 단계의 스타트업 라이크브라이트LikeBright는 2011년 테크스타TechStars 시애틀 창업지원 프로그램에 선정되었다. 그러나 여기까지의 과정이 쉽지는 않았다. 창업자 닉 소먼Nick Soman에 의하면 처음에는 시애틀 프로그램의 앤디 색Andy Sack 이사가 "귀사는 고객을 잘 이해하지 못하는 것 같습니다"라며 라이크브라이트를 거절했다고 말한다.

지원 마감일이 다가오는 가운데 앤디 색은 닉 소먼에게 과제를 주었다. 100명의 독신 여성을 만나 실망스러운 데이트 경험에 대해 이야기를 나눈 다음 여기까지 알아낸 사실을 테크스타에 전해달라는 것이었다.

닉 소먼은 당혹스러웠다. 짧은 시간 안에 어떻게 그렇게 많은 여성과 만나고 이야기를 나눌 수 있단 말인가? 가능할 것 같지 않았고 가능하다고 해도 쉽지 않을 것 같았다. 그러다가 그는 미케니컬턱Mechanical Turk을 이용해 실험을 하기로 했다.[9]

미케니컬턱은 아마존의 서비스로, 여러분이 원하는 간단한 일을 수행하는 사람에게 소액의 돈을 지불할 수 있다. 이 서비스는 로고나 색 등에 대해 신속히 사람들의 의견을 알아보기 위해 사용되기도 하고 사진에 태그를 달거나 스팸을 표시하는 등의 작은 과제를 시키기 위해 사용되기도 한다.

생각해낸 방법은 미케니컬턱을 사용해 100명의 독신 여성을 대상으로 설문조사를 실시하는 것이었는데(특정한 프로필에 맞는), 여성들이 닉에게 전화하는 과제(미케니컬턱은 HIT라고 부른다)를 수행하면 2달러를 지불했다. 인터뷰는 보통 10~15분 동안 진행되었다.

닉 소먼은 이렇게 말한다. "나는 미케니컬턱이 사람들의 단면을 잘 보여준다는

---

[9] http://customerdevlabs.com/2012/08/21/using-mturk-to-interview-100-customers-in-4-hours/

사실을 알게 되었습니다. 우리는 자신의 데이트 경험에 대해 기꺼이 이야기를 나누고자 하는, 고학력의 다양한 여성을 많이 발견했습니다."

닉 소먼은 구글 보이스Google Voice 전화번호(추적하거나 재활용할 수 없는 임시 전화번호)를 몇 개 신청하고 도와줄 친구를 몇 명 구했다.

라이크브라이트는 문제 검증 단계였기 때문에 그는 개방형 질문으로 구성된 간단한 인터뷰 원고를 준비했다. 닉은 말한다. "나는 이들의 피드백에 몹시 놀랐습니다. 우리는 하루 저녁 4시간 만에 우리 기준을 충족시키는 독신 여성 100명과 인터뷰할 수 있었습니다."

그 결과 닉은 라이크브라이트를 구축하면서 겪게 될 어려움과 잠재 고객에 관해 더 많은 사실을 알게 되었다. 그는 이런 내용을 가지고 다시 테크스타의 앤디 색을 찾아갔고 좋은 인상을 준 끝에 프로그램에 선정되었다. 라이크브라이트의 웹사이트는 이제 여성이 사용자의 50%를 차지하고 있으며 최근 한 차례 자금 조달을 마쳤다. 닉 소먼은 계속 미케니컬턱을 애용하고 있다. "그때 고객 인터뷰를 처음 실시한 이후 지금까지 미케니컬턱을 이용해 1,000명도 넘는 사람들과 인터뷰한 것 같습니다"라고 그는 말한다.

요약
- 라이크브라이트는 짧은 시간 안에 많은 최종사용자와 이야기를 나누기 위해 IT 솔루션을 이용했다.
- 24시간 안에 100명의 가망 고객과 이야기를 나눈 후에 창업자들은 스타트업 창업지원 프로그램에 선정되었다.
- 구글 보이스와 미케니컬턱을 함께 사용해 큰 성과를 봤기 때문에 라이크브라이트는 이 서비스를 계속 이용하고 있다.

분석적 교훈
정성적 데이터는 반드시 필요한데, 이런 정성적 데이터 수집의 효율을 크게 높이기 위해 IT 기술을 이용할 수 있다. 공감 단계에서는 짧은 시간 안에 많은 사람으로부터 양질의 피드백을 받을 수 있는 시스템 구축에 주력하라. 고객 개발은 소프트웨어 개발과 다르지만 그렇다고 고객 개발 자원을 많이 투입하면 안 된다는 뜻은 아니다.

라이크브라이트는 많은 사람과 접촉하기 위해 미케니컬턱을 선택했지만 다른 도구들도 많이 있다. 이미 고객 개발을 충분히 실시해서 어떤 질문을 물을지 알고 있다면 설문조사도 효율적일 수 있다. 설문조사의 어려움은 참가자를 찾는 것이다. 지금까지 실시했던 일대일 인터뷰와 달리 여기서는 설문조사 과정을 자동화하고 불가피하게 발생하는 통계적 오류를 처리해야 한다.

만약 여러분에게 팔로워가 있거나 메일링 리스트를 이용할 수 있다면 거기에서 출발할 수 있지만 대부분은 새로운 사람을 찾아야 한다. 이들은 새로운 정보원이며 친분으로 인한 왜곡된 의견을 줄 가능성이 낮다. 이는 모르는 사람들에게 소프트웨어를 통해 접근한다는 의미며, 이렇게 함으로써 설문조사 요청 과정이 자동으로 진행된다.

그림 15-7 구글에서 광고 대상을 설정하는 방법

✓ Select campaign settings	Create ad and keywords

Select campaign settings

You're ready to create your first campaign!
Try focusing on one product or service to start. You can edit these settings or expand your account whenever you like question mark icons on this page.

General

Campaign name   **Tools For Montreal Lawyers** Edit

Locations and Languages

Locations ⓘ In what geographical locations do you want your ads to appear?
- Province: **Quebec, CA**
Edit

Languages ⓘ **English** Edit

⊕ Advanced location options

Networks and devices

Networks ⓘ **Search** Edit

Devices ⓘ **All** Edit

Bidding and budget

Bidding option ⓘ **Focus on clicks, manual maximum CPC bidding** Edit

Budget ⓘ **CA$50.00/day** Edit

페이스북에는 매우 특정한 집단을 대상으로 광고를 운영할 수 있는 광고 플랫폼이 있다. 여러분은 광고 대상자들을 인구통계학적 특징, 관심사 등에 따라 분류할 수 있다. 비록 페이스북 광고의 클릭률은 극히 낮지만 이 단계에서 규모를 반드시 고려할 필요는 없다. 대화를 나눌 20~30명만 찾으면 좋은 출발점이 될 수 있고, 여러분이 올린 광고 및 광고와 연결된 랜딩 페이지를 통해 메시지 전달을 테스트할 수도 있다.

링크드인에서는 매우 특정한 사람들을 대상으로 광고를 운영할 수 있다. 돈은 좀 들지만 링크드인 연락처와 그룹을 검색해서 좋은 가망 고객을 찾아냈다면 이 광고 플랫폼을 이용해 초기 메시징을 테스트하는 것도 고려해볼 수 있다.

구글에서는 광고 캠페인의 대상을 지정하기가 매우 쉽다. 웹에서 설문조사에 참가하게 만들거나 회원으로 가입하게 하고 싶다면 놀라울 정도로 정확하게 실행할 수 있다. 구글 애드워즈AdWords 광고를 설정하는 첫 단계에서 광고 대상자의 지역, 언어 및 기타 정보를 지정해야 한다(그림 15-7 참조).

그림 15-8 여러분이라면 이 광고를 클릭하겠는가?

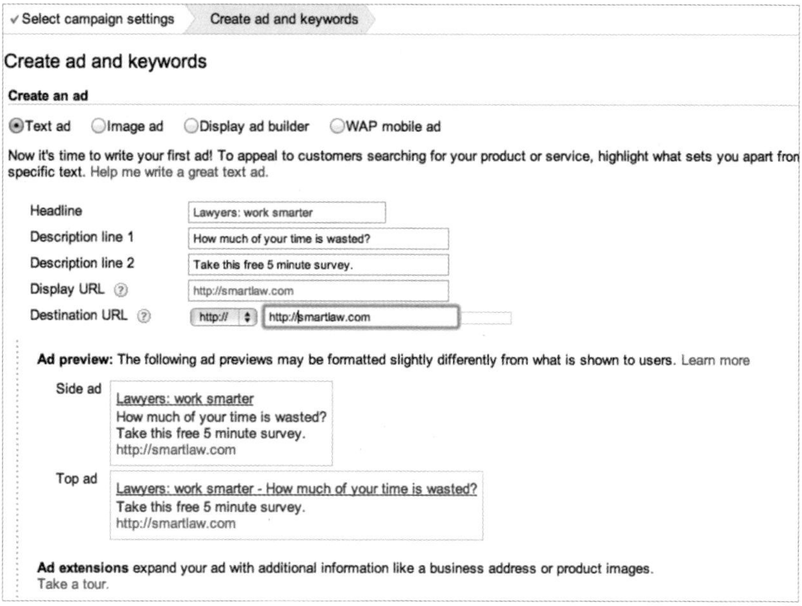

이렇게 하고 나면 그림 15-8과 같은 화면을 이용해 광고 메시지를 만들 수 있다. 이것은 다양한 문구와 접근 방식을 실험해볼 수 있는 매우 좋은 방법이다. 사람들이 클릭하지 않은 광고라도 도움이 되는데, 이는 어떤 메시지가 효과가 없는지 알 수 있기 때문이다. 공포, 탐욕, 사랑, 풍요 등 기본 감정을 다양하게 자극해보라. 어떤 광고를 올렸을 때 사람들이 클릭하고 시간을 내서 설문조사를 작성하거나 이메일 주소를 입력하는지 파악하라.

구글에는 구글 컨슈머서베이Consumer Surveys라는 설문조사 플랫폼도 있는데, 이것은 소비자 정보를 수집하기 위해 설계되었다.[10] 구글의 콘텐츠와 광고는 매우 광범위한 사람들에게 노출되므로 구글의 설문조사 결과는 대상 집단을 통계적으로 대표한다고 볼 수 있다.

구글은 '설문조사 벽[11]'이라는 접근법을 사용하는데, 클릭 한두 번이면 마치도록 설문조사 과정을 단순화시켰기 때문에 응답률이 23.1%나 된다('인터셉트' 설문조사는 응답률이 1% 미만이고, 전화 설문조사는 7~14%, 인터넷 패널 조사는 15% 정도라는 점과 비교해보라).[12] 그러나 구글의 설문조사는 즉시 응답 형식을 취하기 때문에 선다형 질문을 하거나 응답들의 상호연관성을 파악하기 힘들며, 이 때문에 분석의 종류와 고객 세분화 유형이 제한적일 수 있다.

| 패턴 | **대규모 설문조사 광고 제작**

효과적인 설문조사는 몇 가지 중요한 단계로 구성된다. 설문조사 설계, 테스트, 실시, 그리고 분석이 그것이다. 그러나 이런 것을 시작하기 전에 우선 왜 설문조사를 하는지 이유를 알아야 한다. 린 경영의 핵심은 위험을 찾아내고 정량화하는 것이다. 여러분은 설문조사를 통해 어떤 불확실성을 정량화하려 하는가?

- 만약 특정 업계에서 기존 브랜드들 중 어떤 브랜드가 생각나는지 묻는다면 이 정보를 사용해 이들 브랜드와 나란히 마케팅을 펼치려고 하는가? 아니면 이들과의 경쟁 상황

---

10 http://www.google.com/insights/consumersurveys/how
11 감수자주_ 뉴욕타임스가 사용하는 유료화 장벽(유료 독자만 글을 볼 수 있도록 하는 것)과 비슷하게 설문조사 벽은 간단히 설문조사 하나를 완료하면 해당 콘텐츠의 내용을 보여주는 모델이다.
12 http://www.google.com/insights/consumersurveys/static/consumer_surveys_whitepaper_v2.pdf

에 대처하려고 하는가? 아니면 파트너 업체를 선택하고자 하는가?
- 만약 고객들이 제품이나 서비스를 발견하는 경로를 묻는다면, 마케팅 캠페인이나 매체 선정에 참고하려고 하는 것인가?
- 여러분이 해결하려는 문제에 사람들이 돈을 얼마나 쓰는지 묻는다면, 응답이 가격 전략 수립에 어떤 영향을 줄 수 있는가?
- 고객이 가장 공감하는 광고 문구나 고유의 가치 제안을 알고자 한다면, 선호도가 가장 높은 것을 실제로 이용할 것인가 아니면 그저 참고만 할 것인가?

그저 질문을 묻기만 해서는 안 된다. *질문에 대한 답이 여러분의 행동을 어떻게 변화시킬지 알아야 한다.* 다시 말해, 설문조사를 실시하기 전에 미리 기준을 정하라. 앞서의 문제 인터뷰에서 사업 기회를 발견했다면, 이제는 그 기회가 시장에 존재하는지 확인해야 한다. 정량화할 수 있는 각 질문에 대해 어떤 점수가 '좋은' 점수인지 결정하라. 기억할 수 있도록 어딘가에 적어놓아라.

설문조사 설계

설문조사에는 다음과 같은 세 가지 유형의 질문이 포함되어야 한다.

- 응답을 분류할 때 사용할 수 있는 나이, 성별, 인터넷 사용 등 인구통계학적 정보와 심리통계학적 정보를 입수하기 위한 질문이 있어야 한다.
- 통계적으로 분석할 수 있는 정량화할 수 있는 질문이 있어야 한다. 가령 점수 매기기, 보기 문장에 동의/비동의, 선택지에서 선택 등의 형태가 있다.
- 정성적 정보를 얻을 수 있는 개방형 질문이 있어야 한다.

항상 고객 세분화를 위한 첫 번째 유형의 질문을 제일 먼저 묻고 개방형 질문은 제일 나중에 물어라. 이렇게 하면 설문조사 대상이 여러분의 목표 시장을 대표하는지 알 수 있고, 사람들이 마지막의 개방형 질문을 마저 답하지 못하더라도 정량적 응답을 충분히 입수했으므로 여러분이 확신할 만한 결과를 얻을 수 있다.

설문조사 테스트

설문조사를 실시하기 전에 아직 설문조사를 접하지 못한 사람들에게 테스트해보라. 거의 항상 사람들이 답을 못하거나 질문을 잘 이해하지 못하는 상황이 벌어질 것이다. 목표 시장에 속하는 사람 세 명 이상이 여러분에게 질문하지 않고 설문조사를 마친 후 각 *질문이 무슨 의미인지* 여러분에게 설명할 수 있다면 그때서야 정식으로 설문조사를 실시하라. 노파심에서 하는 말이나 과장이 아니라 정말로 많은 사람이 질문의 의미를 잘못 이해한다.

설문조사 실시
설문조사는 모르는 사람들을 대상으로 실시하는 것이 좋다. 설문조사 양식이나 랜딩 페이지의 링크를 트윗할 수도 있겠지만 이 경우는 여러분과 어느 정도 관계가 있는 사람들이 응답할 가능성이 높다. 비용이 들더라도 새로운 사람들을 대상으로 설문조사를 실시하는 것이 좋다.

설문조사로 연결된 광고를 몇 개 디자인하라. 광고는 다음과 같은 몇 가지 형태를 띨 수 있다.

- **목표 고객군을 언급하라.** ("싱글맘입니까? 이 간단한 설문조사를 작성해주시면 우리가 문제를 해결하는 데 많은 도움이 됩니다. 도와주세요.")
- **여러분이 다루는 문제를 언급하라.** ("잠을 잘 잘 수 없습니까? 우리는 불면증을 해결히기 위해 노력하고 있습니다. 여러분의 의견을 기다립니다.")
- **여러분의 솔루션이나 고유의 가치 제안을 언급하라. 단, 구매를 권유하지는 말라.** ("저희 회계 소프트웨어는 자동으로 세금 우대 항목을 발견합니다. 제품개발계획 수립에 도움을 주시기 바랍니다.") 유도 질문을 하지 않도록 조심하라. 아직 제품 포지션을 정하지 못했다면 이 유형은 적합하지 않다.

여러분이 자문할 첫 질문은 '내 메시지가 사람들을 설문조사에 참가하게 할 만큼 충분히 매력적이었나?'다. 여러분은 여러 가지 다양한 가치 제안을 테스트하고 있다. 어떤 경우 설문조사는 중요하지 않을 수도 있다. 우리가 아는 창업가 한 명은 다양한 광고 문구를 테스트했는데 그 광고는 모두 스팸 사이트로 연결되었다. 그는 어떤 광고 문구가 클릭률이 가장 높은지 알고 싶었을 뿐이고, 아직 누구에게도 정체를 알리고 싶지 않았던 것이다.

메일링 리스트도 이용할 수 있다. 어떤 사용자 그룹이나 뉴스레터는 여러분이 하는 일이 사용자들이나 뉴스레터 수신자들과 관련이 있다면 웹페이지나 이메일에서 여러분을 기꺼이 소개해준다.

정보 수집
설문조사를 실시할 때 완료된 응답당 비용을 측정하라. 먼저 십여 명을 대상으로 소규모로 테스트해보라. 만약 응답률이 낮으면 사람들이 설문조사의 특정 항목에서 중단하지는 않는지 확인하라. 이를 위해 클릭테일 ClickTale 같은 분석 도구를 사용할 수 있다. 설문조사에서 그 부분을 없앤 다음 응답 완료율이 높아지는지 보라. 또한 설문조사를 더 세부적인 설문조사로 나누거나 질문 수를 줄이거나 클릭 유도 문구를 바꿔볼 수도 있다.

응답자에 대한 정보를 수집할 때 여러분이 설문조사 응답자에게 연락하거나 연락처 정보를 수집해도 좋다는 동의를 구하는 것을 잊지 말아야 한다. 이들 중 일부가 여러분의 베타 고객이 될 수도 있다.

데이터 분석

마지막으로, 데이터를 제대로 분석하라. 이것은 사실 다음 세 가지를 살펴보는 것이다.

- 첫째, 시장의 주목을 끌 수 있었는가? 사람들이 광고와 링크를 클릭했는가? 어떤 것이 가장 효과가 좋았는가?
- 둘째, 여러분이 올바른 방향으로 가고 있는가? 이제 수집한 데이터로 어떤 결정을 내릴 수 있는가?
- 셋째, 사람들이 여러분의 솔루션/제품을 사용해보겠는가? 응답자 중에서 다시 연락해도 좋다고 답한 사람은 몇 명인가? 포럼이나 베타 사용자 그룹에 가입하겠다고 한 사람은 몇 명인가? 개방형 응답에서 다시 연락해달라고 부탁한 사람은 몇 명인가?

여기에서 통계가 중요하다. 충분히 그리고 상세히 분석해서 가능한 한 모든 것을 알아내도록 하라.

- 정량적 질문의 평균 값, 중간 값, 표준편차를 계산하라. 어떤 광고 문구가 가장 효과가 좋았는가? 어떤 경쟁 업체가 가장 많이 언급되었는가? 확실하게 우세한 것이 있는가 아니면 차이가 근소한가?
- 각 정량적 질문을 응답자 그룹별로 분석하여 특정 그룹이 다르게 대답하는지 살펴보라. 피벗 테이블을 사용하면 특정 대답과 특정 그룹이 상관관계가 있는지 빨리 확인할 수 있다(자세한 내용은 250쪽의 글상자를 참조하라). 이런 내용을 파악하면 특정 그룹에 초점을 맞출 수 있고, 어디에서 일부 대답이 나머지를 왜곡시키는지도 알 수 있다.

피벗 테이블이란 무엇인가?

우리들 대부분은 스프레드시트를 사용한다. 분석력을 향상시키고 싶으면 피벗 테이블을 사용해야 한다. 스프레드시트의 이 기능을 이용하면 데이터베이스 프로그램이 없어도 많은 데이터를 빨리 분석할 수 있다.

설문조사 응답자가 1,000명이라고 가정해보자. 각 응답은 스프레드시트의 한 행에 해당되며, 한 행은 여러 개의 데이터 필드로 구성된다. 첫 열은 시간과 날짜고 다음 열은 이메일 수소, 나머지는 응답자들의 대답이다. 예를 들어 다음 표에서처럼 응답자들에게 성별, 주당 비디오 게임 시간, 나이를 물었다고 가정하자.

성별	게임 시간	나이
남성	8	50-60
여성	7	50-60
남성	12	30-40
여성	10	20-30
여성	7	40-50
남성	14	20-30
여성	7	50-60
남성	11	30-40
여성	8	30-40
남성	11	40-50
남성	6	60-70
여성	5	50-60
여성	9	40-50
평균:	8.85	

단순히 게임 시간을 더해 평균 값을 볼 수도 있다. 위의 표에서 사람들은 일주일에 8.85시간 게임을 한다. 그렇지만 이것은 기초적인 분석에 불과하고 상황을 잘못 이해할 수도 있다.

가령 남성이 여성보다 게임을 더 많이 하는지 알아보는 등 응답을 여러 가지로 비교해보는 것이 좋을 때가 많은데, 이런 경우에 피벗 테이블이 도움이 된다. 먼저

피벗 테이블에 소스 데이터가 어디에 있는지 설정한 다음 어떤 기준으로 분류할지 그리고 어떤 계산을 할지(평균 값, 최대 값, 표준편차 등)를 지정한다.

성별	전체
여성	7.57
남성	10.33
전체 평균	8.85

그러나 피벗 테이블의 진정한 위력은 두 그룹을 서로 비교 분석할 때 발휘된다. 예를 들어 성별과 나이라는 기준을 적용하면 다음처럼 더 많은 정보를 얻을 수 있다.

나이	여성	남성	전체 평균
20-30	10.00	14.00	12.00
30-40	8.00	11.50	10.33
40-50	8.00	11.00	9.00
50-60	6.33	8.00	6.75
60-70		6.00	6.00
전체 평균	7.57	10.33	8.85

이 분석을 보면 게임 시간은 성별보다 나이의 영향을 더 많이 받는다는 것을 알 수 있으며, 따라서 어떤 그룹을 목표로 할지 파악할 수 있다. 피벗 테이블은 누구나 분석에 편하게 사용할 수 있는 강력한 도구지만 간과되는 경우가 많다.

구축하기 전에 구축하라(솔루션을 검증하는 방법)

문제를 검증했다면 이제 솔루션을 검증할 차례다.

여기서도 최소 존속 제품의 구축에 필요한 정성적 피드백과 확신을 얻기 위해 고객 인터뷰부터 시작한다(린 스타트업에서는 *솔루션 인터뷰*라고 한다). 또한 설문조사와 랜딩 페이지를 이용해 정량적인 테스트로 확장할 수 있다. 이것은 메시징(린 캔버스의 고유 가치 제안)과 초기 제품 기능의 테스트를 시작할 수 있는 좋은 기회다.

제품을 실제로 구축하기 전에 솔루션을 테스트할 수 있는 다른 방법이 여러 가지 있다. 이 단계까지 여러분은 솔루션에서 가장 위험도가 높은 부분과 사업이 성공하려면 사람들로 하여금 그 솔루션으로 무엇을 하게 해야 하는지 파악했을 것이다. 이제 여러분이 개발한 제품의 대체 제품을 이용해 가설을 테스트하는 방법을 살펴보자. 여러분의 제품과 비슷한 제품이나 플랫폼에서 사람들이 어떤 행동을 하기 바라는지 생각한 다음 실제로 이렇게 행동하는지 실험해보자. 여러분의 솔루션과 비슷한 시스템을 이용하라.

| 사례 연구 | **로컬마인드, 트위터를 이용하다**

로컬마인드Localmind는 위치 기반의 실시간 문답 플랫폼이다. 위치와 관련된 질문은 무엇이든, 특정 장소나 지역에 상관없이 로컬마인드에서 답을 얻을 수 있다. 모바일 앱을 이용해 질문을 올리면 사람들이 답해준다.

프로그램 개발을 시작하기 전에 로컬마인드는 사람들이 과연 질문에 답해줄지가 걱정스러웠다. 만약 아무도 질문에 답해주지 않으면 사용자 경험은 형편없어지고 로컬마인드 사용을 중단할 것이기 때문에 사업에서 이것은 매우 위험한 측면이라고 생각했다. 그러나 사람들이 낯선 사람의 질문에 답해줄 것이라는 사실(또는 답하지 않을 것이라는 사실)을 앱을 개발해보지 않고 어떻게 입증할 수 있을까?

로컬마인드는 트위터에서 실험을 실시했다. 위치 추적이 되는 트윗을 추적하여(주로 며칠 동안 사람들이 많이 몰리는 타임스퀘어에서) 방금 트윗을 쓴 사람에게 멘션을 보냈다. 멘션의 내용은 그 지역이 지금 얼마나 붐비느냐, 지하철이 제 시간에 다니느냐, 어떤 가게가 영업 중이냐? 등 지역에 대한 질문이었다. 즉, 로컬마인드를 서비스했을 때 사람들이 물을 것으로 예상되는 질문을 멘션으로 보냈다.

이 트윗 질문에 대한 응답률은 매우 높았다. 이를 통해 로컬마인드는 사람들이 자신이 현재 있는 곳에 대한 낯선 사람의 질문에도 답해줄 것이라는 확신을 얻었다. 트위터에는 많은 변수가 있기 때문에(가령 로컬마인드는 사람들이 푸시 알림을 받는다는 것을 몰랐다) 이런 종류의 테스트에 '완벽한 시스템'은 아니었지만 솔루션의 위험을 줄이고 로컬마인드를 구축할 가치가 있다고 확신하기에 충분한 대체 시스템이었다.

> **요약**
> - 로컬마인드는 사업 계획에서 큰 위험(사람들이 낯선 사람의 질문에 답해줄지의 여부)을 발견하고 이를 정량화하기로 결정했다.
> - 시스템을 구축하는 대신 이들은 위치 정보가 있는 트윗을 이용했다.
> - 이들은 빠르고 쉽게 결과를 얻었고, 이는 MVP 구축 단계로 진행하기에 충분했다.
>
> **분석적 교훈**
> 여러분이 할 일은 제품을 만드는 것이 아니다. 사업 모델의 위험을 줄이는 것이다. 이를 위해 뭔가를 구축해야 할 때도 있지만 많은 노력 없이도 위험을 정량화할 수 있는 측정 가능한 방법은 없는지 항상 찾아보기 바란다.

MVP를 발표하기 전에

공감 단계에서 찾은 위험들을 테스트할 수 있을 정도의 기능만 있는 최소한의 제품을 만드는 동안 여러분은 (설문조사의 형태로) 계속 피드백을 수집하고 (베타 등록 사이트, 소셜 미디어, 다른 형태의 예고 광고를 통해) 얼리어답터를 확보해야 한다. MVP를 발표할 때까지 이런 방법으로 자기 의견을 전달하고 싶어 하는 얼리어답터와 테스터를 충분히 확보해야 한다. 이 단계에서 OMTM은 베타 등록자 수와 소셜 네트워크 활동 같은 지표, 그리고 실제 사용자들이 MVP에 흥미를 가지게 만들 수 있다는 점을 보여주는 다른 지표들이다.

최소 존속 제품을 얼마나 잘 만들어야 할지 결정하기는 쉽지 않다. 한편으로는 짧은 시간 안에 MVP를 구축하고 가차 없이 기능을 줄여야 하며, 다른 한편으로는 사용자들이 해결할 가치가 있는 중요하고 기억할 만한 뭔가를 발견했다는 인상을 받게 해야 한다. 여러분은 마법을 계속해야 한다.

> 클락의 세 번째 법칙: 충분히 발달한 과학 기술은 마법과 구별할 수 없다.
> _ 아서 C. 클락Arthur C. Clarke, 『Profiles of the Future』, 1961

> 배리 겜의 따름정리: 마법과 구분할 수 있는 기술은 충분히 진보한 것이 아니다.
> _ 배리 겜Barry Gehm, ANALOG, 1991

MVP의 구성 요소 결정하기

솔루션 인터뷰, 정량적 분석, 대체 제품을 이용한 실험 결과를 모두 이용하여 MVP에 어떤 기능을 포함시킬지 결정하라.

MVP는 사용자와 고객들에게 약속했던 가치를 제공해야 한다. 제공하는 가치가 너무 피상적이면 사람들은 금세 흥미를 잃고 실망할 것이다. 반면에 너무 거창하면 사람들은 혼란과 좌절감을 느낄 것이다. 두 경우 모두 여러분은 실패하고 말 것이다.

MVP를 티저 사이트를 구축하는 스모크 테스트smoke-test 방법과 비교해보면 도움이 된다. 예를 들어 론치록LaunchRock에 소셜 네트워크 사이트의 링크가 있는 간단한 페이지를 만들어본다. 스모크 테스트 페이지를 이용하면 회원으로 가입하고 싶을 정도로 메시지가 충분히 매력적이라고 할 수 없을 위험을 테스트할 수 있다. 그리고 MVP를 이용하면 사람들이 해결하고자 하는 니즈를 제품이 해결하지 못할 위험을 테스트할 수 있다. 전자는 문제 전달이 효과적인지 테스트하고 후자는 솔루션의 효과를 테스트한다.

MVP를 설계하는 동안 인터뷰 참가자들을 다시 만나보라. 이들에게 와이어프레임, 프로토타입, 혹은 실물 크기의 모형을 보여주라. 여러분이 바라던 강하고 긍정적인 반응을 얻은 후에 실제로 솔루션을 구현하기 시작하라. 고유의 가치 제안, MVP, 성공을 판단할 때 사용할 지표와 관련 없는 것은 다 생략하라.

MVP는 제품이 아니라 과정이라는 점을 기억해야 한다. 이것은 우리가 이어원랩스에서 여러 스타트업과 일하면서 배운 교훈이다. 제품 사양을 결정하고 나면 사람들은 반사적으로 가능한 한 빨리 제품을 만든 후 모든 마케팅 기법을 동원해 사람들의 관심을 끌려고 노력한다. 유명한 IT 블로그에서 제품을 거론했다고 해서 달라질 게 별로 없다는 사실을 잘 알고 있지만 그래도 기분은 좋으니까. 하지만 린 스타트업의 핵심 원칙인 구축 → 측정 → 학습 단계를 지킨다면 다음 단계로 이동하기 전에 MVP가 수많은 반복 개선 과정을 거치게 된다는 것을 알아야 한다.

MVP 평가

진정한 분석은 MVP를 개발하고 발표하는 순간 시작된다. 왜냐하면 고객이 MVP와 상호작용하면 이를 통해 여러분이 분석할 수 있는 데이터가 생기기 때문이다.

먼저 OMTM을 선택해야 한다. 만약 OMTM을 정하지 못했거나 OMTM의 '성공' 기준을 아직 정하지 않았다면 아무것도 만들면 안 된다. 최초의 MVP에 구현하는 모든 것은 OMTM과 관련이 있고 OMTM에 영향을 줘야 한다. 그리고 성공의 판단 기준을 명확히 정해야 한다.

이 단계에서 사용자 확보와 관련된 지표는 중요하지 않다. 어떤 것이 효과적일지 아닐지를 입증하기 위해 사용자가 수십만 명이나 있을 필요는 없다. 사실 수천 명도 필요 없다. 가장 복잡한 사업의 경우에도 범위를 상당히 좁힐 수 있다.

- 중고제품을 거래하는 마켓플레이스를 구축하고 있다면, 가령 마이애미에 있는 주택 같이 협소한 지역에 초점을 둘 수 있다.
- 밀도가 중요한 위치 기반 앱도 마찬가지로 어떤 지역에 초점을 둘 수 있다. 가령 한두 개의 마을에서 열리고 있는 동네 벼룩시장 검색 앱을 개발할 수 있다.
- 마켓플레이스 테스트용으로 한 가지 제품 유형 – 가령 1980년대에 출간된 X-맨 만화책 – 을 선택하여 사업을 검증한 후에 확장할 수도 있다.
- 개발하고 있는 게임의 핵심 게임플레이 메커니즘을 테스트하고 싶은 경우에는 미니 게임을 발표하고 인게이지먼트가 어떤지 살펴보라.
- 학부모들의 교류를 도와주는 도구를 개발하는 경우에는 학교 하나를 선택해 거기에서 이 도구가 잘 작동하는지 살펴보라.

핵심은 여러분의 사업에서 위험도가 가장 높은 부분을 찾고 지속적인 테스트와 학습을 통해 위험을 줄이는 것이다. 지표는 위험이 극복되었는지 측정하고 알아내는 방법이다.

창업가이자 저자이며 발명가인 팀 페리스Tim Ferriss는 케빈 로스Kevin Rose와의 인터뷰에서 1만 명을 정말 행복하게 만드는 데 초점을 맞추면 나중에는 100만 명에게 영향을 줄 수 있다고 말했다.[13] MVP를 처음 내놓을 때는 심지어 이보다 너 적은 규모에 초점을 맞추는 경우도 있었겠지만 페리스의 이야기는 절대적으로 옳다. 완전히 집중해야 진정으로 전진할 수 있다.

가장 중요한 지표는 인게이지먼트에 대한 지표다. *사람들이 제품을 사용하는가? 사람들이 어떻게 제품을 사용하는가? 사람들이 제품의 모든 기능을 사용하는가 아니면 일부분만 사용하는가? 이들의 사용 방식과 행동이 기대한 대로인가 아니면 기대와 다른가?*

사용 및 인게이지먼트에 해당하는 지표 없이는 어떤 기능도 구현하면 안 된다. 앞에서 말한 질문들은 모두 OMTM으로 귀결되며 이 하위 지표들을 종합하면 좀 더 완전한 상황을 파악할 수 있다. 측정할 수 없는 기능이나 요소를 제품에 추가하는 것은 매우 신중해야 한다. 왜냐하면 제어하기 점점 까다로워지는 변수가 발생할 수 있기 때문이다.

지표 하나에 초점을 맞출 때조차도 그 지표가 실제로 도움이 되는지 확인해야 한다. 여러분이 새로운 SaaS 제품을 내놓는다고 가정하자. 그리고 사용자가 이 제품을 30일 동안 한 번도 사용하지 않으면 그 사용자는 이탈한 것으로 간주한다고 하자. 이것은 30일이 지나야 이탈률을 알 수 있다는 뜻이다. 이것은 너무 긴 시간이다. 고객들은 항상 이탈한다. 그러나 여러분이 이들을 지표 계산에서 빨리 제외시키지 않으면 인게이지먼트가 실제보다 더 좋게 나올 수 있다. 그리고 초기 인게이지먼트가 높더라도 사용자들이 현재 여러분의 제품에서 가치를 얻고 있는지 측정해야 한다. 예를 들어 재방문까지 걸린 시간을 살펴보라. 예전과 같은가? 아니면 재방문까지 시간이 점점 더 오래 걸리고 있는가? 이런 식으로 도움이 되는 선행 지표를 찾을 수 있다.

---

13 http://youtu.be/ccFYnEGWoOc

정성적 분석을 무시하지 말라

MVP를 평가하는 내내 사용자 및 고객과 이야기를 나눠야 한다. 이제 고객이 제품을 경험할 수 있으므로 여러분은 많은 것을 알아낼 수 있다. 이들은 거짓말이나 듣기 좋은 말을 덜 하게 될 것이다. 여러분은 뭔가를 약속했고 이제 이들의 높은 기대를 만족시켜야 한다. 얼리어답터는 너그러워서 거친 제품에도 만족스러워 한다(사실 이들은 이런 제품에 열광한다). 그러나 MVP를 경험하는 시간이 길어질수록 이들의 의견은 더 정직하고 투명해질 것이다.

기꺼이 기능을 줄여라

기능을 줄이기는 매우 어렵지만 기능을 줄인 결과 큰 변화가 생길 수 있다. 만약 어떤 기능이 사용되지 않거나 사용되더라도 가치를 전달하지 않으면 그 기능을 없애버리고 나서 어떻게 되는지 두고 보라. 어떤 기능을 없앤 후 기존 사용자들의 인게이지먼트와 사용을 계속 측정하라. *변화가 생겼는가?*

만약 아무도 상관하지 않으면 기능을 없애길 잘 한 것이다. 만약 기존 사용자들이 항의하면 없애기로 한 결정을 다시 검토해야 할 수도 있다. 그리고 만약 새 사용자 코호트(기능이 없어지기 전에 한 번도 그 기능을 접해본 적 없는 사람들)가 그 기능을 요청하기 시작하면 이들은 기존 사용자와 다른 니즈를 가진 새로운 고객군일 수 있다.

기능을 삭제해서 초점과 가치 제안의 범위를 좁히면 고객들의 반응 방식에 영향을 줄 것이다.

| 사례 연구 | **스태틱픽셀, 주문 절차 중 한 단계를 삭제하다**

스태틱픽셀Static Pixels은 마시모 파리나Massimo Farina가 설립한 초기 스타트업으로서 재활용 판지에 인스타그램Instagram 사이트의 사진을 출력해서 판매한다. 처음 서비스를 시작했을 때는 인스타오더InstaOrder라는 기능을 이용해 인스타그램에서 사진을 직접 주문할 수 있었다. 마시모 파리나는 인스타오더를 사용하면 고객들이 서비스를 더 쉽게 이용할 수 있고 주문량도 많아질 것이라고 생각했다. "우리는 서비스 개시 전에 입수한 피드백과 사용자들이 이 기능을 좋아할 것이라는 가정을 바탕으로 이 기능을 구축했습니다."

이 회사는 2주 동안 그 기능을 구현했다. 2주는 작은 회사로서는 꽤 부담되는 개발시간이다. 그런데 기능을 발표하고 보니 사용자들이 새 기능을 많이 사용하지 않았다. 마시모 파리나는 이렇게 말한다. "그 기능 때문에 사람들은 혼란스러워했고 결제 과정은 더 복잡해졌습니다."

그림 15-9에서 볼 수 있듯이 최초로 인스티오더를 통해 주문할 때는 단계가 하나 추가되는데, 그 단계에서는 페이팔로 가서 미리 지불을 승인받아야 한다. 최초 주문할 때는 귀찮지만 그 단계를 거치고 나면 인스타그램을 통해 훨씬 쉽게 주문할 수 있으므로 회사는 인스타오더의 이런 불편함이 감수할 가치가 있다고 추측했다. "이렇게 하면 더 편리하다는 것이 가설이었습니다." 마시모는 말한다.

그러나 마시모와 회사의 생각은 틀렸다. 주문량이 감소했을 뿐만 아니라 그 기능을 홍보하는 랜딩 페이지의 페이지뷰가 감소하기 시작했고 반송률bounce rate도 높아졌다. 이 기능은 공감을 얻지 못했다.

이 기능을 없애자 2주 후에 거래 건수는 두 배로 증가했고 지금도 계속 증가하고 있다. 새 랜딩 페이지의 반송률은 개선되었고 로그인도 증가했다.

스태틱픽셀은 이 일에서 무엇을 배웠는가? 마시모는 이렇게 말한다. "우선 사람들이 인스타오더를 통해 거래하지 않은 것은 이것이 매우 새롭고 낯선 프로세스였기 때문이라고 생각합니다. 소셜 플랫폼 인터페이스를 통한 제품 주문은 이전에는 없었던 방식이거든요. 또한 사람들이 인스타그램에 사진을 올릴 때 사진 출력물을 주문하는 것은 염두에 두지 않을 수도 있다는 점을 알게 되었습니다."

스태틱픽셀은 개발시간은 좀 낭비했지만 분석에 – 특히 출력물 주문이라는 핵심 지표에 – 초점을 맞춘 결과 문제를 찾아냈고 기능을 없애는 힘든 결정을 내렸으며(처음에 이 기능은 고유의 가치 제안 중 하나로 간주되었다) 기능을 없애고 나서 그 결과를 추적했다.

그림 15-9 어떤 모델이 더 효과적이었는가?

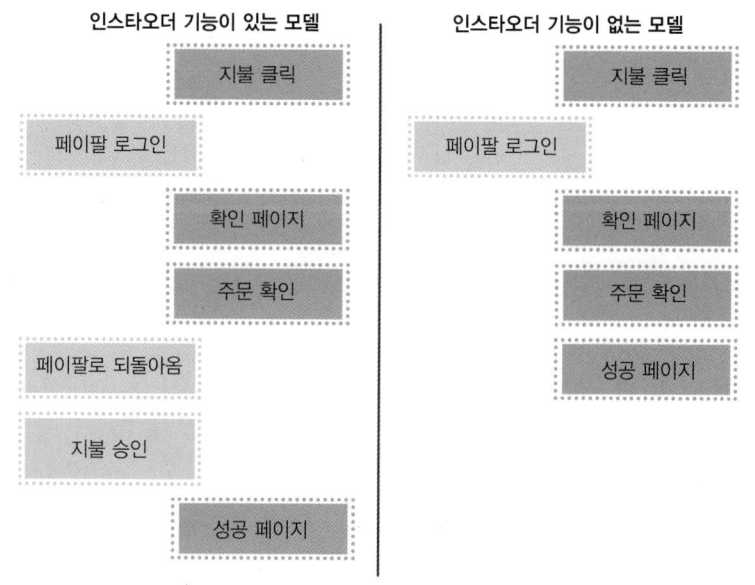

요약

- 스태틱픽셀의 구매 과정은 많은 난항을 거쳤다.
- 단계 수가 적은 단출한 방식이 구현하기도 쉽고 구매 전환율도 높았다.

분석적 교훈

재구매 과정을 더 단순하게 만들기 위해 최초 구매 과정을 복잡하게 만든 구매 시스템은 좋은 아이디어로 보였지만 이것은 시기상조였다. 회사가 아주 초기 단계일 때 신경을 써야 할 것은 "사람들이 출력물을 구매할까?"이지, "구매자들의 충성도가 높을까?"가 아니다. 스태틱픽셀이 구현한 기능은 후자, 즉 *부적절한 질문이* 다루는 *위험*을 낮추었다. 항상 어떤 위험을 없애야 할지 파악하고 그 위험을 극복했는지를 측정할 수 있는 최소한의 기능을 설계하라.

공감 단계 요약

- 여러분의 목표는 많은 사람이 돈을 지불할 방식으로 여러분이 해결할 수 있는 문제를 찾는 것이다. 분석이란 최초 아이디어에서 이 목표를 실현하기까지의 과정을 측정하는 방식이다.
- 처음에는, 미처 몰랐던 기회를 발견하기 위해 사람들과 정성적, 탐색적, 개방형 대화를 나눈다.
- 나중에는, 문제에 적합한 솔루션을 찾으려 노력하면서 대화가 점점 정량화되고 수렴된다.
- 어떤 제품을 만들지 결정할 때 대규모의 사람들로부터 응답을 얻고 인터뷰 참가자들을 확보하기 위해 IT 도구를 사용할 수 있다.

여러분이 해결할 수 있는 좋은 문제가 떠올랐고 여러분이 접근할 수 있는 꽤 큰 시장이 이 문제에 실제로 흥미를 보인다는 확신이 든다면 이제는 사용자들이 계속 사용할 제품을 구현할 때다.

즉, 이제 흡인력을 갖출 때다.

[과제] - 다음 단계로 이동해도 좋은가

다음 질문에 답해보기 바란다.

해결할 가치가 있는 문제를 찾았다고 확신할 정도로 충분히 많은 양질의 고객 인터뷰를 실시했는가?	
그렇다	**그렇지 않다**
이 문제가 해결해야 할 정도로 불편하다고 생각하는 이유를 나열하라.	인터뷰를 더 실시하라. 미케니컬턱이나 다른 도구를 사용해서 더 많은 사람을 빠른 시간 안에 접촉하라.

내 고객을 충분히 잘 이해하고 있는가?	
그렇다	**그렇지 않다**
왜 그렇게 생각하는지 이유를 나열하라. 고객을 이해하기 위해 무엇을 했는가?	'고객의 일상' 스토리보드를 작성하여 고객에 대해 이해하지 못하는 부분을 찾아보라.

내 솔루션이 고객의 니즈를 충족시켜줄 거라고 생각하는가?	
그렇다	**그렇지 않다**
왜 그렇게 생각하는지 이유를 나열하라. 솔루션을 검증하기 위해 무엇을 했는가?	여러분의 솔루션을 (현재 어떤 형태든) 더 많은 고객에게 보여주고 더 많은 의견을 듣고 더 깊이 파고들어라.

CHAPTER 16

단계 2: 흡인력

지금까지는 시장에 대해 살펴봤으므로 이제는 뭔가를 구현할 때다. 여기에서 중요한 질문은 여러분이 만드는 것이 흡인력이 있는지의 여부다. 로완 앳킨슨[1]이 출연한 〈블랙애더〉의 대사처럼 "찐득한 진드기가 찐득한 엉덩이에 찐득하게 찐득거리는 지독하게 찐득찐득한 상황"[2]을 여러분은 원한다. 이것이 바로 지속 가능한 사업을 창출하는 방법이다.

MVP의 흡인력

이제 초점은 사용자 유지와 인게이지먼트에 있다. 일간, 주간, 월간 활동사용자 수를 살펴볼 수 있고 비활동사용자가 되기까지 걸리는 시간, 비활동사용자들에게 이메일을 보냈을 때 다시 활동사용자가 되는 사용자 수, 활동사용자들이 사용하는 기능과 사용하지 않는 기능 등도 살펴볼 수 있다. 이런 지표를 코호트별로 구분하여 제품을 수정했을 때 신규 사용자들이 다르게 행동하는지 살펴보라. 가령, 2월에 회원 가입한 사람들이 1월에 가입한 사람들보다 사이트에 더 오래 머무는가?

여러분은 단지 인게이지먼트뿐만이 아니라 제품이 사용자들의 생활의 일부가 되어 다른 제품으로 교체하기 힘들 것이라는 증거가 필요하다. 이 단계에서는 사업을

---

[1] 역자주_ Rowan Atkinson, 영국의 코미디 배우
[2] 역자주_ BBC 시트콤 블랙애더4의 대사. 'We're in the stickiest situation since Sticky the stick insect got stuck on a sticky bun.'

급격히 성장시키려 하면 안 되고 그렇게 될 것을 기대해서도 안 된다. 여러분은 성장 속도가 아니라 흡인력을 테스트하고 있는 것이다. 오늘 여러분의 제품을 애용하도록 100명의 사용자들을 납득시킬 수 없다면 무슨 수로 나중에 100만 명을 납득시키겠는가?[3]

여러분의 최우선순위는 최초 사용자들이 소수이더라도 이들이 자주 그리고 성공적으로 사용할 핵심 기능을 구현하는 것이다. 그렇지 않으면 튼튼한 성장 기반을 확보하지 못한다. 초기 목표 시장은 의미 있는 결과를 얻을 수 있는 가장 작은 규모의 사용자 그룹에 완전히 초점을 맞춘 매우 작은 시장일 수 있다.

궁극적으로 바이럴 효과 단계로 이동하기 전에 두 가지를 입증해야 한다.

- 사용자들이 여러분이 기대한 것처럼 제품을 사용하는가? 그렇지 않다면 여러분은 그 새로운 사용 방식이나 시장으로 방향을 바꾸어야 한다. 이를테면 페이팔은 팜파일럿PalmPilot 기반에서 웹 기반으로 방향을 바꾸었고, 오토데스크Autodesk는 데스크톱 자동화를 중단하고 대신 설계 도구에 초점을 두었다.
- 사람들이 제품에서 충분한 가치를 얻는가? 아무리 사람들이 제품을 좋아하더라도 제품을 구입하거나 광고를 클릭하거나 친구들을 초대하지 않으면 사업은 존재할 수 없다.

새로운 사람들의 관심을 인게이지먼트로 바꿀 수 있을 때까지는 신규 트래픽을 일으키지 말라. 사용자들이 계속 제품을 사용하게 되면 그때 사용자 기반을 확충하라.

MVP의 반복 개선

앞에서 말했듯이 MVP는 제품이 아니라 과정이다. 사람들에게 뭔가를 제공한다고 해서 그게 다가 아니다. 고객 확보로 초점을 옮길 때까지 MVP는 여러 번의 반복 개선 과정을 거친다고 생각해야 한다.

---

[3] 이 규칙에 한 가지 예외가 있다면 일정 규모의 활동이 있어야 사업이 유용해지는 경우다. 만약 여러분의 서비스가 1,000건의 부동산 매물 또는 1만 명의 가망 데이트 상대 혹은 3분 만에 태우러 올 수 있는 자동차가 있어야 활성화될 수 있다면 흡인력을 테스트하기 전에 인위적으로 이런 것을 키워야 한다. 이것은 양면 마켓플레이스 사업에서 흔히 겪는 문제다.

MVP를 반복해서 개선하는 것은 힘들고 지루하며 고지식한 일이다. 혁신과는 무관한 일로 느껴질 때도 있다. 반복 개선은 진화에 가깝고 피벗(방향 전환)은 혁명에 가깝다. 사용자들이 우연히 뭔가에 흥미를 느끼고 제품을 사용하게 될 것이라는 희망을 가지고 창업자들이 반복 개선 대신 방향 전환을 되풀이하는 것은 이런 이유 때문이기도 하다. 그러나 이런 유혹을 이겨내야 한다.

반복 개선할 때 여러분의 목표는 추적 중인 핵심 지표들을 개선하는 것이다. 만약 새로운 기능이 OMTM을 상당폭 개선시키지 못하면 그 기능은 없애라. 어설프게 손보고 광내는 데 집착하지 말라. 지금은 미세 조정 단계가 아니라 적절한 제품과 시장을 찾고 있는 단계다.

| 사례 연구 | **퀴디크, 사용자 추가 방식을 바꾸다**

퀴디크qidiq는 이메일이나 모바일 앱을 이용해 소그룹을 대상으로 매우 간단한 설문조사를 실시하는 도구로, 스타트업 창업지원회사 이어원랩스의 지원을 받았다. 이 제품의 초기 버전은 설문조사 실시자가 응답자들을 그룹에 참가하도록 초대했다. 이 응답자들이 회원으로 가입하고 계정을 생성하고 나서야 이메일이나 아이폰 클라이언트로 전송된 설문조사에 참가할 수 있었다.

초대된 사람들 중 실제로 계정을 만들고 응답한 사람들은 몇 퍼센트밖에 되지 않았다. 그래서 창업자들은 다음과 같은 테스트를 고안했다. 만약 메일을 받은 사람들이 이미 계정이 있는 것처럼 취급하면 어떨까? 그리고 한 번만 클릭하면 응답할 수 있도록 설문조사 질문 하나를 보내면 응답률이 어떻게 될까? 응답하는 행동은 무언의 수락으로 받아들일 수 있다. 나중에 수신자가 자기 계정에 로그인하고 싶으면 패스워드를 복구함으로써 그렇게 할 수 있었다.

퀴디크는 그림 16-1처럼 앱을 신속히 수정한 다음 더 많은 설문조사를 보냈다. 이 초기 설문조사는 이메일을 통해서만 발송되었으며 결과는 충격적이었다. 회원 가입을 먼저 하게 했을 때의 응답률은 10~25%였지만 설문조사에 먼저 답할 수 있게 하자 응답률이 70~90%로 높아졌다. 이 결과 퀴디크는 모바일 앱 개발 계획을 재고하게 되었다. 왜냐하면 어떤 플랫폼에서든 사용할 수 있고 즉각적인 이메일과 비교할 때 모바일 앱은 경쟁이 되지 않았기 때문이다. 이메일만으로도 충분하기 때문에 모바일 앱을 구축하거나 안드로이드 버전으로 포팅하지 않아도 될 것 같았다.

그림 16-1 계정 생성 같은 세세한 절차가 핵심 기능을 방해하지 못하도록 하라.

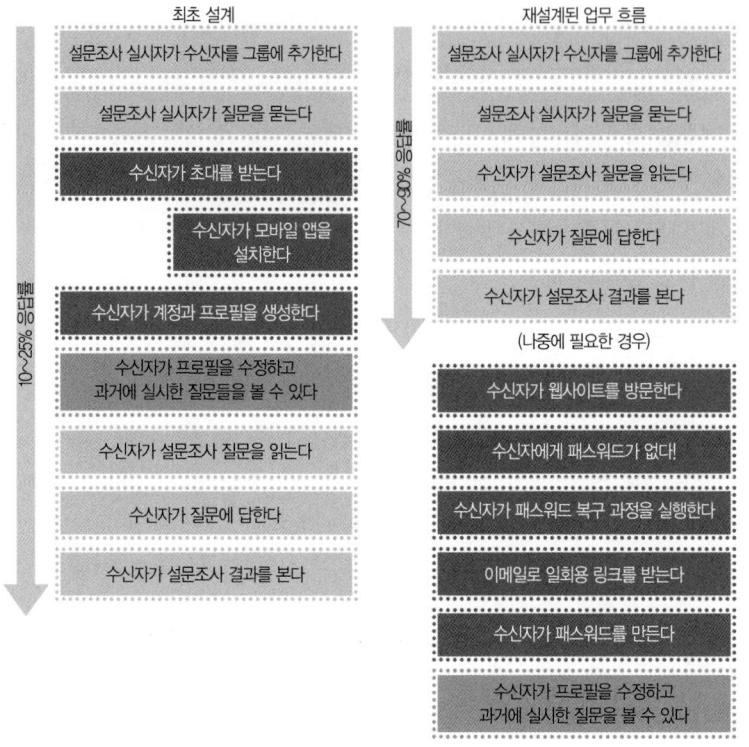

퀴디크의 공동창업자 조나단 에이브람스Jonathan Abrams는 이렇게 말한다. "응답률이라는 핵심 지표에 초점을 둠으로써 이메일보다 더 근사하다고 말하는 모바일 앱 개발에 에너지를 낭비할 수도 있는 유혹을 피할 수 있었습니다. 중요한 것은 응답률이었으므로 이메일을 사용하는 것이 우리에게 더 좋은 전략이라는 것이 일찍감치 분명해졌습니다."

퀴디크가 추적한 지표는 응답자 수였고 이것이 제품의 토대였다. 이것은 적절한 지표였다. 그리고 어떻게 제품을 수정하면 이 지표가 극적으로 개선되는지 알게 되자 회사는 서비스 전체의 설계를 재고하게 되었다.

> 요약
> - MVP는 가장 간단하고 저항이 적은 과정을 통해 사용자에게 깊은 인상을 줄 수 있어야 한다.
> - 모든 것의 가능성은 열려 있다. 일반적으로는 사람들에게 익숙한 회원 가입과 같은 과정을 다시 설계할 필요가 없지만, 테스트를 위해서라면 이런 익숙한 개념도 망설임 없이 무시하고 다르게 설계할 수 있다.
> - 하나의 지표에 초점을 두면 – 이 경우는 설문조사 응답률이다 – 회원 가입에서 플랫폼에 이르기까지 사업의 다른 모든 부분을 조정할 수 있다.
>
> 분석적 교훈
> MVP는 아직 제품이 아니다. 어떤 제품을 구축할지 알아내기 위한 도구를 만들었다고 생각해야 한다. 퀴디크는 비정통적인 질문, "사용자들이 이미 회원 가입이 되어 있다면 어떻게 될까?"라는 질문을 던져 응답률을 네 배 증가시켰을 뿐만 아니라 많은 자원이 투입되어야 하고 초점을 흐리게 만드는 개발 함정을 피할 수 있었다.

섣부른 바이럴 효과 추구

많은 스타트업이 특히 소비자용 시장에서 바이럴 효과에 먼저 초점을 맞춘다. 이들은 사용자들로 하여금 무엇을 하게 할지 진정으로 이해하기도 전에 가능한 한 많은 사용자를 확보하기 위해 여러 가지 기능과 기법을 구현한다. 이런 일이 흔한 것은 다음 두 가지 이유 때문이다.

- 첫째, 소비자용 앱에서 성공의 기준이 계속 높아지고 있다. 몇 년 전만 해도 사용자가 수십만 명만 되어도 상당히 많은 편이었지만, 지금은 사용자 1백만 명이 벤치마크 대상이고 이 수치는 1,000만 명으로 빠르게 증가하고 있다. 1,000만 명이라는 사용자 수는 엄청나게 많은 수치다. 소셜 네트워크와 전자상거래 같은 일부 카테고리는 몇몇 거대 기업의 경쟁 속에서 스타트업이 진입할 틈조차 거의 없을 정도로 업계 구도가 굳어지고 있다.
- 둘째, 네트워크 효과에 기반을 둔 소비자용 앱이 많다. 사용자가 많을수록 모든 사용자가 더 많은 가치를 누린다. 전화기를 보유한 사람이 자기밖에 없다면 아무도 전화를 사용하지 않을 것이다. 대부분의 마켓플레이스와 사용자 제작 콘텐츠 사업, 위치 기반 앱들은 전형적으로 규모가 커야 거래와 대화가 충분히 발생해서 흥미진진하게 된다. 페이스북은 일정 규모 이상의 사용자가 없으면 텅빈 공간에 불과할 뿐이다. 이 임계선에 빨리 도달하는 것이 제품의 기대 가치를 전달하는 첫 단계다.

이런 두 가지 이유로 소비자용 스타트업과 다중이용자 게임의 창업자 중에는 바이럴 효과를 만들어내고 사용자 기반을 확충하면 다른 모든 문제도 해결할 수 있으니 여기에 초점을 둬야 한다고 주장하는 사람들이 많다. 그러나 사용자를 많이 확보하더라도 이 사용자들이 계속 활동하고 제품을 이용하지 않으면 다른 사용자의 관심을 끌 수 없다.

만약 스타트업이 모든 시간과 돈을 사용자 확보에 투자했음에도 이 사용자들이 너무 빨리 이탈해버린다면 섣부른 사업 확장 노력은 큰 실패로 이어질 수 있다. 이 사용자들을 되찾으려 노력한다면 때는 이미 늦었다. 처음으로 회원 가입할 수 있는 두 번째 기회란 없다.

목표는 사용자 유지!

사람들이 제품을 더 많이 사용할수록(그리고 제품의 다른 사용자들과 더 많이 상호작용할수록) 이들이 제품을 계속 사용할 가능성은 더 높다. 바이럴 효과로 인한 성장 덕분에 (당분간) 신경 쓰지 않아도 다음에 MVP에 무엇을 구현할지 쉽게 결정할 수 있다. '우리가 구현하고자 하는 기능(또는 우리가 수정하고자 하는 기능)이 흡인력을 증가시킨다고 생각하는가'라는 질문을 스스로에게 던져보라. 대답이 "아니다"라면 그 기능은 미뤄두자. 반면에 대답이 "그렇다"라면 이 생각을 테스트할 방법을 찾고 그 기능을 구현하기 시작해야 한다.

| 패턴 | 기능을 구현하기 전에 자신에게 물어봐야 할 7가지 질문

여러분에게는 사용자 유지율을 높이기 위한 아이디어가 많을 것이다. 먼저 아이디어에 우선순위를 매겨야 한다. 다음은 새로운 기능을 구현하기 전에 자문해볼 7가지 질문이다.

1. 왜 이 기능 때문에 제품이 더 좋아지는가?
기능을 구현해야 할 이유가 없으면 그 기능을 구현해서는 안 된다. 흡인력 단계에서 여러분의 초점은 사용자 유지다. 기능 아이디어 목록을 보고 스스로에게 물어보자. "나는 왜 이 기능이 사용자 유지에 도움이 된다고 생각하는가?"

단지 경쟁 제품에 효과적인 것처럼 보여 다른 사람들이 하는 것을 베끼고 싶기도 할 것이다. 가령, 인게이지먼트를 위해 게임과 무관한 웹사이트나 애플리케이션에서 게임과 연관된 개념을 활용하기도 한다. 하지만 그렇게 하면 안 된다. 퀴디크는 회원 가입 과정과 모바일 앱 개발에 대한 상식을 무시한 결과 사용자 참여가 네 배로 증가했다. 기존의 패턴을 따라해도 좋지만, 왜 그렇게 하는지 이유를 알아야 한다.

"왜 이 기능 때문에 제품이 더 좋아지는가?"를 물어보면 가설을 (종이에!) 작성하게 된다. 그리고 이것은 그 가설을 테스트하는 실험으로 자연스럽게 이어진다. 기능이 특정 지표(가령 사용자 유지율)와 관련이 있는 경우에는 실험하기가 일반적으로 쉽다. 여러분은 기능 X가 사용자 유지율을 Y 퍼센트 증가시켜줄 것으로 생각한다. 여기에서 뒷부분이 앞부분만큼 중요하다. 즉, 지표의 기준치를 정해야 한다.

2. 이 기능의 효과를 측정할 수 있는가?

기능 실험에서는 기능의 효과를 측정해야 한다. 효과는 정량화가 가능해야 한다. 정량적인 검증 없이 제품에 기능이 추가되는 경우가 너무 많은데, 이것은 범위와 기능이 비대해지는 지름길이다.

기능의 효과를 정량화할 수 없으면 기능의 가치도 평가할 수 없고 시간이 흐르면서 그 기능으로 무엇을 할지도 진정으로 알 수 없다. 만약 그렇다면 현재 상태로 내버려두거나, 그 기능에 대해 실험을 반복하거나, 아니면 기능을 없애야 한다.

3. 이 기능을 구현하려면 얼마나 시간이 걸리는가?

시간은 지나가면 되돌릴 수 없는 귀중한 자원이다. 고려 중인 각 기능의 상대적인 개발시간을 비교해야 한다. 만약 어떤 것을 구현하는 데 몇 달이 걸린다면 이 기능이 상당한 효과를 낼 거라는 확신이 있어야 한다. 이 기능을 더 작은 기능으로 나눌 수 있는가? 또는 일부 기능만 선별적으로 구현한 MVP나 프로토타입을 이용해 고유의 위험을 테스트할 수 있는가?

4. 이 기능이 제품을 지나치게 복잡하게 만드는가?

복잡성은 제품을 망가뜨린다. 많은 웹 기반 앱의 사용자 경험을 보면 이 점을 가장 분명히 알 수 있는데, 이런 앱이 너무 복잡하고 혼란스러운 나머지 사용자들은 좀 더 단순한 대안을 원하게 된다.

'그리고'는 성공의 적이다. 어떤 기능에 대해 토의할 때 이 기능이 어떻게 표현되는지를 유의하라. "이 기능이 있으면 이러저러한 것을 할 수 있습니다. *그리고* 이런 것도 할 수 있으면 좋겠죠. 그리고 이러저러한 것도 할 수 있으면 좋겠습니다." 이럴 때는 경고 벨이 울려야 한다. 어떤 기능이 여러 종류의 니즈를 조금씩 만족시킨다는 이유로 그 기능을 정당화하고 싶다면 *한 가지* 니즈를 대단히 훌륭하게 충족시키는 것이 거의 항상 더 좋다는 사실을 기억하기 바란다.

성인용 콘텐츠 사이트의 한 모바일 분석 전문가는 새 기능에 적용하는 자신의 규칙이 단순하다고 말한다. "사용자가 한 손으로 최대한 세 번은 탭해서 원하는 것을 할 수 있어야 합니다." 사용자의 행동과 기대사항을 아는 것이 가장 중요하다. 시장, 고객 확보 및 유지를 테스트할 때 복잡한 기능들이 테스트를 방해하면 매우 불편할 수 있다.

5. 이 새로운 기능에는 얼마나 많은 위험이 있는가?

새 기능을 구현할 때는 항상 일정 정도의 위험이 도사린다. 우선 그 기능이 전체 프로그램 코드에 어떤 영향을 줄지와 관련된 기술적 위험이 있다. 또한 사람들이 그 기능에 어떻게 반응할지와 관련된 사용자 위험도 있다. 새 기능이 향후 개발에 어떤 영향을 미칠지와 관련된 위험도 있는데, 그 기능 때문에 원하지 않는 길을 가게 될 가능성이 있기 때문이다.

개발팀 그리고 때로는 고객도 추가 기능에 정서적인 유대감을 형성하기도 한다. 분석은 이런 정서적 결합을 뛰어넘어 상황을 있는 그대로 측정하고 최상의 정보를 토대로 가장 적절한 결정을 내리도록 도와준다.

6. 이 새로운 기능은 얼마나 혁신적인가?

여러분이 하는 모든 일이 혁신적일 수는 없을 것이다. 대부분의 기능은 혁신적이지 않으며, 전체가 개별 부분보다 더 가치 있기를 바라면서 제품을 조금씩 조정해가는 것이다.

그러나 기능 개발의 우선순위를 정할 때는 혁신을 고려해야 한다. 일반적으로 가장 하기 쉬운 일이 영향을 크게 미치는 경우는 거의 없다. 여전히 여러분은 적절한 제품을 찾는 흡인력 단계에 있다. 제출 버튼을 빨간색에서 파란색으로 바꾸면 회원 가입 전환율이 증가할 수도 있겠지만(전형적인 A/B 테스트), 실패할 사업을 대성공으로 바꾸어놓지는 못할 것이다. 그리고 이것은 다른 사람이 따라 하기도 쉽다.

차라리 큰 일을 시도해보고 홈런을 노리고 더 급진적인 실험도 해보고 더 파괴적인 것을 만들어보는 것이 좋다. 특히 지금은 만족시켜야 할 사용자 요구사항이 적기 때문에 이런 시도를 해보기도 좋다.

7. 사용자들은 자신이 무엇을 원한다고 말하는가?

사용자는 물론 사용자의 의견도 중요하다. 그러나 사용자의 의견에만 의존하는 것은 위험하다. 사용자의 의견에만 근거하여 우선순위를 매기지 않도록 조심하라. 때때로 사용자들은 거짓말을 한다. 그리고 여러분의 기분이 상하는 걸 원치 않는다.

MVP 단계에서 기능 개발의 우선순위를 정하는 것은 과학이 아니다. 사용자가 보여주는 행동이 사용자의 의견보다 더 중요하다. 기능을 구현할 때마다 그 기능에 대해 가설을 세우고 테스트하라. 그러면 성공인지 실패인지 빨리 검증할 수 있을 것이다. 여러분의 앱에서 여러 기능이 얼마나 인기가 있는지 추적하는 것만으로도 어떤 것이 효과가 있고 어떤 것이 그렇지 않은지 알 수 있을 것이다. '취소'나 '뒤로' 버튼을 누르기 전에 사용자가 어떤 기능을 이용하고 있었는지 살펴보면 잠재적인 문제를 정확히 짚을 수 있다.

여러분이 기능을 미리 계획하고 왜 그 기능이 필요한지 진정으로 이해하고 있으면 기능 구현은 쉬운 일이다. 비전 및 장기적인 목표를 기능과 연결해야 한다. 이렇게 방향을 일치시키지 않으면 사업 발전에 도움도 안 되고 제대로 테스트할 수 없는 기능들을 구축하게 될 위험이 있다.

| 사례 연구 | 랠리소프트웨어가 린 방식으로 새 기능을 구현한 방법

랠리소프트웨어Rally Software는 애자일 애플리케이션의 주기 관리 소프트웨어를 개발하는 회사다. 이 회사는 2002년에 설립되었고 우수한 애자일 업무 방식을 상당수 고안했다. 우리는 어떻게 이 회사가 제품을 성공적으로 만들고 있는지에 대해 자크 니스Zach Nies CTO와 이야기를 나누었다.

회사 비전 수립

랠리소프트웨어의 모든 일은 3개년 또는 5개년 비전과 함께 시작되며, 이 비전은 18개월마다 수정된다. 회사 전체가 이 비전을 중심으로 운영되는데, 이 비전은 멀리 있는 큰 목표를 달성할 만한 목표로 바꾸는 첫 단계다. 이 장기 비전은 매년 연간 계획을 수립할 때 핵심 요소로 작용한다. 자크 니스 CTO는 말한다. "우리 회사가 생긴 지 얼마 안 되고 규모가 작을 때는 3년 앞을 내다보지 못했습니다. 그러나 이제 우리 정도 규모의 회사에 장기 비전은 경영의 중요한 일부입니다."

소수의 경영진이 연간 계획을 처음 수립한다. 자크 니스는 이것을 첫 반복 개선이라고 부른다. 최초 계획 수립의 결과물은 기업 전략 초안인데, 이것은 랠리소프트웨어의 성과 목표와 현황, 반성할 점, 그 해의 사업 환경을 분명하고 간략하게 보여준다. 경영진은 또한 연간 비전을 달성하기 위해 초점을 둘 영역을 3~4가지 정한다. 자크 니스는 이렇게 말한다. "이 작업을 통해 랠리소프트웨어가 생각해볼 아이디어를 도출합니다. 이 아이디어는 다음 해에 회사가 다룰 매우 중요한 이슈라고 생각하는 임원들의 의견을 요약한 것입니다."

연간 계획 수립의 두 번째 반복 개선 과정은 부서별로 한 해를 돌아보는 형태다. 랠리소프트웨어는 브라이언 스탠필드Brian Stanfield가 쓴 『The Art of Focused Conversation』에 나오는 ORID^{Objective, Reflective, Interpretive, Decisional, 객관적, 반성적, 해석적, 결정적}라는 방법을 사용한다.[4] 자크 니스는 다음과 같이 말한다.

"이 과정에서는 모든 직원들로부터 통찰을 구하고 과거, 현재, 미래에 관해 소중한 의견을 들을 수 있습니다. 각 부서의 ORID로부터 우리는 완수된 업무, 현재 진행 중인 업무, 계획된 업무, 구체적인 연간 지표, 다음 해 전망, 그 해의 전체적인 분위기를

---

[4] http://www.amazon.com/Art-Focused-Conversation-Access-Workplace/dp/0865714169

알 수 있습니다. 아이들은 스스로 배우지만 어른들은 배우려면 체계적인 반성이 필요합니다. 이 과정이 그 체계를 제공합니다."

임원들의 계획 수립과 ORID, 두 가지 모두는 연간 계획 수립 과정에서 다음 단계의 근거가 된다. 다음 단계에서는 직원 60명을 모아 그 해의 비전을 명확하게 표현하고 비전 달성 방법을 수립하는 회의를 진행한다.

제품 계획 수립

제품팀은 회사의 연간 전략 수립에 능동적으로 참여한다. 여기에서 큰 부분을 차지하는 것은 회사와 제품의 방향을 일치시키는 것이다. 제품팀은 다른 무엇보다도 "왜?"라는 질문에 답하는 데 초점을 맞춘다. 자크 니스 CTO는 말한다. "우리가 어떤 일을 하는 이유를 표현하고 우리의 초점에 항상 의문을 가지면 하나의 매력적인 비전, 회사, 제품을 중심으로 모든 사람들이 결집할 수 있고 고객들과 정서적 유대감을 만들 수 있습니다. '왜'를 이해해야 '무엇'과 '어떻게'를 진정으로 알 수 있습니다."

이제 랠리소프트웨어는 제품에 전념할 준비가 되었다. 이 과정이 상당히 거창해보이지만 사실은 매우 반복 개선적이고 '린'하다. 이 회사는 실제로 기능을 개발하는 단계로 진입하기 전에 다양한 수준에서 구축 → 측정 → 학습 주기를 몇 차례 거친다.

구현할 기능 결정

기능 개발은 무엇을 어떻게 구현할지를 결정하면서 본격적으로 시작된다. 랠리소프트웨어에는 기능과 관련된 의사결정을 내리는 개방적이고 체계적인 방법이 있다. 분기마다 직원들은 회사의 제품 개발 방향의 변화에 대해 짧은 제안서를 제출한다. 이 제안서는 직원 누구나 제출할 수 있고 보통 대부분은 고객과의 상호작용을 바탕으로 제안서를 작성한다.

자크 니스는 다음과 같이 말한다.

"우리는 제품 마케팅, 제품 책임자, 엔지니어링 매니저, 영업 인력, 임원 등 제품-관리 유형의 업무를 맡은 거의 모든 사람들을 의사결정 과정에 포함시킵니다. 이 과정이 다소 거창하게 보일지 모르지만 모든 사람의 의견을 듣고 이를 조율하는 것은 한

분기에 10시간 정도를 투자할 가치가 있습니다. 우리는 의견을 잘 조율할수록 실행 결과도 훌륭하다는 것을 알게 되었습니다."

랠리소프트웨어는 소프트웨어를 발표하지는 않지만 대신 '사용자와 고객을 위해 기능을 활성화한다.' 랠리소프트웨어가 제공하는 대부분의 기능은 고객에 따라 활성화 또는 비활성화될 수 있다. 이를 통해 랠리소프트웨어는 처음에는 소수의 사용자부터 시작해서 점점 더 많은 사용자에게 점차적으로 기능을 더 소개할 수 있고, 많은 고객에게 문제가 노출될 위험을 줄이면서 얼리어답터로부터 피드백을 받을 수 있다.

진척도 측정

기능 개발 과정에서 랠리소프트웨어는 측정에 초점을 둔다. "우리에게는 내부 데이터 웨어하우스가 있는데, 서버/데이터베이스의 커널 수준의 성능 측정 데이터에서부터 브라우저와 서버 간의 HTTP 통신에서 도출되는 사용자 행동에 이르기까지 모든 것을 여기에 기록합니다"라고 지크는 말한다. 이렇게 하는 이유는 회사가 기능의 사용 및 성능을 측정하기 위해서다. "어떤 기능을 개발할 때 개발팀은 사용자들이 그 기능을 얼마나 많이 사용해야 그 기능을 더 개선할지 이론을 세울 수 있습니다. 우리는 기능을 활성화시켰다, 비활성화시켰다 하면서 실제 데이터와 우리가 세운 이론을 비교합니다. 사용 데이터와 성능 정보 두 가지 모두를 입수하기 때문에 우리는 이 기능이 성능과 제품 개발 환경의 안정성에 미치는 영향을 실시간으로 빨리 파악할 수 있습니다."

실험을 통한 학습

이런 자세한 수준의 계획 수립과 제품 개발에 대한 포괄적인 접근에도 불구하고 자크는 여전히 회사가 '내부 요구나 고객 요구에 따라 맹목적으로 기능을 구현하지 않도록' 조심한다고 말한다. 기능을 구현하는 대신 랠리소프트웨어는 정보를 더 얻기 위해 실험을 중시한다. 자크 니스에 따르면 모든 실험은 일련의 질문으로 시작된다.

- 무엇을 알고 싶으며 그 이유는 무엇인가?
- 해결하려고 노력 중인 근본적인 문제는 무엇인가? 그리고 누가 그 불편함을 겪고 있는가? 이 질문은 관련자 모두가 회사가 하고 있는 일에 공감하도록 만든다.

- 우리의 가설은 무엇인가? 이것은 다음 형태로 작성된다. "[구체적인 반복 가능한 행동]을 하면 [예상 결과]를 낳을 것이다." 랠리소프트웨어는 실험에서 가설이 틀렸음을 입증할 수 있도록 가설을 반드시 이런 식으로 작성하도록 한다.
- 실험을 어떻게 실시할 것이며 실험을 지원하기 위해 무엇을 만들어야 하는가?
- 실험을 해도 안전한가?
- 실험에 대해 어떻게 결론을 내릴 것인가? 그리고 실험의 결론에서 비롯되는 문제를 완화시키기 위해 어떤 조치를 취할 것인가?
- 가설이 틀렸음을 데이터로 입증하려면 무엇을 측정해야 하는가? 또한 랠리소프트웨어는 실험을 계속하는 것이 안전하지 않음을 알려주는 지표를 포함시킨다.

사용자 인터페이스의 핵심적인 부분 중 정확히 무엇이 사용자를 만족시키는지 알아내려고 3개월 동안 20회 이상 실험을 실시했는데, 이것은 추측이 아니라 엄격하게 통제된 발견 과정이었다. 사용자 인터페이스 중에서 이 부분이 초점이 된 이유는 이것을 개선하는 것이 그 해 제품 비전의 중요한 부분이었고 회사 목표 달성에도 직접적으로 도움이 되기 때문이었다.

요약
- 데이터 주도적인 제품 방향 설정은 고위층에서 시작되며 반복적이고 체계적인 과정이다.
- 현재 인정받는 제품과 충성스러운 고객이 있어도 실험은 중요하다.
- 개별 기능을 활성화/비활성화하고 이로 인한 사용자 행동 변화를 측정하려면 별도의 엔지니어링 작업이 필요하지만 학습 주기가 줄어들고 더 많은 정보를 얻을 수 있으므로 그 만한 투자 가치가 있다.

분석적 교훈

랠리소프트웨어는 측정을 한 단계 높은 수준으로 끌어올렸다. 어떤 면에서 랠리소프트웨어는 한편으로는 주기 관리 소프트웨어를 만드는 회사고 다른 한편으로는 사용자들이 제품과 상호작용하는 방식을 더 잘 이해하기 위해 사용자를 대상으로 방대하고 지속적인 실험을 하는 회사, 즉 두 개의 회사로 구성된 것이나 다름없다. 모든 기능을 테스트할 수 있고 측정할 수 있으려면 엔지니어링 작업이 상당히 필요할 뿐만 아니라 규율과 집중도 많이 요구되지만 그 대신 자원 낭비가 줄고 제품이 개선되며 고객이 원하는 바와 일치하도록 지속적으로 조율할 수 있으므로 그 만한 가치가 있다.

사용자 피드백을 다루는 방법

고객은 창업가와 공통점이 있다. 바로 거짓말을 잘 한다는 점이다. 고객은 일부러 거짓말을 하지는 않지만 여러분의 제품이 실제로 어떻게 작동하는지 또는 그 제품으로 자신이 무엇을 하는지 모르는 경우가 종종 있다.

개인 뱅킹 앱인 민트Mint의 사용자 리뷰 점수를 보면 별 하나가 많다. 이들은 그림 16-2처럼 '경고! 이 제품은 당신의 뱅킹 정보를 빼내서 은행 계좌에 접속하려고 합니다'라고 주장한다. *그러나 민트는 이런 짓을 하지 않는다.*

그림 16-2 경고 – 뱅킹 앱이 당신의 뱅킹 정보를 빼낼지도 모른다.

여러분이 제품 관리자라면 이 피드백을 무시하고 싶을 수도 있겠지만 이 피드백이 진정으로 알려주려는 것은 여러분의 마케팅 활동과 제품 설명이 제대로 먹히지 않아 제품에 대한 평가 점수가 낮아지고 시장이 작아진다는 사실이다.

고객들은 여러분이 원치 않는 피드백을 줄 수도 있다. 고객은 여러분과 심성 모델이 다르다는 점을 기억하라. 그리고 종종 제품의 제대로 된 사용법을 익히지 않는다.

우리는 이미 인터뷰 대상들이 보여준 인식 편향 사례를 앞에서 몇 가지 살펴보았다. 기존 사용자들도 비슷한 편향이 있다. 이들은 기대사항이나 관점이 여러분과 다르다. 여러분은 이 점을 염두에 두고 고객의 의견을 들어야 한다.

우선 사용자 피드백은 샘플링 편향이 매우 강하다. 누구나 예상할 수 있는 그저 그런 경험을 하면 사람들은 피드백을 잘 제공해주지 않는다. 사람들은 황홀하거나 끔찍한 경험을 했을 때에나 의견을 내놓는다.

게다가 그들은 자신이 여러분에게 어떤 가치가 있는지 모르며, SaaS 서비스를 무료로 사용할 자격이 있다고 생각할지도 모른다. 여러분이 SaaS 제품을 그렇게 포지셔닝했기 때문이다. 또는 여러분이 뷔페 식당의 가격을 그런 식으로 책정했기 때문에 막대 빵을 공짜로 먹을 자격이 있다고 생각할 수 있다. 그들이 여러분의 사업에 어떤 가치가 있는지 여러분은 알고 있지만 그들은 모른다. 불만족스러운 사용자들 개개인은 자신이 세상에서 가장 중요한 사람이라 생각한다. 그리고 그런 중요한 사람이 나쁜 경험을 하거나 좋은 대접을 받은 것이다.

마지막으로, 고객들은 자신이 겪는 문제에 어떤 제약과 미묘한 사안들이 있는지 잘 모른다. 미국 텔레비전 프로그램을 해외에서 볼 수 없다고 불평하기는 쉽지만 외환 거래, 검열, 지적재산권 문제 등 복잡한 사항이 여기에 관련되어 있다는 것은 모를 가능성이 높다. 이들은 자신의 불편함이 해결되기를 바라지만 올바르게 그 문제를 해결하는 방법에 대해서는 아는 바가 거의 없다.

로라 클레인Laura Klein은 사용자경험UX 전문가이자 컨설턴트며, 이 책과 린 시리즈에 속하는 『UX for Lean Startups』의 저자이기도 하다. 로라 클레인은 〈Users Know〉라는 유명한 블로그를 운영하고 있다. 그녀의 블로그 글 '고객의 피드백이 쓸모없는 이유'를 처음부터 끝까지 읽어보기 바란다.[5]

로라 클레인은 사용자 피드백을 더 잘 해석하기 위해 다음을 유의하라고 조언한다.

---

[5] http://usersknow.blogspot.ca/2010/03/why-your-customer-feedback-is-useless.html

- 미리 테스트를 계획하고, 테스트를 시작하기 전에 무엇을 알아내려는지 알아야 한다. 로라 클레인은 이렇게 말한다. "피드백을 해석하기 어려운 가장 큰 이유는 피드백이 너무 많고 두서가 없으며 특정 주제에 한정되지 않기 때문입니다. 정확히 어떤 주제에 관해 피드백을 입수할지 알고 있고 피드백 수집 방법을 엄격히 따른다면 피드백을 해석하기가 훨씬 쉬워집니다."
- 아무에게서나 의견을 듣지 말라. "비슷한 사람들의 피드백을 묶어야 합니다." 로라 클레인은 말한다. "가령 자동차에 관한 생각을 우리 엄마와 포뮬러 1 드라이버에게 묻는다면 대답은 천지차이겠죠." 이처럼 매우 다른 유형의 사람들에게서 피드백을 받으면 균형을 잡기가 상당히 어렵다. "여러분의 고객이 어떤 사람들인지 파악하고 특정 부류의 사람에게 초점을 맞추세요."
- 데이터를 수집하면서 결과를 빨리 검토하라. "네이터 수십이 끝날 때까지 내버려두지 마세요." 로라 클레인은 말한다. "며칠에 걸쳐 5명과 한 시간씩 이야기를 나눴다면 처음 만난 사람이 뭐라고 말했는지 기억하기 힘들 수 있습니다." 로라 클레인은 인터뷰마다 다른 사람을 배석시켜 인터뷰가 끝나면 그 사람과 함께 내용을 요약해보고 중요한 내용을 정리하라고 말한다.

사용자들은 항상 불평한다. 사용자들은 언제나 불평하기 마련인 것이다. 이들이 여러분의 제품을 사용하는 중이고 인게이지먼트 지표가 좋고 제품의 흡인력이 높더라도 사용자들은 여전히 불평할 것이다. 이들의 불평불만에 귀를 기울이되 과민반응하지 말고 가능한 한 빨리 문제의 본질을 이해하려고 노력하라.

최소 존속 비전

*최소 존속 비전*minimum viable vision, MVV은 창업가이자 이어원랩스의 파트너인 레이먼드 루크Raymond Luk가 만든 표현이다. 그는 이렇게 말한다. "위대한 기업을 만들고 사람들을 모으고 싶다면 MVP만으로는 부족하고 MVV도 필요하다."

최소 존속 비전은 마음을 사로잡는 비전이다. MVV는 확장되며 잠재력을 가지고 있다. 담대하고 매력적이다. 창업자로서 여러분은 한 손에는 이 거대하고 스릴 넘치며 세계를 바꿀 비전을 들고, 다른 손에는 실질적이고 실용적이며 경험에 기반한 현실을 움켜쥐어야 한다. 자금을 조달하려면 MVV가 필요하며, 여러분의 목표 시장에서 어떻게 지배적이고 파괴적인 기업이 될 수 있는지 설득력 있게 설명해야 한다.

다음은 여러분의 사업이 MVV의 요소를 갖추고 있는지를 알려주는 신호다.

- **플랫폼을 구축하고 있다.** 여러분의 사업이 다른 것을 만들 수 있는 개발 환경을 구축하고 있다면 이것은 좋은 신호다. 구글 맵스Google Maps는 맵퀘스트MapQuest 및 다른 지도 서비스와 다름없는 많은 지도 도구 중 하나에 불과했다. 그러나 구글은 사용자들이 구글 지도를 다른 곳에 포함시키고 주석을 달기 쉽게 만들었다. 그러자 수천 개의 조합과 기발한 사용법들이 등장했다. 빠른 시간 안에 구글 맵스는 기본형 GIS지리 정보 시스템의 업계 표준 플랫폼이 되었고 사용자들이 붙인 이 모든 주석 덕분에 구글 지도는 더 유용해졌다.

- **돈을 반복적으로 벌 수 있는 방법이 있다.** 사람들로 하여금 돈을 한 번 지불하게 하는 것도 중요하지만 사람들이 매달 돈을 지불하게 할 수 있다면 성공할 수 있다. 블리자드가 월드 오브 워크래프트에서 올리는 매출을 보라. 14.95달러의 월정액 사용료 매출에 비교하면 유료 데스크톱 클라이언트의 매출은 전체 매출의 일부에 불과하다.[6]

- **단계별 가격 체계에서 사용자들이 자연스럽게 더 높은 단계로 이동한다.** 37시그널즈37Signals, 우푸Wufoo, 프레시북스FreshBooks 같은 회사가 해온 것처럼 고객들이 스스로 더 비싼 상품으로 업그레이드하게 하는 법을 찾을 수 있다면 기본 기능으로 사용자를 유인한 다음 사용자들이 원할 때 추가 기능으로 업그레이드하도록 만들 수 있다. 이는 신규 사용자뿐만 아니라 기존 사용자로부터도 추가 매출을 올릴 수 있다는 의미다.

- **업계의 근간을 뒤흔드는 변화와 관련이 있다.** 만약 여러분의 사업이 정보 공유, 모바일 기기, 클라우드 컴퓨팅 등 성장하는 트렌드의 일부라면 성장 가능성이 더 높다. 밀물이 들어오면 모든 배가 떠오르는 것처럼 부상하는 기술 분야에서는 회사 가치가 높이 평가되고 인수합병이 활발히 일어난다.

- **제품을 채택한 사람들은 자동적으로 제품의 옹호자가 된다.** 온라인 마케팅의 고전적 사례인 핫메일Hotmail을 보라. 핫메일은 이메일을 보낼 때마다 이메일 서비스를 핫메일로 바꾸라고 권하는 간단한 메시지를 추가했다. 그 결과 사용자 수가 기하급수적으로 늘어났고 창업자들은 거금을 받고 회사를 매각했다.[7] 익스펜시파이 같은 지출 관리 시스템은 가능한 한 쉽게 다른 사람들을 승인 업무 흐름에 추가할 수 있도록 만든다. 왜냐하면 이렇게 해야 내재된 바이럴 효과가 작동하기 때문이다.

- **인수합병 경쟁을 일으킬 수 있다.** 업계의 몇몇 거대기업이 군침을 흘릴 만한 솔루션이 있다면 여러분은 매우 유리한 입지에 있다. 대기업은 시간만 충분하다면 어떤 것이든 만들 수 있지만 만약 여러분의 제품 때문에 매출이 줄어들거나 여러분의 제품을 이용해 자신의 제품을 더 손쉽게 팔 수 있다면 여러분의 회사를 인수할 것이다. 펩시코, 캐드버리슈웹스, 코카콜라 같은 거대 식음료 기업은 오드왈라, 트로피카나, 미닛메이드, RC콜라 같은 유망한 초기 회사를

---

6 역자주_ 월드 오브 워크래프트는 미국과 한국의 과금 체계가 다르다. 미국에서는 데스크톱 패키지를 구입한 후 월정액 사용료를 지불해야 한다.

7 http://www.menlovc.com/portfolio/hotmail

인수했다. 자신의 기존 공급 체인을 이용하면 투자를 쉽게 회수할 수 있다는 사실을 알고 있는 것이다.

- **환경 변화에 부응하고 있다.** 여기서는 환경 보호 운동을 말하는 것이 아니다. 전략 마케팅 관점에서 환경적 요소에는 정부가 강제하는 사생활 보호법이나 반오염 규제 같이 사업에 영향을 미치는 모든 것이 포함된다. 만약 여러분이 모든 사람이 사용하게 될 제품을 만들고 있다면(가령 곧 제정될 건강 관련법이나 지불정보보호법을 준수하는 제품) 여러분은 좋은 조건에 사업을 매각하거나 그 분야를 지배할 가능성이 있다.

- **지속 가능한 경쟁우위를 가지고 있다.** 투자자들은 경쟁우위를 가장 좋아한다. 낮은 비용, 상위 시장의 관심, 훌륭한 파트너, 독점적인 제조 공식 등의 경쟁우위를 유지할 수 있다나면 투자자들이 관심을 가지도록 사업을 키울 수 있다. 그러나 조심해야 할 것은 정부가 강제하는 독점 사업 외에는 장기적으로 유지되는 경쟁우위가 거의 없다는 점이다.

- **한계 비용이 0이 되고 있다.** 사용자 추가에 따른 증분 원가가 감소하면 – 그래서 n번째 고객을 추가하는 비용이 거의 0이라면 – 매우 좋은 사업이다. 이런 사업은 규모의 경제 효과가 높다. 예를 들어 컴퓨터 백신 회사는 고정비인 소프트웨어 R&D 비용이 지출되고 이것은 모든 사용자에 대해 상각되어야 하지만, 고객 한 명을 더 추가하는 비용은 이 전체 비용과 비교하면 극히 적다. 매출이 커져도 증분 원가가 유지되거나 감소하는 사업은 하룻밤 새에 급성장할 잠재성이 있다.

- **사업 모델에 내재된 네트워크 효과가 있다.** 전화 시스템은 네트워크 효과가 있는 사업의 전형적인 예다. 더 많은 사람이 사용할수록 전화는 더 유용해진다. 네트워크 효과가 있는 사업은 훌륭하지만 양날의 칼과 같은 경우가 많다. 즉, 사용자가 1,000만 명이라면 사업이 잘 운영되겠지만 여러분은 사용자들이 제품이나 서비스를 얼마나 쉽게 선택할지에 대해 착각할 수 있고 처음에 상대하는 적은 수의 고객으로는 기본 가치를 테스트하기 힘들다. 네트워크 효과가 발휘되기 시작하고 분명해지는 수준에 도달하기 위한 계획이 있어야 한다.

- **수익을 올릴 수 있는 방법이 여러 가지 있다.** 한 가지 수익원만 있는 사업 모델이 성공할 가능성은 낮다. 만약 하나의 사업에서 여러 가지 수익원 – 확실한 수익원 하나와 여러 개의 부수적인 수익원 – 을 찾을 수 있다면 매출 흐름을 다각화하고 더 쉽게 반복 개선하면서 성공 확률을 높일 수 있다. 짧게 덧붙이자면 구글 애드워즈와 분석용 데이터를 판매하는 것만으로는 충분하지 않을 것이다.

- **고객이 돈을 벌 때 여러분도 돈을 번다.** 사람들은 가장 근본적인 차원에서 두 가지에 의해 움직이는데, '공포'와 '탐욕'이다. 다소 냉소적으로 들릴지 모르지만 사실이다. 사업에서 공포는 비용이나 위험 같은 것을 의미한다. 만약 여러분이 고객의 위험부담과 비용을 줄일 수 있다면 그것은 좋은 일이지만 고객들에게 그다지 매력적이지는 않다. 고객들은 대부분 위험부담이 줄어들어도 그것을 합리화시키고 거기에서 비롯된 이익을 여러분과 나누려 하지 않는다. 그러나 여러분이 고객의 탐욕을 만족시켜 돈을 벌어주면(사업상 용어로 매출을 올려주면) 고객은 그것을 여러분과 나눌 것이다. 매출을 증가시켜주는 제품을 사람들은 더 쉽게 좋아한다. 복권이

나 일확천금을 노리는 제품[돈을 벌어주겠다고 약속하는 제품]과 저축 및 생명보험[위험부담을 줄여주는 제품]을 비교해보라. 이벤트브라이트와 킥스타터는 이 점을 알고 있었다.

- **여러분의 사업 주위에 생태계가 형성된다.** 이것은 플랫폼 모델과 비슷하다. 세일즈포스와 포토샵이 좋은 예다. 세일즈포스의 앱 익스체인지에는 수천 개의 외부 업체 앱이 있기 때문에 세일즈포스 CRM이 더욱 유용해지고 맞춤형으로 이용할 수 있는 것이다. 그리고 포토샵의 플러그인 모델 덕분에 어도비Adobe가 모든 것을 직접 개발할 때보다 훨씬 더 빨리 기능들이 추가될 수 있었다.

결국 여러분은 담대해야 한다. 여러분의 회사가 광범위한 시장을 대상으로 하는 제품을 만들든, 수익성 좋은 틈새시장을 목표로 하는 필수품을 만들든 어떻게 해야 진정으로 우수한 신제품을 만드는 회사가 될지 알고 있어야 한다.

문제–솔루션 캔버스

이어원랩스에서 우리는 스타트업이 방법론을 따르고 일주일 단위로 초점을 유지하도록 도와주는 *문제–솔루션 캔버스Problem-Solution Canvas*라는 도구를 개발했다. 이것은 애시 모리아의 린 캔버스의 영향을 받았지만 린 캔버스와 차별화하여 스타트업의 일상 업무에 초점을 두었다. 우리는 스타트업이 직면하고 있는 1~3가지 핵심 문제에 집중하는 데 이 캔버스를 사용했다. 이 캔버스 덕분에 관련자 모두가 문제에 동의하고 우선순위를 매길 수 있었다.

창업자들이 당장 중요한 핵심 이슈의 우선순위를 잘못 결정하는 것은 꽤 흔히 있는 일로, 놀라운 일이 아니다. 스타트업 창업자들은 한꺼번에 수많은 일을 처리하고 있고 또 우리 모두가 알고 있듯이 이들은 거짓말을 잘 하기 때문이다(그럼에도 우리는 변함 없이 이들을 사랑한다!). 우리는 이어원랩스에서 멘토 및 조언자로서 우리가 해야 할 일 중 가장 중요한 것이 창업가들을 중요한 이슈에 다시 집중하게 하는 것이라는 점을 알고 있었다 – 우리는 이들의 사업과 한 발짝 떨어져 있기 때문에 소중한 가치를 제공할 수 있었다.

문제–솔루션 캔버스는 두 페이지짜리 문서다. 린 캔버스처럼 이것 역시 몇 개의 칸으로 구성되는데, 우리는 창업자들에게 일주일 단위로 문제–솔루션 캔버스를 작성하고 설명해달라고 요청했다. 캔버스는 현황 회의의 중심이 되었고 회의를 생산적으로 진행하는 데 큰 도움이 되었다.

그림 16-3은 문제-솔루션 캔버스 양식의 첫 페이지다.

그림 16-3 만약 매주 이 양식을 채운다면 무엇을 알게 될 것인가?

<table>
<tr><td colspan="2" align="center">우리의 목표는 학습이다</td></tr>
<tr><td align="center">현재 상황</td><td align="center">지난주에 알게 된 내용(그리고 완수한 내용)</td></tr>
<tr>
<td>· 추적하고 있는 핵심 지표를 나열하고 지표의 현재 수치를 적고 지난 몇 주와 비교하라.
· 지표의 변화 추세는?</td>
<td>· 지난주에 무엇을 알게 되었는가?
· 완료된 것은 무엇인가?
· 제대로 진행되고 있는가? 그렇다/아니다</td>
</tr>
<tr><td colspan="2" align="center">가장 중요한 문제
· 가장 중요한 문제를 나열하고 설명하라.
· 이 문제의 우선순위를 정하라.</td></tr>
</table>

여기에서 첫 번째로 눈에 띄는 것은 제목 '*우리의 목표는 학습이다*'이며, 이것은 중요하다. 창업가들에게 이들이 무엇을 할 작정이었는지 일깨워주기 때문이다. 목표는 뭔가를 만드는 것이 아니다. 기능을 추가하는 것도 아니다. 언론에 노출되는 것도 아니다. 학습이 성공의 지표다.

다음으로 창업가들은 현재 추적하고 있는 정성적 그리고/또는 정량적 핵심 지표에 초점을 두고 현재 상황을 간략하게 업데이트한다. 이 칸이 다른 칸에 비해 작다는 점에 유의하기 바란다.

'지난주에 알게 된 내용' 칸에는 핵심 내용을 항목별로 간단히 요약하게 되어 있다. 제목에 '그리고 완수한 내용'을 추가한 이유는 창업가들에게 적어도 약간 자랑할 기회를 주고 싶었기 때문이다. 당연하게도 이들은 여기에 몇몇 허상 지표를 적었고 우리는 그런 지표에 많은 시간을 할애하지 않았다. '제대로 진행되고 있는가? 그렇다/아니다'는 지적 정직성을 테스트하기 위해 넣었다. 창업가들이 현재 상황이 좋든 나쁘든 정말 솔직할 수 있는가? 솔직하다면 우리의 조언이 훨씬 더 도움이 될 것이다.

마지막으로, 우리는 창업가들에게 현재 직면한 가장 중요한 문제를 나열하게 했다. 최대 세 개까지 중요한 순서대로 문제를 적을 수 있다. [창업가들과의 회의에서] 문제-솔루션 캔버스의 이 칸에 대해 가장 많은 논쟁이 벌어졌지만, 이것은 생산적인 논쟁이었고 모든 관련자들의 목표와 기대치를 재설정하는 데 반드시 필요했다.

스타트업의 현재 상황과 문제를 잘 이해했다면 캔버스의 두 번째 페이지로 이동해보자(그림 16-4 참조).

그림 16-4 세 개의 문제만 고를 수 있는가?

문제 #1: [문제 제목을 여기 적는다]

가설화된 솔루션	지표 / 증거+목표
·다음 주에 다루기 시작할 수 있는 솔루션을 나열하라. 솔루션의 순위를 정하라. ·왜 각 솔루션이 문제를 완전히 또는 부분적으로 해결한다고 생각하는가?	·(왼쪽 칸의) 솔루션이 기대대로 문제를 해결하고 있는지의 여부를 측정할 때 사용할 지표를 나열하라. ·여러분이 사용할 (정성적) 증거도 나열하라. ·지표의 목표를 정의하라.

문제 #2: [문제 제목을 여기 적는다]

가설화된 솔루션	지표/증거+목표
·다음 주에 다루기 시작할 수 있는 솔루션을 나열하라. 솔루션의 순위를 정하라. ·왜 각 솔루션이 문제를 완전히 또는 부분적으로 해결한다고 생각하는가?	·(왼쪽 칸의) 솔루션이 기대대로 문제를 해결하고 있는지의 여부를 측정할 때 사용할 지표를 나열하라. ·여러분이 사용할 (정성적) 증거도 나열하라. ·지표의 목표를 정의하라.

이 페이지에서 창업자들은 문제를 다시 적고 가설화된 솔루션을 적는다. 이 솔루션이 효과가 있을지 아직 모르기 때문에 가설화되었다. 이것은 창업자들이 다음 주에 실시할 실험들이다. 우리는 창업자들에게 성공(또는 실패) 여부를 판단할 때 사용할 지표를 정의하고 성공의 기준을 정하라고 한다. 만약 인게이지먼트가 가장 중요한 문제라면 인게이지먼트를 높이기 위해 실험해볼 솔루션을 적고,

지표(가령 일 활동사용자의 비율)를 정하고 목표를 정해야 한다. *무엇이 문제고, 어떻게 그 문제를 고칠 생각이며, 솔루션이 성공적인지 어떻게 판단할 것인가?* 이것이 문제-솔루션 캔버스의 핵심이다.

(멘토이자 조언자로서) 우리에게 이것은 매우 도움이 되었을 뿐만 아니라 문제-솔루션 캔버스는 조직 내부의 의사결정에도 도움이 된다. 문제-솔루션 캔버스는 린 캔버스보다 한 단계 더 구체적이며, 정해진 기간 동안(1~2주) 매우 구체적인 세부사항에 초점을 둔다.

| 사례 연구 |

VNN, 문제-솔루션 캔버스 이용해 사업 문제를 해결하다

바시티뉴스네트워크Varsity News Network, VNN는 미시간 주에 본사를 둔 초기 단계의 스타트업이다. 벤저민 요스코비츠는 2012년 한 컨퍼런스에서 이 회사의 창업자 중 한 명인 라이언 본Ryan Vaughn을 만났다. 운동팀 감독들은 이 회사의 플랫폼을 이용해 지역 사회와의 커뮤니케이션을 쉽게 관리하고 고등학교 운동선수들에 대한 기사가 지역 언론에 실리도록 만들 수 있었다. 목표는 이런 홍보 성과를 이용해 재정적, 정서적 지원을 계속 확보하는 것이었다.

벤저민은 라이언 본에게 문제-솔루션 캔버스를 소개했고 그는 즉시 경영진들과 함께 이 캔버스를 사용하기 시작했다. "당시 우리는 막 자금 조달을 마쳤는데, 아주 빨리 해결해야 할 중요한 문제가 많았습니다." 라이언은 말한다. "우리는 경영진들이 모두 같은 페이지를 보면서 우리가 해야 할 일에 초점을 맞추기 위해 문제-솔루션 캔버스를 이용했습니다."

VNN은 특히 회사 초기에 가치 제안을 결정하고 이것을 고등학교 스포츠 관련 콘텐츠를 제작하는 일과 어떻게 연결시킬지 결정하기 위해 린 방식을 따랐다. 이 회사는 지금도 린 방식을 따르고 있는데, 새 기능이나 이니셔티브를 도입할 때마다 그 효과와 생성된 가치를 측정하면서 기능을 테스트하고 반복 개선한다.

그럼에도 당시 라이언 본은 회사 경영진이 문제-솔루션 캔버스를 받아들이지 않을지도 모른다고 염려했다. 그는 이렇게 말한다. "린 스타트업 과정은 미국 중서부에서는 아직 폭넓게 사용되지 않습니다. 다행히 우리 임원진들은 린 방식을 접해봤기 때문에 문제-솔루션 캔버스에 빨리 익숙해질 수 있었습니다."

VNN은 문제 해결의 중요한 시기 동안 몇 달 간 캔버스를 사용했다. 그 결과 모든 관계자들이 현재 시급한 주요 업무에 초점을 맞추고 이를 유지할 수 있었다. 문제-솔루션 캔버스를 통해 VNN은 여러 개의 핵심 가정을 검증하고 직접 판매를 수반한 확장 가능한 성장 모델을 설계했다. 이를 통해 사업에서 매출이 발생한다는 점을 입증하고 2차 자금 조달을 위한 계획을 세울 수 있었다.

그림 16-5와 그림 16-6은 VNN의 문제-솔루션 캔버스의 예를 보여준다.

그림 16-5 1페이지 – 현황 분석과 내부 성찰

5월 문제/솔루션 대시보드

지표	지난달 알게 된 내용(그리고 완수한 내용)
· 학교 계약: 1 　- 지난달: 3 　- 전체: 34 · 광고 매출/학교: $4,750 · 광고 매출/영업직원/달: $6,150 · 트래픽/학교: 1931. 9회 방문 　- 지난 3개월보다 방문 횟수가 200회 증가했다(새로운 주제).	· 지난달에 알게 된 내용 　- 영업직원당 월 1만 달러 이상의 매출을 올릴 수 있다. 　- 특정 스포츠 웹사이트용 시장이 존재한다. 　- 스케줄 〉 사진 〉 기사 · 지난달에 완수한 것 　- 사진가들이 사진을 지원해주기로 했다. 　- 인디애나폴리스에 두 번째 테스트 시장을 확보했다. · 계획대로 진행되고 있는가: 그렇다

핵심 문제

1. 상근직 영업직원 일인당 월 매출 목표치를 여전히 정하지 못하고 있다.
   - 제한된 데이터를 바탕으로 우리는 매달 광고 매출을 1만 달러 올리고 학교 계약을 2건 체결할 수 있다고 생각한다.
   - 파트타임 직원 한 명이 몇 개월 동안 다섯 개 이상의 학교와 계약을 체결했다.
   - 파트타임 직원 한 명이 2개월 연속으로 광고를 1만 달러어치 판매했다.
2. 특정 스포츠 웹사이트용 시장을 파악하지 못하고 있다.
   - 코치들은 매월 20~30달러를 지불할 것이다. 어떻게 이것을 판매/지원할 것인가?
3. 광고주들에게 아직 충분한 가치를 보여주지 못하고 있다.
   - 매년 계약 갱신율이 50% 이상 되어야 한다. 현재는 50%다.

그림 16-6 2페이지 – 매출 예상치와 시장 규모를 아는 것은 매우 중요하다.

문제 #1: 상근직 영업직원 일인당 월 매출 목표치를 여전히 정하지 못하고 있다.

가설화된 솔루션	지표/증거+목표
1. 미시간 주 동부에서 학교 영업과 광고 영업 두 가지 다 담당하는 상근직 영업직원을 앤아버에서 고용한다. 　– 평균적인 영업직원이 얼마나 실적을 낼 수 있는지 알 수 있다. 2. 신규 시장을 개발하도록 인디애나폴리스에서 두 사람과 계약을 맺는다. 　– 최고 영업직원이 얼마나 실적을 낼 수 있는지 알 수 있다.	· 지표: 영업직원당 학교 계약과 광고 판매 · 앤아버: 7월말까지 광고 판매 8,500달러와 세 개 학교 계약 · 인디애나폴리스: 7월말까지 광고 판매 7,500달러와 네 개 학교 계약

문제 #2: 특정 스포츠 웹사이트용 시장을 파악하지 못하고 있다.

가설화된 솔루션	지표/증거+목표
1. 미시간 주 안팎의 코치들을 인터뷰한다. 　– 중요한 질문은 수요가 있는지의 여부, 가격, 기능 등이다. 2. 시장이 있으면 MVP를 만들어 코치들에게 팔 수 있다. 　– 이것은 궁극적인 시장 테스트다. 　– 문제는 어떻게 하면 가장 잘 판매할 수 있을지이다.	· 지표: 인터뷰 응답과 판매 1. 코치들과 인터뷰 　– 흥미를 보임, 언급한 금액, 선주문

요약

- 자금을 조달한 후 VNN은 경영진과 효과적으로 의사소통하고자 문제–솔루션 캔버스를 사용했다.
- 이 캔버스는 VNN이 추가 자금 조달을 위해 매출과 포지셔닝을 반복 개선하는 데 도움이 되었다.

분석적 교훈

모든 사람이 문자 그대로 같은 페이지를 보는 것의 위력을 절대 과소평가하지 말기 바란다. 한 장의 종이에 적힌 일관된 정보를 통해 모든 관련자가 일사분란하게 움직이고 합의에 도달하는 것은, 특히 급변하는 환경에서 문제를 명확하게 밝히고 정의하는 데 큰 도움이 된다.

흡인력 단계 요약

- 여러분의 목표는 흡인력 있는 솔루션으로 문제를 해결할 수 있다는 것을 입증하는 것이다.
- 이 단계에서 핵심은 인게이지먼트다. 이것은 사용자들이 제품과 상호작용하면서 보낸 시간, 재방문율 등으로 측정한다. 매출이나 바이럴 효과를 추적할 수도 있겠지만 아직 여기에 초점을 둘 때는 아니다.
- 현재 최소 제품을 구축하고 있더라도 여러분의 비전은 고객이나 직원, 투자자들에게 영감을 줄 만큼 충분히 원대해야 한다. 그리고 미래의 비전에 도달할 수 있는 확실한 방법이 있어야 한다.
- 사람들이 여러분이 원하는 것을 할 것이라는 점이 입증되기 전에는 사업을 급히 키우려고 노력하지 말라. 자칫 곧 떠나버릴 사용자들을 확보하느라 돈과 시간을 낭비하게 된다.
- 제품의 흡인력을 가능한 한 높이면서 개선 효과를 측정하기 위해 코호트 분석을 사용하라.

인게이지먼트와 관련된 지표치가 적절하고 이탈률도 비교적 낮으면 이제 사용자 기반 확장에 초점을 둘 때다. 그렇다고 당장 광고 캠페인부터 실시하면 안 된다. 먼저 가장 설득력 있는 캠페인 플랫폼인 현재 사용자들을 이용해야 한다. 이제 바이럴 효과를 추구할 때다.

[과제1] - 다음 단계로 이동할 수 있는가

1. 여러분이 예상한 대로 사람들이 제품을 사용하는가?
   - 그렇다면 다음 단계로 이동하라.
   - 그렇지 않다면 사용자들이 제품에서 충분한 가치를 얻긴 하지만 예상과 다르게 사용하고 있는가? 또는 가치가 없는 제품인가?
2. 활동사용자를 정의하라. 사용자/고객의 몇 퍼센트가 활동사용자인가? 이 수치를 적어보라. 이 비율이 더 높아질 수 있는가? 인게이지먼트를 높이기 위해 무엇을 할 수 있는가?
3. 더 많은 기능을 구현하기에 앞서 앞에서 제시한 7가지 질문을 이용해 기능 개발 계획을 평가하라. 그 결과 기능 개발의 우선순위가 바뀌었는가?
4. 사용자들의 불평불만을 평가하라. 이것이 앞으로의 기능 개발에 어떤 영향을 주는가?

[과제2] - 가장 중요한 문제를 파악했는가

문제-솔루션 캔버스를 작성하라. 15~20분이면 된다. 캔버스를 다른 사람들(투자자, 조언가, 직원 등)에게 보여주고, 캔버스가 여러분이 현재 직면한 핵심 이슈를 제대로 표현하고 있는지 스스로에게 물어보라.

CHAPTER 17

단계 3: 바이럴 효과

1997년 벤처캐피탈 회사인 드레이퍼피셔저벳슨Draper Fisher Jurvetson은 네트워크 기반의 구전효과를 표현하기 위해 *바이럴 마케팅*이라는 표현을 처음으로 사용했다.[1] 이 회사는 핫메일Hotmail을 보고 바이럴 효과의 위력을 바로 알아차렸다. 핫메일은 모든 이메일에 감염 매개체[2]를 삽입했다. 즉, 이메일 아랫부분에 이메일 수신자에게 핫메일에 가입하라고 권하는, 지금은 유명해진 링크를 삽입한 것이다.

수십 년 전 마케팅학의 창시자 중 한 명인 프랭크 배스Frank Bass는 시장에서 메시지가 어떻게 전파되는지 설명한 바 있다.[3] 그의 1969년 논문 '내구재 시장에 대한 신제품 성장 모델'은 메시지가 어떻게 입소문을 통해 시장에서 퍼지는지 기술하고 있다. 처음에는 전파가 천천히 시작되지만 점점 더 많은 사람이 그 제품에 대해 이야기하게 되면서 전파 속도는 빨라진다. 그러나 그 메시지를 들은 적이 있는 사람들로 시장이 포화되면 전파 속도는 다시 느려진다. 이 모델은 배스의 확산 커브라고 불리는 S 곡선으로 표현된다(그림 17-1 참조).

---

1 http://www.dfj.com/news/article_25.shtml
2 역자주_ 바이럴이라는 표현 때문에 비유적으로 사용
3 http://en.wikipedia.org/wiki/Bass_diffusion_model

그림 17-1 피할 수 없는 것 세 가지: 죽음, 세금, 시장 포화

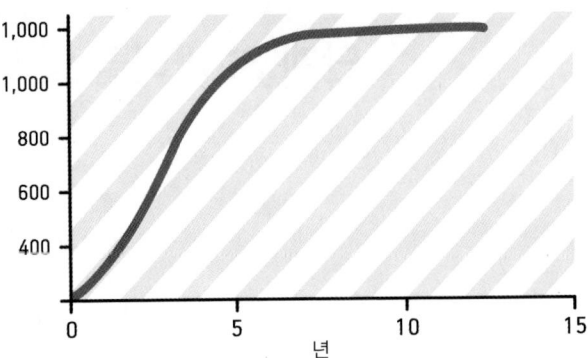

연구자들이 핫메일의 확산 속도와 배스 모델에 기반한 예상치를 비교한 후 두 개가 거의 완벽하게 일치한다는 점을 알게 되었다.

바이럴 효과 단계에서는 사용자 확보와 성장에 초점을 두지만 흡인력도 계속 살펴야 한다.

- 바이럴 효과와 구전효과를 얻기 위해 노력하다보면 자칫 인게이지먼트가 약해질 수 있다. 새로 확보하는 사용자들은 얼리어답터와 다를 수 있고 그 결과 얼리어답터가 이탈할 수도 있다. 또는 마케팅 활동을 펼치면서 고유의 가치 제안이 사라질 수도 있고, 신규 사용자들은 제품에 기대하는 바가 초기 사용자들과 다를 수도 있다.
- 흡인력 단계에서 다음 단계로 너무 빨리 이동하지 않도록 조심하라. 사용자 추가에 자원을 투입해도 이탈률이 높으면 투자수익률이 좋지 않을 것이다. 섣불리 성장을 추구하다 보면 돈과 시간을 한순간에 잃게 되고 이것은 스타트업을 실패로 이끄는 지름길이다.

바이럴 효과의 세 가지 방식

바이럴 효과란 사용자들이 제품이나 서비스에 대해 다른 사람들과 이야기하고 공유하는 것이다. 바이럴 효과에는 다음 세 가지 종류가 있다.

- **내재된 바이럴 효과**는 제품 자체에 내재되어 있어 제품의 기능을 사용하면 바이럴 효과가 발생한다.

- **인위적인 바이럴 효과**는 억지로 발생하는 바이럴 효과로서 주로 보상 시스템으로 구현된다.
- **구전 바이럴 효과**는 제품이나 서비스와 독립적이며, 제품에 만족한 사람들이 제품에 대해 이야기하는 것이다.

이 세 가지 바이럴 효과가 모두 중요하지만 별개의 사업 성장 형태로 다루어야 하며 바이럴 효과로 발생하는 트래픽 종류의 관점에서 분석해야 한다. 예를 들어 인위적인 바이럴 효과는 일회성 트래픽을 많이 발생시키지만 내재된 바이럴 효과는 실제 수익을 발생시킬 참여도 높은 고객을 증가시킨다.

내재된 바이럴 효과

많은 제품이 내재된 바이럴 효과를 가지고 있다. 트립잇[4]을 사용하면 출장 계획을 동료와 공유할 수 있고 로그인하면 더 자세한 계획을 볼 수 있다. 익스펜시파이에서는 비용 보고서를 승인받기 위해 다른 사람들에게 보낸다. 프레시북스에서는 고객들이 자신의 전자 송장을 웹사이트에서 볼 수 있다.

이것은 가장 좋은 유형의 바이럴 효과다. 진정성이 느껴지고 초대를 받은 수신자는 제품이나 서비스를 사용할 동기를 갖게 된다. 이런 바이럴 효과는 전염병과 같아서 자발적으로 선택한다고 볼 수 없다. 사용 여부를 선택하는 것이 아니라 그냥 사용하게 된다.

인위적인 바이럴 효과

내재된 바이럴 효과가 가장 좋지만 바이럴 효과를 인위적으로 만들 수도 있다. 드롭박스는 사용자들이 동료, 친구들과 파일을 공유하므로 한편으로는 내재된 바이럴 효과가 있지만 이 회사는 과감하게 사용자들에게 보상을 제공한다. 제품에 대해 트윗을 보내거나 '좋아요'를 클릭하면 저장 공간을 추가로 제공하고, 신규 고객을 확보하는 데 도움이 된 사용자들에게 보상을 제공한다. 드롭박스 서비스가 급성장한 것은 기존 사용자들이 무료 온라인 저장 공간을 늘리려고 친구들에게

---

[4] 역자주_ TripIt, 여행 일정 정리 앱

회원 가입을 권했기 때문이다.

인위적인 바이럴 효과는 기존 사용자들이 친구들에게 제품에 대해 언급하도록 독려할 때 발생한다. 드롭박스처럼 제대로 하면 좋은 효과를 얻을 수 있지만 서투르면 귀찮게 느껴지고 강요받는 것처럼 느껴질 수 있다. 이것은 본질적으로 제품 자체에 마케팅 활동을 구축하는 것으로, 자칫하면 제품의 기능에 대한 신뢰가 떨어질 수 있다.

구전 바이럴 효과

마지막으로, 자연스러운 구전효과가 있다. 구전효과는 추적하기 어렵지만 매우 효과적이다. 신뢰할 만한 사람이 제품을 지지하는 결과가 되기 때문이다. 블로그나 소셜 플랫폼에서 자신의 스타트업에 대해 어떤 이야기가 오가는지 모니터링함으로써 이런 활동을 일부 파악할 수 있다. 그리고 그런 입소문 현장을 발견하게 되면 입소문을 낸 사람을 만나서 여러분의 제품이나 서비스에 대해 다른 사람들에게 왜 이야기하는지 이유를 알아내고 그것을 바이럴 성장 전략의 반복적이고 지속 가능한 부분으로 만들어야 한다.

클라우트Klout나 피어리치PeerReach 같은 도구로 여러분의 제품에 대해 이야기하는 사람들이 제품 인지도에 미치는 영향을 점수화해보는 것도 좋다. 이 점수를 통해 메시지를 전파하는 사람의 능력을 평가할 수 있다.

바이럴 효과 단계의 주요 지표

만약 고객 확보에 비용을 쓰기 싫다면 바이럴 효과에 의한 성장을 측정하는 일은 더욱 중요하게 작용할 것이다. 여러분이 추적해야 할 지표는 바이럴 계수다. 벤처투자자 데이비드 스콕David Skok은 바이럴 계수란 '기존 고객 한 명이 데려온 신규 고객의 수'라고 정의한다.[5]

---

[5] http://www.forentrepreneurs.com/lessons-learnt-viral-marketing/에는 데이비드 스콕의 바이럴 계수 계산에 대한 설명과 함께 두 장의 스프레드시트가 있으니 한번 이용해보면 좋을 것이다.

바이럴 계수를 계산하려면

1. 먼저 초대율을 계산한다. 이것은 전체 발송된 초대 건수를 전체 사용자 수로 나눈 것이다.

   초대율 = 전체 발송된 초대 건수 / 전체 사용자 수

2. 그런 다음 수락률을 계산한다. 이것은 회원 가입 건수나 등록 건수를 전체 발송된 초대 건수로 나눈 퍼센트다.

   수락률 = (회원 가입 건수나 등록 건수 / 전체 발송된 초대 건수)×100

3. 그런 다음 위의 두 숫자를 곱한다.

   바이럴 계수 = 초대율×수락률

표 17-1은 고객 2,000명이 5,000건의 초대를 발송하고 그중 500건이 수락한 회사를 예로 들어 바이럴 계수의 계산 과정을 보여주고 있다.

표 17-1 바이럴 계수 계산 과정의 예

기존 고객(전체 사용자 수)	2,000		
전체 발송된 초대 건수	5,000	초대율	2.5
클릭된 초대 건수	500	수락률	10%
		바이럴 계수	25%

이 계산이 지나치게 단순해 보일지도 모른다. 왜냐하면 이론적으로는 초대된 고객의 4분의 1이 다시 다른 고객들을 초대할 것이고(고객의 6.25%), 그렇게 초대받은 고객이 또 새로운 고객을 초대하는 등 이런 초대 과정이 계속 이어지기 때문이다. 그런데 현실에서는 데이비드 스콕이 지적했듯이 사용자가 친구를 계속 초대할 가능성은 낮다. 그 대신 이들은 적절하다고 생각하는 친구를 초대한 다음 더이상 초대하지 않는다. 또한 초대받은 사람들 중 같은 친구를 공유하는 사람이 많을 수도 있다. 결국 초대 명단은 포화 상태가 될 것이다.

여기에서 고려할 또 다른 요소는 바이럴 주기다. 만약 누군가가 이 사이트를 사용해 다른 사람을 초대하기까지 하루밖에 안 걸린다면 사용자 수는 빠르게 증가할 것이다. 반면에 다른 사람을 초대하기까지 몇 달이 걸린다면 성장 속도는 훨씬 느릴 것이다.

바이럴 주기는 큰 차이를 만든다. 그 영향이 매우 크기 때문에 데이비드는 바이럴 계수보다 바이럴 주기가 더 중요하다고 생각한다. 데이비드는 자신이 만든 워크시트의 샘플 데이터를 예로 들어 이 점을 강조한다. "주기가 2일이면 20일 후 사용자 수는 20,470명이 되지만 주기를 절반, 즉 하루로 줄이면 20일 후 사용자 수는 2,000만 명이 넘을 것이다!"

메시지가 어떻게 시장에서 전파되며 고객이 어떻게 혁신을 점차적으로 받아들이는지 설명하는 프랭크 배스의 공식은 이 요소 중 많은 부분을 고려했다.

결국 우리가 원하는 것은 바이럴 계수 1 이상이다. 이것은 제품이 스스로 지속 가능하다는 의미다. 바이럴 계수가 1 이상이면 모든 사용자가 적어도 다른 한 명의 사용자를 초대하고 다시 그 새로운 사용자가 또 다른 사용자를 초대하게 된다. 이런 식으로, 처음에 몇몇 사용자를 확보하면 제품은 저절로 성장한다. 앞의 예에서 우리는 바이럴 계수를 1 이상으로 높이기 위해 다음과 같은 몇 가지 일을 할 수 있다.

- 수락률을 높이는 데 초점을 맞춘다.
- 고객 생애 주기를 늘리려고 노력한다. 그래야 사람들을 초대할 시간이 많아질 수 있다.
- 성장 속도를 높이기 위해 바이럴 주기를 단축시키려고 노력한다.
- 고객들이 더 많은 사람을 초대하도록 만든다.

바이럴 계수 외의 지표

이 세 가지 바이럴 효과는 서로 다르게 취급해야 한다. 각 바이럴 효과의 전환율이 다르고 바이럴 효과로 확보된 사용자들의 인게이지먼트 정도도 다르다. 이것을 보면 어디에 주력해야 할지 알 수 있다.

바이럴 효과 단계에서 중요한 지표는 사용자 접촉[outreach] 및 새로운 사용자의 수락과 관련된 지표다. 이 중에서 가장 중요한 지표는 바이럴 계수지만 한 사용자가 보낸 초대 건수, 누군가를 초대하기까지 걸린 시간도 측정해야 한다.

기업용 제품은 일반적으로 초대에 의한 바이럴 효과가 별로 없으므로 기업용 제품을 만드는 회사에는 더 효과적인 다른 지표가 있다. 하나는 고객추천지수^{net} $^{promoter\ score,\ NPS}$인데, 이것은 사용자에게 여러분의 제품을 지인에게 소개해주고 싶은 정도를 묻고, 추천 의지가 높은 사람의 수치와 추천할 의사가 없는 사람의 수치를 비교하는 것이다.[6] 이것은 바이럴 효과의 좋은 대리 지표인데, 어떤 고객이 참고 사례가 되어주고 여러분의 제품을 소개해주며 마케팅 자산이 될지 알려주기 때문이다.

모든 사업에서 바이럴 효과가 핵심적인 역할을 하는 것은 아니다. 어떤 제품은 원래 바이럴 효과가 없다. 그리고 바이럴 효과가 극도로 높은 제품은 별로 없다. 많은 제품이 1 이상의 바이럴 계수를 얻을 의도로 만들어진다. 다시 말해 모든 사용자가 적어도 다른 한 명의 사용자를 초대하도록 만들어진다. 이것은 이론적으로는 사업이 영원히 성장할 수 있다는 말이다.

불행히도 바이럴 계수를 계속 1 이상 유지하는 일은 스타트업에 매우 버겁다.

그렇다고 해서 바이럴 효과를 무시해야 한다는 뜻이 아니라 유료 마케팅 활동의 효과를 높이는 수단으로 바이럴 효과를 사용해야 한다는 의미다. 이런 이유 때문에 바이럴 효과 단계는 매출 단계와 확장 단계 전에 위치한다. 즉, 마케팅 비용 대비 최대 효과를 얻으려면 바이럴 엔진을 먼저 최적화해야 한다.

| 사례 연구 | **타임홉, 바이럴 효과 얻기 위해 콘텐츠 공유 이용해 실험하다**

조나단 웨그너$^{Jonathan\ Wegener}$와 베니 웡$^{Benny\ Wong}$은 2011년 2월 해커톤[7]에 참여한 프로젝트를 기반으로 타임홉^{Timehop}을 개발했다. 이들이 해커톤에서 하루 만에 개발한 제품은 '4SquareAnd7YearsAgo'였는데 포스퀘어 체크인 정보를 모아 일 년 치

---

[6] 고객추천지수^{NPS}는 엔터프라이즈 렌트어카$^{Enterprise\ Rent-A-Car}$가 처음으로 주장했고 프레더릭 F. 라이히펠드$^{Frederick\ F.}$ ^{Reichfeld}가 관련 글을 쓴 바 있다. NPS는 적극적인 반응을 보인 사람들만 고려하는데, 그 이유는 이런 사람들은 "다음 번에도 자동차를 렌트할 뿐만 아니라 친구들에게 우리 회사를 추천해주기도 하기 때문"이다. 프레더릭의 글은 http://hbr.org/2003/12/the-one-number-you-need-to-grow/ar/1을 참조하기 바란다.

[7] 역자주_ 'Hack'과 'Marathon'의 합성어로, 개발자, 디자이너, 프로젝트 매니저 등이 모여 팀을 이룬 후 단시간 동안 애플리케이션이나 서비스를 개발해 발표하는 개발경진대회

체크인 정보를 매일 사용자에게 이메일로 보내주었다. 이 앱을 이용하면 자신이 지난 한 해 동안 매일 어디에 갔었는지 돌아볼 수 있었다. 사람들은 이 프로젝트에 관심을 보였고 몇 달 동안 사용자 기반이 자연적으로 확장되었다. 이를 지켜본 조나단과 베니는 이 사업에 전념하기로 결정했다. 이들은 타임홉이라고 이름을 바꾸고 벤처기업과 엔젤투자자로부터 110만 달러를 조달했다.

이들은 초기에 대부분의 시간을 인게이지먼트에 집중 투자했다. 운 좋게도 사람들은 이 제품에 매료되었고 이 사실은 핵심 지표에 드러났다. "이메일 오픈율은 꾸준히 40~50%를 유지했고 아직도 이 수준을 유지하고 있습니다. 그래서 우리는 이 제품이 사람들이 좋아하는, 흡인력 있는 제품이라는 것을 알게 되었습니다." 조나단의 말이다.

타임홉이 사용자 인게이지먼트가 높은 제품이라는 것을 입증하는 것도 중요했지만 사용자 인게이지먼트가 사용자 유지로 이어진다는 것을 입증하는 것도 중요했다. "사람들은 싫증이 나서 떠나기까지 약 2년 정도 타임홉을 사용합니다. 원래 우리는 오픈율, 회원 탈퇴, 콘텐츠 밀도(일 년 전에 어떤 일을 했기 때문에 이메일을 받는 사용자가 하루 몇 명인가)를 열심히 추적했는데 이 지표 수치가 모두 좋았습니다." 조나단은 말한다. 이제 OMTM을 바꿀 때였다.

사용자 인게이지먼트와 유지율이 높게 지속되자 창업자들은 다음으로 중요한 이슈인 성장, 즉 사용자 증가에 주목해야 한다고 생각했다. 조나단은 이렇게 말한다. "우리는 사용자 50%가 애플 모바일 기기에서 이메일을 확인한다는 사실을 알았습니다. 그래서 모바일 앱에 초점을 맞추기로 했죠. 모바일 앱은 공유를 통해 사용자를 증가시키기에 더 좋은 도구이기도 합니다."

사람들은 타임홉 이메일을 공유하지만 이메일 자체는 소셜 서비스가 아니다. 일반적으로 사람들은 이메일을 받지만 공유하지는 않았다. 타임홉은 조나단이 '당신의 과거를 위한 소셜 네트워크'라고 표현한 서비스를 구축하고자 하므로 모바일 기반으로 옮기면 소셜 활동을 늘리는 데 도움이 된다. 사실 모바일 사용자들은 이메일만 사용하는 사람들보다 20배나 더 많이 공유한다. 그렇지만 여전히 이것만으로는 충분하지 않았다.

"현재 우리는 공유에 모든 초점을 맞추고 있습니다." 조나단은 말한다. "우리가 지켜보는 지표는 뭔가를 공유하는 일일 활동사용자의 비율입니다. 지금 당장은 바이럴 계수에 초점을 두지 않고 – 현재 바이럴 계수가 1 이하라고 알고 있습니다 – 사람들이 우리 앱에서 하는 일과 밀접한 지표를 추적하고자 합니다." 타임홉은 이제 일일 활동사용자 비율을 상당히 개선시킬 수 있는지 보기 위해 빠른 속도로 실험하고 있다. 타임홉은 제품을 빠른 속도로 구현하고 학습과 결과 추적에 초점을 둔다. 그리고 목표 기준이 있다. "우리는 일일 활동사용자의 적어도 20~30%가 뭔가를 공유하도록 만드는 것이 목표입니다." 조나단의 말이다.

타임홉은 바이럴 효과를 통한 사용자 증가만 중요하게 여긴다(그리고 이런 바이럴 효과를 높이는 주요 메커니즘으로 콘텐츠 공유를 사용하고 있다). 조나단은 말한다. "지금 가장 중요한 것은 바이럴 효과입니다. 다른 모든 것은 – 그것이 언론 보도나 떠들썩한 선전이거나 그 무엇이든 – 바위를 산 위로 굴려 올리는 것 같습니다. 다시 말해 성장에 결코 도움이 되지 않습니다. 그렇지만 바이럴 효과는 사업을 성장시킵니다."

요약
- 타임홉의 창업자들은 해커톤 프로젝트로 하루 만에 개발한 앱의 사용자가 지속적이고 자연 발생적으로 증가하고 높은 참여율을 보이자 회사를 설립했다.
- 사용자의 50%가 애플 모바일 기기에서 타임홉의 이메일을 확인한다는 사실을 알게 되자 창업자들은 모바일 앱을 개발했다. 또한 이들은 OMTM을 사용자 인게이지먼트 및 유지에서 바이럴 효과로 바꾸었다.
- 창업자들은 사용자 기반이 지속될 수 있도록 성장시키기 위해 콘텐츠 공유와 콘텐츠를 공유하는 일일 활동사용자 비율을 높이는 데 거의 모든 초점을 맞추고 있다.

분석적 교훈
사람들이 제품을 어떻게 사용하는지 알면 어떤 방향으로 갈지 그리고 한 단계에서 다음 단계로, 가령 흡인력 단계에서 바이럴 효과 단계로 어떻게 이동할지에 대한 중요한 통찰을 얻을 수 있다. 바이럴 계수 같은 지표에 초점을 두면 너무 피상적일 수 있으므로 대신 바이럴 효과를 이끄는 제품 내 활동을 찾고 이를 제대로 측정하고 목표 기준을 정하라.

바이럴 패턴의 측정

히텐 샤Hiten Shah의 프러덕트 플래너Product Planner는 고객 확보 패턴을 이해하는 데 큰 도움이 되는 사이트였다.[8] 회원 가입 과정부터 바이럴 이메일 고리 및 친구 초대에 이르기까지 이 사이트는 수십 개의 고객 확보 프로세스의 흐름을 보여주고 프로세스별로 각 단계에 적합한 지표들을 제시했다. 예를 들어 그림 17-2는 태그드[9]용 이메일 초대 고리를 보여준다.

그림 17-2 이메일 초대 고리는 몇 개의 단계와 추적할 지표로 구성된다.

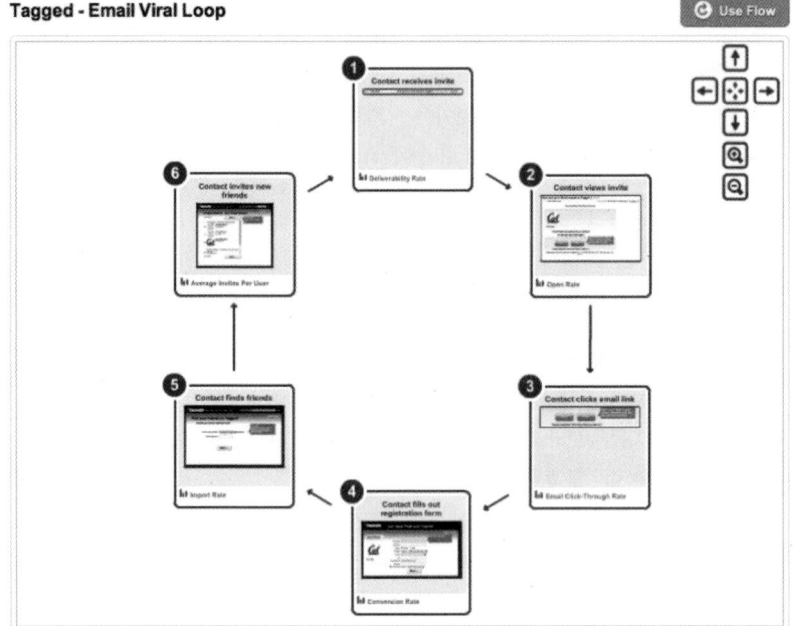

프러덕트 플래너는 더 이상 사용할 수 없지만 - 이 서비스의 창업자들은 이제 키스메트릭스[10]에 주력하고 있다 - 이 모델을 이용해 여러분 고유의 바이럴 패턴

---

8 프러덕트 플래너 사이트는 최근 운영을 중단했다. 서비스를 운영할 당시 웹 주소는 http://productplanner.com이었다.
9 역자주_ Tagged, 맞춤형 데이트 서비스
10 감수자주_ KISSmetrics, 고객 분석 도구 개발 업체. 제품명도 똑같이 키스메트릭스다.

을 설계한 다음 프로세스 내에서 무슨 지표를 추적해야 하는지 빨리 파악할 수 있다. 그런 다음 여러분이 구축한 바이럴 고리를 측정하고 어디에서 바이럴 효과가 제대로 작동하지 않는지 파악한 후 제품을 수정하면서 바이럴 계수 1에 도달하기 위해 나아갈 수 있다.

그로스 해킹

대부분의 스타트업은 완만한 성장으로는 버틸 수 없다. 성장 속도가 너무 느리기 때문이다. 성장하기 위해서는 경쟁우위가 필요하며 미래를 바꾸어야 한다. 그로스 해킹Growth Hacking이 필요하다.

그로스 해킹은 데이터 주도적 게릴라식 마케팅에서 점점 많이 사용되고 있는 용어다. 여기에는 사업의 각 부분들이 어떻게 연관되어 있고 고객 경험의 한 부분을 수정하면 다른 부분에 어떤 영향을 주는지에 대한 깊은 이해가 필요하다. 그로스 해킹은 다음과 같다.

- 실험을 통해 사용자 생애 주기의 초기 단계에 측정할 수 있는 지표(가령 사용자 한 명당 초대하는 친구 수)를 찾거나 만약 이미 그런 데이터가 있다면 좋은 사용자들의 공통점을 분석한다.
- 핵심 사업 목표(가령 장기적인 사용자 인게이지먼트)와 이 지표의 상호관계를 이해한다.
- 지표의 현재 수치를 바탕으로 예상 목표치(가령 90일 후의 활동사용자 수)를 정한다.
- 오늘의 지표가 향후 목표에 변화를 가져온다는 가정하에 미래의 사업 목표치를 개선하기 위해 현재 사용자 경험을 수정한다(가령 사용자가 알고 있을 만한 사람들을 제시한다).

그로스 해킹 프로세스의 핵심은 초기 지표(선행 지표라고도 하며 미래를 알려주는 지표)다. 비교적 간단해 보이지만 좋은 선행 지표를 찾고 이 선행 지표가 회사의 미래에 어떤 영향을 주는지 알아내기 위해 실험하는 것은 어려운 일이다. 오늘날 성공한 많은 창업가는 이런 식으로 성장을 이끌었다.

선행 지표 공격하기

아카데미아Academia.edu의 창업자 리처드 프라이스Richard Price는 최근 개최된 그로스 해킹 컨퍼런스[11]에서 몇몇 베테랑 창업가들이 선행 지표에 대해 했던 이야기를 들려주었다.[12]

- 챠마스 팔리하피티아Chamath Palihapitiya 전 페이스북 사업성장팀 담당 부사장은 사용자가 계정을 만든 지 10일 안에 친구 7명을 초대하면 나중에 '참여' 사용자가 된다고 말했다. 트위터에서 일하는 조시 엘먼Josh Elman은 트위터도 이와 비슷한 지표를 사용하는데, 신규 사용자가 최소 몇 명 이상의 사람들을 팔로우하고 이 중 일부가 맞팔로우하면 그 사용자는 활동사용자가 될 가능성이 높다고 말했다. 사실 트위터는 사용자를 두 유형으로 나눈다. 지난달에 적어도 한 번 이상 방문한 '활동' 사용자와 지난달에 일곱 번 이상 방문한 '핵심' 사용자로 나눈다.
- 한때 징가Zynga에서 게임 이용자가 4천만 명에 이르는 게임을 운영했던 나빌 하이야트Nabeel Hyatt는 징가가 첫날 유지율을 본다고 말했다. 만약 어떤 사람이 회원 가입한 당일에 게임을 하려고 다시 들어오면 그 사람은 활동사용자(그리고 게임 내 아이템을 구매하는 사용자)가 될 확률이 높다고 한다. 또한 하이야트는 OMTM을 결정하는 것과 다음 단계로 넘어가기 전에 OMTM을 최적화하는 것이 중요하다고 강조했디.
- 드롭박스의 첸리 왕ChenLi Wang은 사용자가 자신이 이용하는 기기의 폴더에 적어도 하나의 파일을 넣으면 활동사용자가 될 가능성이 상당히 높아진다고 말했다.
- 링크드인의 엘리엇 슈머클러Elliot Schmukler는 특정 기간 동안 사용자가 연결을 몇 개 맺는지 추적하면 더 장기적인 사용자 인게이지먼트를 예측할 수 있다고 했다.

그러나 사용자 증가가 전부는 아니다. 여러분은 매출 등 다른 중요한 목표도 해킹하려고 궁리하는 중일지도 모른다. 조시 엘먼은 트위터가 광고에서 매출을 올리고 광고는 사용자가 자신의 트위터 피드를 봐야 발생한다는 것을 알고 있었기 때문에 초기부터 피드뷰를 증가시키는 데 회사의 에너지를 집중했다고 말한다. 트위터가 매출 단계로 이동하기 전에 피드뷰 건수는 잠재 매출의 선행 지표였다.

---

11 http://www.richardprice.io/post/34652740246/growth-hacking-leading-indicators-of-engagedusers
12 http://growthhackersconference.com

좋은 선행 지표란?

좋은 선행 지표에는 몇 가지 공통점이 있다.

- 좋은 선행 지표는 소셜 활동(친구에게 링크 공유하기), 콘텐츠 생성(게시, 공유, 좋아요 투표 등), 재방문 빈도(재방문까지 걸린 시간, 사이트에 머무른 시간, 방문당 페이지뷰 등)와 관련되는 경향이 있다.
- 좋은 선행 지표는 사업 모델의 일부(사용자 수, 일 트래픽, 바이럴 효과, 매출 등)와 분명한 관련이 있어야 한다. 결국 여러분이 개선하려고 노력하는 것은 사업 모델이다. 여러분은 단지 사용자당 친구 수를 증가시키는 것이 아니라 충성도 높은 사용자를 증가시키려고 노력해야 한다.
- 좋은 선행 지표는 *사용자* 생애 주기 또는 전환 퍼널의 초기에 측정할 수 있어야 한다. 이것은 단순한 숫자 게임이다. 어떤 지표가 사용 첫날 발생한 일을 측정한다면 모든 사용자의 데이터를 입수할 수 있지만 사용자가 몇 차례 방문한 후에 지표를 측정할 수 있다면 입수할 수 있는 데이터가 더 적을 것이고(왜냐하면 많은 사용자가 이미 이탈했을 것이므로), 이것은 지표가 덜 정확할 수 있다는 의미다.
- 좋은 선행 지표는 빨리 예상할 수 있도록 일찍이 추정할 수 있어야 한다. 8장에서 케빈 힐스트롬이 전자상거래 회사가 '고객 충성도 유형'인지 아니면 '신규 고객 확보 유형'인지 파악하는 최상의 방법은 첫 90일 내에 재구매가 몇 건인지 살펴보는 것이라고 말한 것을 기억하기 바란다. 어떤 전자상거래 유형인지 이해하기 위해 일 년씩 기다리지 말고, 첫 3개월을 지켜본 다음 추론하라.

사용자 세분화와 코호트 분석을 통해 선행 지표를 찾을 수 있다. 어떤 사용자 그룹은 제품을 계속 사용하고 다른 그룹은 그렇지 않다면 그룹 안에서 공통점을 찾을 수 있을 것이다. 그것을 선행 지표로 사용할 수 있다.

상호관계는 미래를 보여준다

어떤 것과 상호관계가 있는 선행 지표를 발견하면 미래를 예측할 수 있는데, 이것은 좋은 일이다. 6장에서 살펴본 이탈리아식 식당 솔래어는 오후 5시의 예약 건수가 당일 전체 고객 수의 선행 지표였고 이를 이용해 최종적으로 인력을 조정하거나 식자재를 더 구매할 수 있었다.

UGC 사이트 레딧은 트래픽과 사용자 인게이지먼트 현황을 어느 정도 공개하고 있다. 레딧은 광고로 매출을 올리므로 레딧이 좋은 광고 매체라고 광고주들을 설득하려는 것이다.[13] 로그인 사용자들이 레딧 방문의 약 절반을 차지하지만 이 사용자들로부터 발생하는 트래픽은 절반이 훨씬 넘는다. 레딧의 사용자 참여도는 높다. "계정을 만드는 거의 모든 사람들이 한 달 후에 재방문합니다. 두 달 동안 방문하지 않으면 다시 사용하지 않습니다." 제레미 에드버그[Jeremy Edberg]의 말이다.

레딧의 웹사이트 트래픽에 선행 지표가 있는가? 표 17-2는 로그인 사용자(계정이 있는 사용자)와 익명의 사용자들을 방문당 페이지뷰 수를 기준으로 비교하고 있다.

표 17-2 레딧의 로그인 사용자와 비 로그인 사용자의 페이지뷰

마지막 방문 이후 일 수	로그인 사용자			모든 사용자		
	방문	페이지뷰	방문당 페이지뷰	방문	페이지뷰	방문당 페이지뷰
0	127,797,341	1.925B	15.06	242,650,914	3.478B	14.33
1	5,816,594	87,339,766	15.02	13,021,131	187,992,129	14.44
2	1,997,585	27,970,618	14.00	4,958,931	69,268,831	13.97
3	955,029	13,257,404	13.88	2,620,037	34,047,741	13.00
4	625,976	8,905,483	14.23	1,675,476	20,644,331	12.32
5	355,643	4,256,639	11.97	1,206,731	14,162,572	11.74

이 데이터를 보면 충성도가 높고 회원으로 가입한 사용자들 – 웹사이트에 매일 방문하고 계정이 있는 사용자들 – 의 방문당 페이지뷰가 더 높다는 것을 알 수 있다. 최초 방문자의 페이지뷰를 회원 가입의 선행 지표로 삼을 수 있는가?

인과관계는 미래를 보여준다

상호관계는 도움이 된다. 그러나 어떤 선행 지표가 특정 변화를 일으킨다는 사실을 알고 나면 이것은 엄청나게 도움이 된다. 왜냐하면 여러분이 미래를 바꿀 수 있다는 의미이기 때문이다. 만약 레딧 사이트의 첫 방문에서 페이지뷰가 높은 방

---

[13] http://www.reddit.com/about

문자는 회원으로 가입한다면 페이지뷰를 높이고 그 결과 회원 가입을 높이기 위해 레딧이 무엇을 할 수 있겠는가? 그로스 해커들은 이런 식으로 생각한다.

2장에서 서클오브프렌즈의 창업자 마이크 그린필드가 회원 가입한 사용자와 그렇지 않은 사용자들을 비교하여 회원 가입한 사용자 중에 엄마들이 많다는 사실을 알게 되었을 때 무엇을 했는지 생각해보라. 마이크 입장에서 어떤 사람이 엄마인지의 여부가 그 사람의 향후 인게이지먼트를 예측할 수 있는 선행 지표였다. 그는 오늘 회원 가입한 엄마의 수를 바탕으로 6개월 후에 서버를 몇 대 구입할지 결정할 수 있었다. 그러나 정말 중요한 것은 마이크가 엄마들을 목표 시장으로 결정했고 사용자들의 인게이지먼트를 크게 바꿀 수 있었다는 것이다.

마이크 그린필드가 사용한 핵hack은 시장과 관련된 것이었지만 그로스 핵은 이 외에도 다양한 형태와 규모를 가질 수 있다. 그룩스 핵은 가격 조정, 한시적 제공, 일종의 개인화가 될 수도 있다. 중요한 것은 잘 통제된 실험이다.

제품에 초점을 둔 성장 핵이 가능한 한 많은 사용자에게 영향을 주려면 사용자 생애 주기의 초기에 작동해야 한다. 바로 이런 이유로 소셜 사이트들은 사용자들이 회원으로 가입하자마자 초대할 친구들을 제안하는 것이다.

선행 지표를 식별하기 위해 판촉과 실험을 이용할 수도 있다. 음악 쇼핑몰인 비트포트Beatport는 전체 구매 건수를 높이기 위해 사이버 먼데이라는 판촉 행사를 실시했다. 휴일 일주일 전에 이 회사는 모든 고객들에게 10% 할인 코드를 발송했다. 이 코드를 이용해 물건을 구매한 고객들은 20% 할인 코드를 받았다. 이 할인 코드도 사용하면 마지막으로 사이버 먼데이에만 한 번 사용할 수 있는 50% 할인 코드를 받았다. 이런 판촉 방식을 사용한 결과 구매 빈도가 높아졌고 고객들은 매번 자신의 장바구니를 최대한 채우게 되었다.

캠페인 자체가 얼마나 효과적이었는지는 우리에게 자세한 데이터가 없어서 모르겠지만 이제 비트포트가 할인 행사에 가장 잘 반응한 사람들은 누구인지, 그리고 할인이 구매 규모와 어떤 관련이 있는지에 대해 풍부한 데이터를 확보하고 있는 것은 분명한 사실이다. 그리고 충성도 높은 고객들은 할인 행사를 통해 회사가 자신들을 소중하게 여긴다고 느꼈다.

그로스 해킹은 우리가 지금까지 살펴본 많은 방법의 조합이다. 즉, 사업 모델을 발견하고, 현재 단계에 맞는 가장 중요한 지표를 식별하며, 지속적으로 학습하고, 더 나은 미래를 위해 지표를 최적화한다.

바이럴 효과 단계 요약

- 바이럴 효과는 기존의 '전염된' 사용자들이 새 사용자들에게 메시지를 퍼뜨리는 것을 말한다.
- 만약 모든 사용자가 한 명 이상의 다른 사용자를 성공적으로 초대하면 성장은 거의 확실하다. 이렇게 바이럴 계수가 1 이상인 경우가 드물기는 하지만 어떤 구전효과든 고객 증가에 도움이 되고 고객 확보 비용도 줄여준다.
- 내재된 바이럴 효과는 사용자가 제품을 사용하면서 자연스럽게 발생한다. 인위적인 바이럴 효과는 보상을 바탕으로 하며 진정성이 떨어진다. 그리고 구전효과는 추적하기 힘들지만 많은 얼리어답터를 끌어들인다. 이 세 종류의 바이럴 효과로 확보된 사용자들은 바이럴 효과의 유형에 따라 분류해야 한다.
- 바이럴 계수뿐만 아니라 바이럴 주기도 중요하게 취급해야 한다. 사용자가 다른 사람을 더 빨리 초대할수록 사용자 기반이 더 빨리 확장된다.
- 바이럴 효과와 매출 단계에서는 미래 성장을 예측할 수 있는 선행 지표를 찾아야 한다. 이 지표는 사용자 생애 주기의 초기에 측정할 수 있으며 미래를 예측 – 이보다 더 좋은 경우는 미래를 통제 – 할 수 있어야 한다.

추천과 초대를 통해 사업이 자연스럽게 성장을 이루면 고객 확보에 들어간 비용 대비 최대의 성과를 얻을 수 있다. 이제 매출 최대화에 초점을 두고 매출의 일부를 사용자 추가 확보에 투입할 때다. 매출 단계로 이동하자.

[과제] - 매출 단계로 이동할 수 있는가

스스로 다음 질문에 답해보자.

- 세 가지 유형의 바이럴 효과(내재된 바이럴 효과, 인위적인 바이럴 효과, 구전 바이럴 효과) 중 여러분의 스타트업에 해당되는 것이 있는가? 있다면 그 바이럴 효과를 어떻게 사용하고 있는지 적어보라. 만약 여러분의 스타트업이 바이럴 효과가 약하다면 바이럴 효과를 높일 수 있는 아이디어를 3~5가지 적어보라.
- 바이럴 계수는 얼마인가? 현재 바이럴 계수가 1 이하더라도(그럴 가능성이 높다) 성장을 지속하고 고객 확보 비용을 낮추는 데 충분히 도움이 된다고 생각하는가?
- 바이럴 주기는 얼마인가? 어떻게 주기를 단축시킬 수 있는가?

여러분의 사업 모델에서 원하는 행동을 하는 고객군이나 사용자 코호트는 어떤 사람들인가? 어떤 공통점이 있는가? 고객 생애 주기에서 가능한 한 일찍 이런 공통점을 이용하려면 제품, 시장, 가격, 그 외 여러 가지 측면에 대해 무엇을 바꿀 수 있겠는가?

CHAPTER 18

단계 4: 매출

어떤 시점이 되면 여러분은 돈을 벌어야 한다. 흡인력과 바이럴 효과 단계를 지나면 지표는 바뀌게 마련이다. 매출의 일부를 신규 사용자 확보에 재투자하면서 새로운 데이터를 추적하고 새로운 OMTM을 찾아야 한다. 이 단계에서는 고객 생애 가치와 고객 확보 비용이 성장의 원동력이 된다. 그리고 적은 비용으로 충성도 높은 고객을 많이 확보하기 위해 언제, 어떻게, 무엇에 대해 돈을 받을 것인지 수정하면서 실험을 실시할 것이다. 드디어 린 분석의 매출 단계에 도달한 것을 환영한다.

매출 단계의 목표는 *여러분의 아이디어가 옳다는 것을 입증하는 것*에서 *확장할 수 있고 일관되며 지속적인 방식으로 돈을 벌 수 있다는 것을 입증하는 것*으로 초점을 바꾸는 것이다. 이것을 박 터트리기 단계로 생각하기 바란다. 박이 터져 사탕이 쏟아져 나올 때까지 온갖 방식으로 여러분의 사업 모델을 두드리는 것이다.

어떤 사람들은 처음부터 돈을 받으라고 말한다. 이것은 이탈률, 고객 확보 비용, 앱의 종류 등 여러 요소에 따라 달라진다. 그러나 *처음부터 돈을 받는 것*과 *매출 및 수익에 초점을 두는 것*은 다르다. 초기 단계에는 회사가 적자를 보거나 무료로 계정을 만들게 하거나 환불을 해주거나 고액 연봉을 받는 개발자들이 고객 상담 전화에 응대해도 괜찮다. 그러나 이제는 바꿔야 한다. 이제 여러분은 단지 제품을 구축하고 있는 것이 아니라 사업을 구축하고 있는 것이다.

매출 단계의 주요 지표

매출을 측정하기는 쉽지만 전체 매출은 우상향으로 증가하는 경우가 많으므로 실제 사업 건전성을 보여주는 더 좋은 지표는 고객당 매출이다. 이 지표는 비율로 표시되고 더 많은 것을 알려준다. 예를 들어 매출이 증가하고 있지만 고객당 매출은 감소하고 있다면 사업이 같은 속도로 계속 성장하기 위해서는 훨씬 더 많은 고객이 필요하다는 것을 알 수 있다. 그렇게 할 수 있겠는가? 이것이 그럴 듯한가? 비율 형태의 지표를 이용하면 실제 의사결정에 초점을 둘 수 있다.

따라서 클릭률과 광고 매출, 구매 전환율과 구매액, 서비스 가입률과 고객 생애 가치, 그리고 기타 수익 발생과 관련된 모든 것을 살펴야 한다. 그리고 고객이 이탈하는 속도보다 더 빠르게 새로운 고객을 확보하는 비용과 이것을 비교해야 한다. 왜냐하면 방문자, 사용자, 고객의 순증가는 사업 성장률과 직결되기 때문이다.

또한 가장 높은 가격과 가장 많은 돈을 쓰는 고객들 사이에서 균형을 잡으면서 적절한 가격 정책을 수립하려고 노력해야 한다. 그리고 최상의 가격을 결정하기 위해 번들, 단계별 서비스, 할인 및 다른 가격 메커니즘을 시도해봐야 한다.

동전 기계

한 창업가가 캘리포니아 280번 고속도로에 인접한 한 건물의 으리으리한 회의실에 들어와 잘 차려입은 투자자들이 앉아있는 테이블을 한번 둘러보고는 큰 가죽가방을 열었다. 그는 대략 높이 60센티미터, 폭 30센티미터 크기의 이상한 기계를 꺼내더니 테이블 위에 조심스럽게 올려놓고 전원을 연결했다.

사람들은 과연 무슨 일이 벌어질지 궁금해 하면서 모두 조용히 지켜봤다.

"혹시 1페니 가진 분 계세요?" 그가 물었다. 직원 한 명이 색바랜 동전을 건네자, 앉아 있던 임원은 이맛살을 찌푸렸다.

"이제 보십시오."

그 기업가는 기계에 동전을 집어넣고 작은 손잡이를 당겼다. 저음의 웅웅거리는 소리가 나더니 잠시 뒤에 반짝거리는 5센트짜리 새 동전이 기계에서 나왔다.

회의실에서 나는 소리라고는 뜨거운 팔로알토의 공기를 식히는 에어컨 돌아가는 소리가 전부였다.

"그것 참 괜찮은 기술이군요." 머리가 희끗희끗한 임원이 자리에서 몸을 일으켜 세우고 갈색 구두를 저자극성 양탄자에 비비며 말했다. "다시 한번 해보세요."

직원이 창업가에게 동전 하나를 다시 건넸다. 그는 두 번째 1페니 동전을 기계에 넣고 다시 손잡이를 당겼다. 이번에도 5센트짜리 동전 하나가 나왔다.

약간 부스스한 차림의 기술 분석가가 다소 방어적으로 말했다. "그 기계 속에 5센트짜리 동전 주머니가 들어있나 보군요. 기계를 한번 열어봐주세요."

아무 말 없이 그 창업가는 기계 옆의 작은 걸쇠를 열고 기계를 열었다. 기계 안에는 많은 관과 선들만 있을 뿐, 5센트짜리를 숨길 공간은 없었다. 기술 분석가는 약간 기분이 상한 듯했지만 창업가가 다시 기계 문을 닫자 임원은 몸을 있는 대로 앞으로 빼고 앉았다.

"한 시간에 몇 페니나 넣을 수 있습니까?" 임원이 물었다.

"기계를 식히는 데 5초가 걸리니 한 시간에 720페니를 넣을 수 있습니다. 그러면 5센트짜리 동전이 36달러어치 나오므로 시간당 28.80달러를 벌 수 있고 이는 80% 수익률에 해당합니다."

임원은 다시 자신의 의자에 기대 앉아 창밖의 고속도로를 가로질러 먼 곳을 바라보았다. 그는 잠시 말을 멈췄다. "5센트짜리 동전도 넣을 수 있나요?" 그가 물었다.

"10센트짜리로 실험해봤는데 작동했습니다. 곱게 접힌 1달러짜리 지폐가 나왔습니다. 그 외에는 아직 실험 안 해봤지만 5센트도 될 거라고 생각합니다." 창업가가 대답했다.

"한꺼번에 몇 대나 만들어 동시에 실행시킬 수 있습니까?" 방 안에 있는 다른 사람들은 안중에도 없이 임원은 물었다.

"제 생각에 500대를 쉬지 않고 돌릴 수 있습니다. 제작비는 대당 3만 달러가 들고 만드는 데는 두 달이 걸립니다."

"질문 하나만 더 하면 합의를 볼 수 있을 것 같군요. 왜 다른 사람들은 그런 기계를 못 만들지요?" 임원이 물었다.

"핵심 메커니즘에 대해 제가 지적재산권을 보유하고 있습니다. 그리고 유일한 합법적 화폐 제조업자로 미국 화폐제조국과 독점 계약을 맺었습니다."

물론 이것은 벤처캐피탈 대상의 실제 사업 설명이 아니다. 그렇지만 사업 설명치고 이보다 더 완벽에 가까울 수는 없다. 우리는 이 동전 기계 이야기에서 많은 것을 배울 수 있다. 그리고 스타트업 CEO들이 투자자들처럼 생각하는 법을 배울 수 있는 좋은 비유다.

이 기계는 분명히 돈을 벌 수 있다. 돈을 넣으면 더 많은 돈이 나오기 때문이다. 사람들은 1페니가 무엇인지 알고 있다. 어떤 사업도 이 기계처럼 단순하지는 않지만 CEO는 사업 모델을 가능한 한 단순하게 만들어야 한다. 특히 외부인들이 봤을 때 왜 그 사업이 돈을 벌 수 있는지 아주 분명해야 한다.

동전 기계 사례의 창업가는 사업을 얼마나 크게 일으킬 수 있는가? 수익성은 좋은가? 어떤 종류의 진입장벽이 있는가? 등의 핵심 질문에 적절히 대답할 수 있었다.

이 예에서 창업가는 청중의 시선을 끌어들이고 설명 과정에 청중을 개입시켰다. 청중은 창업가가 원하는 질문을 할 줄 아는 똑똑한 사람들이었고 질문들에 대해 창업가는 너무 깊이 설명하지 않고 이들이 질문한 것보다 약간 더 자세한 정보를 제공함으로써 자신이 그런 질문들을 예상하고 있었다는 것을 보여주었다.

이 단계에서 상세한 기술적인 설명은 필요 없다. 나중에 투자자들은 분명히 기술이 불법적이지는 않는지, 비도덕적이지는 않는지 아니면 사기인지 신중하게 살펴볼 것이다. 그러나 이 자리는 그런 기술적인 문제를 다루는 자리가 아니다. 기계를 열어 보여줌으로써 방 안의 모든 사람들이 충분히 잘 이해할 수 있는 간단한 증거를 제공한 것이다.

이 창업가는 이 사업의 가치가 얼마나 되는지는 밝히지 않았다. 투자자들이 스스로 가치를 평가해볼 수 있도록 예상 매출, 수익률, 비용 등 모든 상세한 정보만 주었을 뿐이다. 투자자들은 투자수익률뿐만 아니라 제작비와 제작 기간을 바탕으로 기계 제작에 필요한 운영 자금을 계산해볼 수도 있다.

벤처캐피탈 자금을 원하는 스타트업 CEO들은 이 동전 기계 이야기를 기억하기 바란다. 그러면 벤처투자자처럼 생각하게 될 것이다. 사업 설명이 이 사례처럼 간명하지 않고 옆길로 새면 간결한 설명으로 되돌아가라는 경고 신호다.

동전 기계와 마법의 숫자

동전 기계 이야기는 사업 설명을 준비하는 창업가들을 위한 그저 재미있는 비유가 아니다. 회사를 투입한 돈보다 더 많은 돈을 만드는 기계라고 생각하라. 입력 대비 출력 비율을 측정하면 여러분의 기계, 즉 사업이 성공 가능성이 있는지, 없는지 알 수 있다.

2008년 옴니추어[1]의 조시 제임스$^{Josh\ James}$는 SaaS 사업의 현황을 파악하고 가속 페달을 밟을 때인지 아니면 사업 모델을 재검토할 때인지 결정하는 방법을 제안했다.[2] 이 방법은 상당히 간단하며, 마케팅 비용의 투자수익률을 보는 것이다. SaaS 회사는 신규 고객을 확보하기 위해 판매 마케팅 비용을 지출한다. 만약 모든 것이 효과적으로 잘 진행되면 다음 분기에 매출이 증가할 것이다.

SaaS 사업의 성능을 측정하려면 지난 분기의 반복 매출 증감분을 해당 분기에 투입한 비용으로 나누어라. 이 계산에는 세 가지 숫자가 필요하다.

- x 분기의 분기 반복 매출(QRR[x], Quarterly Recurring Revenue)
- x 분기 이전 분기의 반복 배출(QRR[x-1])
- x 분기 이전 분기의 판매 마케팅 비용(QExpSM[x-1])

---

[1] 역자주_ Omniture, 온라인 마케팅 및 웹 분석 전문 업체
[2] http://larsleckie.blogspot.ca/2008/03/magic-number-for-saas-companies.html

분기별 판매 마케팅 비용의 데이터를 구하기 힘들면 연간 비용을 4로 나누면 된다. 이렇게 하면 마케팅 비용 급증이나 계절적 변동 요인의 영향을 없앨 수 있다. 이번 분기의 매출이 모두 지난 분기의 판매 마케팅의 결과가 아니라 일부는 그 이전 분기의 판매 마케팅 활동에서 비롯된 것일 수도 있기 때문이다.

공식은 다음과 같다.

$$\frac{(QRR[x] - QRR[x-1])}{QExpSM[x-1]}$$

만약 계산 결과가 0.75 이하면 문제가 된다. 기계에 돈을 넣으면 더 적은 돈이 나온다는 말이다. 이 말은 사업 모델에 근본적인 결함이 있다는 뜻이므로 매출 단계에서 이런 수치는 문제가 있다. 만약 결과가 1보다 좋으면 잘 진행되고 있는 것이고 성장을 위해 수익을 투자할 수 있다. 즉, 판매 마케팅에 더 많은 비용을 투자하기 위해 매출 증가분을 기계에 다시 투입할 수 있다.

매출 패턴 찾기

매출 단계에 있는 스타트업은 사용자들이 좋아하고 다른 사람에게 소개하는 제품을 가지고 있다. 여러분은 지금 이 제품으로 돈을 버는 최상의 방법을 찾으려고 노력 중이다. 앞에서 서지오 지먼이 내린 마케팅의 정의, '*더 많은 물건을 더 많은 사람에게 더 비싼 값을 받고 더 자주 더 효율적으로*'를 떠올려보자. 매출 단계에서는 이 중 어떤 것이 활동 고객당 매출을 가장 많이 증가시키는지 알아내야 한다.

- 만약 거래마다 물리적인 비용이 발생하면(가령 직접 판매, 구매자에게 제품 배송, 판매자 계약 등) *효율을 높이는* 것이 사업 모델의 공급이나 수요 측면에서 더 좋을 것이다.
- 만약 바이럴 계수가 높으면 *더 많은 사람에게* 판매하는 것이 좋다. 왜냐하면 고객 확보에 투입한 마케팅 비용의 효과가 바이럴 효과 덕분에 증폭되기 때문이다.
- 고객의 충성심과 재방문율이 높으면 *더 자주* 파는 쪽이 좋으며, 고객이 더 자주 재방문하도록 만들어야 한다.
- 수익이 일회성의 고가 거래에서 발생한다면 *더 비싼 값*을 받도록 해야 한다. 왜냐하면 한 고객

으로부터 매출을 올릴 기회는 단 한 번밖에 없고 가능한 한 최상의 조건으로 거래해야 하기 때문이다.

- 사업 모델이 서비스 가입 모델이고 고객 이탈을 줄여야 하는 상황이라면 기능이 더 많은 고급 사양의 서비스를 파는 것이 매출을 키우는 최상의 방법이므로 *더 많은 물건*(더 고급 사양의 물건)을 팔려고 노력해야 한다.

매출은 어디에서 발생하는가

정기 사용료를 받는 서비스는 모든 사람들에게 돈을 받을지 아니면 일부 프리미엄 사용자들에게만 돈을 받을지 결정해야 한다. 부분유료화 모델이 효과적일 수도 있지만 항상 좋은 것은 아니다. 특히 무료 사용자들을 유지하는 비용이 들어가고, 프로젝트의 수나 저장 공간의 용량을 달리하는 경우처럼 사용자들이 유료 버전은 서비스 수준이 다르다는 것을 자연스럽게 알아챌 수 없다면 더욱 그렇다.

부분유료화 모델의 한 변형은 콘텐츠 비공개의 유료화 pay-for-privacy다. 이 모델에서는 별도로 돈을 내는 사용자들이 생성한 콘텐츠는 비공개로 유지되지만 그렇지 않은 콘텐츠는 모든 사람들에게 공개된다. 슬라이드셰어SlideShare는 이 모델의 변형 모델을 사용한다. 슬라이드셰어 사이트는 광고로도 돈을 벌지만 업로드한 콘텐츠를 공개하지 않는 프리미엄 모델을 사용하는 사용자들로부터 돈을 벌어들인다. 지금은 슬라이드셰어가 링크드인에 인수되었으므로 링크드인으로부터 보조금을 받기도 한다.

만약 사용자들이 모두 돈을 지불하는 사업 모델이라면 무료 체험 기간을 제공할지 아니면 할인이나 다른 보상책을 제공할지 결정해야 한다. 결국 최고의 매출 전략은 훌륭한 제품을 만드는 것이다. 최고의 스타트업은 스티브 잡스가 말한 것처럼 '혼을 빼놓을 만큼 위대한' 제품을 가지고 있고, 고객들은 진정한 가치가 있다고 생각하는 제품을 손에 넣기 위해서라면 기꺼이 돈을 지불한다.

만약 사용자가 돈을 지불하지 않는 모델이라면 그 사업은 광고 수익에 의존하거나 눈에 띄지 않는 다른 보조금에 의존한다.

많은 스타트업이 이 책에서 다룬 여섯 가지 사업 모델 중 몇 개를 조합해 고유의 독특한 매출 모델을 만든다. 그런 다음 수입의 일부를 바이럴 효과와 고객 확보에 투자하여 성장을 추구한다.

고객 생애 가치 > 고객 확보 비용

매출의 일부를 고객 확보 비용^{CAC}으로 투자할 때의 가장 기본적인 원칙은 간단하다. 고객 확보 비용이 고객으로부터 벌어들이는 돈, 즉 매출보다 작아야 한다는 것이다.

이것은 지나치게 단순화된 규칙이다. 왜냐하면 사업을 유지하고 성장에 대비해 인력을 채용하며 연구 개발에 투자하고 투자 수익을 올리려면 매출의 극히 일부분만 고객 확보 비용으로 지출할 수 있기 때문이다.

또한 CLV-CAC 계산에는 고객 확보 비용을 지출하고 나서 시간이 어느 정도 지나야 신규 고객으로부터 수익이 발생한다는 사실도 반영되어야 한다. 여러분이 투자나 대출을 받을 때는 그저 손익분기점에 도달할 수 있기 때문에 자금을 지원해주는 것이 아니라 고객으로부터 발생할 예상 매출도 고려해서 지원해주는 것이다.

많은 사업 모델에서 고객 확보 비용, 매출 및 현금 흐름의 균형을 맞추는 것이 사업 운영의 핵심이며, 특히 서비스 이용료가 수입원이고 고객을 확보하기 위해 비용을 지출하는 사업은 더욱 그렇다. 이런 균형을 맞추기 위해 고려해야 할 네 가지 변수는 다음과 같다.

- 초기 자금(즉, 창업자의 투자 원금)
- 매월 고객을 확보하는 비용
- 고객으로부터 발생하는 매출
- 고객 이탈률

정확하게 계산해야 한다. 자금을 너무 많이 조달하면 여러분의 지분율이 낮아지고, 너무 적게 조달하면 사용자 확보 비용은 한꺼번에 나가지만 수익은 오랜 시간에 걸쳐 서서히 발생하기 때문에 운영자금이 바닥날 수 있다.

| 사례 연구 | **Parse.ly와 매출 강화로의 방향 전환**

Parse.ly는 대형 웹퍼블리셔용 분석 도구를 개발하는데, 이 도구를 이용하면 어떤 콘텐츠가 트래픽을 발생시키는지 확인할 수 있다. 이 제품은 2009년 필라델피아의 드림잇벤처스[3]에서 처음 발표되었는데, 그 당시 이 제품은 소비자들이 관심을 갖는 뉴스를 찾을 수 있도록 도와주는 도구였다. 1년 후 이 회사는 접근 방식을 바꾸었는데, 독자들이 다음에 무엇을 읽고 싶어 할지 알 수 있었기 때문에 독자들이 사이트에 더 오래 머무르게 할 콘텐츠를 신도록 퍼블리셔들이 도울 수 있었다. 2011년 이 제품은 다시 바뀌었다. 이번에는 어떤 콘텐츠가 효과적인지(즉, 트래픽을 많이 발생시키는지) 알고 싶어 하는 퍼블리셔들을 위한 보고 도구가 되었다. 현재 제품 Parse.ly 대시Dash는 퍼블리셔들을 위한 분석 도구다.[4]

현재 대시는 성공적인 제품이지만 지속 가능한 사업 모델을 찾는 과정에서 이 회사는 이전 제품을 포기해야 했다. "일반 소비자용 뉴스 읽기 제품을 포기하기가 매우 힘들었습니다. 왜냐하면 모든 지표가 사실 꽤 긍정적이었거든요." Parse.ly의 제품 담당자 마이크 수크마노프스키Mike Sukmanowsky의 말이다.

"사용자 수는 수천 명에 달했고 제품은 빠른 속도로 성장하고 있었습니다. 테크크런치TechCrunch, 리드라이트웹ReadWriteWeb, ZDNet 같은 IT 관련 최고 매체에서 우리 제품을 다루었습니다. 이 제품은 성공적이었고 우리에게는 이 제품을 더 개선시킬 수 있는 아이디어가 수없이 많았습니다. 그렇지만 사업이 성장하기 위해 반드시 필요한 지표 하나가 부족했는데, 그것은 바로 매출이었습니다. 우리는 테스트와 설문조사를 통해 사용자들이 Parse.ly 리더Reader를 좋아하긴 하지만 돈을 지불할 정도로 좋아하지는 않는다는 사실을 알게 되었습니다."

Parse.ly의 창업자들에게 소프트웨어는 있었지만 매출은 없고 비용은 늘어만 갔다. 마이크는 스타트업 창업지원회사들이 고객 개발 대신 프로토타입을 빨리 만드는 데 초점을 맞추는 것도 원인 중 하나라고 말한다. "창업지원회사는 상당히 제품 중심적이고(빨리 제품을 발표하라) 압박을 주기 때문에(두 달 내로 데모 제품을 만들어라) 고객 개발의 많은 부분이 제품 개발과 병행되어야 했습니다. 그리고 사실,

---

[3] 역자주_ Dream it Ventures, 스타트업 창업지원 프로그램

[4] Parse.ly는 http://blog.parse.ly/post/16388310218/hello-publishers-meet-dash에 이 변화에 대한 상세한 글을 올렸다.

가장 중요한 몇몇 질문은 첫 버전을 발표한 후에야 답을 구할 수 있었습니다."[5]

일단 사업 모델을 바꾸기로 결정하자 회사는 리더 개발을 전면적으로 중단했다. 새 제품은 처음부터 다시 구현했지만 첫 제품의 기술과 첫 제품을 통해 깨달은 제품 설계의 교훈을 많이 활용했다. 현재 직판팀은 새로운 제품을 판매하고 있으며, 사람들이 평가해보도록 무료 체험 기간을 제공한 다음 월정액 요금을 받고 있다.

다른 분석 업체들처럼 Parse.ly는 많은 데이터를 입수하고 분석한다. Parse.ly 자신도 대시를 사용할 뿐만 아니라 우프라[6]를 이용해 인게이지먼트를 추적하고 판매팀을 지원하며, 그래파이트[7]를 이용해 시계열 데이터를 추적하고 핑덤[8]을 이용해 시스템 작동시간과 가동률을 추적한다.

회사가 다양한 사업 모델을 거치며 반복해서 개선해 가는 동안 추적하는 지표도 이에 따라 변했다.

"Parse.ly 리더의 경우 핵심 지표는 신규 회원 가입 수와 사용자 인게이지먼트였습니다. 우리는 언론 노출 대비 일일 회원 가입 건수, 사용자 계정 대비 일일 로그인 횟수에 주목했습니다. Pase.ly 퍼블리셔 플랫폼(Publisher Platform)에서는 추천 수, 콘텐츠 노출 수, 추천 콘텐츠의 클릭률에 초점을 맞추었습니다. 그리고 API 사용자들을 위해서도 이런 지표들에 주목하고 있습니다."

Parse.ly는 현재 판매 중인 보고 도구에 대해 다음과 같은 좀 더 다양한 지표를 추적한다.

- 무료 계정 일일 가입 수
- 회원 가입 과정과 계정 활성화 과정의 전환율
- 계정 수 대비 활동사용자 수와 초대 활동
- 사용자 인게이지먼트(우프라 데이터 기반)
- 그래파이트의 API 콜 건수

---

[5] 마이크는 이런 추세가 바뀌어 매출 발생이 점점 강조되고 있다고 지적한다. http://go.bloomberg.com/tech-deals/2012-08-22-y-combinators-young-startupstout-revenue-over-users/를 참조하기 바란다.

[6] 역자주_ Woopra, 방문자를 실시간으로 분석해주는 서비스

[7] 역자주_ Graphite, 시계열 데이터를 실시간으로 그래프로 그려주는 시스템

[8] 역자주_ Pingdom, 인터넷 트래픽 조사 전문 기업

- 구글 애널리틱스의 웹사이트 활동
- 모니터링하는 모든 웹사이트들의 페이지뷰 및 순수 방문자 수

이 소프트웨어는 여러 웹사이트에 설치되므로 이런 사이트를 위해 퍼블리시된 글의 평균 개수, 평균 페이지뷰, 최고 리퍼럴 사이트 등의 데이터도 추적한다. 그리고 근본적인 사업 지표, 즉 직원 수, 고객 수, 서버 수, 매출, 비용, 이익 등도 추적한다.

결국 Parse.ly는 일반 사용자용 사업이 성공적인 것처럼 보였지만 그럼에도 어려운 결단을 내려야 했다. 회사는 수익성이 가장 위험이 높은 측면이었음에도 불구하고 최초 제품에 수익성 테스트를 하지 않았다. 그러나 두 번째로 방향을 전환하기 전에 이 회사는 대시보드에 대해 기업 고객들과 의견을 나누었고 그 답은 분명했다. 마이크는 이렇게 회상한다. "우리는 개발할 수 있는 분석 도구의 개념을 기업 고객에게 보여주었고 기업은 우리의 제안을 지지하기 시작했습니다. 기업 고객은 우리가 제공하던 조언보다 이 도구의 가능성에 더 큰 관심을 보였습니다."

요약

- 사용자 수나 인게이지먼트 등 사업의 중요한 부분이 순조롭게 성장하고 있더라도 이것을 수익으로 연결할 수 없다면 별로 중요하지 않다.
- 사업을 바꾸면 OMTM도 즉시 바뀐다.
- 모든 회사는 생태계 안에서 운영되며 Parse.ly의 경우는 독자, 퍼블리셔, 광고주들로 이루어진 생태계다. 기존 시장을 위해 완전히 새 제품을 만드는 것보다 새로운 시장으로 방향을 바꾸는 것이 더 쉬울 수 있다.

분석적 교훈

사업 모델 대부분은 돈을 벌 수 있다고 가정하지만 사업 모델의 위험을 줄이려면 이 가정을 일찍이 테스트해야 한다는 점을 기억하라. 매출을 강화하는 과정에서 회사의 일부를 대폭적으로 바꾸거나 심지어 없앨 수도 있다는 것을 각오해야 한다.

시장/제품 적합성

대부분의 사람들은 사업이 잘 풀리지 않으면 기능을 더 추가해야겠다는 생각부터 한다. 지금까지 이 책에서 이것이 옳은 접근 방식이 아니라는 점을 충분히 설명했다고 생각한다. 어떤 기능 하나 때문에 고객의 문제가 갑자기 해결될 가능성은 매우 적기 때문이다.

그 대신 새로운 시장으로 방향을 바꿔보는 것이 좋다. 여기서는 제품 자체가 문제가 아니라 목표 고객을 잘못 선택했다는 가정이 전제가 된다. 완벽한 세상이라면 여러분은 제품을 구현하기 전에 이미 시장에 대한 검증을 마쳤겠지만 사람들은 실수를 저지를 수 있고 어떤 경우에는 고객 개발 과정의 첫 단계부터 시작하지 않기도 하며 구현한 것을 모두 포기하고 싶지 않을 수도 있다. 제품보다는 시장을 바꾸는 것이 더 쉬울 수도 있다.

많은 스타트업 창업자가 사업을 하는 도중 어떤 시점에 린 스타트업 이론을 발견한다. 이들은 제품을 구축했고 약간의 주목을 받고 있지만 사업이 썩 잘 풀리지는 않는 시점이다. 이들은 어려운 결정을 내려야 한다. 지금처럼 계속할 것인가 아니면 뭔가를 바꿀 것인가? 이들은 대답을 찾고 있다. 이들은 견인력을 높일 방법을 찾고 있고 아직 포기할 생각이 없다. 스타트업뿐 아니라 더 큰 회사나 사내 창업가들도 흔히 겪는 일이다. 이들은 시장에 기반을 두고 있지만 원하는 만큼 규모가 크지 않으며 성장률이나 시장점유율을 높일 방법을 찾고 있다.

새 기능을 구현하거나 처음부터 재구축하는 대신 새로운 시장에 제품을 판매해보라. 우리는 이것을 *제품/시장 적합성*이 아니라 *시장/제품 적합성*이라고 생각한다. 왜냐하면 기존 제품에 맞는 시장을 찾으려고 노력하는 중이기 때문이다. 또한 사업 모델을 변경하는 것도 도움이 될 수 있는데, 이런 시도는 사업 규모를 키우기 위한 매우 합리적인 접근 방식이다. 다시 한번 말하지만 시장 변수(사업 모델)를 바꾸고 제품은 (비교적) 그대로 유지하므로 시장/제품 적합성이라고 한다.

다음은 기존 제품을 유지하면서 신규 시장을 찾기 위한 몇 가지 제안이다.

이전 가정을 검토하라

목표 시장에 대한 이전 가정을 다시 검토하라. 왜 특정 시장이 유망한지에 대해 가정을 세운 적이 없다면 지금이라도 생각해보고 그 깨달음을 이용해야 한다. 왜 이 시장에서 성공하지 못했는가? 무엇 때문에 시장의 주목을 끌지 못했는가? 여러분이 해결하고 있는 문제가 이 시장이 정말 불편하게 느끼는 문제인가?

이제 예전의 목표 시장과 관련된 다른 시장을 살펴보라. 이 시장에 대해 무엇을 알고 있는가? 이 시장은 예전 목표 시장과 어떤 점에서 비슷하거나 다른가?

새로운 시장에 속하는 사람들과 문제 인터뷰를 해보면 여러분의 제품이 충분히 큰 불편을 겪고 있는 문제를 해결할 수 있을지 판단하는 데 도움이 될 것이다. 여러분은 새 시장의 잠재 고객으로부터 들은 내용과 기존 고객들을 대상으로 한 사후 분석 내용[왜 사업이 잘 진행되지 않았는지]을 비교할 수 있어야 한다.

시장과 사업 모델 후보군을 축소하라

이제 일부 시장 그리고/또는 사업 모델을 아주 빨리 포기할 수 있을 것이다. 예를 들어 부분유료화 모델이 성공하려면 가망 고객군이 상당히 커야 한다. 링컨 머피 Lincoln Murphy는 'SaaS 사업의 부분유료화 모델의 현실The Reality of Freemium in SaaS'이라는 주제 발표에서 시장 규모를 계산하는 좋은 방법을 제시했다.[9] 그가 내린 중요한 결론 중 하나는 잠재 시장이 엄청나게 크고 몇 가지 다른 요소를 갖추지 않으면 부분유료화 모델은 성공할 수 없다는 것이다.

다양한 시장과 사업 모델의 메커니즘을 이해하면 최상의 효과를 내는 조합을 찾는 데 도움이 될 것이다.

집중해서 깊이 파고들어라

몇몇 잠재 신규 시장과 유망한 사업 모델을 찾았다면 이제 여기에 집중해서 더 깊이 파고들면서 본격적으로 고객 개발을 시작하라. 각 시장에 속하는 10~15명의

---

[9] http://www.slideshare.net/sixteenventures/the-reality-of-freemium-in-saas

가망 고객과 이야기를 나누면서 이들의 문제에 대한 여러분의 가설을 검증하라. 여러분에게는 이미 팔 수 있는 제품이 있으므로 이런 과정이 더디게 느껴질 수도 있겠지만 제품에 적합하지 않은 시장을 공략하는 일을 피하려면 꼭 필요한 과정이다.

이와 동시에 사람들의 관심도를 측정하기 위해 랜딩 페이지와 광고를 이용하는 좀 더 폭넓은 접근법을 취할 수도 있다. 그렇지만 단계를 건너뛰려고 문제 인터뷰를 아예 생략해서는 안 된다.

유사성을 찾으라

이 단계에서 시장을 볼 때는 범위를 좁혀서 틈새시장을 찾을 필요가 있다. 가령 단지 '회사 규모'를 기준으로 시장을 정의하는 것은 적절하지 않다. 중소기업^{SMBs}은 시장의 정의가 될 수 없을 뿐만 아니라 이런 분류는 너무 포괄적인데도 이런 식으로 말하는 창업가가 너무 많다.

개략적으로 정의된 시장에 속하는 회사의 중요한 유사성을 찾아보자. 산업은 좋은 출발점이다. 그러나 또한 지리적인 위치, 제품 구매 방법, 최근에 구매한 것, 예산, 산업 성장성, 계절적 요인, 법적 규제, 의사결정자 등을 고려해야 한다. 이 모든 요소가 여러분이 공략할 진짜 시장을 결정하는 데 도움이 된다.

제품에 대해 설명할 때 반드시 정확한 현재 버전을 설명할 필요는 없다. 적절한 시장과 사업 모델을 찾기 위해 노력하는 동시에 제품이 어떻게 변할지도 생각해야 한다. 많은 자원을 투입해 완전히 재구축하는 수준을 말하는 것이 아니다. 그러나 새로운 목표 시장에 관해 알게 된 내용을 바탕으로 기존 제품의 수정 버전으로 설명해도 괜찮다.

본질적으로 여러분의 기존 제품은 MVP이고 MVP로 사용하기에 충분할 것이므로 큰 변화는 필요 없다. 부분적으로만 수정하면 된다. 그러면 갑자기 고객들은 [여러분이 이미 MVP를 만들었고 일부만 수정했는지 모르고 처음부터 제품을 구축한 줄 알고] 여러분이 제품을 빠른 속도로 만들었다고 생각하고 감명을 받을 것이다.

기존 제품을 위해 새 시장을 찾는 일은 어렵다. 그리고 현실에서는 여러분의 제품에 맞는 시장이 없어 훨씬 더 근본적으로 방향을 바꾸거나 아니면 완전히 처음부터 제품을 다시 만들어야 할지도 모른다. 그러나 이렇게 되기 전에 멈추고 한걸음 물러서서 이미 구축한 제품을 구입할 만한 고객 기반을 찾아야 한다. 이것을 성공적으로 실시하려면 린 스타트업 과정과 고객 개발 원칙을 계속 충실히 따라야 하지만 완전히 처음으로 되돌아가는 대신 과정의 중간부터 시작해도 된다.

손익분기점의 기준

중요한 재무적 지표는 매출만이 아니다. 여러분은 *손익분기점*에 도달해야 한다. 이것은 매출이 비용보다 꾸준히 크다는 의미다. 수익성을 추구하는 것이 적절치 않을 수도 있다. 어쩌면 여러분은 사용자 확보 같은 다른 지표에 초점을 두고 있는지도 모른다. 그러나 손익분기점을 고려하지 않는 것은 무책임한 일이다. 손익분기점에 도달할 길이 없다면 그저 돈과 시간을 버리고 있는 것이나 마찬가지기 때문이다.

이는 운영 비용, 한계 비용 같은 사업 지표를 살펴봐야 한다는 의미다. 어떤 고객군은 너무 많은 자원을 사용하기 때문에 포기하는 쪽이 좋다는 사실을 알게 될 수도 있다. B2B 스타트업은 특히 그렇다. 이 점을 염두에 두고, 다음 단계인 확장 단계로 이동해도 좋은지 결정할 때 사용할 수 있는 다음의 몇 가지 '게이트'를 살펴보기 바란다.

변동비에 대한 손익분기점

스타트업을 운영하는 여러분은 아마 매출로 벌어들이는 돈보다 더 많은 돈을 사업을 키우는 데 쓰고 있을 것이다. 특히 자기 자본만으로 사업을 시작하지 않고 외부 투자를 받은 경우는 더 그렇다. 투자자들은 손익분기점을 맞추는 회사가 아니라 인수합병이나 기업 공개를 통해 몇 배의 수익을 돌려줄 회사에 투자하고 싶어 한다.

만약 고객에게서 발생하는 매출이 고객 확보와 서비스 제공에 들어가는 비용보다 많으면 사업이 잘 되고 있는 것이다. 아마 새로운 기능 개발이나 인력 채용 등에 돈을 쏟아 붓고 있지만 고객 한 명당 비용은 크게 들지 않을 것이다.

고객 손익분기점 도달시간

매출이 성공적으로 성장하고 있는지 알려주는 핵심 지표는 고객 생애 가치가 고객 확보 비용보다 큰지의 여부다. 그런데 이것은 전략적 예산 수립에도 도움이 된다. 어떤 회사의 고객들이 평균 11개월 동안 27달러를 쓰고 고객 일인당 확보 비용은 14달러라고 가정해보자(표 18-1 참조).

표 18-1 고객 확보 비용 회수 기간의 계산 예

$27	고객 생애 가치
11	활성화에서 이탈까지의 개월 수
$2.45	고객당 월 평균 매출
$14	고객 확보 비용
5.7	고객 손익분기점까지 걸리는 개월 수

만약 사업이 이 매출을 기반으로 성장해야 한다면 여러분에게는 운영 자금이 필요할 것이다. 이제 스프레드시트를 꺼내서 숫자를 분석할 때다. 그리고 여러분은 회사를 계속 운영하려면 5.7개월 치의 자금이 필요하다는 사실을 알게 된다.

EBITDA 손익분기점

EBITDA(법인세 이자 감가상각비 차감 전 영업이익)는 닷컴 거품이 터지면서 인기가 시들해진 회계 용어다. 과거에는 많은 회사들이 이 지표를 사용했는데, 그 이유는 대규모 자본 투자와 치명적인 부채가 반영되지 않기 때문이었다[그래서 재무 상황이 실제보다 더 좋아 보인다]. 그러나 오늘날 스타트업은 초기 자본 투자가 크게 필요 없고 클라우드 컴퓨팅처럼 사용한 만큼 비용을 지불하는 시스템을 기반으로 운영되므로 재무 상황을 파악하기 위해 EBITDA를 사용해도 무방하다.

동면 손익분기점

특히 보수적인 손익분기점 지표는 동면 손익분기점Hibernation Breakeven이다. 만약 회사 운영을 최소한으로 축소한다면 – 회사 간판은 유지하고 기존 고객들에게는 서비스를 제공하지만 그 외에는 거의 아무 것도 하지 않는 상황 – 버틸 수 있겠는가? 이것은 '라면 프로피터빌리티ramen profitability'[10]라고도 한다. 신규 마케팅 지출은 없다. 따라서 입소문이나 바이럴 효과를 통해서만 성장할 수 있고 고객들에게 새 기능을 제공하지도 않는다. 그렇지만 무한히 버틸 수 있기 때문에 '자기 운명의 주인'이 될 수 있는 손익분기점이다. 어떤 스타트업은 특히 자기 자본으로 시작한 스타트업의 경우에는 외부 자금을 조달할 때 협상에 훨씬 유리한 위치에 설 수 있기 때문에 이 모델을 사용하는 것이 좋을 수도 있다.

매출 단계 요약

- 매출 단계의 핵심 공식은 고객으로부터 발생하는 수익에서 고객을 확보하는 데 들어간 비용을 뺀 것이다. 이것이 성장을 이끄는 고객 확보 비용 대비 수익이다.
- 여러분은 적절한 제품을 가지고 있음을 입증하는 단계에서 실제 사업성을 입증하는 단계로 이동하고 있다. 그 결과 지표도 제품 사용 패턴 관련 지표에서 사업 관련 수치로 바뀐다.
- 사업에 투입한 돈을 더 많은 돈으로 돌려주는 기계라고 생각하라. 넣는 돈 대비 나오는 돈의 비율과 최대 투입 금액에 의해 사업의 가치가 결정된다.
- 더 많은 고객당 매출, 더 많은 고객, 더 높은 효율성, 더 잦은 매출 발생 빈도 중에서 어디에 초점을 둘지 알아야 한다.
- 만약 일이 잘 풀리지 않으면 처음부터 다시 시작하는 것보다 기존 제품으로 새로운 시장을 겨냥하는 것이 더 쉬울 수 있다.
- 여러분의 목표는 사업 성장이지만 동시에 손익분기점도 주시해야 한다. 왜냐하면 손익분기점에 일단 도달하면 계속 버틸 수 있기 때문이다.

매출과 수익이 여러분이 정한 목표에 도달했다면 이제는 조직을 키울 차례다.

---

10 역자주_ 폴 그레이엄이 에어비앤비 창업자에게 했던 충고로 '라면을 사먹을 수 있는 만큼 벌라'는 말이다. 폴 그레이엄의 〈스타트업을 위한 13가지 조언〉 중 아홉 번째 조언이기도 하다. http://www.paulgraham.com/13sentences.html

지금까지 여러분이 직접 처리했던 많은 일을 이제는 직원, 판매 채널, 외부 업체 등 다른 사람들에게 이관해야 한다. 확장 단계로 이동할 때다.

CHAPTER 19

단계 5: 확장

이 단계까지 왔다면 여러분에게는 흡인력 있는 제품이 있고 마케팅 활동의 효과를 배가시켜주는 바이럴 효과도 있다. 그리고 사용자 및 고객 확보 활동에 필요한 매출도 발생한다.

스타트업의 마지막 단계는 확장인데, 이것은 사용자 수를 늘리는 것뿐만 아니라 신규 시장 진입, 어느 정도의 예측 가능성과 지속 가능성 확보, 새로운 제휴 관계 등을 말하기도 한다. 여러분의 스타트업은 더 큰 생태계의 일부가 되고 있고 인지도가 있으며 생태계에 적극 참여한다. 매출 단계에서는 사업을 입증한다면, 확장 단계에서는 시장을 입증한다.

중간의 함정

마이클 포터Michael Porter 하버드대 교수는 다양한 사업 경쟁 전략들을 설명한다.[1] 기업은 틈새시장에 초점을 두기도 하고(시장 세분화 전략), 효율성에 초점을 두기도 하며(비용 전략), 독특해지기 위해 노력하기도 한다(차별화 전략). 글루텐을 함유하지 않은 제품을 파는 동네 카페는 특정한 틈새시장을 공략하고 있고, 코스트코는 효율성과 저렴한 가격에 초점을 두며, 애플은 디자인과 독특함에 집중한다.[2] 어떤 회사는 수요와 공급에 서로 다른 초점을 두기도 하는데, 예를 들어

---

[1] http://en.wikipedia.org/wiki/Porter_generic_strategies
[2] 최고의 회사는 효율과 차별화 두 가지 모두에 초점을 맞춘다. 그렇기 때문에 코카콜라와 레드불은 브랜드 광고에 많은 돈을 지출하며 코스트코는 자체 커크랜드Kirkland 브랜드 상품을 판매하며 애플은 새로운 제조 시스템을 설계하는 것이다. 그러나 대부분의 회사는 둘 중 한 가지를 더 중요시한다.

아마존은 공급 업체로 구성된 백엔드 인프라에 대해서는 효율을 극도로 추구하고, 수요 측면에서는 브랜드를 통해 차별화한다.

마이클 포터 교수는 대체로 시장점유율이 높은 기업(애플, 코스트코, 아마존 등)이 수익성도 높지만, 시장점유율이 낮아도 수익성이 높은 회사가 많다는 점을 발견했다(카페 등). 문제는 크지도 작지도 않은 기업이었다. 그는 이것을 '중간의 함정' 문제라고 이름 붙였는데, 이는 틈새 전략을 효율적으로 구사하기에는 너무 크고 비용이나 규모 면에서 경쟁하기에는 너무 작은 기업이 겪는 어려움을 말한다. 이들은 중간의 함정을 극복하기 위해 스스로를 차별화한 다음 규모와 효율성을 확보해야 한다.

이것이 확장 단계가 매우 중요한 이유다. 확장 단계는 스타트업에 있을 수 있는 모든 위험을 식별하고 정량화하는 마지막 테스트다. 이 단계에서는 사업이 성장하면 어떤 모습이 될지 알 수 있다.

확장 단계의 지표

이 단계에서 여러분은 비로소 여러분의 회사 외에 다른 것을 살펴봐야 한다. 너무 일찍이 경쟁 업체에 초점을 두면 여러분의 고객들에게 실제로 필요한 것을 파악하는 것이 아니라 경쟁 업체들이 하는 일에 정신이 팔릴 수 있다. 그러나 이제 여러분에게는 외부로 눈을 돌릴 여유가 생겼다. 세상에는 많은 경쟁 업체들이 있고 고객의 관심을 끌기 위해 수많은 제품들과 경쟁하고 있다는 사실을 알게 될 것이다.

지난 30년 동안 적절한 종류의 주목을 충분히 받을 수 있다는 건 중요한 이슈였다. 1981년 인지과학자이자 경제학자인 허버트 사이먼Herbert Simon은 우리가 정보 시대에 살고 있고, 정보는 관심을 필요로 하며(다른 말로 관심은 중요한 원자재다), 우리가 점점 더 많은 정보의 홍수에 파묻히게 됨에 따라 관심의 가치가 점점 커진다는 사실을 발견했다. 확장 단계에서는 분석가, 경쟁 업체, 유통 업체가 여러분의 핵심적인 초기 고객만큼이나 여러분에게 관심을 가지는지 확인해야 한다. 많은 관심을 받는다는 것은 제품이나 서비스가 여러분의 지속적인 사랑과 보살핌

없이도 혼자 설 수 있다는 뜻이다.

확장 단계에서 여러분은 백어피파이의 OMTM인 고객 확보 비용 회수기간 같은 개략적인 지표를 판매 채널, 판매 지역, 마케팅 캠페인별로 구분해서 비교해야 한다. 가령 판매 채널을 통해 확보한 고객들보다 여러분이 직접 확보한 고객들로부터 매출이 더 많이 발생하는가? 직접 판매나 텔레마케팅은 비용을 회수하는 시간이 더 오래 걸리는가? 세금 때문에 해외 매출이 감소하는가? 이런 것들은 회사가 구조적으로 성장해도 사업을 확장하기는 힘들다는 신호다.

사업 모델이 옳은가

지금까지는 지표 대부분을 사업의 특정 부분을 최적화하는 데 사용했지만 이제 확장 단계에서는 회계 시스템의 입력 데이터가 된다. 판매, 이익, 고객지원 비용 같은 데이터는 현금 흐름을 예상하고 향후 필요한 투자 규모를 파악하는 데 도움이 된다.

린 경영에서는 이런 데이터를 다루지 않지만 제품/시장 적합성을 찾고 자리를 잡은 조직, 또는 위험을 기피하는 관련자를 설득 중인 사내 창업가에게는 이런 지표가 중요하다. 엄격한 의미의 '린 방식'을 따르지 않더라도 사업을 키우기 위해 방향을 전환해야 할 필요가 있을 수 있다.

예를 들어 여러분이 직접 판매해온 제품이 있다고 가정해보자. 이제 채널을 통해 이 제품을 판매하려 노력 중이지만 해당 채널이 이 제품을 판매하고 지원할 준비가 아직 안 되어 있을 수 있다. 그 결과 여러분의 고객지원 비용이 증가하고 채널을 통해 판매한 제품의 환불이나 사용을 중단하는 일이 증가한다. 이제 어떻게 해야 할까?

한 가지 방법은 채널이 다루는 시장을 바꾸는 것이다. 컨설팅 니즈가 있고 지원이 많이 필요한 고객은 직접 판매를 하고, 채널에는 맞춤형 기능을 줄인 단순화된 버전을 제공할 수 있다. 또는 채널이 공략하는 시장을 바꿔볼 수도 있다. 고객지원 부담이 적은 공공기관이나 고학력 구매층에 주력하는 것이다.

이것은 '린 방식'의 방향 전환처럼 보이지 않을지 모르지만 앞서의 제품 및 가격 결정 실험과 같은 종류의 실험 및 규율을 따른다.

만약 좋은 사업을 영위하고 있다면 곧 경쟁 업체, 채널 파트너, 외부 개발 업체 등으로 구성된 생태계가 생길 것이다. 사업이 번성하려면 시장에서 여러분의 위치를 확보하고 경쟁 속에서도 수익을 유지해줄 진입장벽을 구축해야 한다. 이 시점에서는 더 이상 린 스타트업 모델을 적용하지 않지만 그렇다고 반복 학습을 중단해도 된다는 뜻은 아니다.

사업을 확장해서 매출이 더 많이 발생하는 것은 좋은 일이지만 대신 인게이지먼트가 감소하고 초기 시장이 점진적으로 포화되며 고객 확보 비용이 증가하지는 않는지 주시해야 한다. 채널에 따라 세분화된 이탈률의 변화를 보면 사업이 확장되면서 가장 중요한 자산인 고객이 증가하고 있는지 아니면 관심이 줄어들고 있는지 알 수 있다.

| 사례 연구 | **버퍼, 흡인력 단계에서 (매출 단계를 지나)**
확장 단계로 이동하다

버퍼Buffer는 톰 무어Tom Moor, 리오 위드리치Leo Widrich, 조엘 개스코인Joel Gascoigne이 2010년에 설립한 스타트업이다. 조엘 개스코인은 자신이 직접 겪고 있던 불편 때문에 버퍼를 만들었는데, 그것은 바로 좋은 콘텐츠를 트위터에 정기적으로 올리기가 어렵다는 점이었다. 트윗 스케줄링 솔루션은 이미 있었지만 조엘이 찾는 것처럼 간단하고 사용하기 쉬운 솔루션은 없었다. 그래서 그는 톰 무어, 리오 위드리치와 힘을 합쳐 버퍼를 만들었다.

소셜 소프트웨어 분야의 대부분의 회사들과 달리 이들은 처음부터 고객에게 돈을 받기로 했다. 조엘에게는 사람들이 문제를 충분히 불편하게 생각한다는 것과 돈을 내고 제품을 사용할 것이라는 두 가지 가정이 있었다. 매우 '린'스러운 접근 방식을 취한 이 세 명은 앱을 개발해서 발표했고 7주 후에 처음으로 고객이 앱을 구입했다.[3]

---

[3] http://blog.bufferapp.com/idea-to-paying-customers-in-7-weeks-how-we-did-it

버퍼의 OMTM은 매출이었다. 조엘은 다음과 같이 말한다. "우리는 상황의 제약을 받았는데, 실적이 없고 뉴질랜드 회사라는 지리적 위치 때문에 자금 조달을 생각하기 어려웠습니다. 그리고 저에게는 투자할 돈도 없었고 당시 다른 고객들을 위해 전업으로 일하고 있었습니다. 이것은 가장 중요한 지표가 매출이라는 뜻이었습니다. 내가 기존의 일을 그만둘 수 있을 정도로 매출을 키워야 했으니까요."

조엘과 그의 팀은 부분유료화 방식으로 가기로 결정했고(아직도 이 모델을 쓰고 있다), 가장 중요한 매출 지표와 함께 회원 가입, 활성화 및 전환율에 관련된 다른 지표들도 주시했다. "처음에 가장 중요한 지표는 사용자 활성화, 사용자 유지, 매출이었습니다." 조엘 개스코인은 말한다. "이 지표들의 수치가 좋으면 제품이 탄탄하다는 이야기라고 생각합니다. 기존에 하던 일을 그만두고 이 일에 매진하고 싶었기 때문에 매출이 가장 중요했습니다. 그래서 전환율을 바탕으로 몇 명의 사용자가 필요한지 계속 계산했습니다. 사용자 수가 거기에 도달하자마자 사업은 더 빠르게 성장했고 '라면 프로피터빌리티'에 도달하고 나서 곧 우리는 샌프란시스코로 날아가 엔젤패드AngelPad 창업지원 프로그램을 통과하고 시드 머니를 조달했습니다."

조엘은 우리에게 버퍼의 몇몇 수치를 알려주었다.

- 방문자의 20%는 계정을 생성한다(사용자 확보).
- 회원 가입한 사람의 64%는 '활동' 사용자가 된다(창업자들은 버퍼를 이용해 상태 업데이트를 한 건 이상 올린 사용자를 '활동' 사용자로 정의한다).
- 회원 가입한 사람의 60%는 첫 달에 재방문한다(인게이지먼트/흡인력).
- 회원 가입한 사람의 20%는 6주 후에 재방문한다(그리고 여전히 활동한다)(인게이지먼트/흡인력).

무료 사용에서 유료 사용으로의 전환율은 1.5~2.5%였다. 조엘은 이런 결과를 측정하기 위해 코호트 분석을 실시하고 있다. 그리고 버퍼는 에버노트와 비슷하게 시간이 지날수록 더 많은 이용자들이 유료 고객으로 전환한다고 한다. "예를 들어 2012년 2월에 회원 가입한 사용자 코호트에서는 제품을 사용한 첫 달에 1.3%가 유료로 업그레이드했습니다. 6개월 후에는 같은 코호트에서 유료 사용자가 1.9%로 증가했습니다."

이 수치가 안정적으로 유지되고 이익이 발생할 만큼 매출이 증가하자 조엘은 사용자 확보로 초점을 옮길 때라고 생각했다. 이것은 소규모로 제품과 흡인력을 입증하는 것에서 훨씬 빠른 속도로 성장을 꾀하는 것으로 옮겨가는 큰 변화이었다. 조엘은 다음과 같이 말한다. "우선 우리는 버퍼가 수백만 명의 사용자를 가진 매우 널리 사용되는 서비스가 되면 좋겠다고 생각했습니다. 그런 다음 우리는 이탈률을 확인했습니다. 왜냐하면 사용자 확보에 초점을 두기 전에 이탈률이 중요하다는 것을 알고 있었기 때문입니다." 조엘의 목표는 이탈률을 5% 이하로 유지하는 것이었다. 그리고 사실 버퍼의 고객 이탈률은 2% 부근이기 때문에 이탈률을 개선하기 위해 많은 시간을 들일 필요가 없고 따라서 고객 확보에 초점을 맞출 수 있다.

버퍼는 또한 수익을 올리고 있기 때문에 고객 확보 활동을 강화하고, 새 채널을 실험해보고, 현금을 소진하거나 자금을 더 조달하지 않아도 될 여유가 있다. 사용자 확보에 초점을 두기로 최종적으로 결정하기 전에 이들은 다른 지표를 살펴보았다. 조엘은 말한다. "우리가 그러려고 노력하면 유료 전환율을 두 배로 증가시킬 수 있을 겁니다. 그렇지만 이렇게 하려면 유료 전환율에 초점을 둬야 합니다. 나중에라도 유료 전환율을 높일 수 있습니다. 지금 우리가 가장 원하는 것은 사용자 기반을 넓게 확장하는 것이니까요."

버퍼는 지금 새 채널을 실험해보고 사용자 확보에 초점을 두는 성장 모드에 있지만 여전히 유료 전환율과 매출을 지켜본다. 조엘은 이렇게 말한다. "우리는 새로운 채널들을 통해 확보한 고객들도 유료 고객으로 전환되도록 새 채널의 퍼널을 측정하고 있습니다."

요약

- 버퍼는 처음에 흡인력을 나타내는 지표로 매출 지표를 사용했다. 창업자들의 목표는 엄청나게 많은 매출을 일으키고 확장하는 것이 아니라 확장 가능한 적절한 사업이라는 점을 입증하기에 충분한 매출을 일으키는 것이었다.
- 버퍼는 마케팅 활동과 제품 수정을 평가하기 위해 지속적으로 코호트 분석을 실시한다.
- 제품의 흡인력이 입증되자 버퍼는 사용자 확보, 그리고 낮은 비용으로 사용자를 더 많이 확보하는 방법으로 초점을 옮겼다.

분석적 교훈

현실은 중요하다. 업계의 현실과 경제상황에 따라 언제 매출에 초점을 맞춰야 할지가 결정될 수도 있다. 만약 충분한 수의 초기 사용자가 제품을 구입할 것이라는 점을 입증할 수 있다면 이것은 좋은 시장을 찾았다는 명백한 증거일 뿐 아니라 [외부 자금 조달 없이] 사업이 자력으로 성장하고 진화할 수 있어 [외부 입김으로부터] 자유를 더 많이 누릴 수 있다는 의미이기도 하다. 매출과 인게이지먼트를 조합해보면 사업이 확장되기에 충분한 장기적 가치를 제품이 가지고 있는지 알게 될 것이다. 이런 수준에 이르면 사용자 기반을 확장시키기 시작해도 된다.

이제 여러분의 조직은 더 큰 규모로 확장되었다. 여러분은 더 많은 사용자에 대해 신경 쓰고 더 많은 방식으로 더 많은 일들을 처리한다. 집중이 흐트러지기 쉽다. 따라서 의견에 휩쓸려 좌충우돌하지 않고 변화를 이룰 수 있게 해주는, 지표에 초점을 맞추는 간단한 방법을 하나 제안하고자 한다. 우리는 이것을 *3-3 모델*이라고 부르는데, 이것은 사실 16장에서 살펴본 문제-솔루션 캔버스의 조직 버전이다.

| 패턴 | 3-3 모델

이 단계에서는 회사가 3단계의 운영 구조를 가진다. 이사회와 창업자들은 전략적 이슈와 중요한 전환에 초점을 두며 매달 또는 매분기 회의를 한다. 경영진은 전술과 관리에 주력하며 매주 만난다. 그리고 일반사원들은 실행에 집중하며 매일 얼굴을 맞댄다.

그런데 스타트업은 대부분 동일한 인물이 이 세 종류의 회의에 모두 참석한다. 단지 이사회 임원으로서의 마음가짐과 프로그램을 개발하고 상자를 포장하고 판매 조건을 협상하는 사람으로서의 마음가짐이 매우 다르다는 이야기다.

또한 우리는 한 번에 세 가지 이상 집중하기 어렵다는 것을 발견했다. 만약 여러분이 집중하는 것을 세 가지 중요한 일로 제한할 수 있다면 자신이 무슨 일을 하는지, 그리고 왜 그 일을 하는지 알게 될 것이다.

세 가지 중요한 가정
현재 사업 모델에 대해 여러분은 몇 가지를 기본으로 가정하고 시작한다. 가령 '사람들이 질문에 대답할 것이다.' 또는 '컨퍼런스 기획자들은 컨퍼런스를 운영하는 방식을 불만스러워 한다.' 또는 '우리는 부모들을 대상으로 수익을 창출할 것이다.' 등이다. 이 중 일부는 플랫폼에 대한 가정이기도 하다. 가령 '아마존 웹 서비스Amazon Web Services, AWS는 우리 사용자들이 이용하기에 충분히 신뢰할 만하다'는 플랫폼에 대한 가정이다.

각 가정에는 관련 지표와 목표 기준이 있다. 이것은 중요한 추정이다. 그리고 이사회 멤버로서 창업자들에게 이 숫자는 무엇보다 중요하다. 이 숫자는 여러분이 월급을 지불할 수 있을지, 투자가 얼마나 필요할지, 마케팅 캠페인이 비용보다 더 많은 수익을 올릴지, 사업 모델이 성공할 가망이 없는지 알기 위해 살펴봐야 할 중요한 지표다.

이런 가정은 (여러분이 창업지원 프로그램의 지원을 받고 있거나 인위적인 시간 제약이 없는 한) 한 달에 한 번 이상 바뀌면 안 된다. 여러분이 확장 단계에 있다면 이 가정은 분명히 그렇게 자주 바뀌면 안 된다. 왜냐하면 이런 종류의 변화는 모멘텀을 약화시키기 때문이다. 사업 모델에 대한 근본적인 가정을 바꾸려면 이사회의 승인이 필요할 수 있고, 적절히 의사소통하지 않으면 고객이 멀어지고 직원은 혼란스러워할 수 있다. 확장 단계에서는 이사회와 고문이 가정에 개입해야 한다.

여러분이 제대로 하고 있다면 린 캔버스에서 이 세 가지 가정이 도출되어야 한다. 물론 사업 모델을 완전히 바꾸면 린 캔버스가 달라지므로 가정이 달라질 것이다.

매달 세 가지 가정에 대해 조직 전체가 이야기를 나누어야 한다. 경영진은 다음 회의에서 이 가정들이 옳은지 그른지를 입증할 책임이 있다.

세 가지 할 일
실행 차원에서는 중요한 가정을 실현할 방법을 정해야 한다. 회사 전체가 이를 알고 있어야 하며 경영진은 각 가정에 대해 금주에 실행할 세 가지 일을 정해야 한다.

각 가정의 관련 지표를 올바른 방향으로 바꾸기 위해 어떤 세 가지 일을 하고 있는가? 이것은 제품 개선이나 마케팅 전략과 관련된 일일 수 있다 이것은 금주의 기능 개발 계획이고 금주에 실시할 마케팅 캠페인이다. 해야 할 일은 자주 바뀔 것이다. 여러분은 설문조사를 실시하고 테스트를 하고 빨리 프로토타입을 만들어 계획을 승인하거나 취소해야 한다. 이것은 애자일 기법에서 스크럼scrum과 같다.

경영진에게는 사업의 방향을 바꿀 수 있는 권한이 많이 있지만 이들은 매월 말 창업자와 이사회에 보고해야 한다. 이렇게 하면 경영진이 원래의 사업 모델에서 너무 동떨어지게 방향을 바꾸지 않도록 만들 수 있고 다시 말해 혁신과 예측 가능성 사이에서 균형을 잡을 수 있다.

세 가지 실험
회사는 전술적 과제를 완료하기 위해 일 단위로 개별 업무를 실행한다. 테스트를 미리 문서화하고 테스트 결과가 그 주의 전술적 과제에 도움이 된다면 누구나 고객과 이야기를 나누고, 기능을 수정하고, 설문조사를 실시하고, 가격 실험을 하는 등 테스트를 실시할 수 있다. 테스트는 일이 제대로 진행되고 있는지의 여부를 알 수 있는 유일한 방법이다. 테스트는 매일 실시되며 애자일 기법에서 스프린트sprint와 비슷하다.

이런 각각의 과제에 대해 어떤 세 가지 업무를 수행하고 있는가? 어떤 세 가지 실험을 하고 있는가? 어떻게 우세한 것을 결정할 수 있는가? 이때 해당 과제 담당자와 매일 의논하면서 실행해야 한다. 다시 말하지만 이는 어느 정도 체계를 유지하면서도 실제 업무 수행 차원에서 폭넓은 유연성을 가지는 것을 의미한다.

확장하면서 규범 찾기

규범은 규모가 커진 후기 단계 스타트업의 성공에 매우 중요한 요소며, 특히 뜨거운 실행의 열기 속에서는 규범이 더욱 중요하다. 창업가로서 여러분은 영감을 찾아 무턱대고 헤매면 안 된다. 여러분에게는 투자자, 직원, 사람들의 기대가 있기 때문이다. 그러나 동시에 여러분에게는 민첩하게 움직일 수 있고 적응할 수 있는 운신의 폭이 필요하다.

어떤 가정이 여러분의 근본적인 사업 모델을 뒷받침해주는지 확실히 알아야 한다. 그런 다음 관련자들의 승인을 받아 그중 하나를 바꾸어라. 그리고 그 변화를 경영진에게 전달하라. 어떤 제품의 기능이 기본적인 가정을 개선할 것이라고 생각하는가? 이 기능을 테스트하기 위해 일일 업무를 계획하라. 그리고 고객과

대화를 나누고 설문조사를 실시하고 새로운 프로그램을 테스트할 고객군을 분류하고 모형을 실험하라. 이렇게 민첩성과 방법론적 정확성을 조합할 수 있는 능력에 따라 위대한 스타트업과 정체된 스타트업으로 나뉜다.

IT 행사에서 "가장 최근의 방향 전환은 무엇에 대한 것입니까"라고 묻는 것은 진부할 정도로 흔한 일이다. 이렇게 쉽게 사업 방향을 바꾸는 것은 끔찍한 일이다. 많은 창업가가 "나는 방향을 바꾸고 있습니다"라고 말하지만 사실은 "나는 ADHD 증후군이 있는 혼란스러운 바보입니다"라고 말해야 한다. '*게으른 방향전환*'을 피하라. 계획이 없으면 그저 바람에 펄럭이는 것과 같다. 규범을 따르면 자기의 생각과 결정의 근거를 다른 사람들에게 설명할 수 있다.

확장 단계 요약

- 확장 단계에서는 자신의 제품과 시장에 관해 알고 있다. 여러분의 지표는 이제 여러분이 속한 생태계의 건전성과 신규 시장에 진입할 수 있는 능력에 초점을 맞춰야 한다.
- 이 단계에서는 예전에는 초점을 흐리는 이슈였던 급여, API 트래픽, 채널 관계, 경쟁자에 관해 살펴본다.
- 여러분의 사업이 효율성과 차별화 중 어디에 초점을 두고 있는지 이해해야 한다. 규모를 확장하려 한다면 둘 다에 초점을 두기는 어렵다. 효율성에 초점을 맞춘다면 비용을 줄이려 노력해야 하고 차별화에 초점을 맞춘다면 수익을 증가시켜야 한다.
- 사업이 성장함에 따라 여러분은 여러 가지 지표를 동시에 관리해야 한다. 일관된 목표에 맞게 전략, 전술, 실행을 유지시켜주는 지표 체계를 수립하라. 우리는 이것을 3-3 모델이라고 부른다.

비록 여러분의 조직이 점점 '대기업'처럼 되면서 혁신에 어려움을 겪게 되겠지만 확장 단계는 사업을 하는 한 영원히 계속 된다. 축하한다. 여러분은 이제 사내 창업가로서 현상 유지에 맞서 조직 내부로부터 일에 변화를 주려고 노력하게 된다. 30장에서 살펴보겠지만 내부로부터의 혁신에는 고유의 어려움이 있다. 그러나 우선 여러분의 사업 모델과 사업 단계에 따라 현재 여러분에게 가장 중요한 지표를 찾도록 하자.

CHAPTER 20

사업 모델과 단계에 따라 추적할 지표가 결정된다

린 분석의 핵심 아이디어는 사업 모델과 사업 단계를 알아내어 현재 가장 중요한 OMTM을 추적하고 최적화하는 것이다. 이 과정을 반복하면 초기 단계의 회사나 프로젝트에 내재된 많은 위험들을 극복할 수 있고 섣불리 성장을 추구하지 않고 진정한 니즈, 잘 정의된 솔루션, 고객 만족의 탄탄한 토대 위에 사업을 구축할 수 있다.

그림 20-1은 이런 린 분석 단계들과 다음 단계로 이동하기 위해 통과해야 하는 '관문gate', 그리고 이동할 준비가 되었는지 알려주는 일부 지표를 보여주고 있다.

이제 여러분은 사업 모델과 현재 단계를 알고 있으므로 다음 단계로 이동하는 데 도움이 될 몇몇 지표를 선택할 수 있다. 표 20-1은 특정 사업 모델이 성장함에 따라 어떤 것이 중요한지 몇 가지 사례를 보여준다.

관리할 지표를 결정하고 나면 다음으로 물어야 할 질문은 명백하다. 이 지표에 대해 달성해야 할 목표 기준은 무엇인가? 그리고 어느 정도가 정상적인 수치인가?

이에 대해서는 다음 장에서 알아보겠다.

그림 20-1 현재 여러분은 어떤 단계에 있는가? 다음 단계로 이동하려면 무엇이 필요한가?

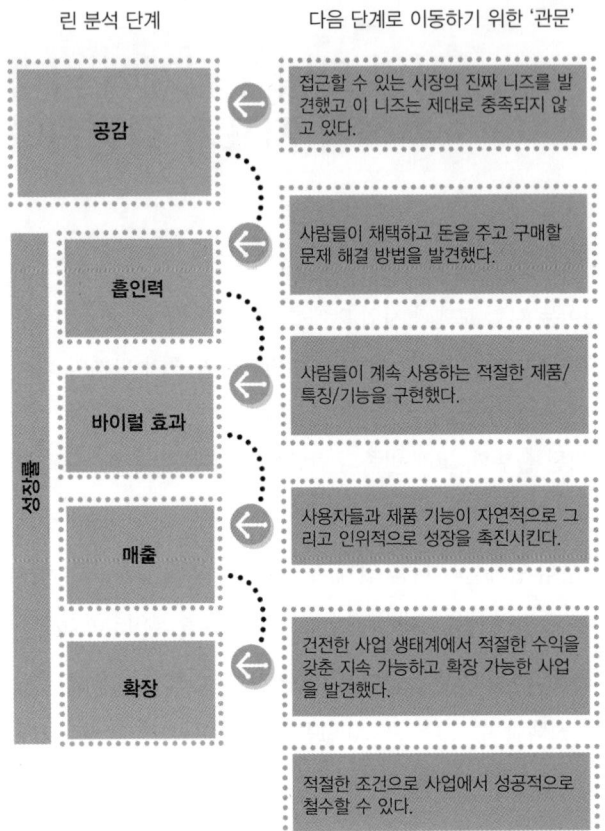

표 20-1 사업 모델 및 단계에 따른 주요 지표

사업 모델						
회사 단계	전자상거래	마켓플레이스	Software as a Servic	무료 모바일 앱	미디어	사용자 제작 콘텐츠
정말 중요한 질문	사람들이 적절한 가격으로 매하겠는가?	충분히 물건을 구매할 많은 물건을 구하겠는가?	사람들이 도움 지불할 정도로 불편한 문제를 이 솔루션이 해결하겠는가?		사람들이 반복적으로 콘텐츠를 소비할 것인가?	
공감 단계: 문제 검증: 여러분이 해결할 수 있는 진짜 니즈를 찾기 위해 시장을 이해해야 한다.	구매자들은 물건을 어떻게 사는가? 이들은 어떻게 솔루션을 구하는 곳이 필요한가? 이들은 현재 이들은 어떻게 거래하는가? 그 결과 어떤 불편함을 주고 있는 정도로 물건을 발견하는가? 구매자들의 인구 통계학적, 기술적 특징은 무엇인가?	구매자들은 물건을 어떻게 사는가? 이들이 필요한가? 물건을 구하는 곳이 필요한가? 이들은 현재 어떻게 거래하는가? 이들은 어떤 경로로 물건을 발견하는가? 이런 채널을 통한 구매를 방해하는 것은 무엇인가?	가장 고객들에게 한 제 해결해야 할 알 면 니즈가 있는 가? 소프트웨어로 해결할 수 있는가? 이런 솔루션에 대해 어떤 경로로 알게 되는가? 구매 프로세스는 무엇인가?	여러분의 목표 시장 무엇인가? 어떤 비슷한 게임으로 비슷한 지 정책이 비슷하고 게임 이용 패턴이 비슷한 사례가 있는가?	어떤 주제에 대해 충분히 주목을 끌 수 있는가? 사람들이 이 정보를 어떻게 소비하는가?	커뮤니티가 존재하는가? 무엇이 그 커뮤니티를 돋보이고 독특하게 만드는가? 사람들이 어떻게 커뮤니티에 가입하는가? 커뮤니티가 얼마나 빠른 속도로 커지고 있는가?
공감 단계: 솔루션 검증: 정성적 방식과 정량적 방식을 다 사용하며 선별된 MVP나 지역 테스트의 활발을 따가도 한다.	여러분이 제안하는 품과 경쟁 관계에 있는 것은 무엇인가? 제품이나 서비스의 가격 탄력성은 어떤가?	구매자들이 판매 수익의 일부를 나눌 것인가? 아니면 마켓플레이스를 이용하지 않을 것인가? 여러분이 수익의 일부를 받을 지지자를 제공하기 때문인가? 상품을 독자에게 할 수 있을 것인가? 사람들이 마켓플레이스에 올 것인가?	여러분이 제공하는 기능들이 사용자의 프로세스에 적합한 고 이들의 불편함을 작절히 해결하여 사용자들이 도움 지불 하고 친구들에게도 여러분의 서비스를 소개할 것인가?	기본 게임 구조가 작동하는가? 사용자들이 사용자 테스트에서처럼 핵심 게임 플레이어가 기본 MVP를 좋아하는가?	왜 사람들이 여러분의 콘텐츠를 소비하겠는가? 현재 비하겠는가? 어떤 도구, 앱, 플랫폼이 사용자들에게 콘텐츠를 전달 하는가?	여러분의 사이트에 커뮤니티가 생길 것인가? 현재 커뮤니티는 어디에서 모이는가? 커뮤니티가 어떻게 상호작용하고 실행하는가? 개인 정보 보호에 대한 니즈는 무엇이며 공유와 광고에 대해 어느 정도 허용하는가?

사업 모델 / 회사 단계	전자상거래	마켓플레이스	Software as a Service	무료 모바일 앱	미디어	사용자 제작 콘텐츠
사업이 성장할 것인가?	사람들이 여러분을 발견하고 다른 사람들에게 소개할 것인가?		사람들이 회원 가입을 하고 계속 사용하며 다른 사람들에게 소개할 것인가?		이익이 발생할 정도로 트래픽을 키울 수 있을 것인가?	
흡인력 단계: 사용자들이 의미있고 가치 있는 방식으로 참여하는 최소 존속 제품 구현하기	전환율, 구매액, 신규 고객 확보 유행의 경우 신규 구매자를 찾는 비용, 고객 충성도 유행의 경우 90일 안에 재방문하는 구매자의 비율	상품 등록 속도, 검색 유행과 빈도, 가격 탄력성, 상품의 질, 사기 거래 건수	인게이지먼트, 이탈률, 방문자/사용자/고객 퍼널, 단계별 서비스 가능 사용(또는 기능 사용)	설치, 채택, 사용 편의성, 사용까지 걸리는 시간, 일, 주, 월 단위 이탈률, 실행률, 중단율, 플레이 시간, 지역 테스트	트래픽, 방문 건수, 재방문율, 주제, 카테고리, 저자에 따른 사이트 재분류화, RSS, 이메일, 트위터 팔로워 클릭률	콘텐츠 제작, 인게이지먼트 퍼널, 스팸률, 콘텐츠와 구전에 의한 공유, 사용자 확보 채널
바이럴 효과 단계: 내재, 인위적, 구전 바이럴 효과를 통해 제품 채택 증가; 바이럴 계수 및 주기 최적화	신규 고객 확보 유형 의 경우 사용자 확보 비용, 공유 규모, 고객 충성도 유형의 경우 재활성화 능력, 재구매자의 규모	판매자 확보, 구매자 확보, 내재된 확보 능과 구전효과, 개정 생성과 설정	내재된 바이럴 효과, 고객 확보 비용	앱 마켓의 평가, 공유, 초대, 순위	콘텐츠 바이럴 효과, 검색엔진 마케팅 및 최적화, 페이지에 오래 머물도록 독려	콘텐츠 초대, 사용자 초대, 사이트 내 메시징, 사이트 밖에서의 공유

Part II - 상황에 맞는 올바른 지표 찾기

사업 모델

회사 단계	전자상거래	마켓플레이스	Software as a Service	무료 모바일 앱	미디어	사용자 제작 콘텐츠
주요 수익원	거래		활동사용자들		광고 매출	
매출 단계: 최적의 가격 체계를 제시해 사용자들이 지불하도록 설득한 다음 수익의 일부를 고객 확보에 재투자	거래 금액, 고객당 매출, 생애 가치 대비 고객 획보 비용, 직접 판매 지표	거래 건수, 수수료, 등록 건당 수수료, 편독, 사진 등의 부가가치 서비스	상향 판매, 고객 획보 비용, 고객 생애 가치, 상향 판매 경로 및 단계	다운로드 건수, 게임 이용자당 평균 매출, 돈을 쓰는 이용자당 평균 매출, 고객 확보 비용	사용자 참여당 광고 단가CPE, 제휴 매출, 클릭률, 노출 찾수	광고(미디어와 동일함), 기부, 사용자 데이터 사용 권리 판매
확장 단계: 고객 확보 채널 관계, 효율성 제고, 시장 생태계 참여 등을 통한 조직 성장	제휴, 채널, 화이트 라벨 제품, 제품 평가, 제품 리뷰, 고객 지원 비용, 재방문, 채널 갈등 RMA 제품 반송	다른 수직 시장, 관련 제품, 외부 업체 제품과 함께 만들 제품 제공(예: 휴양지 임대 사이트에서 자동차 임대 서비스 제공, 공예품 마켓플레이스에서의 배송 서비스 등)	API 트래픽, 매쉬업 숫자, 앱 생태계, 재팔리셀러, 고객지원 비용, 규정 준수, 사내/전용 버전	스핀오프, 퍼블리셔 및 유통 업체 계약 건수, 해외 버전	신디케이션, 사용권 허가, 미디어 및 이벤트 제휴	분석, 사용자 데이터, 자체 광고 및 외부 광고 모델, API

20장 - 사업 모델과 단계에 따라 추적할 지표가 결정된다 **337**

# Part III

목표 기준

이제 여러분은 여러분의 사업 모델, 사업 단계 및 현재 가장 중요한 지표가 무엇인지 알고 있다. 그런데 어떤 지표 값이 적정 수준인가? 여기에 대한 기준이 없으면 목표를 달성했는지 그렇지 않은지 알 수 없다. 우리는 전형적인 지표 값을 알아내기 위해 스타트업, 분석가, 업체들로부터 데이터를 수집했다. 각자 달려온 거리는 다르겠지만 적어도 그 거리가 상대적으로 어느 정도인지는 알게 될 것이다.

어떤 성공도 최종적이지 않고, 어떤 실패도 치명적이지 않다. 중요한 것은 지속하고자 하는 용기다.

_윈스턴 처칠 Winston Churchill

Part III
목표 기준

CHAPTER 21

현재 상황

이 책에서 다루려는 가장 중요한 질문 중 하나는 '무엇이 정상적인가'다. 이것은 우리가 사람들로부터 항상 받는 질문이다. "내가 추적하는 지표의 정상적인 값 또는 적정 값을 어떻게 알 수 있습니까? 사업이 잘 되고 있는지 아닌지 어떻게 알 수 있습니까? 이 지표 값을 계속 개선해야 합니까 아니면 다른 지표로 초점을 옮겨야 합니까?"

우리가 지표의 전형적인 값을 찾으려 하자 처음에는 모두 이를 말렸다. 스타트업의 정의에 따르면 스타트업이란 기존의 규칙을 깨뜨리려 노력하는 회사다. 다시 말해 규칙이 항상 바뀌기 때문이다. 그러나 우리는 다음과 같은 두 가지 중요한 이유 때문에 무엇이 '정상'적인지 알아낼 필요가 있다고 생각한다.

첫째, 여러분의 사업이 다른 사업과 비슷한 양상을 보이는지 알 필요가 있다. 여러분의 사업이 다른 사업과 비교해 터무니없이 다른 모습을 보이고 있다면 그 사실을 빨리 파악해야 한다. 반면에 여러분의 사업이 [어떤 지표에 대해] 이미 목표를 달성했다면 다른 것으로 초점을 옮겨라. 이미 어떤 핵심 지표를 최적화했는데도 더 개선하려고 하면 결과가 오히려 더 나빠질 수 있다.

둘째, 여러분이 어떤 게임에 참가하고 있는지 알아야 한다. 온라인 지표는 유동적이라서 현실적인 기준을 찾기 어렵다. 예를 들어 불과 몇 년 전만 하더라도 전형적인 전자상거래 사이트의 전환율은 1~3%였다. 동종업계 최고 온라인 상점들의 전환율은 7~15%였는데, 이런 상점은 오프라인 브랜드 인지도가 있거나 기본 구매 플랫폼이 되기 위해 열심히 노력했기 때문이었다. 그러나 최근 몇 년간 이 숫자가 변하고 있다. 이제는 사람들이 다양한 물건을 웹에서 구입하는 데 익숙해졌기 때문이다. 오늘날 사람들은 피자를 주로 웹에서 주문하기 때문에 피자 배달 사이트의 전환율이 *매우* 높다.

다시 말해 대부분의 지표는 정상적인 값 또는 적정 값이 있고, 특정 사업 모델이 새롭게 등장했다가 주류가 되면 정상으로 간주되는 지표 값이 크게 바뀌게 된다.

| 사례 연구 | **WP엔진, 취소율이 2%라는 사실을 발견하다**

WP엔진WP Engine[1]은 워드프레스 사이트에 특화된 호스팅 회사로서 현재 급성장 중이다. 2010년 7월 성공적인 창업가이자 유명 블로거인 제이슨 코헨Jason Cohen이 이 회사를 설립했다. 2011년 11월 WP엔진은 성장을 가속화하고 사업 확장에 따른 문제를 해결하기 위해 120만 달러의 자금을 조달했다.

WP엔진은 서비스 회사다. WP엔진은 고객들에게 중단 없는 양질의 빠른 호스팅 서비스를 제공해야 한다. WP엔진은 좋은 서비스를 제공하고 있지만 고객들은 여전히 이탈한다. 어떤 회사든 이탈하는 고객이 있기 마련이다. 이것은 추적하고 파악해야 할 가장 중요한 지표 중 하나인데, 고객 생애 가치 같은 지표를 계산할 때 매우 중요할 뿐만 아니라 사업에 뭔가 문제가 발생했거나 경쟁제품이 등장했다는 것을 알려주는 조기 경고 신호의 역할도 하기 때문이다.

그런데 이탈률을 파악하는 것만으로는 부족하며 이탈 원인도 파악해야 한다. 제이슨 코헨은 서비스를 해지한 고객들에게 전화를 해서 해지 원인을 알아냈다. 그는 이렇게 회상한다. "저와 이야기하고 싶어 하지 않는 사람들도 있었습니다. 어떤 사람들은 제 전화를 아예 받지도 않았습니다. 그러나 많은 사람이 WP엔진 서비스를 해지한 이후에도 기꺼이 저와 이야기를 나눠주었기 때문에 해지 이유에 대해 많은 것을 알 수 있었습니다." 사람들은 대부분 WP엔진이 어쩔 수 없는 요소 때문에(가령 호스팅 서비스가 필요한 프로젝트 종료 등) WP엔진을 떠난 것으로 파악되었지만 제이슨은 이탈률에 대해 더 자세히 알고 싶었다.

지표를 파악하고 사람들이 떠난 이유를 이해하는 것만으로는 부족했다. 제이슨은 이탈률의 벤치마크를 구했다. 비교할 적절한 숫자(또는 기준치)를 찾는 것은 스타트업의 가장 어려운 점 중 하나다. 제이슨은 투자자와 조언가들을 통해 호스팅 업

---

[1] WP엔진은 이 책의 공식 웹사이트를 호스팅하고 있기도 하다.

계를 조사했다. WP엔진의 투자자 중에는 워드프레스 사이트의 운영 업체인 오토매틱Automattic도 있었는데, 이 회사도 호스팅 사업을 하고 있다.

제이슨은 안정된 호스팅 업체에는 기대할 수 있는 이상적인 월 이탈률 벤치마크가 있다는 것을 발견했는데 그 값은 2%였다. 즉, 업계 최고, 최대의 호스팅 업체라 하더라도 매달 고객의 2%가 탈퇴할 것으로 예상할 수 있다는 뜻이다.

표면적으로 2%는 매우 큰 숫자로 보인다. 제이슨은 말한다. "처음 우리 회사의 이탈률을 보았을 때 2% 정도였는데 걱정이 이만저만이 아니었습니다. 그런데 2%가 호스팅 서비스의 고객 이탈률치고는 가장 낮은 수준이라는 것을 알게 되자 생각이 크게 바뀌었습니다." 2%가 호스팅 업계의 일반 수치라는 사실을 제이슨이 몰랐다면 WP엔진은 더는 개선하기 어려운 지표를 개선하려고 돈과 시간을 계속 투입했을 것이다. 다른 곳에 투입하면 훨씬 좋았을 돈을 말이다.

벤치마크를 알게 되자 제이슨은 이탈률의 움직임을 지켜보면서 이와 동시에 다른 이슈와 핵심 성능 지표에 주력할 수 있게 되었다. 미래 어떤 시점에서 2% 대의 이탈률을 개선시키려 노력할 수도 있겠지만(어쨌든 이탈률이 감소하면 상당히 도움이 되므로) 제이슨 코헨은 사업 현황 및 가장 큰 문제가 있는 부분에 따라 일의 우선순위를 정할 수 있다.

요약
- WP엔진은 워드프레스 호스팅 사업을 순조롭게 운영하고 있었지만 창업자들은 매년 24%의 고객이 이탈되는 걸 우려했다.
- 주위 사람들의 조언 덕분에 창업자는 월 2%의 이탈률이 업계에서는 정상적이고 심지어 좋은 수준이라는 것을 알게 되었다.
- 기준치를 알게 되자 그는 이탈률을 지나치게 개선하려 노력하는 대신, 더 중요한 다른 사업 목표에 초점을 둘 수 있었다.

분석적 교훈
걱정이 되는 한 가지 지표에 집착해 그 지표를 개선하려 상당한 시간과 돈을 투자하기 쉽다. 경쟁자 대비 상대적인 지표 수준과 업계 평균치를 모르면 장님이나 다름없다. 비교할 수 있는 기준을 알면 특정 지표를 개선하려고 계속 노력해야 할지 아니면 다른 문제로 넘어갈지 결정할 수 있다.

평균으로는 충분하지 않다

스타트업 게놈Startup Genome 프로젝트는 스타트업컴퍼스Startup Compass 사이트를 통해 수천 개의 스타트업으로부터 핵심 지표를 수집해왔다.[2] 공동창업자 비요른 라세 헤르만Bjoern Lasse Herrmann은 자신이 수집한 '평균적인' 스타트업 지표를 우리에게 말해주었다. 이 지표를 보면 평균 수준으로는 충분하지 않다는 것을 확실히 알 수 있다. 지표에는 다른 핵심 성능 지표로 초점을 옮겨도 좋다는 기준치가 있으며 대부분의 회사는 기준치 근처에도 미치지 못한다.

다음을 살펴보자. 만약 여러분의 이탈률이 매달 5% 이하라면 – 이상적인 이탈률은 2%다 – 여러분의 제품은 상당히 흡인력이 있는 것이다. 비요른이 알려준 이탈률 평균은 12%(간접적으로 수익을 올리는 사이트)에서 19%(사용자들로부터 직접 수익을 올리는 사이트) 사이였다. 이 정도의 평균적인 지표 값은 다음 단계로 이동하기에 턱없이 부족하다.

게다가 소비자 앱은 CAC 대 CLV 비율(고객 확보 비용 대 고객 생애 가치 비율)이 거의 1:1이다. 이것은 번 돈을 모두 고객 확보에 쓴다는 말이다. 앞에서 봤듯이 매출의 3분의 1 이하만 신규 고객 확보에 투입해야 사업이 잘 운영되고 있는 것이다. CLV가 5만 달러가 넘는 고가의 앱의 경우는 덜 암담한데, 대부분의 회사가 CLV의 0.2~2%만 고객 확보에 지출하고 있다.

스타트업 컴퍼스에는 양질의 비교분석 정보가 많이 있으므로 이 사이트를 이용해 다른 회사를 기준으로 자신의 사업을 평가해보기 바란다. 그러나 대부분의 스타트업들이 실패하는 이유를 기억하라. *평균으로는 결코 충분하지 않다.*

적정 지표 값

성장률, 방문자 인게이지먼트, 가격 목표, 고객 확보, 바이럴 효과, 메일링 리스트 효과, 가동시간, 사이트에 머무른 시간 등 몇몇 지표는 대부분의 사업 모델에

---

[2] http://www.startupcompass.co

적용할 수 있다. 다음에 우리는 이런 지표를 살펴볼 것이다. 그리고 22장부터는 앞에서 다룬 여섯 가지 사업 모델에 적용되는 지표를 더 깊이 살펴볼 것이다. 여러분의 사업에 해당되는 장으로 바로 넘어가도 좋지만 다른 사업 모델에도 여러분에게 도움이 될 만한 지표가 항상 있다는 것을 기억하라. 그렇기 때문에 다른 사업 모델에서는 무엇이 정상적인 지표 값인지도 살펴보기 바란다.

성장률

투자자 폴 그레이엄Paul Graham은 스타트업은 무엇보다도 빨리 성장하도록 설계된 회사라는 점을 잘 설명하고 있다.[3] 사실 자영업자, 식당 같은 다른 신규 법인사업자와 스타트업을 구분해주는 것은 이 성장률이다. 폴 그레이엄은 스타트업은 세 가지 성장 단계를 거친다고 말한다. 회사가 적절한 제품과 시장을 찾는, 느리게 성장하는 단계, 대량으로 제품을 만들고 판매할 방법을 찾는 빨리 성장하는 단계, 그리고 대기업이 되어 내부의 제약이나 시장 포화를 겪고 마이클 포터 교수가 말한 '중간의 함정'을 극복하려 노력하는, 다시 성장이 느려진 단계를 거친다.

폴 그레이엄이 설립한 창업지원회사 Y컴비네이터Y Combinator에 선정된 팀은 주간 성장률을 추적한다. "Y컴비네이터에서는 지원을 받는 동안 매주 5~7%를 좋은 성장률로 봅니다. 만약 한 주에 10% 성장한다면 매우 잘 하고 있는 겁니다. 주당 1% 밖에 성장하지 못하면 자기가 무슨 일을 하는지 아직 잘 모르고 있다는 뜻입니다." 만약 회사가 매출 단계에 있으면 성장은 매출로 측정되고, 아직 수익이 발생하지 않는 단계라면 성장은 활동사용자의 수로 측정된다.

어떤 대가를 치르고라도 성장하는 것이 좋은 일인가?

성장이 중요한 것은 틀림없는 사실이다. 그러나 너무 일찍 성장에 초점을 맞추면 안 된다. 앞에서 내재된 바이럴 효과(제품 사용 자체가 바이럴 효과를 일으키는 것)가 여러분이 나중에 추가하는 인위적인 바이럴 효과보다 더 좋다는 점을

---

[3] http://paulgraham.com/growth.html

실명했다. 새로운 방문자들이 증가하면 사용자 기반이 확장되겠지만 사업에 마이너스가 될 수도 있다. 이와 비슷하게 어떤 종류의 성장은 좋지만 어떤 종류의 성장은 지속 가능하지 않다. 가령 제품이 흡인력을 갖추기도 전에 유료화 엔진을 가동하는 등 섣부르게 확장하면 제품 품질, 현금 흐름, 사용자 만족 관련 이슈가 악화될 수 있다. 그러면 시작 단계에서 사업을 망칠 수 있다.

션 엘리스Sean Ellis는 그로스 해커는 성장하기 위한 새 방법을 끊임없이 테스트하고 수정하지만 "이 과정 동안 큰 그림을 놓치기 쉽다. 이렇게 되면 성장은 마침내 멈추게 된다"고 지적한다.[4]

또한 그는 이렇게 말한다. "지속 가능한 성장 프로그램은 가장 열성적인 고객이 느끼는 솔루션의 가치에 대한 깊은 이해를 기반으로 구축됩니다." 5장에서 봤듯이 션 엘리스의 스타트업 성장 피라미드에서는 제품/시장 적합성과 경쟁우위를 확보한 후에야 사업 확장 단계가 온다. 다시 말해, 흡인력이 바이럴 효과보다 먼저 확보되어야 하고, 바이럴 효과는 규모 확장에 선행되어야 한다.

Y컴비네이터 과정에 선정된 대부분의 스타트업은(그리고 이런 점에서 다른 대부분의 스타트업은) 제품/시장 적합성을 달성하기도 전에 성장에 초점을 맞춘다. 어떤 경우에는 이렇게 할 필요도 있다. 특히 스타트업의 가치가 네트워크 효과의 영향을 받는 경우가 그렇다. 가령 스카이프를 본인 외에 아무도 사용하지 않으면 쓸모가 없을 것이다. 그러나 급성장이 제품/시장 적합성을 빨리 발견하게 할 수도 있지만 마찬가지로 타이밍이 적합하지 않으면 스타트업을 쉽게 무너뜨릴 수도 있다.

또한 폴 그레이엄의 성장 전략은 굉장히 B2C에 치중한 방식이다. B2B 업체는 이와 달리 처음에는 소수의 고객들에게 컨설팅 업체처럼 맞춤형 제품을 제공하다가 나중에는 표준화된 범용 제품 및 서비스를 제공하게 된다. B2B 조직을 섣불리 성장시키면 사업 구축에 필요한 충성도 높은 고객들과 멀어질 수도 있고 매출은 제자리걸음을 하며 성장에 필요한 추천, 사례 연구, 경험담 등을 얻기 힘들게 된다.

----

4 http://startup-marketing.com/authentic-growth-hacks/

이것은 조지 빌George Beal, 에버렛 로저스Everett Rogers와 조 볼런Joe Bohlen이[5] 처음 제안했고 제프리 무어Geoffrey Moore에[6] 의해 확장된 기술 채택 주기technology adoption lifecycle 모델로 가장 잘 표현되는 보편적인 문제다. 즉, 어떤 제품이 점점 주류가 되고 채택 장벽이 낮아지는 과정에서 얼리어답터뿐만 아니라 슬로어답터laggard까지 고객으로 만들려면 많은 노력이 필요하다.

요지

문제와 솔루션을 평가할 때 그 문제를 정말 해결하고 싶어 하는 사람이 충분히 있어서 사업이 계속 5%대로 성장할 수 있을지 자문해보라. 그렇다고 고객을 진정으로 이해하고 의미있는 솔루션을 구현하는 것을 포기하면서까지 이 성장률을 달성하려고 노력하지는 말라. 아직 매출이 없는 스타트업으로서 제품/시장 적합성을 찾은 단계라면 활동사용자 수가 매주 5% 성장하는 것을 목표로 삼고, 일단 매출이 발생하기 시작하면 매출이 매주 5% 성장하는 것을 기준으로 삼아라.

참여 사용자 수

프레드 윌슨Fred Wilson에 의하면 유니언스퀘어벤처가 투자한 회사들은 인게이지먼트와 동시 사용자 수에서 일관된 수치를 보인다.[7] 그는 웹 서비스나 모바일 앱이 다음과 같은 수치를 보인다고 말한다.

- 회원 가입한 사용자의 30%가 웹 기반 서비스를 한 달에 적어도 한 번 사용한다. 모바일 앱은 앱을 내려받은 사람의 30%가 매달 앱을 사용한다.
- 회원 가입한 사용자의 10%는 서비스나 모바일 앱을 매일 사용한다.
- 최대 동시 사용자 수는 일 사용자 수의 10% 수준이다.

과하게 일반화시킨 것처럼 보이는 수치지만 프레드 윌슨은 이 30/10/10 비율이

---

5 http://en.wikipedia.org/wiki/Technology_adoption_lifecycle
6 http://www.chasminstitute.com/METHODOLOGY/TechnologyAdoptionLifeCycle/tabid/89/Default.aspx
7 http://www.avc.com/a_vc/2011/07/301010.html

소셜 네트워크, 음악, 게임 등 다양한 분야의 앱에 일관되게 나타난다고 말한다. 주기적 사용과 인게이지머트가 이 상태에 도달하면 사업을 성장시키고 바이럴 효과, 매출, 확장의 단계로 이동해도 된다는 신호다.

요지

회원 가입한 사용자의 30%가 한 달에 한 번 방문하고 10%가 매일 방문하는 것을 목표로 삼아라. 신뢰할 만한, 성장의 선행 지표를 찾고 사업 모델 예상치와 비교하여 이 지표를 평가하라.

가격 지표

가격을 정하는 것은 어려운 일이다. 스타트업은 돈을 버는 방법이 다양해서 다른 회사와 쉽게 가격을 비교할 수 없다. 그러나 다양한 가격 정책을 살펴보고 참고할 수는 있을 것이다.

어떤 가격 전략이든 근본 요소는 탄력성이다. 즉, 가격을 높이면 덜 팔리고 가격을 낮추면 더 팔린다. 1890년 앨프레드 마셜Alfred Marshall은 *수요의 가격 탄력성*을 다음과 같이 정의했다.

> 어떤 시장에서 가격 하락 폭에 비해 수요가 많이 증가하면 수요의 탄력성(또는 민감성)이 크고 적게 증가하면 탄력성이 작으며, 가격 상승폭에 비해 수요가 많이 감소하면 탄력성이 크고 수요가 적게 감소하면 탄력성이 작다.[8]

마셜과 달리 여러분은 세계에서 가장 좋은 가격 실험실인 인터넷을 마음대로 사용할 수 있다. 여러분은 할인 코드, 판촉, 다양한 가격 정책을 고객에게 테스트하고 그 결과를 볼 수 있다.

제품 가격에 대해 일련의 테스트를 했다고 가정해보자. 이제 여러분은 어떤 가격에 물건이 몇 개 팔리는지 알고 있다(표 21-1 참조).

---

[8] http://en.wikipedia.org/wiki/Price_elasticity_of_demand

표 21-1 가격 변화가 판매에 미치는 영향

가격	$5	$6	$7	$8	$9	$10	$11	$12	$13	$14	$15
월 구매자 수	100	90	80	75	70	65	60	55	50	45	40
매출	$500	$540	$560	$600	$630	$650	$660	$660	$650	$630	$600

이 표의 가격 변화에 따른 매출을 그래프로 그려보면 그림 21-1과 같은 곡선이 된다. 가격이 11달러에서 12달러 사이일 때 매출이 최대이므로 최상의 가격은 이 범위다.

그림 21-1 곡선의 최대 값을 목표로 하라.

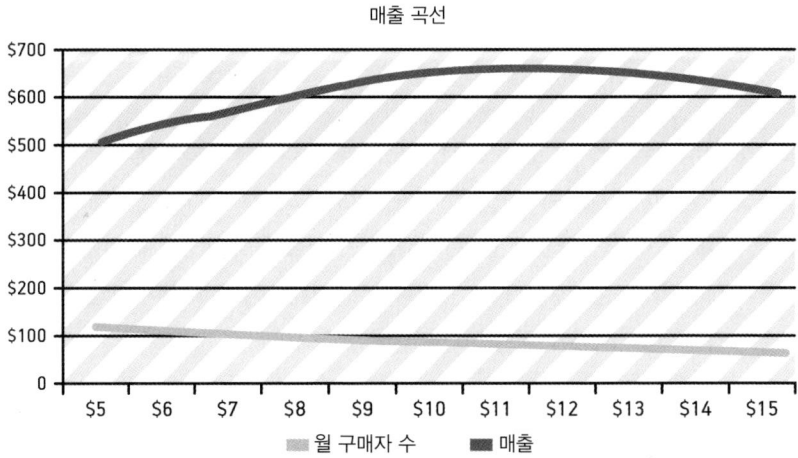

만약 매출 최적화만 바란다면 이것이 최적의 가격이다. 그러나 매출이 전부가 아닙니다.

- 가격이 너무 높으면 경쟁에서 질 수 있다. 애플의 파이어와이어(FireWire)는 더 좋은 통신 기술을 보유하고 있었지만 애플이 특허사용료를 받으려고 한 바람에 결국 USB가 승리했다.[9] 때로는 너무 높은 가격을 받으면 시장을 죽일 수 있다.
- 현재 사용자를 대상으로 가격 실험을 하는데, 여기에 대해 말이 퍼지면 역효과가 발생할 수 있다. 오르비츠[10]는 애플 맥을 사용하는 방문자에게 더 비싼 제품을 권했다가 역효과를 봤다.

---

9 http://www.guardian.co.uk/technology/2012/oct/22/smartphone-patent-wars-explained
10 역자주_ Orbitz, 온라인 여행사

- 가격을 너무 낮게 책정하면 구매자들은 여러분이 나쁜 일을 꾸미거나 혹은 사기꾼은 아닐지 의심할 것이다. 결국은 고객의 눈에 비치는 제품 가치를 깎아내리게 된다.
- 너무 높은 가격을 받으면 바이럴 효과에 의한 성장이 느려지거나 제품의 기능성을 높여줄 네트워크 효과를 달성하는 데 너무 오랜 시간이 걸린다.
- 의료 서비스 등 일부 상품은 거의 어떤 가격으로든 팔 수 있다. 그리고 생수 같은 것은 가격을 부풀리면 품질이 좋다고들 인식해 오히려 판매가 늘어난다. 펠레그리노와 페리에 같은 생수를 보면 알 수 있다.
- 가격 단계가 단순하면 전환율이 좋아진다. 가격 전문 컨설팅 업체인 프라이스인텔리전틀리 Price Intelligently의 공동창업자이자 CEO인 패트릭 캠벨Patrick Campbell은 가격 난계가 이해하기 쉽고 다양한 가격대로의 이동 경로가 분명한 경우가 그렇지 않은 경우보다 훨씬 더 빨리 구매 전환이 일어난다고 말한다.
- 눈에 잘 띄지 않고 상사의 승인이 필요 없는 제품은 훨씬 빨리 구매가 발생한다. 왜냐하면 경비 처리가 더 쉽기 때문이다.

레드게이트소프트웨어Red Gate Software Ltd.의 공동 CEO이자 『Don't just Roll the Dice』의 저자인 닐 데이비드슨Neil Davidson은 이렇게 말한다. "가격 정책에 대한 가장 큰 오해 중 하나는 제품이나 서비스 가격이 제품 구축 비용이나 서비스 운영 비용과 직접적으로 관련이 있다는 것입니다. 그런데 그것은 사실이 아닙니다. 가격은 고객이 기꺼이 지불하려는 돈과 관련이 있습니다."

| 사례 연구 | **소셜라이트, 가격 정책의 기본 지표를 발견하다**

2005년 댄 멜링거Dan Melinger와 마이클 샤론Michael Sharon이 설립한 소셜라이트 Socialight[11]는 2011년 그룹커머스Group Commerce에 의해 인수되었다. 이 서비스의 아이디어는 댄 멜링거가 2004년 뉴욕대학 팀과 함께 디지털 미디어가 사람들의 커뮤니케이션 방식을 어떻게 바꾸고 있는지에 초점을 두고 수행하던 연구에서 비롯되었다.

당시는 소셜 네트워킹의 초창기였고 프렌드스터Friendster가 독보적인 소셜 플랫폼이었다. 소셜라이트의 첫 버전은 자바 기반으로 개발된 여행에 관한 휴대폰용 소셜 네트워크였는데, 이것은 당시 모바일 앱 기술의 최고봉으로 평가받았다. 사람들은

---

11 역자주_ 위치 기반의 모바일 SNS 서비스

세계 곳곳에 'Sticky Note'를 붙인 다음 함께 정보를 갱신하고 정리하고 이를 친구나 커뮤니티 전체와 공유할 수 있었다.

그 당시 댄은 가격 정책에는 초점을 두지 않았지만 소셜라이트 서비스를 시작하고 얼마 지나지 않아 고급 사용자는 다른 기능을 원한다는 것을 알게 되었다. 댄은 여기에 대해 이렇게 말한다. "모바일 소프트웨어 시장은 위치 기반 서비스나 아이폰 같은 기기와 더불어 성장하기 시작했습니다. 그리고 돈을 지불할 테니 자신들을 위해 모바일 및 소셜 앱을 구축하고 서비스를 호스팅해달라고 여러 회사들이 연락하기 시작했습니다."

이것을 계기로 소셜라이트는 B2C에서 B2B로 방향을 바꾸게 되었다. 다른 사람들이 앱을 구축할 수 있도록 API를 구축했고 더 고급 모바일 앱 제작 도구를 개발했다. 이 제품은 많은 주목을 받았고 그것을 기반으로 1,000개가 넘는 커뮤니티가 생겼다.

소셜라이트는 B2B 시장으로 이동하면서 3단계 부분유료화 사업 모델을 시작했다. 두 가지 유료 서비스인 프리미엄과 프로의 사용료는 각각 월 250달러와 1,000~5,500달러였다. 프리미엄과 프로 서비스의 주요 차이점은 소셜라이트의 지원 수준이었다. 월 1,000~5,500달러의 프로 제품에 대해 소셜라이트는 매월 많은 시간을 투자하여 고객사와 함께 일했다.

부분유료화 모델을 시작한 지 4개월 후 소셜라이트는 문제가 있다는 사실을 깨달았다. 프로 제품의 고객들은 매출에 많은 도움이 되었지만 비용이 *많이* 들었다. "우리는 프로 고객들이 많은 매출을 올려주지만 발생하는 이익이 프리미엄 고객과는 비교가 안 되게 낮다는 사실을 알게 되었습니다. 게다가 프로 고객들은 계약을 체결하기까지 훨씬 오래 걸렸는데, 처음에는 이런 사실을 잘 알지 못했습니다." 댄의 말이다.

바로 이 때문에 가격 관련 지표를 더 깊이 이해하고 세분화하는 것이 매우 중요하다. 소셜라이트처럼 서비스 가격대별로 매출을 추적하는 것은 좋은 출발점이다. 그러나 다른 근본적인 사업 지표가 더 중요할 수도 있다. 예를 들어 소셜라이트는 매출과 비용 문제를 파악하기 위해 고객 생애 가치 대비 고객 확보 비용에 초점을 둘 수도 있었을 것이다. 또는 더 일찍부터 이익에 초점을 둘 수도 있었을 것이고 그러면 매출 이슈를 파악하는 데 도움이 되었을 것이다. 결국 이 회사는 고객지원 정도가 높은 점을 반영하여 프로 제품을 월 5,500달러의 단일 가격으로 인상 조정했다.

소셜라이트는 다양한 가격 정책을 실험하지는 않았지만(회사는 인수되었다!) 댄은 그렇게 해보고 싶었다. "나는 프로 제품의 기능을 약간 줄이고 가격을 상당히 내릴 수 있었을 거라고 생각합니다."

이것은 부분유료화 모델이나 단계별 가격 모델에서 균형 잡기가 힘들다는 점을 시사한다. 어떻게 하면 제공하는 기능/서비스가 적절한 패키지에 적절한 가격으로 맞아떨어지게 할 수 있는가? 가격 정책을 살펴보는 대신 댄은 다른 지표를 이용해 실험할 수 있었다. 그는 무료 서비스를 사용하는 고객들이 프리미엄 상품으로 전환하도록 독려하는 방법을 찾으려 노력했다(그리고 프로 제품에는 초점을 덜 맞췄다). 무료에서 유료로의 전환에 초점을 맞춤으로써 소셜라이트는 사업을 키우고 유료 사용자를 수익성 높은 서비스로 업그레이드시킬 수 있었다.

요약
- 소셜라이트는 일반 소비자용 시장에서 기업용 시장으로 방향을 바꾸었고 이 때문에 가격 정책을 수정했다.
- 창업자들은 매출뿐만 아니라 고객지원 서비스 비용도 분석한 결과, 높은 매출을 일으키는 고객들이 그만큼 수익성도 높은 건 아니라는 사실을 발견했다.
- 소셜라이트는 다양한 가격대의 제품 중 하나를 의도적으로 비상식적으로 높은 가격에 책정해서 공식적으로는 이 제품을 제공하되 고객들이 구매를 꺼리도록 만들었다.

분석적 교훈
가격 정책이 고객의 행동에 미치는 영향을 고려하라. 가격은 여러분이 원하는 것을 고객들이 하도록 만드는 중요한 도구다. 그리고 가격은 항상 판매 비용뿐만 아니라 이미 판매된 제품에서 발생하는 비용 및 한계 비용과도 비교 분석해야 한다.

연구에 의하면 가격 탄력성은 성장하는 초기 시장에 가장 잘 적용된다. 가령 예약없이 이용할 수 있는 이발소를 생각해보자. 이발료가 얼마인지 정확히는 모르지만 통상적인 가격대는 알고 있다. 그런데 만약 이발사가 이발료로 500달러를 요구한다면 여러분은 화를 낼 것이다. 이발비는 모든 사람들이 기대하는 적절한 가격대가 있다. 스타트업은 가격이 덜 확립된 초기 시장을 대상으로 사업을 하는 경우가 많지만 더 크고 더 안정적인 시장은 원자재 가격, 규제, 대폭 할인, 장기 계약 및 방금 설명한 탄력성의 단순함을 복잡하게 만드는 다른 외부 요인의 영향을 받는 경우가 많다.

사업 모델에 따라 가격 정책의 역할이 결정된다. 만약 미디어 사이트를 운영한다면 누군가가 광고 입찰 형태로 여러분의 매출을 이미 최적화한다. 양면 마켓플레이스 사업에서는 판매자들이 상품 가격을 적절히 책정해야 여러분의 수익이 극대화될 수 있다. UGC 사이트를 운영한다면 가격 정책에 대해서는 신경 쓰지 않거나 또는 사용자들에게 가장 효과적인 보상이나 인센티브를 결정하기 위해 비슷한 접근 방법을 적용할 수도 있다.

패트릭 캠벨은 133개 회사를 대상으로 실시한 연구에서 대부분의 회사가 가격을 결정할 때 경쟁 업체의 가격을 참고한다는 사실을 알 수 있었다(그림 21-2 참조). 어떤 회사는 단순히 적정 가격을 추측하거나 비용에 이윤을 붙여 가격을 책정했으며 응답 회사의 21%만이 고객 개발을 이용한다고 답했다.

그림 21-2 매우 소수의 회사만 가격 정책을 진지하게 다루었다.

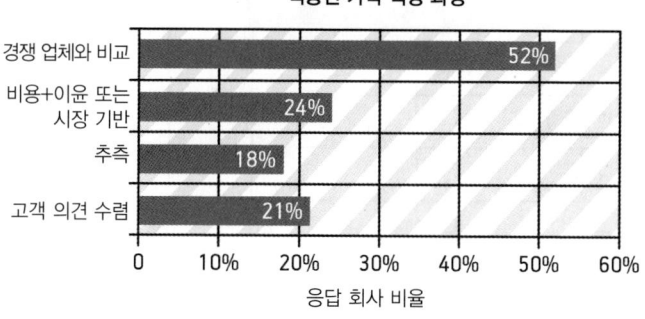

가격을 제대로 결정하는 것은 팀의 업무로 볼 수 있지만 실제로 응답한 회사들은 창업자가 최종 가격 정책을 결정한다고 말했다(그림 21-3 참조).

그림 21-3 가격 정책은 최고위층의 의견에 따라 결정된다.

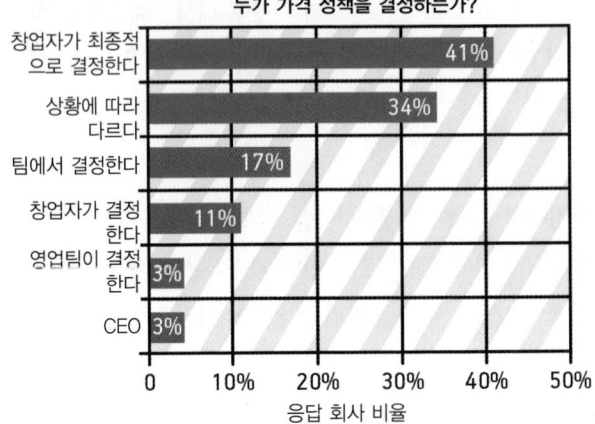

가격 정책에 이용할 수 있는 테스트 도구가 많이 있음에도 불구하고 경쟁 업체의 가격을 확인하는 것 이상의 노력을 기울이는 회사는 별로 없었다. 그림 21-4에서 볼 수 있듯이 고작 18%만이 고객의 가격 민감도 테스트를 수행했다.

그림 21-4 대부분은 경쟁 업체를 맹목적으로 따라 한다.

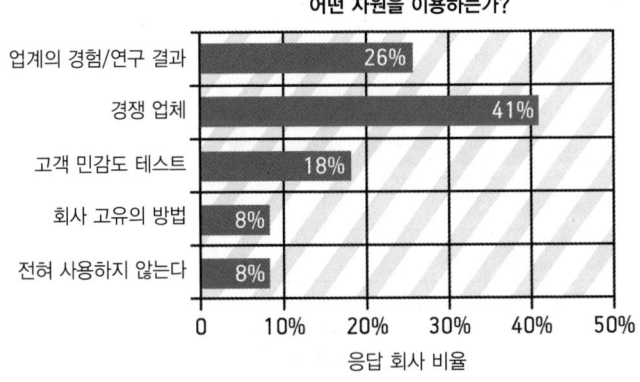

결국 패트릭의 연구 결과에 의하면 가격 정책을 올바로 결정하면 상당한 효과를 거둘 수 있음에도 스타트업은 대부분 실제 데이터를 살펴보지 않고 가격 정책을 마구잡이로 결정하고 있다.

요지

무엇이 적절한 가격인지에 대한 분명한 규칙은 없다. 그러나 어떤 가격 모델을 선택하든 테스트가 중요하다. 매출과 판매량 사이의 균형을 맞추고자 한다면 적절한 가격 단계와 해당 시장의 가격 탄력성을 이해하는 것이 매우 중요하다. 매출을 최대화시켜주는 가격을 찾고 나면 사용자 기반을 확장시키기 위해 이보다 약 10% 낮은 매출에 해당하는 가격에 제품을 제공하라.

고객 확보 비용

신규 고객 한 명을 얻는 비용이 얼마인지 단정하기는 어렵지만 이 비용을 고객의 생애 가치 대비 비율로 정의할 수 있다. 고객 생애 가치는 고객이 여러분의 제품을 사용하는 동안 발생시키는 전체 매출이다. 이것은 사업 모델에 따라 다르므로 22~27장에서 사업 모델을 개별적으로 다룰 때 살펴볼 것이다. 그러나 개략적인 좋은 원칙은 고객 확보 비용이 고객 생애 가치의 3분의 1 이하여야 한다는 것이다. 이것은 고정불변의 법칙은 아니지만 널리 언급되는 규칙이다. 이 규칙의 근거는 다음과 같다.

- 여러분이 계산한 CLV가 틀렸을 수 있다. 어떤 사업 모델이든 불확실성이 존재한다. 여러분은 고객의 생애 주기 동안 고객으로부터 얼마나 많은 수익을 올릴지 추측한다. 만약 여러분의 추측이 틀렸다면 고객을 확보하는 데 상대적으로 너무 많은 비용을 지출할 수 있다. 그리고 이탈률을 과소평가하거나 매출을 과대평가했다는 사실을 깨닫기까지는 오랜 시간이 걸릴 것이다. 자크 니스는 이렇게 말한다. "내 경험으로는 이탈률이 CLV에 가장 큰 영향을 미치지만 불행히도 이탈률은 후행 지표입니다." 그는 이탈률을 일찍이 더 잘 파악하기 위해 처음에는 월단위 가입 모델만 제공하라고 제안한다.
- 고객 확보 비용도 틀릴 수 있다. 고객 확보를 위한 마케팅 비용은 조기에 지출된다. 그리고 신규 고객들은 온보딩onboarding, 인프라 추가 설치 등 추가 비용을 발생시킨다.
- 고객을 확보하기 위해 돈을 지출한 때부터 그 투자를 회수할 때까지는 기본적으로 고객에게 돈을 '빌려주고' 있는 것이다. 회수하기까지 시간이 오래 걸릴수록 더 많은 돈이 필요할 것이다. 그리고 대부분 은행 대출이나 지분 투자자로부터 돈을 조달하기 때문에 이자를 지불하거나 지분율이 낮아진다. 이 이슈는 복잡하게 얽혀 있어 적절한 균형을 찾기가 쉽지 않다. 현금 흐름을 제대로 관리하지 못하는 스타트업은 무너질 수 있다.

- 고객 확보 비용^{CAC}을 CLV의 3분의 1 이하로 제한하면 고객 확보 비용을 더 일찍 확인하게 되고 그러면 더 솔직해질 것이고 따라서 너무 늦기 전에 실수를 인정하게 된다. 제품을 제공하거나 서비스를 운영하는 데 비용이 많이 들어가는 경우는 CLV의 3분의 1을 지원할 영업 마진도 없을 수 있고 재무 모델이 작동하려면 CLV 대비 더 낮은 비율로 CAC를 줄여야 할 수도 있다.

고객 확보 비용을 *실제*로 결정하는 것은 사업 모델이다. 고객 확보 비용에 대한 업계 표준은 없을지 모르지만 여러분에게는 달성할 목표 이익이 있다. 그리고 매출의 몇 퍼센트를 고객 확보에 지출하는지가 이 이익에 영향을 미친다. 그러므로 고객 확보 비용을 결정할 때는 사업 모델을 먼저 고려해야 한다.

요지

다른 식으로 해야 할 좋은 이유가 없다면 고객(그리고 고객이 초대할 다른 고객들)으로부터 발생할 것으로 예상되는 매출의 3분의 1 이상을 고객 확보 비용으로 지출하지 말라.

바이럴 효과

바이럴 효과에는 실제로 두 가지 지표, 즉 바이럴 계수와 바이럴 주기가 있다는 것을 기억하라. 바이럴 효과에는 '정상'으로 간주되는 지표 값이 없다. 두 지표 모두 제품의 성격과 시장의 포화 상태에 따라 결정된다.

바이럴 계수가 지속적으로 1보다 높으면 성장성이 매우 높다는 뜻이며 추가된 신규 사용자가 유지되도록 흡인력에 초점을 맞춰야 한다는 의미다. 그러나 바이럴 계수가 1보다 낮은 바이럴 효과도 도움이 되는데, 이는 고객 확보 비용을 실질적으로 줄여주기 때문이다. 100명의 신규 사용자를 확보하는 데 1,000달러가 들어간다고 가정하자. 그러면 CAC는 10달러다. 그러나 바이럴 계수가 0.4라면 이 100명의 사용자가 40명의 사용자를 더 초대하고 이 40명의 사용자가 다시 16명의 사용자를 추가하는 식이 될 것이다. 결국 이 100명의 사용자는 사실은 165명의 사용자와 같다. 따라서 실제 CAC는 6.06달러다. 다시 말해 바이럴 효과는 마케팅 효과를 증폭시켜준다. 제대로 구현되면 바이럴 효과는 여러분의 경쟁우위가 될 것이다.

또한 *인위적인* 바이럴 효과와 *내재된* 바이럴 효과를 구분하는 것이 매우 중요하다. 만약 서비스에 내재된 바이럴 효과가 있다면 (스카이프나 우버콘프Uberconf처럼 제품을 사용하면 자동으로 다른 사람들을 초대하게 된다) 새로 초대된 사용자들은 이 서비스를 사용할 적절한 이유가 있다. 여러분이 초대하는 스카이프 사용자는 여러분과 통화하기 위해 스카이프에 가입할 것이다. 이런 식으로 가입한 사용자들은 제품 내재성이 낮은 다른 방식으로(가령 구전효과로) 초대받은 사람들보다 참여도가 더 높을 것이다.

반면에 바이럴 효과가 강제된 것이라면, 가령 5명을 초대해야 베타 서비스를 사용할 수 있게 해주거나 트윗을 올리면 추가 기능을 사용할 수 있게 보상해주는 경우 초대된 사용자들에 대한 흡인력은 그리 높지 않을 것이다. 드롭박스는 여기에 대해 묘안을 내놓았다. 드롭박스는 실제로는 인위적인 바이럴 효과지만 내재된 바이럴 효과로 보이게 잘 포장하고, 가치 있는 것, 즉 클라우드 저장 공간을 무료로 제공했다. 사람들은 콘텐츠를 공유하기 위해서가 아니라 더 많은 저장 공간을 이용하려고 다른 사람을 초대했다. 나중에야 드롭박스는 바이럴 효과의 내재성을 높이는 고급 공유 기능을 추가했다.

이메일에 의한 공유를 간과하면 안 된다. 12장에서 언급했듯이 이메일은 모든 온라인상 공유의 거의 80%를 차지하며 특히 미디어 사이트와 연령대가 높은 고객의 경우 이메일의 비중이 높다.

요지

바이럴 효과 지표의 '전형적인' 지표 값은 없다. 바이럴 계수가 1 이하라도 고객 확보 비용을 줄이는 데는 도움이 된다. 바이럴 계수가 1 이상이면 그 사업은 성장할 것이다. 그리고 0.75 이상이면 사업이 꽤 잘 진행되고 있다고 볼 수 있다. 내재된 바이럴 효과를 제품에 구축하도록 노력하고 사업 모델에 맞게 이 지표를 추적하라. 인위적인 바이럴 효과는 고객 확보 활동과 똑같이 취급하고, 이를 통해 유입된 신규 사용자가 창출하는 가치에 따라 바이럴 효과를 분류하라.

메일링 리스트 효과

메일링 서비스 공급 업체인 메일침프[12]는 메일링 리스트의 효과에 대해 많은 데이터를 공개하고 있다.[13] 메일링 리스트 오픈율은 산업에 따라 크게 다르다.[14] 2010년 한 연구 결과에 의하면 건설, 주택 및 정원 가꾸기, 사진 이메일은 오픈율이 거의 30%지만 의약품, 정치, 음악 관련 이메일의 오픈율은 14%밖에 안 된다. 그리고 이것은 스팸이 아니라 메일링 리스트에 등록한 수신자를 대상으로 보내는 적법한 이메일의 오픈율이다.

이메일 오픈율을 높일 수 있는 방법은 많이 있다. 고객군별로 메시지를 달리 하면 클릭률과 오픈율이 거의 15% 높아진다. 이메일 오픈율은 언제 받느냐에 따라서도 상당히 다른데, 오후 3시가 오픈율이 가장 높은 시간이라고 한다. 주말에 이메일을 열어보는 사람은 드물다. 이메일에 링크가 많이 포함되면 클릭이 많아진다. 그리고 새로 메일링 리스트에 등록한 사용자일수록 클릭할 확률이 높다.

제이슨 빌링슬리(Jason Billingsley)는 이메일 발송시간을 각 사용자의 회원 가입 시간과 일치시켜 클릭률을 테스트해보라고 권한다. 즉, 만약 어떤 사용자가 오전 9시에 회원 가입을 했다면 그 사용자에게는 이메일을 오전 9시에 보내는 식이다. "대부분의 이메일 도구들은 이런 기법을 적용하게 되어 있지 않지만 상당히 좋은 결과를 낳을 수 있는 매우 좋은 테스트입니다."

그러나 메일링 리스트의 효과에 단연코 가장 큰 영향을 주는 요소는 바로 흥미로운 제목이다. 제목이 좋은 이메일은 오픈율이 60~87%에 달하고 제목이 나쁘면 오픈율이 겨우 1~14%밖에 되지 않는다.[15] 수신자와 관련이 있고 단순하며 제목만 봐도 무슨 내용인지 알 수 있는 이메일은 개봉된다는 사실이 밝혀졌다. 때로는 단지 단어 하나가 오픈율을 높여주기도 한다. 익스페리안[16]은 이메일 판촉 캠페

---

12 역자주_ MailChimp, 이메일 마케팅 플랫폼
13 http://mailchimp.com/resources/research/
14 http://mailchimp.com/resources/research/email-marketing-benchmarks-by-industry/
15 http://mailchimp.com/resources/research/email-marketing-subject-line-comparison/
16 역자주_ Experian, 마케팅 전문 기업

인에서 '독점'이라는 단어가 포함되면 순오픈율이 14% 증가한다고 발표했다.[17]

메일링 플랫폼 케이크메일CakeMail의 프란시스 레인François Lane CEO는 이메일 관련 지표들의 상호관계에 대해 다음과 같이 말한다.

- 사용자들에게 이메일을 자주 보내면 반송률과 스팸 신고율이 낮아진다(왜냐하면 이런 수신자를 메일링 리스트에서 빨리 삭제할 수 있기 때문이다). 그러나 자주 이메일을 보내면 오픈율이나 클릭률 같은 참여 지표가 낮아지는 경향이 있다. 수신자들이 이메일에 피로감을 느끼게 되기 때문이다.
- 이메일이 자동으로 스팸 처리되는 비율이 높으면 사람들이 직접 스팸 신고하는 비율이 낮아진다. 사람들은 자기가 받지 않은 이메일에 대해서는 불평하지 않기 때문이다.
- 이메일 오픈율은 근본적으로 결함이 있는 지표다. 왜냐하면 오픈율은 숨은 픽셀[18]을 로드하는 메일 클라이언트에 달려 있기 때문이다. 오늘날 대부분의 이메일 애플리케이션은 이미지를 로드하지 않도록 기본 설정되어 있다. 이것은 뉴스레터 디자이너들이 이메일 화면에 이미지를 넣지 않는 주요 이유 중 하나이기도 하다. 오픈율은 주로 마케팅 캠페인을 위해 제목이나 다양한 메일링 리스트를 테스트할 때 유용하다. 그러나 기껏해야 왜곡된 표본을 제공할 뿐이다.

요지

오픈율과 클릭률은 경우에 따라 크게 달라질 수 있지만 이메일 마케팅 캠페인을 제대로 실시하면 오픈율은 20~30%, 클릭률은 5% 이상이 될 것이다.

작동시간과 신뢰성

웹은 완벽하지 않다. 정적인 웹사이트를 운영하는 10개의 클라우드 서비스를 대상으로 실시한 2012년 연구에 따르면 이 클라우드 서비스를 테스트한 결과 거의 3%의 테스트에서 오류가 발생했다.[19] 따라서 여러분의 사이트가 항상 잘 작동하더라도 인터넷과 기반 시스템이 문제를 일으킬 수 있다.

---

17 The 2012 Digital Marketer: Benchmark and Trend Report, Experian Marketing Services (http://go.experian.com/forms/experian-digital-marketer-2012).
18 역자주_ hidden pixel, 이메일 개봉을 추적하기 위해 삽입하는 보이지 않는 이미지
19 비트커런트/클라우드옵스 리서치가 웹메트릭스와 공동으로 2011년 12월 15일부터 2012년 1월 15일까지 클라우드 서비스를 대상으로 실시한 연구 결과에서 인용함

작동시간을 99.95% 이상으로 유지하려면, 즉 1년에 최대 4.4시간만 작동을 멈추게 하려면 비용이 많이 든다. 만약 사용자들의 충성도와 참여도가 높으면, 특히 여러분이 이런 문제에 대해 있는 그대로 밝히고 상황을 계속 알려준다면 사용자들은 작동이 잠시 중단돼도 참아줄 것이다.

요지

사용자들이 많이 사용하는 유료 서비스(이메일 앱이나 프로젝트 관리 앱 호스팅)의 경우 작동시간은 적어도 99.5% 이상이어야 하며 작동이 중단되면 사용자들에게 상황을 계속 업데이트해주어야 한다. 다른 종류의 앱은 중단시간이 좀 더 길어도 괜찮을 수 있다.

웹사이트 인게이지먼트

누구나 웹사이트 인게이지먼트를 중요하게 여긴다(여러분의 사업이 완전히 모바일 전용이라면 웹사이트에 대해 신경 쓰지 않을지 모르지만, 그런 경우라도 모바일 앱을 다운로드하는 웹사이트를 운영할 확률이 높다). 가령 거래에 초점을 둔 전자상거래 사이트 같은 경우에는 방문자들이 웹사이트를 방문해서 서비스를 빨리 사용하기를 바랄 것이고, 광고를 통해 수익을 올리는 미디어 사이트 같은 경우에는 방문자들이 가능한 한 오래 머물기를 바랄 것이다.

분석 전문 업체 차트비트Chartbeat는 여러 웹사이트에 대해 웹페이지 인게이지먼트를 측정했다. 차트비트는 지난 몇 초 동안 페이지를 열고 스크롤하고 뭔가를 입력하거나 페이지와 상호작용한 사용자들을 '활동'사용자로 정의한다. 차트비트의 데이터 과학자인 조슈아 슈워르츠Joshua Schwartz는 다음과 같이 말한다. "일반적으로 랜딩 페이지에서의 활동도는 다른 페이지들의 활동도와 다릅니다. 랜딩 페이지는 다른 페이지들보다 트래픽은 높지만 활동도는 낮습니다. 샘플 웹사이트에서 랜딩 페이지에서의 평균 활동시간은 61초이고 랜딩 페이지가 아닌 페이지에서의 활동시간은 76초였습니다. 물론 이것은 페이지에 따라 그리고 웹사이트에 따라 크게 다릅니다. 그렇지만 합리적인 벤치마크 수치입니다."

요지

한 웹페이지에서 평균 1분 간 활동하는 것이 일반적인 수준이지만 사이트와 페이지에 따라 큰 차이가 있다.

웹 성능

속도가 빠른 웹사이트가 거의 모든 주요 지표에 대해 더 좋은 성과를 낸다는 사실을 입증하는 연구는 매우 많다.[20] 그럼에도 페이지 로드 타임을 중요하게 생각하는 스타트업은 많지 않다. 차트비트는 익명의 총량 데이터로 자사 통계 데이터를 분석하도록 허락해준 고객사 웹사이트 수백 개에 대해 로드 타임을 측정하고 있다.[21] 분석 결과, 트래픽이 낮은 소규모 웹사이트들은 로드 타임이 7~12초였다. 또한 로드 타임이 매우 긴 페이지는 동시 사용자가 매우 적다는 점도 발견했다 (그림 21-5 참조).

그림 21-5 로드 타임이 약 10초 이상 걸리면 사람들은 그 웹사이트를 떠난다.

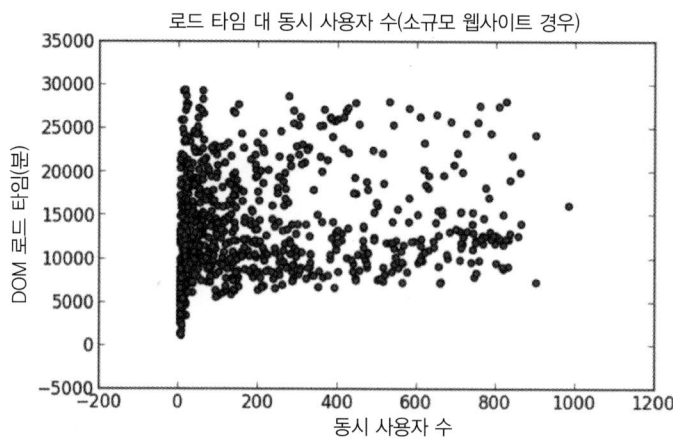

---

20 http://www.watchingwebsites.com/archives/proof-that-speeding-up-websites-improves-onlinebusiness/

21 차트비트는 이 분석에 참여하지 않는 쪽을 택한 고객사의 데이터는 포함시키지 않았다. 또한 트래픽이 이례적으로 높았던 대선 기간도 제외시켰다.

조슈아는 이렇게 말한다. "약 15~18초 정도가 임계점인 것 같습니다. 이 시간이 지나면 사용자들은 더 이상 기다리지 않고 트래픽은 급격하게 떨어집니다. 또한 우리 샘플 중에서 동시 사용자 수가 수천 명인, 가장 규모가 큰 웹사이트가 페이지 로드 타임이 가장 빠르다는 점도 주목할 만합니다. 이런 사이트는 5초도 안 걸릴 때가 많습니다."

요지

웹사이트의 속도는 여러분이 제어할 수 있고 여러분의 진정한 경쟁우위가 될 수 있다. 최초 방문자를 위해 페이지가 5초 안에 로드되도록 하라.[22] 10초가 넘어가면 곤란하다.

[과제] - 스스로의 목표 기준을 정하라

이 장과 다음 여섯 개 장에서는 여러분이 목표로 삼을 수 있는 기준에 대해 다룬다. 여러분에게는 추적 중인(또는 추적하고자 하는) 핵심 지표가 이미 있다. 이제 이 지표를 다음 장에서 제시하는 기준과 비교해보라. 비교 결과는 어떤가? 어떤 지표의 상황이 가장 나쁜가? 그 지표가 여러분의 OMTM인가?

---

[22] 감수자주_ 요즘은 보통 3초를 기준으로 한다.

CHAPTER **22**

전자상거래: 목표 기준

구체적인 전자상거래 지표를 살펴보기 전에 먼저 온라인 상점을 분류하는 데 중요한 기준 한 가지를 강조하고 싶다.

사람들은 모든 모바일 사용이 같다고 생각하는 경향이 있다. 그것은 틀린 생각이다. 투자자이자 창업가인 데릭 제토Derek Szeto는 이렇게 말한다. "요즘 가장 짜증나는 일 중 하나는 '모바일' 트래픽이 정의되는 방식입니다. 대부분 모바일 트래픽을 태블릿 PC와 스마트폰에서 발생하는 트래픽으로 정의하는데, 특히 전자상거래 관점에서 본다면 이 두 가지는 매우 다릅니다. 만약 내가 마켓플레이스나 온라인 상점을 운영하고 있다면 나는 데스크톱, 태블릿, 스마트폰을 구분해서 분석할 겁니다."

차이가 발생하는 이유 중 하나는 사용자가 온라인에서 주로 세 가지 활동, 즉 콘텐츠 생성(키보드가 있는 컴퓨터를 이용하는 경우가 많다), 상호작용(보통 스마트폰을 이용한다), 소비(태블릿 컴퓨터를 이용한다)를 하기 때문이다. 그렇기에 태블릿과 핸드폰을 하나의 카테고리로 묶는 것은 위험한 실수다. 그리고 사람들은 PC보다는 태블릿에서 미디어를 더 많이 구입하는데, 이는 콘텐츠를 소비할 때 주로 태블릿을 이용하기 때문이다.

다시 말해 어떻게 분류할지는 *상황에 따라 다르다*. 고객 확보가 중요한 전자상거래 사이트인지, 고객 충성도가 중요한 전자상거래 사이트인지에 따라 다르고, 구매자가 태블릿, 핸드폰, PC 중 어느 것으로 구매하는지에 따라 다르다. 그 외에도 다른 요소는 많다. 여기에 대처하는 유일한 방법은 측정하고 학습하고 제대로 분류하는 것이다.

구매 전환율

2010년 3월 닐슨온라인Nielsen Online은 온라인 상점들의 최고 전환율을 발표했다 (표 22-1 참조).[1]

표 22-1 구매 전환율이 높은 전자상거래 사이트

회사	구매 전환율
슈완Schwan's	40.6%
우먼위딘Woman Within	25.3%
블레어Blair.com	20.4%
1800petmeds.com	17.8%
비타코스트vitacost.com	16.4%
QVC	16.0%
프로플라워즈ProFlowers	15.8%
오피스디포Office Depot	15.4%

아마존, 티켓닷컴, 이베이 같은 다른 대형 전자상거래 사이트의 전환율은 이보다 더 낮았다(각각 9.6%, 11.2%, 11.5%).[2]

표 22-1에 소개한 회사는 세 가지 대분류로 나눌 수 있다. 카탈로그 사이트(인쇄 카탈로그가 있어서 오프라인에서 상당한 트래픽이 발생되는 사이트), 이베이나 아마존 같은 거대 소매점, 그리고 온라인 꽃집 같이 목적과 깊이 연계된 선물 사이트가 있다(사람들은 무심하게 꽃을 살펴보는 것이 아니라 목적을 가지고 꽃집 사이트를 방문한다).

표에서 상위에 오른 회사는 고객 충성도가 높은 온라인 쇼핑몰 유형에 해당되며, 이런 유형은 전환율이 높을 것으로 기대할 수 있다. 슈완은 온라인 식품점인데 사람들이 웹사이트 안을 돌아다니면서 가격이나 비교하는 사이트가 아니다. 슈완은 아마존이나 이베이처럼 웹 안팎에서 매우 강한 브랜드 인지도가 구축된 사이트

---

[1] http://www.marketingcharts.com/direct/top-10-online-retailers-by-conversion-ratemarch-2010-12774/
[2] http://www.conversionblogger.com/is-amazons-96-conversion-rate-low-heres-why-i-think-so/

다. 빌 디알레산드로는 다음과 같이 말한다. "내 경험상 본인이 만든 제품을 팔든 다른 사람의 제품을 팔든 대부분의 전자상거래 스타트업은 전환율이 최대 1~3% 입니다. 스타트업은 사업이 존속할 수 있을지를 판단할 때 전환율을 8~10%로 가정하면 안 됩니다. 절대로 이렇게 되지 않습니다. 전환율을 2%에서 10%로 높여주는 것은 매우 충성도 높은 사용자들, 많은 상품^{SKU}, 그리고 반복 구매자들입니다. 그리고 이 세 가지를 모두 갖추고도 전환율 10%를 달성했다고 하면 훌륭한 겁니다."

더 일반적인 전환율도 다루는 상품의 종류에 따라 크게 다르다. 2007년 인베스프[3]의 글에서 인용한 파이어클릭^{FireClick}의 설문조사 데이터를 보면 전환율이 얼마나 다른지 알 수 있다(표 22-2 참조).[4]

표 22-2 상품 종류별 구매 전환율

사이트 유형	구매 전환율
카탈로그	5.8%
소프트웨어	3.9%
패션 의류	2.3%
전문제품	1.7%
전자제품	0.5%
아웃도어 및 스포츠	0.4%

이 외의 카테고리에서는 일반적인 웹사이트의 전환율이 보통 2~3%라는 생각이 보편적이다. 베스트셀러 저자이자 강연가며 디지털 마케팅 전문가인 브라이언 아이젠버그$^{Bryan\ Eisenberg}$에 의하면 2008년 Shop.org가 제휴 사이트의 평균 전환율이 이 범위에 있고 파이어클릭 지수를 보면 글로벌 전환율이 2.4%이기 때문에 이런 수치가 나왔다고 한다.[5] 브라이언은 선두 업체의 전환율이 높은 것은 방문자의 의도에 초점을 맞추기 때문이라고 말한다. 즉, 꽃을 사려고 할 때는 이미 꽃을

---

[3] 역자주_ Invesp. 전환율 최적화 전문 기업
[4] http://www.invesp.com/blog/sales-marketing/compare-your-site-conversion-rate-to-ecommercesite-averages.html
[5] http://www.clickz.com/clickz/column/1718099/the-average-conversion-rate-is-it-myth

사기로 결정한 상태이고 어떤 꽃을 살 것인지만 결정하는 것이다. 더 최근인 2012년의 한 연구에서는 웹 전체의 평균 전환율을 2.13%로 추정했다.[6]

요지

만약 여러분이 온라인 상점을 운영하고 있다면 초기 전환율은 2% 정도가 될 것이며 이 숫자는 판매하는 상품의 종류에 따라 다를 것이다. 그리고 만약 전환율이 10%라면 사업을 매우 잘 운영하고 있는 것이다. 방문자들이 강한 구매 욕구를 가지고 방문한다면 전환율이 더 높을 수 있지만 방문자들이 구매하려는 생각이 들도록 다른 곳에 비용을 지출하는 건 당연한 일이다.

마인댓데이터[7]의 케빈 힐스트롬Kevin Hillstrom은 여기에서 평균은 위험하다고 말한다. 제품에 대해 알아보려고 그냥 구경온 방문자들이 많은 전자제품 상점들은 전환율이 0.5%밖에 안 되는 곳이 많다. 반면에 평균 주문 금액과 전환율 사이에는 상관관계가 있다.

장바구니 포기율

2012년 한 연구 결과는 65%가 넘는 구매자들이 장바구니에 물건을 담아 놓았다 포기하는 것으로 추정했다.[8] 포기하는 사람들 중 44%는 배송비가 높아서 포기하며, 41%는 구매할지 아직 결정하지 못해서 포기하고, 25%는 가격이 너무 비싸서 포기한다. 2012년 2월의 한 연구 결과에서는 장바구니 포기율을 이보다 더 높은 77%로 추정하고 있다.[9] 65%가 넘는 포기율을 개선하기란 쉽지 않아 보이지만 그래도 회사들은 포기율을 개선하려 노력하고 있다.

---

6 http://www.ritholtz.com/blog/2012/05/shopping-cart-abandonment/
7 역자주_ Mine That Data, 웹 마케팅 전문 기업
8 http://www.ritholtz.com/blog/2012/05/shopping-cart-abandonment/
9 http://www.bizreport.com/2012/02/listrak-77-of-shopping-carts-abandoned-in-last-six-months.html#

- 카탈로그 사이트 팹닷컴(Fab.com)은 구매자들이 구입을 마치도록 압력을 넣기 위해 장바구니에 물건이 담겨 있는 시간을 제한한다. 빨리 결제하지 않으면 다른 사람이 당신의 장바구니에 담겨 있는 물건을 가로챌지도 모른다. 이런 타이머 작동 방식 덕분에 팹닷컴의 독점성과 지불 우선 방식이 더 강화된다.
- 페이스북 광고의 구매를 시작했다가 중간에 포기하면 페이스북은 여러분이 다시 광고를 구입하도록 첫 광고에 대해 페이스북 크레딧[10]을 보내준다.

비용은 장바구니 포기율에 확실히 영향을 준다. 리스트랙[11]은 장바구니 포기율을 77% 정도로 추정했지만 2011년 12월 14일 포기율은 67.66%로 떨어졌다. 이 날은 많은 온라인 쇼핑몰들이 배송료를 받지 않는 '무료 배송일'이었던 것이다.[12]

모공각화증(닭살이라 불리는 흔한 피부 상태)에 좋은 화장품을 판매하는 KP엘리먼트(KP Elements)는 구매 페이지에서 원래 조건인 제품 가격 30달러에 배송비 5달러와 제품 가격 35달러에 배송비 무료라는 조건을 대상으로 가격 테스트를 했다. 이 간단한 수정으로 전환율은 5%에서 10%로 증가했다. 고객이 지불해야 하는 전체 비용은 똑같이 35달러였지만 무료 배송이 두 배 더 매력적이었다.

2012년 베이머드 연구소(Baymard Institute)는 포기율에 대한 15개의 연구 결과를 검토한 후 평균 포기율이 약 66%라고 결론을 내렸다(그림 22-1 참조).[13]

---

10 역자주_ 페이스북의 화폐로, 일종의 포인트 제도다.
11 역자주_ Listrak, 전자상거래 이메일 마케팅 전문 기업
12 http://www.internetretailer.com/2012/02/02/e-retailers-now-can-track-shopping-cartabandonment-daily
13 http://baymard.com/lists/cart-abandonment-rate

그림 22-1 연구 결과를 종합한 장바구니 포기율

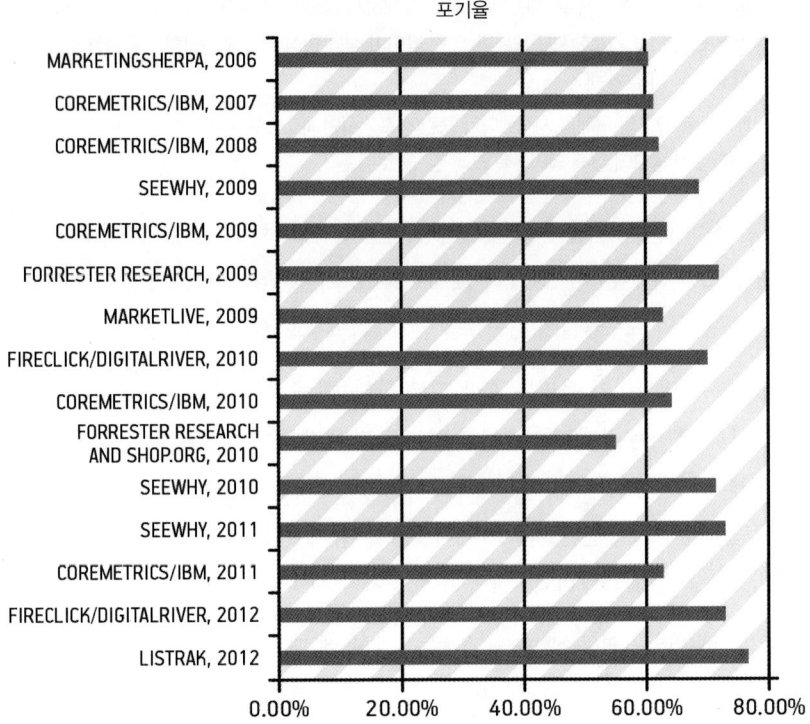

비용이 상품을 포기하게 되는 결정적 원인은 아니다. 제이슨 빌링슬리는 구매 포기에 대한 대부분의 연구들은 예상 배송 기간 같은 다른 중요한 변수들을 고려하지 않는다고 말한다. 그는 이렇게 말한다. "온라인 쇼핑몰에서 시간에 민감한 구매가 많아지면서 예상 배송기간이 중요해졌습니다. 상점들은 발송 날짜와 주문 처리 날짜뿐만 아니라 예상 도착 날짜도 알려줘야 합니다."

요지

구매 퍼널에 들어간 사람들의 65%는 결제하기 전에 주문을 포기한다.

검색 효과

이제 검색은 온라인 쇼핑몰 찾기에서 쇼핑몰 내 검색에 이르기까지 소비자들이 제품에 대한 정보를 조사하고 제품을 발견하는 기본 경로가 되었다. 이것은 전자상거래 사이트뿐만 아니라 미디어나 사용자 제작 콘텐츠, 양면 마켓플레이스에서도 마찬가지다.

특히 전자상거래에서 온라인 쇼핑객의 79%는 전체 쇼핑 시간의 최소 50%에 해당하는 시간을 제품 조사에 사용한다. 또한 온라인 쇼핑객의 44%는 검색엔진을 사용해 쇼핑을 시작한다.[14]

모바일 검색 트래픽은 특히 구매에 초점이 맞춰져 있다. 인터넷 전체로 보면 트래픽의 36%가 검색에서 발생하는 반면, 애플 모바일 기기에서는 웹 트래픽의 54%가 검색 트래픽이다. 그리고 모바일 검색 10건 중 9건은 행동으로 이어지는데, 이중 절반 이상이 구매로 이어진다.

요지

단순히 '모바일 우선'이라고 생각하지 말라. '검색 우선'이라고 생각하고, 사용자들이 무엇을 찾으려 하고 무엇을 찾을 수 없는지 알기 위해 여러분의 웹사이트와 제품에 대한 검색 지표를 측정하라.

---

[14] 이 데이터와 검색 사용에 대한 다른 통계 데이터는 http://blog.hubspot.com/Portals/249/docs/ebooks/120-marketing-stats-charts-and-graphs.pdf를 참조하기 바란다. 치키타Chikita는 애플 모바일 기기의 검색 관련 통계를 제공하고 서치엔진랜드Search Engine Land는 모바일 구매 관련 통계를 제공한다.

CHAPTER 23

SaaS: 목표 기준

유료 서비스 가입

SaaS 회사의 이탈률, 인게이지먼트, 상향 판매 지표는 비슷하다. 그러나 무료 체험 기간 동안 선불을 요청하면 많은 지표 값이 크게 달라진다.

SaaS 고객 분석 및 인게이지먼트 소프트웨어 제공 업체인 토탕고Totango는 100개 이상 되는 SaaS 업체의 데이터를 보유하고 있으며, 무료 체험, 전환율, 이탈률을 측정한다. 토탕고는 회원 가입 과정에서 신용카드 정보를 요청하면 방문자의 0.5~2%가 무료 체험을 하기 위해 회원으로 가입하지만 신용카드 *정보를 요청하지 않으면* 5~10%가 가입한다는 사실을 발견했다.

물론 회원 유치가 최종 목표는 아니다. 무료 체험을 하려고 가입한 사용자들이 유료 고객으로 전환하면 더 좋을 것이다. 신용카드 정보를 제공하지 않은 무료 체험 버전 사용자의 약 15%가 유료 서비스로 전환한다. 반면에 신용카드 *정보를 제공했던* 무료 버전 사용자는 40~50%가 유료로 전환한다.

그리고 신용카드 정보를 미리 요청하면 사용자의 기대치가 확실하게 정해지지 않은 경우 첫 결제 기간 이후 이탈률이 더 높을 수 있다. 최대 40%의 유료 사용자들이 가입을 취소할 수 있는데, 이들은 무료 체험 기간이 끝나면 유료로 전환되는 것에 자신이 동의했다는 사실을 잊고 있다가 신용카드 청구서를 받고 나서 서비스를 취소한다. 그러나 이런 초기 장애물이 극복되고 나면 대부분의 사용자들은 서비스를 계속 이용한다. 2009년 퍼시픽크레스트Pacific Crest의 연구에 의하면 선두

SaaS 업체들은 연간 이탈률을 15% 이하로 유지하고 있다.[1]

표 23-1은 신용카드 정보를 미리 요청하는 경우와 요청하지 않는 경우의 지표 차이를 간략하게 보여준다.

표 23-1 신용카드 정보 요청의 영향

	신용카드 정보 요청	신용카드 정보 미요청
무료 체험	2%	10%
유료 서비스 가입	50%	15%
첫 결제 기간 후 이탈률	Up to 40%	Up to 20%
최종 유료 서비스 이용률	0.6%	1.2%

신용카드 외에도 전환율을 예상할 수 있는 지표가 있다. SaaS 제품을 사용하는 사람들 중 일부는 단지 호기심에서 사용해보지만 다른 사람들은 진지하게 제품을 평가한다. 이런 사람들은 다른 행동을 보이며, 이들의 활동과 제품을 탐색시간을 기준으로 별개의 고객군으로 분류할 수 있다.

두 개의 기본 퍼널(신용카드 요청/미요청)이 어떻게 작동하는지 살펴보자. 여기서는 '진지한 평가자'에 해당하는 고객군에 초점을 맞추고 표 23-1의 수치를 사용한다(이탈률은 최대 수치를 적용한다). 표 23-2를 참조하기 바란다.

표 23-2 두 가지 인게이지먼트 및 이탈 퍼널

5,000명의 진지한 평가자가 사이트를 방문	
미리 신용카드 정보를 요청한 경우	요청하지 않은 경우
100명이 무료 체험 사용(2%)	500명이 무료 체험 사용(10%)
50명이 유료 서비스 가입(50%)	75명이 유료 서비스 가입(15%)
20명이 첫 결제 기간 후 이탈(40%)	15명이 첫 결제 기간 후 이탈(20%)
30명이 고객으로 남음(0.6%)	60명이 고객으로 남음(1.2%)

이 간단한 예에서 우리는 신용카드 정보를 미리 요청하면 5,000명의 방문자 중 30명이 유료 고객이 되는 반면에 그렇게 하지 않으면 두 배(60명)가 유료 고객

---

[1] http://www.pacificcrest-news.com/saas/Pacific%20Crest%202011%20SaaS%20Workshop.pdf

이 된다는 것을 알 수 있다. 유료화 장벽은 진지하지 않은 사람들을 돌려보내지만 또한 경계에 있는 사람들도 이탈하게 한다. 토탕고의 데이터를 보면 대부분의 SaaS 제공 업체의 경우 방문자의 20%는 진지한 평가자, 20%는 가벼운 평가자, 60%는 단순히 호기심을 가진 사람이라는 사실을 알 수 있다.

가장 좋은 접근 방식은 사용자의 활동에 따라 마케팅을 특화하는 것이다. 진지한 평가자들에게는 여러분의 제품이 옳은 선택이라는 점을 설득시키고, 가벼운 평가자들은 더 진지하게 제품을 고려하도록 만들어야 한다. 사용 분석을 통해 진지한 가망 고객들을 식별하고 판매 자원을 이들에게 집중시켜라. 사용 분석(누가 진지한지 알아내는 것)과 신용카드 정보를 제공하지 않고도 무료 버전을 사용할 수 있도록 해주는 정책을 조합하면 최상의 결과를 낳을 수 있다.

앞의 두 퍼널에 세 번째 퍼널을 추가하자. 이 퍼널에서는 SaaS 제공 업체가 진지한 평가자들을 적극적으로 파악하고 맞춤형 마케팅을 통해 유인한다. 이 경우 누구나 제품을 사용해볼 수 있지만 유료 서비스에 가입하는 사람 수는 더 적다. 그러나 서비스 가입자들은 계속 서비스를 사용할 확률이 더 높다(표 23-3 참조).

표 23-3 진지한 서비스 평가자들을 위한 세 번째 퍼널에 대한 토탕고의 데이터

미리 신용카드 정보를 요청한 경우	요청하지 않은 경우	신용카드 정보를 미리 요청하지 않고 진지한 사용자에 초점을 맞춘 경우
100명이 무료 체험 사용 (2%)	500명이 무료 체험 사용 (10%)	500명이 무료 체험 사용(10%)
50명이 유료 서비스 가입 (50%)	75명이 유료 서비스 가입 (15%)	125명이 유료 서비스 가입(25%)
20명이 첫 결제 기간 후 이탈 (40%)	15명이 첫 결제 기간 후 이탈 (20%)	25명이 첫 결제 기간 후 이탈(20%)
30명이 고객으로 남음 (0.6%)	60명이 고객으로 남음 (1.2%)	100명이 고객으로 남음(2%)

토탕고의 연구에 의하면 가장 좋은 접근 방식은 무료 체험 서비스를 이용할 때 신용카드 정보를 요구하지 않고, 사용자들을 세 그룹으로 나눈 다음 활동적인 진지한 사용자군을 대상으로 마케팅 활동을 펼치고 가벼운 관심을 보이는 사용자군은

진지한 관심을 가지도록 이끌고 단지 호기심에 들른 사람들에게는 시간을 낭비하지 않는 것이다(또는 이런 사람들은 차라리 제품에 정말 관심을 가질 만한 친구에게 여러분의 제품을 소개하도록 만들어라).

요지

신용카드 정보를 미리 요청하면 방문자의 2%만 서비스를 시험 삼아 사용해보고 이 중 50%가 유료 서비스에 가입할 것이다. 만약 신용카드 정보를 요청하지 않으면 10%가 시험 삼아 사용해보고 최대 25%가 유료 사용자가 될 것이다. 그러나 서비스 사용 후 첫 달에 신용카드 청구서를 보고 즉시 서비스를 해지할 수도 있다. 앞의 예에서 신용카드 정보를 미리 요청하지 않고 사용자의 활동을 바탕으로 각 사용자군에 맞게 마케팅 활동을 펼치면 전환율이 40% 증가한다.

부분유료화 모델 대 유료 모델

스타트업 중에서도 특히 소프트웨어 기반의 스타트업에서 벌어지고 있는 가장 치열한 가격 관련 논쟁 중 하나는 부분유료화 모델과 유료 모델에 대한 것이다.

무료 모델을 지지하는 사람들은 제품 도입과 주목이 가장 중요하다고 주장한다. 트위터는 활동사용자가 수백만 명이 되고서야 광고를 도입했고 사람들이 트윗 광고에 대해 격렬히 항의해도 계속 성장세를 보이고 있다. 〈와이어드Wired〉의 전 편집장이자 『롱테일 경제학』의 저자 크리스 앤더슨Chris Anderson은 킹 질레트King Gillette가 다른 것(면도날)에서 돈을 벌려고 뭔가(면도기)를 공짜로 주는 아이디어를 처음 시도했다고 말한다.[2] 그러나 여러 면에서 온라인 사용자들은 인터넷이 무료여야 한다는 강한 기대를 가지고 있기 때문에 가치 있는 것에 대해서도 돈을 요구하기 어렵다.

부분유료화 모델을 반대하는 사람들은 드롭박스나 링크드인 같은 성공 사례가 있는 반면 무료 모델을 채택했다가 사업이 망한 경우도 허다하다고 주장한다.

---

[2] http://www.wired.com/techbiz/it/magazine/16-03/ff_free

〈월스트리트저널〉은 지불 관리 소프트웨어 업체인 차지파이Chargify는 2010년 파산 직전까지 갔다가 유료 모델로 전환했는데 2012년 7월이 되자 유료 고객사가 900개에 이르고 수익을 올리게 되었다는 사례를 소개했다.[3]

닐 데이비드슨은 부분유료화 모델이 특히 스타트업에 인기가 있다는 점을 우려한다. "나는 대부분의 경우 부분유료화 모델은 지속 불가능하다고 생각합니다. 사람들이 사용하고 싶어 할 만큼 좋은 제품이면서 동시에 사람들이 유료 버전으로 업그레이드하도록 유료 버전보다는 기능이 부족하게 만들기는 매우 어렵습니다." 닐 데이비드슨은 매우 많은 스타트업이 제품 가격을 너무 낮게 책정하고 스스로의 가치를 낮게 평가하고 있다고 생각한다. "만약 여러분이 여러분의 고객에게 가치 있는 제품을 만들고 있다면 사용자에게 돈을 요구하는 것을 쑥스러워 하면 안 됩니다. 돈을 안 받으면서 사업을 지탱할 수는 없습니다."

부분유료화 모델이 효과적이더라도 사용자들이 유료로 전환하기까지는 오랜 시간이 걸리기도 한다. 에버노트의 필 리빈Phil Libin은 그림 23-1의 '스마일 곡선'에 관해 이야기한다. 이 곡선은 제품을 떠났던 고객들이 어떻게 돌아오는지 보여주고 있다.[4]

필 리빈은 사용 첫 달 이후 유료로 업그레이드하는 사용자는 1% 미만이지만 2년 후에는 12%로 증가한다고 추정한다. 사실 유료 업그레이드 사용자들의 백로그backlog를 수집할 수 있을 정도로 오랜 기간 동안 운영되어온 에버노트에서는 데이비드 스콕이 마이너스 이탈률이라고 부르는 현상이 발생한다. *마이너스 이탈률*이란 기존 고객들에 대한 제품 확장, 상향 판매, 교차 판매가 고객 이탈로 인한 매출 손실을 초과하는 것이다.[5] 그러나 많은 분석가는 에버노트가 흔하지 않은 경우라고 생각한다. 부분유료화 방식을 제대로 잘 사용하지 않는 한 무료 사용자들 때문에 사업이 망할 수 있기 때문이다.

---

[3] 사라 E. 니들먼, 앵거스 로튼, "When Freemium Fails", 〈월스트리트저널〉, 2012년 8월 22일, http://online.wsj.com/article/SB10000872396390443713704577603782317318996.html.
[4] http://www.inc.com/magazine/201112/evernote-2011-company-of-the-year.html
[5] http://www.forentrepreneurs.com/why-churn-is-critical-in-saas

그림 23-1 에비노트는 이것을 스마일 곡선이라고 부르는데 단지 곡선 모양 때문만은 아니다.

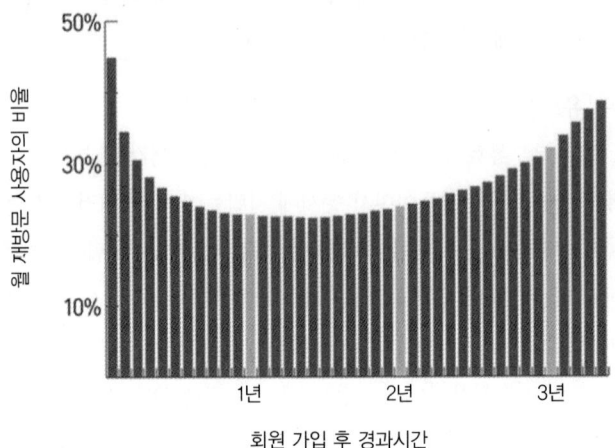

성장 단계 스타트업에 투자하는 벤처캐피탈이자 성장주 투자회사인 IVP의 줄스 몰츠Jules Maltz와 대니얼 바니Daniel Barney는 다음과 같은 제품에 부분유료화 모델이 효과적이라고 말한다.[6]

- 추가 사용자에게 서비스를 제공하는 비용이 낮은 경우(즉 한계 비용이 낮은 경우)
- 사람들이 제품을 사용하면 낮은 비용 또는 심지어 무료로 마케팅 효과가 발생하는 경우
- 제품을 평가하거나 사용법을 익히는 데 시간이 오래 걸리지 않는 비교적 단순한 도구
- 무료가 '적절하다고 느껴지는' 제품. 어떤 제품(가령 주택 소유주의 보험)은 공짜로 제공하면 오히려 가망 고객들이 경계하게 된다.
- 사용자가 제품을 오랫동안 사용할수록 가치가 증가하는 경우. 예를 들어 플리커는 사용자가 플리커에 사진을 많이 저장할수록 가치가 더 높아진다.
- 바이럴 계수가 높아 무료 사용자들이 여러분의 마케터 역할을 해주는 경우

유료 제품의 경우는 어떨까? 프라이스인텔리전틀리의 크리스토퍼 오도넬Christopher O'Donnell은 스타트업은 매출 최적화(가능한 한 최대의 돈을 버는 것), 판매수량 최대화(가능한 한 많은 수량을 판매하는 것), 가치 인식(구매자들이 경계할 만큼 가격을 너무 낮게 책정하지 않는 것) 사이에서 균형을 잡아야 한다고

---

[6] http://www.ivp.com/assets/pdf/ivp_freemium_paper.pdf

말한다.[7] 또한 판매자들은 몇 가지 기능이나 서비스를 하나의 패키지로 묶는 법을 이해해야 하고, 가격대가 다른 여러 시장에 진출하기 위해 이런 패키지를 단계별 제품으로 판매하는 법을 이해해야 한다.

모든 고객에게 돈을 받는 경우라도 여전히 판촉, 할인, 한시적 제공 등의 형태로 가격 정책을 실험해볼 수 있다. 이 각각은 코호트 테스트나(한시적 제공의 경우) A/B 테스트(서로 다른 방문자들에게 서로 다른 가격을 제시하는 경우)에 적합한 가설이다.

온라인 데이팅 사이트인 주스크^{Zoosk}의 창업자 알렉스 메어$^{Alex\ Mehr}$는 '최적 매출' 곡선을 알고 있다. 그러나 그는 스타트업이 제품 가격을 약간 낮게 책정해야 한다고 주장한다.[8] "나는 돈을 10% 덜 벌더라도 고객이 20% 많은 쪽이 낫다고 생각합니다. 매출 곡선의 최대 값에서 약간 왼쪽에 있는 것이 더 좋습니다. 매출 최대 값의 약 90% 선이죠." 그러나 그는 자신의 사업 모델에서 가격 탄력성, 가치 인식, 전략적 할인 이슈를 간과하고 있다.

상향 판매와 매출 성장

동종 업계 최고의 SaaS 업체는 매년 고객당 매출이 20% 증가한다. 이렇게 매출이 증가하는 원인은 단계별로 제품을 갖추고 있고 기존 고객사에게 손쉽게 상향 판매할 수 있을 뿐만 아니라 고객사 내에서 앱 사용이 확산되면서 사용자가 증가하기 때문이다. 제대로 실행되면 상향 판매에서 발생하는 매출 증가분은 월 2%의 고객 이탈에서 발생하는 매출 감소분을 거의 상쇄한다. 그러나 이런 업체는 업계 최상위 업체다. 그리고 이런 업체는 고객의 사용이 증가함에 따라 고객으로부터 더 많은 매출을 올리는 분명한 길을 보여준다.

---

[7] 크리스토퍼 오도넬, 〈Developing Your Pricing Strategy〉, http://price.intelligent.ly/downloads/Developing_Your_Pricing_Strategy.pdf

[8] 타랑 샤, 시탈 샤, 〈Venture Capitalists at Work: How VCs Identify and Build Billion-Dollar Successes〉, 션 엘리스가 http://www.startup-marketing.com/greatguidance-on-pricing-from-zoosk-ceo/에서 인용함

패트릭 캠벨은 어떤 업체의 익명으로 처리된 총량 데이터를 이용하여 더 비싼 제품으로 업그레이드한 사용자 비율을 계산했다. 그는 어떤 달에 무료 사용자의 0.6%가 유료 서비스로 업그레이드했고 유료 서비스 가입자의 2.3%가 저가격대 서비스에서 고가격대로 업그레이드했다는 것을 알았다.

요지

매년 고객 매출을 20% 성장시키도록 노력하라. 여기에는 기존 SaaS 고객사의 사용자 수 증가에 따른 매출 증가분이 포함될 수도 있다. 그리고 유료 사용자의 2%를 더 고가의 서비스로 업그레이드시키도록 노력하라.

이탈률

(이탈률은 모바일 게임, 양면 마켓플레이스, UGC 사이트에서도 중요하다)

최고의 SaaS 사이트나 앱은 일반적으로 이탈률이 매달 1.5~3% 범위에 이른다. 다른 사이트는 '비활동'을 어떻게 정의하느냐에 따라 이탈률이 매우 다르게 나타난다. 리얼벤처스Real Ventures의 파트너인 마크 맥러드Mark MacLeod는 월 이탈률이 5% 이하로 유지되면 사업을 확장해도 된다고 말한다. 그러나 가령 사용자가 구매한 줄도 몰랐던 것에 대해 결제 대금을 청구한다든지 해서 사용자를 기겁하게 만들면, 첫 결제 대금 청구서를 받고 나서 이탈률은 급증할 수 있고 어떤 때는 이탈률이 50%까지 치솟기도 한다. 그러므로 이런 점도 계산에 반영해야 한다.

데이비드 스콕은 5% 이탈률이 임계치라는 데 동의하지만 단지 사업 초기의 회사일 때만 이 수치를 참고해야 하고, 사업을 상당히 키우려면 이탈률을 2% 아래로 떨어뜨릴 확실한 방법을 찾아야 한다고 말한다.

> SaaS 사업의 초기에 이탈률은 별로 중요하지 않다. 매달 이탈률이 3%라고 가정하자. 고객이 100명밖에 없을 때는 이 중 세 명을 잃는 것이 그다지 심각한 문제가 아니다. 여러분은 이 세 명을 대체할 다른 고객을 쉽게 확보할 수 있다. 그러나 사업 규모가 커지면 문제가 달라진다. 사업이 정말 커져서 이제 고객이 100만 명이라고 가

정해보자. 3%가 이탈한다는 것은 매달 3만 명의 고객을 잃는다는 뜻이다. 이 정도 수의 고객을 보충하기는 훨씬 어렵다.

| 사례 연구 | **오피스드롭의 핵심 지표: 유료 사용자의 이탈률**

오피스드롭OfficeDrop은 클라우드에서 문서와 디지털 파일을 관리할 수 있는 서비스를 소기업에 제공한다. 이 서비스는 검색 가능한 클라우드 저장 공간을 제공하며, 앱을 내려받으면 언제 어디서나 파일의 동기화, 스캔, 검색, 공유가 가능하다. 현재 18만 명이 넘는 사용자가 이 서비스에 데이터를 저장하며 매달 수백만 개의 파일을 이용하고 업로드한다.

이 회사는 부분유료화 모델을 채택하여 무료 서비스 1종, 유료 서비스 3종의 솔루션을 제공한다. 우리는 오피스드롭의 핵심 지표 및 관련 내용에 대해 더 알기 위해 힐리 존스Healy Jones 마케팅 부사장과 이야기를 나눴다.

"우리 회사의 가장 중요한 지표는 유료 고객 이탈률입니다"라고 힐리 존스 부사장은 말한다. 오피스드롭은 유료 고객 이탈률을 '유료 상품을 쓰다가 무료 상품으로 다운그레이드하거나 서비스를 해지한 유료 사용자의 수를 월초 전체 유료 사용자 수로 나눈 비율'로 정의한다.

오피스드롭의 경우 유료 고객 이탈률은 전반적인 사업 현황을 보여주는 핵심 지표다. 힐리 존스 부사장은 이렇게 말한다. "가령 유료 고객 이탈률을 보면 마케팅 메시지 전달이 성공적인지 알 수 있습니다. 만약 신규 고객들이 많이 이탈하면 신규 사용자들의 실제 제품 사용 경험이 우리의 마케팅 메시지와 일치하지 않는다는 것을 알 수 있습니다. 또한 제품 업그레이드 방향이 [신규 사용자보다는] 제품을 더 오래 사용해온 사용자들이 원하는 방향과 일치하는지의 여부도 알 수 있습니다. 만약 기존 사용자들의 이탈률이 낮으면 사업이 잘 운영된다는 뜻이지만 이들이 빠르게 이탈한다면 이들이 원하는 방향으로 제품이 개발되지 않는다는 뜻입니다. 그리고 혹시 버그가 발생해서 사람들이 짜증스러워하는 건 아닌지도 알 수 있습니다. 가령 특정한 날 사용자들이 많이 탈퇴했다면 기술적인 문제가 발생했는지 살펴봐야 합니다."

이 업체는 월 이탈률을 4% 이하로 유지하는 것을 목표로 한다. "이탈률 3%는 괜찮습니다. 5% 이상이 되면 매출 총 이익이 증가하지 않습니다." 힐리는 가장 최근의 오피스드롭 이탈률이 2%라며 이 수준이 계속 유지되길 바란다고 말했다.

알겠지만 이탈은 인게이지먼트의 반대인데, 인게이지먼트는 오피스드롭에 두 번째로 중요한 지표다. 오피스드롭은 활동사용자를 '이전 달에 제품을 사용한 사용자'로 정의한다. 맨 처음에 오피스드롭 창업자들은 사람들이 컴퓨터나 기기에 별도의 프로그램을 설치하기보다 브라우저를 이용해 서비스를 사용하고 싶어 할 것이라고 가정했다. "우리는 모든 것을 직관에 따라 결정했지만 거의 대부분이 틀렸습니다." 힐리는 말한다. "우리는 브라우저가 사용하기 가장 쉽고 신규 고객들이 손쉽게 접할 수 있기 때문에 [브라우저 기반 서비스를 제공하면] 사용자 인게이지먼트가 높을 것이라는 가설을 세웠습니다. 그렇지만 실제로는 그렇지 않았습니다. 오히려 내려받을 수 있는 앱을 제공하자 고객이 많아지고 이탈률은 낮아졌습니다."

그림 23-2는 2011년 6월을 전후해서 급성장하는 전형적인 하키스틱 모양의 성장 곡선을 보여준다. 이것은 고객 기반의 성장(인게이지먼트 증가와 이탈률 감소의 결과)을 측정한 것이다.

그림 23-2 오피스드롭이 언제 모바일 클라이언트 앱을 추가했는지 알 수 있는가?

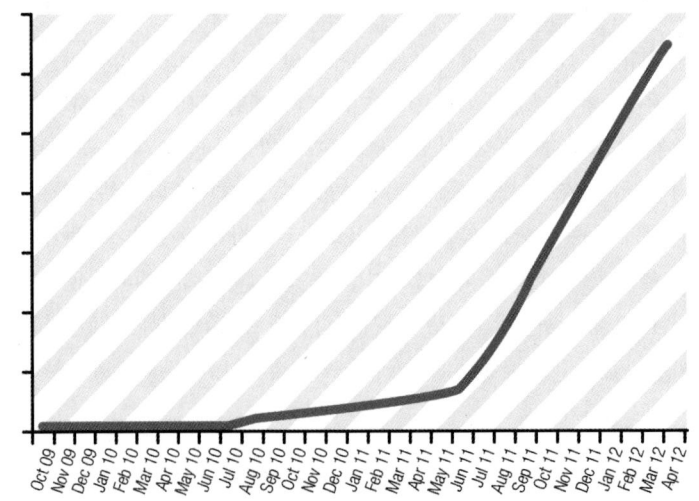

오피스드롭 클라우드 파일링 고객 기반

"2011년 중반에 우리는 모바일도 지원하기로 하고 오피스드롭을 모바일 앱으로 제공하기 시작했습니다. 그리고 모바일 앱 출시는 우리 사업에 매우 큰 영향을 미쳤습니다. 그림 23-2에는 잘 나타나 있지 않지만 2011년 1월에 발표한 맥 데스크톱 스캐너 앱 역시도 중요한 영향을 미쳤습니다. 스캐너 앱은 우리가 처음으로 개발한 것으로, 다운로드가 가능한 앱이었는데 당시 언론에 크게 보도되었고 인게이지먼트도 증가했습니다."

인게이지먼트가 증가하기 시작하자 오피스드롭은 모바일 앱 개발에 전념했다. 이 회사는 2011년 5월 안드로이드 기반 앱을 발표하고 2011년 6월 아이폰용 앱을 발표했다. 힐리 존스 부사장은 말한다. "우리의 가정과 반대로 우리는 데스크톱 앱을 개발했고 결과는 성공적이었습니다. 나는 이 일이 방향 전환의 계기가 되었다고 생각합니다. 그리고 이 덕분에 우리는 제품을 바꿔야겠다는 확신을 가지게 되었습니다. 결과는 분명했습니다. 인게이지먼트가 증가하고 이탈률이 낮아졌으니까요."

요약
- 오피스드롭은 OMTM으로 유료 고객 이탈률(무료 모델로 서비스를 다운그레이드하거나 이탈하는 유료 사용자)을 살핀다.
- 초기 제품은 창업자들의 직관을 바탕으로 브라우저 기반으로 개발을 했고 사용자들이 데스크톱이나 모바일 클라이언트를 원하지 않을 것이라고 가정했다.
- 스캐너 앱을 개발하고 모바일 클라이언트 소프트웨어를 발표한 덕분에 회사는 급속도로 성장했다.

분석적 교훈
사업이 별 무리 없이 운영되고 있더라도 여러분의 가정에 항상 의문을 제기하라. 고객들은 가령 핸드폰으로 지도를 보고 싶어 하는 등 특정 앱을 특정 방식으로 사용하고 싶어 한다. 사용자의 일상을 분석하거나 간단한 앱을 이용해 방향 전환 여부를 테스트하면 중요한 가정을 신속하게 검증할 수 있다. 그리고 이에 따라 여러분의 운명이 완전히 바뀔 수도 있다.

어떤 제품이나 서비스는 부분적으로 사용자 경험의 고착 효과[9]로 인해 흡인력이 매우 높다. 예를 들어 사진 업로드 사이트와 온라인 백업 서비스는 사용을 중단하기 어렵다. 이미 본인의 데이터를 많이 보관해놔서 이탈률이 낮은 것이다. 반면에 전환 비용이 비교적 낮은 사업이라면 이탈률이 상당히 높을 수 있다.

소셜 사이트도 [이탈률을 낮추기 위해] 모종의 방법을 사용할 수 있다. 사용자가 페이스북을 떠나려고 하면 페이스북은 친한 친구들이 이들을 그리워할 것이고 친구들의 사진도 못 보게 된다는 점을 상기시킨다. 이것은 감정을 조종해서 성과를 내는 예다. 이렇듯 미안함을 갖게 하자 페이스북의 이탈률은 7% 감소했고, 이는 당시 페이스북 사용자 기준으로 수백만 명의 사용자들이 페이스북을 계속 사용하기로 마음을 바꾸었다는 의미가 된다.[10]

만약 서비스를 계속 사용하는 대가로 1개월 무료 사용권, 새 전화기로 업그레이드 등, 사용자들에게 보상을 제공할 생각이라면 여러분은 이 비용과 신규 고객 확보 비용을 비교해야 한다. 불본 불만 사용자들을 날래려고 보상을 제공한다는 입소문이 나면 많은 고객이 단지 보상을 받기 위해 탈퇴하겠다고 위협할 수도 있다. 그리고 입소문 나기 좋은 곳이 바로 인터넷이다.

요지

다른 지표를 최적화하기 전에 월 이탈률을 5% 이하로 유지하도록 노력하라. 만약 이탈률이 5%보다 높으면 아직 흡인력이 충분히 높지 않은 것이다. 약 2% 대의 고객 이탈률을 유지할 수 있다면 매우 성공적이다.

---

[9] 역자주_ lock-in effect, 새로운 기술이나 서비스로 전환하는 데 드는 전환 비용이 커서 현재의 기술과 서비스에 머물 수밖에 없는 상황
[10] http://blog.kissmetrics.com/analytics-that-matter-to-facebook/

CHAPTER 24

무료 모바일 앱: 목표 기준

모바일 다운로드

모바일 앱 사업에는 인기의 '롱테일 효과'가 작용한다. 즉, 소수의 앱이 큰 성공을 거두는 반면 대부분의 앱은 고전을 면치 못한다. 모바일 게임 업체인 매시브데미지Massive Damage의 창업자이자 CEO인 켄 세토Ken Seto는 말한다. "일부 인디 게임 개발 업체는 일일 다운로드 건수가 한두 건밖에 되지 않습니다. 다운로드 건수는 전적으로 마케팅, 바이럴 효과, 앱 마켓 내 순위에 달려 있습니다."

모든 사업에는 경쟁자가 있지만 모바일 앱은 앱 마켓 생태계 자체가 경쟁을 전면에 내세운다. 자신의 위치를 무시하기 힘들고 마음을 놓을 수도 없다. 켄 세토는 이렇게 말한다. "가장 힘든 것은 순위를 계속 유지하는 것입니다. 모든 사람들이 여러분을 이기려고 하니까요. 그렇기 때문에 여러분의 게임이 저절로 널리 알려지거나, 애플이 선전해주거나, 유료 마케팅을 실시하지 않으면 순위가 밀려납니다. 여기에는 '전형적인 것'이 없습니다."

요지

여러분의 사업이 판촉, 마케팅, 앱 마켓 환경의 영향을 받는다고 예상해야 한다. 앱 마켓의 경쟁은 사기를 떨어뜨리는 일일지 모르지만 현명한 모바일 개발 업체는 [앱 마켓에서 입수할 수 있는] 경쟁 업체에 대한 풍부한 정보를 이용해 어떤 것이 효과적인지 파악하고 성공을 모방하고 실수를 피한다.

모바일 앱의 크기

모바일 앱이 점점 복잡해지면서 파일 크기가 커지고 있다. 그러나 이것은 개발 업체에는 위험 요소일 수 있다. 다운로드 시간이 너무 길면 인터넷 접속 속도가 느린 소비자는 다운로드를 중단할 수 있기 때문이다. 게임 개발 업체 전문창업지원 회사인 익스큐션랩스Execution Labs의 공동창업자 알렉산더 펠티어-노르망드Alexandre Pelletier-Normand는 말한다. "누구나 어디서든 앱을 쉽게 다운로드할 수 있게 하려면 '포털에 올려진' 앱 크기가 50MB 이하여야 합니다."

애플 모바일 기기에서 50MB보다 큰 앱을 다운로드하려면 와이파이에 접속해야 한다. 사용자가 와이파이를 이용할 수 없으면 앱을 내려받을 수 없는데, 나중에 다운로드를 다시 시도할 확률은 매우 낮다.

안드로이드 기반 모바일 기기에서는 50MB보다 큰 앱을 와이파이에 접속하지 않고도 다운로드할 수 있지만 다른 복병이 있다. 안드로이드 기반 모바일 사용자들은 다운로드 과정에서 구글플레이의 경고 메시지의 영향을 많이 받는다. 이 경고 메시지 때문에 사용자가 다운로드 과정을 중단하는 경우가 많기 때문이다.

알렉산더는 애플 앱스토어나 안드로이드용 앱 마켓에서의 최초 다운로드를 일컬어 '포털에서'라는 표현을 사용한다. 그는 이렇게 말한다. "어떤 개발자들은 크기 제한을 해결하기 위해 구글이나 애플 포털에 용량이 작은 앱을 올립니다. 그런 다음 사용자가 앱을 이용하는 동안 이 앱이 자동으로 개발 업체의 서버로부터 파일을 추가로 내려받게 합니다."

요지

처음 내려받는 앱의 크기를 작게 만들고, 다운로드 중단을 최소화하려면 앱의 크기를 50MB 이하로 만들어라.

모바일 고객 확보 비용

어떤 앱 개발 업체는 다운로드 건수를 높이고자 외부 마케팅 서비스에 돈을 주고 앱을 내려받게 한다. 이것은 윤리적으로 애매한 부분인데, 인위적으로 다운로드 건수를 부풀리기 위해 용역 업체를 고용해서 순위를 높이고 그렇게 해서 높아진 순위를 보고 진짜 사용자들이 앱을 내려받기를 바라는 것이다. 모바일 앱과 게임 개발 업체가 이용할 수 있는, 이런 일을 해주는 적법한 마케팅 서비스가 있지만 업체 선정은 신중을 기해야 한다. 우리와 대화를 나눠본 사람 중에서 비용을 공식적으로 밝힌 사람은 거의 없지만 이런 서비스는 설치 건당 최저 0.1~0.7달러를 받는다.

이렇게 설치된 앱이 활동사용자가 되는 경우는 거의 없으므로 다른 지표가 왜곡되지 않도록 이런 용역 업체에 의한 다운로드는 반드시 구분해야 한다. 정말 신경 써야 할 지표는 용역 업체가 적법한 진짜 사용자를 몇 명이나 추가시켰는지, 그리고 이들 중 몇 명이 활동 유료 사용자가 되었는지이다.

이보다 더 적합한 고객 확보 방법은 다른 앱 안에 배너 광고나 다른 형태의 광고를 넣는 것이다. 이런 광고는 일반적으로 설치 건당 1.50~4달러의 비용이 든다. 이 방법은 진짜 사용자를 추가할 가능성이 더 높다. 왜냐하면 사용자 스스로 앱을 찾고 설치하기로 결정했기 때문이다. 켄 세토는 다음과 같이 말한다. "(용역 업체를 쓰든 적법한 방법을 이용하든) 설치 건당 비용을 평균 0.5~0.75달러로 유지하는 것이 좋습니다. 그러나 이 숫자는 모두 (게임 내에서 매출이 발생하는) 무료 게임에 대한 것입니다. 유료 게임은 돈을 들여 앱을 설치하게 하는 것이 투입 비용 대비 효율적이라고 생각하지 않습니다."

그리고 키스 카츠Keith Katz는 고객 생애 가치와 맞먹는 금액의 고객 확보 비용을 지출하면 안 된다고 경고하는데, 그는 많은 앱 개발자들이 이렇게 하는 것을 봐왔다.

> 모바일 게임 개발 업체들 중에는 고객 생애 가치가 1달러면 고객 확보에 1달러를 지출해도 된다고 생각하는 사람들이 매우 많은 것 같습니다. 그런데 이들은 세금도 내야 하고 애플 앱스토어나 구글플레이에 30%에 달하는 '플랫폼 수수료'를 내야 한다는

사실은 잊어버리는 경향이 있다. 매출 1달러를 올리기 위해 1달러를 지출하면 사실은 1달러를 지출해서 0.6달러를 버는 셈이 된다.

요지

유료(용역) 설치에는 건당 약 0.5달러를 지불하고 자연발생적인 적법한 설치에는 약 2.5달러의 비용을 지출하라. 그러나 전체 확보 비용은 사용자당 0.75달러 이하가 되도록 하라(그리고 물론 사용자 생애 가치 이하여야 한다). 이런 설치 비용은 점점 증가하고 있는데, 이런 이유 중 하나는 대형 스튜디오와 퍼블리셔들이 점점 모바일 분야에 진출하면서 비용을 높이고 있기 때문이고 다른 하나는 돈을 받고 앱을 설치해주는 일부 마케팅 서비스 업체에 대해 단속을 실시하고 있기 때문이다.

> | 사례 연구 | **신시어리, 모바일 고객 확보의 어려움을 알게 되다**
>
> 신시어리Sincerely Inc.는 신시어리 선물 네트워크의 개발 업체로, 포스타그램Postagram, 잉크카드Ink Cards, 세서미기프트Sesame Gifts 등 여러 모바일 앱을 개발했다. 이 회사의 첫 앱인 포스타그램을 이용하면 세계 어디서든 맞춤형 엽서를 보낼 수 있다. 두 번째 앱인 잉크카드는 개인화된 카드를 보낼 수 있다. 그리고 세서미기프트에서는 테마에 맞는 선물을 예쁜 상자에 담아 보낼 수 있다. 이 회사는 배송하기 가장 간단한 상품인 엽서에서 시작해 30~50달러 상당의 선물로 사업을 확장해왔다.
>
> 2010년 처음 사업을 시작했을 때 공동창업자인 매트 브레지나Matt Brezina와 브라이언 케네디Bryan Kennedy는 모바일 광고가 2000년의 구글 애드워즈와 비슷한 위력을 가지게 될 거라고 가정했다. 즉, (모바일 광고에 대해) 일찍 움직이면 아직은 효율적이지 않지만 잠재력이 매우 큰 사용자 확보 채널인 모바일 광고에서는 아주 유리한 위치를 차지할 수 있다고 생각했다. 매트 브레지나는 이렇게 말했다. "우리는 세상에서 가장 간단한 선물인 99센트짜리 엽서를 팔면 사용자를 쉽게 확보할 수 있고, 신용카드 정보도 얻을 수 있으며, 선물 네트워크 전체가 수익을 낼 수 있을 거라고 생각했습니다. 이 전략은 신시어리 브랜드와의 연계를 명시적으로 밝히지 않은 앱을 통해 실시한 몇 차례의 작은 실험과 직관에서 나왔습니다."

신시어리가 포스타그램의 모바일 광고를 통해 사용자를 확보할 수 있다는 사실이 밝혀졌지만 비용은 그리 만만치 않았다. "우리의 성공 기준은 포스타그램 사용자를 저렴한 비용에 확보해서 1년 안에 사용자당 이익을 내는 것이었습니다." 매트 브레지나는 말한다. "그리고 이렇게 안 되는 경우는 더 비싼 선물을 파는 앱으로 교차 판촉을 실시하여 1년 안에 이익을 내게 만들고 마침내는 3개월 안에 사용자당 이익을 낼 수 있다고 생각했습니다."

매트와 브라이언은 모바일 고객 확보 비용이 너무 높을 뿐만 아니라 추적하기 어렵고 모바일 앱 설치와 실행으로의 전환율은 형편 없이 낮다는 사실을 알게 되었다. 그래서 이들은 포스타그램 서비스를 시작한 지 6개월 후에 잉크카드를 시작했고 가격을 카드당 1.99달러 이상으로 정했다. "교차 판촉을 통해 우리는 포스타그램 사용자의 생애 가치를 약 30% 증가시켰습니다. 그러나 비용 회수 기간은 여전히 우리가 원한 대로 되지 않았습니다."

그래서 신시어리는 세서미 서비스를 시작했는데, 세서미에서는 가격대가 더 높은 선물들을 판매한다. 매트는 말한다. "이제 우리는 광고를 통해 사업이 지속적으로 성장하기를 바라고 있습니다." 그러나 모바일 광고의 비용과 어려움 때문에 신시어리는 바이럴 효과에 상당한 시간을 쏟고 있다. "모바일 광고의 수지타산이 잘 맞지 않기 때문에 어쩔 수 없이 우리는 구전효과를 통해 사업을 키우는 방법에 대해 많은 것을 배웠습니다. 구전효과를 높이기 위해 우리는 사용자들이 카드를 보낸 적 없는 사람들에게도 무료로 카드를 보낼 수 있게 합니다." 신시어리는 이렇듯 바이럴 효과에 초점을 둠으로써 모바일 분야에서 광고 의존도를 줄이고 있다.

요약

- 신시어리는 99센트짜리 맞춤형 엽서를 보낼 수 있는 포스타그램 서비스를 시작했다. 그리고 사업을 키우려면 모바일 광고가 저렴하고 효율적이어야 한다고 생각했다.

- 신시어리는 모바일 광고를 통해 사용자를 확보할 수 있었지만 비용이 너무 높았고(모바일 광고가 측정하기 어렵고 탈퇴율이 너무 높았기 때문이다) 수익성도 좋지 않았다 (고객 생애 가치가 너무 낮았기 때문이다).

- 그래서 이 회사는 잉크카드 서비스를 시작했다. 이 서비스는 포스타그램보다 높은 가격대의 개인 맞춤형 카드를 보내는 서비스로, 고객 생애 가치를 30% 정도 상승시켰지만 투자 회수 기간은 여전히 너무 길었고 고객 생애 가치는 모바일 광고가 비용 대비

> 수익을 내기에는 충분하지 않았다.
> - 신시어리는 세서미기프트 서비스를 시작했는데, 이 서비스를 이용하면 30~50달러 정도의 선물 세트를 지인에게 보낼 수 있다. 창업자들은 이 가격대라면 모바일 광고를 통해 수익을 내며 성장할 수 있기를 바라고 있다. 그리고 이와 동시에 광고 채널에 대한 의존도를 줄이기 위해 바이럴 효과를 통해 성장하는 데 더 힘을 쏟고 있다.
>
> **분석적 교훈**
> 모바일 광고는 생각보다 더 복잡하고 비용이 많이 들며, 사용자 확보 비용을 주의 깊게 추적해야 한다. 또한 사용자 생애 가치뿐만 아니라 사용자 확보 비용 회수 기간도 추적해야 한다. 다양한 채널을 테스트하고 사용자 행동을 추적하라. 그리고 사용자 확보 비용을 낮추는 수단으로 바이럴 효과를 사용하라.

앱 실행 개시율

단순히 앱을 다운로드하는 것으로는 부족하다. 사용자들이 앱을 사용하기 시작해야 하는데, 어떤 사용자들은 한참 후에야 앱을 사용하기 시작한다. 이처럼 실행 개시율 지표는 왜곡되기 쉽다. 앞에서 살펴본 파일 크기 제약의 영향을 받을 수 있을 뿐만 아니라 하나의 계정에 연결된 여러 대의 태블릿과 핸드폰이 앱을 여러 번 다운로드했을 수도 있다. 다시 말해 실행 개시율은 복잡하다.

무료 앱을 다운로드한 사람들은 앱을 그저 가볍게 살펴볼 뿐 특정 게임이나 앱에 열성적이지 않기 때문에 유료 앱보다 실행 개시율이 낮다. 예를 들어 매시브데미지의 대표 게임인 플리즈스테이캄(Please Stay Calm)은 다운로드의 83%가 개시로 이어진다고 한다.

요지

다운로드한 앱의 상당수는 개시로 이어지지 않으며, 무료 앱은 특히 더 그렇다는 사실을 기억하라.

활동 모바일 사용자 비율

비활동성으로 말하자면 첫째 날이 항상 최악이다. 시간이 흐르면서 활동사용자는 조금씩 감소하지만 첫째 날의 감소율은 최대 80%나 될 수 있다. 뒤이어 매일 조금씩 활동사용자가 줄어든다. 어떤 사용자 코호트는 약 한 달 후에 5%만 활동사용자로 남기도 한다.

모바일 분석 전문 업체 플러리Flurry의 2012년 10월 연구 결과에 따르면 20만 개 이상의 모바일 앱을 대상으로 조사한 결과 사용자의 54%만이 앱을 사용하기 시작한 지 한 달 후에도 여전히 앱을 사용하며, 두 달이 지난 후에는 43%만 남고, 세 달이 지나면 35%만 앱을 사용한다고 한다.[1] 앱의 종류에 따라 크게 다르지만 사용자들은 앱을 평균적으로 하루 3.7회 사용했다.

플러리의 조사를 보면 전반적인 인게이지먼트는 높아졌지만(25%에서 셋째 달에 35%로 증가) 사용 빈도는 감소했다는 점(주당 6.7회 사용에서 주당 3.7회 사용으로 감소)에 유의해야 한다. 또한 플러리는 기기의 종류도 참여율에 영향을 준다고 지적한다. 스마트폰 사용자들은 주당 12.9회 앱을 사용하지만 회당 사용시간은 4.1분밖에 되지 않는다. 반면 태블릿 사용자들은 주당 9.5회 앱을 사용하지만 회당 사용시간은 8.2분이다.[2]

요지

앱을 한번 사용해본 사람 중 많은 사람들이 사용을 중단한다고 가정하라. 그러나 초기에 사용자가 급격히 감소하고 나면 사용자 수는 보다 완만하게 줄어들 것이다. 이 사용자 감소 곡선은 앱의 종류, 산업, 사용자들의 인구통계학적 특징에 따라 다르지만 감소 곡선이 항상 존재하므로 몇몇 데이터를 입수하면 이탈률과 사용자 비참여도를 미리 예측할 수 있다.

---

[1] http://blog.flurry.com/bid/90743/App-Engagement-The-Matrix-Reloaded
[2] http://blog.flurry.com/bid/90987/The-Truth-About-Cats-and-Dogs-Smartphone-vs-Tablet-Usage-Differences

돈을 쓰는 모바일 사용자의 비율

만약 여러분의 앱이 유료 버전만 있다면 당연히 모든 사용자가 유료 버전을 사용하겠지만 부분유료화 모델을 운영한다면 개략적으로 사용자의 2%는 유료 버전으로 전환할 것이다.

앱 내 구매[3]가 있는 무료 모바일 게임에 대해 켄 세토는 전반적으로 게이머의 약 1.5%가 게임 내에서 뭔가를 구입한다고 말한다.

게임 내 구매는 전형적인 거듭제곱 법칙[4]을 따르는데, 게임 아이템 구매에 상당히 많은 돈을 쓰는 몇몇 '고래'들이 있는 반면 대다수는 돈을 거의 쓰지 않는다. 모바일 앱의 핵심 성공 요소는 게임의 품질(이것은 게임 평가 점수를 높이고 게임 이용자의 수를 증가시킨다)과 게임 내 구매(이것은 매출을 일으킨다)의 균형을 맞추는 것이다. 멀티플레이어 게임에서 유료 게이머와 무료 게이머 사이의 균형을 유지하는 것은 항상 어려운 과제다.

요지

부분유료화 모델에서는 무료에서 유료로의 전환율 목표를 2%로 하라. 앱 내 구매가 있는 모바일 앱이나 게임은 사용자의 약 1.5%가 뭔가를 구매한다고 가정하라.

일일 활동사용자 평균 매출

일일 활동사용자 평균 매출ARPDAU은 사업 현황과 매출을 매우 상세하게 측정하는 지표다. 대부분의 모바일 게임 개발 업체는 먼저 일일 활동사용자를 증가시킨 다음 사용자로부터 발생하는 매출로 초점을 옮긴다.

슈퍼데이터리서치SuperData Research는 다양한 게임 장르에 대해 ARPDAU 벤치마크

---

[3] 역자주_ in-app purchase, IAP
[4] 역자주_ power law, 멱법칙이라고도 하며 큰 사건은 일어날 확률이 낮고, 일상적인 현상은 일어날 확률이 높다는 법칙이다.

를 발표하고 있다.[5]

- 퍼즐, 돌보기 게임, 시뮬레이션 게임: 0.01~0.05달러
- 숨은 그림 찾기, 토너먼트 게임, 어드벤처 게임: 0.03~0.07달러
- RPG, 도박, 포커 게임: 0.05~0.1달러

다음은 GAMESbrief.com이 게임 업체인 DeNA, 씽킹에이프[A Thinking Ape], WGT 로부터 들은 정보다.

DeNA[6]와 씽킹에이프[7] 두 업체 모두 모바일 게임 대부분의 예상 평균 매출이 0.1달러 이하라고 주장한다. 그러나 WGT의 유치앙 쳉[YuChiang Cheng] CEO는 2012년 로그인 컨퍼런스에서 평균 매출이 0.05달러 이하면 사업성과가 나쁘다는 뜻이고 0.12~0.15달러를 평균 매출 목표로 삼는 것이 좋다고 말했다. 또한 그는 태블릿 사용자의 평균 매출은 스마트폰보다 15~25% 높다고 말했다.

요지

게임의 종류에 따라 적정 지표 값이 크게 다르지만 최소한 0.05달러 이상의 평균 매출을 목표로 하라.

모바일 사용자당 월 평균 매출

이 지표는 사업 모델에 따라 완전히 다르기 때문에 일반화할 수 있는 좋은 방법이 없다. 경쟁 업체들의 서비스 단계와 가격대를 분석해야 하겠지만 여러분이 결과를 측정할 수 있는 한 서비스 초기에 새로운 가격 체계로 업계 구도를 흔들어놓는 것도 나쁘지 않다. 몇몇 업계 관계자들은 모바일 게임의 경우 일일 활동 게이머당 월 3달러, 즉 일 0.10달러의 매출이 평균이라고 말한다.

---

5 http://www.gamesbrief.com/2012/09/arpdau/
6 http://techcrunch.com/2012/06/13/the-1-grossing-game-on-android-and-ios-denas-rage-ofbahamut-has-almost-even-revenues-from-both/
7 http://www.insidemobileapps.com/2011/11/16/a-thinking-ape-interview-kenshi-arasaki/

요지

고객 확보 비용과 마찬가지로 고객 매출은 사업 모델과 여러분이 설정한 수익 목표에 달려 있다. 시장마다 매출의 기준치가 다르다. 그러나 모바일 앱 분야에서는 ARPDAU, 사용자 유지 일수, 앱 설치당 비용을 파악하면 손쉽게 손익을 계산하여 존속 가능한 사업 모델인지 판단할 수 있다.

돈을 쓰는 사용자당 평균 매출

돈을 쓰는 사용자당 평균 매출의 이상적인 기준 값은 정하기가 힘들다. 이것은 운영체제와 앱의 종류(그리고 우리는 여기서 주로 게임에 초점을 둔다)에 따라 크게 다르다.

GAMESBrief.com의 니콜라스 로벨[Nicholas Lovell]은 돈을 쓰는 사용자들을 피라미, 돌고래, 고래의 세 부류로 나눈다.

> 진짜 고래는 엄청난 돈을 쓴다. 소셜 골드[8]는 지출을 가장 많이 하는 사용자군의 생애 가치가 1,000달러가 넘고 그중 일부는 한 게임에 2만 달러가 넘는 돈을 쓴다고 말한다.[9] 그리고 플러리는 미국에서 iOS와 안드로이드 기기에서 앱 내 평균 구매액이 14달러고 매출의 51%는 20달러 이상 규모의 구매에서 발생한다고 말한다.[10]

니콜라스 로벨은 고래, 돌고래, 피라미의 ARPPU를 따로 살펴보라고 권한다.

- 고래: 돈을 쓰는 사용자의 10%, ARPPU 20달러
- 돌고래: 돈을 쓰는 사용자의 40%, ARPPU 5달러
- 피라미: 돈을 쓰는 사용자의 50%, ARPPU 1달러

니콜라스 로벨은 이렇게 말한다. "이 평균 값은 게임에 따라 다릅니다. 게임 플랫폼이나 장르뿐만 아니라 게임 설계의 영향도 받습니다. 고래의 ARPPU가 20달

---

[8] 역자주_ Social Gold, 가상 화폐 플랫폼
[9] http://www.gamesbrief.com/2010/06/whats-the-lifetime-value-of-a-social-game-player/
[10] http://blog.flurry.com/bid/67748/Consumers-Spend-Average-of-14-per-Transaction-in-iOS-and-Android-Freemium-Games

러가 되려면 이 중 일부는 100달러가 넘는 돈을 써야 합니다. 여러분의 게임이 이렇게 될 수 있을까요? 돌고래는 매달 약간의 돈을 계속 지출할 이유가 있어야 합니다. 여러분의 게임이 이런 이유를 제공한다고 생각하나요? 피라미는 돈을 더 쓰도록 바꾸어야 합니다. 어떻게 하면 바꿀 수 있을까요?"

요지

무료 멀티플레이어 게임에서 대부분의 사용자들은 돈을 쓰는 사용자들을 위한 '미끼'에 지나지 않는다는 것을 인식하라. 사용자 생애 주기의 초기에 각 사용자에 대해 일일 게임 시간, 게임 횟수, 게임 안에서 돌아다닌 영역 등 선행 지표를 식별하라. 그러면 이 사용자가 무료 사용자, 피라미, 돌고래, 고래 중 어디에 속하는지 알 수 있다. 그런 다음 이 네 그룹에 맞게 게임 내 판매 방식을 제공해야 한다. 가령 피라미에게는 장식 아이템을, 돌고래에게는 콘텐츠를, 고래에게는 업그레이드를 판매하는 등 그룹에 맞게 마케팅, 가격 정책, 판촉을 적용하라.

모바일 앱의 평가 비율

좋은 평가 점수와 리뷰는 다운로드에 큰 영향을 준다. 그렇지만 사용자가 앱을 평가하도록 만들기는 힘들 수 있다. 앱을 몇 번 사용하고 나면 대부분의 개발 업체는 리뷰를 부탁하는 메시지를 띄운다. 어떤 개발 업체는 평가를 유도하기 위해 리뷰를 부탁하는 메시지가 아닌 다른 메시지를 띄우기도 한다. 예를 들어 한 모바일 앱 개발 업체는 팝업 창에서 "이 앱이 마음에 듭니까?" 또는 "더 많은 특징과 무료 콘텐츠를 보시겠습니까?" 같은 질문을 던진다. 그리고 '예'를 클릭하면 평가 페이지로 넘어간다.

알렉산더 펠리티어-노르망드는 평가의 대가로 보상을 제시하는 메시지나 중립적이지 않은 메시지를 띄우면 앱 마켓이 그 앱을 차단할 수 있다고 경고한다. 그러나 또한 알렉산더는 이렇게 말한다. "사용자들이 인상적인 게임을 펼친 후에 앱을 평가할 수 있는 기회를 적극적으로 제공해야 합니다. 이상적으로는 게임 초기가 좋은데 그래야 더 많은 사람이 게임을 평가할 수 있기 때문이죠. 평가 점수는 앱의 순위 결정에 가장 중요한 요소입니다."

평가율 review rates 은 앱의 가격과 유형에 따라 다르다. 질의응답 사이트 쿼라 Quora 의 한 답변을 보면 어떤 개발자는 가격이 비싼 유료 앱은 평가율이 1.6%이고 저렴한 유료 앱은 평가율이 0.5%라고 말한다. 그리고 무료 체험 앱은 평가율이 0.07%에 불과하다고 한다.[11] 이 답변자가 밝힌 것처럼 xyologic.com 같은 사이트에는 다운로드와 평가 건수에 대한 상세한 데이터가 있으므로 여러분의 사업과 비교해보기 바란다. 무료 게임의 경우 매시브데미지의 다운로드 대비 평가율은 0.73%다.

요지

유료 앱은 평가율을 1.5% 이하로 예상하고 무료 앱은 평가율이 1%보다 훨씬 낮다고 예상하라.

모바일 고객 생애 가치

고객 생애 가치의 일반적인 값을 구할 수 있는 좋은 방법은 없다. 왜냐하면 고객의 지출, 이탈률, 인게이지먼트, 앱 설계 등이 변수로 작용하기 때문이다. 그러나 고객 생애 가치는 사업 모델의 근본적인 요소며 고객 확보 비용이나 현금 흐름 같은 다른 요소의 기반이 된다.

기가옴[12]의 라이언 김 Ryan Kim 은[13] 최근 데이터에 의하면[14] 부분유료화 앱(앱 내에서 사용자가 돈을 주고 뭔가를 사는 앱)이 매출 면에서 프리미엄 앱(유료 버전 앱)을 능가한다고 말한다(그림 24-1 참조).

---

[11] http://www.quora.com/iOS-App-Store/What-percentage-of-users-rate-apps-on-iTunes
[12] 역자주_ GigaOm, IT 매체
[13] http://gigaom.com/mobile/freemium-app-revenue-growth-leaves-premium-in-the-dust/
[14] http://www.appannie.com/blog/freemium-apps-ios-google-play-japan-china-leaders/

그림 24-1 프리미엄 앱은 2010년 이후 정체되고 있다.

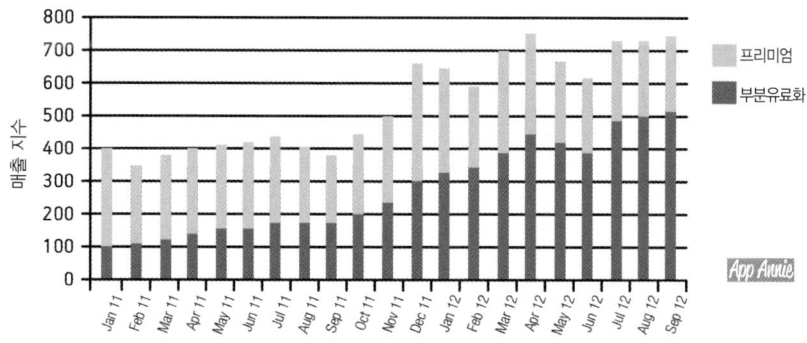

또한 고객 충성도도 생애 가치와 관련이 있으며 고객 충성도는 앱의 종류에 따라 다르다. 플러리는 자사의 분석 도구를 사용하는 모바일 앱을 대상으로 폭넓은 연구 조사를 실시했다(그림 24-2 참조).

그림 24-2 사용자 인게이지먼트는 앱 카테고리에 따라 다르다.

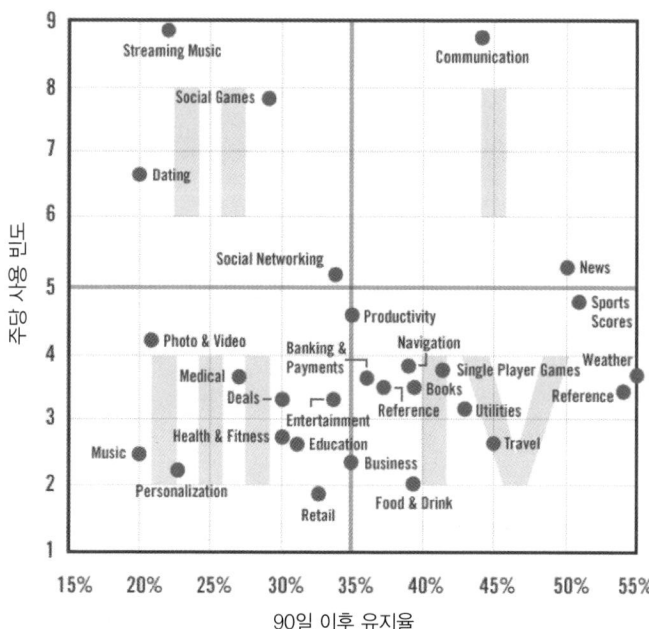

데크크런치의 시라 페레즈Sarah Perez가 지적하듯이 앱 유형을 2차원으로, 즉 얼마나 자주 앱을 사용하는지 그리고 90일 후 사용자 유지율은 얼마인지를 두 축으로 표시하면 다양한 사용자 충성도 패턴을 알 수 있다.[15] 이것은 다음과 같이 사용자 매출을 극대화하도록 가격 전략 수립에 참고할 수 있다.

- 사용자 충성도가 높고 자주 사용되는 앱은 광고, 정기 사용료, 앱 내 콘텐츠가 적합할 수 있다.
- 자주 사용되지만 얼마 후 사용자들이 이탈하는 앱은 어떤 니즈가 충족되고 나면(가령 주택 구매, 게임 완료) 사용되지 않는다. 장기적인 인게이지먼트보다 거래 건당 수수료, 사용자에게 니즈가 다시 발생했을 때 연락할 수 있는 권리 등이 더 중요할 것이다.
- 자주 사용되지 않고 고객 충성도도 낮은 앱은 초기에 '돈을 왕창 벌어야' 한다. 따라서 유료 앱으로 판매하거나 일회성 수수료를 받는 것이 더 좋을 것이다.
- 자주 사용되지는 않지만 고객 충성도가 높은 앱은 상향 판매를 유도하고, 다른 사용자를 초대하도록 장려하며, 사용자들에게 유용한 도구로 계속 남아있게 함으로써 드문드문 발생하는 사용자 활동을 십분 이용해야 한다.

---

15 http://techcrunch.com/2012/10/22/flurry-examines-app-loyalty-news-communication-apps-topcharts-personalization-apps-see-high-churn/

CHAPTER 25

미디어 사이트: 목표 기준

클릭률

(클릭률은 UGC 사이트에도 적용된다)

적절한 곳에 삽입된 적절한 광고는 클릭률이 상대적으로 높겠지만 그렇더라도 심지어 최고의 광고조차도 클릭률이 5%를 넘지 못한다.

CPC 스트래티지[1]는 2012년 연구에서 상위 10개 가격 비교 사이트의 클릭률과 CPC 광고 단가를 발표했다(빙Bing과 더파인드TheFind는 클릭해도 돈을 받지 않는다).[2] 표 25-1을 참조하라.

표 25-1 상위 10개 가격 비교 사이트

가격 비교 사이트	클릭률	CPC 단가
Google	2.78%	상품 검색 기능 및 광고 상품 수정 중[3]
Nextag	2.06%	$0.43
Pronto	1.97%	$0.45
PriceGrabber	1.75%	$0.27
Shopping.com	1.71%	$0.34
Amazon	1.60%	$0.35
Become	1.57%	$0.45
Shopzilla	1.43%	$0.35

---

1 역자주_ CPC Strategy, 온라인 광고 대행 업체
2 http://www.internetretailer.com/2012/05/03/why-google-converts-best-among-comparisonshopping-sites
3 http://mashable.com/2012/09/11/google-shopping-to-switch-to-paid-model-in-october/

Bing	1.35%	해당 사항 없음
TheFind	0.71%	해당 사항 없음

2010년 글로벌 검색 마케팅 전문 업체인 코바리오Covario는 유료 검색의 평균 클릭률이 2%라고 발표했다(표 25-2 참조).

표 25-2 유료 검색의 평균 클릭률

Bing	2.80%
Google	2.50%
Yahoo!	1.40%
Yandex	1.30%

제휴 마케팅 전문가 티터스 호스킨스Titus Hoskins는 자신이 아마존에 보낸 방문자의 5~10%가 물건을 구매하는데, 이것은 다른 제휴 플랫폼에서 발생하는 매출보다 상당히 높은 금액이라고 말한다.[4] 또한 아마존 및 다른 일반 온라인 쇼핑몰은 전문 쇼핑몰보다 제휴 파트너에 수수료를 더 후하게 지불하는데 제휴 사이트를 통해 들어온 방문자가 구매한 전체 금액에 대해 일정 비율을 제휴 사이트에 수수료로 지불하기 때문이다. 따라서 방문자를 아마존에 보내어 책을 사게 했고 그 구매자가 식료품도 구매하면 보낸 사이트는 구매자의 식료품 구입 금액의 일부도 받는다. 그러므로 제휴 사이트는 아마존이 수익성이 더 좋기 때문에 아마존 광고를 눈에 더 잘 띄게 싣는다.

데릭 제토는 아마존의 구매 전환율이 높기 때문에 제휴 사이트가 아마존으로 트래픽을 많이 보낸다고 생각한다. 아마존은 제휴 프로그램의 높은 수수료와 비교적 짧은 쿠키 주기를 잘 조합하고 있다. 따라서 아마존 구매자가 제휴 링크를 클릭하고 24시간 내에 물건을 구매해야 제휴 사이트가 아마존으로부터 수수료를 받을 수 있다.

---

[4] http://www.sitepronews.com/2011/12/30/what-amazon-shows-us-about-achieving-higherconversion-rates/

ARF[5]에서 실시한 테스트에서 아무 내용도 없는 텅 빈 광고의 클릭률이 0.08%였다는 것을 기억하라. 따라서 클릭률이 이보다 낮다면 틀림없이 뭔가 잘못되었다는 의미다.

요지

대부분의 웹페이지 광고 클릭률은 0.5~2%다. 클릭률이 0.08% 이하면 심각한 문제가 있다.

세션 대 클릭 비율

(세션 대 클릭 비율은 UGC, 전자상거래, 양면 마켓플레이스 사업에도 적용된다)

검색엔진 링크나 광고를 클릭하면 그중 4~6%는 사이트에 도달하지 않는다. 웹사이트 성능과 작동 시간을 개선하면 이 비율이 줄어들겠지만 이렇게 하려면 감시 시스템과 시스템 조율이 지속적으로 필요하고 그 결과 새 기능을 추가하거나 실험을 하기 힘들 수도 있다. 제품/시장 적합성을 찾기 전까지는 이 지표를 개선하려고 많은 노력을 기울일 필요가 없을 것이다.

요지

사용자가 링크를 클릭해도 그중 약 5%는 웹사이트에 도달하지 않는다. 여기에 대응하라. 만약 웹사이트의 흡인력이 충분히 높으면 방문자들은 다시 시도할 것이다.

리퍼러

미디어 사이트는 리퍼러 사이트를 통해 트래픽이 발생한다. 그러나 모든 리퍼러 Referrers가 똑같지는 않다. 분석 전문 업체 차트비트는 일군의 웹사이트를 기술 및

---

5 역자주_ Advertising Research Foundation, 미국광고연구재단

정치 관련 리퍼러와 페이스북, 트위터 등 소셜 기반 리퍼러로 구분하고 이 두 그룹을 대상으로 비교 분석을 실시했다.[6] 전체 분석 대상 웹사이트로부터 추가로 발생한 동시 사용자 수는 최대 70명이었고 2주 동안 리퍼러가 보낸 사용자들은 총 9,510분 동안 사이트를 이용했다.

소셜 사이트에서 발생한 트래픽의 참여도는 훨씬 낮았다. 페이스북을 통해 들어온 동시 사용자 수는 평균 51명이 최대였고 활동시간은 2,670분이었다. 트위터는 동시 사용자 수가 최대 28명, 활동시간은 917분이었다. 차트비트의 조슈아 슈워르츠는 이렇게 말한다. "소셜 사이트를 통해 들어온 사용자들의 활동시간이 전체 평균보다 낮은 것을 보면 소셜 리퍼러를 통한 트래픽 증가는 지속력이 없음을 알 수 있습니다. 리퍼러를 통한 트래픽 증가가 한동안 계속 유지될 수도 있지만 소셜 리퍼러를 통한 트래픽 증가는 단기간에 그칠 가능성이 높습니다."

요지

가장 유익한 트래픽이 어떤 웹사이트를 통해 발생하는지, 그리고 이런 트래픽은 어떤 주제에 대한 것인지 파악하고 이런 리퍼러 사이트와 주제를 중심으로 여러분의 웹사이트를 육성하라. 실험을 할 때는 플랫폼에 따라 분류하라. 가령 페이스북 팬들은 트위트 팔로어들과는 다른 종류의 콘텐츠를 원한다.

사용시간

방문 횟수나 페이지뷰를 측정하면 트래픽이 얼마나 발생했는지 알 수 있지만 방문자들이 실제로 콘텐츠를 보면서 얼마나 시간을 보냈는지는 알 수 없다(*페이지별 체류시간*이라고도 부른다). 브라우저는 페이지의 스크립트를 이용해 이 데이터를 입수할 수 있다.

---

[6] 분석 대상에 포함된 웹사이트는 TechCrunch.com, Wired.com, HotAir.com, Drudge.com, RealClearPolitics.com, TheDailyBeast.com, HuffingtonPost.com, Engadget.com, TheNextWeb.com, AllThingsD.com, PandoDaily.com, Verge.com, VentureBeat.com, Gawker.com, Jezebel.com, Mashable.com, Cracked.com, Buzzfeed.com이다.

우리는 차트비트에 이 '체류시간' 지표를 사이트 유형별로 분류해달라고 부탁했다. 당연하게도 미디어 사이트, 전자상거래 사이트, SaaS 사이트는 사용 패턴이 서로 다르기 때문에 체류시간이 상당히 달랐다. 차트비트의 데이터는 익명 분석에 동의한 고객들로부터 수집되었고, 그림 25-1에 나타내었다.

그림 25-1 미디어 사이트에서는 오래 머무르고 SaaS 사이트에서는 빨리 움직인다.

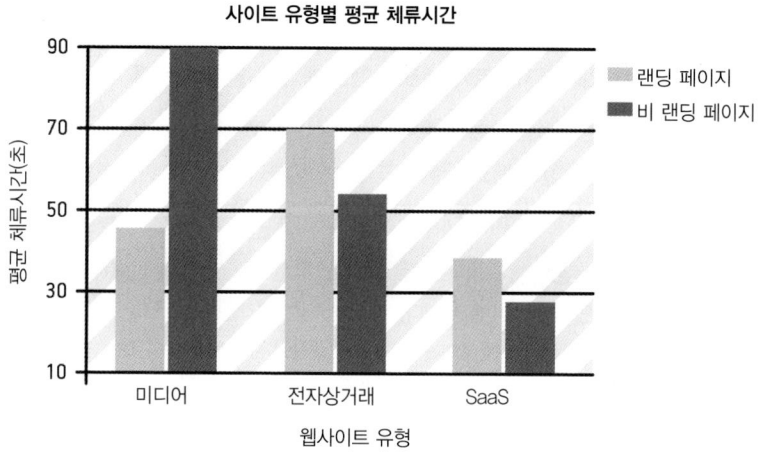

차트비트는 미디어 사이트의 랜딩 페이지에서의 평균 체류시간이 47초밖에 안 되지만 비 랜딩 페이지에서의 평균 체류시간은 90초라는 사실을 알게 되었다. 이 숫자는 앞에서 살펴본 평균치와 상당히 다르다(랜딩 페이지의 경우 61초, 비 랜딩 페이지의 경우 76초). 특히 SaaS 사이트는 페이지별 체류시간이 짧았다. SaaS 사이트의 목적이 사용자들이 무사히 업무를 완수하고 생산성을 높일 수 있도록 만드는 것이라면 이것은 당연하다고 볼 수 있다.

조슈아는 이렇게 말한다. "더 많은 분석을 실시할수록 체류시간이 미디어 사이트에 특히 중요하다는 사실을 깨닫게 됩니다. 많은 관심과 방문을 받는 것도 중요하지만 만약 방문자들이 즉시 사이트를 떠나버리면 별로 도움이 되지 않습니다. 따라서 지표로서 체류시간은 미디어 사이트의 콘텐츠 품질을 반영해줍니다."

요지

미디어 사이트는 콘텐츠 페이지에서의 체류시간을 90초 이상 유지하는 것을 목표로 해야 한다. 단, 랜딩 페이지에서의 이용시간이 길 것이라고 기대하지는 말라(혹은 목표로 하지는 말라). 왜냐하면 사용자들이 원하는 콘텐츠를 빨리 찾고 그 콘텐츠를 더 상세히 보는 편이 좋기 때문이다.

> | 패턴 | **사이트 인게이지먼트가 목표와 행동에 대해 알려주는 것**
>
> 평균적으로 사람들은 어떤 웹페이지에 약 1분 정도 머무르는데, 이것은 사이트 유형에 따라 크게 다르고 한 사이트 안에서도 페이지에 따라 크게 다르다. 그렇다면 이 정보를 어떻게 사용할 수 있는가?
>
> - **아웃라이어를 살펴보라.** 조슈아는 다음과 같이 말한다. "특정 페이지에 방문자는 많고 체류시간은 짧다면 사람들이 빨리 떠나는 이유에 대해 생각해봐야 합니다. 이들이 다른 것을 기대하고 이 페이지에 들어왔는지? 화면 구성이 잘못 되었는지? 또는 단지 그 페이지는 사용자들이 오래 머물도록 제작된 페이지가 아니기 때문인지?"
> - **좋은 콘텐츠는 널리 알려라.** 만약 어떤 페이지가 체류시간은 긴데 방문자는 적다면 더 많은 사용자에게 알리는 것을 검토해야 한다.
> - **페이지의 목적을 실제 인게이지먼트와 일치시켜라.** "만약 전자상거래 사이트를 운영한다면 랜딩 페이지의 체류시간이 짧아야 한다. 그러나 신문 같은 편집성 콘텐츠를 제작한다면 기사 페이지에서 사용자들이 시간을 많이 보내도록 해야 한다"라고 조슈아는 말한다.

공유

(공유는 UGC 사이트에도 적용된다)

공유는 바이럴 효과 중에서 구전의 형태다. 2012년 3월 버즈피드[7]의 존 스타인버그Jon Steinberg와 스텀블어폰[8]의 잭 크라브지크Jack Krawczyk가 쓴 〈애디지Adage〉 기사는

---

7 역자주_ Buzzfeed, 미국 소셜 미디어 전문 매체
8 역자주_ StumbleUpon, 웹사이트 검색 및 공유 서비스 제공 업체

인기 있는 이야기가 얼마나 널리 공유되는지 다루고 있다.[9] 다른 많은 지표처럼 여기에는 강력한 거듭제곱 법칙이 적용된다. 거의 대부분의 이야기는 소수의 사람들과 공유되었고 아주 일부 이야기만 널리 공유되었다. 페이스북에서 지난 5년 간 가장 많이 공유된 상위 50개 이야기는 수십만 명, 심지어 수백만 명이 조회했다.

그러나 이런 예외가 있음에도 조회 수의 중간 값은 9였다. 이것은 일반적으로 어떤 이야기가 공유될 때면 9명만 그것을 조회한다는 의미다. 다시 말해 대부분의 공유는 친밀하고 가까운 사람들 사이에서만 발생한다. 트위터에서 이 중간 값은 5이다. 인기 있는 링크를 공유하는 레딧은 링크를 공유하는 중간 값이 36이다.

스텀블어폰은 45일 동안 발생한 550만 건의 공유 활동을 살펴보고 나서 사용자들이 가까운 사람들과 (다른 스텀블어폰 사용자 또는 이메일을 통해) 메시지를 공유하는 비율이 스텀블어폰 사이트에 메시지를 올려 불특정 다수와 널리 공유하는 비율의 두 배라고 결론내렸다.

요지

몇몇 주목할 만한 예외는 있지만 스타인버그와 크라브지크는 어떤 메시지가 널리 공유되는 것은 한 사람이 상당히 많은 사람에게 메시지를 보내는 행동의 결과이기보다는 몇몇 동료나 친구들 사이에 소규모로 공유하는 행동이 급증한 결과라는 결론을 내렸다.

| 사례 연구 | **JFL Gags, 유튜브를 이기다**

1983년 이래로 매년 여름이면 전 세계 코미디언들이 JFL[Just For Laughs] 페스티벌에 참가하기 위해 몬트리얼로 모인다. 현재 이 페스티벌은 세계 최대의 국제 코미디 페스티벌이다.

2000년 무성 '몰래 카메라' 프로그램인 JFL Gags가 TV에서 방영되기 시작했다.

---

[9] 존 스타인버그 버즈피드 회장과 스텀블어폰의 잭 크라브지크는 소셜 플랫폼에서의 공유 행동에 대해 살펴보았다. http://adage.com/article/digitalnext/content-shared-close-friends-influencers/233147/을 참조하기 바란다.

여러분도 이 프로그램을 시청한 적이 있을지도 모르겠다. 이 프로그램은 짧은 데다 말이 없어서 글로벌 시장뿐만 아니라 비행기나 다른 공공장소에서 상영하기에도 적합하다.

우리는 JFL의 디지털 담당 이사인 카를로스 파체코Carlos Pacheco와 함께 JFL Gags의 유튜브 채널인 Gags TV[10]에 대해 이야기를 나누었다.

기존 판매 채널의 퇴조

"최근까지 Gags TV 시리즈는 TV 방송국이 예전부터 해왔던 방식으로 제작비를 주로 조달했습니다(그리고 수익이 발생했습니다)." 카를로스는 설명한다. "새 시즌이 시작되면 TV와 디지털 판권을 지역 TV 방송국과 해외 TV 방송국에 판매합니다. 이런 식으로 12년 동안 시리즈가 계속 제작되었습니다." 그러나 최근에 제작자들은 판권 가격이 떨어지고 있다는 사실을 알게 되었다. 기본적으로 TV 방송국들이 더 이상 과거만큼 가격을 지불하려고 하지 않았다.

이 쇼는 2007년부터 유튜브 채널을 운영해왔지만 콘텐츠가 별로 없었고 정기적으로 관리하지도 않았다. 원래 계획은 어도비 플래시 기반의 전용 웹사이트를 만들어 스탠딩 코미디와 Gags TV 콘텐츠를 비롯한 JFL 콘텐츠를 소개하는 것이었다. 카를로스는 이렇게 말한다. "이 계획이 수포로 돌아가자 Gags 팀은 유튜브에 집중하기로 결정했습니다. 이 채널은 2009년부터 유튜브 파트너였지만 2011년 초가 되어서야 유튜브에 올린, 몇 안 되는 동영상에서 매출이 발생한다는 사실에 제작자들이 주목하게 되었습니다." 동영상을 더 많이 올리면 매출이 더 많이 발생할 것이라는 생각으로 이 팀은 2,000개가 넘는 익살스런 동영상 클립을 유튜브에 올렸다.

처음부터 Gags는 TV에 맞는 형식, 다시 말해 12~14개의 개그 코너로 구성된 30분 길이의 쇼(중간 광고 포함)였다. 유튜브에서 30분이라는 제약은 사라졌다. [30분 길이의 쇼 전체보다] 개그 코너 하나 분량이 웹에 더 적합했다. "우리는 특별한 전략 없이 2,000개가 넘는 동영상을 올렸습니다." 카를로스는 말한다. "그러나 2,000개의 동영상 중 몇몇은 주목을 끌고 입소문을 타서 채널이 성장하는 데

---

10 역자주_ http://www.youtube.com/user/JustForLaughsTV

도움이 되었고 2012년 초부터 광고 매출도 상당히 증가했습니다."

광고 균형 잡기

유튜브에서 콘텐츠 소유자는 몇 가지 방식으로 광고를 운영할 수 있다. 이들은 동영상 위에 클릭 가능한 링크를 삽입할 수 있다. 그리고 동영상 전후와 중간에 화면 광고를 삽입할 수도 있다. 또한 콘텐츠 제공자들은 광고 건너뛰기가 가능한지 아닌지도 결정할 수 있다. 광고 전략은 매우 중요한데, 노출과 광고가 많을수록 매출(사용자 참여당 광고 단가cost per engagement, CPE로 측정되며 광고 노출에서 발생한 매출)도 증가하지만 시청자들이 이런 광고를 외면할 수도 있다.

처음에 Gags 팀은 일일 조회 수와 매출에만 집중했다. 이제 이들은 동영상당 시청시간, 트래픽 발생 경로, 재생 지역, 인구통계학적 특징, 주석, 시청자 유지 등을 주시하면서 훨씬 정교한 분석을 실시하고 있다. 한 가지 중요한 목표는 사람들이 어느 지점에서 시청을 중단하는지 분석하는 것인데, 카를로스는 적절한 동영상 형식을 결정할 때 이를 참고한다.

카를로스는 말한다. "예를 들어 몇 달 전 우리는 웹 전용의 '베스트 Gags' 동영상을 제작하기 시작했습니다. 처음에는 이 동영상마다 10~15초 분량의 도입용intro 애니메이션을 삽입했습니다. 그러나 시청자 유지 지표를 보자 30%가 첫 15초 안에 시청을 중단한다는 사실을 알 수 있었습니다. 그래서 우리는 처음에 업로드한 동영상을 수정하여 인트로 애니메이션을 제거했습니다. 시청자들이 재생 버튼을 누르자마자 원하는 콘텐츠를 바로 볼 수 있게 만든 거죠."

처음에 Gags는 콘텐츠 위에 겹쳐 나타나는 오버레이 광고만 사용했다. 후에 이 팀은 트루뷰 프리롤TrueView pre-roll 광고라는 건너뛸 수 있는 유튜브 광고를 추가했다. 그 결과 전반적인 CPE가 증가했지만 성장이 위축되지는 않았다. "우리 콘텐츠는 짧기 때문에 트루뷰 광고가 아닌 다른 광고를 콘텐츠 앞에 삽입하고 싶지 않았습니다. 팬들이 1~2분짜리 개그 동영상을 보려고 1분짜리 광고를 보고 싶어 하지는 않는다는 것을 알고 있었거든요." 카를로스는 이렇게 말한다. 이 팀은 리비전3Revision3 같은 유튜브 TV 채널을 이용해 실험했고 좋은 결과를 얻었다.

2012년 초 유튜브는 추천 동영상을 결정할 때 길이가 긴 콘텐츠에 높은 우선순위를 줄 것이라고 발표했다. Gags 팀은 다른 콘텐츠 제작자들이 TV 에피소드 전체 분량을 업로드하는 것을 봐왔기 때문에 자르지 않은 에피소드의 전후와 중간에 광고를 넣어 실험할 수 있는 좋은 기회라고 생각했다.

실험 결과, 긴 형식도 효과가 있지만 짧은 동영상이 더 낫다는 사실이 밝혀졌다.

- 긴 형식의 동영상이 업로드되고 첫 24시간 후의 조회 수는 2분짜리 동영상과 거의 같은 수준인 평균 3만~4만회를 기록했다.
- 긴 형식의 동영상 한 편당 광고 매출은 2분짜리 동영상의 5배였다. 이 수치는 좋아 보이지만 긴 형식은 약 12편의 짧은 동영상 클립으로 구성되므로 실제로는 짧은 동영상보다 수익성이 낮은 셈이다.
- 긴 형식의 동영상 에피소드는 더 오랜 기간에 걸쳐 시청되었다. 즉, 짧은 동영상보다 더 오랜 기간 동안 평균 일일 조회 수가 더 높았다.
- 시청자 유지율은 평균 일일 조회 수와는 다른 양상을 보였다. 긴 형식의 에피소드에는 도입부가 있고 더 길기 때문에 시청자의 40%가 중간에 시청을 중단했다. 반면에 짧은 동영상은 시청자의 15%만 중간에 시청을 중단했다.

채널 내 판매

지금까지 Gags 팀은 채널을 통해 물건을 팔려고 시도한 적이 없다. 현재 Gags 팀은 동영상 및 심지어 동영상에 나오는 음악을 구매하겠다는 요청을 받고 있다. 카를로스는 이렇게 말한다. "매일 4백만 건 이상 노출이 발생한다는 점을 감안할 때 지금 우리는 엄청난 기회를 놓치고 있습니다. 매일 4~5백만 명이 우리 가게로 걸어 들어오는데 살 물건이 하나도 없는 것입니다. 디지털 유통 업체와의 제휴뿐만 아니라 유튜브 승인을 얻은 쇼핑몰과 제휴해(이렇게 하면 주석에 쇼핑몰 링크를 걸 수 있습니다) 물건을 판매하여 이런 상황을 바꾸는 것이 나의 목표입니다."

제재할 것인가 말 것인가

Gags는 업로드하는 모든 콘텐츠의 저작권을 보유하고 있다. Gags의 콘텐츠는 바이럴 효과가 있고 많은 사람이 즐기고 있으므로, 복사하고 수정하는 사람들 역시 많다. 그러나 JFL은 디지털 밀레니엄 저작권법Digital Millennium Copyright Act, DMCA에 의거한 제재 조치를 취하지 않는다. 그 이유는 한편으로는 신규 시장에 입소문이 퍼지도록 만들기 위해서다. 카를로스는 이렇게 말한다. "Gags 팬이 편집한 콘텐츠를 자기 개인 유튜브 계정에 올리면 업로드한 사람이 속한 특정 시장에서 입소문을 탑니다. 그러면 우리가 생각지도 못했던 시장으로 우리 브랜드와 시청자를 확장할 수 있습니다."

그러나 이런 동영상을 제재하지 않는 또 다른 이유가 있다. 수익성 때문이다. 카를로스 파체코는 이렇게 말한다. "어떤 사람이 자기 개인 유튜브 채널에 우리 콘텐츠를 올리면 우리는 콘텐츠 관리 시스템에서 이 사실을 확인할 수 있습니다. 그리고 콘텐츠를 내리게 할 것인지 아니면 우리의 지적재산권을 회복하고 업로드된 콘텐츠에서 수익을 올릴 것인지 선택할 수 있습니다. 거의 대부분의 경우 우리는 콘텐츠에 대한 우리의 재산권을 회복하고 사용자가 만든 동영상에서 수익을 올립니다."

유튜브에 초점을 두기로 결정한 이후 이 유튜브 채널은 급격히 성장하고 있다. 카를로스는 말한다. "평균적으로 말해 지난해에 전체 월 조회 수의 40~50%가 사용자가 편집, 제작한 Gags 동영상 10만 건에서 발생했습니다. 나는 우리 콘텐츠를 무단으로 짜깁기한 2시간 분량의 동영상 조회 수가 수백만 회에 달하는 것을 본 적이 있습니다. 우리는 엄두도 내지 못 했던 일입니다."

비록 팬들이 만든 동영상이 Gags의 원래 콘텐츠보다 사용자 참여당 매출은 낮지만 조회 수 자체만 보면 전체 광고 매출의 상당한 비중을 차지한다. 카를로스는 말한다. "나는 팬들이 동영상을 편집하는 방식도 관심 있게 보고 있습니다. 혹시 우리가 배워서 따라할 만한 게 있을까 싶어서요. 우리가 만든 것보다 사용자들이 편집한 동영상의 조회 수가 더 높을 때가 종종 있거든요."

완전히 새로운 기회

카를로스는 Gags가 유튜브에서 JFL 페스티벌의 웹 마케팅이나 소셜 미디어 채널과 완전히 무관하게 성장해왔다고 말한다. 2012년 2월 이전까지 Gags는 공식 페이스북 페이지, 트위터 계정, 웹페이지가 없었다. 카를로스는 말한다. "물론 Gags 성장의 핵심 성공 요소는 10년 넘게 100개국 이상에서 TV로 방영되고 있다는 점입니다. 그렇지만 최근까지 온라인 활동은 거의 전무했습니다."

처음에 프로듀서들은 웹에 콘텐츠를 전부 올리면 TV 판매가 줄어들지도 모른다고 생각했다. 그러나 그런 일은 일어나지 않았다. 기존에는 도달하지 못했던 새로운 시장이 Gags를 알게 되면서 TV 매출은 사실 *증가*했고 다른 온라인 콘텐츠 제공 업체에서 새로운 수익 창출 기회를 제안하는 일도 많아졌다.

카를로스는 말한다. "지난 12개월 간 유튜브 채널에서 거둔 성공 덕분에 Gags를 둘러싼 상황이 바뀌었습니다. 프로듀서들은 더 이상 TV나 케이블 방송국의 눈치를 볼 필요가 없어졌습니다. 게다가 이제는 유튜브 채널처럼 제작비를 조달할 수 있는 기회와 함께 우리 같은 제작자들이 완전히 새로운 온라인 자산을 구축할 공간이 생겼습니다. 우리는 이 기회를 진지하게 주시하고 있습니다."

Gags 동영상은 대부분 무성으로 제작되었기 때문에 국경, 문화, 언어를 초월할 수 있었다. 카를로스는 이것이 브랜드 확장에 큰 도움이 되었다고 생각한다. "우리의 메인 채널은 몇 달 뒤면 조회 수가 10억 건을 돌파할 겁니다. 그리고 사용자 제작 콘텐츠까지 합친 전체 조회 수는 거의 21억 회 이상 될 겁니다."

요약
- JFL Gags는 웹에 적합한 짧고 인기 있는 코미디 동영상을 제작한다.
- Gags의 유튜브 채널은 자체 제작 콘텐츠와 사용자가 제작한 편집 동영상 두 가지 모두를 통해 매출을 올린다.
- 긴 도입부가 없는 짧은 동영상이 길이가 긴 동영상보다 수익성이 더 좋다는 점이 밝혀졌다.

분석적 교훈
때로는 뭔가를 처음부터 구현하는 것보다 누군가의 플랫폼 위에서 구현하는 것이 더 좋을 수도 있다. 그리고 사용자 제작 콘텐츠가 미디어 사이트의 수익성 높은 매출 모델이 될 수도 있다. 특히 사용자들이 만든 콘텐츠를 보고 배우고 따라해볼 수 있을 때는 더 도움이 된다. 중요한 것은 인게이지먼트를 측정하고 매체에 맞게 콘텐츠를 최적화하는 것이다.

CHAPTER 26

사용자 제작 콘텐츠: 목표 기준

콘텐츠 업로드 성공률

(콘텐츠 업로드 성공률은 양면 마켓플레이스에도 적용된다)

웹사이트에서 어떤 사용자 행동이 성공의 핵심 요소라서 여러분이 사용자에게 기대하는 행동이 있다면 그 행동을 추적하고 최적화할 수 있는 퍼널이 존재한다. 예를 들어 페이스북에서 사진 공유는 가장 흔한 사용자 행동 중 하나다. 2010년 페이스북의 애덤 모세리Adam Mosseri는 페이스북의 사진 업로드 퍼널에 대한 데이터를 일부 공개했다.[1]

- 전체 사용자의 57%는 '사진/동영상 추가' 버튼을 클릭하여 사진 파일을 찾고 선택할 수 있다.
- 전체 사용자의 52%는 '사진/동영상 업로드' 버튼을 찾을 수 있다.
- 전체 사용자의 42%만이 성공적으로 사진을 업로드한다.

성공률은 정의하기 까다로울 수 있다. 예를 들어 과거에 페이스북 사용자의 85%는 앨범에 올릴 사진을 단 한 장 선택했는데, 이것은 페이스북의 사진 정리 방식 면에서 바람직하지 않았다. 그래서 개발자들은 사용자들이 여러 장의 사진을 더 쉽게 선택할 수 있도록 한 단계를 더 추가했다. 그랬더니 사진이 한 장만 담겨 있는 앨범 비율이 40%로 감소했다.

---

[1] http://blog.kissmetrics.com/analytics-that-matter-to-facebook/

요지

분명한 수치는 없지만 만약 콘텐츠 생성 기능(가령 사진 업로드)이 앱 사용의 핵심이라면 모든 사용자가 그 기능을 수행할 수 있을 때까지 최적화하고, 오류 발생 조건을 꼼꼼하게 추적하여 문제가 발생하는 원인을 파악해야 한다.

일일 웹사이트 체류시간

(일일 웹사이트 체류시간은 미디어 사이트에도 적용된다)

소셜 네트워크와 UGC 사이트에는 놀라울 정도로 일관된 규칙이 하나 있다. 우리가 조사한 많은 업체를 보면 사용자들의 평균 체류시간은 일평균 17분이었다. 테크스타 창업지원 프로그램에 참가하고 있는 회사 중에도 몇몇 회사가 최근 데모데이demo day 행사에서 이 숫자를 언급했다. 또한 레딧도 평균적인 사용자가 레딧에서 매일 이 정도 시간을 보낸다고 말한다. 한 연구 결과를 보면 핀터레스트 사용자는 매일 사이트에서 14분을 보내고, 텀블러Tumblr 사용자는 하루 21분, 페이스북 사용자는 하루에 한 시간을 페이스북 사이트에서 보낸다.[2]

요지

방문자들이 여러분의 사이트에서 하루 17분을 보낸다면 흡인력이 매우 좋다는 의미다.

| 사례 연구 | **레딧(1) – 링크에서 커뮤니티까지**

레딧은 폴 그레이엄의 창업지원회사인 Y컴비네이터의 첫 프로그램에 참가했던 회사로서 시작은 초라했지만 지금은 트래픽이 가장 많은 웹사이트 중 하나로 성장했다.

레딧은 단순한 링크 공유 사이트로 출발했지만 시간이 흐르면서 상당히 바뀌었다.

---

2 http://tellemgrodypr.com/2012/04/04/how-popular-is-pinterest/

레딧의 첫 직원이자 인프라 운영을 담당하는 제레미 에드버그Jeremy Edberg는 이렇게 말한다. "'어떤 기능을 넣으면 멋질까?'하고 그저 우리끼리 앉아서 생각한 끝에 만든 기능이 많았습니다. 서비스를 처음 시작했을 때는 링크를 공유하고 링크에 대해 투표하는 기능밖에 없었습니다. 댓글을 다는 아이디어는 [레딧 공동창업자인] 스티브 허프만Steve Huffman이 몇몇 링크에 댓글을 달고 싶다는 생각에서 탄생한 아이디어였습니다."

댓글 기능이 추가된 후에도 레딧에는 토론을 시작할 수 있는 방법이 없었다. 그래서 사용자들은 토론할 수 있는 방법을 스스로 발견했다. 댓글을 이어다는 것, 그 자체로 토론이 된 것이다. 이것을 본 레딧은 셀프 포스트Self-post 기능을 추가했는데, 이 기능을 이용하면 웹사이트 링크를 올리지 않고도 대화를 시작할 수 있었다. "우리가 처음 셀프 포스트 기능을 추가한 것은 사용자들이 우리 사이트에서 나름대로 방편을 고안해 이미 실행하고 있는 것에 우리가 반응을 보인 것처럼 되고 말았습니다. 그래서 우리는 이 기능을 더 쉽게 이용할 수 있게 해야겠다고 생각했죠"라고 제레미 에드버그는 말한다. 마크 앤더슨은 "진짜 잠재 고객이 많이 있는 좋은 시장에서는 시장이 스타트업으로부터 제품을 이끌어낸다"고 말한 바 있다.³ 레딧은 이것의 좋은 예다. 이제 셀프 포스트는 레딧의 중추 역할을 하며 상호작용하는 사용자들의 커뮤니티를 조성하고 있다. "요즘은 사람들이 링크보다 셀프 포스트를 더 많이 올립니다."

레딧에는 열정적이고 참여도가 높은 커뮤니티가 있고 레딧의 시스템은 의견을 입수하기 좋게 설계되어 있다. "사이트 전체가 의견을 말하도록 되어 있어 사용자들이 직접적인 의견을 올리기가 매우 쉽고 레딧으로서는 어떤 의견이 중요한지 파악하기가 아주 쉽습니다"라고 제레미는 말한다. 그러나 그는 사용자의 의견에 귀 기울이는 것만으로는 부족하다고 한다. 사용자들이 무엇을 하는지 주시해야 한다는 것이다. "심지어 레딧에 대한 의견이더라도 직접적인 의견에는 사용자들의 진정한 생각이 정확하게 반영되지 않습니다. '말보다 행동이 중요하다'는 말은 사업에도 마찬가지로 적용됩니다. 사용자들의 행동에 따라 사업을 운영해야 합니다."

---

3 http://www.stanford.edu/class/ee204/ProductMarketFit.html

> **요약**
> - 레딧은 단순한 링크 공유에서 댓글 달기로, 그리고 토론 플랫폼으로 진화했다. 사용자들이 레딧을 어떻게 사용하는지 관찰한 결과였다.
> - 목소리가 큰 사용자가 의견을 많이 내더라도 사용자들의 실제 행동을 관찰하는 것이 중요하다.
>
> **분석적 교훈**
> 최초의 특징과 핵심 기능, 가령 레딧의 경우 링크 공유와 같은 기능 외에 지나치게 많은 것을 구현하면 좋지 않지만 활동을 잘 관찰하면 어떤 기능을 더 구현할 필요가 있는지 알게 될 수도 있다. 레딧은 처음에는 기본 기능만 제공했지만 사용자들이 사이트를 쉽게 확장할 수 있게 만들었고, 그런 다음 가장 활발한 활동을 보고 추가할 기능을 알아내어 이것을 구현했다.

인게이지먼트 퍼널의 변화

웹 사용성web usability 전문 컨설턴트인 제이콥 닐슨Jakob Nielsen은 온라인 사용자 집단에서 90%는 콘텐츠를 소비하기만 하고, 9%는 가끔씩 활동하며, 1%가 활발하게 활동한다는 사실을 발견했다.[4] 이 수치를 보면 사용자 참여 퍼널에 거듭제곱 법칙이 작용한다는 것을 알 수 있다. 웹 이전의 컴퓨서브, AOL, 유즈넷Usenet 같은 온라인 포럼에도 이런 패턴이 있었다. 표 26-1은 제이콥의 추정치를 보여주고 있다.

표 26-1 제이콥 닐슨의 인게이지먼트 추정치

플랫폼	콘텐츠 소비	가끔 활동	자주 활동
유즈넷	?	580,000	19,000
블로그	95%	5%	0.1%
위키피디아	99.8%	0.2%	0.003%
아마존 리뷰	99%	1%	Tiny
페이스북 기부 앱	99.3%	0.7%	?

---

[4] http://www.useit.com/alertbox/participation_inequality.html을 참조하라. 여기에는 참여 불균형을 개선할 수 있는 좋은 팁이 많이 있다.

닐슨에게는 읽기만 하는 사람들lucker도 참여하게 하는 방법이 몇 가지 있다. 예를 들면 참여하기 쉽게 만들거나 사이트를 이용하면 저절로 참여하는 결과가 되도록 만드는 것이다. 가령 링크 공유 사이트라면 사용자가 링크를 평가하지 않아도 사용자가 링크를 살펴보는 시간을 측정해서 그것을 링크 품질을 측정하는 지표로 이용할 수 있다. 사용자의 기여와 인게이지먼트를 높이려는 시도는 어떤 것이든 테스트할 가설이 될 수 있다.

웹 사용이 우리의 일상이 되면서 닐슨의 수치는 바뀌고 있다. 온라인상의 인게이지먼트에 대한 2012년 BBC 연구에 의하면 영국 온라인 사용자의 77%는 어떤 식으로든 온라인 활동에 참여하는데, 이는 어디서나 인터넷을 사용할 수 있고 사진 한 장을 올리거나 상태를 업데이트하기만 해도 손쉽게 참여할 수 있기 때문이다.[5]

알티미터그룹Altimeter Group의 쉘린 리Charlene Li는 인게이지먼트에 대한 많은 연구를 수행했다. 그녀의 인게이지먼트 피라미드engagement pyramid는 몇 가지 유형의 사용자 활동을 상세히 보여주고 있다. 저서 『쉘린 리 오픈 리더십: 공유하고 소통하고 개방하라』에서 쉘린 리는 〈2010년 글로벌 웹 인덱스 소스 2010 Global Web Index Source〉를 인용하고 있는데, 이 보고서는 여러 나라의 웹 사용자들을 대상으로 이들이 온라인에서 어떤 종류의 참여 활동을 하는지 조사한 것이다.[6] 응답자의 약 80%는 콘텐츠를 수동적으로 소비했고, 62%는 콘텐츠를 공유하며, 43%는 댓글을 달고, 36%는 콘텐츠를 생산했다(표 26-2 참조).

표 26-2 국가별 사용자 인게이지먼트

	중국	프랑스	일본	영국	미국
소비자: 동영상 시청, 팟 캐스트 청취, 블로그 읽기, 소비자 리뷰 사이트나 포럼 방문	86.0%	75.4%	70.4%	78.9%	78.1%
공유자: 동영상이나 사진 공유, 소셜 네트워크나 블로그 업데이트	74.2%	48.9%	29.2%	61.8%	63.0%
댓글자: 뉴스거리, 블로그, 쇼핑몰 사이트에 대해 의견을 게재	62.1%	35.6%	21.7%	31.9%	34.4%
생산자: 블로그나 이야기 작성, 동영상 업로드	59.1%	20.2%	28.0%	21.1%	26.1%

---

5 http://www.bbc.co.uk/blogs/bbcinternet/2012/05/bbc_online_briefing_spring_201_1.html
6 〈Global Web Index Wave 2(2010년 1월)〉, trendstream.net

이 표를 보면 국가별 차이가 두드러진다. 중국은 웹 사용자의 절반 이상이 식접 콘텐츠를 생산하지만 프랑스와 영국은 20%만 생산했다. 분명히 인게이지먼트의 '일반적인' 수준은 사용자 문화에 따라 다르다.

참여는 플랫폼의 문화적 기대 및 목적과 관련이 있다. 페이스북은 사용자들의 상호작용이 매우 사적이기 때문에 인게이지먼트가 높으며, 사용자들이 플리커에 사진을 올리는 것은 플리커가 그런 목적의 사이트이기 때문이다. 그러나 페이스북이나 플리커처럼 참여 자체가 플랫폼 사용의 핵심 목적이 아니라 유도된 참여라면 대체로 스타트업이 참여도를 높이기 힘들다. 예로 위키피디아처럼 항목(콘텐츠)을 작성해야 하거나 제품 리뷰를 올리는 일을 들 수 있다.

BBC의 모델은 사용자들을 다음의 네 그룹으로 나눈다.

- 수동적 콘텐츠 사용자: 인터넷 사용자의 23%는 수동적이고 콘텐츠를 소비만 한다.
- 반응이 있는 사용자: 사용자의 16%는 뭔가에 반응한다(투표, 댓글, 플래깅).
- 토론이나 콘텐츠를 올리는 사용자: 44%는 다른 사용자들의 후속 활동이 이어지도록 어떤 활동을 시작한다(콘텐츠 올리기, 토론 시작 등).
- 주도적 사용자: 사용자의 17%는 왕성하게 활동하는데, 심지어 그렇게 하기 힘들거나 그런 활동이 플랫폼의 핵심이 아닌 경우에도 활동한다. 가령 전자상거래 사이트에 책 리뷰를 올리는 식이다.

인게이지먼트에 대해 토론한 레딧의 스레드Thread를 보면 흥미로운 숫자를 발견할 수 있다.[7] 한 사용자는 자신이 임거[8]에 어떤 사진을 올렸는데 24시간 만에 조회 수가 7만 5,000회가 되었다고 말했다. 그리고 1,347명이 '좋아요', 640명이 '싫어요'에 투표했고 108개의 댓글이 달렸다고 했다. 그렇다면 '쉬운' 활동을 한 사람 ['좋아요', '싫어요'에 투표한 사람]이 2.5%, '어려운' 활동을 한 사람[댓글을 단 사람]이 0.14%라는 뜻이다.

제레미 에드버그는 2009년 레딧의 사용자 참여 패턴이 많은 UGC 사이트처럼 80/20 법칙을 따른다고 말했다. 즉, 사용자의 20%는 로그인해서 투표를 했고

---

[7] http://www.reddit.com/r/AskReddit/comments/bg7b8/what_percentage_of_redditors_are_lurkers/
[8] 역자주_ Imgur, 사진 공유 사이트

이들 중 20%가 댓글을 달았다. 레딧이 소셜 사이트의 성격이 커지고 커뮤니티 기능이 강화되면서 사용자 활동이 상당히 변했지만 댓글을 다는 방문자의 비율은 여전히 낮다.

그런데 보기만 하고 아무것도 하지 않는 것처럼 보이는 사용자들도 사실은 뭔가를 하고 있다. MIT 슬론 경영대학원의 2011년 연구에 의하면 보기만 하는 사람들 중에도 여러분이 모르는 채널, 가령 이메일이나 다른 곳에서의 대화를 통해 소극적으로 공유하는 사람이 많다고 한다.[9] 야머[10]는 사용자의 60% 이상이 주기적인 활동 내역 요약 서비스에 등록했다고 말하는데, 이는 가입한 사람들에게 회사가 이메일을 보내는 등 접촉해도 좋다는 의미다.[11]

요지

우리의 추정에 의하면 방문자의 25%는 콘텐츠를 보기만 하고 60~70%는 서비스 목적에 핵심적이면서도 쉬운 활동을 하며 5~15%는 적극적으로 활동하고 콘텐츠를 생성한다. 콘텐츠의 80%는 이런 활동사용자들 중에서도 가장 왕성하게 활동하는 소수의 사용자가 생성한다. 그리고 사용자의 2.5%는 콘텐츠에 대해 ('좋아요' 투표 등) 가벼운 참여를 하며 (댓글을 다는 등) 노력이 필요한 활동을 하는 사용자는 1% 미만이다.

| 사례 연구 | 레딧(2) – 레딧 골드 서비스를 만들다

레딧이 링크 공유에서 커뮤니티로 방향을 전환한 후 사용자 참여는 증가했지만 여전히 수입으로 연결되지는 못했고 때로는 증가하는 트래픽을 처리하기에 충분한 인프라 비용을 구하기 힘들 때도 있었다. 광고로 돈을 버는 것도 가능했지만 광고를 삽입하자 사용자 만족도가 떨어졌다. 레딧의 사용자들은 브라우저에서 광고를 차단하는 소프트웨어를 설치한 경우가 많았기 때문에 심지어 레딧은 그런 소프트웨어를 사용하지 않는 사람들을 대상으로 감사 광고를 하기도 했다.

---

9 http://papers.ssrn.com/sol3/papers.cfm?abstract_id=1041261
10 역자주_ Yammer, 기업용 SNS
11 http://blog.yammer.com/blog/2011/07/your-community-hidden-treasure-lurking.html

그러던 중 회사는 다른 매출원을 발견했는데, 그것이 바로 기부였다. "사용자들은 이런저런 기능은 레딧 골드reddit gold를 이용해야 가능하다고 농담하곤 했습니다." 제레미 에드버그는 말한다. "어느 시점에 우리 모회사는 우리에게 매출을 증가시킬 방법을 생각해보라고 요청했습니다(감사하게도 모회사는 이렇게 요청하기까지 3년 동안이나 매출이 시원찮아도 참아주었습니다). 우리는 [사용자들이 농담삼아 말하는] 이 레딧 골드를 실제 서비스로 만들어보자고 생각했습니다."

레딧은 '골드'를 사는 기능을 추가했다. 이것은 실제로는 우쭐댈 수 있는 권리 이상의 어떤 효과도 없었다. "처음 이 기능을 도입했을 때 유일한 혜택은 비공개 포럼에 참여할 수 있는 것과 (전자) 트로피뿐이었습니다. 심지어 가격도 정하지 않고 적당하다고 생각되는 만큼 돈을 내라고 했습니다. 어떤 사람은 월 1,000달러를 지불했고 어떤 사람은 1페니를 지불했습니다. 그렇지만 평균은 대략 4달러 정도였습니다. 이것이 현재 가격이 되었습니다." 제레미는 말한다.

시간이 흐른 후 레딧 골드 사용자는 신기능을 더 일찍 사용할 수 있는 혜택을 누리게 되었다. 열성 사용자인 이들은 유용한 의견을 제공할 확률이 더 높았고 제한된 수의 사람들만 신기능을 사용하므로 서버에 높은 부하가 걸릴 가능성은 낮아졌다.

마침내 레딧은 골드를 다른 사람들에게 선물할 수 있는 기능과 좋은 글을 올린 사용자에게 사용자들이 골드를 선물할 수 있는 기능을 추가했다. 레딧은 골드 서비스에서 발생하는 매출을 공개하지 않았지만 수입의 상당 부분을 차지하고 있으며 이 기능을 레딧 사이트 전체에 구현하기 위한 단계를 밟고 있다. 제레미는 이렇게 말한다. "우리는 사람들이 좋은 콘텐츠에 대해 '보상하는' 방법의 하나로 다른 사람들에게 골드를 사준다는 사실을 발견했습니다. 그래서 사용자들이 더 쉽게 골드를 선물할 수 있도록 구현했습니다."

요약

- 사용자 수는 순조롭게 증가하고 있었지만 레딧은 수익을 내지 못했고 인프라 추가 비용도 아낄 수밖에 없었다.
- 상당히 호의적인 분위기와 사용자 의견을 바탕으로 레딧은 커뮤니티 분위기와 문화에 맞는 선물 모델을 시도했다.

- 이들은 가격을 정하기 위해 '원하는 만큼 돈을 내는' 캠페인을 실시하여 그 결과를 분석했다.
- 어느 정도 성공을 거두자 레딧은 레딧 골드를 더 쉽게 선물하도록 유도하고 골드를 다른 방식으로도 사용할 수 있게 만들었다.

분석적 교훈
사업 모델 플립북을 기억하라. UGC 사업이라고 해서 매출이 반드시 광고에서 발생하는 것은 아니다. 위키피디아와 레딧은 둘 다 커뮤니티에서 매출이 발생하며 이 덕분에 이 두 사이트는 커뮤니티 문화에 충실하고 사용자를 유지할 수 있다.

스팸과 나쁜 콘텐츠

UGC 사이트는 좋은 콘텐츠 덕분에 성장한다. 커뮤니티커넥트Community Connect, 레딧 등 우리와 대화를 나눈 많은 UGC 회사는 악의적인 콘텐츠 때문에 골머리를 앓고 있는데, 이런 콘텐츠를 처리하려면 지속적인 분석과 상당한 기술 투자가 필요하다. 알고리즘과 휴리스틱 기법[12]을 사용할 뿐만 아니라 구글이나 페이스북 같은 회사는 범죄성 콘텐츠나 악성 콘텐츠를 걸러내기 위해 상근직 인력을 고용하고 있는데, 이런 일은 대단히 힘든 일이다.[13] 제레미 에드버그에 의하면 비록 레딧 사이트를 시작하고 나서 첫 18개월 동안은 사용자 투표만으로도 모든 스팸을 막기에 충분했기 때문에 스팸 방지 기능이 전혀 없었지만 지금은 레딧 개발 시간의 50%를 스팸과 사기성 투표를 막는 데 쏟고 있다고 추산한다.

스팸을 올리는 사람들은 종종 일회성 계정을 만드는데, 이런 계정은 찾아내기 쉽다. 그렇지만 사용자 계정을 도용하는 경우는 찾기 어렵다. 그러나 대부분의 UGC 사이트에는 사용자들이 스팸 콘텐츠를 표시하는 기능이 있어서 콘텐츠를 검토하는 일이 수월하다. 그러나 커뮤니티의 자정 노력에도 불구하고 사용자들을

---

12 역자주_ 논리적으로나 수학적으로는 증명할 수 없으나 경험이나 직관에 의해 효율적으로 해를 얻을 수 있으리라는 기대를 갖게 하는 어떤 근거에 의한 방법. 출처: 『인공지능 개념 및 응용』(2013, 사이텍미디어)
13 http://www.buzzfeed.com/reyhan/tech-confessional-the-googler-who-looks-at-the-wo

통해 나쁜 콘텐츠를 찾아내는 것은 좋은 방법이 아니다. 레딧에서 니쁜 콘텐츠로 표시된 글의 대부분은 사실 스팸을 올리는 사람들이 자기 콘텐츠를 띄우려고 다른 사람들의 콘텐츠를 나쁘다고 표시한 것이다. 레딧에서 "우리는 각 사용자의 스팸 고발 품질을 분석하는 시스템(몇 건의 스팸 고발이 오히려 스팸으로 판명되는지)을 구축할 수밖에 없었습니다"라고 제레미는 말한다.

레딧에서는 관리자들과 더불어 자동화된 필터가 대부분의 스팸을 찾아낸다. 2011년에는 사용자가 올린 콘텐츠의 절반 가량이 스팸이었다. 제레미는 이렇게 말한다. "이 50%의 스팸은 50%에 훨씬 못 미치는 수의 사용자들이 올린 것입니다. 부정행위를 방지하는 방법도 이와 비슷한 방식으로 개발했습니다. 즉, 우리는 어떤 성공적인 부정행위자의 사례를 찾아 어떻게 이런 사람들이 성공적으로 부정행위를 저질렀는지 분석한 다음 데이터에서 다른 사례를 찾은 후 그런 유형의 부정행위를 발견하는 모델을 개발했습니다. 그런 식으로 모든 부정행위를 방지하는 방법을 개발했습니다."

나중에 가서 레딧은 스팸 성향을 이용한 광고 매출 모델을 고안했다. "우리는 스패머들이 속임수를 써서 자신의 링크를 알리고 싶어 한다는 사실을 알게 되었습니다. 그렇다면 이들에게 돈을 받고 링크를 실어주고 그 사실을 공개하는 것도 좋겠다고 생각했습니다." 제레미는 말한다. "현재 우리 사이트의 스폰서 링크는 스타일이나 실행 면에서 2008년 무렵 구글이 스폰서 링크를 강조해서 표시하던 방식과 거의 흡사합니다."

요지

여러분의 사이트가 점점 인기를 얻으면 상당한 시간과 돈을 스팸 퇴치에 쏟게 될 것이다. 처음부터 어떤 것이 좋은 콘텐츠이고 어떤 것이 나쁜 콘텐츠인지, 어떤 사용자가 나쁜 콘텐츠를 잘 가려내는지 판단하기 시작해봐야 한다. 효과적인 알고리즘의 핵심은 알고리즘을 학습시키는 데이터 집합이다. 콘텐츠 품질은 사용자 만족의 선행 지표이므로 품질이 낮아지지는 않았는지 주시하고 이 때문에 커뮤니티가 약해지지 않도록 신속히 이 문제를 처리하라.

CHAPTER 27

양면 마켓플레이스: 목표 기준

양면 마켓플레이스는 두 가지 사업 모델, 즉 전자상거래 모델(구매자와 판매자 사이의 거래를 중심으로 구축되므로)과 사용자 제작 콘텐츠 모델(판매자들이 상품을 등록하고 상품 정보를 올려야 하며 이 콘텐츠의 품질이 매출과 마켓플레이스의 활성화에 영향을 주므로)이 혼합된 사업 모델이다. 이것은 다시 말해 두 사업 모델의 지표가 모두 중요하다는 뜻이다.

마켓플레이스 사업에서 분석이 중요한 또 다른 이유가 있다. 대부분의 마켓플레이스 판매자들은 가격 정책, 상품 사진의 효과, 어떤 광고 문구를 썼을 때 가장 잘 팔리는지 등을 정교하게 분석할 줄 모른다. 마켓플레이스 운영자인 여러분은 판매자들이 이런 것을 분석할 수 있도록 도움을 줄 수 있다. 사실 여러분은 판매자들보다 더 잘 분석할 수 있다. 왜냐하면 마켓플레이스의 모든 판매자 데이터에 접근할 수 있기 때문이다.

개별 판매자는 어떤 가격이 적절한지 모를 수 있다. 설사 데이터를 분석할 능력이 있더라도 판매자에게 있는 데이터는 분석하기에는 충분하지 않을 수 있다. 그러나 운영자인 여러분은 모든 거래 데이터를 입수할 수 있으므로 판매자가 가격을 최적화하도록 도움을 줄 수 있다(그리고 이를 통해 여러분의 매출을 높일 수 있다). 에어비앤비는 전문 사진 서비스가 숙소 임대료에 미치는 영향을 테스트할 때 이런 종류의 최적화 실험을 실시한 다음 집주인을 대상으로 서비스를 확산했다.

우리는 앞에서 이미 전자상거래와 UGC 모델에 대해 살펴봤으므로 이 장에서는 마켓플레이스 사업 모델 고유의 문제에 대해 간략하게 살펴보겠다.

거래 규모

어떤 마켓플레이스는 자주 구입하지 않는 고가의 상품(가령 주택)을 취급하는 반면 다른 어떤 마켓플레이스는 금액이 작고 자주 구입하는 상품(가령 이베이에 등록된 상품들)을 다룬다. 이것은 마켓플레이스마다 판매자당 등록 상품의 수와 구매액이 매우 다양하여 도움이 될 만한 기준치를 구하기 힘들다는 뜻이다.

그렇지만 구매액과 구매 전환율 사이에는 상호관계가 있을 때가 많다. 구매액이 클수록 더 오래 생각하고 더 많이 비교한다. 구매액이 작으면 구매에 따른 위험부담도 작으므로 더 충동적으로 구매한다.

요지

마켓플레이스 사업을 운영할 때 거래 금액의 전형적인 기준치는 없지만 구매자들의 행동을 이해하려면 구매 전환율과 함께 거래 금액을 측정해야 한다. 그런 다음 이 정보를 판매자들에게 알려주어야 한다.

| 사례 연구 | **잇치가 추적하는 지표**

잇치Etsy는 창작 활동을 하는 사람들이 자신의 작품을 알리고 판매하는 온라인 상점이다. 화가, 사진가, 목수, 이렇게 세 명이 이 사이트의 창업자인데, 자신들의 작품을 판매할 곳을 온라인에서 찾지 못해 2005년에 직접 사이트를 만들었다. 이 회사는 이제 공유 마켓플레이스를 통해 연간 5억 달러 이상의 상품을 판매하고 있다.

잇치는 많은 지표에 주목한다. 이 회사는 결제 건수, 판매된 물건 수, 월 총 판매금액, 판매에서 발생한 전체 수수료 등 매출 관련 지표를 추적한다. 또한 신규 계정, 신규 판매자, 전체 계정 수 등을 세어 구매자와 판매자의 증가도 추적한다. 시간이 흐르면서 이 회사는 이 핵심 지표의 연간 변화도 추적하기 시작했다.

이런 근본 지표 외에도 잇치는 각 제품 카테고리의 성장 추이, 첫 판매까지 걸린 시간, 평균 주문 금액, 판매로 전환되는 방문의 비율, 환불 구매자의 비율, 각 제품의 카테고리 내에서 두드러지는 판매자 등도 추적한다. 또한 첫 판매까지 걸린 시간과 평균 주문 금액은 제품의 카테고리별로 추적하기도 한다.

최근 이 회사는 지역별 활동 판매자 수뿐만 아니라 전체 매출의 총 이익과 전환율 같은 수치를 모바일과 데스크톱으로 구분해서 더 자세히 살펴보기 시작했다. 또한 과거 데이터의 평활 평균smoothed historical average도 계산해서 데이터에서 이상 징후를 찾아내는 기준으로 이용한다.

잇치의 기술 부문 부사장인 켈란 엘리엇-맥크레이Kellan Elliott-McCrae는 어떤 제품에 대해서든 잇치는 여러 가지 지표를 계산하며 특히 사이트 내 검색과 관련된 지표를 계산한다고 말한다. 다른 광고 네트워크와 마찬가지로 잇치는 사이트 내 검색 시스템을 운영하고 '모든 검색어에 대해 수요(검색)와 공급(등록 상품)을 측정한다. 이를 통해 검색 상품을 구비하고 수요와 공급이 둘 다 존재하면 가격 결정을 돕는다'는 방침으로 사업을 운영하고 있다.

잇치가 기술적인 면에서 지속적 배포continuous deployment 방식을 선택했을 때 초기 사업 대시보드에는 초당 상품 등록 건수, 초당 로그인 수(로그인 오류 대비), 초당 지불 건수(지불 오류 대비), 신규 상품 등록 건수, 상품 재등록 건수, '실망한 사용자' 수(화면에 에러 메시지가 나타난 사용자들)가 포함되었다. 켈란은 이렇게 말한다. "중요한 것은 이 지표가 모두 비율 형식이고 문제가 빨리 드러나게 설계되었다는 점입니다. 나중에 우리는 평균 페이지 로드 시간, 95백분위의 페이지 로드 시간 같은 지표를 추가하고 성능이 떨어지는지 모니터링했습니다."

가장 최근에 잇치는 다양한 기능이 판매에 어떻게 기여하는지 파악하려 노력하고 있다. 켈란은 말한다. "예를 들어 검색에서 직접 발생하는 판매 비율을 보고 검색이 판매에 그만큼 기여했다고 생각할 수 있습니다. 그런데 우리는 먼저 사이트를 둘러본 다음에 검색하는 사람들의 구매 전환율이 높다는 사실을 알게 되었습니다. 물론 다른 한편으로 전환율은 통계적 유효성을 가지기 매우 어려운 지표입니다. 왜냐하면 구매 행위는 매우 드물게 발생하기 때문에 사이트의 클릭스트림 대비 구매를 분석하면 비정상적인 결과가 나옵니다."

켈란은 잇치 사이트에서 도움말 페이지의 구매 전환율이 가장 높다고 지적한다 (왜냐하면 사람들은 행동을 완료하려고 도움말 페이지로 가기 때문이다). 그는 그렇다면 도움말 페이지를 사이트의 핵심으로 만드는 게 논리적인 결정이겠지만 그렇게 하지 않았다고 웃으며 말했다. "의미있는 데이터를 얻으려면 실험의 범위를 정해야 합니다."

판매량은 매우 높지만 이 회사는 급성장을 추구하지 않는다. "우리는 이익률이 매우 낮습니다. 그래서 무리하게 성장을 가속화하지 않도록 매우 조심하면서 재정 건정성 지표를 자세히 모니터링하고 지속 가능한 성장에 주력하고 있습니다."

수요 예측이 판매 신장에 도움이 되므로 이 회사는 판매자들에게 분석 데이터, 시장 조사, 판매 추이가 담긴 월간 뉴스레터를 보내고 있다. 또한 판매자들을 위한 시장 조사 도구도 제공하고 있다. "만약 어떤 판매자가 '책상'에 대해 검색하고 싶을 때 시장 조사 도구를 이용하면 '책상 달력'이 보통 20~24달러에 판매되고 다운로드할 수 있는 PDF 버전의 책상 달력이 약 4달러에 팔리며 책상 스탠드가 50달러 전후로 팔리고 실제 책상은 매일 몇 대만 팔린다는 것을 알 수 있습니다."

잇치는 양면 마켓플레이스지만 다행히 닭-달걀 문제를 극복했다. 켈란은 이렇게 말한다. "처음에는 우리 사이트의 판매자와 구매자들이 같은 사람들이었습니다. 우리는 핸드메이드 제품과 재료 두 가지 모두를 판매하게 독려함으로써 처음부터 이 점을 분명히 밝혔습니다. 잇치는 상호 협력적인 제품 제작자들의 커뮤니티와 깊은 관계가 있었고 처음에는 이들이 서로 만날 수 있도록 도와주었습니다."

요약
- 잇치는 지표 주도적이며 사이트가 제품/시장 적합성 단계를 지나면서 이 지표는 점점 사업에 초점을 둔 지표로 바뀌고 있다.
- 이 회사는 대부분의 마켓플레이스가 겪는 닭이 먼저냐 달걀이 먼저냐의 문제를 피할 수 있었다. 처음에는 구매자들이 곧 판매자들이었기 때문이다.
- 판매자들이 더 많은 매출을 올릴 수 있도록 데이터 분석 결과를 판매자들과 공유한 덕분에 잇치의 매출도 증가했다.

분석적 교훈
마켓플레이스에서 구매자/판매자 모델은 광고 네트워크의 재고와 비슷하다. 구매자가 원하는 것을 알고 그 수요를 얼마나 잘 충족시키는지를 보면 매출을 예상할 수 있다. 그리고 여러분은 판매자를 도와야 하므로 판매자의 매출 신장에 도움이 될 분석 데이터를 선별해 이들과 공유해야 한다.

상위 10개 목록

상위 10개 목록은 마켓플레이스의 현황을 이해하는 좋은 방법이다. 제품 카테고리마다 매출과 거래 건수 같은 핵심 성능 지표를 파악하라.

- 상위 10명의 구매자는 누구인가?
- 상위 10명의 판매자는 누구인가?
- 매출의 대부분이 발생하는 것은 어떤 제품 또는 카테고리인가?
- 어떤 가격대, 시간대, 요일에 판매가 가장 많은가?

이는 간단해보이지만 이렇게 상위 10개 목록을 작성하고 변화를 관찰하면 사업 현황에 대한 정성적 통찰을 할 수 있다. 그리고 나중에 이런 통찰에 대해 정량적 테스트를 실시할 수 있을 뿐만 아니라 이것이 혁신으로 이어질 수도 있다.

요지

전통적인 전자상거래와 달리 마켓플레이스 사업에서는 여러분이 재고와 상품 등록을 직접적으로 통제할 수 없다. 그러나 여러분은 무엇이 잘 팔리는지 알 수 있으므로 판매자가 그런 상품을 더 많이 취급하게 만들 수 있다. 만약 특정 제품의 카테고리, 지리적 위치, 주택 크기, 어떤 색깔이 잘 팔린다는 것을 알면 판매자에게 권장할 수도 있고 그런 판매자를 더 많이 발굴할 수도 있다.

CHAPTER 28

목표로 할 기준치가 없는 경우

우리는 지금까지 유용한 목표 기준치를 살펴보았다. 그러나 여러분이 앞의 21~27장을 읽었다면 다음의 숫자가 기본적이라는 사실을 알아챘을 것이다. 가령 이탈률은 2.5% 이하가 좋고, 미디어 사이트나 UGC 사이트라면 사용자들은 사이트에서 17분을 머무르며, 콘텐츠와 상호작용하는 사람들은 2.5%도 안 되고 사용자의 65%는 90일 안에 모바일 앱 사용을 중단한다. 그러나 *많은 지표는 '일반적'인 기준치가 없다.*

현실에서는 여러분의 시장이나 제품에 맞게 목표치를 재빨리 수정하게 될 것이다. 그래도 좋다. 단, 자신의 능력에 맞게 목표치를 수정하면 안 된다는 것을 기억하라. 자신에게 맞추기보다는 목표치에 맞게 여러분의 능력을 키워야 한다.

거의 모든 최적화 활동은 임계점을 지나면 오히려 효과가 떨어진다. 가령 어떤 웹사이트의 로드 타임을 10초가 아니라 1초로 만드는 것은 꽤 쉬운 일이지만 1초 대신 100밀리초로 만드는 것은 훨씬 어렵다. 10밀리초는 거의 불가능하다. 어느 정도가 되면 더 이상 노력할 가치가 없으며, 뭔가를 개선하려 할 때 이런 경우가 많다.

이것은 실망스러운 일이 아니라 사실 도움이 된다. 왜냐하면 지역 극대 값에 근접하면 여러분은 시간에 따라 결과를 표시하고 점근선을 그려볼 수 있다. 다시 말해 여러분의 노력이 감소 효용을 생산하는 값을 지표의 기준치로 삼고, 다른 중요한 지표로 초점을 옮기면 된다.

그림 28-1에서처럼 방문자들이 회원 가입을 하도록 30일간 노력을 기울이는

어떤 사이트를 살펴보자. 처음에는 1,200명이 넘는 방문자 중 4명만 회원 가입을 했다. 이것은 0.3%라는 형편없는 전환율이다. 그러나 사이트 트래픽이 미미하게 증가해도 회사는 매일 뭔가를 수정하고 회원 가입을 테스트했다. 30일 후가 되자 1,462명의 사이트 방문자 중에서 8.2%가 회원 가입을 했다.

그림 28-1 이 그래프에서 점차적인 향상을 볼 수 있는가?

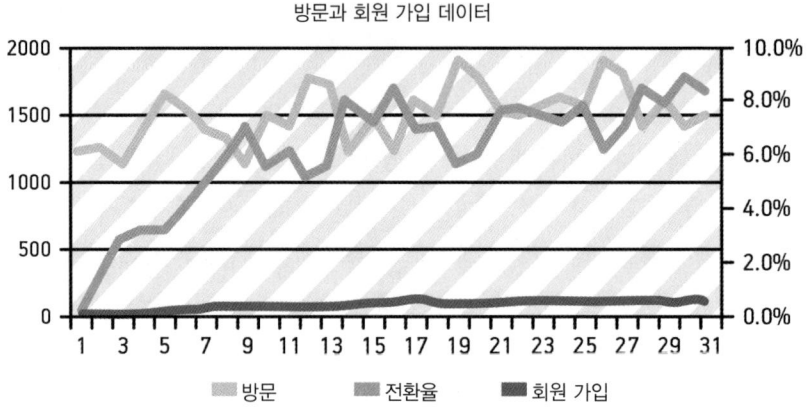

여기서 대답해야 할 질문은 '이 회사는 회원 가입률을 높이기 위해 계속 노력해야 하는가, 아니면 한계 효용에 도달했는가?'이다. 전환율에 추세선을 적용하면 이 회사가 한계 효용에 도달했음을 알 수 있다(그림 28-2 참조).

그림 28-2 특별한 변화가 없다면 가능한 최대 전환율은 9%일 것이다.

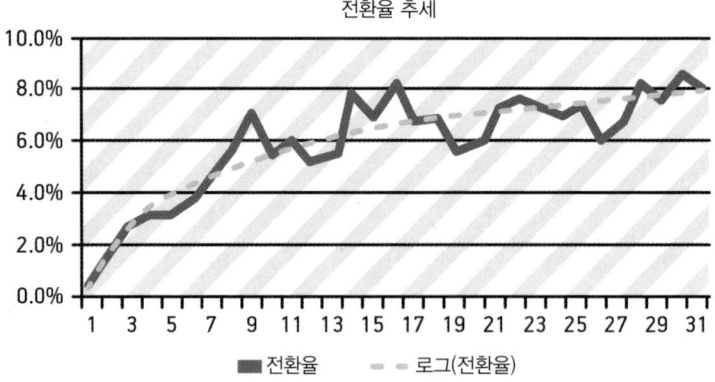

결국 *모든 조건이 같다고 할 때* 이 회사의 최대 전환율은 약 9%다. 한편으로 이것은 좋은 기준치이고 몸담은 사업을 이해하는 데 도움이 된다. 다른 한편으로는 다른 모든 조건이 같은 경우는 거의 없다. 새로운 사용자 확보 전략을 쓰면 상황이 크게 바뀔 수도 있다.

이것은 앞에서 살펴본 지역 극대 값 이슈를 상기시킨다. 현재 상황을 반복해서 개선하면 한계 효용에 도달하게 되고, 그러면 사업 모델의 한 부분이 적절한 수준이 되었으므로 다른 부분으로 옮겨가도 좋다. 이 예에서 만약 이 회사의 사업 모델에서 방문자의 7%가 회원 가입을 한다고 가정한다면 방문자 수 증대 등 다른 이슈로 초점을 옮겨야 한다.

무엇이 업계의 일반적인 수준인지 감을 잡을 수 없다면 이런 접근 방법을 사용하라. 적어도 여러분의 현재 사업에 대해서는 무엇이 적정 수준인지 그리고 달성 가능한지 알게 될 것이다.

이제 여러분은 여러분의 사업 모델과 현재 사업 단계, 그리고 목표 기준치들을 알고 있다. 다음에는 스타트업 외에 린 분석이 여전히 중요한 역할을 하는 분야인 기업용 시장과 사내 창업에 대해 살펴보자.

Part IV

린 분석의 실무 적용

여러분은 데이터에 대해 많은 것을 알게 되었다. 이제는 소매를 걷어붙이고 일할 때다. 4부에서는 기업용 제품을 다루는 스타트업과 사내 창업에 린 분석이 어떻게 적용되는지 살펴볼 것이다. 또한 조직 전체가 더 현명하고 더 신속하게 더 많은 반복 개선을 결정할 수 있도록 조직 문화를 바꾸는 방법에 대해서도 살펴본다.

> 변화를 거부하는 사람은 퇴락을 조장하는 사람이다. 인간이 만든 것 중 진보를 거절하는 유일한 곳은 묘지다.
>
> _해럴드 윌슨 Harold Wilson

Part IV
린 분석의 실무 적용

CHAPTER 29

기업 시장

린 분석이 일반 소비자 시장에만 적용된다고 생각하는가? 그렇다면 다시 생각해 보기 바란다.

물론 세상에 소비자는 수없이 많으므로 소비자 시장을 실험하기는 더 쉽다. 그리고 이들은 비이성적으로 결정을 내리기 때문에 여러분은 소비자의 감정을 조종할 수 있다. 클라우드 컴퓨팅과 소셜 미디어 덕분에 큰 자본이 없어도 사업을 시작하고 입소문을 퍼뜨리기 쉬워졌다는 것도 맞는 말이다. 그리고 소비자 대상의 스타트업은 언론의 관심의 대상이며 헐리우드 영화의 소재가 되기도 한다.[1] SaaS 제공 업체 같은 B2B 스타트업조차도 [큰 기업이 아닌] 중소기업을 목표로 하는 경우가 종종 있다.

그러나 데이터에 기반한 사업의 접근 방식은 어떤 종류의 조직에나 도움이 된다. 많은 뛰어난 창업자들이 대기업의 문제를 해결하려 시도한 결과 부자가 되었다. 테크크런치 리포터 알렉스 윌리엄스Alex Williams는 다음과 같이 말했다. "기업 시장은 매우 지루할 수 있지만 성공하기 쉽습니다."[2] 기업에 초점을 둔 스타트업은 기업 시장 특유의 도전 과제를 다루어야 하므로 주시할 지표와 지표 수집 방법은 달라지지만 그렇게 할 만한 가치가 있다.

---

[1] 2012년 2월 넥스트웹NextWeb의 앨런 개닛Allen Gannett은 기업용 소프트웨어 분야에서 인수합병 급증의 세 가지 기폭제로 클라우드 컴퓨팅의 부상, 기술의 소비화, SaaS 모델의 확산을 들었다.

[2] 기업 고객을 대상으로 하는 스타트업에 초점을 둔 창업지원 프로그램인 액셀프라이즈Acceleprise가 개최한 데모 데이에서 알렉스 윌리엄스가 한 말이다. http://techcrunch.com/2012/11/09/notes-from-astartup-night-the-enterprise-can-be-as-boring-as-hell-but-the-whole-goddamn-thing-is-pavedwith-gold/를 참조하기 바란다.

왜 기업 고객은 다른가

반가운 소식부터 시작하자. 기업은 가망 고객에 접근하기가 더 쉽다. 전화번호부에는 기업 전화번호가 있다. 담당자는 커피 마실 시간을 내줄 수도 있다. 기업은 예산도 있다. 그리고 기업에는 어떤 솔루션 업체가 조직의 니즈를 더 명쾌하게 해결하는지 찾으려 새 솔루션을 평가하고 솔루션 업체와 만나고 조직의 니즈를 알려주는 것이 업무의 일환인 사람들도 있다. 커피 한 잔 나눌 돈만 있으면 여러분은 실제 가망 고객과 상당히 빨리 만날 수 있다.

그렇기는 하지만 기업 영업이 대규모 불특정 소비자 대상의 영업과 다르고 더 어려운 이유가 몇 가지 있다. 벤처투자자 벤 호로비츠Ben Horowitz는 기업 시장에 대한 이런 환상을 처음으로 깨뜨린 사람 중 한 사람이다.

> 나는 매일 창업가, 엔젤투자자, 벤처투자자로부터 '기업의 소비화'라는 흥미로운 새 움직임에 대해 듣는다. 이들은 나이가 많고 연봉이 높은 롤렉스 시계를 찬 영업 인력이 왜 과거의 산물인지, 그리고 미래에는 소비자가 트위터를 선택하듯이 회사가 어떻게 기업용 제품을 '소비'할지 말한다.
>
> 그렇지만 워크데이WorkDay, 앱티오Apptio, 자이브Jive, 주오라Zuora, 클라우데라Cloudera 등 기업 시장에서 가장 성공적으로 활약하는 회사는 모두 큰 영업 조직을 갖추고 기업 대상의 영업 활동을 활발히 펼치고 있으며 일부 영업 직원은 고액 연봉을 받고 그중 일부는 정말 롤렉스 시계를 차고 다닌다.[3]

고가 거래, 대면 영업

기업에 초점을 둔 스타트업이 다른 이유 중 하나는 이것이다. B2C 고객 개발은 여론조사와 같고 B2B 고객 개발은 인구조사와 같다.

대부분 기업 영업에는 더 고가의 제품을 더 적은 수의 고객에게 판매한다. 다시 말해 더 적은 매출원으로부터 더 많은 매출이 발생한다. 고가의 제품을 판매하면 상황이 크게 달라진다. 우선 여러분은 모든 고객과 이야기할 수 있다. 이 직접 판

---

[3] http://bhorowitz.com/2010/11/15/meet-the-new-enterprise-customer-he%E2%80%99s-a-lot-likethe-old-enterprise-customer/

매 비용은 특히 판매 초기 단계에는 높은 판매 가격을 통해 어느 정도 회수할 수 있다.

제품이 고가라는 점보다 더 중요한 것은 초기 사용자가 소수라는 점이다. 여러분은 큰 시장을 대표하는 30명의 샘플 고객과 이야기를 나누는 것이 아니라 첫 고객이 될 수 있는 30개의 기업과 이야기를 나누고 있는 것이다.

분석에서 많은 부분을 차지하는 것은 대량의 정보를 이해해서 기본 패턴을 파악하고 거기에 대해 조치를 취하는 것이다. 그러나 초기 단계의 B2B 스타트업은 패턴이라고 할 만한 게 없고 고객만 있다.

- 여러분은 고객에게 전화할 수 있다.
- 고객이 여러분에게 전화를 걸어 무엇을 원하는지 말할 수 있다.
- 여러분은 고객과 직접 만날 수 있다.
- 여러분은 B2C 사업에서처럼 통계적으로 유의미한 샘플을 대상으로 실험한 후 실험이 실패했다고 해서 대상에서 그 샘플을 제외시킬 수 없다. 그렇게 하면 고객을 잃을 것이다.

형식과 절차

기업 구매자들은 구매 과정에서 더 많은 통제를 받는다. 이들은 직감이나 감정에 따라 결정을 내릴 수 없다. 만약 그렇게 결정을 내릴 수 있다고 하더라도 사업적으로 정당화되어야 한다. 대기업은 견제와 균형 기능이 작동하는 상장 기업인 경우가 많다. 제품 대금을 지불하는 사람(재무부서)과 제품을 사용하는 사람(사업 실무 부서)이 다르다. 이런 상황을 이해하는 것이 제품 개발과 판매에 매우 중요하다. 처음에는 얼리어답터를 목표로 삼을 수 있는데, 이 경우는 구매자가 사용자에 가깝다(이들은 이 시점에서는 동일인일 수 있다). 그러나 얼리어답터 단계를 지나면 구매자와 사용자가 나뉜다.

회사가 이런 체계를 갖추는 데는 그만한 이유가 있다. 부패를 막을 수 있고 감사auditing가 가능하기 때문이다. 그러나 이런 체계 때문에 여러분이 상황을 파악하기 어려울 수도 있다. 회사 내에서 여러분을 상대하는 담당자는 여러분의 제품에 호의적일지 모르지만 다른 사람은 적대적이거나 여러분이 모르는 우려를 품고 있을 수 있다. 초기 단계에서 흔히 직접 판매로 접근하는 것은 이런 이유 때문이기도 하다. 직접 판매를 통해 조직의 체계를 파악하고 외부인에게 잘 드러나지 않는 판매 과정을 이해할 수 있다.

이미 사용 중인 제품

일반 소비자는 기존에 사용하던 제품을 충동적으로 버릴 수 있다. 클라우드 기반 소프트웨어로의 최근 이동이 보여주듯이 작은 규모의 기업도 꽤 쉽게 제품을 바꿀 수 있다. 반면에 대기업은 기존 제품에 상당히 큰 금액을 투자했고 이를 적절히 감가상각해야 한다. 이들은 또한 전략적인 이유로 과거의 결정을 상당히 지지하며, 이것이 변화를 막는 가장 큰 요인으로 작용하는 경우가 많다.

대부분의 조직은 고유의 소프트웨어와 프로세스를 갖추어왔고 여러분이 여기에 맞춰주기를 바란다. 이들은 자신이 일하는 방식을 바꾸려 하지 않는데, 변화하기 어렵고 재교육에 비용이 들어가기 때문이다. 이런 이유로 여러분의 제품 설치 비용이 증가할 수 있다. 여러분의 제품이 이미 고객이 사용 중인 제품과 통합되어야 하기 때문이다. 또한 이것은 여러분의 제품이 구성하고 수정하기가 쉬워야 한다는 뜻인데, 다시 말해 더 복잡해지고 사용하기는 덜 쉬워진다는 뜻이기도 하다.

기존 업체

기존 제품의 이슈는 또 다른 문제인 기존 업체와도 관련이 있다. 만약 어떤 것을 무너뜨리거나 대체하려 한다면 기존 솔루션의 효과에도 불구하고 여러분의 제품이 더 우수하다고 설득해야 한다. 조직은 변화를 회피하고 현상 유지를 좋아한다. 만약 이런 조직에 제품을 판매하려 하는데 여러분의 제품이 아직 기술 채택 주기의 초기 단계에 있다면 여러분의 제품이 새롭다는 이유만으로도 불이익을 당할 것이다. 일반 소비자는 새로운 것을 좋아하지만, *기업은 새로운 것은 위험하다고 생각한다.*

이것은 또한 기존 솔루션 업체가 여러분에 대한 소문을 듣고 자신들도 그렇게 할 수 있다고 주장하면서 여러분의 발목을 잡을 수 있다는 뜻이다. 이들은 자신도 할 수 있다고 약속함으로써 여러분의 산소 호흡기 호스를 막은 다음 여러분이 죽고 나면 그 약속을 폐기해 버린다.

물론 비대하고 느린 기존 업체는 약점이 많다. 신규 업체는 직원 대상의 제품 사용 교육이 필요 없어 제품 도입이 더 용이하도록 제품을 개발하여 기존 시장을 잠식할 수 있다. 10년 전에는 '피드feed'가 뭔지 아는 사람들은 블룸버그 터미널을 사용하는 주식 중개인 밖에 없었다. 오늘날 페이스북이나 트위터를 사용하는 사람이라면 누구나 피드에 익숙하다. 지금은 교육이 필요 없다.

단순성은 산업 파괴의 특성일 뿐만 아니라 시장 진입에 필요한 요소이기도 하다. 데이터 과학자이자 링크드인에서 일했던 DJ 패틸DJ Patil은 이것을 제로 오버헤드의 원칙Zero Overhead Principle이라고 부른다.

> 이 새로운 혁신 물결의 핵심 주제는 소비자 분야의 핵심적인 제품 원리를 기업 분야에 적용하는 것이다. 특히 기업용 제품을 구축하는 모든 창업가에게 내가 늘 말하는 보편적인 교훈은 제로 오버헤드의 원칙인데, 이것은 어떤 기능도 사용자에게 훈련 비용을 추가하게 하면 안 된다는 것이다.[4]

느린 학습 주기

린 스타트업 모델이 효과적인 이유는 빠르고 반복적으로 학습할 수 있기 때문이다. 그런데 고객이 느릿느릿 움직이고 신중하면 속도를 내기 어렵다. 따라서 목표 시장의 주기가 느리면 빨리 반복하기 어렵다. 그래서 초기에 린 스타트업 성공 사례가 소비자 대상 사업에서 많이 나왔던 것이다.

그러나 SaaS가 확산되면서 이런 상황이 바뀌고 있다. 왜냐하면 시장의 승인 없이 기능을 바꾸기가 비교적 쉽기 때문이다. 그러나 만약 전통적인 기업용 소프트웨어나 배송 트럭, 서류 파쇄기 같은 상품을 판매한다면 소비자용 제품만큼 빨리 학습하고 반복 개선할 수 없을 것이다. 물론 여러분의 경쟁 업체도 상황은 마찬가지다. 반드시 빠를 필요는 없다. 경쟁자들보다 빠르기만 하면 된다.

---

[4] http://techcrunch.com/2012/10/05/building-for-the-enterprise-the-zero-overhead-principle-2/

합리성(그리고 상상력의 결여)

모든 회사가 크고 느리게 움직이고 신기술을 늦게 수용하는 정형화된 패턴을 보이는 건 아니지만 위험을 피하는 것은 사실이다. 기업 고객은 일반 소비자라면 감수할 위험을 받아들일 수 없기 때문에 스스로의 사고방식을 제한한다. 이들은 제품을 사용해보기도 전에 제품이 효과적이라는 증거를 요구한다. 다시 말해 아무리 훌륭한 아이디어라 해도 기업 사례, 투자수익률 분석, 총 소유 비용^{TCO} 계산 결과 같은 것이 없으면 채택되지 않을 때가 많다.

기업에 있어 이런 합리성은 정당하다. 2005년 IEEE$^{Institute\ of\ Electrical\ and\ Electronics\ Engineers,\ 미국\ 전기전자기술자협회}$의 로버트 N. 샤레트$^{Robert\ N.\ Charette}$ 의장은 매년 1조 달러가 소프트웨어에 투자되지만 이 중 5~15%는 설치 전이나 설치 직후에 폐기되고 나머지도 일정이 지연되거나 예산을 초과하는 경우가 많다고 추정했다.[5] PM 솔루션$^{PM\ Solutions}$이 실시한 비슷한 연구에서는 IT 프로젝트의 37%가 위기에 처해 있다고 추정했다.[6]

회사는 직원들로 넘치고 이 중 대다수의 사람에게 일은 그저 일일 뿐이므로, 이들은 회사 전체가 장기적으로 힘들어질 수 있더라도 자기들이 실수할 가능성을 최소화하는 데 최우선순위를 둔다. 여러분이 제안한 변화 때문에 자기 일자리가 없어지지는 않을까 직원들이 전전긍긍한다면 조직을 설득하기 힘들 것이다.

이것은 세상의 암울한 일면이다. 이러한 각양각색의 이유 때문에 대부분의 B2B 스타트업 인력은 두 부류의 사람들로 구성된다. 현장 전문가와 파괴 전문가로!

- 현장 전문가는 산업과 문제 영역에 대해 잘 안다. 그는 풍부한 업계 인맥을 보유하고 있으며, 제품을 정의하는 초기 단계에 고객을 대신하는 역할을 할 수 있다. 이런 인력은 사업부서 출신인 경우가 많으며 마케팅, 판매, 사업 개발을 수행한다.
- 파괴 전문가는 스타트업이 이용할 기술에 대해 알고 있는 사람이다. 그는 현재 모델 이상을 볼 수 있고 변화 이후 업계가 어떻게 바뀔지 이해하며 기존 시장에 참신한 접근 방법을 적용할 수도 있다. 이런 사람들은 보통 기술 분야 출신이다.

---

[5] http://spectrum.ieee.org/computing/software/why-software-fails/0
[6] http://www.zdnet.com/blog/projectfailures/cio-analysis-why-37-percent-of-projects-fail/12565

B2B 스타트업의 생애 주기

스타트업을 시작하는 방식은 다양하다. 그러나 몇 년 동안 우리는 B2B 스타트업의 성장 방식에서 반복적인 패턴을 목격하고 있다. B2B 스타트업은 다음 세 가지 중 한 가지 방식으로 성장한다.

기업용 시장으로 방향 전환

이 패턴에 속하는 스타트업은 인기 있는 소비자용 제품을 만든 다음 기업 시장으로 방향을 전환한다. 드롭박스가 가장 전형적이었고, 블랙베리BlackBerry도 영업전문직을 목표 시장으로 삼았기 때문에 기업의 IT 이슈를 어느 정도 피할 수 있었다. 그렇지만 이렇게 하기는 쉽지 않다. 왜냐하면 기업은 일반 소비자와는 요구사항과 관심사가 매우 다르기 때문이다.

복제와 재구축

또 다른 방식은 소비자용 아이디어를 받아들여 기업용으로 만드는 것이다. 예를 들어 야머Yammer, 기업용 SNS는 페이스북의 상태 업데이트 모델과 피드 인터페이스를 따라 만들었다.

기존 문제의 파괴

모바일 데이터의 출현, 사물 인터넷Internet of Things,[7] 팩스 머신, 위치 기반 앱 등 산업에는 많은 파괴가 발생한다. 이런 것은 모두 옛 방식을 버려도 될 만큼 뛰어난 이점을 제공한다. 탈레오[8]는 전통적인 인력 관리 사업을 이런 식으로 파괴했다.

영감

B2B 스타트업 중에는 기초적인 아이디어로 시작해서 이들이 파괴하려는 생태계 안에서 아이디어를 발전시킨 경우가 많다. 이는 현장 지식이 필수적이기 때문이다.

---

[7] http://en.wikipedia.org/wiki/Internet_of_Things
[8] 역자주_ Taleo, 클라우드 기반 인력 관리 솔루션

사업 운영의 핵심 요소, 특히 후방 지원 업무는 생태계 밖에서는 보이지 않는다. 내부자가 되어야 병목점이 분명히 보이게 되는 것이다.

탈레오의 창업자들을 예로 들어보자. 이들은 기업용 인력 관리 도구를 개발하기 위해 ERP(Enterprise Requirement Planning, 기업요구사항관리) 선두업체인 BAAN을 떠났다. 이들은 ERP의 큰 어려움이 통합과 배포에 있다는 점을 봐왔고, 또한 많은 회사들이 웹을 통해 입사 지원자들과 연결된다는 것을 알고 있었다. 그리고 탈레오 창업자들은 채용 전후의 인력 관리가 점점 데이터 주도적으로 바뀌고 있다는 사실도 알아챘다.

그림 29-1 B2B 회사의 린 분석 단계

단계	할 일	위험
공감	아이디어를 테스트하고 사업을 시작하기 위해 컨설팅을 제공한다	고착 효과, IP[9] 제어, 지나친 적합성
흡인력	맞춤형에서 범용으로 전환, 표준화와 통합	통합 능력, 고객지원
바이럴 효과	입소문, 추천, 사례 연구	안 좋은 이미지, 배타성
매출	직판 확대, 전문 서비스, 고객지원	파이프라인, 매출 인식, 보상 체계
확장	채널, 분석가, 생태계, API, 분야별 제품	간극 극복, 고릴라[10]

---

9 역자주_ information provider, 정보 제공자
10 역자주_ 이전과 단절되는 혁신성을 가진 기술, 혹은 진입장벽이 매우 높거나 독점 기술 등을 보유한 기업, 제프리 무어가 공저로 출간한 『GORILLA GAME 고릴라 게임』(2000, 씨앗을 뿌리는 사람들)에서 인용함. http://article.joins.com/news/article/article.asp?total_id=625022&ctg=16

이런 깨달음은 많은 부분이 기술 추이에 대한 이해에서 비롯되었지만 인력 관리 산업에 대한 창업자들의 기본적인 지식은 BAAN에서의 근무 경험에서 나온 것이었다. 탈레오는 성공을 거두었고 2012년 2월 오라클은 19억 달러에 탈레오를 인수했다.

그렇다고 해서 창업 멤버에 업계 관계자가 반드시 있어야 한다는 뜻은 아니지만 업계 관계자가 있으면 도움이 된다. 비록 업계 관계자라도 '사무실에서 나와' 가정을 검증해야 한다는 것을 기억하라. 기존 현장 지식을 믿고 검증하지 않으면 처참한 결과를 얻을 수 있다.

린 분석 체계의 다섯 단계가 B2B 회사에 어떻게 적용되는지 살펴보자. 그림 29-1은 B2B 회사가 각 단계에서 해야 할 일과 조심해야 할 위험을 보여준다.

공감: 컨설팅과 시장 세분화

자기 자본으로 사업을 시작하는 스타트업 중 상당수가 처음에는 컨설팅 업체로 시작한다. 컨설팅은 고객의 니즈를 발견하기 좋고 돈도 벌 수 있다. 또한 컨설팅을 통해 초기 아이디어를 테스트해볼 수도 있다. 왜냐하면 모든 고객한테는 나름의 니즈가 있지만 여러분이 사업화할 것은 상당히 규모가 크고 여러분이 해결할 수 있는 시장에 일관되게 나타나는 니즈라야 하기 때문이다.

그렇다고 하더라도 컨설팅 업체는 서비스 업체에서 제품 업체로 전환하는 과정에서 매우 고전하는데, 그 이유는 어떤 시점이 되면 서비스 매출을 포기하고 제품에 초점을 맞춰야 하기 때문이다. 이 전환은 현금 흐름 면에서 매우 힘들 수 있고 대부분의 서비스 업체는 성공하지 못한다.

그리고 제품에 전념하기 위해서는 서비스 사업을 단념할 필요가 있다. 결국 여러분은 일반 시장이 원하는 제품을 제공하기 위해 가장 아끼고 사랑으로 대했던 고객 일부를 포기하게 될 것이다. 이런 고객들을 계속 만족시키기 위해 주문형 제품을 만들고 싶은 생각이 들기도 할 것이다. 하지만 제품 사업과 서비스 사업을 동시에 운영할 수는 없다. 심지어 IBM도 두 사업 부문을 분리하는 추세인데, 신생 스타트업이 어떻게 동시에 운영할 수 있겠는가?

| 사례 연구 | **코래디언트는 어떻게 시장을 발견했는가**

웹 성능 관리 업체인 코래디언트Coradiant[11]는 1997년 네트워크숍Networkshop이라는 회사로 시작해 2011년 4월 BMC 소프트웨어BMC Software에 인수되었다. 처음에 이 회사는 성능, 가용성, SSL 같은 웹 기술에 대해 보고서를 작성하는 IT 인프라 컨설팅 업체였다.[12] 그러나 곧 다른 기업들로부터 시스템 도입을 도와달라는 요청을 받았다. 기업 고객에는 몇 가지 값비싼 네트워크 인프라가 필요했는데, 예를 들면 로드 분산기, 방화벽, 암호화 가속기, 스위치, 라우터, 관련 모니터링 도구 등으로 구성되고 금액은 총 50만 달러며 초당 100Mbps의 트래픽을 처리할 수 있는 시스템을 도입하려는 식이었다. 그러나 이런 회사에는 이 용량의 일부만 필요했다.

네트워크숍은 고객들이 한 번에 1Mbps씩 구입할 수 있는 가상의 프런트엔드 인프라를 구축했다. 네트워크숍은 한 도시에 있는 데이터센터에 이 시스템을 구축하고 그 데이터센터의 고객들에게 용량을 쪼개어 제공했다. 수익성은 좋았다. 일단 고객이 전체 용량의 35% 이상만 사용하면 그 이상의 매출은 모두 이익이 되었다.

이 경험을 기반으로 네트워크숍은 이름을 코래디언트로 바꾸고 시리즈 A[13] 자금을 조달했다. 그리고 조달한 자금으로 북미 전역의 데이터센터에 이와 비슷한 인프라를 구축했다. 여기에 고객지원 서비스를 더한 코래디언트는 라우드클라우드LoudCloud나 사이트스미스SiteSmith 등의 회사와 같은 관리서비스제공managed service provider, MSP 업계에 합류했다.

그러나 몇 년 지나지 않아 코래디언트가 입주한 데이터센터의 운영주들은 자신들의 설비에서 더 많은 수익을 올려야 한다는 사실을 깨달았다. 매출을 높이고자 데이터센터는 코래디언트와 경쟁 서비스를 제공하기 시작했다. 코래디언트의 창업자들에게는 결단이 필요한 시기였다. 고객들을 위해 호스팅 서비스를 제공하는 바로 그 데이터센터와 전면적인 경쟁을 벌일 것인지 아니면 데이터센터의 허락이 필요 없는 새로운 사업 모델로 바꿀 것인지 말이다.

---

11 코래디언트는 이 책의 저자 중 한 명인 앨리스테어 크롤과 에릭 팩맨Eric Packman에 의해 1997년 네트워크숍이라는 이름으로 설립되었고 2000년 중반에 코래디언트로 사명을 바꾸었다.

12 http://www.infosecnews.org/hypermail/9905/1667.html

13 역자주_ 시드/시리즈 A/시리즈 B 등으로 전통 투자 단계를 구분한다. 시리즈 A는 공식 벤처캐피탈로부터 첫 자금을 받는 단계를 의미한다.

코래디언트는 고객들의 인프라 관리와 성능 측정을 지원하는 아웃사이트^{OutSight}라는 모니터링 서비스를 구축했다. 2003년 여름 코래디언트는 규모를 급격히 축소해 운영 인력을 대부분 해고하고 모니터링 기술을 하드웨어 장비로 구현할 개발자들을 고용했다. 2004년에는 트루사이트^{TrueSight}라는 신제품이 출시되었고 이번에는 데이터센터의 동의 없이 사업을 펼칠 수 있었다.

코래디언트 MSP 고객 중 일부는 트루사이트 사용자가 되었고 트루사이트는 추천할 만한 유명 제품이 되었다. 트루사이트의 초기 버전에는 기본 기능만 있었다. 가령 보고서를 만들려면 정보를 엑셀로 내보내야^{export} 했다. 그러나 코래디언트에는 실무에 매우 능한 영업지원 기술팀이 있어서 초기 고객들과 밀착해서 일할 수 있었다. 고객들이 어떤 종류의 보고서를 만드는지, 기기를 어떻게 사용하는지 알고 나서 회사는 이것을 제품의 후속 버전에 구현했다.

코래디언트는 제품이 비교적 안정될 때까지 채널 영업을 하지 않고 회사가 고객과 직접 접촉했기 때문에 현장의 의견을 자주 들을 수 있었다. 코래디언트는 일 년에 두 차례 사용자 컨퍼런스를 열어 고객이 제품을 어떻게 사용하고 있는지 들었고 이를 통해 취약성 탐지를 위한 데이터 내보내기와 실시간 시각화 같은 새로운 기능을 시도했다.

컨설팅 경험을 통해 코래디언트는 목표 시장의 니즈에 대한 통찰력을 얻을 수 있었다. 초기 제품은 네트워크 장비 비용을 많은 고객이 분담할 수 있는 IT 인프라 공유 서비스였다. 이 서비스를 통해 회사는 고객이 모니터링 제품에 어떤 기능을 요구하는지 알 수 있었고 궁극적으로는 성공적인 회사 매각의 토대가 된 제품을 구축할 수 있었다.

요약

- 코래디언트는 관리 서비스로 출발했지만 목표 시장을 바꾸면서 시장의 역학관계가 상당히 바뀌었다.
- 회사는 웹사이트상의 사용자 경험을 모니터링하는 관리 서비스가 자사 제품의 고유 가치라는 사실을 깨달았다.
- 고객들은 이 기능이 서비스가 아닌 하드웨어 장비로 구현되기를 원했다.

> **분석적 교훈**
> 때로는 규제나 경쟁 등 사업 환경이 바뀌면서 이전에 검증된 사업 가정이 더 이상 유효하지 않게 된다. 이런 경우 여러분의 핵심 가치 제안이 무엇인지 살펴보고 이 변화를 극복할 수 있는 다른 방식으로 판매하거나 다른 시장에 판매할 수 있는지 알아봐야 한다. 코래디언트의 사례에서는 일부 서비스만 유지하고 서비스를 하드웨어 장비로 구현해 판매하는 방식을 택했다.

컨설팅으로 스타트업을 시작하는 것은 나름의 위험이 있다. 컨설팅 사업에 발목을 잡히기 쉬운 것이다. 컨설팅 사업이 성장하면서 여러분은 계속 고객들을 만족시키려고 할 것이고 여러분이 원하는 제품이나 서비스 구축에 전념할 시간을 내기 힘들 것이다. 많은 스타트업이 초기 계획을 잊어버리고 컨설팅 회사로 활동한다. 그중에는 성공한 경우도 있다. 그러나 대부분은 스타트업은 확장 가능하고 반복적이며 빠르게 성장한다는 폴 그레이엄의 조건을 충족시키지 못한다. 이들은 스타트업이 아니다.

게다가 컨설팅회사에서 스타트업으로 모습을 바꾸려면 우선 기존 고객의 요구를 일반 고객에게도 적용할 수 있는지 테스트해야 한다. 그 과정에서 고객과의 비밀 유지 협약을 어기게 될 수도 있으므로 고객 개발에 수완을 발휘해야 한다. 여러분의 기존 고객은 여러분이 제공하려는 표준화된 제품은 자신의 니즈를 덜 충족시킨다고 생각할 것이다. 따라서 여러분은 후속 버전을 개발하는 비용을 고객과 나눌 수 있기 때문에 표준화 제품이 사실 더 좋다고 고객을 설득해야 한다.

해결할 문제를 찾았고 가망 고객과 기존 고객에게 솔루션이 효과적으로 작동한다는 사실을 입증하고 나면 고객을 세분화해야 한다. 고객은 모두 다르기 때문에 하나의 지역, 특정 분야 또는 여러 영업팀 중 한 팀이 맡고 있는 고객군을 선택하는 것이 현명하다. 이런 식으로 여러분은 이 얼리어답터에게 더 주목하고 실패할 확률을 낮출 수 있다.

예를 들어 여러분이 인력 채용 관리 도구를 구축하고 있다고 상상해보라. 법무법인이 인력을 찾고 유지하는 방식은 패스트푸드 식당의 방식과 매우 다르다. 이 모두를 위해 특히 처음부터 하나의 도구를 구축하려는 것은 좋은 생각이 아니다. 인터뷰 횟수부터 필요한 자격 요건, 회사에서 근무한 연수에 이르기까지 모든 것이 다를 것이다. 다르다는 것은 맞춤형 기능과 매개변수가 필요하다는 뜻인데 그렇게 되면 제품이 복잡해지고 DJ 패틸의 제로 오버헤드의 원칙에 어긋난다.

흡인력: 표준화와 통합

니즈를 알아내고 초기 고객군을 식별하고 나면 제품을 표준화해야 한다. 어떤 제품은 만들기 전에 판매할 수 있다. MVP 대신 프로토타입이나 제품 사양을 보여주면, 고객이 제품이 완성되었을 때 구입하겠다고 확답을 줄 수 있다. 이 조건부 구매 파이프라인은 사업의 성공 가능성을 높여주기 때문에 자금조달 여건이 좋아진다.

B2C 세계에서 스타트업은 '이것을 내가 구축할 수 있을까?'라는 점보다 '이것을 좋아하는 사람이 있을까?'라는 점을 더 염려한다. 기업용 시장에서는 '이것이 기존 시스템과 통합될 수 있을까?'라는 부분이 위험부담이 더 크다. 기존의 도구, 프로세스, 환경과의 통합은 문제가 발생할 가능성이 가장 높은 부분이고, 결국은 고객에게 맞게 제품을 수정하게 될 것이다. 이것은 여러분이 애써 달성하고자 하는 표준화를 방해한다.

맞춤형 개발과 표준화 사이의 이런 갈등을 다루는 것은 초기 B2B 스타트업의 가장 큰 난관 중 하나다. 만약 고객 기업의 사용자들로 하여금 제품을 사용해보지 않으면 여러분의 성공 가능성은 낮다. 그리고 여러분의 기술이 효과적이더라도 기존 시스템과 적절히 통합되지 못하면 기존 시스템의 잘못이 아니라 여러분의 잘못으로 비춰질 것이다.

바이럴 효과: 입소문, 추천, 언급

초기 고객군에게 표준화된 제품을 성공적으로 판매했다면 이제는 성장할 때다. 기업들은 대체로 신생 업체를 신뢰하지 않으므로 여러분은 추천이나 입소문 마케팅에 주로 의존할 것이다. 초기 고객의 성공적인 제품 도입을 바탕으로 사례 연구를 개발하고, 만족한 고객에게 새 가망 고객이 혹시 문의 전화를 하면 잘 응대해달라고 부탁해야 한다.

소개와 언급은 이 단계에서의 성장에 매우 중요하다. 유명한 기업이 고객이 되면 엄청난 도움이 된다. 그렇기에 B2B 업체는 사례 연구 개발에 협조해주는 고객사에 제품 가격을 할인해주기도 한다.

매출: 직접 판매와 고객지원

파이프라인이 성장하고 매출이 발생하면 현금 흐름과 직판팀을 위한 인센티브 구조에 신경을 써야 한다. 사업이 지속 가능한지 알기 위해 여러분은 고객지원 비용, 이탈률, 문제 관리 현황을 살펴보고 특정 고객이 수익에 얼마나 기여하는지 알기 위해 다른 사업 운영 비용 지표를 살펴볼 것이다. 영업 이익률이 나쁘면 수익성이 상당히 저하될 것이다.

이 단계에서 영업과 고객지원 조직의 피드백은 매우 중요하다. 왜냐하면 초기의 성공이 진정한 성공인지 아니면 여러분의 이야기에 고객이 혹해서 성공한 것인지(그렇다면 지속 가능성이 낮다) 알려주기 때문이다. 랠리소프트웨어의 수석 기술자 자크 니스는 이렇게 말한다. "스타트업은 피드백 입수에 굉장히 유리하며, 스타트업에 있어 이 피드백은 절대적으로 중요합니다. 대부분 기존 솔루션 업체의 제품 개발팀은 현장 및 고객과 거리감이 있어서 시장 추세를 잘 모릅니다. 기존 업체의 고객에 대해 기존 업체 자신보다 스타트업이 더 많이 알고 있는 경우가 종종 있습니다."

확장: 채널 판매, 효율성, 생태계

B2B 스타트업의 마지막 단계에서는 확장이 중요하다. 여러분은 VAR^{value-added resellers, 부가가치 재판매 업체}와 유통 업체 등 채널을 통해 판매할 수 있다. 또한 분석가, 개발자, API 및 플랫폼, 제휴 업체, 경쟁자 등으로 구성된 생태계가 생겨서 이를 통해 시장의 형태가 잡히고 정교해진다. 이것은 기업 고객이 계속 여러분의 제품을 사용할 것이라는 좋은 징조다. 왜냐하면 회사가 프로세스, 업체와의 관계, 기술에

투자하면 그 스타트업을 떠나기 더 어려워지기 때문이다. 기업용 소프트웨어 업체가 확장하려면 수년이 걸린다. 자크 니스는 B2B 업체가 판매 채널을 구축하고 검증하며 판매 프로세스를 완전히 습득할 때까지 5~10년이 걸린다고 추정한다.

어떤 지표가 중요한가

B2C와 B2B 스타트업의 성장 방식에 비슷한 점이 많듯이 B2C 업체에 유용한 지표 중에는 B2B 업체에도 적용할 수 있는 지표가 많다. 그러나 B2B 스타트업에 더 잘 적용되는 지표가 몇몇 있는데, 이를 소개하겠다.

인게이지먼트와 피드백의 용이성

고객과 미팅을 잡기가 얼마나 쉬운가? 직판 조직을 나중에 이용할 계획이라면 이것은 제품 판매가 어떨지 보여주는 선행 지표다.

초기 버전 배포, 베타 버전, 개념 검증의 파이프라인

가망 고객이 생기기 시작하면서 여러분은 일반적인 판매 지표를 추적하게 된다. 회원 가입과 인게이지먼트를 추적하는 B2C 플랫폼과 달리 판매에 오랜 시간이 걸리고 고가인 제품을 판매하고 있다면 계약 건수를 봐야 한다. 인식할 만한 매출이 없더라도 예상 판매량과 예약 건수를 분석할 수 있고 이를 통해 제품이 출시된 후 판매 비용을 예상할 수 있다.

처음부터 판매 퍼널의 구성 단계와 관련 전환율을 분명히 표현해야 한다. 첫 몇 건의 판매가 성사되고 나면 영업 주기를 문서화하고 측정하고 이해해야 한다. 그래야 반복적인 접근 방식을 구축할 수 있는지 알 수 있다. 이 시점에서 여러분은 판매를 늘리기 위해 영업 인력을 추가로 채용할 수 있다.

흡인력과 사용성

앞서 살펴봤듯이 솔루션의 사용성은 신규 진입 업체들에게 요구되는 최소의 진입

요건이다. 기업의 경우 구글이나 페이스북 사용법을 굳이 배울 필요가 없었던 것처럼 여러분의 제품도 사용법을 굳이 배우지 않아도 사용할 수 있을 정도로 쉽기를 바란다. DJ 패틸은 사용성과 제품 수용의 어떤 부분에 저항이 숨어있는지 찾기 위해 데이터를 사용하라고 제안한다. "측정할 수 없는 것은 고칠 수도 없습니다. 사용자 흐름을 모니터링하고 제품을 반복 개선하는 방법에 대한 새 아이디어를 테스트할 수 있도록 제품을 만드십시오."

통합 비용

자칫하면 주의를 기울이지 않기 십상이지만 통합은 B2B 영업에 매우 큰 역할을 하므로 통합 과정을 반드시 측정해야 한다. 판매 전후에 들어가는 실질적인 고객 지원 비용은 얼마인가? 얼마나 많은 맞춤화 작업이 필요한가? 제품을 고객에게 성공적으로 전달하려면 얼마나 많은 훈련, 설명, 문제 해결이 필요한가?

여러분은 처음부터 이 데이터를 파악해야 한다. 왜냐하면 나중에 이것을 보고 여러분이 스타트업을 구축했는지 아니면 매우 표준화된 컨설팅 체계를 만들었을 뿐인지 알 수 있기 때문이다. 만약 후자를 전자로 착각하고 섣부르게 후자를 추진하면 확장된 시장과 영업 채널에 대한 지원 업무 때문에 많은 압박을 받을 수 있다. 또한 총 보유 비용을 분석할 때 기존 솔루션 업체의 데이터와 비교하는 용도로 이 데이터를 이용할 수도 있다.

사용자 인게이지먼트

여러분이 어떤 제품을 구축하든 가장 중요한 지표는 사람들이 그 제품을 사용하는지의 여부다. 그러나 기업에서는 구매 담당자가 제품을 사용할 확률이 낮다. 다시 말해 여러분의 담당자는 IT 프로젝트 매니저나 구매부서 직원 혹은 임원이겠지만 실제 사용자는 여러분이 한 번도 만나본 적 없는 일반 직원일 수 있다.

또한 때로는 고객사의 사용자들과 이야기하는 것을 자제해야 한다. 가령 소비자 웹사이트에 설문조사를 띄우는 것은 쉽지만 회사는 여러분이 직원들의 귀중한 업무 시간을 설문조사에 사용하게 하면 불쾌해 할 것이다.

B2B 제품은 '마지막 사용 이후 걸린 시간' 같은 지표를 단순히 측정하는 것도 잘못 해석될 소지가 있다. 사용자들은 여러분의 도구를 사용해야 월급을 받는다. 따라서 이들이 매일 로그인하는 것은 그것이 자신의 일이기 때문이지 여러분의 제품이 마음에 든다는 뜻은 아닐 수도 있다. 정말 궁금한 것은 이들이 제품을 좋아하는지, 제품이 이들의 생산성을 높여주는지의 여부다. 사용자들에게는 완수하고자 하는 업무가 있으므로 여러분의 제품이 그 업무에 안성맞춤인 도구라면 성공할 것이다. 어떤 마케터들은 고객군이 아니라 고객이 완수할 일에 따라 고객 니즈를 분석하는 쪽을 더 좋아하기도 한다.[14]

제품을 설치하기 전에 고객의 실제 업무 데이터를 고객으로부터 입수하라. 하루에 몇 건의 주문을 입력하는가? 직원이 급여 정보를 얻으려면 시간이 얼마나 걸리는가? 고객의 창고는 하루에 몇 건의 트럭 배송을 처리할 수 있는가? 일반적인 전화 통화 시간은 얼마인가? 제품을 설치하고 나면 이 정보를 사용해서 개선 정도를 측정하여 여러분의 제품을 지지해준 담당자가 투자수익률을 입증하도록 도와주고, 다른 고객들과 공유할 사례 연구로 개발하라.

관계 정리

고객과의 접촉이 많은 컨설팅 사업에서 고객과의 상호작용이 적은 표준화된 사업으로 전환하면 컨설팅 고객과의 관계 정리에 초점을 두어야 한다. 여러분의 목표는 매출 대비 고객지원 자원을 너무 많이 소비하는 '앵커' 고객들을 두지 않는 것이다. 규모를 키워야 하기 때문이다.

초기의 컨설팅 고객들을 하나의 고객군으로 분류하고 이들을 나머지 고객들과 비교하라. 이들이 어떻게 다른가? 이들은 여러분의 고객지원 자원을 매출 비중에 맞게 사용하는가? 이들이 요구하는 기능이 다른 모든 고객들 및 가망 고객들이 원하는 기능과 일치하는가? 오늘의 여러분을 만들어준 고객사를 무시하면 안 된다. 그러나 이들이 이제는 여러분과 일부일처제 같은 관계가 아니라는 점을 깨달아야 한다.

---

[14] http://hbswk.hbs.edu/item/6496.html

자크 니스는 여기에서 더 나아가 고객을 세 그룹으로 분류하라고 제안한다. "A 고객은 진짜 대형 고객인데 가격을 대폭적으로 할인받고 여러분에게 많은 것을 기대하는 고객입니다. B 고객은 유지관리 비용이 낮고 할인을 많이 받지 못하며 스스로를 여러분의 파트너로 여기고 유용한 통찰을 제공합니다. C 고객은 문제를 일으키고 상대하기 힘들며 여러분의 사업에 손해를 입힐 수도 있는 일들을 해달라고 요구합니다. A 고객에게 시간을 너무 많이 쏟지 마십시오. 이들은 좋아 보이지만 여러분의 사업에 최고의 고객은 아닙니다. 가능한 한 B 고객을 많이 확보하십시오. 그리고 C 고객은 경쟁 업체의 고객으로 만들도록 노력하십시오."

고객 지원 비용

자크 니스의 조언은 몇 가지 근본적인 진실에 바탕을 두고 있다. 많은 B2B 업체에서 상위 20% 고객들이 전체 수익의 150~300%를 차지하는 반면 중간 70%의 고객은 손익분기점을 맞추는 수준이고 하위 10%의 고객들은 수익의 50~200%를 깎아 먹는다.[15]

여러분은 가장 많이 요구되는 기능, 해결해야 할 문제의 수, 판매 후 고객지원, 콜센터 통화 시간 같은 고객지원 관련 지표를 추적해야 한다. 이 지표를 보면 여러분이 어디에 돈을 잃고 있는지, 그리고 성장 및 확장 단계로 이동할 정도로 제품이 표준화되고 안정적인지 알 수 있다.

고객지원 비용에 대한 데이터도 분류해야 한다. 어떤 고객에게 가장 많은 비용이 들어가는지 파악하라. 그런 다음 이 고객과의 관계를 단절할지 고려하라.[16] 예전에는 고객별로 비용을 파악하기 힘들었지만 IT 시스템을 사용하면 각 고객별로 활동(고객지원 전화, 이메일, 추가 저장 공간, 트럭 배차 등)을 구분할 수 있다.

물론 여러분은 실제로 고객과의 관계를 단절할 필요는 없다. 단지 가격을 높여서

---

[15] Robert S. Kaplan, V.G.Naranyanan "Measuring and Managing Customer Profitability", Journal of Cost Management (2001), 15, 5–15, "When to 'Fire' Customers"에서 인용함

[16] 신지웅, K. Sudhir, 윤대희, "When to 'Fire' Customers: Customer Cost-Based Pricing", Management Science, 2012년 12월 (http://faculty.som.yale.edu/ksudhir/papers/Customer%20Cost%20Based%20Pricing.pdf)

그 고객으로 인해 발생하는 수익을 높이거나 아니면 고객이 자기 발로 떠나게 하면 된다. 수익성이 낮은 고객들이 정말 큰 피해를 입힐 정도로 사업이 커지기 전에 가격 정책을 제대로 수립해야 한다.

사용자 그룹과 피드백

여러분의 제품이 고가라면 고객 수가 적을 것이므로 고객이 함께 모이게 초청할 수 있다. 고객과의 비공식적인 상호작용은 B2B 스타트업에 도움이 될 수 있다. 그리고 이런 상호작용은 린 스타트업 과정의 문제 및 솔루션 검증 단계와 비슷한데, 단 솔루션을 검증하는 대신 제품 개발 로드맵을 검증한다. 고객 수가 많더라도 "여러분의 제품을 진짜 지지하는 고객을 선별하여 이들을 특별 대우하라"라고 자크니스는 말한다. 그는 또한 제품을 지지하는 고객이 서로 네트워크를 형성하도록 도우라고 제안한다. 랠리소프트웨어는 자사 웹사이트를 통해 이렇게 하고 있다.[17]

사용자 그룹 미팅을 성공적으로 진행하려면 상당한 준비가 필요하다. 고객들은 듣기 좋은 말만 하거나 아니면 불평을 쏟아내므로 결과는 양극화되기 마련이다. 이들은 또한 여러분이 제안하는 모든 새로운 기능에 동의할 것이다. 모든 것을 가질 수는 없으므로 이들이 선택할 수밖에 없도록 만들어라. 그리고 선택하기 힘든 대안을 제시해야 한다(*이산선택*이라고도 부른다).

사람들이 어떤 방식으로 선택하는지 이해하기 위해 많은 연구가 진행되었다. 댄 맥패든Dan McFadden 버클리대 교수는 이렇게 말한다. "'이산'선택은 '예/아니오' 중에서 선택하거나 여러 가지 가능성 중에서 하나의 대안을 선택하는 것입니다." 그는 샌프란시스코 지역의 ART Area Rapid Transit, 광역고속철도 시스템 이용 행태 추정에(연구 당시 공사 중이었다) 이산선택 모델을 적용한 연구로 2000년 노벨경제학상을 수상했다.[18] 이 연구에서 도출된 한 가지 중요한 결론은 사람들은 원하지 않는 것을 제거하는 일을 원하는 것을 선택하는 일(이것은 약속처럼 느껴진다)보다 더 쉬워한다는 것이다. 따라서 두 가지 선택지 중 한 가지를 제거하라는 일련의

---

17 http://www.rallydev.com/community
18 http://elsa.berkeley.edu/~mcfadden/charterday01/charterday_final.pdf

질문을 묻는 것이 효과적이다.

이산선택 모델링의 수식은 복잡하다. 이 주제만 전적으로 다루는 컨퍼런스가 있을 정도다. 그리고 이산선택 모델링은 세탁 세제부터 자동차에 이르기까지 온갖 신제품을 개발하는 데 널리 사용되고 있다. 일부 방법론은 여러분에게도 유용하다. 예를 들어 가능한 특징에 1에서 10점까지 점수를 주라고 부탁하는 것보다 고객에게 두 가지 가능한 특징 개선을 비교해보고 없어도 될 특징을 선택하라고 반복적으로 질문하는 쪽이 더 좋은 대답을 얻을 수 있다. 만약 각 비교에서 몇 가지 특징의 조합을 두 가지 제시하면 특정한 특징 조합이 말이 되든 되지 않든 상관없이 더 좋은 대답을 얻을 수 있을 것이다.

예를 들어 시장에 판매할 새로운 다이어트 음식을 찾고 있다고 하자. 여러분은 구매자에게 영향을 줄 특징으로 맛, 칼로리, 글루텐 함량, 유기농 재료 등이 있다는 것을 알고 있다. 가망 고객에게 맛이 칼로리 함량보다 더 중요한지 묻는 것도 도움이 된다. 그러나 두 개의 조합 중 하나를 선택하라고 하는 편이 더 좋다. 이런 조합이 이론적으로 불가능하더라도 상관없다. 가령 다음 중 어느 것을 선호하는지 묻는 것이다.

- 맛있고 글루텐이 없고 칼로리가 높고 인공 재료를 사용한 칼로리바
- 맛이 밋밋하고 글루텐 함량이 높고 칼로리가 낮고 유기농 재료를 사용한 칼로리바

고객에게 다양한 조합 중에서 선택하도록 반복적으로 물으면 예측의 정확성을 크게 높일 수 있다. 사실 이것은 앞에서 언급한, 설문조사와 인터뷰에 적용하는 다변량 테스트와 같다.

사용자 이벤트를 계획할 때는 여러분이 무엇을 알아내고자 하는지 제대로 알고 올바른 제품 로드맵에 도움이 될 진짜 대답을 얻기 위해 대화와 실험 설계에 자원을 투입해야 한다.

성공적인 제품 선전

스타트업 초기에 여러분은 미팅을 얼마나 효과적으로 준비하는지 평가한다. 나중

에 판매 채널을 도입하려 할 때도 이것은 중요하다. 여러분의 영업 파트너들은 여러분만큼 똑똑하지 않다. 그리고 여러분의 도움 없이도 이들이 계약을 체결할 수 있도록 자료와 메시지로 무장시켜야 한다. 이들은 여러분의 제품과 서비스를 판매하다 걸림돌이 생기면 다른 회사 제품을 판매할 것이다. 여러분에 대한 채널의 첫인상을 바꾸기는 거의 불가능하다.

여러분의 채널을 위한 마케팅 도구를 만들고 직접 테스트해보라. 채널용 원고를 가지고 무작위로 전화를 걸어보라. 신규 고객에게 제품을 선전해보라. 이메일을 보내고 응답률을 테스트하라.

이것은 두 가지 면에서 도움이 된다. 첫째, 어떤 원고, 어떤 제품 설명, 어떤 형식의 편지를 사용해야 할지 알 수 있다(왜냐하면 결국 모든 것은 실험이지 않는가?). 둘째, 채널의 효과를 비교할 기준치를 얻을 수 있다. 만약 어떤 채널이 여러분의 기준치를 충족시키지 못하면 뭔가 문제가 있는 것이고 그 채널 파트너가 여러분의 제품에 대한 열의를 잃기 전에 여러분이 문제를 해결하기 위해 노력할 수 있다.

만약 채널용 마케팅 자료를 만든다면 각 자료에 채널을 식별할 수 있는 표시를 하라. 여러분은 PDF를 만들 때 채널 식별 코드가 포함된 단축 URL을 사용할 수 있다. 이렇게 하면 어떤 파트너가 여러분의 웹사이트로 트래픽을 발생시키는지 알 수 있다.

철수 장벽

고객이 점점 많아지면 이들 고객을 유지하려는 노력도 필요해진다. 활발한 개발자 생태계와 적절한 API가 있으면 고객과 여러분은 통합된다. 그리고 이런 통합 덕분에 바로 *여러분이* 기존 업체가 되고 경쟁자와 신규 업체의 위협에 대처할 수 있다.

리딩에지 포럼Leading Edge Forum에서 조직 간 싸움과 진화를 연구한 사이먼 워들리 Simon Wardley는 회사는 고객이 원하는 많은 기능에 대해 우선순위를 정해야 한다고 말한다. 기능을 너무 많이 구현하면 어떤 기능 때문에 수익성이 낮아질 수 있고,

기능을 너무 적게 구현하면 경쟁자들에게 여지를 줄 수 있다. 사이먼 워들리는 API가 해결책이 될 수 있다고 말한다.[19]

> 모든 혁신은 ... 도박이다. 그리고 비용을 줄일 수는 있지만 완전히 없앨 수는 없다. 어떤 것의 미래 가치는 그것의 확실성과 반비례한다. 미래를 정확히 예측할 수 없는 것처럼 이런 정보의 장벽도 피할 수 없다. 그러나 우리의 강점을 최대화할 수 있는 방법이 있다.
>
> API를 통해 이 유틸리티 서비스를 사용할 수 있게 하면 우리도 혜택을 보지만 더 넓은 생태계가 이것을 사용할 수 있다. 그 더 큰 생태계에서 혁신을 일으키도록 장려할 수 있다면 이 새로운 활동에 대한 도박이 실패로 돌아가도 우리가 그 비용을 부담하지는 않는다. 그리고 불행히도 우리가 성공의 열매를 즐기지도 못한다.
>
> 다행히 생태계에는 성공적인 활동을 초기에 알려주는 메커니즘이 있다(가령 제품 채택) ... 충분히 큰 생태계를 창조하면 우리는 급속한 혁신을 독려할 수 있을 뿐만 아니라 이 생태계를 이용해 성공 사례를 알아낸 다음 그 성공적인 활동을 복제하거나(약한 생태계 접근 방식) 인수(강한 생태계 접근 방식)할 수 있다. 이런 식으로 우리의 강점을 극대화할 수 있다.

만약 여러분에게 API가 있다면 고객의 API 사용을 추적하라. API 활동이 많은 고객은 여러분과의 관계 확장에 더 많이 투자하는 반면, API를 사용하지 않는 고객은 업체를 더 쉽게 바꿀 수 있다. 만약 여러분에게 개발자 프로그램이 있다면 검색과 기능 요구를 검토하여 고객이 어떤 도구를 원하는지 찾은 다음 여러분이 직접 구축하지 않을 기능을 구축할 개발자들을 찾아야 한다.

요지: B2B 스타트업도 스타트업이다

B2B 스타트업은 B2C 스타트업과 다른 중요한 차이점을 다뤄야 하지만 근본적인 린 스타트업 모델은 마찬가지로 적용된다. 즉, 사업에서 가장 위험성이 높은 부분을 결정하고, 뭔가를 만들고 결과를 측정하고 학습함으로써 그 위험을 정량화하고 완화시킬 수 있는 방법을 빨리 찾아야 한다.

---

19 http://blog.gardeviance.org/2011/03/ecosystem-wars.html

CHAPTER 30

사내 창업가

제2차 세계대전이 유럽 전역으로 확산되면서 미국은 독일 공군, 특히 독일 제트기의 진격을 막을 방법이 필요하다는 사실을 깨달았다. 미군은 록히드마틴[1]에 제트전투기를 만들어달라고 요청했다. 상황이 아주 급박했기 때문에 필사적인 조치가 요구되었고 한 달 후 록히드마틴의 엔지니어링팀은 제안서를 작성했다. 삼엄한 경계를 받는 서커스 천막에서 6개월도 채 안 되는 작업 기간을 거쳐 록히드마틴은 첫 제트전투기를 완성했다.[2]

이 그룹은 스컹크웍스Skunk Works라는 이름으로 알려졌는데, 이 이름은 느리게 움직이는 대규모 조직 안에서 일하는, 혁신으로 무장한 독립적이고 자율적인 그룹을 가리키는 말이 되었다. 이런 그룹은 종종 조직 내 다른 부문과 달리 제약과 예산 감독을 받지 않는다. 그리고 대기업의 관성을 줄이기 위해 '틀에서 벗어나' 일한다는 구체적인 목적이 있다. 구글이나 애플 같은 회사도 이 같은 방식을 채택하여 구글 X랩 같은 자체 첨단 연구 조직을 만들었다.[3]

뭔가를 빠르게 변화시키는 것은 어려운 일이다. 그리고 이렇게 하려면 책임에 상응하는 권한이 주어져야 한다. 만약 여러분이 내부로부터의 파괴를 꾀하는 사내 창업가라면 해야 할 일이 많을 것이다. 스타트업 분야의 많은 교훈은 사내 창업에도 적용될 수 있지만 이는 기업 환경에 맞게 조정되어야 한다.

---

[1] 역자주_ Lockheed Martin, 당시 사명(社名)은 록히드에어크래프트였다.
[2] http://en.wikipedia.org/wiki/Skunkworks_project
[3] http://www.nytimes.com/2011/11/14/technology/at-google-x-a-top-secret-lab-dreaming-upthe-future.html?_r=2

통제 범위와 철도 사업

규모가 어느 정도 되는 회사에서 일한다면 조직도가 있을 것이다. 사실 조직도는 철도 시대에 대니얼 C. 맥칼럼Daniel C. McCallum이 만든 것이다.[4] 1850년대에 철도는 급성장 사업이었다. 투자자들에게는 정말 안 된 말이지만 철도 사업은 규모만 커졌을 뿐 내실은 없었다. 작은 철도 회사는 흑자로 전환했지만 큰 철도 회사는 아직 적자를 보고 있었다.

맥칼럼은 이 점을 알아채고 자신이 근무하던 철도 회사를 더 작은 조직으로 나누고 각 조직의 책임자로 하여금 맥칼럼 자신이 정한 표준화된 정보를 보고하게 했다. 맥칼럼의 철도 회사와 그의 방식을 따른 다른 철도 회사는 번창했다. 군에 복무했던 경험과 군에서 배운 엄격한 계층 구조에서 영감을 얻은 그의 모델은 다른 산업에도 적용되기 시작했다.

맥칼럼은 최초의 경영 전문가라고 볼 수 있는데, 그는 위험을 줄이고 수익성을 높이기 위해 관리, 구조, 규제를 도입했다. 그렇지만 사내 창업가들이 집중해야 할 방향은 안전성과 예측 가능성이 아니다. 이들이 하는 일은 위험을 *감수하고* 분명하지 않고 예측 불가능한 것을 발견하는 것이다. 만약 변화를 일으키고 현재 상태를 파괴하고 싶다면 맥칼럼이 만든 조직 구조는 약점으로 작용한다. 수십 년 전 스컹크웍스의 엔지니어들이 그랬듯이 여러분은 스스로를 보호해야 한다. 그러나 이와 동시에 여러분은 조직과 공존해야 한다. 왜냐하면 독립적인 스타트업과 달리 여러분이 쏟은 노력의 열매는 여러분이 속한 회사와 통합돼야 하기 때문이다.

- 여러분이 만드는 것은 기존 사업을 잠식하거나 직원들의 일자리를 위협할 수 있다. 사람들은 비이성적으로 행동한다. 마크 안드레센은 "소프트웨어가 모든 것을 잠식한다"고 말한 바 있고 소프트웨어가 가장 좋아하는 먹이 중 하나는 일자리다.[5] 어떤 소프트웨어 업체가 앱의 SaaS 버전을 출시하면 기업용 소프트웨어 영업을 하는 사내 영업의 인력들은 일자리가 없어지므로 분개할 것이다.
- 일하는 방식에 있어서도 관성은 실제로 존재한다. 사람들에게 일하는 방식을 바꾸라고 부탁할

---

4 http://en.wikipedia.org/wiki/Daniel_McCallum
5 http://beforeitsnews.com/banksters/2012/08/the-stanford-lectures-so-is-software-really-eatingthe-world-2431478.html

생각이라면 그렇게 바꿔야 하는 이유를 알려줘야 한다. 애플 매장을 한번 살펴보자. 중앙 계산대가 없고 영수증은 이메일로 받는다. 물건을 사는 데 시간이 얼마 걸리지 않고 매장 공간도 더 효율적으로 사용할 수 있다. 그렇지만 기존의 다른 가게를 이 모델로 바꾸게 설득하려면 재훈련이 필요하고 매장 구조도 수정해야 한다.

- 여러분이 사내 창업가로서 자신의 일을 잘 해낸다면 사업 생태계를 파괴하게 될 것이다. 전통적인 음반 회사는 유통업자나 음반 매장과 협력관계를 맺고 있어서 온라인 음악 전송으로 옮겨가기 힘들었다. 그 결과 MP3와 고속 통신망 같은 파괴적 기술이 부상하자마자 온라인 상점에 기회를 빼앗기고 말았다.

- 여러분의 혁신은 다른 사람들의 손에 의해 운명이 결정된다. 회사 내 다른 사람들이 하는 일을 우습게 보고 자기 일밖에 모르는 근시안이 되기 쉬운데, 여러분은 그들과 같은 배를 타고 있다. 『일의 잠언: 회사에서 성공하기 위한 108가지 원칙』(2010, 세종서적)에서 리처드 템플러는 다음과 같이 익살스럽게 말한다. "사람들은 문제가 발생하면 자기 관점에서 상황을 보기 쉽다. [그렇지만] 어려운 사업 전문 용어를 구사하여 말하게 되면 회사 관점에서 문제를 보기 시작할 것이다."[6]

래리 보시디Larry Bossidy와 램 차란Ram Charan은 공동 저서 『현실을 직시하라』(2004, 21세기북스)에서 매우 비현실적인 리더들의 6가지 습관을 말하고 있는데, 그것은 정보 여과, 듣고 싶은 것만 듣기, 현실을 직시하지 않는 헛된 생각, 두려움, 감정적인 과잉 반응, 자본시장에 대한 비현실적인 기대다.[7]

사내 창업가들이 성공하려면 이 6가지와 반대되는 속성이 필요하다. 그리고 이 속성 중에는 데이터와 반복 개선을 바탕으로 한 것이 많다. 여러분은 진짜 정보를 접할 수 있어야 하고 확증 편향을 피하면서 데이터가 무엇을 말하든 받아들일 수 있어야 한다. 자신의 가정과 선입관은 접어두고 목표치는 높이되 기대치는 낮춰야 한다.

---

[6] 리처드 템플러, 『The Rules of Work』(2003, Pearson Education), 142
[7] 래리 보시디, 램 차란, 『Confronting Reality』(2004, Crown Business) 22-24

| 패턴 | **사내 창업가를 위한 스컹크웍스**

스컹크웍스는 빨리 움직이기 위해 성과와 승인이 필요했다. 그래서 14가지 운영 원칙(켈리의 14가지 규칙이라고 알려졌으며, 기술팀 리더였던 클래런스 '켈리' 존슨Clarence Kelly Johnson의 이름에서 비롯되었다)을 정했는데, 내부로부터 회사를 변화시키고자 하는 사람이라면 누구나 적용할 수 있다.[8] 존슨에게 양해를 구하면서 린 사내 창업가를 위해 우리가 수정한 버전을 소개한다.

1. 만약 규칙을 깨기로 했다면 변화에 대한 책임과 함께 윗선에서 부여해준 권한이 필요하다. 임원의 지지를 확보하라. 그리고 모든 사람들에게 이 사실을 알려라.

2. 회사 내 자원을 사용할 수 있는 권리와 실제 고객에게 접근할 수 있는 권리를 확보하라. 이렇게 하려면 고객지원팀과 영업팀의 허락이 필요할 것이다. 이들은 여러분이 고객과 접촉하면서 일으킬지 모를 변화와 불확실성을 원하지는 않지만 어쨌든 계속 요구해야 한다.

3. 위험을 회피하지 않고 실행력이 좋으며 업무성과가 좋은 사람들로 구성된, 민첩하게 움직이는 소규모 팀을 꾸려라. 이런 팀을 구성할 수 없다면 아직 윗선에서 여러분의 생각을 *진정*으로 지지하지 않는다는 뜻이다.

4. 급격한 변화를 다룰 수 있는 도구를 이용하라. 도구를 구입하지 말고 임대하라. 되도록 클라우드 컴퓨팅 같은 주문형 기술을 이용하라. 자본적 지출보다는 운영비 지출이 유리하다.[9]

5. 회의에 발목을 잡히지 말고 보고는 간단하고 일관되게 유지하라. 그러나 나중에 분석할 수 있게 진척 상황을 반드시 기록해야 한다.

6. 데이터는 공유하고 조직에 숨기려고 하지 말라. 단기 비용이 아니라 여러분이 추진하고 있는 혁신에 들어가는 전체 비용을 고려해야 한다.

7. 새로운 공급 업체가 더 낫다면 그쪽으로 바꾸는 것을 꺼리지 말되, 합리적이라면 모회사 규모의 경제와 기존 계약의 힘을 이용하라.

8. 테스트 절차를 간소화하고 신제품의 요소들이 신뢰할 만한지 확인하라. 이미 있는 것을 다시 만드느라 시간을 낭비하지 말라. 기존에 있는 것들을 이용해 구축하라. 특히 초기 버전을 만들 때는 더욱 그렇다.

9. 테스트와 시장조사를 외부에 맡기지 말고 자기 제품을 직접 사용해보고 최종 사용자와 직접 만나보라.

---

[8] http://www.lockheedmartin.com/us/aeronautics/skunkworks/14rules.html
[9] http://www.diffen.com/difference/Capex_vs_Opex

10. 프로젝트를 시작하기 전에 목표와 성공 기준에 대해 합의를 도출하라. 이것은 경영진의 후원을 얻기 위해 반드시 필요할 뿐만 아니라 혼란을 줄여주고 쓸데없이 높은 사양의 제품을 개발하거나 목표를 이리저리 바꾸지 않게 해준다.
11. 많은 서류 작업 없이, 그리고 프로젝트 도중에 인력을 줄이는 일 없이 자본과 운영자금을 확보할 수 있도록 하라.
12. 오해와 혼란을 피하려면 고객이나 고객을 대변해줄 수 있는 사람들, 가령 고객지원 부서나 판매 후 지원인력 등과 일상적으로 접촉하라.
13. 가능한 한 팀 외부인이 팀원들과 접촉하지 못하도록 하라. 부정적인 사람들이 팀 분위기를 망치도록 내버려두지 말고, 제대로 테스트하기도 전에 완성되지 않은 아이디어가 외부로 유출되지 않도록 주의하라.
14. 결과를 바탕으로 성과에 대해 보상하고 필요하면 일반적인 보상 체계가 아닌 다른 보상 모델을 사용하라. 여하튼 여러분은 사내 창업가들이 회사에서 계속 일하도록 만들어야 한다. 능력 있는 사람들은 자기 사업을 하려고 회사를 떠날 수 있다.

변화를 막기 위해 변화하거나 혁신 중인가

회사가 변하려면 심각한 위협에 직면하거나 강력한 리더가 필요하다. 두 가지 모두 겸비했다면 거대한 회사라도 변화를 빨리 받아들일 수 있다. 1990년대 후반 웹브라우저의 중요성이 점점 커지자 분석가들은 마이크로소프트가 몰락할 것이라고 예상했다. 그러나 이들은 회사를 빨리 변화시킬 수 있는 빌 게이츠의 능력을 과소평가했다. 몇 달 내에 마이크로소프트는 인터넷 익스플로러를 개발했고 윈도우 운영체제 전반에 걸쳐 익스플로러 연계 기능을 슬쩍 삽입했다. URL을 입력하면 윈도우가 하이퍼링크로 바꿔주었고 문서를 저장할 때 HTML 버전으로 저장할 수도 있었다. 심지어 많은 비난을 받은 페이퍼클립에도 웹 기능이 있었다.

마이크로소프트는 독점금지법 위반으로 고발당했지만 어쨌든 신속하게 반응한 덕분에 별 볼 일 없는 존재로 전락하지 않고 먼저 개발된 넷스케이프와의 경쟁에서 승리할 수 있었다. 짐 클락Jim Clark 넷스케이프 CEO는 빌 게이츠의 대응이 무지막지했다면서 이는 마이크로소프트가 PC를 지배하고 있었기 때문에 가능했다고 말했다. "거침없이 뭔가를 추진하려면 힘이 있어야 합니다. 그리고 대부분의 경우

나의 적수는 (절대적 위치를 누리는) 마이크로소프트였기 때문에 나는 힘을 쓸 수 없었습니다."[10]

그 이후 마이크로소프트는 오피스 제품군에 대해서도 비슷한 대응을 해야 했다. 2005년 빌 게이츠와 레이 오지Ray Ozzie는 오피스 제품군을 소프트웨어 패키지 라이선스에서 SaaS 기반으로 바꾸겠다고 발표했다.[11] 이번에는 구글의 오피스 서비스[12]가 마이크로소프트를 위협했는데, 구글은 광고 시스템으로 수익을 올리기에 이 서비스를 지속할 수 있었다. 구글 제품이 구글 창업자의 눈에는 단지 막연한 가능성에 불과했지만 Write.ly 같은 서비스는 데스트톱 기반의 오피스 제품이 위험에 처했다는 점을 분명히 보여주었다.[13]

마이크로소프트의 대응에 비난하는 사람들은 마이크로소프트가 바뀌지 않는다고 불평한다. 마이크로소프트는 변화하는 대신 현상을 계속 유지하면서 독점적 지위를 행사하고 시장의 변화를 회피하거나 지연시킨다는 것이다. 1999년 데이브 와이너Dave Winer는 이렇게 말했다. "나는 마이크로소프트가 전혀 바뀌지 않았다는 것을 깨달았습니다. 마이크로소프트는 현재 모습을 유지하는 데 엄청난 에너지를 쏟고 있습니다."[14]

사내 창업가로서 여러분은 이 '현상을 유지하기 위한 혁신'이라는 개념이 자신과 잘 맞지 않는다고 느낄지도 모른다. 여러분은 파괴자다, 그렇지 않은가? 그러나 여러분이 높은 시장점유율을 보유한 기존 업체에서 일하고 있다면 기존 방식으로 계속 돈을 벌기 위해 변화를 억제하고 회사의 독점적 지배를 유지하는 것이 혁신인 경우도 있다. 이것이 싫으면 회사를 떠나 자기 일을 시작해야 한다.

---

[10] http://www.cnn.com/books/news/9906/18/netscape/
[11] http://ross.typepad.com/blog/2005/10/turn_on_a_dime.html
[12] 역자주_ 현재 구글 드라이브 서비스, http://drive.google.com
[13] http://anders.com/cms/108
[14] http://scripting.com/1999/06/19.html

BCG 매트릭스

변화를 원하지 않을 수도 있다. 이런 경우 그 이유는 무엇일까? 이것을 이해하려면 대기업이 제품과 시장 전략을 수립하는 방식을 살펴볼 필요가 있다.

그림 30-1의 보스턴컨설팅그룹$^{Boston\ Consulting\ Group,\ BCG}$ 매트릭스를 이용하면 회사의 제품 포트폴리오를 간단하게 검토할 수 있다. 여기서는 두 가지 기준, 즉 시장이 얼마나 빨리 성장하는지, 현재 회사의 시장점유율이 얼마인지에 따라 제품이나 자회사를 분류한다.

그림 30-1 BCG 매트릭스

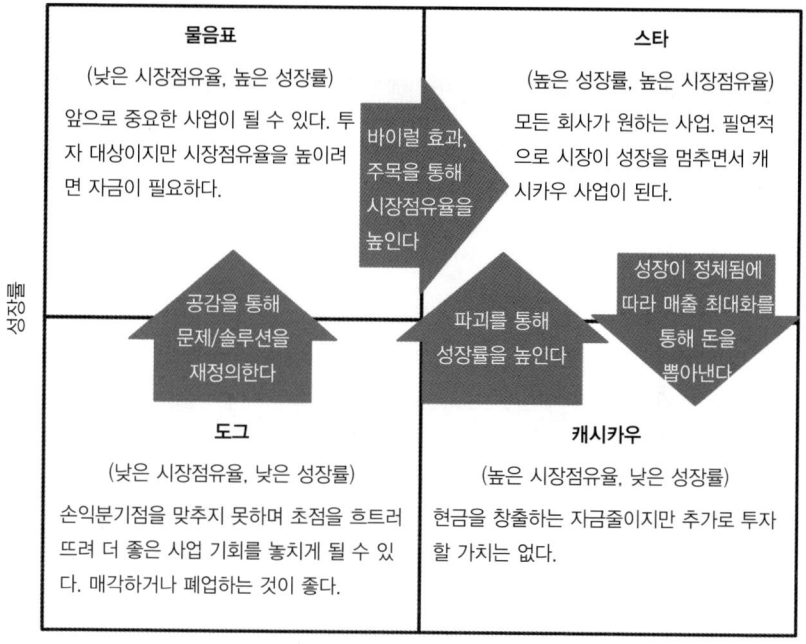

시장점유율은 높지만 성장률은 낮은 제품은 '캐시카우$^{cash\ cow}$' 제품이다. 이런 제품은 매출이 발생하지만 대규모로 투자할 가치는 없다. 반면에 시장성장성은 좋지만 시장점유율이 낮은 제품은 '물음표' 사업으로서 투자 및 개발 후보 사업이다. 성장률과 시장점유율 둘 다 높은 사업은 '스타^{star}' 사업이다. 반대로 둘 다 낮은 사업은 '도그dog' 사업이라고 부르며 사업을 매각하거나 폐업해야 한다.

BCG 매트릭스는 회사의 제품 포트폴리오를 한눈에 요약해서 보여준다. 또한 혁신에 대해 생각해볼 수 있는 좋은 방법이기도 하다. 만약 회사를 변화시키려고 노력하는 중이라면 여러분은 (성장성이 높은 시장의) 신제품을 개발하거나 또는 기존 제품에 새 기능, 새 시장, 새 서비스를 추가하여 새로운 활력을 주려고 노력하는 중일 것이다.

린 스타트업의 관점에서 보면 BCG 매트릭스는 우리가 어떤 단계에 있는지, 어떤 지표를 이용해야 하는지 보여준다. 신제품이나 신규 회사를 만들려고 한다면(물음표), 공감에 초점을 둬야 한다. 도그 사업을 구하려 한다면 이때도 공감이 필요하며 기존 고객들에게 접근할 수 있다. (성장률이 높은 시장에 진입하기 위해) 제품을 바꾸거나 (시장점유율을 높이기 위해) 시장을 바꾸어야 한다.

(성장률은 높지만 시장점유율은 낮은) 물음표 사업을 보유하고 있다면 자연발생적이거나(바이럴 효과) 인위적인 방법(고객 확보)을 통해 시장점유율을 높이는 데 주력해야 한다.

스타 사업을 보유하고 있고 시장이 정체되고 있다면 매출을 최대한 증가시키고 비용을 줄여 제품의 한계비용을 적절히 유지해야 한다. 이런 식으로 앞으로 겪게 될 가격 전쟁과 차별화가 힘들어지는 상황을 버틸 수 있다. 다른 한편으로 시장을 확대시켜주는 산업 파괴 요인이 있다면 – 모바일 기술의 부상, 해외 수요 발생 등 – 캐시카우 사업을 스타 사업으로 바꾸기 위해 성장률을 높이는 데 주력해야 한다.

회사는 자신이 가지고 있는 것을 개선하려는 경향이 있는데, 이것은 기존 회사들이 파괴되는 이유 중 하나다. 조나 레러Jonah Lehrer는 저서 『Imagine』에서 스위퍼 막대걸레[15]의 탄생에 대해 이야기하고 있다. 이것은 회사들이 문제를 해결하려 하기보다는 어떻게 국지극대화를 추구하는지 보여주는 완벽한 사례다.

---

15 http://www.npr.org/2012/03/21/148607182/fostering-creativity-and-imagination-in-theworkplace

| 사례 연구 | **스위퍼, 화학적 접근 방식을 포기하다**

P&G는 세척제를 비롯해 다양한 청소용품을 만든다. P&G는 계속 캐시카우 제품을 개선하고 다시 활력을 불어넣으려 노력하고 있지만 높은 연봉을 받는 많은 전문가들이 열심히 연구해도 더 좋은 청소 세제를 발명하지 못했다.

회사 경영진은 지금이 산업을 파괴할 때라는 것을 알고 있었지만 내부에서는 불가능하다고 생각했다. 그래서 외부 업체인 콘티넘Continnum에 도움을 요청했다.[16] 화학약품을 배합해보는 대신 콘티넘은 사람들이 걸레질하는 모습을 관찰했다. 이들은 연구 단계에서 기록, 테스트, 신속한 반복에 초점을 맞췄다.[17]

그 과정에서 이들은 우연히 어떤 피실험자가 바닥에 엎지른 커피 찌꺼기를 치우는 모습을 지켜보게 되었다. 이 피실험자는 대걸레를 이용하는 대신 비로 마른 찌꺼기를 쓸고 나서 남은 고운 가루를 젖은 헝겊으로 닦았다.

대걸레는 사용하지 않았다.

이것은 디자인팀의 눈을 번쩍 뜨게 해준 놀라운 일이었다. 그리고 이들은 문제를 다른 각도에서 보게 되었다. 이들은 세제가 아니라 대걸레가 핵심이라는 것을 발견했다. 이들은 바닥 먼지의 구성성분을 살펴보았고(반 정도는 먼지라서 물이 없으면 더 잘 제거되었다)[18] 청소 도구 자체를 혁신한 결과, 사용자 친화적인 대걸레인 스위퍼Swiffer를 P&G에 선사했다. 스위퍼는 정체될 운명이었던 청소 제품 산업에서 5억 달러 가치가 있는 혁신 상품으로 탈바꿈하였다.

기존 조직이 속하는 준거 틀을 벗어나 현재 솔루션이 아닌 실제 니즈를 볼 수 있는 능력은 어떤 사내 창업가에게나 근본적으로 필요한 능력이다.

요약
- 기본적인 고객 개발 방식을 사용하여 P&G는 완전히 새로운 제품 카테고리를 창조할 수 있었다.

---

[16] http://www.kinesisinc.com/business/how-spilt-coffee-created-a-billion-dollar-mop/
[17] http://www.dcontinuum.com/seoul/portfolio/11/89/
[18] http://www.fastcodesign.com/1671033/why-focus-groups-kill-innovation-from-the-designerbehind-swiffer

- 대기업이라도 스타트업처럼 공감 단계에서 혁신에 초점을 두면 무엇이 가능한지 재발견하고 발상을 전환할 수 있다.
- 설문조사와 정량적 조사를 실시하려는 생각은 버려라. 일대일 관찰을 통해 새로운 시장군을 발견할 수도 있다.

분석적 교훈
사내 창업가들의 경우 해결하려는 근본 문제를 재검토하고 처음으로 돌아가 다시 시작하는 것이 수익성은 좋지만 성장이 정체된 캐시카우 제품을 다시 고성장 산업으로 탈바꿈시키는 최상의 방법일 수 있다. 여러분이 고객을 있는 그대로 보지 못하면 다른 사람이 그렇게 할 것이다.

여러분은 혁신을 추진하는 동시에 고객을 혁신 자체에 참여시킬 수도 있고 심지어는 테스트와 분석을 마케팅 캠페인으로 만들 수도 있다. 프리토레이Frito-Lay가 새로운 맛의 스낵을 개발할 때 바로 이렇게 했다.

| 사례 연구 | **도리토스, 맛을 선택하다**

대기업은 고객 의견을 실시간으로 반영하기 힘들다. 일반적으로 대기업 신제품 개발에 거액을 투입하기 전에 포커스그룹 인터뷰와 제품 테스트를 주로 이용한다. 프리토레이는 이런 의존도를 줄여주는 방법을 찾아냈고 그 과정에서 고객 개발을 새로운 차원으로 끌어올렸다. 또한 흥미로운 광고 캠페인도 만들었다.

2009년 컨설팅 업체 다치스그룹Dachis Group은 프리토레이가 새로운 맛의 도리토스를 개발하는 작업을 돕고 나서 고객들에게 맛에 이름을 붙여달라고 요청했다.[19] 몇 년 후, 이 회사는 다시 두 가지 새로운 맛에 문자 그대로 도리토스 A, 도리토스 B라고 이름 붙이고 제품군에 어떤 맛을 추가하는 것이 좋을지 고객들에게 물어봤다.[20] 또한 고객들에게 슈퍼볼 시즌에 방송될 TV 광고의 끝 부분을 작성해달라고 요청하

---

[19] http://www.dachisgroup.com/case-studies/become-the-doritos-guru/
[20] http://www.packagingdigest.com/article/517188-Doritos_black_and_white_bags_invite_consumers_to_vote_for_new_flavor.php

고 고객들이 광고 에이전시의 크리에이티브팀에 연락할 수 있게 했다.[21]

이 작업을 하느라 소매점의 진열대 공간부터 일시적인 재고 포함에 이르기까지 유통 채널에 변화를 줘야 했다. 그러나 캠페인은 성공적이었다. 소셜 미디어 곳곳에서 캠페인에 관한 이야기가 오갔다. 유튜브 채널 방문자 수는 150만 명에 이르렀고 50만 명이 넘는 고객들이 투표했다. 또한 회사는 대규모로 반복 개선 작업을 실시하고 브랜드 구축과 함께 시장을 개발하는 방법을 알아냈다.

요약
- 소비자용 포장 제품 산업의 기존 유통 시스템은 혁신을 방해하는 닻과 같지만 프리토레이는 혁신할 수 있는 방법을 찾았다.
- 소셜 미디어와 눈에 띄는 매장 내 진열을 통해 프리토레이는 유튜브 채널을 거대한 포커스그룹으로 만들었고 고객 인게이지먼트를 높였다.

분석적 교훈
제품에 다시 활기를 불어넣는 또 다른 방법은 파괴적인 기술 – 프리토레이의 경우 소셜 미디어와 양방향 상호작용 – 을 사용해 우선 제품을 테스트하는 방법을 다시 살펴보는 것이다.

임원의 후원을 받으며 일하기

사내 창업가로서 여러분과 여러분을 후원하는 경영진은 어떤 종류의 변화를 일으킬지, 어떻게 진척도를 측정할지, 어떤 자원을 이용할지, 어떤 규칙을 따를지 확실히 결정해야 한다. 스타트업에서 봤을 때는 이것이 지나치게 '기업적으로' 보일지도 모르지만 큰 조직에서는 이것이 현실이다.

이것이 싫으면 스스로 회사를 창업하라. 시스템 안에서 일하고 싶으면 여러분이 추구하는 변화가 조직이 받아들일 준비가 된 변화와 들어맞아야 한다. 경영진의 후원이 매우 중요한 것도 이 때문이다. 이것은 '나쁜 첩자'와 '특수 요원'의 차이다.

---
[21] http://thenextweb.com/ca/2011/02/05/online-campaign-asks-canadians-to-write-the-end-of-acommercial/

기존 사업은 이미 존재하기 때문에 [스타트업과] 다르다. 혁신을 추구하는 사내 창업가들은 사전 허락을 받는 것이 아니라 저질러놓고 용서를 구하는 불한당처럼 굴 수도 있지만 회사의 면역 체계가 이들을 거부할 수 있다. 궁극적으로 회사는 끊임없이 혁신하기 위해 스스로를 재구성해야 한다. 그러나 회사가 이렇게 되게 하려면 분석 면에서 더 작고 더 통제된 시도로 구성된 단계가 필요할 수 있다. 데이비드 보일David Boyle은 EMI 뮤직EMI Music에 데이터 주도적인 문화를 도입할 때 이런 방식을 이용했다.

| 사례 연구 | **EMI, 데이터 이용해 고객을 이해하다**

데이비드 보일은 주요 음반사 중 하나인 EMI 뮤직의 부회장이다. 그의 일은 EMI가 데이터를 바탕으로 의사결정을 내리고 회사가 전환기에 있는 음반 업계의 일렁이는 파도를 잘 헤쳐 나가도록 지원하는 것이다.

회사가 데이터와 분석에 더 초점을 맞추고 사례나 의견에 덜 휘둘리도록 만들기 위해 그는 우선 어떤 의사결정이 필요한지 결정하고 그다음 의사결정자들에게 적절한 근거를 제시할 방법을 찾아야 했다.

"우리가 궁극적으로 초점을 둔 결정은 '어떤 아티스트의 음악을 어느 나라, 어떤 유형의 소비자들에게 판매할 것인가?'와 '이 소비자들에게 어떤 종류의 마케팅을 실시해야 할 것인가?'였습니다. 우리는 대부분의 데이터를 소비자 조사를 통해 얻었습니다."

보일에게는 충분한 데이터가 있었다. EMI 뮤직에는 디지털 서비스에서 확보한 수십억 건의 거래 기록이 있고 아티스트 웹사이트와 앱의 사용 로그도 있었다. "그러나 이 데이터 소스 각각은 범위가 매우 제한적이고 그 데이터에 반영된 소비자 유형은 매우 왜곡되어 있습니다." 보일이 설명했다. 따라서 EMI는 자체 설문조사 도구를 만들었다. "사람들에게 질문을 던지고 그들에게 음악을 들려주는 등 조사를 통해 자체 데이터를 구축해야 한다는 것을 우리는 깨달았습니다." 그 결과 1백만 건이 넘는 상세한 인터뷰가 실시되었고 수억 건의 데이터가 축적되었다.

"잘못된 데이터는 판매에 방해만 됩니다. 그리고 좋은 데이터라도 결정에 도움이 안 되는 형태이거나 질문에 실질적인 대답을 주지 못해 구매자에게 도움이 되지 않는다면 판매에 걸림돌이 될 뿐입니다." 그는 말한다. "그러나 데이터가 좋고 정말 도움이 된다면 아무도 데이터를 거절하지 않습니다."

많은 사내 창업가가 자신이 몸담고 있는 조직에서 데이터 주도적인 문화를 조성하려 할 때 겪었던 갈등에 대해 이야기한다. 그러나 보일은 이런 것을 장애물이라고 부르는 것은 조심해야 한다고 생각한다. "우리가 초기에 깨달았던 중요한 내용 중 하나는 이것을 장애물이라고 생각하는 것이 도움이 안 된다는 것이었습니다. '장애물'이라는 것이 실제로는 함께 일하는 아티스트와 음악을 깊이 아끼고 아티스트와 음악을 잘못된 데이터와 잘못된 권유로부터 보호하려는 좋은 사람들이라는 것을 깨달으면 모든 것이 다르게 보일 겁니다."

보일은 설명한다. "만약 여러분이 정말 데이터를 믿고 데이터에 바탕을 둔 추천을 믿는다면 사람들이 왜 데이터를 이해하지 못하는지에 초점을 두고 사람들이 데이터를 이해하도록 도와야 합니다. 사람들이 데이터의 중요성을 이해하면 눈빛을 반짝이며 나보다 더 데이터를 옹호하게 될 겁니다!"

비록 EMI에서 성공을 거두었지만 보일은 스타트업과 대기업 사이에는 정말 큰 차이가 있다는 것을 인정한다. "스타트업에서는 여러분이 의도한 대로 출발할 수 있습니다. 여러분은 생각하는 방식과 행동하는 방식을 구축할 수 있습니다. 가령 처음부터 의사결정에 데이터를 반영할 수 있는데, 이것은 이미 문화가 형성된 회사에서 일할 때에 비해 큰 강점입니다." 그러나 스타트업은 완벽하지 않다고 그는 말한다. "스타트업에는 다른 큰 문제가 있습니다. 빨리 제품을 내놓아야 한다는 강한 압박감입니다. 조심하지 않으면 이것이 올바른 문화를 구축하는 등의 일을 방해할 수 있습니다."

보일은 EMI 내부에서 지지를 얻고 진척 상황을 보고하는 데 사례 연구를 이용했다.

"많은 직원들이 우리 데이터를 이용해서 아티스트에 대한 스토리텔링을 이끌어내고 홍보 업무를 성공적으로 수행했습니다. 이들은 우리가 중앙집중식으로 아티스트를 홍보하는 것보다 더 뛰어나고 더 창조적이었습니다." EMI의 새 데이터는 특정 아티스트를 그 아티스트를 좋아할 만한 소비자들과 맞추는 데 도움이 되었고 그 결과 그 음악을 가장 잘 받아들일 만한 소비자들에게 판매할 수 있었다.

보일은 시장조사 결과를 구체적인 숫자와 연결하지 않았다. "우리는 단순히 이렇게 말했습니다. '수천 명에게 어떤 것에 대한 의견을 묻는 것이 묻지 않는 것보다 낫지 않나요?' 그리고 우리는 저렴한 비용으로 양질의 데이터를 구할 수 있을 거라는 점을 보여주고 그렇게 했습니다. 첫 데이터를 손에 넣자 사람들은 데이터를 좋아하게 되었습니다. 그들에게 도움이 되었기 때문에 데이터를 좋아한 것이죠."

처음에는 새로 입수한 조사 데이터를 통해 아티스트, 음악, 디지털 서비스가 속한 생태계와 시장을 이해할 수 있었다. 그리고 지금은 회사가 그런 배경 상황을 이해한 덕분에 과거에 수집했던 수십억 건의 거래 기록을 다시 살펴볼 수 있다. "만약 우리가 데이터의 맥락을 먼저 이해하지 않고 데이터를 봤다면 우리 아티스트들을 잘못된 방향으로 이끌었을 수도 있습니다." 보일은 말했다.

이 프로젝트는 최초의 담당팀 이상으로 커졌고 이제 EMI의 전체 사업이 이용하고 있다. 결국 모든 사람들이 데이터를 이용할 수 있었기 때문에 조직 전체가 변화를 받아들였다. 그러나 보일이 가장 놀란 점은 회사에 수십억 건의 거래 데이터가 있음에도 비교적 소규모의 소비자 조사가 여전히 매우 가치가 있다는 점이었다. 그는 말한다. "좋은 데이터는 빅데이터보다 낫습니다. 나는 제대로 실시된 소비자 조사가 얼마나 유용한지에 계속 놀라고 있습니다."

요약

- EMI는 거대한 데이터를 보유하고 있었지만 이것을 어떻게 사용할지 몰랐다.
- 기존 데이터를 분석하는 대신 회사는 설문조사를 실시해서 경영진들이 편하게 느낄 수 있는 더 단순하고 더 구체적인 정보를 구축했다.
- 규모가 작은 이 인터뷰 데이터의 가치가 입증되자 더 일반적인 데이터 주도적 문화의 가치를 설득하기가 쉬워졌다.

분석적 교훈

데이터를 많이 보유하고 있다고 해서 데이터 주도적인 것은 아니다. 때때로 특정 이슈를 해결하기 위해 수집한 소규모 데이터를 가지고 처음부터 시작하는 것이 조직의 다른 사람들에게 데이터 사용의 유용성을 알리는 데 도움이 될 수 있다. 또한 수년간 축적한 대량의 '데이터 바다'에는 어떤 논쟁거리가 숨어있을지는 알 수 없지만 소규모 조사에서는 한정된 범위의 문제만 다루기 때문에 경영진의 후원을 받을 가능성이 더 높다.

사내 창업가를 위한 린 분석 단계

만약 여러분이 선구적인 사내 창업가라면 다른 스타트업 모델에서 살펴본 단계와 매우 비슷한 일련의 단계를 거치게 될 것이다.

그림 30-2 사내 창업가는 경영진의 지원을 받는 추가 단계가 필요하다.

단계	할 일	조심할 것
사전 단계	설득 및 지원 확보	사내 정치 측면의 부작용
공감	수요를 테스트하지 말고 문제 찾기, 사례 연구를 생략하고 분석을 실시하기	권한 확보, 고객의 불만
흡인력	기대치와 규제를 바탕으로 실제 최소 제품 결정하기	숨겨진 '필수품', 과잉 기능
바이럴 효과	내재된 바이럴 효과를 처음부터 구축(관심이 중요)하기	공유를 이해하지 못하는 신기술 반대자들
매출	생태계, 채널 및 기존 계약을 고려하기	채널 갈등, 저항, 계약
확장	업무를 원활하게 이관하기	여러분의 결과물을 다른 사람이 건드리는 것을 싫어하는 마음

그러나 그림 30-2처럼 고려해야 할 몇 가지 중요한 단계가 있다. 그리고 사내 창업가들에게는 '단계 0'도 존재한다는 점을 유의하라. 단계 0은 바로 경영진을 설득하는 일이다.

사전 단계: 설득 및 지원 확보

여러분은 고객 개발을 시작하기 전에 경영진을 납득시켜야 한다. 만약 새 기회를 찾는 것이 여러분의 원래 업무라면 이것은 두드러지지 않게 진행될 것이다. 그러나 그런 경우라도 좋은 기회를 발견했다고 생각되면 경영진의 명시적인 승인이 필요하다. BCG 매트릭스에서 현재 어디에 있는지, 어디로 이동하려 하는지, 그리고 어떤 지표를 이용해 진척 상황을 평가받을지 알아야 한다. 어떤 자원을 이용할 수 있으며 어떤 규칙이 적용되는지도 알아야 한다. 이것은 결혼식을 올리기 전에 혼전 계약서에 사인해야 하는 것과 비슷하다.

이 단계에서 여러분은 분석 전략을 정의하고 평가 기준을 정해야 한다. 이런 평가 기준은 수익 같은 회사 전체의 목표일 수도 있고 성공적이라고 간주할 성장률 수치가 될 수도 있다. 또한 그 과정에서 알게 된 사실이 있다면 이를 바탕으로 지표를 어떻게 조정할지도 정해야 한다.

공감: 수요를 테스트하지 말고 문제를 발견하라

고객 개발을 시작하고 나면 기존 수요가 아니라 문제와 솔루션을 테스트해야 한다는 것을 기억하라. 여러분이 정말 파괴적인 변화를 추구한다면 고객들이 자기 입으로 어떤 제품을 원하는지 얘기해줄 것이라 기대하면 안 된다. 그러나 왜 그것을 원하는지 여러분에게 알려줄 것이다. 2008년 스위퍼를 만든 지안프랑코 자카이Gianfranco Zaccai는 말한다. "성공적인 사업 혁신은 소비자들에게 그들이 현재 원하는 것을 주는 것이 아니라 미래에 그들이 원할 것을 주는 것입니다."[22]

고객들은 넷플릭스Netflix에 스트리밍 동영상을 원한다고 말하지 않았지만 고객들이 동영상을 사용하는 패턴, 사용하는 컴퓨터, 초고속 통신망 확산, 브라우징 등을 통해 넷플릭스는 스트리밍 동영상에 대한 니즈가 있다는 사실을 알아챘다.

정성적 인터뷰는 여기에 필요하다. 물론 여러분은 기존의 사용자 및 고객과 대화를 나눠야 한다. 그러나 만약 시장점유율을 높이려고 노력하는 중이라면 경쟁 업체의 고객, 유통 업체, 그리고 제품 구매 과정에 관련된 모든 사람들과 대화를 하는 것이 좋다. 만약 성장률을 높이고자 한다면 인접 시장의 고객과 대화를 하라. 봄바디어Bombardier는 (1960년대에 기계적 문제 때문에 회사의 첫 시장 진출 시도

---

[22] http://www.beloblog.com/ProJo_Blogs/newsblog/archives/2008/02/swiffer_invento.html

가 실패로 돌아갔음에도 불구하고) 눈자동차에서 개인용 수상 오토바이로 사업을 확장할 때 이렇게 했다.[23]

사례 연구를 생략하고 분석을 실시하라

어떤 시점에서 인터뷰 이상의 데이터가 필요해지면 사업 사례를 구축해야 한다. 전통적인 제품 매니저들은 자신의 계획을 정당화하기 위해 손익 분석을 실시하고 설득력 있는 사업 사례를 개발한 다음 누군가 이를 믿어주면 추진할 자금을 확보한다. 그러나 린 사고 방식은 이와 반대다. 여러분은 사업 계획이 아니라 사업 모델을 설득하고, 그런 다음 제품을 폐기할지 아니면 제품에 투자할지의 여부를 주로 분석을 통해 결정한다.

사전 예상 모델이 아니라 사후 분석 모델이 가능한 것은 혁신에 필요한 비용 중 많은 부분을 제품 개발 주기의 다음 단계에 집행할 수 있기 때문이다. 저스트 인 타임 방식의 제조, 주문형 인쇄, 사용한 만큼 돈을 내는 서비스, CAD/CAM 설계, 아웃소싱 등을 통해 초기 투자 규모를 줄일 수 있다(따라서 처음부터 사업 사례를 제시할 필요가 없다). 그 대신 여러분은 예산을 더 적게 요청하고 제품에 분석 기능을 구현하고 더 적은 돈을 들여 더 빨리 제품을 발표할 수 있다. 그런 다음 데이터와 고객 피드백을 이용해 실제 증거를 바탕으로 여러분의 주장을 펼칠 수 있는데, 오늘날에는 기술을 이용하면 최소의 비용을 들여 데이터와 피드백을 받을 수 있다.

흡인력: 실제 최소 제품을 파악하라

만약 해결해야 할 문제와 고객들이 좋아할 솔루션을 찾았다면 이제 MVP를 만들어야 할 때다. 그러나 여러분은 실제로 구축할 수 있는 최소 제품을 알아야 한다. 큰 조직에는 데이터 공유, 신뢰성, 작은 조직에는 해당되지 않는 규정 준수 등 제약이 있을 수 있다. 또한 여러분의 경쟁우위도 파악해야 한다.

---

[23] http://www.oldseadoos.com

예를 들어 현재 사용되는 음식 선주문 소프트웨어를 살펴보자. 이런 모바일 앱[24]을 이용하면 식당에 음식을 미리 주문하고 음식 값을 결제한 다음 기다리지 않고 서로 동의한 시간에 음식을 찾을 수 있다. 식당들은 많은 손님으로 바쁜 점심시간에 귀중한 시간을 줄일 수 있기 때문에 이 서비스를 좋아한다. 음식 구매자들도 사용하기 간단하고 편하게 메뉴를 살펴볼 수 있기 때문에 이 서비스를 좋아한다. 이것은 우버Uber의 점심식사 버전과 같다.

이제 만약 맥도널드가 앱을 만들어 이런 서비스와 경쟁하기로 한다면 어떻게 될지 생각해보자. 맥도널드는 프랜차이즈점들 때문에 제약이 있을 수 있고, 공항에 입점한 맥도널드는 규제를 받을 수도 있다. 또는 칼로리 함량을 공개하라는 주(州) 법의 적용을 받을 수도 있다. 이 모든 것이 MVP에 반영되어야 한다.

그러나 맥도널드는 높은 시장 통제 능력을 이용해 이런 불리함을 상쇄시킬 수 있다. 맥도널드는 앱을 설치한 사람들에게 햄버거 세 개를 무료로 주는 행사를 실시해서 앱을 홍보할 수 있다. 계산대에서 시간을 절약할 수 있으므로 무료 행사 비용을 빨리 회수할 수 있을 것이다. 그리고 새 마케팅 채널을 이용할 수도 있고 데이터 분석 측면에서 고객에 대해 그동안 몰랐던 것을 알 수도 있다.

사내 창업가는 이런 제약 사항과 유리한 점을 MVP에 반영해야 한다. 독립적인 스타트업은 상대적으로 이런 부분이 훨씬 적다.

게다가 사람들이 여러분의 MVP를 사용하기 시작하면 여러분은 베타 프로세스를 신중히 관리해야 한다. 여러분 때문에 영업 파이프라인에 있던 기존 협상에 차질이 생길 수도 있고 고객지원부서의 일이 더 늘어날 수도 있다. 만약 그렇다면 여러분은 변화에 대해 승인을 받고 관련자들을 납득시켜야 한다. 여러분이 완전히 새로운 제품군을 준비하고 있다면 그것이 성공적이라는 것이 판명될 때까지는 여러분이 기존 시장을 잠식하지 않도록 새 제품군을 감추어야 한다. 물론 이렇게 되면 기존 고객 등 소속 회사의 경쟁우위를 사용하기 힘들어진다.

---

[24] 역자주_ 예를 들어 세계에서 제공하는 S WALLET의 스마트 오더를 이용하면 지점과 푸드코트에서 음식점과 음식을 선택한 후 NFC 칩을 이용해서 결제까지 할 수 있다.

시작부터 바이럴 효과 추구

만약 성장률을 높이고자 한다면 제품에 바이럴 효과와 입소문 요인이 있어야 한다. 누구나 모바일 기기를 사용할 수 있는 세상에서 모든 제품은 상호작용interactive 전략을 가지고 있어야 한다. 성장을 증폭시켜줄 바이럴 요소를 찾지 못하겠다는 것은 핑계가 될 수 없다. 사실 바이럴 요소를 추가하는 것은 도그와 캐시카우 사업을 물음표와 스타 사업으로 바꾸는 비결 중 하나다.

생태계 안에서의 매출

기업 안에서는 제품 마케팅에 대한 매출 재투자와 가격 결정에 대해 여러분의 선택폭이 스타트업보다 상대적으로 좁을 것이다. 여러분이 추진하는 사업이 성장하면서 회사의 다른 마케팅 활동과 공존해야 하기 때문이다. 마이크로소프트는 SaaS 기반의 오피스 제품을 테스트할 때 비교적 통제된 방식으로 테스트할 수 있었다. 그러나 마이크로소프트가 이 제품을 판매하기로 한 순간부터 라이선스 매출에 의존하는 채널의 반발 및 시장 잠식 문제를 다루어야 했다.

여러분의 가격 정책은 채널, 유통 업체 및 다른 요소를 고려해야 한다. 여러분이 일으키는 변화가 시장의 다른 제품에 영향을 주기 때문이다. 만약 블록버스터[25]가 스트리밍 동영상 시장에 진출했다면 기존의 오프라인 비디오 대여점의 인력과 점포 이슈를 다루어야 했을 것이다.

확장과 업무 이관

사내 창업가에 의한 혁신의 후기 단계에 이르면 신제품의 존속성이 입증된다. 소속 조직의 주류 부서에 흡수되거나 – 이것은 간극을 메우고 좀 더 폭넓게 지지를 받는 데 도움이 될 수 있다 – 아니면 제품을 만든 팀이 좀 더 체계를 갖춘 전통적인 사업 모델로 전환하여 소속 조직의 다른 제품과 부서 사이에 자리를 잡아야 한다.

---

[25] 역자주_ Blockbuster, 비디오 대여점 프랜차이즈로, 2010년에 파산함

대부분의 경우 혁신적인 조직의 DNA는 '구태의연한' 관리 및 '시시부신한' 성상과 잘 어울리지 않는다. 그러므로 여러분은 제품을 조직으로 이관하고, 혁신할 다음 것을 찾아야 할 것이다. 이것은 여러분에게 실제로는 두 종류의 고객이 있다는 뜻이다. 제품을 구매하는 외부 고객과 제품을 만들고 판매하고 지원하는 내부 고객이다.

결국 사내 창업가는 목표 시장과의 관계뿐만 아니라 소속 회사와의 관계도 잘 관리해야 한다. 처음에는 소속 회사와의 관계가 의도적으로 소원할 수 있지만 파괴적인 제품이 회사의 일부가 되면서 업무 이관이 원활하게 진행되어야 한다.

CHAPTER **31**

결론: 스타트업을 넘어서

모든 게 잘 진행되면 마침내 더 이상 스타트업이 아닌 수준에 이르게 된다. 여러분은 제품/시장 적합성을 찾았고 대기업의 성장률 수준으로 성장 속도가 느려지기는 하지만 사업은 계속 확장되고 있을 것이다. 그렇지만 여러분은 여전히 데이터를 분석해야 한다. 바라건대 꾸준한 학습과 지속적인 개선의 관점에서 생각하고 데이터로 여러분의 의견을 뒷받침해야 한다.

창업가와 투자자들에게 수익을 돌려줄 수 있고, 지속 가능하며 반복적인 사업일 때 그 스타트업은 성공적이라고 평가된다. 이 시점에서 자금이 추가로 필요할 수도 있지만, 이 자금은 예전처럼 불확실성을 파악하고 완화시키기 위한 것이 아니라 입증된 사업 모델을 실행하기 위한 것이다. 데이터는 사업의 최적화보다는 회계에 초점을 맞추게 된다. 만약 '린 분석'이 계속 실시되고 있다면 아마도 신제품이나 신기능 발굴에 '린 분석'이 사용되고 있을 것이며 사내 혁신과 비슷한 형태를 띨 것이다.

이 책의 첫 부분에서 우리는 측정할 수 없는 것은 관리할 수 없다고 말한 바 있다. 그러나 이와 상반되면서 더 철학적인 의견이 있다. 내슈어[1]에서 일했던 로이드 S. 넬슨Lloyd S. Nelson은 이렇게 말한다. "경영에서 가장 중요한 숫자는 알려지지 않거나 알 수 없는 숫자다. 그러나 경영을 잘 하려면 어렵겠지만 이런 숫자를 고려해야 한다." 이것은 도널드 럼즈펠드 전 미국방장관의 '모른다는 사실을 모르는 것'과 일맥상통한다. 여러분의 회사가 성장을 이루고 운영도 어느 정도 안정되면

---

[1] 역자주_ Nashua Corporation, 영수증 용지나 라벨지 등을 만드는 미국 회사

여러분이 모르는 것을 밝혀내는 것이 경영의 핵심 업무가 된다.

넬슨의 요지는 어떤 일이 효과가 있을지 없을지 모르면서 그 일을 하는 경우가 종종 있다는 것이다. 이것을 우리는 실험이라고 부른다. 그러나 실험은 어떤 규모의 회사든 지속적인 학습 과정의 일부일 때만 성공할 수 있다. 여러분의 사업이 어떤 규모든 어떤 단계에 있든 지속적인 학습 문화가 조성되어 있기를 바란다.

데이터를 중시하는 사내 문화를 어떻게 조성할 것인가

여러분이 리더라면, 즉 스타트업의 창업자 또는 대기업의 최고경영자급 임원이라면 여러분은 좋은 질문을 던짐으로써 분석을 경쟁우위로 만들 수 있다. 이 책의 앞부분에서 우리는 좋은 지표란 의사결정에 영향을 주는 지표라고 말했다. 조직의 리더로서 의사결정을 내리기 전에 데이터에 바탕을 둔 근거를 요구하라.

데이터는 더 좋은 의사결정을 이끌어내는 데 그치지 않는다. 데이터는 조직의 효율성도 높인다. 모든 사람이 데이터에 기반을 둔 접근 방식에 동의하면 더 수평적이고 자율적인 조직을 만들 수 있다. 왜냐하면 조직 내에서 어떤 의견을 설득할 필요가 없이 사실에 따라 운영되기 때문이다. 여러분은 직원들이 자신의 의견을 뒷받침하는 데이터를 제시할 수만 있다면 직원들이 더 많은 결정을 내리고 더 많은 책임을 가지도록 권한을 부여할 수 있다. 자신의 결정에 대해 설명할 수 있는 문화를 만들고 거기에 앞장서는 사람들에게 보상을 제공하라.

여러분이 조직에서 리더의 위치에 있든 아니든 여러분이 소속해 있는 조직을 좀 더 데이터 중심적으로 만들 수 있다. 그 방법에는 다음과 같은 것들이 있다.

작게 시작하고, 한 가지 지표를 선택하고, 분석의 가치를 보여주어라

조직에는 직관과 육감을 믿으며 '늘 해온 대로' 해도 충분하다고 생각하는 반대자들이 항상 있게 마련이다. 이런 경우에는 회사가 직면한 문제 중 작지만 중요한 문제를 선택하고 이탈률이든 일일 활동사용자 비율이든 웹사이트 전환율이든 중요한 지표 하나를 선택한 다음 분석을 통해 이 지표를 개선해 가는 것이 가장 좋다.

회사가 겪고 있는 가장 긴박한 이슈는 다루지 말라. 이런 이슈에는 이미 사공이 너무 많을 가능성이 높기 때문이다(이보다 더 나쁜 상황으로, 이런 이슈는 여러분이 피해야 할 사내 정치의 진흙탕에 빠져있을지도 모른다). 이런 이슈 대신 현재 간과되고 있지만 뚜렷한 사업적 가치를 더할 수 있는 부수적인 이슈를 선택하라.

이 접근 방식이 지나치면 배타적인 조직 문화로 이어질 수 있는데, 이것은 바람직하지 못한 일이다. 어떤 이슈를 이용해 데이터 중심적인 접근법의 장점을 보여줬다면 모든 부서와 제품 부문에 걸쳐 그 프로세스를 확산하라.

목표를 완전히 이해시켜라

분석에 초점을 둔 회사의 가치를 입증하려면 여러분이 맡은 프로젝트가 분명한 목표를 가져야 한다. 목표와 기준치가 없으면 실패할 것이다. 프로젝트에 관련된 모든 사람들은 같은 목표를 향해 일해야 한다.

경영진을 납득시키고 후원을 확보하라

여러분이 CEO이고 분석 중심의 접근법을 상명하달식으로 밀어붙이는 게 아니라면 여러분은 경영진의 지지를 확보해야 한다. 예를 들어 웹사이트 방문자들이 무료 체험 앱을 사용하기 위해 회원으로 가입하는 전환율을 높이고자 한다면 마케팅 담당 임원이 여러분의 생각에 동의하게 해야 한다. 이 임원의 동의는 목표 정립에 결정적으로 중요할 뿐만 아니라 조직 체계의 위아래로 이런 문화를 확산시키는 데도 결정적으로 중요하다.

이해하기 쉽게 단순하게 만들어라

좋은 지표는 한눈에 이해하기 쉬운 지표다. 너무 많은 숫자로 사람들을 당혹스럽게 만들지 말라. 사람들은 좌절할 것이고 잘못된 숫자에 초점을 맞추고 이슈와 관련 없는 부적절한 숫자에 관심을 보일 가능성이 높다. 그리고 자신들이 보는 숫자를 이해하지도 못한 채 결정을 내릴 것이다. 지표는 큰 도움이 될 수 있지만 부정확하게 사용되면 잘못된 방향으로 이끌 수 있다.

OMTM 원칙을 기억하라. 사람들이 분석과 숫자에 쉽게 접근하게 하려면 이 원칙을 이용하라.

투명하게 추진하라

의사결정을 내리기 위해 데이터를 이용할 생각이라면 데이터를 확보하고 처리하는 데 사용하는 방법론과 데이터를 다른 사람들과 공유해야 한다. 사내 의사결정 체계가 있어야 분석적 접근법을 사용하기 위한 반복적인 전략을 수립할 수 있다. 그리고 자주 사용되는 '직감에 의한' 접근을 줄일 수 있다. (성공이든 실패든) 공개하는 투명성은 데이터의 성역을 무너뜨리고 분석에 대한 사람들의 선입견을 깨뜨리는 데 중요한 역할을 한다.

직관을 무시하지 말라

앞에서 말했듯이 린 분석은 직감을 무시하는 것이 아니라 직감이 옳은지 틀린지 검증하는 것이다. 액센추어Accenture의 수석 기술전문가 키쇼어 스와미나단Kishore Swaminathan은 이렇게 말한다. "과학은 매우 실증적이고 냉철하지만 과학자들은 그렇지 않습니다. 과학은 객관적이고 기계적이지만 또한 과학은 창조적이고 직관적인 과학자들, 아직 입증하지 못한 뭔가를 믿는 과학자들을 높이 평가합니다."[2]

직관과 육감이면 충분하다는 사람들의 생각을 데이터 주도적인 소규모 실험으로 균형을 잡아주면서 직관의 유용성을 완전히 배제하지 않는 동시에 분석의 가치를 입증하면 회사 문화를 바로 세울 수 있을 것이다.

어떤 규모의 조직이든 변화를 불어넣는 데는 시간이 필요하다. 하룻밤 사이에 회사가 사업 운영 방식과 의사결정 방식을 바꿀 것이라고 기대할 수는 없다. 작게 시작하고 측정 가능한 결과를 빨리 얻을 수 있는, 쉽게 준비할 수 있는 실험을 찾아라. 회사의 핵심 성공 지표를 개선시키려면 분석이 중요하다는 점을 입증해야 한다. 그러면 분석에 초점을 둔 변화가 왜 필요한지 보여줄 수 있을 것이다.

---

[2] http://www.accenture.com/us-en/outlook/Pages/outlook-journal-2011-edge-csuite-analytics.aspx

OMTM 같은 개념이나 문제-솔루션 캔버스 같은 도구를 이용하여 데이터 과학자뿐만 아니라 누구나 분석을 이용하고 이해할 수 있도록 만들어라. 결과를 입증할 수 있도록 사람들이 목표 기준 – 경영진을 포함한 모든 사람들이 동의하는 측정 가능한 목표 – 에 초점을 두게 만들어라.

좋은 질문을 던져라

여러분의 시장에 대해 이렇게 잘 파악할 수 있었던 적은 일찍이 없었다. 고객들은 네트워크에 접속했든 그렇지 않든 서비스에 대해 처음 듣는 순간부터 서비스를 해지할 때까지 클릭, 트윗, 투표, 공유, 로그인, 구매 등을 통해 디지털 데이터를 남긴다. 만약 여러분이 이런 데이터를 수집하는 방법을 안다면 고객의 니즈, 특징, 이들의 삶에 대해 전례 없는 통찰을 갖게 될 것이다.

이런 통찰은 비즈니스 리더가 어떤 사람인지에 대한 정의를 영원히 바꿔놓고 있다. 예전에 리더는 정보가 없는 상황에서 사람들이 행동하도록 설득했다. 오늘날은 구할 수 있는 정보가 굉장히 많다. 우리는 추측할 필요가 없다. 대신 우리는 어디에 초점을 둘지 알아야 한다. 우리는 모든 단계에서 위험을 식별하고 정량화하고 극복하는, 체계적이고 엄격한 성장 접근법이 필요하다. 오늘날의 리더는 모든 답을 알고 있지는 못한다. 대신 오늘날의 리더는 어떤 질문을 던져야 할지 알고 있다.

나서라. 그리고 *좋은 질문을 던져라!*

APPENDIX A
이 책에서 자주 사용하는 용어

- **고객 생애 가치** customer lifetime value, CLV

  회원 가입에서 탈퇴까지 전체 기간 동안 고객이 창출하는 가치

- **고객 확보 비용** customer acquisition cost, CAC

  고객을 확보하는 데 들어간 비용

- **린** lean

  낭비를 없애거나 자원을 효율적으로 사용하는 것을 의미하며, 돈뿐만 아니라 가장 희소성 높은 자원인 시간 사용의 최적화도 포함된다.

- **린 스타트업** lean startup

  린 경영기법을 적용하는 스타트업

- **바이럴 효과** viral effect

  네트워크 기반의 구전 효과 또는 제품을 사용하면 다른 사용자들도 사용하게 만드는 메커니즘

- **부분유료화 모델** freemium model

  기본 서비스는 무료로 제공하고 추가적인 고급 기능에는 요금을 받는 가격 모델

- **상향 판매** upselling

  어떤 상품을 이미 구입한 고객에게 더 고가의 고급 상품을 판매하는 것

- **인게이지먼트** engagement

  인게이지먼트란 사람들이 제품을 사용하는 정도와 방식을 말한다. 여기에는 제품에 대한 심리적인 상태도 포함된다. 인게이지먼트는 아직도 다양한 정의가 시도되고 있는 다차원적인 개념이다. 예를 들어 2011년 린다 홀빅(Linda Hollebeek)은 고객 인게이지먼트를 '고객이 특정 브랜드와 상호작용할 때 인지적으로, 정서적으로, 행동적으로 몰입하고 시간과 노력을 쏟는 정도'라고 정의하고 몰입(인지적), 열정(정서적), 활동(행동적)의 세 가지 차원이 있다고 봤다.

- **지표** metrics

  사업 실적 및 현황 중에서 정량화할 수 있는 요소를 측정한 것

- **최소 존속 제품** minimum viable product

  시장에 약속한 가치를 제공하는 최소한의 제품

- **추천 엔진** recommendation engine

  방문자나 고객이 관심을 가질만한 제품이나 콘텐츠를 추천하는 알고리즘

- **코호트** cohort

  정해진 기간 안에서 공통의 특징이나 경험을 공유하는 사람들의 집단. 가령 어떤 날짜 또는 어떤 연도에 태어난 사람들의 집단은 출생 코호트가 된다.

- **퍼널** funnel

  고객이 어떤 행동을 하기까지의 과정을 표현하는 마케팅 모델. 예를 들어 일회성 방문자가 회원가입을 하도록 만드는 과정은 회원가입 퍼널, 고객이 상품을 구매하는 과정은 구매 퍼널이다.

- **피벗**(방향 전환)

  비전은 유지하면서 전략을 바꾸는 것. 제품, 전략, 성장엔진에 대한 새로운 가정을 테스트하기 위한 체계적인 방향 수정이다.

APPENDIX B

참고문헌 및 추천도서

원서

- 『The Innovator's Solution』, 클레이튼 M. 크리스텐슨(Clayton M. Christensen), 마이클 E. 레이너(Michael E. Raynor)
- 『High-Tech Ventures』, C. 고든 벨(C. Gordon Bell), 존 E. 맥나마라(John E. McNamara)
- 『Four Steps to the Epiphany』, 스티븐 블랭크(Steven Blank)
- 『Don't Just Roll the Dice』, 닐 데이비드슨(Neil Davidson)
- 『11 Rules for Creating Value in the #SocialEra』, 닐로퍼 머천트(Nilofer Merchant)
- 『Measuring the Networked Nonprofit: Using Data to Change the World』, 베스 칸터(Beth Kanter), 케이티 딜라하예 페인(Katie Delahaye Paine)
- 『The Righteous Mind』, 조나단 하이트(Jonathan Haidt)

번역서

- 『일의 잠언』(2010, 세종서적), 리처드 템플러
- 『넥스트 마이너들의 반란』(2002, 굿모닝미디어), 마이클 루이스
- 『창업국가』(2010, 다할미디어), 댄 세노르, 사울 싱어
- 『현실을 직시하라』(2004, 21세기북스), 래리 보시디, 램 차란
- 『비즈니스 모델의 탄생』(2011, 타임비즈), 알렉산더 오스터왈더, 예스 피그누어
- 『기업 성장을 방해하는 10가지 증상』(2002, 매일경제신문사), 에릭 G. 플램홀츠, 이본 랜들
- 『린 스타트업: 실리콘밸리를 뒤흔든 IT 창업 가이드』(2012, 한빛미디어), 애시 모리아
- 『린 스타트업: 지속적 혁신을 실현하는 창업의 과학』(2012, 인사이트), 에릭 리스
- 『스틱』(2009, 엘도라도), 댄 히스, 칩 히스

INDEX

AARRR 81
A/B 테스트 62
Academia.edu 298
AdWords 245
Altimeter Group 413
ambient check-in 185
ARF 399
ARPDAU 390
ARPU 152
A Thinking Ape 391
attention economy 199
average revenue per user 152

B

Backupify 136
Balsamiq 139
Baymard Institute 367
BBC 연구 413
BCG 매트릭스 459
Beatport 301
Beluga 183
Blizzard 150
BMC 소프트웨어 440
Bombardier 468
Buffer 326

C

CAC 85, 151
CakeMail 359
cash cow 459
Chargify 375
Chartbeat 360
Circle of Moms 52
ClearFit 145
ClickTale 121
CLV 85
Community Connect 417
Consumer Surveys 246
Continnum 461

Coradiant 440
Covario 398
CPC 스트래티지 397
Craigslist 187
crossing the chasm 140
customer acquisition cost 85
customer lifetime value 85

Dachis Group 462
daily active users 151
DAU 151
DeNA 391
digital wallet 185
Distimo 152
Draper Fisher Jurvetson 287
Draw Something 150

E

EBITDA 320
EMI Music 464
EMI 뮤직 464
engagement 83
engagement pyramid 413
Etsy 420
Eventbrite 121
Execution Labs 153, 384
Expensify 139

Fab.com 367
FireClick 365
Fitbit 106
Flickr 56
Flurry 153, 389
Followerwonk 238
freemium model 105
FreshBooks 277
Friendster 350

INDEX

G

Google Analytics 88
Google Maps 277
Google Now 182
Google Voice 243
Group Commerce 350
GroupMe 183

H I

Hawken 85
HighScore House 57
Hotmail 277
Hotwire 188
IEEE 436
Indiegogo 187
Ink Cards 386
Innovation at Elastic Path 125
Instagram 258
Institute of Electrical and Electronics Engineers 436
IVP 376

J K

JFL Gags 403
key performance indicators 45
Kickstarter 121
Kik 183
KP Elements 367
KPIs 45
KP엘리먼트 367

L

LaunchRock 254
Leading Edge Forum 451
LikeBright 242
Localmind 153, 252
Long Funnel 88

M

MapQuest 277
MAU 151
Mechanical Turk 242
Meteor Entertainment 85
Mine That Data 115
minimum viable vision 276
Mint 274
Monetization for OpenFeint 157
monthly active users 151
monthly recurring revenue 136
MOZ 94
MRR 136
MVP 254, 255
MVV 276

N

Net Adds 95
Netflix 468
net promoter score 293
Nielsen Online 364
NPS 293

O

oDesk 194
OfficeDrop 379
Omniture 74
OMTM 94
One Metric That Matters 94
Orbitz 73

P

Pacific Crest 371
Parse.ly 168, 313
pay-for-privacy 311
PayPal 192
pay per click 163
P&G 461
Pinterst 170
Pivot 93

Please Stay Calm 150, 388
PM 솔루션 436
Postagram 386
PPC 매출 163
Price Intelligently 350
Priceline 188

qidiq 263
Quora 394
Rally Software 270
ramen profitability 321
Real Ventures 378
Red Gate Software Ltd. 350
review rates 394
Rubicon Consulting 177

S

SaaS 133
Salesforce.com 193
Sesame Gifts 386
Shopzilla 167
Sigma West 194
Sincerely Inc. 386
Siri 106, 182
Skimlinks 170
Skunk Works 453
Skyway Ventures 121
SlideShare 311
SMS 183
Socialight 350
Social Visitors Flow 88
Software as a Service 133
Solare 97
Startup Compass 110
Startup Genome 344
Static Pixels 258
SuperData Research 390
Swiffer 461

technology adoption lifecycle 347
Timehop 293
time to customer breakeven 85
Totango 371
Tower Madness 150
Tumblr 410
Twellow 238
Two-Sided Marketplaces 187
Tynt 182
Uber 193
UGC 173
Union Square Ventures 127
user-generated content 173

Varsity News Network 282
VNN 282
WGT 391
WiderFunnel Marketing 123
Wine Enthusiast 122
WineExpress.com 122
Wooga 158
WP Engine 342
WP엔진 342
Writethatname 106
Wufoo 277

xyologic.com 394
Y Combinator 345
Y컴비네이터 345
Zero Overhead Principle 435
Zoosk 377
Zynga 298

INDEX

가격 지표 348
가동 시간 135
가입 134
거래 규모 420
거래 '누수' 204
검색 199
검색어 125
검색 조건 125
검색 효과 198, 369
게임 내 구매 151
경쟁우위 69
고가 거래 432
고객 개발 19
고객당 매출 119, 122, 134
고객 생애 가치 85, 152, 394
고객 세분화 59, 200
고객 손익분기점 도달시간 85
고객 지원 비용 448
고객추천지수 293
고객 충성도 유형 115
고객 확보 비용 85, 119, 121, 134, 151, 355
고유의 가치 제안 69
고착 효과 382
공감 단계 213
공유 402
관심 경제 199
광고료 165, 167
광고 시청자 164, 165
광고 재고 165, 166
광고 차단 171
구글나우 182
구글 맵스 277
구글 보이스 243
구글 애널리틱스 88
구글 애드워즈 245
구글 컨슈머서베이 246
구매자와 판매자 증가율 197, 198
구매자와 판매자 평가 201

구매 전환율 364
구전 바이럴 효과 290
그래파이트 314
그로스 해킹 297
그룹미 183
그룹커머스 350
근거리 커뮤니케이션 기술 185
기가옴 394
기본 클릭률 170
기술 채택 주기 347
긴 퍼널 88
나쁜 콘텐츠 417
내슈어 473
내재된 바이럴 효과 289
넷플릭스 468
닐슨온라인 364

다변량 테스트 62
다치스그룹 462
대면 영업 432
데이터 주도적 46
도그 사업 460
도리토스 462
돈을 쓰는 사용자당 평균 매출 392
돈을 쓰는 사용자의 비율 152, 155
동면 손익분기점 321
듀프로프리오/컴프리 189
드레이퍼피셔저벳슨 287
드로섬씽 150
드롭박스 111, 298
드림잇벤처스 313
등록 상품 증가율 199
디스티모 152
디스플레이 광고 162

라면 프로피터빌리티 321
라이크브라이트 242

라이트댓네임 106
랠리소프트웨어 270
레드게이트소프트웨어 350
레딧 174, 178, 410, 415
로컬마인드 153, 252
론치록 254
루비콘컨설팅 177
리딩에지 포럼 451
리스트랙 367
리얼벤처스 378
리퍼러 399
린 스타트업 20
린 캔버스 67, 68
링크드인 239

마이너스 이탈률 375
마인댓데이터 115, 366
매출 단계 305
맵퀘스트 277
머니타이제이션포오픈페인트 157
메모레인 141
메일링 리스트의 효과 119
메일링 리스트 클릭률 126
메일링 리스트 효과 358
메일침프 358
모바일 고객 확보 비용 385
모바일 다운로드 383
모바일 앱 149
모바일 앱의 크기 384
모즈 94, 238
문제 검증법 215
문제-솔루션 캔버스 279
물음표 사업 459
미국 전기전자기술자협회 436
미디어 사이트 161
미케니컬턱 242
미티어엔터테인먼트 85
민트 274

바시티뉴스네트워크 282
바이럴 계수 290
바이럴 성장 엔진 84
바이럴 주기 291
바이럴 효과 119, 126, 135, 152, 356
바이럴 효과 단계 287
발사믹 139
방문자 인게이지먼트 176
방향 전환 93
배송시간 128
백어피파이 136
버드 캐델의 다이어그램 70
버즈피드 402
버퍼 326
베이머드 연구소 367
벨루가 183
보고 지표 45, 49
봄바디어 468
부분유료화 모델 105
부분유료화 모델 대 유료 모델 374
불량 표시된 상품의 비율 201
블리자드 150, 277
비용 구조 69
비트포트 301

사기 거래 202
사내 문화 474
사내 창업가 453
사업 단계 207
사업 모델 41
사업 모델 캔버스 68
사업 모델 플립북 108
사용시간 400
사용자 그룹 미팅 449
사용자당 월 평균 매출 152
사용자당 평균 매출 154

찾아보기 **485**

INDEX

사용자 수의 순증가 95
사용자 제작 콘텐츠 173
사이드로드 149
상관 지표 45, 54
상향 판매 135, 377
생성된 콘텐츠의 가치 176
생애 가치 135
서클오브맘즈 52
서클오브프렌즈 51
선행 지표 45, 53
성장률 345
세서미기프트 386
세션 대 클릭 비율 399
세일즈포스 193
소셜라이트 350
소셜 비지터 플로 88
손익분기점 319
솔래어 97
숀 엘리스의 스타트업 성장 피라미드 87
숍질라 167
수렴적 문제 인터뷰 223
수요의 가격 탄력성 348
수익원 69
숨은 제휴 모델 170
슈퍼데이터리서치 390
스마일 곡선 375
스위퍼 461
스카이웨이벤처스 121
스카이프 183
스컹크웍스 453
스킴링크스 170
스타사업 459
스타트업 게놈 344
스타트업 컴퍼스 110
스태틱픽셀 258
스텀블어폰 403
스팸 417
슬라이드셰어 311
시그마웨스트 194
시리 106, 182

시장/제품 적합성 316
신규 고객 확보 유형 115
신뢰성 135, 359
신시어리 386
실질 지표 45, 46
실행률 151
씽킹에이프 391

아마존 193
아카데미아 298
알림 기능 176, 182
알티미터그룹 413
앱 마켓 모델 149
야머 415
양면 마켓플레이스 187
업무 이관 471
에버노트 138
에어비앤비 38
연간 구입 건수 118, 120
연간 재구매율 115
오데스크 194
오르비츠 73
오피스드롭 379
옴니추어 74
와이더퍼널마케팅 123
와인익스프레스 122
와인 인수지애스트 122
우가 158
우버 193
우푸 277
우프라 314
월드 오브 워크래프트 277
월 반복 매출 136
월 활동사용자 151
웹사이트로 트래픽을 발생시킨
　　　　　상위 검색어 119
위키피디아 174
유니언스퀘어벤처스 127
유도심문을 하지 않는 법 220

유료 고객 이탈률 379
유료 성장 엔진 84
이노베이션앳일래스틱패스 125
이메일 오픈율 358
이베이 187
이벤트브라이트 121
이산선택 모델 449
이탈률 53, 135, 141, 152, 157, 164, 165, 342, 378
익스큐션랩스 153, 384
익스펜시파이 139
인게이지먼트 83, 138, 360, 412, 446
인게이지먼트 퍼널 변화 175
인게이지먼트 피라미드 413
인과 지표 45, 54
인기 검색 조건 119
인디고고 187
인스타그램 258
인위적인 바이럴 효과 289
인터뷰 방법 217
일일 웹사이트 체류시간 410
일일 활동사용자 151
일일 활동사용자 평균 매출 390
잇치 420
잉크카드 386

작동시간 359
장바구니 크기 120
장바구니 포기율 366
재고 관리 129
재고 증가율 197
전자지갑 185
전환율 118, 119, 134, 200, 341
전환 퍼널 198
정량적 분석 241
정량적 지표 44, 45
정성적 지표 44, 45
제로 오버헤드의 원칙 435
주목 134

주변 체크인 185
주스크 377
중간의 함정 324
중요한 한 가지 지표 94
지역 극대 값 425
징가 298

차지파이 375
차트비트 360, 399
참여 사용자 수 347
채널 69
철수 장벽 451
첫 구매까지 걸린 시간 152
초기 전자상거래 모델들 113
최소 존속 비전 276
최소 존속 제품 38
최적화 74
추천 수락률 126
추천 엔진의 효과 119

캐시카우 459
캐즘 마케팅 140
커뮤니티커넥트 417
컨설팅 442
컨시어지 MVP 38
케이크메일 359
켈리의 14가지 규칙 456
코래디언트 440
코바리오 398
코호트 분석 59
콘텐츠 비공개의 유료화 311
콘텐츠 생성률 175
콘텐츠 업로드 성공률 409
콘텐츠 유료화 장벽 171
콘텐츠의 간접 생성 185
콘티넘 461
쿼라 394
퀴디크 263

INDEX

크레이그리스트 187
클라우드9 IDE 229
클리어핏 145
클릭당 과금 광고 163
클릭 대비 세션 비율 167
클릭률 165, 397
클릭테일 121
킥 183
킥스디더 121

타워매드니스 150
타임홉 293
탈레오 438
탐색 지표 45, 49
텀블러 410
테크크런치 396
토탕고 371
통합 비용 446
트웰로우 238
트위터 237, 252
틴트 182

파슬리 168
파이어클릭 365
팔로어웡크 238
패스 141
팹닷컴 367
퍼시픽크레스트 371
페이스북 240
페이지 로드 타임 361
페이지별 체류시간 400
페이팔 192
평가 비율 393
평가율 152, 394
평균 장바구니 크기 118
포기율 119, 121
포스타그램 386
프라이스라인 188

프라이스인텔리전틀리 350, 376
프레시북스 277
프렌드스터 350
프리토레이 462
플러리 153, 389
플리즈스테이캄 150, 388
플리커 56
피벗 테이블 250
핀디레스트 170
핏빗 106
핑덤 314

하이브리드 유형 115
하이스코어하우스 57
한계 효용 426
핫메일 277
핫와이어 188
해적지표 81
해커톤 293
핵심 성과 지표 45
핵심 지표 69
허상 지표 45, 46
현실왜곡장 35
호켄 85
확산적 문제 인터뷰 223
확장 단계 323
활동 방문자 수 175
활동사용자 389
활동사용자(플레이어)의 비율 151
후행 지표 45, 53
흡인력 134
흡인력 단계 261
흡인력 있는 성장 엔진 83

3-3 모델 329
37시그널즈 277